北京高等教育精品教材
全行业优秀畅销书
高等学校经济与工商管理系列教材

经济法教程

(第3版)

刘天善 张 力 主编

清华大学出版社
北京交通大学出版社
·北京·

内 容 简 介

全书共分 11 章，主要内容包括：经济法基础理论、合伙企业法与个人独资企业法、公司法、破产法、物权法、合同法（总则）、合同法（分则）、证券法、工业产权法、反不正当竞争法与反垄断法、仲裁法。

本书适合高等院校经济类、管理类专业作为经济法课程教材或参考教材，对经济管理干部掌握和运用经济法知识也有较大的参考价值。

本书封面贴有清华大学出版社防伪标签，无标签者不得销售。
版权所有，侵权必究。侵权举报电话：010-62782989 13501256678 13801310933

图书在版编目（CIP）数据

经济法教程 / 刘天善，张力主编．—3 版．—北京：北京交通大学出版社：清华大学出版社，2019.9
 ISBN 978-7-5121-3978-7

Ⅰ. ① 经⋯ Ⅱ. ① 刘⋯ ② 张⋯ Ⅲ. ① 经济法–中国–高等学校–教材
Ⅳ. ① D922.29

中国版本图书馆 CIP 数据核字（2019）第 161989 号

经济法教程
JINGJIFA JIAOCHENG

责任编辑：孙秀翠
出版发行：清 华 大 学 出 版 社   邮编：100084   电话：010-62776969   http://www.tup.com.cn
　　　　　北京交通大学出版社   邮编：100044   电话：010-51686414   http://www.bjtup.com.cn
印 刷 者：北京时代华都印刷有限公司
经　　销：全国新华书店
开　　本：185 mm×260 mm   印张：24.75   字数：618 千字
版　　次：2019 年 9 月第 3 版   2019 年 9 月第 1 次印刷
书　　号：ISBN 978-7-5121-3978-7/D・227
印　　数：1～3 000 册   定价：68.00 元

本书如有质量问题，请向北京交通大学出版社质监组反映。对您的意见和批评，我们表示欢迎和感谢。
投诉电话：010-51686043，51686008；传真：010-62225406；E-mail：press@bjtu.edu.cn。

前 言

我国实行社会主义市场经济，市场经济必须有法律手段作保障，因此可以说市场经济就是法制经济。

发展社会主义市场经济，健全社会主义法制，需要大批既懂经济又懂法律的管理人才。掌握和运用经济法知识，也是对经济管理人员的基本要求。目前，经济法课程已经成为高校经济类专业和工商管理类专业普遍开设的基础课程之一。本书正是为经济与管理专业开设经济法课程而编写的教材。

考虑到经济与管理人员学习法律知识的特点，本书力求将最新的经济法律、法规、法律解释以及民法常识性的知识融入教材之中，避开经济法学界对许多问题的不同争论，注重与实践的结合，目的在于方便实际工作中的运用。本书突出案例教学和可操作性，适合高校经济类与工商管理类专业作为经济法课程教材，对经济管理干部掌握和运用经济法知识也有较大的参考价值。

本书以现行的主要立法为依据，围绕市场经济运行中最常见的经济法理论和实践问题，在经济法理论、经济组织、经济管理、经济协作和经济纠纷解决等方面进行了阐述。为了帮助读者对法律法规更为准确、更为深入的理解，本书在每一章后面都精选了部分与经济活动和日常生活密切相关的案例进行分析，有的是对法律知识的综合，有的是法院已经作出的判例。另外，我们采用了复习思考题、单项选择题、多项选择题、案例分析题4种题型，这些作业题均经过精心挑选，具有典型性和针对性，可供读者练习和自测之用。

《经济法教程》自2004年出版以来，先后经过5次修订，累计重印24次。2015年以后，与本教程相关的法律法规和司法解释变化较多，涉及民法总则、公司法、外商投资企业法、物权法、合同法、反不正当竞争法、仲裁法等。为了适应这种变化，编者推出了本教程的第3版。本书在保留经济法教程第2版总体框架的基础上，删除了外商投资企业法和经济审判的内容，对教程内容进行了部分调整和修订，力求使教程的结构更合理，内容更新颖。

本书由刘天善、张力主编。第1章、第5章、第6章、第7章、第11章由刘天善编写；第2章、第8章、第9章由张力编写；第3章、第4章由陈佩虹编写；第10章由李津京编写，各章作业题由刘天善统一整理和编写。

本书在编写和出版过程中，得到了北京交通大学出版社副社长孙秀翠的大力帮助，在此表示衷心感谢！

因成书时间仓促，编者水平有限，书中难免有不妥之处，敬请读者批评指正。

编 者
2019年8月

目 录

第1章 经济法基础理论 ··· (1)
  1.1 经济法概述 ··· (1)
  1.2 经济法律关系 ·· (6)
  1.3 与经济法相关的民法基础知识 ··· (10)
  1.4 经济法律关系的保护 ··· (17)
  1.5 案例分析 ··· (19)
  作业题 ··· (20)

第2章 合伙企业法与个人独资企业法 ·· (24)
  2.1 合伙企业法 ·· (24)
  2.2 个人独资企业法 ··· (36)
  2.3 案例分析 ··· (40)
  作业题 ··· (43)

第3章 公司法 ··· (49)
  3.1 公司法概述 ·· (49)
  3.2 有限责任公司的法律规定 ··· (56)
  3.3 股份有限公司的法律规定 ··· (71)
  3.4 公司董事、监事、高级管理人员的资格和义务 ····································· (81)
  3.5 公司的财务会计 ··· (83)
  3.6 公司的合并、分立、增资、减资 ··· (84)
  3.7 公司解散和清算 ··· (86)
  3.8 外国公司的分支机构 ··· (90)
  3.9 案例分析 ··· (90)
  作业题 ··· (95)

第4章 破产法 ··· (102)
  4.1 破产法概述 ·· (102)
  4.2 破产申请的提出与受理 ··· (104)
  4.3 管理人制度 ·· (109)
  4.4 债务人财产 ·· (112)
  4.5 债权申报与债权人会议 ··· (117)

	4.6	重整与和解	(120)
	4.7	破产清算	(126)
	4.8	法律责任	(128)
	4.9	案例分析	(129)
	作业题		(131)

第5章 物权法 (137)

- 5.1 物、物权和物权法概述 (137)
- 5.2 所有权 (147)
- 5.3 用益物权 (158)
- 5.4 担保物权 (165)
- 5.5 占有 (177)
- 5.6 案例分析 (179)
- 作业题 (183)

第6章 合同法（总则） (188)

- 6.1 合同法概述 (188)
- 6.2 合同的订立 (191)
- 6.3 合同的效力 (197)
- 6.4 合同的履行 (202)
- 6.5 合同的变更、转让和终止 (206)
- 6.6 合同的担保 (210)
- 6.7 违约责任 (216)
- 6.8 案例分析 (220)
- 作业题 (224)

第7章 合同法（分则） (231)

- 7.1 买卖合同 (231)
- 7.2 供用电合同 (234)
- 7.3 赠与合同 (235)
- 7.4 借款合同 (236)
- 7.5 租赁合同与融资租赁合同 (237)
- 7.6 承揽合同 (241)
- 7.7 建设工程合同 (242)
- 7.8 运输合同 (246)
- 7.9 技术合同 (249)
- 7.10 保管合同与仓储合同 (256)
- 7.11 委托合同、行纪合同与居间合同 (258)
- 7.12 案例分析 (262)

作业题 …… (265)

第8章 证券法 …… (271)
8.1 证券法概述 …… (271)
8.2 证券的发行 …… (274)
8.3 证券的交易 …… (283)
8.4 上市公司收购 …… (290)
8.5 证券机构 …… (298)
8.6 案例分析 …… (303)
作业题 …… (305)

第9章 工业产权法 …… (311)
9.1 工业产权法概述 …… (311)
9.2 专利法 …… (312)
9.3 商标法 …… (324)
9.4 案例分析 …… (336)
作业题 …… (340)

第10章 反不正当竞争法与反垄断法 …… (345)
10.1 反不正当竞争法 …… (345)
10.2 反垄断法 …… (353)
10.3 案例分析 …… (364)
作业题 …… (366)

第11章 仲裁法 …… (372)
11.1 仲裁概述 …… (372)
11.2 仲裁委员会和仲裁协会 …… (374)
11.3 仲裁协议 …… (374)
11.4 仲裁程序 …… (375)
11.5 法院对仲裁的协助和监督 …… (378)
11.6 案例分析 …… (380)
作业题 …… (381)

参考文献 …… (385)

第1章 经济法基础理论

1.1 经济法概述

1.1.1 经济法的产生和发展

经济法是商品经济发展到一定历史时期的产物。它随着生产力的发展，社会政治制度的变化，经历了一个产生、发展的历史演变过程，并随着经济关系的复杂化，日益增多和完备。

经济关系在原始社会是由习惯来调整的，到了阶级社会，则由统治阶级制定的维护本阶级和同盟者利益的法律来调整。特别是到了现代，由于社会生产的高速发展，科学技术的突飞猛进，导致各国生产关系结构进一步变革。资本主义发展到垄断阶段以后，国家必然更加深入、全面地通过法律手段来干预社会经济生活。作为社会主义国家，要实现自身组织和管理国民经济的职能，也必须制定一系列法律来调整国民经济生活中一定的经济关系。所以，经济法的产生和发展是社会生产和商品经济发展的必然结果，是国家为了组织和管理国民经济活动而制定的法律规范发展的必然结果。

"经济法"的概念最早出现在1755年，由法国空想共产主义者摩莱里在他的《自然法典》一书中提出来的。但是摩莱里所指的经济法调整范围，仅仅只限于分配领域。因为在摩莱里看来，社会产品分配上的弊端，是私有制度产生的直接原因。所以，他力图从分配上确立社会经济生活的主要原则。通过对摩莱里提出的经济法或分配法草案的全部内容分析，可以发现其所包含的经济法最本质的特征，即国家对社会生活进行干预的意思。以后，法国空想共产主义者德萨米在1842年出版的《公有法典》一书中也使用了"经济法"这一概念。德萨米不仅在很大程度上继承了摩莱里的经济法律思想，同时在许多方面还提出了自己的见解。但由于经济的发展没有到达相应的水平，经济法的提出并未被人们充分注意。

"经济法"正式产生于第一次世界大战前后。那时，资本主义自由竞争走向垄断，其基本矛盾更加尖锐，经济危机猛烈冲击着资本主义制度。垄断资本各自为政，各行其是，传统的立法概念和契约自由、平等、等价等基本原则被破坏殆尽。于是资产阶级国家不得不通过立法手段直接制约经济关系，干预经济生活。德国最早产生了资产阶级经济法，1919年颁布了世界上第一部以经济法命名的法律《煤炭经济法》，还曾颁布《关于限制契约最高价格的通知》《确保战时国民粮食措施令》等法规。第一次世界大战期间和战争结束后，世界各资本主义国家普遍加强了对经济的广泛统治，强化国家对经济的干预职能。第二次世界大战结束后的近几十年内，特别是20世纪60年代以来，经济法在大力振兴和扶持企业稳定发展，保护竞争和限制垄断，实行国民经济的局部"计划化"，提高生产力等方面有了很大的发展。

我国社会主义经济法是我国法律体系中的一个重要的、独立的法律部门，它的形成和发展，从根本上说，首先是由我国的经济基础决定的，其次是由国家组织经济的职能决定的。新中国成立以来，我国经济立法走过了发展、削弱、取消和再发展的历程。在社会主义改造基本完成的7年里，我国经济立法有了很大的发展，经济法规对我国国民经济的恢复、生产的发展起到了重大的促进和保证作用。在全面开始建设社会主义的10年中，我国经济立法虽然有新的发展，但由于党的指导思想受"左"的错误影响，社会主义法制建设受到削弱，有些行之有效的经济法规，也无形地被取消，而代之以简单的行政手段。十年动乱中，我国经济立法遭到严重的破坏。这种破坏，一方面表现在新中国成立17年来所颁布的许多经济法规遭到了否定，使它成了一纸空文，另一方面新的经济法规几乎没有制定。党的十一届三中全会后，随着我国进入以经济建设为中心的新的历史发展时期，经济法制也进入了前所未有的繁荣时期。全国人大及其常委会制定了大量的经济法律和法规，形成了我国经济法制的基本框架，经济关系和经济活动的许多方面基本上有法可依。特别是社会主义市场经济体制的确立，我国加入WTO，为建立我国社会主义市场经济法制体系提供了一个良好的社会发展条件，国家立法机关一方面及时修正了与市场经济、国际规范和国际习惯不相符合的法律法规，另一方面又在抓紧制定市场主体、市场体系、市场运作规则及宏观调控等方面的法律法规。在今后的改革中，经济法将会更多地体现WTO规则所要求的公平竞争、市场准入、非歧视性待遇和信息公开等原则。经济法制的日益完善，对国民经济的发展将起到重要的保驾护航作用。

1.1.2 经济法的概念和调整对象

1. 经济法的概念

经济法自引进到我国法学领域后，理论界就对其概念进行了激烈的、长时间的争论，到目前并未形成统一的认识。比较多的看法认为：经济法是调整国家在经济管理和协调发展经济活动过程中所发生的经济关系的法律规范的总称。

2. 经济法的调整对象

与经济法概念相联系的调整对象问题在学术上也存在极大的分歧。较为通行的看法是，经济法的调整对象主要包括以下3个方面的经济关系。

（1）经济管理关系

国民经济管理关系是指国家组织领导和管理国民经济所形成的经济关系。这种经济关系是纵向的经济关系，是上级和下级、命令和服从的隶属关系。这种经济关系主要包括计划管理关系、企业管理关系、基本建设管理关系、物资管理关系、税收管理关系、价格管理关系、财政管理关系、金融管理关系、资源管理关系，以及在专利、商标、审计、统计等活动中形成的管理关系。

（2）维护公平竞争关系

维护公平竞争关系是指国家为了维持市场经济的正常运行和保持其活力，采取相应的措施维护、促进或限制竞争过程中形成的社会经济关系。为了保证市场经济健康有序地发展，国家必须通过法律手段对其加以监督和管理，协调其中的各种经济关系。为此，经济法就必须从国家介入市场的角度，对市场的形成、商品交易和市场运行秩序进行规制，诸如确立市场进入资格、排除市场进入障碍、建立市场规则、平抑市场价格等。因此，经济法必须把左右市场体系的不正当竞争关系、垄断关系、产品质量关系、广告关系、价格关系、消费者权益保护等关系纳入自己的调整范围。维护公平竞争关系主要涉及市场主体管理关系、市场运行协调关系和市场秩序规制关系等。当然，上述经济关系民法也可以根据自己的原则对其调整，但主要的方面应纳入经济法的调整范围。

（3）经济组织内部的经济关系

经济组织内部的经济关系是指以企业为主体的各类经济组织在内部经济管理中与内部机构之间产生的经济关系，包括企业领导机构与其下属生产组织之间、各生产组织之间，以及企业与职工之间在生产经营管理活动中所发生的经济关系。如企业内部领导体制、经济责任制、劳动用工管理、工资制度管理等经济关系都是重要的经济管理关系，是由经济法来调整的。

经济管理关系、维护公平竞争关系及经济组织内部的经济关系是经济法调整的主要范畴，相互之间既有区别又有联系，共同构成我国经济法统一的调整对象。

1.1.3 我国经济法的渊源

1. 制定法

经济法的渊源是指经济法的存在或表现形式。我国各级立法机关制定的各种成文法是我国法律最重要的渊源。

我国实行中央和地方相结合的立法体制。根据宪法和有关法律的规定，全国人民代表大会及其常务委员会共同行使国家立法权，负责修改宪法，制定和修改法律；省、直辖市人民代表大会及其常务委员会有权制定各种地方性法规；民族自治地方的人民代表大会有权制定自治条例和单行条例；国务院有权制定行政法规；特别行政区有权保留原来的法律或制定本行政区的新的法律。

作为法律渊源的制定法主要有以下几种形式。

（1）宪法

宪法是国家的根本大法，由全国人民代表大会制定和修改，具有最高法律效力。经济法不得违背宪法有关经济制度的规定。

（2）法律

法律是由全国人民代表大会及其常委会制定的规范性文件，主要规定和调整国家、社会生活某一方面问题的法律文件，在地位和效力上仅次于宪法。法律又分为基本法律和其他法律。基本法律包括民法、刑法、经济法、行政法、诉讼法和特别行政区基本法等法律，由全国人民代表大会制定。基本法律以外的法律通称为其他法律，由全国人民代表大会常务委员会制定。以法律形式表现的经济法构成其主体和核心部分。

（3）行政法规

行政法规是指作为国家最高行政机关的国务院根据宪法和法律制定的规范性文件，其地位和效力仅次于宪法和法律。经济法大量以该种形式存在。

（4）地方性法规

地方性法规是指省、自治区、直辖市人民代表大会及其常务委员会在不与宪法、法律和行政法规相抵触的情况下，根据地区实际和需要制定的规范性文件。

（5）部门规章

部门规章是指国务院的组成部门及其直属机构在其职责范围内制定的规范性文件。

（6）地方政府规章

地方政府规章是指省、自治区、直辖市和较大的市的人民政府根据法律、行政法规和地方性法规制定的规范性文件。

（7）国际条约或协定

国际条约或协定是指我国作为国际法主体同外国或地区缔结的双边、多边协议和其他具有条约、协定性质的文件。上述文件生效以后，对缔约国的国家机关、团体和公民就具有了法律上的约束力，因而国际条约或协定便成为经济法的重要形式之一。如我国加入世界贸易组织与相关国家签订的协议、我国与有关发达国家签订的双边投资保护协定等。

除上述之外，国家政策、习惯也可作为经济法的形式之一。至于学理、理念，在我国一般不作为法律的形式，故也不作为经济法的形式。

2. 法律解释

法律解释是指有权解释机关对现行法律或法律条文所作的解释和说明。这也是经济法的重要形式之一。

法律解释通常分为立法解释、司法解释和行政解释。

（1）立法解释

全国人大常委会对宪法和法律拥有解释权。省、自治区、直辖市人大常委会有权对地方性法规进行解释。

（2）司法解释

对于法院审判工作和检察院检察工作中具体应用法律的问题，分别由最高人民法院和最高人民检察院进行解释。它们所作的解释对其下级法院和检察院的审判和检察工作均有拘束力。

有关民事和经济法律的司法解释主要由最高人民法院作出。最高人民法院的司法解释主要采取两种形式：一是当一些重要的民事和经济法规颁布或实行一段时间后，最高人民法院常常对于在具体适用该法律的过程中所遇到或可能遇到的问题提出综合性、系统性的意见，作为各级法院在审理有关案件时的指导；二是针对下级法院就某一具体案件或疑问所请求解答的问题作出"批复"，对其中涉及的适用法律予以解释。

（3）行政解释

国务院及其主管部门对有关法律和法规所作的解释称为"行政解释"。行政解释主要涉及两个方面的内容：一是对不属于审判和检察工作中的其他法律如何具体应用的问题所作的解释；二是国务院及其主管机关在行使职权时对国务院及其主管机关本身制定的行政法规所作的解释。

3. 判例

在我国，判例在法律上和理论上不被认为是法律的渊源。最高人民法院及其他上级人民法院所作的判决对下级法院没有拘束力。这一点与欧洲大陆法系国家相似。最高人民法院把一些被认为适用法律正确、判决证据和理由充分、处理得当的法院判决在《最高人民法院公报》上予以公布，并要求各级人民法院加以借鉴。这表明判例将在我国的司法实践中日益发挥重大的作用和影响力。

1.1.4 我国经济法律法规体系

经济法律法规体系是指通过国家经济立法活动形成的，调整不同社会经济关系的法律规范体系。一般认为，经济法律法规体系是由市场主体、市场行为、市场秩序、宏观经济调控及社会保障等方面的法律规范组成。

1. 规范市场主体的法律

市场主体是指在市场经济体制下，从事生产经营活动，自主经营、自负盈亏并依法享有权利、承担义务的经济组织。发展社会主义市场经济首先必须以法律的形式规定市场主体的资格、法律地位、权利义务及基本活动准则。规范市场主体的法律法规主要有全民所有制工业企业法、集体所有制企业法、私营企业法、外商投资企业法、乡镇企业法、公司法、合伙企业法、个人独资企业法、破产法等。从整体上看，这些法律法规基本上还是按照所有制形式和行业界限来确定主体身份的，仍带有明显的计划经济印记。随着社会主义市场经济的发展，所有制形式与行业界限逐渐淡化，出现了许多新的企业形式，如混合所有制、股份合作制和大型跨行业企业集团等，以往的企业立法无法对这些新型企业进行规范。此外，市场中介组织在市场经济中扮演着重要角色，是市场经济运作流程中不可缺少的环节，也是市场主体的重要组成部分。因此，有关市场中介组织的立法急需加强。

2. 规范市场行为的法律

市场经济是法制经济。市场主体从事生产经营活动都必须依法进行，否则公平竞争的市场秩序就会难以维系。市场行为法就是规范市场主体的行为规则，主要是交易行为规则的法律规范，包括物权法、债权法、合同法、票据法、证券法、保险法、海商法、货物买卖法、期货交易法，以及招标投标法等领域。至今我国已经颁布《商标法》《专利法》《著作权法》《海商法》《票据法》《担保法》《保险法》《合同法》《物权法》等一系列规范市场行为的重要法律，基本形成了规范市场行为的法律框架。随着网络经济的迅速发展，电子合同、电子商务、电子支票、网上证券交易等手段已十分普遍，需要法律对此作出明确规定。

3. 规范市场秩序的法律

市场秩序法就是创造平等的市场竞争条件、维护市场竞争秩序的法律，由反不正当竞争法、反垄断法、反倾销法、产品责任法、消费者权益保护法等部分组成。市场经济需要各主体之间充分的自由竞争，但这种竞争如果没有任何规矩和约束，就会陷入无序的恶性竞争，或者形成垄断从而消灭竞争，最终侵犯消费者的利益和中小企业的利益。因此，现代市场经济需要国家从全社会的利益出发对市场进行适度的干预和调整。

4. 加强宏观调控方面的法律

市场经济虽然以市场这只"看不见的手"的调节为基础，但市场不是万能的，它只能体现社会的短期需求，有时还会出现偏差，也不能解决收入分配不公的问题。因此，还需要国家这只"看得见的手"对经济进行宏观调控，以便对市场调节的不足和偏差进行弥补和制约。当然，在市场经济条件下，国家的宏观调控是间接的，而法律正是国家实行间接宏观调控的重要手段之一。宏观调控法律体系一般包括财政法、金融法、资源法、审计法、价格法、预算法、产业政策法、计划法、会计法及税法等领域。

5. 社会保障法律

市场经济的正常运行和高速发展，除了需要市场主体依据特定的市场秩序进行有效运作及政府进行适度的调控以外，还需要一个安定、公平的社会环境，而社会保障法律制度正是实现社会安定的重要手段。社会保障法律制度的基本目的，是对劳动者提供参与社会利益分配的合理保护，以保障其劳动权的实现；同时，对于社会成员在丧失劳动力、失去劳动机会、遭受天灾人祸或者失去生活来源的情况下，通过社会再分配过程由社会提供必要的救助，以保障其生存和基本生活权利的实现。社会保障法律体系主要包括劳动法、工资法、社会保险法、社会救济法及社会福利法等领域。

需要指出的是：经济法体系中的有关法律制度与传统民商法是有重叠的，如企业法、公司法、合同法、专利法、商标法等。

1.2 经济法律关系

1.2.1 经济法律关系概念

法律关系是由法律规范所确认的人与人之间具有权利和义务内容的社会关系。法律关系的种类很多，如民事法律关系、婚姻家庭法律关系、行政法律关系、刑事法律关系和经济法律关系等。由经济法律规范所确认的在经济管理和协调发展经济活动过程中所产生的权利义务关系就是经济法律关系。

任何经济法律关系都是由主体、客体和内容三要素构成的。主体是经济法律关系产生的先决条件，是客体的占有者、使用者和行为的实践者。主体是经济权利和经济义务的承担者，失去了主体就不存在权利这种可能性及义务这种必要性转化成现实的权利义务的条件，因此也就谈不上经济法律关系的内容。没有客体，主体的存在及主体的活动也就失去了意义，权利义务也就失去了目标，因此客体也是不可缺少的方面。内容是经济法律关系的实质，它是联结各主体、联结主体与客体之间的桥梁，有了主体、客体，不通过权利义务相互联结，也不可能构成经济法律关系。所以经济法律关系的三个要素是紧密联系、不可分割的有机组成部分，抽去任何一个就不能构成经济法律关系，变更其中任何一个，也不再是原来的经济法律关系。

1.2.2 经济法律关系的主体

经济法律关系的主体是指参加经济法律关系依法独立享受经济权利和承担经济义务的当事人。

经济法律关系的主体必须具备一定的主体资格，只有具备一定主体资格的当事人，才能参与经济法律关系，享受一定的经济权利和承担一定的经济义务。经济法律关系的主体资格有两种方式取得。一是法定取得。经济法律关系主体资格的认可，一般采用法律规定一定条件或规定一定程序成立的方式予以确认。能够对社会经济生活实行干预或者接受干预的社会组织、公民和其他具有生产经营资格的实体，都可作为主体。二是授权取得。是指依据有授权资格的机关的授权，而取得的可以对社会经济生活实施某种干预的资格。如政府可以指定有关部门代表国家作为发包方，有关部门作为发包方的资格是由政府部门的授权而取得的。

未取得经济法律关系的主体资格的组织，不能参与经济法律关系。

我国经济法律关系主体的范围大致分为以下两大类。

① 经济管理主体。主要是指依据宪法和行政法及其他有关法律法规设立，承担组织、管理和协调经济职能的组织或机构。主要为国务院及其部委和地方政府及其相应机构，也包括各级权力机关，以及由国家和法律授权而承担某种经济管理职能的其他组织等。

② 经济活动主体。是指依据民法、经济法、行政法及其他法律法规设立的从事经济活动的组织和个人。主要包括各类企业单位、事业单位、社会团体、农村承包户、个体工商户、公民。

经济组织的内部机构不具有法人资格，但在一定条件下也是经济法律关系的主体。企业的领导人员、其他管理人员或者其他职工也可以参加企业内部的经济管理关系，成为经济法律关系主体。但他们这时不是以一般公民身份，而是以企业成员的身份参加这一经济法律关系。

国家机关除作为经济管理主体之外，在一定条件下也是经济活动关系的主体，如财政部对外签订世界银行贷款和提供担保，对内发行政府债券，政府部门出让土地使用权等。

1.2.3 经济法律关系的客体

经济法律关系的客体是指经济法律关系主体享有经济权利和承担经济义务所共同指向的对象。包括物、行为和科学技术成果。

1. 物

物是指可以为人们控制和支配，有一定经济价值并以物质形态表现出来的物体。其中包括天然存在的实物和人类劳动制造的产品，以及充当一般等价物的货币和有价证券等。作为经济法律关系客体的物和一般讲的物理学上的物的概念不同，而是法律意义上的物。有些物不能为人所控制或支配，或即使可为人们控制和支配，但无一定经济价值的物，都不能作为经济法律关系的客体。物是我国应用最广泛的经济法律关系客体，如动产和不动产、生产资料和生活资料、流通物和限制流通物、有形物与无形物等。

2. 行为

行为是经济法律关系的主体为达到一定的目的所进行的活动。它具体包括以下内容。

（1）经济管理行为

它主要指经济法律主体行使经济职权的行为，这种行为的范围是与国家机关所担负的经济职能相适应的，如决策行为、审批行为、物价管理行为、金融管理行为、税收征收管理行为、审计行为、监督检查行为等。

（2）完成一定工作的行为

完成一定工作的行为是指经济法律关系主体的一方利用自己的资金和技术设备为对方完成一定的工作任务，而对方根据完成工作的数量和质量支付一定报酬的行为，如勘察设计行为、建筑安装行为、加工承揽行为等。

（3）履行一定的劳务行为

履行一定的劳务行为是指为对方提供一定劳务或服务以满足对方的需求，而对方支付一定酬金的行为，如提供货物运输服务、仓储保管服务等。

3. 科学技术成果

智力劳动成果主要有文学艺术成果和科学技术成果，前者由于它们一般不与生产发生直接关系，所以是民事法律关系的客体；后者由于它们直接对产业发生作用，所以它既可以是民事法律关系的客体，又可以是经济法律关系的客体。科学技术成果作为经济法律关系的客体，主要是指商标、专利、专有技术等。具体来讲，发明创造、实用新型和外观设计是专利权的客体，商标是商标权的客体。专利权、商标权和专有技术作为一种财产权是可以转让的。

在转让这些权利时,它们是转让法律关系的客体。

另外,一些权利也可以成为经济法律关系的客体。权利本是经济法律关系的内容,但当某种权利成为另一种权利的对象时,该权利就成为了经济法律关系的客体。例如,土地使用权、承包权等。

1.2.4 经济法律关系的内容

经济法律关系的内容是指经济法律关系的主体享有的经济权利和承担的经济义务。这是经济法律关系的核心,直接体现了经济法律关系主体的要求和利益。经济权利是指经济法律关系的主体在一定条件下实现其意志或者利益的可能性;经济义务是指经济法律关系的主体为满足权利主体的要求而履行某种行为的必要性。要将这种可能性变为主观权利,将必要性变为现实义务,就必须通过一定的法律事实。这种经济权利和经济义务直接由法律规范确定,并得到国家强制力的保护与监督。随着市场经济的发展,越来越多的经济关系需要用经济法律的形式加以固定。因此,我国经济法主体享受着广泛的经济权利和承担着广泛的经济义务。

1. 经济权利

经济权利是指经济法主体依法自己能够为或者不为和要求他人为或者不为一定行为的资格。

经济权利的主要内容有以下4个方面。

(1) 经济职权

经济职权是指国家机关进行经济管理时依法享有的权利。经济职权的特征有:经济职权的产生基于国家授权或法律的直接规定,经济职权具有命令与服从的隶属性质,经济职权不可随意转让、放弃和抛弃。经济职权的内容包括决策权、命令权、禁止权、许可权、批准权、撤销权、免除权、审核权、确认权、协调权和监督权等。

(2) 财产所有权

财产所有权即所有权,是指所有者对其财产依法享有的独立支配权。所有者可以自己亲自实施对物的占有、使用、收益和处分的权利,也可以许可他人行使对标的物的占有、使用、收益甚至处分的权利。财产所有权在主体上包括国家所有权、集体所有权和公民个人所有权。

(3) 经营管理权

经营管理权是指企业进行生产经营活动时依法享有的权利。不同类型的企业所享有的经营管理权的具体内容并不相同。经营管理权可以分为两大类:一是经营权,包括生产经营决策权、产品劳务定价权、产品销售权、物资采购权、进出口权、投资决策权、留用资金支配权、资产处置权等;二是管理权,包括工资奖金分配权、劳动用工权、内部机构设置权、人事管理权、拒绝摊派权和联营兼并权等。

(4) 请求权

请求权是指经济法律关系主体的合法权益受到侵犯时依法享有要求侵权人停止侵权行为和要求有关国家机关保护其合法权益的权利。其主要内容有要求赔偿权、请求调解权、申请仲裁权、经济诉讼权等。

请求权是一种救济性的权利,通常在一方主体不履行应尽义务的职责时发生。它是经济法律关系主体为使自己的合法权益得以实现而必须拥有的权利。

2. 经济义务

经济义务是经济法律关系主体依法具有自己为一定行为或者不为一定行为的责任。根据法律规定，经济法律关系主体的经济义务主要包括：认真贯彻国家的方针政策，遵守国家法律、法规；履行经济管理的职责；完成国家指令性计划；履行依法订立的经济协议和合同；依法缴纳税金；不得侵犯其他经济法律关系主体的合法权益等。

1.2.5 法律事实及经济法律关系的发生、变更和终止

1. 法律事实

法律事实，是指能够引起经济法律关系发生、变更和终止的客观情况。经济法律关系则是经济法律事实的结果。比如，合同的成立，即在当事人之间发生权利义务关系；灾害发生了，就可以引起保险公司的赔偿责任；人的死亡，能引起抚养关系的消灭和继承关系的发生。因此，签订合同、灾害发生、人的死亡，都是法律事实。

法律事实可以分为行为和事件两类。

行为是以当事人的意志为转移的法律事实，是能够引起经济法律关系发生、变更、终止和产生法律后果的行为，按行为性质可以分为合法行为和违法行为。合法行为包括：经济管理行为，如征税行为；经济法律行为，如企业承包和租赁合同；经济审判行为。违法行为，就其社会危害程度，可分为触犯刑律的经济违法行为和一般经济违法行为。后者又分为两种情况：一种是需要追究经济责任的违法行为，如在经济管理中发生的一般偷税漏税行为，在经济协作过程中发生的违反经济合同行为等；另一种是需要追究行政责任的违法行为，它通常发生在经济管理活动中，如一般的渎职行为。

事件是不依经济法律关系主体主观意志为转移的客观现象，包括自然现象和社会现象。如由于自然原因而发生的火灾、水灾、风灾等而引起保险合同的赔偿责任，再如由于战争可能引起经济法律关系的变更或消灭。

在社会经济生活中，行为和事件这两类不同的法律事实，由于出现的原因不同，其社会效果和作用也有显著的差别。行为是以对社会产生积极的效果为主的，因此是处于主导和主动地位的法律事实；事件是以对社会产生消极作用为主的，因而是一种处于次要和被动地位的法律事实。

2. 法律事实与经济法律关系的发生、变更和终止

经济法律关系的发生、变更与终止，必须具备以下条件。

（1）要有一定的法律事实

经济法律关系的发生、变更与终止，必须以法律事实为根据，没有法律事实，不可能形成任何法律关系。

（2）国家制定有相应的法律规范

如果国家从未针对某一社会生活领域制定相应的法律规范，在这一社会领域就不可能有法律关系产生。

并不是所有的自然现象和人的活动都可以成为法律事实。比如，刮风、下雨等自然现象；散步、看书等人类活动都不是法律事实，因为它们不能引起经济法律关系的发生、变更和终止。客观事实只有由法律规定将它和一定法律后果联系起来，才能成为法律事实。

没有法律规定，或者仅有法律规定而没有法律事实，固然不能引起现实生活中经济法律

关系的发生、变更和终止；如果发生的客观现象并不合乎法律规定的程序，同样也不会引起相应的法律后果。比如，甲提出向乙购买一批货，乙是口头随意答应，而未具体磋商，更没有正式签订合同。后来乙不卖给甲，甲不能因此去法院控告乙违反合同而要求赔偿损失。

任何经济法律关系的设立、变更和终止，都不能离开法律事实。有的经济法律关系的发生、变更和终止，只需要一个法律事实，有的需要几个法律事实。引起某一经济法律关系产生、变更或消灭的几个法律事实的总和，称为经济法律关系的"事实构成"。只有"事实构成"的几个法律事实完全具备，经济法律关系才能发生、变更和终止。

法律规范、法律事实和经济法律关系是 3 个既不相同又有联系的概念。三者的关系是：法律规范是确定法律事实的依据；法律事实是引起经济法律关系发生、变更和终止的原因；经济法律关系，则是法律事实引起的结果。

1.3 与经济法相关的民法基础知识

1.3.1 民事法律行为的有效要件

1. 民事法律行为的概念和特征

民事法律行为是民事主体通过意思表示设立、变更、终止民事法律关系的行为。民事法律行为可以基于双方或者多方的意思表示一致成立，也可以基于单方的意思表示成立。如合同是常见的双方民事法律行为；决议则是典型的多方民事法律行为。诸如委托代理的撤销、债务的免除、无权代理的追认，这些民事法的行为仅有一方当事人的意思表示而无须他方的同意即可发生法律效力，属单方民事法律行为。

民事法律行为可以采用书面形式、口头形式或者其他形式；法律、行政法规规定或者当事人约定采用特定形式的，应当采用特定形式。

民事法律行为具有以下特征。

（1）以意思表示为要素

意思表示是指行为人欲设立、变更、终止民事权利和民事义务的内在意识的外在表现。如果行为人仅有内在意识而不表现于外，则不构成意思表示，法律关系不能成立。是否以意思表示为要素，是民事法律行为与事实行为的根本区别。

（2）以设立、变更或终止权利义务为目的

民事法律事实包括行为和事件。当事人的行为，依据其实施行为是否以发生民事法律后果为目的，可分为民事行为和事实行为。民事行为是指当事人实施的以发生一定民事法律后果为目的的行为，如订立合同；事实行为是指当事人实施行为并非以发生一定民事法律后果为目的，但因该行为实施的事实即在当事人间发生民事法律后果的行为，如拾得遗失物。民事主体实施的不以发生民事法律后果为目的的行为，不属于民事法律行为，这一特征使民事法律行为区别于其他法律事实。

2. 民事法律行为的有效要件

法律行为的成立与法律行为的有效不同，法律行为的成立是法律行为有效的前提，已成立的法律行为不一定必然发生法律效力，只有具备一定有效要件的法律行为，才能产生预期的法律效果。

民事法律行为的有效要件分为实质有效要件和形式有效要件。

1）民事法律行为的实质有效要件

（1）行为人具有相应的民事行为能力

民事行为能力是指民事主体通过自己的行动取得民事权利、承担义务及责任的能力。对自然人而言，所有公民的民事权利能力一律平等，但民事行为能力有所不同，取决于各自的体能和智力，即智力发育情况和精神健康状态。自然人民事行为能力的类型有3种。① 完全民事行为能力人。这类人能够依自己的意志进行活动，独立享有权利、承担义务和责任。18周岁以上的自然人为成年人，不满18周岁的自然人为未成年人。18周岁以上且智力与精神状态正常的成年人，是完全民事行为能力人，可以独立实施民事法律行为。16周岁以上的未成年人，以自己的劳动收入为主要生活来源的，视为完全民事行为能力人。② 限制民事行为能力人。这类人能够在法律许可的范围内或者经法定代理人同意独立进行民事活动。8周岁以上的未成年人为限制民事行为能力人，不能完全辨认自己行为的成年人也是限制民事行为能力人。③ 无民事行为能力人。从理论上讲，这类人不能独立实施任何民事行为。不满8周岁的未成年人为无民事行为能力人，由其法定代理人代理实施民事法律行为。不能辨认自己行为的成年人以及8周岁以上不能辨认自己行为的未成年人为无民事行为能力人，由其法定代理人代理实施民事法律行为。

法律行为主体只有取得了相应的民事权利能力和行为能力以后，作出的民事行为法律才能认可。限制民事行为能力人可以独立实施纯获利益的民事法律行为或者与其年龄、智力、精神健康状况相适应的民事法律行为，其他的行为须由法定代理人代理或经其同意；无民事行为能力人由其法定代理人代理实施民事法律行为。

（2）意思表示真实

意思表示真实就是说行为人表现于外部的表示与其内在的真实意志相一致。

如果行为人与相对人以虚假的意思表示实施的民事法律行为无效，以虚假的意思表示隐藏的民事法律行为的效力，依照有关法律规定处理。

如果行为人的意思表示是基于胁迫、欺诈的原因而作出的，则不能反映行为人的真实意志，这就不能产生法律上的效力。一方以欺诈手段，使对方在违背真实意思的情况下实施的民事法律行为，受欺诈方有权请求人民法院或者仲裁机构予以撤销；第三人实施欺诈行为，使一方在违背真实意思的情况下实施的民事法律行为，对方知道或者应当知道该欺诈行为的，受欺诈方有权请求人民法院或者仲裁机构予以撤销；一方或者第三人以胁迫手段，使对方在违背真实意思的情况下实施的民事法律行为，受胁迫方有权请求人民法院或者仲裁机构予以撤销。

如果行为人基于某种错误认识而导致意思表示与内在意志不一致，则只有在存在重大错误的情况下，才有权请求人民法院或者仲裁机关予以变更或撤销。

如果一方利用对方处于危困状态、缺乏判断能力等情形，致使民事法律行为成立时显失公平的，受损害方有权请求人民法院或者仲裁机构予以撤销。

如果行为人故意作出不真实的意思表示，则该行为人无权主张行为无效，而善意的相对人或第三人，则可根据情况主张行为无效。

（3）不违反法律和社会公共利益

根据《民法总则》的规定，行为内容合法表现为不违反法律和社会公共利益、社会公德。

行为内容合法首先不得与法律、行政法规的强制性或禁止性规范相抵触。其次，行为内容合法还包括行为人实施的民事行为不得违背社会公德，不得损害社会公共利益。

2）法律行为的形式有效要件

民事法律行为的形式也就是行为人进行意思表示的形式。民事法律行为所采用的形式分为要式民事法律行为和不要式民事法律行为。凡属要式民事法律行为，必须采用法律规定的特定形式才为合法，特定形式主要指公证形式、审核批准形式、登记、公告形式等。不要式民事法律行为，当事人在法律允许范围可以选择口头形式、书面形式或其他形式作为民事法律行为的形式。

1.3.2 代理制度的基本内容

1. 代理的概念与特征

代理，是指代理人在代理权限范围内，以被代理人的名义与第三人实施的民事法律行为，由此产生的法律后果直接归属于被代理人的法律制度。代理关系的主体包括代理人、被代理人和第三人（亦称相对人）。

代理具有以下特征。

① 代理行为是民事法律行为。代理行为以意思表示为核心，能够在被代理人与第三人之间设立、变更和终止民事权利和民事义务，如订立合同、履行债务等。

② 代理人以被代理人的名义实施民事法律行为。非以被代理人的名义而以自己的名义代替他人实施民事法律行为，不属代理行为，如行纪、寄售等受托处分财产的行为。

③ 代理人在代理权限内独立地向第三人进行意思表示。代理人在代理关系中具有独立的地位，代理人在实施代理行为时，有权根据情况独立地进行判断，并自主地作出意思表示。

④ 代理行为的法律效果直接归属于被代理人。该法律后果既包括对被代理人有利的法律后果，也包括不利的法律后果。

2. 代理的适用范围

代理的适用范围相当广泛，一般的民事活动均可以适用。但是依照法律规定、当事人约定或者民事法律行为的性质，应当由本人亲自实施的民事法律行为，不得代理。具体来讲，下列4种行为不适用代理。

① 意思表示具有严格的人身性质的行为。如立遗嘱、婚姻登记、收养子女等，不得进行代理，必须由意思表示人亲自实施行为。

② 履行具有严格人身性质的债务行为。如以约定进行表演、依约诊断病人的病情等行为不得由他人代为履行。

③ 事实行为。事实行为不以发生民事法律后果为目的，无须向他人进行意思表示，不适用代理的规定。

④ 违法行为。代理实施违法行为的，不适用代理的规定。

3. 代理的种类

根据我国《民法总则》的规定，代理包括委托代理和法定代理2种形式。

① 委托代理。是基于被代理人的委托而发生的代理，是适用最广泛的代理形式。如公民委托律师代理诉讼即属于委托代理。委托合同是委托代理的基础关系，委托授权是委托代理产生的直接根据。

② 法定代理。是基于法律的直接规定而产生的代理。如父母作为监护人代理未成年人进行民事活动就是属于法定代理。法定代理通常适用于被代理人是无行为能力的人或限制行为能力的人的情况。

4. 代理权

（1）代理权概述

代理制度的核心内容是代理权。代理权是代理人以他人名义独立为意思表示，并使其效果归属于他人的一种法律资格。代理权产生的根据，或基于法律规定，如法定代理和指定代理；或基于被代理人的授权行为，如委托代理。在市场经济活动中，委托代理是使用最广泛的代理形式。

委托代理中的授权行为是一种单方法律行为，仅凭被代理人一方的意思表示，即可发生授权的效果。委托授权行为可以采用书面形式，也可以采用口头形式或者其他方式授权。法律规定用书面形式的，应当用书面形式。委托代理授权采用书面形式的，授权委托书应当载明代理人的姓名或者名称、代理事项、权限和期间，并由被代理人签名或者盖章。

委托代理的其他类型主要有两种。

① 共同代理。共同代理是指代理人为二人或二人以上，代理权由二人或二人以上共同行使的代理。数人为同一代理事项的代理人的，应当共同行使代理权，但是当事人另有约定的除外。

② 转委托。转委托是受托人把本应由自己亲自处理的委托事务交给他人处理的行为。代理人需要转委托第三人代理的，应当取得被代理人的同意或者追认。转委托代理经被代理人同意或者追认的，被代理人可以就代理事务直接指示转委托的第三人，代理人仅就第三人的选任以及对第三人的指示承担责任。转委托代理未经被代理人同意或者追认的，代理人应当对转委托的第三人的行为承担责任，但是在紧急情况下代理人为了维护被代理人的利益需要转委托第三人代理的除外。

代理人知道或者应当知道委托代理事项违法仍然实施代理行为，或者被代理人知道或者应当知道代理人的代理行为违法未作反对表示的，被代理人和代理人应当承担连带责任。

（2）禁止代理权的滥用

在代理活动中，禁止下列滥用代理权的行为。

① 自己代理。是指代理人在代理权限内以被代理人的名义同自己进行法律行为。根据《民法总则》第一百六十八条规定："代理人不得以被代理人的名义与自己实施民事法律行为，但是被代理人同意或者追认的除外。"

② 双方代理。是指同一个代理人同时代理双方当事人进行同一民事行为。例如，在同一诉讼中，律师既代理原告，又代理被告，这就很可能损害一方或双方当事人的利益，因此，此种情形为法律所禁止。根据《民法总则》第一百六十八条规定："代理人不得以被代理人的名义与自己同时代理的其他人实施民事法律行为，但是被代理的双方同意或者追认的除外。"

③ 代理人懈怠行为和与第三人恶意串通行为。根据《民法总则》第一百六十四条规定："代理人不履行或者不完全履行职责，造成被代理人损害的，应当承担民事责任。代理人和相对人恶意串通，损害被代理人合法权益的，代理人和相对人应当承担连带责任。"

5. 无权代理和表见代理

① 无权代理。无权代理是指没有代理权而以他人名义进行的民事行为。无权代理不是代理的一种形式，而是具备代理行为的表象但是欠缺代理权的行为。无权代理在法律上并非当

然无效,应当根据具体情形具体分析。

无权代理包括 3 种情况:一是没有代理权的代理,二是超越代理权的代理,三是代理权终止后而为的代理。

在无权代理的情况下,如果经过本人追认,无权代理人所为代理行为的法律效果归属于被代理人,视为有权代理。根据《民法总则》规定,行为人没有代理权、超越代理权或者代理权终止后,仍然实施代理行为,未经被代理人追认的,对被代理人不发生效力。相对人可以催告被代理人自收到通知之日起一个月内予以追认。被代理人未作表示的,视为拒绝追认。行为人实施的行为被追认前,善意相对人有撤销的权利。撤销应当以通知的方式作出。行为人实施的行为未被追认的,善意相对人有权请求行为人履行债务或者就其受到的损害请求行为人赔偿,但是赔偿的范围不得超过被代理人追认时相对人所能获得的利益。相对人知道或者应当知道行为人无权代理的,相对人和行为人按照各自的过错承担责任。

② 表见代理。行为人没有代理权、超越代理权或者代理权终止后,仍然实施代理行为,相对人有理由相信行为人有代理权的,该代理行为有效。这是关于表见代理的规定。

6. 代理权的终止

由于代理的种类不同,代理关系终止的原因也不尽相同。

① 委托代理的终止。根据《民法总则》的规定,有下列情形之一的,委托代理终止:
- 代理期间届满或者代理事务完成;
- 被代理人取消委托或者代理人辞去委托;
- 代理人丧失民事行为能力;
- 代理人或者被代理人死亡;
- 作为代理人或者被代理人的法人、非法人组织终止。

被代理人死亡后,有下列情形之一的,委托代理人实施的代理行为有效:
- 代理人不知道并且不应当知道被代理人死亡的;
- 被代理人的继承人予以承认;
- 授权中明确代理权在代理事务完成时终止;
- 被代理人死亡前已经实施,为了被代理人的继承人的利益继续代理。

作为被代理人的法人、非法人组织终止的,参照适用前款规定。

② 法定代理、指定代理的终止。根据《民法总则》的规定,有下列情形之一的,法定代理终止:
- 被代理人取得或者恢复完全民事行为能力;
- 代理人丧失民事行为能力;
- 代理人或者被代理人死亡;
- 法律规定的其他情形。

代理权终止后,代理关系消灭,代理人不得再以被代理人名义实施代理行为。否则,由代理人自己承担责任。

1.3.3 债权的基本内容

1. 债的概念

债是按照合同约定或依照法律规定,在当事人之间产生的特定的权利和义务关系。债是特定的当事人之间的一种民事法律关系。如买卖、供应、租赁、提供劳务、不实施某种行为等都是债的关系。

债的主体是指债的当事人，包括债权人与债务人，享有权利的人称为债权人，负有义务的人称为债务人。

债的客体是指债权债务共同指向的对象，即债务人应为的特定行为（给付行为）。

债的内容包括债权和债务，债权是指债权人享有的请求债务人为特定行为的权利；债务是指债务人为满足债权人请求而必须为特定行为的义务。债权人有权要求债务人按照合同的约定或者依照法律的规定履行义务。

2. 债的发生根据

债的发生，必须有一定的法律事实。引起债发生的法律事实就是债发生的根据。发生债的法律事实有很多，其中主要的有以下4种。

① 合同。合同是债发生的最为普遍的根据，它是双方当事人发生、变更、消灭债的关系的协议。企业之间的协作、供需等关系主要是通过合同来建立的。

② 侵权行为。侵权行为是侵害他人权利的行为。当事人一方因过错侵害他方当事人人身、财产或知识产权，造成他方损失时，加害人与受害人之间就发生了债的关系。受害人有权要求加害人赔偿损失，而加害人负有赔偿受害人损失的义务。

③ 无因管理。无因管理是指没有法定的或者约定的义务，自愿为他人管理事务或财物，使他人受到利益或者避免利益受到损失的行为。它包括法律行为，如收养迷路的幼孩；事实行为，如救护人命；保存行为，如修缮房屋；处分行为，如出卖不易久藏的物品。在无因管理的情况下，一方当事人没有法定的或约定的义务，而自愿为另一方当事人管理某项事务或财物的事实本身，使得法律认定在双方当事人之间产生了一定的权利义务关系，即无因管理人有权要求受益人偿付由此而支付的必要费用。

④ 不当得利。不当得利是指取得利益没有法律上的根据，而使财产所有人遭受损失。不当得利的法律事实发生后，即在不当得利人与利益所有人之间发生了债的关系。利益所有人有请求不当得利人返还其不当得利的权利，不当得利人负有返还不当得利给利益所有人的义务。比如，买受人多付了货款，出卖人多收的部分款项即是不当得利，应该返还给买受人。

债的发生根据除前述几种外，遗赠、抢救公物、扶养、发现埋藏物等，也是债的发生根据。

1.3.4 诉讼时效

1. 诉讼时效的概念和特征

诉讼时效是指权利人在法定期间内不行使权利，即丧失在诉讼中的胜诉权的法律制度。诉讼时效的特征有以下几点。

① 诉讼时效的期间是可变期间，可以中止、中断、延长。

② 诉讼时效消灭的是一种胜诉权，而不消灭实体权利，也不消灭起诉权。《民法总则》第一百九十二条规定："诉讼时效期间届满的，义务人可以提出不履行义务的抗辩。诉讼时效期间届满后，义务人同意履行的，不得以诉讼时效期间届满为由抗辩；义务人已自愿履行的，不得请求返还。"如债务人自愿履行超过诉讼时效的债务，事后债务人不能以超过诉讼时效期间为理由，请求权利人按不当得利返还已交付的财产。根据最高人民法院的司法解释：对超过诉讼时效期间，当事人双方就原债务达成还款协议的，应当依法予以保护。

③ 诉讼时效属于国家法律的强制性规定。诉讼时效及其具体内容由国家法律作出强制性的规定，当事人均不得对其内容做任何修改。《民法总则》第一百九十七条规定："诉讼时效的期间、计算方法以及中止、中断的事由由法律规定，当事人约定无效。当事人对诉讼时效利益的预先放弃无效。"

2. 诉讼时效期间

（1）诉讼时效期间的概念

诉讼时效期间是指权利人请求人民法院或仲裁机关保护其民事权利的法定期间。《民法总则》第一百八十八条规定："向人民法院请求保护民事权利的诉讼时效期间为三年。法律另有规定的，依照其规定。诉讼时效期间自权利人知道或者应当知道权利受到损害以及义务人之日起计算。法律另有规定的，依照其规定。但是自权利受到损害之日起超过二十年的，人民法院不予保护；有特殊情况的，人民法院可以根据权利人的申请决定延长。"

《合同法》规定，国际货物买卖合同和技术进出口合同争议提起诉讼或者申请仲裁的期限为4年，自当事人知道或者应当知道其权利受到侵害之日起计算。

诉讼时效期间，从当事人知道或者应当知道其权利受到侵害之日起计算。例如，债的履行期限到来时，从债务人不履行债务这一天开始计算诉讼时效期间。

（2）诉讼时效期间起算的特别情况

① 当事人约定同一债务分期履行的，诉讼时效期间自最后一期履行期限届满之日起计算。

② 无民事行为能力人或者限制民事行为能力人对其法定代理人的请求权的诉讼时效期间，自该法定代理终止之日起计算。

③ 未成年人遭受性侵害的损害赔偿请求权的诉讼时效期间，自受害人年满18周岁之日起计算。

3. 诉讼时效的中止、中断与延长

（1）诉讼时效的中止

诉讼时效的中止是指诉讼时效进行中，因发生一定的法定事由而使权利人不能行使请求权，暂时停止计算诉讼时效期间，以前经过的时效期间仍然有效，待阻碍时效进行的事由消失后，时效继续进行。根据《民法总则》规定，在诉讼时效期间的最后六个月内，因下列障碍，不能行使请求权的，诉讼时效中止：

① 不可抗力；

② 无民事行为能力人或者限制民事行为能力人没有法定代理人，或者法定代理人死亡、丧失民事行为能力、丧失代理权；

③ 继承开始后未确定继承人或者遗产管理人；

④ 权利人被义务人或者其他人控制；

⑤ 其他导致权利人不能行使请求权的障碍。

自中止时效的原因消除之日起满六个月，诉讼时效期间届满。

（2）诉讼时效的中断

诉讼时效的中断是指在诉讼时效进行中，因发生一定的法定事由，致使已经经过的时效期间统归无效，待时效中断的法定事由消除后，诉讼时效期间重新计算。根据《民法总则》规定，有下列情形之一的，诉讼时效中断，从中断、有关程序终结时起，诉讼时效期间重新计算：
① 权利人向义务人提出履行请求；
② 义务人同意履行义务；
③ 权利人提起诉讼或者申请仲裁；
④ 与提起诉讼或者申请仲裁具有同等效力的其他情形。

诉讼时效权利人提起诉讼或者申请仲裁、权利人提起诉讼或者申请仲裁、权利人向义务人提出履行请求而中断。从中断时起，诉讼时效期间重新计算。比如，在诉讼时效期间，债权人向人民法院提起诉讼或债权人向债务人请求履行义务或义务人承认义务并同意履行，则诉讼时效中断。诉讼时效因权利人主张权利或者义务人同意履行义务而中断后，权利人在新的诉讼时效期间内再次主张权利或者义务人再次同意履行义务的，可以认定为诉讼时效再次中断。

(3) 诉讼时效的延长

诉讼时效的延长是指人民法院对已经完成的诉讼时效，据特殊情况而予以延长。这是法律赋予司法机关的一种自由裁量权，至于何为特殊情况，则由人民法院判定。

4. 诉讼时效的例外

诉讼时效并非适用于所有的请求权。根据《民法总则》规定，下列请求权不适用诉讼时效的规定：
① 请求停止侵害、排除妨碍、消除危险；
② 不动产物权和登记的动产物权的权利人请求返还财产；
③ 请求支付抚养费、赡养费或者扶养费；
④ 依法不适用诉讼时效的其他请求权。

另外，最高人民法院《关于审理民事案件适用诉讼时效制度若干问题的规定》也规定了一些不适用诉讼时效的债权请求权：支付存款本金及利息请求权；兑付国债、金融债券以及向不特定对象发行的企业债券本息请求权；基于投资关系产生的缴付出资请求权。

1.4 经济法律关系的保护

经济法律关系的保护是指依照经济法律、法规的有关规定，保证经济法律关系的参加者正确地行使经济权利和切实履行经济义务，对不履行经济义务和违反经济法规的行为予以制裁，从而使得经济法律关系得以全面实现。

经济法律关系的保护不同于其他法律形式的法律保护。如民事法律关系和刑事法律关系的保护，只有在发生纠纷或是发生违法行为，并造成危害后果时，才发生适用相应的法律规范予以调整的问题。而经济法律关系的保护是积极的行为，不论是否发生争议，只要是经济法律关系一经形成，自始至终都存在法律保护的问题，只不过是根据经济法律关系所处不同阶段，而采取不同的保护形式和手段而已。为此，国家在一系列经济法规中，既规定了经济法律关系的监督和保护机构，又规定了各种保护方法。

1. 经济法律关系的监督和保护机构

(1) 审计机构

审计机构代表国家行使审计监督权，对国家财政财务收支进行审计监督。审计机构有权向被审计部门或单位索取、调阅各种专题报告、账册、凭证、报表、预决算文本、合同等资料,有权指派由审计员和其他人员组成的检查组,到被审计部门、单位进行必要的财务检查和经济效益的检查。国家保证审计活动的独立性,不受其他行政机关、社会团体和个人的干涉。审计监督的对象,包括国务院所属各部门、各人民团体及所属单位,全民所有制和集体所有制企事业单位等。审计监督的目的,是要使财政、财务收支正确合法,以促进改善经营管理,提高经济效益。审计裁决是审计检查的最终结论,审计裁决具有法律效力,当事人应认真执行。在审计过程中如发现需要追究刑事责任的,可移交司法部门进行审理。

(2) 国家行政机构

国家行政机构包括政府的专业主管部门(如商业、粮食、机械、轻工、纺织、建筑、邮电和交通等)和综合部门(如计划、财政、税务、银行、工商、物价、规划、国土和城管等)。国家发展和改革委员会及国务院主管经济工作的其他部委,均有权对全国的或者所属的经济部门和经济组织进行经济监督,对违背国家计划和对经济建设造成损害的单位有权依法进行处理,有权责令整顿或关、停、并、转以及给予必要的行政制裁。

(3) 仲裁机构

双方当事人发生经济纠纷时,首先应协商解决,协商不成时,可根据双方自愿由仲裁机构进行仲裁。如仲裁机构对合同纠纷和其他财产权益纠纷的仲裁等。

(4) 经济审判机构

经济审判机构即人民法院的经济审判庭和森林法院、海事法院等专门法院。人民法院通过行使经济审判权,保护经济法主体的合法权益。

2. 保护经济法律关系的方法

经济法律关系保护的实质就在于保证经济法律关系权利与义务的实现,这是由经济法律关系的特点所决定的。因此,保护经济法律关系的方法也是多种多样的,主要有追究民事责任、追究行政责任和追究刑事责任。

(1) 追究民事责任

民事责任是指由于违反民事法律、违约或者依照民事法律的规定所应承担的法律责任。

民事责任主要表现为财产责任,另外还有侵犯人身权利的责任。民事责任的种类有违约责任、侵权责任及不履行法定义务的民事责任。

承担民事责任的方式主要有:① 停止侵害;② 排除妨碍;③ 消除危险;④ 返还财产;⑤ 恢复原状;⑥ 修理、重作、更换;⑦ 继续履行;⑧ 赔偿损失;⑨ 支付违约金;⑩ 消除影响、恢复名誉;⑪ 赔礼道歉。法律规定惩罚性赔偿的,依照其规定。以上承担民事责任的方式,可以单独适用,也可以合并适用。

(2) 追究行政责任

行政责任是指由国家行政机关或国家授权的有关单位对违反经济法的单位或个人依法采取的行政制裁。

行政责任大体可分为行政处分和行政处罚。

对单位的处分形式有警告、停业整顿、吊销营业执照、勒令关闭、罚款等;对有关责任人员的处分形式有警告、记过、记大过、降级、降职、撤职、留用察看、开除公职等。

(3) 追究刑事责任

刑事责任是指违反经济法,造成严重后果,已触犯国家刑事法律,由国家审判机关依法给予行为人以相应的刑事制裁。

根据我国现行法律的规定，凡是法人犯罪的，只对法人处以罚金，对责任人员则根据犯罪的性质，处以相应的刑罚。

上述经济法律关系的保护方法是通过行政保护和司法保护的手段实现的。行政保护与司法保护，虽然属于不同性质的两种保护方法，但其法律效力是一样的。

1.5 案例分析

案例一　综合分析题

一、案情

张某在一风景区旅游，爬到山顶后，见一女子孤身站在山顶悬崖边上，目光异样，即心生疑惑。该女子见有人来，便向悬崖下跳去，张某情急中拉住女子衣服，将女子救上来。张某救人过程中，随身携带的价值2 000元的照相机被碰坏，手臂被擦伤；女子的头也被碰伤，衣服被撕破。张某将女子送到山下医院，为其支付各种费用500元，并为包扎自己的伤口用去20元。当晚，张某住在医院招待所，但已身无分文，只好向服务员借了100元，用以支付食宿费。次日，轻生女子的家人赶到医院，向张某表示感谢。问题：

1. 张某与轻生女子之间存在何种民事法律关系？
2. 张某的照相机被损坏及治疗自己伤口的费用女子是否应偿付？为什么？
3. 张某为女子支付的医疗费等费用能否请求女子偿付？为什么？
4. 张某向服务员借的100元，应当由谁偿付？为什么？
5. 张某能否请求女子给付一定的报酬？为什么？
6. 张某应否赔偿女子衣服损失？为什么？

二、参考答案

1. 因张某的救助行为使二者之间发生无因管理关系。没有法定的或者约定的义务，自愿为他人管理事务或财物，使他人受到利益或者避免利益受到损失的行为构成无因管理。
2. 应当由女子偿付。因为此系张某实施无因管理行为所造成的，而且张某自己没有过失，女子应偿付张某实施无因管理而发生的损失和合理的费用。
3. 能。因为此为张某在管理事务中支出的必要费用。
4. 由女子偿付。受益人对无因管理行为中发生的正当债务有清偿之义务。
5. 不能。因为无因管理是无偿性的。
6. 不应赔偿。因为此系张某在紧急情况下无过失造成的。

案例二　欠据与借据的诉讼时效有何不同？

一、案情

甲方与乙方签有一煤炭买卖合同，约定货到付款。然甲将货发到乙方后，乙因资金紧张无钱付款，遂出具欠据一张给甲，欠据上未注明何时还款。四年后，甲方因向乙催付欠款未果，而诉至法院请求判令乙偿付欠款及利息损失，乙则以甲之债权已超诉讼时效期间三年为由提出抗辩。此案应如何处理？

二、案例评析

法官在合议此案时意见分歧甚大：

第一种意见认为甲之债权未超诉讼时效，因欠据并未注明何时还款，甲随时可以向乙主张债权；

第二种意见认为欠据与借据不同，欠据出具之日即是诉讼时效期间起算之时，甲之债权已超诉讼时效期间，不应再受到法律的保护。

借据直接证明债权债务合同存在，其本身就是合同；而欠据则间接证明合同存在，其本身不是合同，而是合同债务人未按合同约定期限履行债务及债权人催要债权受阻的证明。

欠据与借据的法律效果不同，体现在对诉讼时效期间起算始点的影响不同。

欠据在未约定还款期限情形下仍为清偿期已约定之债权，欠据出具之时也就是债权届满之日，其诉讼时效期间起算始点自应从该欠据出具之日起算；而借据在未约定清偿期情形下属未约定清偿期之债权，债权人第一次提出清偿要求而未获履行之时即为债权成立之日，其诉讼时效期间起算始点应该为该债权成立之日。

本案甲之债权诉讼时效期间起算始点应该为欠据出具之时，其债权已超过诉讼时效期间三年，法院应依法驳回其诉讼请求。

作业题

一、复习思考题

1. 试述经济法的调整对象。
2. 经济法的存在形式有哪些？
3. 简述法律解释。
4. 试述经济法律关系的构成要素及其相互关系。
5. 简述经济法律关系的主体、客体和内容。
6. 什么是法律事实？经济法律关系的发生、变更和终止应具备哪些条件？
7. 什么是民事法律行为？民事法律行为的有效要件有哪些？
8. 简述委托代理、法定代理和指定代理。
9. 什么是债？债的发生根据主要有哪几种？
10. 什么是诉讼时效？其特征有哪些？
11. 简述诉讼时效的中止、中断与延长。

二、单项选择题

1. 对于《中华人民共和国香港特别行政区基本法》的法律解释由（　　）作出。
   A. 全国人大　　　　　　　　B. 全国人大常委会
   C. 国务院　　　　　　　　　D. 香港特别行政区大法官
2. 某施工企业未完成施工之际，恰好遭遇地震，导致在建工程坍塌，从而引起工程纠纷。在这一事件中，引起法律关系产生的情况属于（　　）。
   A. 社会事件　　B. 法律事件　　C. 法律行为　　D. 意外事件
3. 某校长甲欲将一套住房以50万元出售。某报记者乙找到甲，出价40万元，甲拒绝。乙对甲说："我有你贪污的材料，不答应我就举报你。"甲信以为真，以40万元将该房卖给乙。乙实际并无甲贪污的材料。关于该房屋买卖合同的效力，（　　）是正确的。

A. 存在欺诈行为，属可撤销合同

B. 存在胁迫行为，属可撤销合同

C. 存在乘人之危的行为，属可撤销合同

D. 存在重大误解，属可撤销合同

4. 下列代理行为中属于法定代理的是（　　）。

A. 未成年人的父母以监护人的身份代理未成年人进行民事活动

B. 某建筑企业依据行政法规的要求聘请了一位法律顾问

C. 法院指定一名律师作为离婚诉讼中丧失行为能力的一方当事人的代理人

D. 某位先生由其夫人代理他缴纳个人所得税

5. 在下列（　　）情形中，乙构成不当得利。

A. 甲欠乙500元，丙在甲不知情的情况下自愿代为偿还

B. 甲大学新建校区，当地居民乙的房屋大幅升值

C. 甲以拾得的100元还了欠乙的债务

D. 甲雇人耕田，雇工误耕了乙的数亩待耕之田

6. 某甲向银行取款时，银行工作人员因点钞失误多付给1万元。甲以这1万元作本钱经商，获利5 000元，其中2 000元为其劳务管理费用成本。一个月后银行发现了多付款的事实，要求甲退回，甲不同意。下列有关该案的（　　）表述是正确的。

A. 甲无须返还，因系银行自身失误所致

B. 甲应返还银行多付的1万元

C. 甲应返还银行多付的1万元，同时还应返还1个月的利息

D. 甲应返还银行多付的1万元，同时还应返还1个月的利息及3 000元利润

7. 下列各项中，能构成无因管理的是（　　）。

A. 必须经本人授权才能办理的事项

B. 主动为车主擦洗车辆

C. 路遇病人主动送至医院治疗并垫付医药费

D. 办理公益性质的事务

8. 甲将一工艺品寄存乙处。2013年2月10日，乙告知甲寄存的工艺品丢失。2013年8月2日，乙找到了丢失的工艺品并将其归还给甲，甲发现工艺品损毁严重。根据《民法通则》的规定，甲向人民法院请求保护其民事权利的诉讼时效期间为（　　）。

A. 自2013年2月10日至2016年2月10日

B. 自2013年8月2日至2016年8月2日

C. 自2013年2月10日至2015年2月10日

D. 自2013年8月2日至2015年8月2日

9. 甲于2010年5月10日同乙签订保管合同，5月12日甲将货物交乙保管。5月14日，甲提货时得知货物被盗。2010年10月1日甲所在地发生洪水泛滥的自然灾害，经过3个月抗洪救灾，通信与交通才恢复。甲请求乙赔偿损失的诉讼时效应始于（　　），届满于（　　）。

A. 2010年5月10日；2013年5月10日
B. 2010年5月12日；2012年5月12日
C. 2010年5月14日；2013年7月1日
D. 2010年5月14日；2012年7月14日

三、多项选择题

1. 下列各项中，可以作为经济法律关系客体的有（   ）。
   A. 阳光　　　　　B. 房屋　　　　　C. 经济决策行为　　D. 非专利技术
2. 根据有关法律的规定，下列选项中，属于无效民事行为的有（   ）。
   A. 不满10周岁的丫丫自己决定将压岁钱500元捐赠给希望工程
   B. 李某因认识上的错误为其儿子买回一双不能穿的鞋
   C. 甲企业的业务员黄某自己得到乙企业给予的回扣款1 000元而代理甲企业向乙企业购买了10吨劣质煤
   D. 丙公司向丁公司转让一辆无牌照的走私车
   E. 14周岁的刘某因学习成绩突出，被学校奖励500元
3. 依据国家法律规定或行为性质必须由本人亲自进行的行为不能代理，包括（   ）。
   A. 立遗嘱　　　　B. 婚姻登记　　　C. 商业演出
   D. 约稿　　　　　E. 签订合同
4. 下列行为中，能引起债的法律关系产生的是（   ）。
   A. 乙建设单位向若干施工企业发出招标公告
   B. 某企业在银行取款时，由于工作人员疏忽，多支付其2万元
   C. 某施工企业塔式起重机倒塌将附近一超市砸毁
   D. 建设单位将施工企业遗留的施工设备代为保管
5. 甲向乙借款1万元，借款到期后甲分文未还。在诉讼时效期间内发生的下列情形中，能够产生时效中断效果的有（   ）。
   A. 乙在大街上碰到甲，甲主动向乙表示将在3日内先支付约定的利息
   B. 乙以特快专递发送催款函件给甲，甲签收后未拆封
   C. 甲遇到车祸，变成了植物人，且没有法定代理人
   D. 乙向人民法院申请支付令

四、案例分析题

1. 陈某开车将王某撞死，为此陈某赔偿王某15万元。王某的继承人王甲、王乙、王丙继承王某的遗产。问：本案引起法律关系的法律事实有哪些？
2. 高中生王某（15周岁）在百货商场自作主张花费1 500元为自己购买了一枚金戒指。王某的父母得知此事后，以王某不具有完全民事行为能力，购买金戒指未经其父母同意为由，找到商场要求退货。请问：
   （1）王某购买金戒指的民事法律行为是否有效？为什么？
   （2）商场是否有权拒绝王某的父母的退货要求？
3. 2018年8月30日，胡某外出随手一招上了李某的出租车，行至西三环被逆行的陈某的大货车撞上，胡某受重伤，因此花去医疗费15万元，为此，胡某提出索赔。请问：
   （1）胡某与李某之间为何种法律关系？

（2）胡某身受重伤，胡某与陈某之间产生何种法律关系？
（3）胡某应该如何主张权利？

4. 张某系某村农民，欠该村 8 000 元。2013 年年底，张某到煤矿当工人。张某搬走后，留有自建土瓦房 4 间。2015 年冬，该村派人找张某要账，张某说才上两年工，没挣几个钱，暂时无力还债，希望再缓一缓。为确保债务清偿，村方与张某签订了还款协议。协议规定：张某最迟于 2016 年年底还清欠款，如到期不还，即变卖张某的 4 间土瓦房抵债。双方签字，并进行了登记。当年夏天，由于雨水充沛，土瓦房受到淋损，村里写信通知张某回来修补房屋，但张某推托未回。为使房屋免遭毁损，村里只好派人替张某整修房屋，连工带料共花去了 1 000 多元。事后，村里将修房一事告知张某，要求张某支付该笔修缮费。张某拒绝支付。村方遂向法院起诉，要求法院判令张某支付该笔修缮费。

（1）村里派人替张某整修房屋的行为构成何种法律关系？
（2）村方要求张某支付该笔修缮费的主张，法院是否支持？为什么？

5. 甲公司与乙公司于 2010 年 7 月 10 日签订一份合同，约定由甲向乙供应一套设备并负责送货、安装，货款总额为 300 万元。同年 10 月 10 日，甲公司将设备运抵乙方，设备安装后，调试运转正常。乙公司即付货款 280 万元，双方同意剩余 20 万元待设备运转 3 个月后如无质量问题时再行支付。3 个月后，乙未向甲提出质量问题，甲去函要求乙支付余款 20 万元。乙以目前尚不能肯定设备有无质量问题为由，要求再等 3 个月。甲未允，去函要求乙方至迟于 2011 年 2 月 10 日前结清全部货款及迟延利息。乙未答复。此后 4 年内，双方未再就此事交涉。2015 年 5 月，甲公司清理合同时发现乙公司尚欠其 20 万元设备款，遂派人至乙公司追讨，经双方协商，于 2015 年 5 月 30 日达成书面协议，乙公司同意于 2015 年 6 月 30 日前付清所欠货款。至 6 月 30 日，乙公司仍未付清此款。甲公司遂起诉于法院。

根据上述案情，请简要回答下列问题：
（1）甲公司和乙公司于 2010 年 7 月 10 日所签买卖合同的诉讼时效应截止于何时？
（2）设乙公司在 2011 年 3 月 10 日发现设备有质量问题，能否要求甲公司承担违约责任？为什么？
（3）一种意见认为，本案诉讼时效已过，乙公司有权拒付余款 20 万元，这是否正确？为什么？
（4）如何看待甲乙双方于 2015 年 5 月 30 日达成的协议？

第 2 章 合伙企业法与个人独资企业法

2.1 合伙企业法

2.1.1 合伙企业法概述

1. 合伙企业的概念和种类

合伙企业,是指依法设立,由各合伙人订立合伙协议,共同出资、合伙经营、共享收益、共担风险,普通合伙人对合伙企业债务承担无限连带责任的营利性组织。

《中华人民共和国合伙企业法》(以下简称《合伙企业法》)所称合伙企业,是指自然人、法人和其他组织依照《合伙企业法》在中国境内设立的普通合伙企业和有限合伙企业。

普通合伙企业由普通合伙人组成,合伙人对合伙企业债务承担无限连带责任。有限合伙企业由普通合伙人和有限合伙人组成,普通合伙人对合伙企业债务承担无限连带责任,有限合伙人以其认缴的出资额为限对合伙企业债务承担责任。

2. 合伙企业的特征

合伙企业具有下列基本特征。

① 合伙企业由各合伙人组成。合伙企业不是单个人的行为,而是多个人的联合,即一个合伙企业至少有两个合伙人。合伙人可以是中国的自然人、法人和其他组织,也可以是外国企业或者个人,但外国企业或者个人在中国境内设立合伙企业需要遵守国务院的具体规定。国有独资公司、国有企业、上市公司及公益性的事业单位、社会团体不得成为合伙企业的普通合伙人,但可以成为有限合伙人。

② 合伙企业是不具有法人资格的营利性组织。合伙企业的营利性是合伙企业存在的目的,这使得合伙企业与其他具有合伙形式但不以营利为目的的合伙组织相区别,后者的设立和活动不适用合伙企业法。合伙企业的组织性,使得合伙企业与一般民事合伙相区别。例如,契约型合伙就不一定具有营利目的,其营业往往是临时性的,无须有自己的名称,也无须向企业登记机关申请登记,只需订立合伙合同即可成立。我国合伙企业与个人独资企业一样,都不具有法人资格。

③ 合伙企业以合伙协议作为其法律基础。合伙企业的实质是一种合同行为,它是依据合伙协议确定下来的。合伙协议是联结合伙人之间合作关系、确定合伙人各自的权利义务,使合伙企业得以设立的前提,也是合伙企业的基础。合伙协议依法由全体合伙人协商一致、以书面形式订立。订立合伙协议、设立合伙企业,应当遵循自愿、平等、公平、诚实信用原则。

④ 合伙企业的内部关系属于合伙关系。所谓合伙关系,就是共同出资、合伙经营、共享收益、共担风险的关系。

⑤ 普通合伙人对合伙企业债务承担无限连带责任。各普通合伙人必须以其个人财产承担合伙企业的债务，即当合伙企业的财产不足以清偿其债务时，普通合伙人应当以自己的个人财产承担该不足部分的清偿责任；有限合伙人以其认缴的出资额为限对合伙企业债务承担责任。

⑥ 合伙企业的经营成本较低。我国《合伙企业法》规定：合伙企业的生产经营所得和其他所得，按照国家有关税收规定，由合伙人分别缴纳所得税。我国合伙企业不需要缴纳企业所得税，只需缴纳个人所得税，合伙企业的经营成本较低，合伙人的投资回报相对较高。

3. 合伙企业法的概念

合伙企业法有广义和狭义之分。狭义的合伙企业法是指由国家最高立法机关依法制定的规范合伙企业合伙关系的专门法律，即《中华人民共和国合伙企业法》。该法由第八届全国人民代表大会常务委员会第二十四次会议于1997年2月23日通过，2006年8月27日第十届全国人民代表大会常务委员会第二十三次会议对其进行了修订，修订后的法律自2007年6月1日起施行。为了确认合伙企业的经营资格，规范合伙企业登记行为，《国务院关于修改〈中华人民共和国合伙企业登记管理办法〉的决定》也自2007年6月1日起施行。广义的合伙企业法是指国家立法机关或者其他有权部门依法制定的，调整合伙企业合伙关系的各种法律规范的总称，它包括《合伙企业法》及国家有关法律、行政法规和规章中关于合伙企业的法律规范，如《民法通则》中有关个人合伙及法人联营的规定。

我国《合伙企业法》第一条规定："为了规范合伙企业的行为，保护合伙企业及其合伙人、债权人的合法权益，维护社会经济秩序，促进社会主义市场经济的发展，制定本法。"这是我国合伙企业法立法的宗旨。合伙企业及其合伙人必须遵守法律、行政法规，遵守社会公德、商业道德，承担社会责任。

4. 合伙企业的设立登记和变更登记

企业登记是指企业在设立、变更、终止时，依法在企业注册登记机关由申请人提出申请，主管机关审查无误后予以核准并记载法定登记事项的行为。企业登记通常包括企业设立登记和企业变更登记。

（1）企业设立登记

① 向企业登记机关提交相关文件。申请设立合伙企业，应当向企业登记机关提交登记申请书、合伙协议书、合伙人身份证明等文件。根据国务院发布的《合伙企业登记管理办法》的规定，申请设立合伙企业，应当向企业登记机关提交下列文件：全体合伙人签署的设立登记申请书；全体合伙人的身份证明；全体合伙人指定代表或者共同委托代理人的委托书；合伙协议；全体合伙人对各合伙人认缴或者实际缴付出资的确认书；主要经营场所证明；国务院工商行政管理部门规定提交的其他文件。法律、行政法规或者国务院规定设立合伙企业须经批准的，还应当提交有关批准文件。

合伙企业的经营范围中有属于法律、行政法规规定在登记前须经批准的项目的，该项经营业务应当依法经过批准，并在登记时提交批准文件。全体合伙人决定委托执行事务合伙人的，应当向企业登记机关提交全体合伙人的委托书。执行事务合伙人是法人或者其他组织的，还应当提交其委派代表的委托书和身份证明。

② 企业登记机关登记。申请人提交的登记申请材料齐全、符合法定形式，企业登记机关能够当场登记的，应予当场登记，发给营业执照。除此之外，企业登记机关应当自受理申请

之日起 20 日内,作出是否登记的决定。予以登记的,发给营业执照;不予登记的,应当给予书面答复,并说明理由。

合伙企业的登记事项应当包括:名称;主要经营场所;执行事务合伙人;经营范围;合伙企业类型;合伙人姓名或者名称及住所、承担责任方式、认缴或者实际缴付的出资数额、缴付期限、出资方式和评估方式。合伙协议约定合伙期限的,登记事项还应当包括合伙期限。执行事务合伙人是法人或者其他组织的,登记事项还应当包括法人或者其他组织委派的代表。

合伙企业的营业执照签发日期,为合伙企业成立日期。合伙企业领取营业执照前,合伙人不得以合伙企业名义从事合伙业务。

③ 合伙企业设立分支机构,应当向分支机构所在地的企业登记机关申请登记,领取营业执照。

(2)企业变更登记

如果合伙企业登记事项发生变更,执行合伙事务的合伙人应当自作出变更决定或者发生变更事由之日起 15 日内,向企业登记机关申请办理变更登记。

2.1.2 普通合伙企业的法律规定

1. 普通合伙企业的设立

普通合伙企业是指合伙人均为普通合伙人,合伙人对企业债务承担无限连带责任的合伙企业。根据我国《合伙企业法》的规定,设立普通合伙企业,应当具备下列条件。

① 有两个以上合伙人。合伙人可以是法人和其他组织,也可以是自然人。合伙人为自然人的应当具有完全民事行为能力。在合伙企业依法成立之后,合伙人被依法认定为无民事行为能力人或者限制民事行为能力人的,可以转为有限合伙人。法律、行政法规禁止从事营利性活动的人,不得成为合伙企业的合伙人,例如国家公务员、党政机关领导干部、公检法人员等不能成为合伙人。

② 有书面合伙协议。无论对于合伙人还是对于合伙企业,合伙协议都是非常重要的法律文件。合伙协议应当依法由全体合伙人协商一致,以书面形式订立。合伙协议经全体合伙人签名、盖章后生效。合伙人按照合伙协议享有权利,履行义务。修改或者补充合伙协议,应当经全体合伙人一致同意;但是,合伙协议另有约定的除外。合伙协议未约定或者约定不明确的事项,由合伙人协商决定;协商不成的,依照合伙企业法和其他有关法律、行政法规的规定处理。

合伙协议应当载明下列事项:合伙企业的名称和主要经营场所的地点;合伙目的和合伙经营范围;合伙人的姓名或者名称、住所;合伙人的出资方式、数额和缴付期限;利润分配、亏损分担方式;合伙事务的执行;入伙与退伙;争议解决办法;合伙企业的解散与清算;违约责任。

③ 有合伙人认缴或者实际缴付的出资。在合伙企业设立过程中,合伙人的基本义务之一就是履行出资义务。《合伙企业法》规定,合伙人应当按照合伙协议约定的出资方式、数额和缴付期限,履行出资义务。以非货币财产出资的,依照法律、行政法规的规定,需要办理财产权转移手续的,应当依法办理。合伙人可以用货币、实物、知识产权、土地使用权或者其他财产权利出资,也可以用劳务出资。合伙人以实物、知识产权、土地使用权或者其他财产权利出资,需要评估作价的,可以由全体合伙人协商确定,也可以由全体合伙人委托法定评

估机构评估。合伙人以劳务出资的,其评估办法由全体合伙人协商确定,并在合伙协议中载明。没有最低资本额的限制、灵活的出资方式及非货币出资无须法定评估机构评估,是合伙企业与公司制企业的区别。

④ 有合伙企业的名称和生产经营场所。《合伙企业法》第十五条规定,合伙企业名称中应当标明"普通合伙"字样。

⑤ 法律、行政法规规定的其他条件。

2. 普通合伙企业财产

(1) 合伙企业财产的构成

合伙人的出资、以合伙企业名义取得的收益和依法取得的其他财产,均为合伙企业的财产。

合伙企业财产主要由3部分组成。

① 合伙人的出资。即合伙人按照合伙协议实际缴付的出资。合伙人的出资形式多样,不同的出资反映的性质不完全一样。以现金或明确以财产所有权出资的,出资人不再享有出资财产的所有权,而由全体合伙人共有。以房屋使用权、土地使用权、商标使用权、专利使用权等权利出资的,出资人并不因为出资行为而丧失房屋所有权、土地使用权、商标权、专利权等权利,这些出资财产的所有权或使用权仍属于出资人,合伙企业只享有使用和管理权。对于此类出资,在合伙人退伙或合伙企业解散时,合伙人有权要求返还原物。如果出资的所有权转移而形成合伙人之间的共有关系,在合伙人退伙或合伙企业解散时,只能以分割共有财产的方式收回出资的价值量。

② 以合伙企业名义取得的收益。主要包括合伙企业的公共积累资金、未分配的盈余、合伙企业债权、合伙企业取得的工业产权和非专利技术等财产权利。

③ 依法取得的其他财产。如合法接受赠与的财产等。

(2) 合伙企业财产的性质

① 合伙企业的财产具有独立性。是指合伙企业的财产独立于合伙人,合伙人将财产投入合伙企业以后,一般来说,就丧失了对出资财产的所有权或占有权,合伙企业的财产权由合伙企业行使,而不是由单独的合伙人行使。

② 合伙企业的财产具有完整性。是指合伙企业的财产作为一个完整的统一体而存在。合伙人对合伙企业的财产,依照合伙协议所确定的份额或比例享有共有权。至于是按份共有,还是共同共有,学者们分歧比较大。根据《物权法》的规定,共有人对共有的不动产或者动产没有约定为按份共有或者共同共有,或者约定不明确的,除共有人具有家庭关系等外,视为按份共有。根据此规定,合伙人对合伙企业财产的共有应当为按份共有。合伙人有义务保持共有财产的完整性。除《合伙企业法》另有规定的以外,合伙人在合伙企业清算前,不得请求分割合伙企业的财产。合伙人在合伙企业清算前私自转移或者处分合伙企业财产的,合伙企业不得以此对抗善意第三人。

(3) 合伙企业财产转让的规定

① 合伙人之间转让在合伙企业中的全部或者部分财产份额时,应当通知其他合伙人。

② 除合伙协议另有约定外,合伙人向合伙人以外的人转让其在合伙企业中的全部或者部分财产份额时,须经其他合伙人一致同意。

③ 合伙人向合伙人以外的人转让其在合伙企业中的财产份额的,在同等条件下,其他合

伙人有优先购买权;但是,合伙协议另有约定的除外。

合伙人以外的人依法受让合伙人在合伙企业中的财产份额的,经修改合伙协议即成为合伙企业的合伙人,依照合伙企业法和修改后的合伙协议享有权利,履行义务。合伙人以外的人成为合伙人须修改合伙协议,未修改合伙协议的,不能成为法律所称的"合伙企业的合伙人"。

(4) 合伙企业财产出质的规定

由于合伙人以财产份额出质可能导致该财产份额依法发生权利转移,因此,《合伙企业法》规定:"合伙人以其在合伙企业中的财产份额出质的,须经其他合伙人一致同意;未经其他合伙人一致同意,其行为无效,由此给善意第三人造成损失的,由行为人依法承担赔偿责任。"

3. 普通合伙企业的事务执行

1) 合伙事务执行的方式

普通合伙企业应当由合伙人共同经营,各合伙人对执行合伙事务享有同等的权利。普通合伙企业的事务执行方式可以在合伙协议中事先约定或者由全体合伙人共同决定,具体方式有:① 由全体合伙人共同执行合伙事务;② 由各合伙人分别执行合伙事务;③ 委托一个合伙人执行合伙事务;④ 委托数个合伙人执行合伙事务。

执行合伙事务的合伙人对外代表合伙企业。未接受委托执行合伙企业事务的其他合伙人,不再执行合伙企业的事务。作为合伙人的法人、其他组织执行合伙事务的,由其委派的代表执行。

2) 合伙人在执行合伙事务中的权利和义务

(1) 合伙人在执行合伙事务中的权利

根据我国《合伙企业法》的规定,合伙人在执行合伙事务中的权利包括以下几方面。

① 各合伙人对执行合伙企业事务享有同等的权利。

② 不执行合伙事务的合伙人有权监督执行事务合伙人执行合伙事务的情况。

③ 合伙人为了解合伙企业的经营状况和财务状况,有权查阅合伙企业会计账簿等财务资料。

④ 合伙人分别执行合伙事务的,执行事务合伙人可以对其他合伙人执行的事务提出异议。提出异议时,应当暂停该项事务的执行。如果发生争议,按照合伙协议约定的表决办法办理。

⑤ 受委托执行合伙事务的合伙人不按照合伙协议或者全体合伙人的决定执行事务的,其他合伙人可以决定撤销该委托。

(2) 合伙人在合伙事务执行中的义务

根据我国《合伙企业法》的规定,合伙人在执行合伙事务中的义务包括:

① 由一个或者数个合伙人执行合伙事务的,执行事务合伙人应当定期向其他合伙人报告事务执行情况以及合伙企业的经营和财务状况,其执行合伙事务所产生的收益归合伙企业,所产生的费用和亏损由合伙企业承担;

② 合伙人不得自营或者同他人合作经营与本合伙企业相竞争的业务;

③ 除合伙协议另有约定或者经全体合伙人一致同意外,合伙人不得同本合伙企业进行交易;

④ 合伙人不得从事损害本合伙企业利益的活动。

3) 合伙企业事务执行的表决办法

合伙人对合伙企业有关事项作出决议的,按照合伙协议约定的表决办法办理。合伙协议未约定或者约定不明确的,实行合伙人一人一票并经全体合伙人过半数通过的表决办法。

合伙企业事务执行的表决办法有3种。

(1) 由合伙协议对决议办法作出约定。至于合伙协议中约定的表决办法,是采取全体合伙人一致通过,还是采取 2/3 以上多数通过,或者采取其他办法,由全体合伙人作出约定。

(2) 实行合伙人一人一票并经全体合伙人过半数通过的表决办法。这种办法只能在合伙协议未约定或者约定不明确的情况下采用。

(3) 依照《合伙企业法》的规定作出决议。有一些比较重要的事项,无论选择哪一种合伙企业事务的执行方式,除合伙协议另有约定外,应当经全体合伙人一致同意。依照《合伙企业法》的规定,由全体合伙人一致同意的事项包括:

① 改变合伙企业的名称;
② 改变合伙企业的经营范围、主要经营场所的地点;
③ 处分合伙企业的不动产;
④ 转让或者处分合伙企业的知识产权和其他财产权利;
⑤ 以合伙企业名义为他人提供担保;
⑥ 聘任合伙人以外的人担任合伙企业的经营管理人员。

4) 合伙企业的利润分配及亏损分担的规定

① 合伙企业有关利润分配、亏损分担的事务处理,应当按照合伙协议的约定办理;合伙协议未约定或者约定不明确的,由合伙人协商决定;协商不成的,由合伙人按照实缴出资比例分配、分担;无法确定出资比例的,由合伙人平均分配、分担。

② 合伙协议不得约定将全部利润分配给部分合伙人或者由部分合伙人承担全部亏损。

5) 合伙人增减出资的规定

根据我国《合伙企业法》的规定,合伙人按照合伙协议的约定或者经全体合伙人决定,可以增加或者减少对合伙企业的出资。

6) 非合伙人参与经营管理

根据我国《合伙企业法》的规定,经全体合伙人一致同意或合伙协议约定,合伙企业可以聘任合伙人以外的人担任合伙企业的经营管理人员。被聘任的经营管理人员的职责包括:

① 被聘任的合伙企业的经营管理人员应当在合伙企业授权范围内履行职务;

② 被聘任的合伙企业的经营管理人员,超越合伙企业授权范围履行职务,或者在履行职务过程中因故意或者重大过失给合伙企业造成损失的,依法承担赔偿责任。

4. 普通合伙企业与第三人关系

(1) 合伙企业与善意第三人关系

我国《合伙企业法》规定,合伙企业对合伙人执行合伙事务以及对外代表合伙企业权利的限制,不得对抗善意第三人。这里所指的合伙人,是指在合伙企业中有合伙事务执行权与对外代表权的合伙人;这里所指的善意第三人,是指本着合法交易的目的,诚实地通过合伙企业的事务执行人,与合伙企业之间建立民事、经济、法律关系的法人、非法人团体或自然人。如果第三人与合伙企业事务执行人恶意串通,损害合伙企业利益,则不属善意的情形。

(2) 合伙企业的债务清偿与合伙人关系

① 合伙企业对其债务,应先以其全部财产进行清偿。

② 合伙企业不能清偿到期债务的，合伙人承担无限连带责任。合伙人对合伙债务的清偿责任的性质属于补充性责任，即只有当合伙财产不足以清偿合伙债务时方由合伙人承担责任。合伙人承担无限连带责任，意味着每个合伙人均须对全部合伙债务负责，债权人可以依其选择，请求全体、部分或者个别合伙人清偿，被请求的合伙人应当清偿全部的合伙债务，不得以自己承担的份额为由拒绝。

③ 合伙人由于承担无限连带责任，清偿数额超过其亏损分担比例的，有权向其他合伙人追偿。

（3）合伙人的债务清偿与合伙企业关系

① 合伙人发生与合伙企业无关的债务，相关债权人不得以其债权抵销其对合伙企业的债务；也不得代位行使该合伙人在合伙企业中的权利。这是因为该债权人对合伙企业的负债，实质上是对全体合伙人负债；而合伙企业某一合伙人对该债权人的负债，只限于该合伙人个人，二者不能混同。另外，合伙具有人合性质，合伙人之间相互了解和信任是合伙关系稳定的基础。如果允许个别合伙人的债权人代位行使该合伙人在合伙企业中的权利，如参与管理权、事务执行权等，则不利于合伙关系的稳定和合伙企业的正常运营。

② 合伙人的自有财产不足清偿其与合伙企业无关的债务的，该合伙人可以以其从合伙企业中分取的收益用于清偿；债权人也可以依法请求人民法院强制执行该合伙人在合伙企业中的财产份额用于清偿。人民法院强制执行合伙人的财产份额时，应当通知全体合伙人，其他合伙人有优先购买权；其他合伙人未购买，又不同意将该财产份额转让给他人的，应依法为该合伙人办理退伙结算，或者办理削减该合伙人相应财产份额的结算。

5. 普通合伙企业的入伙与退伙

1）入伙

入伙，是指在合伙企业存续期间，合伙人以外的第三人加入合伙，从而取得合伙人资格。

（1）入伙的条件和程序

我国《合伙企业法》规定，新合伙人入伙，除合伙协议另有约定外，应当经全体合伙人一致同意，并依法订立书面入伙协议。订立入伙协议时，原合伙人应当向新合伙人如实告知原合伙企业的经营状况和财务状况。

（2）新合伙人的权利和责任

入伙的新合伙人与原合伙人享有同等权利，承担同等责任。但是，如果原合伙人愿意以更优越的条件吸引新合伙人入伙，或者新合伙人愿意以较为不利的条件入伙，也可以在入伙协议中另行约定。

入伙的新合伙人对入伙前合伙企业的债务承担无限连带责任。

2）退伙

退伙，是指合伙人退出合伙企业，从而丧失合伙人资格。

（1）退伙的种类

合伙人退伙，一般可以分为两类：一类是自愿退伙，另一类是法定退伙。

① 自愿退伙。是指合伙人基于自愿的意思表示而退伙。自愿退伙可以分为协议退伙和通知退伙两种。

关于协议退伙，我国《合伙企业法》规定，合伙协议约定合伙期限的，在合伙企业存续期间，有下列情形之一的，合伙人可以退伙：

- 合伙协议约定的退伙事由出现；
- 经全体合伙人一致同意；
- 发生合伙人难以继续参加合伙的事由；
- 其他合伙人严重违反合伙协议约定的义务。

合伙人违反上述规定退伙的，应当赔偿由此给合伙企业造成的损失。

关于通知退伙，我国《合伙企业法》规定，合伙协议未约定合伙期限的，合伙人在不给合伙企业事务执行造成不利影响的情况下，可以退伙，但应当提前30日通知其他合伙人。合伙人违反上述规定退伙的，应当赔偿由此给合伙企业造成的损失。

② 法定退伙。是指合伙人因出现法律规定的事由而退伙。法定退伙可以分为当然退伙和除名两种。

关于当然退伙，我国《合伙企业法》规定，合伙人有下列情形之一的，当然退伙：
- 作为合伙人的自然人死亡或者被依法宣告死亡；
- 个人丧失偿债能力；
- 作为合伙人的法人或者其他组织依法被吊销营业执照、责令关闭、撤销，或者被宣告破产；
- 法律规定或者合伙协议约定合伙人必须具有相关资格而丧失该资格；
- 合伙人在合伙企业中的全部财产份额被人民法院强制执行。

《合伙企业法》同时规定，合伙人被依法认定为无民事行为能力人或者限制民事行为能力人的，经其他合伙人一致同意，可以依法转为有限合伙人，普通合伙企业依法转为有限合伙企业。其他合伙人未能一致同意的，该无民事行为能力或者限制民事行为能力的合伙人退伙。当然退伙以退伙事由实际发生之日为退伙生效日。

关于除名，我国《合伙企业法》规定，合伙人有下列情形之一的，经其他合伙人一致同意，可以决议将其除名：
- 未履行出资义务；
- 因故意或者重大过失给合伙企业造成损失；
- 执行合伙事务时有不正当行为；
- 发生合伙协议约定的事由。

对合伙人的除名决议应当书面通知被除名人。被除名人接到除名通知之日，除名生效，被除名人退伙。被除名人对除名决议有异议的，可以自接到除名通知之日起30日内，向人民法院起诉。

（2）退伙的法律后果

退伙的法律后果，分为两类情况：一是财产继承；二是退伙结算。

① 财产继承。我国《合伙企业法》规定，合伙人死亡或者被依法宣告死亡的，对该合伙人在合伙企业中的财产份额享有合法继承权的继承人，按照合伙协议的约定或者经全体合伙人一致同意，从继承开始之日起，取得该合伙企业的合伙人资格。

有下列情形之一的，合伙企业应当向合伙人的继承人退还被继承合伙人的财产份额：
- 继承人不愿意成为合伙人；
- 法律规定或者合伙协议约定合伙人必须具有相关资格，而该继承人未取得该资格；
- 合伙协议约定不能成为合伙人的其他情形。

合伙人的继承人为无民事行为能力人或者限制民事行为能力人的,经全体合伙人一致同意,可以依法成为有限合伙人,普通合伙企业依法转为有限合伙企业。全体合伙人未能一致同意的,合伙企业应当将被继承合伙人的财产份额退还该继承人。

② 退伙结算。我国《合伙企业法》对退伙结算作出了以下规定。

● 合伙人退伙的,其他合伙人应当与该退伙人按照退伙时的合伙企业的财产状况进行结算,退还退伙人的财产份额。退伙人对给合伙企业造成的损失负有赔偿责任的,相应扣减其应当赔偿的数额。退伙时有未了结的合伙企业事务的,待该事务了结后进行结算。

● 退伙人在合伙企业中财产份额的退还办法,由合伙协议约定或者由全体合伙人决定,可以退还货币,也可以退还实物。

● 退伙人对基于其退伙前的原因发生的合伙企业债务,承担无限连带责任。

● 合伙人退伙时,合伙企业财产少于合伙企业债务的,如果合伙协议约定有亏损分担比例的,退伙人应当按照约定的比例分担亏损;如果合伙协议未约定或者约定不明确的,由合伙人协商决定;协商不成的,由合伙人按照实缴出资比例分担;无法确定出资比例的,由合伙人平均分担。

6. 特殊的普通合伙企业

特殊普通合伙又被称为有限责任合伙,是各合伙人在对合伙债务承担无限责任的基本前提下,对因其他合伙人过错造成的合伙债务不负无限连带责任。

我国《合伙企业法》规定,以专业知识和专门技能为客户提供有偿服务的专业服务机构,可以设立为特殊的普通合伙企业。特殊的普通合伙企业名称中应当标明"特殊普通合伙"字样。目前,我国有很多专业服务机构,如会计师事务所、律师事务所等均采取合伙制的形式,但这些专业服务机构并不都适用《合伙企业法》。专业服务机构可以分为两类:一类是采取企业形式的,如会计师事务所、建筑师事务所等,可以直接适用合伙企业法;另一类是非企业形式的,如律师事务所属于专业服务机构,但不是企业,由司法部审批管理,不进行工商登记。因此,实行合伙制的律师事务所不适用《合伙企业法》,但在承担责任的形式上可以采用合伙企业法规定的特殊普通合伙形式。

我国《合伙企业法》对特殊的普通合伙企业责任承担作出了以下规定:一个合伙人或者数个合伙人在执业活动中因故意或者重大过失造成合伙企业债务的,应当承担无限责任或者无限连带责任,其他合伙人以其在合伙企业中的财产份额为限承担责任;合伙人在执业活动中非因故意或者重大过失造成的合伙企业债务以及合伙企业的其他债务,由全体合伙人承担无限连带责任。合伙人执业活动中因故意或者重大过失造成的合伙企业债务,以合伙企业财产对外承担责任后,该合伙人应当按照合伙协议的约定对给合伙企业造成的损失承担赔偿责任。

我国《合伙企业法》同时规定,特殊的普通合伙企业应当建立执业风险基金、办理职业保险。执业风险基金用于偿付合伙人执业活动造成的债务。执业风险基金应当单独立户管理。具体管理办法由国务院规定。

除上述规定外,有关特殊的普通合伙企业的其他规定,适用普通合伙企业的相关规定。

2.1.3 有限合伙企业的法律规定

有限合伙企业是一种适合风险投资行业的企业制度。风险投资是 20 世纪 60 年代快速发展起来的一种股权投资方式,投资公司通过持有股权,投资于在创业阶段有快速成长可能的科技型中小企业,以促进这类企业的技术开发、创业发展和资金融通。这种投资常用的组织形式就是有限合伙企业,即在至少有一名合伙人承担无限责任的基础上,允许其他合伙人承担有限责任,从而将具有投资管理经验或技术研发能力的机构或个人,与具有资金实力的投资机构有效结合起来。具有良好投资意识的专业管理机构或个人作为普通合伙人,承担无限连带责任,行使合伙事务执行权,负责企业的经营管理;资金投入者作为有限合伙人,依据合伙协议享受合伙收益,对企业债务只承担有限责任,不对外代表合伙,也不直接参与企业经营管理。

新修订的《合伙企业法》明确了我国有限合伙企业的法律地位。有限合伙企业是合伙企业,但由两类对合伙企业承担不同责任的合伙人组成,因此,《合伙企业法》规定,有限合伙企业及其合伙人适用有限合伙企业的法律规定;未作规定的,适用合伙企业法关于普通合伙企业及其合伙人的规定。

1. 有限合伙企业的设立条件

根据我国《合伙企业法》的规定,设立有限合伙企业,应当具备下列条件。

① 由2个以上50个以下合伙人设立。有限合伙企业至少应当有一个普通合伙人。这一限制既体现有限合伙企业的人合性,又可以防止有人利用这种形式从事非法集资活动。为此,新《合伙企业法》规定有限合伙企业由2个以上50个以下合伙人设立;但是,法律另有规定的除外。

② 有书面合伙协议。《合伙企业法》规定,除遵从普通合伙协议要求外,有限合伙企业还应当载明下列事项:普通合伙人和有限合伙人的姓名或者名称、住所;执行事务合伙人应具备的条件和选择程序;执行事务合伙人权限与违约处理办法;执行事务合伙人的除名条件和更换程序;有限合伙人入伙、退伙的条件、程序及相关责任;有限合伙人和普通合伙人相互转变程序。

③ 有合伙人认缴或者实际缴付的出资。《合伙企业法》规定,有限合伙人可以用货币、实物、知识产权、土地使用权或者其他财产权利作价出资。有限合伙人不得以劳务出资。有限合伙人应当按照合伙协议的约定按期足额缴纳出资;未按期足额缴纳的,应当承担补缴义务,并对其他合伙人承担违约责任。有限合伙企业登记事项中应当载明有限合伙人的姓名或者名称及认缴的出资数额。

④ 有合伙企业的名称和生产经营场所。有限合伙企业名称中应当标明"有限合伙"字样。

⑤ 法律、行政法规规定的其他条件。

2. 有限合伙企业的事务执行

(1) 有限合伙企业事务执行的形式

有限合伙企业由普通合伙人执行合伙事务。执行事务合伙人可以要求在合伙协议中确定执行事务的报酬及报酬提取方式。

有限合伙人不执行合伙事务,不得对外代表有限合伙企业。有限合伙人的下列行为,不视为执行合伙事务:

① 参与决定普通合伙人入伙、退伙;

② 对企业的经营管理提出建议;

③ 参与选择承办有限合伙企业审计业务的会计师事务所;

④ 获取经审计的有限合伙企业财务会计报告；

⑤ 对涉及自身利益的情况，查阅有限合伙企业财务会计账簿等财务资料；

⑥ 在有限合伙企业中的利益受到侵害时，向有责任的合伙人主张权利或者提起诉讼；

⑦ 执行事务合伙人怠于行使权利时，督促其行使权利或者为了本企业的利益以自己的名义提起诉讼；

⑧ 依法为本企业提供担保。

（2）合伙人在执行合伙事务中的权利和义务

《合伙企业法》对有限合伙人和普通合伙人在竞业方面的规定不同，除合伙协议另有约定以外，有限合伙人可以同本有限合伙企业进行交易，有限合伙人也可以自营或者同他人合作经营与本有限合伙企业相竞争的业务。

有限合伙人可以按照合伙协议的约定向合伙人以外的人转让其在有限合伙企业中的财产份额，但应当提前30日通知其他合伙人，无须经其他合伙人一致同意。除合伙协议另有约定以外，有限合伙人可以将其在有限合伙企业中的财产份额出质，无须征得其他合伙人同意。

（3）合伙企业利润分配及亏损分担的规定

除合伙协议另有约定以外，有限合伙企业不得将全部利润分配给部分合伙人。这与普通合伙企业关于利润分配及亏损分担的规定有所区别，有限合伙尊重当事人的意愿。

3. 有限合伙企业与第三人关系

（1）有限合伙企业与善意第三人关系

有限合伙人对合伙企业债务承担有限责任并不是绝对的，法律也有例外规定。《合伙企业法》规定，第三人有理由相信有限合伙人为普通合伙人并与其交易的，该有限合伙人对该笔交易承担与普通合伙人同样的责任，即对该笔债务承担无限连带责任。有限合伙人未经授权以有限合伙企业名义与他人进行交易，给有限合伙企业或者其他合伙人造成损失的，该有限合伙人应当承担赔偿责任。

（2）有限合伙人的债务清偿与合伙企业的关系

当有限合伙人的自有财产不足清偿其与合伙企业无关的债务时，该合伙人可以以其从有限合伙企业中分取的收益用于清偿；债权人也可以依法请求人民法院强制执行该合伙人在有限合伙企业中的财产份额用于清偿。人民法院强制执行有限合伙人的财产份额时，应当通知全体合伙人。在同等条件下，其他合伙人有优先购买权。

4. 有限合伙企业的入伙与退伙

（1）入伙

根据我国《合伙企业法》的规定，新入伙的有限合伙人对入伙前有限合伙企业的债务，以其认缴的出资额为限承担责任。

（2）退伙

我国《合伙企业法》第七十八条规定，有限合伙人有下列情形之一的，当然退伙：

① 作为合伙人的自然人死亡或者被依法宣告死亡；

② 作为合伙人的法人或者其他组织依法被吊销营业执照、责令关闭、撤销，或者被宣告破产；

③ 法律规定或者合伙协议约定合伙人必须具有相关资格而丧失该资格；

④ 合伙人在合伙企业中的全部财产份额被人民法院强制执行。

《合伙企业法》同时规定，作为有限合伙人的自然人在有限合伙企业存续期间丧失民事行为能力的，其他合伙人不得因此要求其退伙。

作为有限合伙人的自然人死亡、被依法宣告死亡或者作为有限合伙人的法人及其他组织终止时，其继承人或者权利承受人可以依法取得该有限合伙人在有限合伙企业中的资格。有限合伙人退伙后，对基于其退伙前的原因发生的有限合伙企业债务，以其退伙时从有限合伙企业中取回的财产承担责任。

5. 合伙人性质转变的规定

除合伙协议另有约定外，普通合伙人转变为有限合伙人，或者有限合伙人转变为普通合伙人，应当经全体合伙人一致同意。有限合伙人转变为普通合伙人的，对其作为有限合伙人期间有限合伙企业发生的债务承担无限连带责任。普通合伙人转变为有限合伙人的，对其作为普通合伙人期间合伙企业发生的债务承担无限连带责任。

当有限合伙企业仅剩有限合伙人时，应当解散；有限合伙企业仅剩普通合伙人的，转为普通合伙企业。

2.1.4 合伙企业解散与清算

1. 合伙企业解散

合伙企业解散，是指各合伙人解除合伙协议，合伙企业终止活动。根据我国《合伙企业法》的规定，合伙企业有下列情形之一的，应当解散：

① 合伙期限届满，合伙人决定不再经营；
② 合伙协议约定的解散事由出现；
③ 全体合伙人决定解散；
④ 合伙人已不具备法定人数满 30 天；
⑤ 合伙协议约定的合伙目的已经实现或者无法实现；
⑥ 依法被吊销营业执照、责令关闭或者被撤销；
⑦ 法律、行政法规规定的其他原因。

2. 合伙企业清算

合伙企业解散后应当进行清算。我国《合伙企业法》对合伙企业清算做了以下几方面的规定。

（1）清算人的确定

合伙企业解散，应当由清算人进行清算。清算人由全体合伙人担任；经全体合伙人过半数同意，可以自合伙企业解散事由出现后 15 日内指定一个或者数个合伙人，或者委托第三人，担任清算人。自合伙企业解散事由出现之日起 15 日内未确定清算人的，合伙人或者其他利害关系人可以申请人民法院指定清算人。

（2）清算人的职责

清算人在清算期间执行下列事务：

① 清理合伙企业财产，分别编制资产负债表和财产清单；
② 处理与清算有关的合伙企业未了结的事务；
③ 清缴所欠税款；

④ 清理债权、债务；
⑤ 处理合伙企业清偿债务后的剩余财产；
⑥ 代表合伙企业参加诉讼或者仲裁活动。

（3）通知和公告债权人

清算人自被确定之日起 10 日内将合伙企业解散事项通知债权人，并于 60 日内在报纸上公告。债权人应当自接到通知书之日起 30 日内，未接到通知书的自公告之日起 45 日内，向清算人申报债权。债权人申报债权，应当说明债权的有关事项，并提供证明材料。清算人应当对债权进行登记。

清算期间，合伙企业存续，但不得开展与清算无关的经营活动。

（4）财产清偿顺序

合伙企业财产在支付清算费用后，按下列顺序清偿：

① 支付职工工资、社会保险费用和法定补偿金；
② 缴纳所欠税款；
③ 清偿债务。

合伙企业财产按上述顺序清偿后的剩余财产，按合伙协议约定的利润分配比例进行分配；合伙协议未约定或者约定不明确的，由合伙人协商决定；协商不成的，由合伙人按照实缴出资比例分配、分担；无法确定出资比例的，由合伙人平均分配、分担。

（5）清偿的结果

清算结束，清算人应当编制清算报告，经全体合伙人签名、盖章后，在 15 日内向企业登记机关报送清算报告，申请办理合伙企业注销登记。

合伙企业不能清偿到期债务的，债权人可以依法向人民法院提出破产清算申请，也可以要求普通合伙人清偿。合伙企业依法被宣告破产的，普通合伙人对合伙企业债务仍应承担无限连带责任。

2.2 个人独资企业法

2.2.1 个人独资企业法概述

1. 个人独资企业的概念及特征

个人独资企业，是指依照《中华人民共和国个人独资企业法》（以下简称《个人独资企业法》）在中国境内设立，由一个自然人投资，财产为投资人个人所有，投资人以其个人财产对企业债务承担无限责任的经营实体。个人独资企业具有下列基本特征。

① 个人独资企业是一个由自然人投资的企业。这里所说的自然人只是指具有完全民事行为能力的中国公民，不包括外商独资企业。国家机关、国家授权投资的机构或者国家授权的部门、企业、事业单位等均不能作为个人独资企业的设立人。

② 个人独资企业的投资人对企业的债务承担无限连带责任。也就是说，当企业财产不足以清偿到期债务时，投资人应以个人的全部财产用于清偿。

③ 个人独资企业是非法人企业。个人独资企业的财产即是投资人财产，企业的责任即是投资人个人的责任，因此个人独资企业不具有法人资格，无独立承担民事责任的能力，但它

是独立的民事主体,可以以自己的名义从事民事活动。

④ 个人独资企业的内部机构设置简单,经营管理方式灵活。法律对其内部机构和经营管理方式无严格规定。

2. 个人独资企业法的概念

个人独资企业法有广义和狭义之分。狭义的个人独资企业法是指由第九届全国人民代表大会常务委员会第十一次会议于 1999 年 8 月 30 日通过,自 2000 年 1 月 1 日起施行的《中华人民共和国个人独资企业法》。广义的个人独资企业法是指国家立法机关或者其他有权部门依法制定的有关个人独资企业的各种法律规范的总称。

我国《个人独资企业法》第一条规定:"为了规范个人独资企业的行为,保护个人独资企业投资人和债权人的合法权益,维护社会经济秩序,促进社会主义市场经济的发展,根据宪法,制定本法。"这是我国个人独资企业法立法的宗旨。同时,《个人独资企业法》规定,个人独资企业从事经营活动必须遵守法律、行政法规,遵守诚实信用原则,不得损害社会公共利益。个人独资企业应当依法履行纳税义务。国家依法保护个人独资企业的财产和其他合法权益。

2.2.2 个人独资企业的设立

1. 个人独资企业的设立条件

设立个人独资企业应当具备下列条件。

① 投资人为一个自然人,且只能是中国公民。设立个人独资企业,投资人应当有相应的民事权利能力和完全的民事行为能力,法律、行政法规禁止从事营利性活动的人不得设立个人独资企业。限制民事行为能力人和无民事行为能力人不得设立个人独资企业。

② 有合法的企业名称。个人独资企业的名称应当符合国家有关企业名称登记的有关规定,企业的名称应当与其责任形式及从事的营业相符合。个人独资企业的名称可以是厂、店、部、中心或工作室等,但不得使用"有限""有限责任"或"公司"等字样。

③ 有投资人申报的出资。《个人独资企业法》对个人独资企业的出资额未作限制。根据国家工商行政管理总局《关于贯彻实施〈个人独资企业登记管理办法〉有关问题的通知》的规定,设立个人独资企业的出资方式可以是货币、实物、土地使用权、知识产权或者其他财产权利。采用实物、土地使用权、知识产权或者其他财产权利出资的,应将其折算为货币数额。另外,投资人申报的出资额应当与企业的生产经营规模相适应。投资人可以个人财产出资,也可以家庭共有财产出资。以家庭共有财产作为个人出资的,投资人应当在设立(变更)登记书上予以注明。

④ 有固定的生产经营场所和必要的生产经营条件。

⑤ 有必要的从业人员。

2. 个人独资企业的设立程序

① 申请。申请设立个人独资企业,应当由投资人或者其委托的代理人向个人独资企业所在地的登记机关提交设立申请书、投资人身份证明、生产经营场所使用证明等文件。委托代理人申请设立登记时,应当出具投资人的委托书和代理人的合法证明。申请书应当载明的事项包括企业的名称和住所、投资人的姓名和居所、投资人的出资额和出资方式及经营范围。

我国《个人独资企业法》规定,个人独资企业不得从事法律、行政法规禁止经营的业务;

从事法律、行政法规规定须报经有关部门审批的业务，应当在申请设立登记时提交有关部门的批准文件。

② 工商登记。登记机关应当在收到设立申请文件之日起 15 日内，对符合规定条件的，予以登记，发给营业执照；对不符合规定条件的，不予登记，并应当给予书面答复，说明理由。

个人独资企业的营业执照的签发日期，为个人独资企业成立日期。在领取个人独资企业营业执照前，投资人不得以个人独资企业名义从事经营活动。

③ 分支机构登记。个人独资企业设立分支机构，应当由投资人或者其委托的代理人向分支机构所在地的登记机关申请登记，领取营业执照。分支机构经核准登记后，应将登记情况报该分支机构隶属的个人独资企业的登记机关备案。

我国《个人独资企业法》规定，分支机构的民事责任由设立该分支机构的个人独资企业承担。

④ 变更登记。个人独资企业存续期间登记事项发生变更的，应当在作出变更决定之日起 15 日内依法向登记机关申请办理变更登记。

2.2.3 个人独资企业的投资人及事务管理

1. 个人独资企业的投资人的条件、权利及责任

我国《个人独资企业法》规定，个人独资企业的投资人为具有中国国籍的自然人，但法律、行政法规禁止从事营利性活动的人不得作为投资人申请设立个人独资企业。根据我国有关法律、行政法规的规定，国家公务员、党政机关领导干部、警察、法官、检察官、商业银行工作人员等，不得作为个人独资企业的投资人。

《个人独资企业法》第十七条规定："个人独资企业投资人对本企业的财产依法享有所有权，其有关权利可以依法进行转让或继承。"

个人独资企业投资人在申请企业设立登记时，明确以其家庭共有财产作为个人出资的，应当依法以家庭共有财产对企业债务承担无限责任。

2. 个人独资企业的事务管理

（1）个人独资企业事务管理的方式

我国《个人独资企业法》规定，个人独资企业投资人可以自行管理企业事务，也可以委托或者聘用其他具有民事行为能力的人负责企业的事务管理。投资人委托或者聘用他人管理个人独资企业事务，应当与受托人或者被聘用的人签订书面合同，明确委托的具体内容和授予的权利范围。受托人或者被聘用的人员应当履行诚信、勤勉义务，按照与投资人签订的合同负责个人独资企业的事务管理。

另外，投资人对受托人或者被聘用的人员职权的限制，不得对抗善意第三人。

《个人独资企业法》第二十条规定，投资人委托或者聘用的管理个人独资企业事务的人员不得有下列行为：① 利用职务上的便利，索取或者收受贿赂；② 利用职务或者工作上的便利侵占企业财产；③ 挪用企业的资金归个人使用或者借贷给他人；④ 擅自将企业资金以个人名义或者以他人名义开立账户储存；⑤ 擅自以企业财产提供担保；⑥ 未经投资人同意，从事与本企业相竞争的业务；⑦ 未经投资人同意，同本企业订立合同或者进行交易；⑧ 未经投资人同意，擅自将企业商标或者其他知识产权转让给他人使用；⑨ 泄露本企业的商业秘密；⑩ 法律、行政法规禁止的其他行为。

（2）个人独资企业事务管理的内容

我国《个人独资企业法》规定，个人独资企业事务管理的主要内容包括：

① 个人独资企业应当依法设置会计账簿，进行会计核算；

② 个人独资企业招用职工的，应当依法与职工签订劳动合同，保障职工的劳动安全，按时、足额发放职工工资；

③ 个人独资企业应当按照国家规定参加社会保险，为职工缴纳社会保险费。

2.2.4 个人独资企业的权利

根据《个人独资企业法》的规定，个人独资企业享有以下权利。

① 依法申请贷款，取得土地使用权。个人独资企业可以根据《商业银行法》《合同法》《土地管理法》等法律法规的规定申请贷款，取得土地使用权，以供企业生产经营使用。

② 拒绝摊派权。《个人独资企业法》第二十五条规定，任何单位和个人不得违反法律、行政法规的规定，以任何方式强制个人独资企业提供财力、物力、人力；对于违法强制提供财力、物力、人力的行为，个人独资企业有权拒绝。

③ 法律、行政法规规定的其他权利。

2.2.5 个人独资企业的解散和清算

1. 个人独资企业的解散

个人独资企业的解散是指个人独资企业终止活动，使其民事主体资格消灭的行为。我国《个人独资企业法》规定，个人独资企业有下列情形之一时，应当解散：

① 投资人决定解散；

② 投资人死亡或者被宣告死亡，无继承人或者继承人决定放弃继承；

③ 被依法吊销营业执照；

④ 法律、行政法规规定的其他情形。

2. 个人独资企业的清算

个人独资企业解散，应当进行清算。我国《个人独资企业法》规定，个人独资企业解散，由投资人自行清算或者由债权人申请人民法院指定清算人进行清算。

投资人自行清算的，应当在清算前15日内书面通知债权人，无法通知的，应当予以公告。债权人应当在接到通知之日起30日内，未接到通知的应当在公告之日起60日内，向投资人申报其债权。个人独资企业解散后，原投资人对个人独资企业存续期间的债务仍应承担偿还责任，但债权人在5年内未向债务人提出偿债请求的，该责任消灭。

个人独资企业解散的，财产应当按照下列顺序清偿：① 所欠职工工资和社会保险费用；② 所欠税款；③ 其他债务。个人独资企业财产不足以清偿债务的，投资人应当以其个人的其他财产予以清偿。

个人独资企业在清算期间不得开展与清算目的无关的经营活动。在按上述规定清偿债务前，投资人不得转移、隐匿财产。

个人独资企业清算结束后，投资人或者人民法院指定的清算人应当编制清算报告，并于15日内到登记机关办理注销登记。

2.3 案例分析

 案例一　综合分析题

一、案情

甲、乙、丙合伙经营一水果店，取名为"满意水果店"，为普通合伙企业，负责人为甲。甲、乙、丙约定的出资比例和分成比例均为4:3:3。2019年7月的一天，因丙外出，甲与乙商议后与果农丁签订了一份水果购买合同。因水果店流动资金不够，甲决定向银行贷款10万元，银行要求提供抵押担保，甲以水果店所有的一间房屋作抵押，但未办理登记。后因水果店无力偿还银行贷款，银行欲行使抵押权，为此发生纠纷。经查：合伙协议约定，凡5万元以上的业务须经甲、乙、丙3人一致同意；甲曾在一次诉讼中免除了戊对水果店的2万元债务；水果店除欠银行10万元以外，尚欠庚、己各2万元债务；水果店的财产价值10万元。请回答下列问题：

1. 设银行、庚、己向法院起诉，要求偿还债务应以谁为被告？为什么？
2. 该合伙与果农丁所签合同及与银行所签贷款合同效力如何？为什么？
3. 该合伙与银行所签抵押合同效力如何？为什么？
4. 设乙、丙以甲免除戊的债务未经其同意为由主张无效，甲的免除行为效力如何？依据何在？
5. 设银行、庚、己同时向水果店行使债权，水果店的财产应如何清偿？为什么？
6. 设水果店的债权人银行、庚、己和乙的债权人辛同时向法院起诉，银行、庚、己主张用合伙财产清偿债权，辛主张用乙在合伙财产中的份额清偿其债权，法院应优先支持谁的诉讼请求？为什么？
7. 设水果店的债权人银行、庚、己向法院起诉后，债权未得到全部清偿，能否对丙的个人财产进行追偿？为什么？

二、参考答案

1. 应以甲、乙、丙为共同被告。个人合伙的全体合伙人在诉讼中为共同诉讼人。
2. 两合同均有效。首先，根据《合伙企业法》规定，甲作为合伙负责人有权执行合伙事务，对外代表合伙企业；其次，根据《合同法》规定，法人或其他组织的负责人超越权限订立的合同，除相对人知道或者应当知道其超越权限的以外，该代表行为有效。《合伙企业法》也规定：合伙企业对合伙人执行合伙企业事务以及对外代表合伙企业权利的限制，不得对抗不知情的善意第三人。本题中果农丁与银行对合伙协议的约定均不知情。
3. 抵押合同未生效。根据《担保法》规定，以房屋抵押的，抵押合同自登记之日生效。
4. 甲的免除行为无效。在合伙协议未作出约定的情况下，转让或者处分合伙企业的知识产权和其他财产权利属于《合伙企业法》所规定的应当经全体合伙人一致同意的事项，免除债务可以归结为"其他财产权利"，应经乙、丙同意。甲作为合伙企业负责人代表合伙企业所为行为无效。
5. 应按银行、庚、己所享有的债权比例从水果店现有财产中受偿。不足部分由各合伙人按约定的分成以个人财产清偿，并负连带责任。因为银行与水果店之间的抵押合同未生效，银行不享有抵押权。

6. 法院应优先支持银行、庚、己的诉讼请求。根据《合伙企业法》规定，合伙企业对其债务应先以合伙企业的财产清偿，合伙人个人的债权人只有在合伙人个人财产不足以清偿债务时才可以主张以合伙人在合伙企业中的份额进行清偿。

7. 可以。因为《合伙企业法》规定，合伙企业财产不足以清偿到期债务的，合伙人对合伙企业债务承担无限连带责任。

案例二　综合分析题

一、案情

甲、乙、丙、丁共同投资设立了 A 有限合伙企业（以下简称 A 企业）。合伙协议约定：甲、乙为普通合伙人，分别出资 10 万元；丙、丁为有限合伙人，分别出资 15 万元；甲执行合伙企业事务，对外代表 A 企业。2016 年 A 企业发生下列事实。

2 月，甲以 A 企业的名义与 B 公司签订了一份 12 万元的买卖合同。乙获知后，认为该买卖合同损害了 A 企业的利益，且甲的行为违反了 A 企业内部规定的甲无权单独与第三人签订超过 10 万元合同的限制，遂要求各合伙人作出决议，撤销甲代表 A 企业签订合同的资格。

4 月，乙、丙分别征得甲的同意后，以自己在 A 企业中的财产份额出质，为自己向银行借款提供质押担保。丁对上述事项均不知情，乙、丙之间也对质押担保事项互不知情。

8 月，丁退伙，并从 A 企业取得退伙结算财产 12 万元。

9 月，A 企业吸收庚作为普通合伙人入伙，庚出资 8 万元。

10 月，A 企业的债权人 C 公司要求 A 企业偿还 6 月份所欠款项 50 万元。

11 月，丙因所设个人独资企业发生严重亏损不能清偿 D 公司到期债务，D 公司申请人民法院强制执行丙在 A 企业中的财产份额用于清偿其债务。人民法院强制执行丙在 A 企业中的全部财产份额后，甲、乙、庚决定 A 企业以现有企业组织形式继续经营。

经查：A 企业内部约定，甲无权单独与第三人签订超过 10 万元的合同，B 公司与 A 企业签订买卖合同时，不知 A 企业该内部约定。合伙协议未对合伙人以财产份额出质事项进行约定。

要求：根据上述材料，分别回答下列问题：

1. 甲以 A 企业的名义与 B 公司签订的买卖合同是否有效？并说明理由。
2. 合伙人对撤销甲代表 A 企业签订合同的资格事项作出决议，在合伙协议未约定表决办法的情况下，应当如何表决？
3. 乙、丙的质押担保行为是否有效？并分别说明理由。
4. 如果 A 企业的全部财产不足清偿 C 公司的债务，对不足清偿的部分，哪些合伙人应当承担清偿责任？如何承担清偿责任？
5. 人民法院强制执行丙在 A 企业中的全部财产份额后，甲、乙、庚决定 A 企业以现有企业组织形式继续经营是否合法？并说明理由。

二、参考答案

1. 甲以 A 企业的名义与 B 公司签订的买卖合同有效。根据《合伙企业法》的规定，合伙企业对合伙人执行合伙企业事务以及对外代表合伙企业权利的限制不得对抗善意的第三人。在本题中，B 公司属于不知情的善意第三人，因此，买卖合同有效。

2. 实行合伙人一人一票并经全体合伙人过半数通过的表决方式。

3. ① 乙的质押行为无效。根据《合伙企业法》的规定，普通合伙人以其在合伙企业中的财产份额出质的,须经其他合伙人一致同意;未经其他合伙人一致同意,其行为无效,由此给善意第三人造成损失的,由行为人依法承担赔偿责任。在本题中,普通合伙人乙的质押行为未经其他合伙人的一致同意,因此,质押行为无效。

② 丙的质押行为有效。根据《合伙企业法》的规定,有限合伙人可以将其在有限合伙企业中的财产份额出质;但是,合伙协议另有约定的除外。在本例中,由于合伙协议未对合伙人以财产份额出质事项进行约定,因此,有效合伙人丙的质押行为有效。

4. ① 普通合伙人甲、乙、庚应承担无限连带责任;
② 有限合伙人丙以出资额为限承担有限责任;
③ 退伙的有限合伙人丁以其退伙时从 A 企业分回的 12 万元财产为限承担有限责任。

5. 甲、乙、庚决定 A 企业以现有企业组织形式继续经营不合法。根据《合伙企业法》的规定,有限合伙企业仅剩普通合伙人的,应当转为普通合伙企业。在本例中,人民法院强制执行丙在 A 企业中的全部财产份额后,有限合伙人丙当然退伙,A 企业中仅剩下普通合伙人,A 企业应当转为普通合伙企业。

案例三　综合分析题

一、案情

2018 年 1 月 15 日,甲出资 5 万元设立 A 个人独资企业(本题下称"A 企业")。甲聘请乙管理企业事务,同时规定,凡乙对外签订标的额超过 1 万元以上的合同,须经甲同意。2 月 10 日,乙未经甲同意,以 A 企业名义向善意第三人丙购入价值 2 万元的货物。

2018 年 7 月 4 日,A 企业亏损,不能支付到期的丁的债务,甲决定解散该企业,并请求人民法院指定清算人。7 月 10 日,人民法院指定戊作为清算人对 A 企业进行清算。经查,A 企业和甲的资产及债权债务情况如下:① A 企业欠缴税款 2 000 元,欠乙工资 5 000 元,欠社会保险费用 5 000 元,欠丁 10 万元;② A 企业的银行存款 1 万元,实物折价 8 万元;③ 甲在 B 合伙企业出资 6 万元,占 50%的出资额,B 合伙企业每年可向合伙人分配利润;④ 甲个人其他可执行的财产价值 2 万元。请回答下列问题。

1. 乙于 2 月 10 日以 A 企业名义向丙购买价值 2 万元货物的行为是否有效?并说明理由。
2. 试述 A 企业的财产清偿顺序。
3. 如何满足丁的债权请求?

二、参考答案

1. 乙于 2 月 10 日以 A 企业名义向丙购买价值 2 万元货物的行为有效。根据《个人独资企业法》的规定,投资人对被聘用的人员职权的限制,不得对抗善意第三人。尽管乙向丙购买货物的行为超越职权,但丙为善意第三人,因此该行为有效。

2. 根据《个人独资企业法》的规定,A 企业的财产清偿顺序为:① 职工工资和社会保险费用;② 税款;③ 其他债务。

3. 首先,用 A 企业的银行存款和实物折价共 9 万元偿还所欠乙的工资、社会保险费用及税款后,剩余 78 000 元用于清偿所欠下的债务;其次,A 企业剩余财产全部用于清偿后,仍欠丁 22 000 元,可用甲个人财产清偿;最后,在用甲个人财产清偿时,可用甲个人其他可执行的财产 2 万元清偿,不足部分,可用甲从 B 合伙企业分取的收益予以清偿或由丁依法请求人民法院强制执行甲在 B 合伙企业中的财产份额用于清偿(或可用甲从 B 合伙企业分取的收益予以清偿，或由丁依法请求人民法院强制执行甲在 B 合伙企业中的财产份额用于清偿，如有不足部分，可用甲个人其他可执行的财产 2 万元清偿）。

一、复习思考题

1. 什么是合伙企业？它具有哪些特征？
2. 设立普通合伙企业应具备哪些条件？
3. 《合伙企业法》关于合伙企业财产的转让是如何规定的？
4. 在合伙协议对普通合伙企业的事务执行没有约定的情况下，法定的应当经全体合伙人同意的事项有哪些？
5. 简述普通合伙企业的入伙与退伙。
6. 特殊的普通合伙企业与普通合伙企业在责任承担方面有何不同？
7. 设立有限合伙企业应具备哪些条件？
8. 有限合伙人的哪些行为，不视为执行合伙事务？
9. 合伙企业法在有限合伙人的权利和义务方面，与普通合伙企业有何不同的规定？
10. 个人独资企业的概念和特征是什么？
11. 设立个人独资企业应具备哪些条件？
12. 个人独资企业事务管理的主要内容有哪些？

二、单项选择题

1. 甲、乙、丙订立一份合伙协议，其中甲和乙为普通合伙人，丙为有限合伙人。该协议的下列（　　）不符合合伙企业法的规定。
   A. 甲的出资为现金 12 万元和劳务作价 5 000 元
   B. 乙的出资为现金 8 000 元，于合伙企业成立后半年内缴付
   C. 丙的出资为作价 9 万元的汽车一辆，劳务作价 3 000 元
   D. 合伙企业的经营期限，于合伙企业成立满半年时再协商确定

2. 甲、乙、丙 3 人各自出资 5 万元、3 万元、2 万元共同投资创办一有限合伙企业，其中，甲为普通合伙人，乙、丙为有限合伙人。后因经营不善，企业对丁负债 10 万元，而企业全部资产仅 5 万元。现债权人丁要求偿还 10 万元。依照法律，此 10 万元债务应（　　）。
   A. 先由企业资产 5 万元偿还，不足部分由甲、乙、丙按各自的投资比例偿还
   B. 先由企业资产 5 万元偿还，不足部分由甲负无限责任
   C. 先由企业资产 5 万元偿还，不足部分由甲、乙、丙负连带偿还责任
   D. 先由企业资产 5 万元偿还，不足部分不再偿还

3. 普通合伙人甲将其在某合伙企业中的财产份额转让给乙，双方签订转让协议。后甲的债权人丙请求对该财产份额强制执行。以下判断中，（　　）是正确的？
   A. 如果转让协议已经取得其他合伙人的一致同意，则丙无权请求强制执行
   B. 如果转让协议尚未取得其他合伙人的一致同意，丙只有在其他合伙人表示不同意的情况下才有权请求强制执行

C. 无论转让协议是否取得其他合伙人的一致同意，丙都无权请求强制执行
D. 无论转让协议是否取得其他合伙人的一致同意，丙都有权请求强制执行

4. 甲、乙共同设立一普通合伙企业，经营鸭绒业务，甲提供厂房，乙提供鸭绒。双方请求丙以技术性劳务入伙，丙未予明确答复，但丙提供了技术性劳务，并参与了当年的分红，分红比例为4:4:2。第二年因经营亏损，负债高达10万元。对该债务承担发生分歧，丙认为自己不是合伙人，拒绝承担该债务。为此，诉至法院。该债务应如何承担？（　　）
   A. 甲、乙、丙对该债务承担按份责任　　B. 甲、乙、丙对该债务承担连带责任
   C. 甲、乙对该债务承担连带责任　　D. 甲、乙对该债务承担按份责任

5. 普通合伙企业合伙人李某因车祸遇难，生前遗嘱指定16岁的儿子李明为其全部财产继承人。下列（　　）是错误的。
   A. 李明有权继承其父在合伙企业中的财产份额
   B. 如其他合伙人均同意，李明可以取得有限合伙人资格
   C. 如合伙协议约定合伙人必须是完全行为能力人，则李明不能成为合伙人
   D. 应当待李明成年后由其本人作出是否愿意成为合伙人的意思表示

6. 甲、乙、丙、丁4人组成一个运输有限合伙企业，合伙协议规定甲、乙为普通合伙人，丙、丁为有限合伙人。某日，丁为合伙企业运送石材，路遇法院拍卖房屋，丁想替合伙企业竞买该房，于是以合伙企业的名义将石材质押给徐某，借得20万元，竞买了房子。徐某的债权若得不到实现，应当向谁主张权利？（　　）
   A. 应当要求丁承担清偿责任
   B. 应当要求甲、乙、丙、丁承担连带清偿责任
   C. 应当要求甲、乙承担连带清偿责任
   D. 应当要求甲、乙、丁承担连带清偿责任

7. 甲、乙、丙、丁共同投资设立合伙企业，实缴出资比例为3:3:2:2，约定利润分配比例为4:3:2:1。现甲、乙已退伙，丙、丁未就现有合伙企业的利润分配约定新的比例。依照法律规定，现该合伙企业利润在丙、丁之间应如何分配？（　　）
   A. 全部利润的30%按2:1分配，其余部分平均分配
   B. 全部利润按2:1比例分配
   C. 全部利润平均分配
   D. 全部利润的30%按2:1分配，其余部分按4:3分配

8. 甲、乙、丙、丁成立一有限合伙企业，其中甲、乙为普通合伙人，丙、丁为有限合伙人。1年后甲转为有限合伙人，丙转为普通合伙人。此前，合伙企业欠银行50万元，该债务直至合伙企业被宣告破产仍未偿还。下列有关对该50万元债务清偿责任的表述中，符合合伙企业法律制度规定的是（　　）。
   A. 甲、乙承担无限连带责任，丙、丁以其出资额为限承担责任
   B. 乙、丙承担无限连带责任，甲、丁以其出资额为限承担责任
   C. 甲、乙、丙承担无限连带责任，丁以其出资额为限承担责任
   D. 乙承担无限连带责任，甲、丙、丁以其出资额为限承担责任

9. 甲、乙、丙经营一个特殊的普通合伙企业，约定由甲代表合伙企业执行合伙企业事务，

后来乙因重大过失造成合伙企业对丁产生了 10 万元的债务，对该债务应如何承担责任？（　　）

A. 甲、乙、丙对该 10 万元债务承担无限连带责任
B. 甲、乙、丙对该 10 万元债务承担有限责任
C. 甲、乙对该 10 万元债务承担无限连带责任，丙承担有限责任
D. 甲、丙对该 10 万元债务承担有限责任，乙承担无限连带责任

10. 甲以个人财产出资设立个人独资企业，该企业因经营不善被解散，其财产不足以清偿所负债务。对于尚未清偿的债务，下列表述中，符合个人独资企业法律制度规定的是（　　）。

A. 甲不再清偿
B. 甲应以个人的其他财产予以清偿，仍不足清偿的，则不再清偿
C. 甲应以家庭共有财产予以清偿，仍不足清偿的，则不再清偿
D. 甲应以个人的其他财产予以清偿，但债权人在该企业解散后 5 年内未提出偿债请求的，则不再清偿

三、多项选择题

1. 甲、乙、丙、丁拟共同投资设立一有限合伙企业，甲、乙为普通合伙人，丙、丁为有限合伙人。各合伙人经协商后草拟了一份合伙协议。该合伙协议的下列约定中，不符合《合伙企业法》规定的是（　　）。

A. 甲以房屋作价 15 万元出资，乙以专利技术作价 12 万元出资，丙以劳务作价 10 万元出资，丁以现金 20 万元出资
B. 经 3 个以上合伙人同意，甲、乙可以向合伙人以外的第三人转让其在合伙企业中的全部或者部分财产份额
C. 合伙事务由甲、丁共同执行，乙、丙不参与合伙事务的执行
D. 合伙企业存续期间，合伙企业的全部亏损由甲、乙按照出资比例分担

2. 甲与乙、丙成立一普通合伙企业，并被推举为合伙事务执行人，乙、丙授权甲在 3 万元以内的开支及 30 万元内的业务可以自行决定。甲在任职期间内实施的（　　）行为是法律禁止或无效的行为。

A. 自行决定一次支付广告费 5 万元
B. 未经乙、丙同意，与某公司签订 50 万元的合同
C. 未经乙、丙同意，将自有房屋以 1 万元租给合伙企业
D. 与其妻一道经营与合伙企业相同的业务

3. 甲、乙、丙三人各自出资 10 万元、6 万元、4 万元合伙从事汽车零配件经营，企业的组织形式为普通合伙企业，其间因经营管理不善，对丁负债 10 万元，丙遂退出合伙，并拿出 1 万元由甲、乙代为偿还对丁债务。现在丁应如何追偿其债权？（　　）

A. 可以分别向甲、乙、丙 3 人要求偿还 5 万元、3 万元、2 万元
B. 只能要求丙偿还 1 万元，其余部分向甲、乙追偿
C. 可以只向甲或只向乙要求偿还全部 10 万元，但不能要求丙单独偿还 10 万元
D. 可以向甲、乙、丙中任何一人要求偿还 10 万元

4. 根据《合伙企业法》的规定，下列人员中，应对有限合伙企业债务承担连带责任的有

（　　）。

  A. 合伙企业债务发生后办理退伙的普通退伙人

  B. 合伙企业债务发生后办理入伙的新普通合伙人

  C. 合伙企业债务发生后，由有限合伙人转为的普通合伙人

  D. 合伙企业债务发生后，由普通合伙人转为的有限合伙人

5. 普通合伙人甲因意外事故下落不明逾4年，被人民法院宣告死亡。对此，普通合伙人乙、丙提出如下主张，其中（　　）符合法律规定。

  A. 甲于宣告死亡之日起视为退伙

  B. 甲在下落不明期间，不享受合伙企业的利润分配

  C. 甲的出资额应退还给甲的继承人，但应扣除合伙企业债务中由甲承担的份额

  D. 对于甲宣告死亡前发生的合伙企业债务中应由乙、丙承担的部分，甲的继承人须承担连带清偿责任

6. 甲为有限合伙企业红星商场的有限合伙人，在合伙协议没有约定的情况下，甲及红星商场的下列（　　）行为符合《合伙企业法》的规定。

  A. 将红星商场的全部利润分配给除甲以外的普通合伙人

  B. 甲将自己的房屋出租给红星商场以增加营业面积

  C. 甲在红星商场附近独资开办一家便民超市

  D. 甲将其在红星商场的财产份额质押给工商银行

7. 国有企业甲、合伙企业乙、自然人丙协商，拟共同投资设立一合伙企业从事贸易业务。根据我国《合伙企业法》的规定，下列（　　）是错误的。

  A. 拟设立的合伙企业可以是普通合伙企业，亦可以是有限合伙企业

  B. 乙不能以劳务作为出资方式

  C. 三方可以约定丙按固定数额分配红利而不承担亏损

  D. 三方可以约定不经全体合伙人一致同意而吸收新的合伙人

8. 某合伙企业解散时，在如何确定清算人的问题上，4位合伙人各执一词。下述说法中（　　）不符合《合伙企业法》的规定。

  A. 合伙人甲："建议由我们4人共同担任清算人。"

  B. 合伙人乙："我是大家一致委托的事务执行人，应该由我担任清算人。"

  C. 合伙人丙："建议从我们4人当中推选一名清算人。"

  D. 合伙人丁："合伙企业的清算人不允许由合伙人担任，所以我建议请一名律师来担任清算人。"

9. 张某于2010年3月成立一家个人独资企业。同年5月，该企业与甲公司签订一份买卖合同，根据合同，该企业应于同年8月支付给甲公司货款15万元，后该企业一直未支付该款项。2011年1月该企业解散。2013年5月，甲公司起诉张某，要求张某偿还上述15万元债务。下列有关该案的表述，（　　）是错误的。

  A. 因该企业已经解散，甲公司的债权已经消灭

  B. 甲公司可以要求张某以其个人财产承担15万元的债务

  C. 甲公司请求张某偿还债务已超过诉讼时效，其请求不能得到支持

  D. 甲公司请求张某偿还债务的期限应于2013年1月届满

10. 根据《个人独资企业法》的规定，个人独资企业发生的下列违法情形中，依法应当吊销营业执照的有（　　）。

   A. 涂改营业执照且情节严重
   B. 开业后自行停业时间连续达到9个月
   C. 使用的名称与其在登记机关登记的名称不相符合
   D. 登记事项发生变更时未按规定办理变更登记，被登记机关责令限期办理，但逾期仍未办理

四、案例分析题

1. 刘某与B有限责任公司协商后，决定设立一家普通合伙企业。合伙企业协议中规定：B公司向合伙企业投资30万元，刘某负责经营管理，但不投资。B公司每年从合伙企业取得60%的收益，亏损时，责任及其他一切风险均由刘某负担。随后，双方共同向登记机关申请合伙登记。登记机关工作人员严某在收取了刘某的贿赂后，作出登记决定，并颁发了合伙企业"营业执照"。后刘某为了经营方便一直使用了B有限责任公司的名义对外进行经营活动。问：

   （1）普通合伙企业设立必须具备的条件是什么？
   （2）本案中有哪些违法行为？应怎样处理？

2. 甲、乙、丙、丁是某有限合伙企业的合伙人，出资比例是4:3:2:1，其中，甲、乙、丙为普通合伙人，丁为有限合伙人。甲因资金周转，将自己的财产份额的1/2转让给乙，同时通知了其他合伙人。一个月以后，丁通知其他合伙人，拟将自己的1/2财产份额转让给戊，40天后完成转让。此后，丙也将自己的1/2财产份额转让给戊，然后通知了其他合伙人。此时，乙表示愿意以同等的价格购买丙转让给戊的财产份额，被丙拒绝，乙、丙发生分歧。乙主张自己作为合伙人对其他合伙人的财产份额在同等条件下有优先购买权，而且丙将财产份额转让给戊，应当征得其他合伙人的同意。丙主张已经和戊达成协议，不能更改，还主张甲转让给乙的财产，丁转让给戊的财产，都没有征得其他合伙人的一致同意，是无效的。根据以上事实，回答问题：

   （1）乙的主张成立吗？并说明理由。
   （2）丙的主张成立吗？并说明理由。

3. 2018年1月，甲、乙、丙共同设立一普通合伙企业。合伙协议约定：甲以现金人民币5万元出资，乙以房屋作价人民币8万元出资，丙以劳务作价人民币4万元出资；各合伙人按相同比例分配盈利、分担亏损。合伙企业成立后，为扩大经营，于2018年6月向银行贷款人民币5万元，期限为1年。2018年8月，甲提出退伙，鉴于当时合伙企业盈利，乙、丙表示同意。同月，甲办理了退伙结算手续。2018年9月，丁入伙。丁入伙后，因经营环境变化，企业严重亏损。2019年5月，乙、丙、丁决定解散合伙企业，并将合伙企业现有财产价值人民币3万元予以分配，但对未到期的银行贷款未予清偿。2019年6月，银行贷款到期后，银行找合伙企业清偿债务，发现该企业已经解散，遂向甲要求偿还全部贷款，甲称自己早已退伙，不负责清偿债务。银行向丁要求偿还全部贷款，丁称该笔贷款是在自己入伙前发生的，不负责清偿。银行向乙要求偿还全部贷款，乙表示只按照合伙协议约定的比例清偿相应数额。银行向丙要求偿还全部贷款，丙则表示自己是以劳务出资的，不承担偿还贷款义务。

   要求根据以上事实，回答下列问题：

(1) 甲、乙、丙、丁各自的主张能否成立？并说明理由。
(2) 合伙企业所欠银行贷款应如何清偿？
(3) 在银行贷款清偿后，甲、乙、丙、丁内部之间应如何分担清偿责任？

4. 王某与甲、乙、丙3人合伙成立了一个汽车修理部，为普通合伙企业，由王某、甲、乙各出资1万元，丙提供技术入伙，4人平均分配盈余。4人办理了有关手续，租赁了房屋，并订立书面协议。1年后，由于经营状况不好，甲抽回了自己的1万元资金。汽车修理部继续经营了半年后决定散伙，此时已亏损3万元。根据案情，回答问题：
(1) 该合伙关系是否成立？为什么？
(2) 丙可否作为合伙人？为什么？
(3) 甲对合伙期间的亏损债务是否应承担清偿责任？为什么？
(4) 如果合伙剩余的财产共计25 000元全部用来清偿了债务之后，对于剩余的5 000元债务合伙人是否可以不予清偿？为什么？

5. 2017年7月，甲、乙、丙共同设立一有限合伙企业，其中，甲、乙为普通合伙人，丙为有限合伙人。合伙协议约定：甲以现金人民币10万元出资；乙以房屋作价人民币8万元出资，但不办理过户手续，乙保留对该房屋的处分权；丙以劳务作价人民币4万元出资。各合伙人按相同比例分配盈利、分担亏损。有限合伙企业由丙执行合伙企业事务，对外代表合伙企业。有限合伙企业成立后，为扩大经营，于2017年8月向银行贷款人民币5万元，期限为1年。2017年9月，丁公司入伙，成为有限合伙人，同时与甲、乙、丙约定：丁公司对入伙前的5万元银行贷款不承担责任，对入伙后的企业债务承担有限责任。2017年10月，丙丧失民事行为能力，甲、乙、丁因此认定丙当然退伙，遂决定取消丙的合伙人资格。2017年11月，经甲、乙同意，丁公司转变为普通合伙人，同时约定：丁公司对入伙前的5万元银行贷款不承担责任，对合伙企业以后的债务承担无限连带责任。合伙企业的组织形式仍为有限合伙企业。上述有哪些违法之处？并说明理由。

6. 某个人独资企业开头几年由投资人甲自行经营，盈利1 000万元。后因投资人甲年老体弱，很难管理经营企业，便委托乙管理企业。由于乙不会管理与经营，企业连年亏损，现欠债1 500万元。企业很难再维持下去，故而准备解散和清算。问：
(1) 甲可否决定解散企业？
(2) 该个人独资企业解散应由谁清算？
(3) 企业解散后的1 500万元债务应由甲承担，还是乙承担？为什么？
(4) 企业解散的财产应按什么顺序清偿？
(5) 如果该个人独资企业财产不足以清偿债务，怎么办？

7. M经济咨询事务所系甲个人在某市投资设立的个人独资企业，营业执照的签发日期为2018年5月3日。问题：
(1) 在2018年5月3日前，M经济咨询事务所可否从事经营活动？为什么？
(2) 该所可以设立分支机构吗？其民事责任由谁承担？
(3) 如果该所的经营范围为："主营经济咨询，兼营计算机硬件设备、文化用品"，那么该所可否适当经营五金建材业务？为什么？
(4) 如果甲委托乙管理企业，应办什么手续？在企业的经营管理活动中，乙不得有哪些行为？

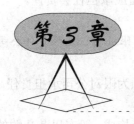

第 3 章 公 司 法

3.1 公司法概述

3.1.1 公司的概念和种类

1. 公司的概念

公司是指由股东共同出资，依法定条件和程序设立，以营利为目的的企业法人。

《中华人民共和国公司法》（以下简称《公司法》）第二条规定："本法所称公司是指依照本法在中国境内设立的有限责任公司和股份有限公司。"这并未直接对公司下定义。但这一条规定强调了公司必须是中国境内依照《公司法》设立的，而且我国的公司仅指有限责任公司和股份有限公司这两种形式。

公司具有以下特征。

1）公司是以股东共同投资为基础设立的股权式企业

作为现代企业的主要形态，公司有其特定的产权结构形式。基于所有权主体追求其财产更有效运用的意志，以所有权主体向公司进行永久性投资的行为为基础，所有权人成为公司股东，传统所有权在公司中转换为股权和公司法人权利，股东行使股东权而公司行使法人财产权，两权分离。

2）公司是依照《公司法》设立的企业

公司必须是依照《公司法》的规定设立的企业，我国《公司法》第六条第一款规定："设立公司，应当依法向公司登记机关申请设立登记。符合本法规定的设立条件的，由公司登记机关分别登记为有限责任公司或者股份有限公司；不符合本法规定的设立条件的，不得登记为有限责任公司或者股份有限公司。"只有依照《公司法》的规定设立，并符合《公司法》规定的各项要求，才能成为合法的有限责任公司或者股份有限公司。

3）公司是具有法人资格的企业

企业的形态在法律上可分为两种：一种是法人企业，一种是非法人企业。所谓法人企业，是指具有民事权利能力和民事行为能力，依法独立享有民事权利和承担民事义务的组织。《公司法》之所以赋予公司以法人资格，最根本就是由于公司满足成为企业法人的各项要求。

4）公司是以营利为目的的企业

企业是指依法设立的以营利为目的的从事生产经营活动的独立核算的经济组织。公司作为现代社会中的一种重要企业形态，其营利性是公司区别于其他非营利性社团和组织的特征。公司所从事的生产经营活动，其目的是获取利润。其他有些法人团体，如医院、学校，它们在其活动中虽然也要获取利润，但却不是以营利为目的。公司与这类法人团体适用的法律有所不同。当然,《公司法》在确定公司的营利性时,也强调公司应承担社会责任。

2. 公司的种类

1) 公司按股东责任的不同,可分为有限责任公司、股份有限公司、无限责任公司和两合公司4种

① 有限责任公司。有限责任公司是股东以其认缴的出资额为限对公司承担责任,公司以其全部财产对公司的债务承担责任的企业法人。

② 股份有限公司。股份有限公司是指全部资本由等额股份构成,股东以其认购的股份为限对公司承担责任,公司以其全部财产对公司的债务承担责任的企业法人。

③ 无限责任公司。无限责任公司是由无限责任股东组成的公司,股东除对公司负有一定的出资义务外,还须对公司债权人负无限连带责任。

④ 两合公司。两合公司是由负无限责任的股东与负有限责任的股东两种成员组成的公司。在这类公司中,无限责任股东除负有一定的出资义务外,还须对公司债权人承担直接无限责任。而有限责任股东,除有一定的出资义务外,只以其对公司的出资额为限度对公司债权人负直接责任。

上述分类是大陆法系国家公司法规定的公司种类。在上述4种公司中,无限责任公司和两合公司数量逐渐减少,有限责任公司和股份有限公司是世界各国目前主要的企业组织形式。

2) 公司按信用基础的不同,可分为人合公司和资合公司

此种分类方式是大陆法系国家公司法理论上的一种分类方法。人合公司是指公司的设立和经营活动是以股东个人的信用为基础的公司。无限公司是典型的人合公司。资合公司是指公司的设立和经营活动是以资本为基础的公司。股份有限公司是典型的资合公司。有限责任公司兼备人合公司和资合公司的特点。

3) 公司按股东构成和股份转让方式的不同,可分为封闭式公司和开放式公司

此种分类方式是英美法系国家公司法对公司进行的分类。封闭式公司,又称不上市公司或不公开公司,其特点是法律对股东人数有最高数额限制,公司的股份全部由该公司设立时的股东所拥有,限制公司股份转让,禁止吸引公众购买其任何股份或任何债券。开放式公司,又称上市公司或公开公司,其特点与封闭式公司正好相反,其股票可以在证券市场上向社会公开发行,也可以在股票交易所自由转让、流通。一般认为,封闭式公司类似于大陆法系国家的有限责任公司;开放式公司则类似于大陆法系国家的股份有限公司,但这两种分类并不完全等同。

3.1.2 公司法的概念和特征

1. 公司法的概念

公司法,是指规定公司的设立、组织、经营、解散、清算及调整公司对内对外关系的法律规范的总称。

公司对内的法律关系包括公司的股东、董事、经理、雇员等各部分人的权利义务关系;公司的组织机构之间,如股东会、董事会、监事会之间的法律规定。公司的对外法律关系包括:公司与政府之间的法律关系;公司与第三人之间的法律关系等。

我国现行的调整公司法律关系的基本法是《中华人民共和国公司法》,与《公司法》配套的还有《中华人民共和国公司登记管理条例》(以下简称《公司登记管理条例》)、《企业名称

登记管理规定》等法规。《公司法》于1993年12月29日颁布，1999年12月25日第一次修正，2004年8月28日第二次修正，并于2005年10月27日进行了全面重新修订，修订的《公司法》自2006年1月1日起施行。为正确适用《公司法》，最高人民法院审判委员会分别于2006年、2008年、2010年、2016年先后通过了《最高人民法院关于适用〈中华人民共和国公司法〉若干问题的规定（一）》、《最高人民法院关于适用〈中华人民共和国公司法〉若干问题的规定（二）》、《最高人民法院关于适用〈中华人民共和国公司法〉若干问题的规定（三）》和《最高人民法院关于适用〈中华人民共和国公司法〉若干问题的规定（四）》。2013年12月28日第十二届全国人民代表大会常务委员会对《公司法》进行了第三次修正，2018年10月26日第十三届全国人民代表大会常务委员会对《公司法》进行了第四次修正。

《公司法》第一条规定："为了规范公司的组织和行为，保护公司、股东和债权人的合法权益，维护社会经济秩序，促进社会主义市场经济的发展，制定本法。"这是我国公司法的立法宗旨。

《公司法》适用于在我国境内设立的有限责任公司和股份有限公司，也适用于我国境内的外商投资的有限责任公司和股份有限公司，但有关外商投资的法律另有规定的适用其规定。

2. 公司法的特征

公司法具有以下特征。

1）人格法与行为法相结合

公司法赋予公司法人资格，对公司的设立、组织机构的设置及其权限作出了详细的规定，是关于公司人格的法律。同时公司法具体规定了公司和股东在公司设立、变更、解散、经营管理、利润分配及对外活动中的权利义务，是公司的行为准则，因此公司法又是行为法。

2）私法自治与强制性规定相结合

由于公司法属于私法的范畴，按照私法自治的原则，应赋予公司团体意思自治的权利。同时，由于国家制定公司法目的在于规范公司的组织和行为，保护公司、股东和债权人的合法权益，维护社会经济秩序实现，因而公司中也有来自公法规范的强制性规定。2005年重新修订的《公司法》，针对旧《公司法》强制性规定过多的问题，增强了公司章程的法律效力，尊重公司意思自治，减少法律的强制性干预。例如，表决权的确定、红利的分配方式、出资的估价、股东大会和董事会的权利划分、对外投资和担保等，均可由公司章程确定。

3）实体法与程序性条款相结合

公司法规定了公司组成、活动所必须遵循的原则，规定了公司内部组织机构的权限，规定了公司和股东的权利义务等，这些都属于实体法性质的内容。同时，公司法还规定了为取得实体权利所必须履行的法定程序，从公司的设立、各种活动到公司的变更、解散和清算多个方面，都有明确的程序性条款规定。此外，2005年重新修订的《公司法》健全了对股东、尤其是中小股东利益的保护机制以及对公司债权人利益的保障机制，增加了一些民事赔偿和诉讼的条款。

3. 公司法的基本原则

贯穿现行公司法律规范中的一般准则，归纳起来有以下5项。

1）责任有限原则

责任有限原则是公司法最基本的原则，其责任有限性表现在：有限责任公司的股东以其认缴的出资额为限对公司承担责任；股份有限公司的股东以其认购的股份为限对公司承担责任。责任有限性可以充分地保护投资者利益，鼓励投资。

股东负有限责任需要有两个前提条件：① 公司应是独立的主体；② 股东的行为是规范的。理论上认为，如果不具备这两个条件，公司法人的"面纱"要被揭开，股东的责任就不是有限责任，而是无限责任了。

为了防止股东规避法律责任，损害社会利益，我国《公司法》在确立有限责任原则的同时，明确了有限责任的例外情况。《公司法》第二十条规定："公司股东应当遵守法律、行政法规和公司章程，依法行使股东权利，不得滥用股东权利损害公司或者其他股东的利益；不得滥用公司法人独立地位和股东有限责任损害公司债权人的利益。公司股东滥用股东权利给公司或者其他股东造成损失的，应当依法承担赔偿责任。公司股东滥用公司法人独立地位和股东有限责任，逃避债务，严重损害公司债权人利益的，应当对公司债务承担连带责任。"《公司法》第二十一条规定："公司的控股股东、实际控制人、董事、监事、高级管理人员不得利用其关联关系损害公司利益。违反前款规定，给公司造成损失的，应当承担赔偿责任。"

2）股权保护原则

我国《公司法》规定，公司股东依法享有资产收益、参与重大决策和选择管理者等权利，股东的合法权益受到保护。

对于有限责任公司，我国《公司法》规定股东权益的行使，包括分取红利、优先认缴出资和行使表决权，原则上按照其出资比例；但考虑到有限责任公司具有一定的人合性质，同时也出于尊重公司的意思自治，又补充规定"公司章程另有规定的除外"。

对于股份有限公司，我国《公司法》规定股份有限公司的资本划分为等额股份，同次发行的同种类股票发行条件和价格应当相同，同种类的每一股份应当具有同等权利。股东出席股东大会会议，所持每一股份有一表决权，股东权益的行使原则上按照持股比例。

在实践中，有时会遇到名义股东和实际股东不一致的情况。根据《公司法司法解释（三）》的规定，有限责任公司的实际出资人与名义出资人订立合同，约定由实际出资人出资并享有投资权益，以名义出资人为名义股东，实际出资人与名义股东对该合同效力发生争议的，应当认定该合同有效。实际出资人以其实际履行了出资义务为由有权向名义股东主张权利；名义股东不得以公司股东名册记载、公司登记机关登记为由否认实际出资人的权利。

实际出资人的股权虽然能够得到保护，但也存在一定的风险。实际出资人未经公司其他股东半数以上同意，不得请求公司变更股东、签发出资证明书、记载于股东名册、记载于公司章程并办理公司登记机关登记等事项。名义股东将登记于其名下的股权转让、质押或者以其他方式处分的，实际出资人不得以其对于股权享有实际权利为由，对抗善意第三人。名义股东处分股权造成实际出资人损失的，实际出资人有权请求名义股东承担赔偿责任。

名义股东虽然不是真实股东，但也存在承担责任的风险。公司债权人以登记于公司登记机关的股东未履行出资义务为由，请求其对公司债务不能清偿的部分在未出资本息范围内承担补充赔偿责任的，股东不得以其仅为名义股东而非实际出资人为由进行抗辩。名义股东根据上述规定承担赔偿责任后，可以向实际出资人追偿。

3）管理科学原则

公司的管理必须以科学为原则。公司管理的首要问题是公司组织机构和领导体制的设置。

典型的公司组织机构是由权力机构（即股东大会）、经营机构（即董事会）和监察机构（即监事会）3部分组成。3部分机构间的关系大致可以分为4种类型：① 以德国为代表的双层制，即由监事会和董事会共同经营公司，由股东大会选任监事组成监事会，监事会选任董事组成董事会；② 以英美法系国家为代表的单层制，即由股东大会选任董事组成董事会，董事会负责公司的经营决策，由董事会聘任经理等高级职员负责具体的经营管理，董事会对其具体经营管理进行监督。通常不设监事会，但仍然设有执行监督职能的机构或人，如外部董事，或会计监察、审计师等；③ 以法国为代表的选择制，即既可以采取单层制，又可以采取双层制，由当事人选择；④ 以日本为代表的三角制，即股东大会下设董事会和监察人，由股东大会选任和罢免。无论采取哪种组织形式，其最终目的都是要保证公司决策的准确性、执行的同一性和监督的有效性。

我国《公司法》规定的公司组织机构与日本的比较类似，同时参考了英美法系的独立董事制度。有限责任公司和非上市股份有限公司按决策、执行、监督3种管理职能分别设置3种不同机构，即股东会、董事会和监事会；上市股份有限公司除依法设立股东会、董事会和监事会外，还应设立独立董事。

4）促进交易原则

2005年修订的《公司法》及2013年修正的《公司法》在考虑安全性的前提下，修改了许多旧法的规定，以鼓励投资，促进市场交易。

第一，取消对公司注册资本最低限额的限制。除法律、行政法规以及国务院决定对有限责任公司或者股份有限公司的注册资本最低限额另有规定外，2013年修正的《公司法》取消了有限责任公司最低注册资本3万元、一人有限责任公司最低注册资本10万元、股份有限公司最低注册资本500万元的限制。

第二，取消对公司注册资本实缴的限制，改为"注册资本认缴登记制"。根据2013年修正的《公司法》的规定，除法律、行政法规以及国务院决定对有限责任公司或者股份有限公司的注册资本实缴另有规定外，取消有限责任公司股东或者发起设立的股份有限公司的发起人的首次出资比例和最长缴足期限。有限责任公司和发起设立的股份有限公司实行"认缴制"，以全体股东"认缴的出资额"或"认购的股本总额"为注册资本；募集设立的股份有限公司仍实行"实缴制"，以公司"实收股本总额"为注册资本。

第三，股东的出资形式更加多样，取消对公司货币出资的比例限制。根据旧的《公司法》规定，股东只可以用货币、实物、工业产权、非专利技术或土地使用权出资。根据2005年修订的《公司法》规定，股东除了可以用上述出资以外，还可以用股权等可以用货币估价并可以依法转让的非货币财产作价出资。2013年修正的《公司法》删去《公司法》第二十七条第三款"全体股东的货币出资金额不得低于有限责任公司注册资本的30%。"的规定。这意味着，有限责任公司股东或者股份有限公司的发起人可以用货币、实物、知识产权、土地使用权等可以用货币估价并可以依法转让的非货币财产的一种或者几种出资，出资方式不再作任何限制，公司注册资本可以不用货币出资。

第四，取消公司登记提交验资证明的要求。自2014年3月1日起，股东缴纳出资后，不再要求必须经依法设立的验资机构验资并出具证明，公司登记机关也不再要求提供验资证明，不再登记公司股东的实缴出资情况，公司营业执照不再记载"实收资本"事项。

第五，增加了一人有限责任公司的规定。传统意义上的公司法要求有限责任公司的股东必须两人以上，而《公司法》的修订以促进市场交易为原则，尊重实际市场情况，增加了一人有限责任公司的规定。

5）利益分享原则

取得利益是设立公司的目的，公司法对参与公司各方的主体利益应给予充分保障。在进行公司利润分配时，首先是维持公司的正常运作，因而应当先弥补亏损；其次是考虑公司的长远发展，提取法定和任意公积金；接下来，考虑股东的利益，支付股利。

3.1.3 公司的资本制度

1. 公司资本及相关概念

① 公司资本又称股本，是指公司章程所确立的由股东出资构成的公司法人财产总额。公司一经注册成立，就合法拥有了上述由股东出资构成的公司法人财产。公司资本不同于公司营运过程中的实有资产，公司资本是一个定数，实有资产是一个变数。公司资本有法定最低限额的要求，这一限额是公司成立和存在的必不可少的条件。公司资本不因公司经营状况的好坏和公司实有资产的增减而变动，因为公司资本的增减必须经过法定程序。需注意的是，并非所有的股东出资都构成公司资本，如溢价发行股份时的溢价部分就不计入股本，而归属于公司公积金。

② 公司资产。公司资产指可供公司支配的公司全部资产。它既包括由股东出资构成的公司自有财产——公司资本，也包括公司对外发行的债券、向银行贷款等形成的公司负债及其他股东权益。一般而言，公司资产总是大于公司资本。但如果公司经营不善，亏损严重时，则有可能出现公司资产小于公司资本的情况。

③ 注册资本。注册资本在不同的资本制度中，其含义是不同的。在法定资本制下，注册资本为在公司登记机关登记的、公司全体股东认购的出资或股本总额。在实行授权资本制的国家，注册资本常被称为名义资本或核准资本。因为，在授权资本制下，公司注册资本并不需要全部认足，发起人或股东只需认足公司注册资本的一部分，公司即可成立。注册资本是公司预计将要发行（或筹足的）公司自有资本总额或政府允许公司发行资本的最高限额。在注册资本没有发行完毕之前，公司章程中所记载的公司注册资本只是"名义资本"或"核准资本"。

④ 认缴资本。认缴资本又称发行资本，指公司依法律或公司章程的规定，在注册资本额度内已发行的、由股东认购的资本总额。在公司股本没有全部发行完时，发行资本总是小于注册资本，当公司资本全部发行完时，发行资本就等于注册资本。

⑤ 实缴资本。实缴资本又称为实收资本。不少国家的公司法不仅允许公司资本分次发行，而且允许已发行的资本分期缴纳股款。实缴资本是指全体股东实际缴纳或公司实际收到的资本总额。除非发行资本一次缴清，否则，实缴资本总是小于发行资本。当发行资本全部缴清时，实缴资本就等于发行资本。

2. 公司的资本制度

目前，世界上较有影响的公司资本制度有以下3种。

① 法定资本制，又称确定资本制。公司章程中明确规定资本总额，并在公司设立时由股东全部认足，股东可以分期缴纳股款的资本制度。法定资本制由大陆法系国家首创，并对其他各国公司资本制度产生了重要的影响，法定资本制度的特点是强调公司资本的真实与可靠，

因而能较充分地保障债权人的利益和社会交易的安全。但因其资本确定、不变和维持之理念，往往导致公司设立周期的延长、设立成本的提高及公司成立后增减资本的麻烦。

② 授权资本制。公司章程中确立公司资本总额，公司设立时发起人和认股人只需认购并缴足资本总额中一定比例的资本，公司即可成立，未认足的部分授权董事会在公司成立后根据其经营需要随时发行募集。与法定资本制相比，授权资本制因其不要求股东在公司成立前一次认足公司的所有股份，从而使公司的成立较为容易，并可避免因全部资本都发行完毕而可能出现的资金闲置和浪费；增加资本时，无须变更章程，手续简便。然而，授权资本制也存在一定的弊端，因其实收资本与注册资本相差甚大，很容易出现实有资本与生产经营规模严重不符的情况，从而可能导致欺诈行为，减弱公司对债权人的保护能力。

③ 折中资本制，又称认可资本制。公司章程中确立公司资本总额，公司设立时资本总额不必一次发行完，但在公司成立前由发起人和认股人认购的股份总额须达到法定比例，其余部分资本可授权董事会在公司成立后的一段期限内根据公司的需要而随时发行。折中资本制吸收了法定资本制与授权资本制的优点，不仅便于公司迅速成立，免于公司资金的闲置和浪费，还能有效地控制设立欺诈行为。无论从保护公司债权人利益的角度，还是从维护公司及股东利益的角度看，都不失为一种较为理想的资本制度。日本及德国的公司立法对股份发行都规定采用折中资本制。

我国《公司法》过去规定了较为严格的法定资本制度，对于股东的出资有明确的限制，强调出资的真实性。2013年12月28日，第十二届全国人民代表大会常务委员会对《公司法》所作的修改，将注册资本由实缴登记制改为认缴登记制，对于股东出资的期限也不再有时间的限制，交由公司章程规定，放宽注册资本登记条件，降低了公司设立门槛，为我国推行注册资本登记制度改革提供了法律保障。

3.1.4 公司的基本权利和义务

1. 公司的基本权利

公司的合法权益受法律保护，不受侵犯。公司的基本权利包括以下几方面。

① 法人财产权。公司法人财产包括两部分：一是股东出资形成的公司资本，二是公司成立后在经营过程中的积累或接受捐赠等形成的公司财产。公司法人财产权是指公司对公司法人财产享有的占有、使用、收益和处分的权利。公司是企业法人，有独立的法人财产，享有法人财产权。

② 分公司、子公司设立权。公司可以设立分公司，设立分公司应当向公司登记机关申请登记，领取营业执照。分公司的登记事项包括名称、营业场所、负责人、经营范围。分公司不具有法人资格，其民事责任由公司承担。公司可以设立子公司，子公司具有法人资格，依法独立承担民事责任。

③ 对外投资权。《公司法》赋予公司对外投资的权利。《公司法》第十五条规定："公司可以向其他企业投资；但是，除法律另有规定外，不得成为对所投资企业的债务承担连带责任的出资人。"至于公司对外投资的方式及限额，《公司法》也有规定：公司向其他企业投资，依照公司章程的规定，由董事会或者股东会、股东大会决议；公司章程对投资总额及单项投资数额有限额规定的，不得超过规定的限额。以上规定体现了尊重公司意思自治的原则。

④ 对外担保权。公司可以为他人提供担保。根据《公司法》的规定，公司为他人提供担保，依照公司章程的规定，由董事会或者股东会、股东大会决议；公司章程担保的总额及单项担保的数额有限额规定的，不得超过规定的限额。为了防止控制股东滥用权力，《公司法》规定：公司为公司股东或者实际控制人提供担保的，必须经股东会或者股东大会决议。其中，被担保的股东或者受实际控制人支配的股东，不得参加股东会或者股东大会对该担保事项的表决。该项表决由出席会议的其他股东所持表决权的过半数通过。

2. 公司的基本义务

① 承担民事责任。公司是独立的企业法人，有自己独立的财产，公司以其全部资产对公司的债务和其他民事纠纷承担民事责任。公司在民事活动中，不依法履行义务，则应承担民事责任，如赔偿损失、支付违约金等。

② 承担社会责任。公司从事经营活动，必须遵守法律、行政法规，遵守社会公德、商业道德，诚实守信，接受政府和社会公众的监督，承担社会责任。公司的运作行为不仅关系股东、职工等内部利益关系人的利益，也对市场经济秩序和社会公共利益发挥着重要的影响。公司及其股东、董事、监事在追逐公司经济效益最大化的同时，也必须承担一定的社会责任。同时，强调公司的社会责任也是为社会信用体系的建立提供了有力的法律保障。

③ 保护职工权益。公司必须保护职工的合法权益，依法与职工签订劳动合同，参加社会保险，加强劳动保护，实现安全生产。公司应当采用多种形式，加强公司职工的职业教育和岗位培训，提高职工素质。

④ 支持工会活动。公司职工依照《中华人民共和国工会法》组织工会，开展工会活动，维护职工合法权益。公司应当为本公司工会提供必要的活动条件。公司工会代表职工就职工的劳动报酬、工作时间、福利、保险和劳动安全卫生等事项依法与公司签订集体合同。公司依照宪法和有关法律的规定，通过职工代表大会或者其他形式，实行民主管理。公司研究决定改制以及经营方面的重大问题、制定重要的规章制度时，应当听取公司工会的意见，并通过职工代表大会或者其他形式听取职工的意见和建议。

⑤ 依法开展党的活动。在公司中，根据中国共产党章程的规定，设立中国共产党的组织，开展党的活动。公司应当为党组织的活动提供必要条件。

3.2 有限责任公司的法律规定

3.2.1 有限责任公司的概念

有限责任公司，是指由公司法规定的一定人数的股东共同出资，每个股东以其认缴的出资额对公司承担有限责任，公司以其全部资产对其债务承担责任的企业法人。

有限责任公司有以下特征：
① 有限责任公司的股东以其出资额为限对公司负责；
② 有限责任公司的股本不必分成均等股份；
③ 有限责任公司的股东人数有法定限制；
④ 有限责任公司不能公开募股，不能发行股票；
⑤ 有限责任公司股东的出资转让受到较严格的限制。

3.2.2 有限责任公司的设立

1. 有限责任公司设立的原则

公司的设立是指为使公司成立而进行的一系列法律行为及所经法律程序的总称。从各国公司立法情况来看，公司的设立历来是国家干预的重要领域，干预的具体情况表现为各国公司法对公司设立都规定各自的立法原则。公司设立的立法原则有：① 特许原则，是根据特别法、专门法规或行政命令设立的公司，由国家领导人特许设立公司；② 核准原则，是指设立除符合公司法规定之外，还须经国家授权的行政机关审查批准；③ 准则原则，是指公司法预先规定公司的设立条件，只要符合设立条件，公司即可登记成立。

目前，各国公司法对公司设立一般采用准则原则。我国公司法采用的是严格准则原则，指公司法中对公司设立条件比一般准则原则条件下的规定要严格，一些与国计民生关系密切的公司设立需要审批。我国《公司法》第六条第二款规定："法律、行政法规规定设立公司必须报经批准的，应当在公司登记前依法办理批准手续。"根据《公司法》及行政法规对公司设立的规定，必须经过审批的公司包括：一是由国有企业改组而成的公司；二是国家法律、行政法规规定需经政府有关部门审批的公司，即指欲进入需经国家特定许可行业的公司。此外，根据《公司法》第十二条第二款的规定"公司经营范围中属于法律、行政法规限制的项目，应当依法经过批准"。

2. 有限责任公司的设立条件

设立有限责任公司，应当具备下列条件。

1）股东符合法定人数

有限责任公司由 50 个以下股东出资设立。一般的有限责任公司的股东人数为 2 人以上 50 人以下，一人有限责任公司的股东是 1 个自然人或 1 个法人，国有独资公司的股东是国家。

2）有符合公司章程规定的全体股东认缴的出资额

2013 年修正的《公司法》取消了对有限责任公司最低注册资本的限制，也取消了对于缴纳出资的法定期限要求。有限责任公司的注册资本为在公司登记机关登记的全体股东认缴的出资额。除法律、行政法规以及国务院决定对有限责任公司注册资本实缴、注册资本最低限额另有规定外，《公司法》没有规定有限责任公司的最低注册资本限额和出资期限。例如，全国性商业银行的注册资本（实缴）最低限额为人民币 10 亿元；会计师事务所的注册资本（实缴）最低限额为人民币 30 万元。

《公司法》规定有限责任公司股东的出资形式：股东可以用货币出资，也可以用实物、知识产权、土地使用权等可以用货币估价并可以依法转让的非货币财产作价出资；但是，法律、行政法规规定不得作为出资的财产除外。根据《公司登记管理条例》的规定，股东不得以劳务、信用、自然人姓名、商誉、特许经营权或者设定担保的财产等作价出资。对作为出资的非货币财产应当评估作价，核实财产，不得高估或者低估作价。

根据上述规定，在我国股权和债权可以用于出资。股东或者发起人可以以其持有的在中国境内设立的公司股权出资，以股权出资的，该股权应当权属清楚、权能完整、依法可以转让。债权人也可以将其依法享有的对在中国境内设立的公司的债权，转为公司股权。债权转为公司股权的，公司应当增加注册资本。

出资人以不享有处分权的财产出资，当事人之间对于出资行为效力产生争议的，应当按照无权处分的规则进行处理;该出资行为并非一概无效,公司只要符合善意取得的条件,即可取得该财产的法人财产权。以贪污、受贿、侵占、挪用等违法犯罪所得的货币出资后取得股权的,对违法犯罪行为予以追究、处罚时,应当采取拍卖或者变卖的方式处置其股权。

3)股东共同制定公司章程

公司章程是规定公司名称、宗旨、资本、组织结构及组织活动基本规则的基本法律文件,具有自制性、法定性、稳定性和公开性的特点。设立公司必须依法制定公司章程。公司章程对公司、股东、董事、监事、高级管理人员具有约束力。公司的经营范围由公司章程规定,并依法登记。公司可以修改公司章程,改变经营范围,但是应当办理变更登记。

有限责任公司章程应当载明下列事项:① 公司名称和住所;② 公司经营范围;③ 公司注册资本;④ 股东的姓名或者名称;⑤ 股东的出资方式、出资额和出资时间;⑥ 公司的机构及其产生办法、职权、议事规则;⑦ 公司法定代表人;⑧ 股东会会议认为需要规定的其他事项。股东应当在公司章程上签名、盖章。

4)有公司名称,建立符合有限责任公司要求的组织机构

公司作为独立的企业法人,必须拥有自己的名称。依法设立的有限责任公司,必须在公司名称中标明有限责任公司或者有限公司字样。公司的名称,一方面标明公司的法律性质,便于国家有关部门管理,也便于社会公众对它的认识;另一方面有利于保障公司自身的合法权益。

公司成立之后要进行生产经营活动,就必须有相应的组织机构。符合有限责任公司要求的组织机构,是指《公司法》中规定应设立的机构,包括股东会、董事会或执行董事、监事会或监事。

5)有公司住所

公司作为法人,同自然人一样应有其法定的住所,《公司法》第十条规定:"公司以其主要办事机构所在地为住所。"主要办事机构由公司在申请登记时确定。经公司登记机关登记的公司的住所只能有一个。确定公司住所主要有两方面的意义:① 确定了诉讼管辖地,有利于国家诉讼管理;② 确定了向公司送达文件的法定地址。

3. 有限责任公司的设立程序

1)申请名称预先核准

公司名称是该公司区别于其他企业或社会组织的标志,公司名称是公司设立登记的主要事项之一。公司只能使用一个名称,经登记机关核准登记的公司名称受法律保护,属于知识产权的范畴,与企业的注册商标一样,是企业拥有的无形资产。

企业名称应当由以下部分依次组成:行政区域名称+字号(或商号)+行业或经营特点+组织形式。

设立有限责任公司申请名称预先核准,应当由全体股东指定的代表或者共同委托的代理人向公司登记机关提交以下材料:① 全体股东签署的公司名称预先核准申请书;② 全体股东指定代表或者共同委托代理人的证明;③ 国家市场监督管理总局规定要求提交的其他文件。预先核准的公司名称保留期为 6 个月。预先核准的公司名称在保留期内,不得用于从事经营活动,不得转让。公司名称的预先核准申请经工商行政管理局批准后,申请人可获得《企业名称预先核准通知书》。

2）出资及开设银行账户

股东应当按期足额缴纳公司章程中规定的各自所认缴的出资额。股东以货币出资的，应当将货币出资足额存入有限责任公司在银行开设的账户；以非货币财产出资的，应当依法办理其财产权的转移手续。股东不按照规定缴纳出资的，除应当向公司足额缴纳外，还应当向已按期足额缴纳出资的股东承担违约责任。

出资人需携带以下材料到银行，以获得"银行开户证明"和"出资存入证明"。需提交的材料包括：名称核准通知书；银行开户材料；投资人以现金或汇款形式汇入的出资。

3）审批

按照我国《公司法》的规定，并不是所有公司的设立都要经审批，对于有限责任公司，只有欲进入需经国家特定许可行业的公司或公司经营范围中属于法律、行政法规限制的项目，才需要在公司登记前向政府授权部门办理审批手续。其他的一般性公司，其设立只要满足《公司法》有关公司设立的条件，并遵循相应的法律程序即可成立。

4）申请设立登记

股东认足公司章程规定的出资后，由全体股东指定的代表或者共同委托的代理人向公司登记机关报送公司登记申请书、公司章程等文件，申请设立登记。法律、行政法规或者国务院决定规定设立有限责任公司必须报经批准的，应当自批准之日起90日内向公司登记机关申请设立登记；逾期申请设立登记的，申请人应当报批准机关确认原批准文件的效力或者另行报批。

申请设立有限责任公司，应当向公司登记机关提交下列文件：① 公司法定代表人签署的设立登记申请书；② 全体股东指定代表或者共同委托代理人的证明；③ 公司章程；④ 股东首次出资是非货币财产的，应当在公司设立登记时提交已办理其财产权转移手续的证明文件；⑤ 股东的主体资格证明或者自然人身份证明；⑥ 载明公司董事、监事、经理的姓名、住所的文件以及有关委派、选举或者聘用的证明；⑦ 公司法定代表人任职文件和身份证明；⑧ 企业名称预先核准通知书；⑨ 公司住所证明；⑩ 国家市场监督管理总局规定要求提交的其他文件。法律、行政法规或者国务院决定规定设立有限责任公司必须报经批准的，还应当提交有关批准文件。公司申请登记的经营范围中属于法律、行政法规或者国务院决定规定在登记前须经批准的项目的，应当在申请登记前报经国家有关部门批准，并向公司登记机关提交有关批准文件。

根据《公司登记管理条例》的规定，公司登记机关为国家工商行政管理总局和地方各级工商行政管理部门。公司的住所应当在其公司登记机关辖区内。

申请公司登记，申请人可以到公司登记机关提交申请，也可以通过信函、电报、电传、传真、电子数据交换和电子邮件等方式提出申请。公司登记机关对到公司登记机关提交申请的，应当当场作出是否受理；通过信函、电报、电传、传真、电子数据交换和电子邮件等方式提出申请的，应当自收到申请文件、材料之日起5日内作出是否受理的决定。公司登记机关决定予以受理的，除当场作出准予登记决定的外，应当出具《受理通知书》；决定不予受理的，应当出具《不予受理通知书》，说明不予受理的理由，并告知申请人享有依法申请行政复议或者提起行政诉讼的权利。公司登记机关对决定予以受理的登记申请，应当分别情况在规定的期限内作出是否准予登记的决定。① 对申请人到公司登记机关提出的申请予以受理的，应当当场作出准予登记的决定。② 对申请人通过信函方式提交的申请予以受理的，应当自受理之日起 15 日内作出准予登记的决定。③ 通过电报、电传、传真、电子数据交换和电子邮件等方式提交申请的，申请人应当自收到《受理通知书》之日起 15 日内，提交与电报、电传、传真、电子数据交换和电子邮件等内容一致并符合法定形式的申请文件、材料原件；申请人到公司登记机关提交申请文件、材料原件的，应当当场作出准予登记的决定；申请人通过信函方式提交申请文件、材料原件的，应当自受理之日起 15 日内作出准予登记的决定。④ 公司登记机关自发出《受理通知书》之日起 60 日内，未收到申请文件、材料原件，或者申请文件、材料原件与公司登记机关所受理的申请文件、材料不一致的，应当作出不予登记的决定。作出准予公司设立登记决定的，应当出具《准予设立登记通知书》，告知申请人自决定之日起 10 日内，领取营业执照。公司登记机关作出不予登记决定的，应当出具《登记驳回通知书》。

依法设立的公司，由公司登记机关发给《企业法人营业执照》。公司营业执照签发日期为公司成立日期。公司凭公司登记机关核发的《企业法人营业执照》刻制印章，开立银行账户，申请纳税登记。公司营业执照应当载明公司的名称、住所、注册资本、实收资本、经营范围、法定代表人姓名等事项。公司营业执照记载的事项发生变更的，公司应当依法办理变更登记，由公司登记机关换发营业执照。

公司被核准登记后，公司登记机关将核准登记的公司登记事项记载于公司登记簿上，供社会公众查阅、复制。公司的登记事项包括：① 名称；② 住所；③ 法定代表人姓名；④ 注册资本；⑤ 公司类型；⑥ 经营范围；⑦ 营业期限；⑧ 有限责任公司股东或者股份有限公司发起人的姓名或者名称，以及认缴和实缴的出资额、出资时间、出资方式。

公司变更登记事项，应当向原公司登记机关申请变更登记。未经变更登记，公司不得擅自改变登记事项。公司申请变更登记，应当向公司登记机关提交下列文件：① 公司法定代表人签署的变更登记申请书；② 依照《公司法》作出的变更决议或者决定；③ 国家市场监督管理总局规定要求提交的其他文件。公司变更登记事项涉及修改公司章程的，应当提交由公司法定代表人签署的修改后的公司章程或者公司章程修正案。变更登记事项依照法律、行政法规或者国务院决定规定在登记前须经批准的，还应当向公司登记机关提交有关批准文件。

公司章程修改未涉及登记事项的，公司应当将修改后的公司章程或者公司章程修正案送原公司登记机关备案。公司董事、监事、经理发生变动的，应当向原公司登记机关备案。

5）签发出资证明书和置备股东名册

有限责任公司成立后，应当向股东签发出资证明书。出资证明书是证明股东已缴纳出资额的文件，由公司在登记注册后签发。出资证明书必须由公司盖章。出资证明书应当载明下列事项：① 公司名称；② 公司成立日期；③ 公司注册资本；④ 股东的姓名或名称、缴纳的出资额和出资日期；⑤ 出资证明书的编号和核发日期。

有限责任公司应当置备股东名册，记载下列事项：① 股东的姓名或者名称及住所；② 股东的出资额；③ 出资证明书编号。记载于股东名册的股东，可以依股东名册主张行使股东权利。

公司应当将股东的姓名或者名称向公司登记机关登记；登记事项发生变更的，应当办理变更登记。未经登记或者变更登记的，不得对抗善意第三人。股权转让后尚未向公司登记机关办理变更登记，原股东将仍登记于其名下的股权转让、质押或者以其他方式处分，受让股东不得以其对于股权享有实际权利为由，对抗善意第三人。原股东处分股权造成受让股东损失的，受让股东有权请求原股东承担赔偿责任。对于未及时办理变更登记有过错的董事、高级管理人员或者实际控制人也应当承担相应责任,受让股东对于未及时办理变更登记也有过错的,可以适当减轻上述董事、高级管理人员或者实际控制人的责任。

当事人依法履行出资义务或者依法继受取得股权后,公司未按规定签发出资证明书、记载于股东名册并办理公司登记机关登记,当事人有权请求公司履行上述义务。

当事人之间对股权归属发生争议,一方请求人民法院确认其享有股权的,应当证明以下事实之一:① 已经依法向公司出资或者认缴出资,且不违反法律法规强制性规定;② 已经受让或者以其他形式继受公司股权,且不违反法律法规强制性规定。

3.2.3 有限责任公司股东的权利义务和责任

1. 有限责任公司股东的权利

股东是公司的出资人,在我国,除国家有某些限制的特别规定外,有权代表国家投资的政府部门或机构、企业法人、具有法人资格的事业单位和社会团体、自然人,均可按照规定成为有限责任公司的股东。

有限责任公司股东的权利可分为参与管理权和资产收益权。参与管理权是股东依法参加公司事务的决策和经营管理的权利,如股东会参与权、在股东会上的表决权、股东会召集请求权和自行召集权,了解公司事务、查阅公司账簿和其他文件的知情权,提起诉讼权等权利。资产收益权是股东依法从公司取得利益、财产和处分自己股权的权利,主要为股利分红、剩余财产分配权、优先认股权、特殊情况下的退出权、出资额质押权和转让权等。

有限责任公司股东主要具有以下权利。

1) 知情权

保证股东基于正当目的的知情权,让股东了解公司有关事务的实际情况,是保护股东利益的基础和前提。《公司法》第三十三条第一款规定:"股东有权查阅、复制公司章程、股东会会议记录、董事会会议决议、监事会会议决议和财务会计报告。"除了以上文件外,股东还可以要求查阅公司会计账簿。股东要求查阅公司会计账簿的,应当向公司提出书面请求,说明目的。公司有合理根据认为股东查阅会计账簿有不正当目的,可能损害公司合法利益的,可以拒绝提供查阅,并应当自股东提出书面请求之日起 15 日内书面答复股东并说明理由。公司拒绝为正当目的提供查阅的,股东可以请求人民法院要求公司提供查阅。根据《公司法解释四》,"不正当目的"的具体形态有:① 股东自营或者为他人经营与公司主营业务有实质性竞争关系业务的,但公司章程另有规定或者全体股东另有约定的除外;② 股东为了向他人通报有关信息查阅公司会计账簿,可能损害公司合法利益的;③ 股东在向公司提出查阅请求之日前的三年内,曾通过查阅公司会计账簿,向他人通报有关信息损害公司合法利益的;④ 股东有不正当目的的其他情形。

公司章程或者股东间协议可以对股东查阅权的范围、方式等作出规定,但不得实质性剥夺股东以公司法享有的查阅权。

公司股东依据公司法或者公司章程的规定,有权请求查阅或者复制公司特定文件材料,不具有公司股东资格的投资人无权请求查阅,但股东有初步证据证明在持股期间其合法权益受到损害,请求依法查阅或者复制其持股期间的公司特定文件材料的除外。

为了避免有限责任公司的股东滥用查阅权而影响公司的正常经营活动,防止股东泄露公司商业机密而损害公司的利益,《公司法》对有限责任公司的股东查阅公司会计账簿的责任有明确的规定。股东行使知情权后泄露公司商业秘密导致公司合法利益受到损害，公司有权请求该股东赔偿相关损失，辅助股东查阅公司文件材料的会计师、律师等泄露公司商业秘密导致公司合法利益受到损害，公司有权请求其赔偿相关损失。

公司董事、高级管理人员等未依法履行职责，导致公司未依法制作或者保存公司法规定的公司文件材料，给股东造成损失，股东依法有权请求负有相应责任的公司董事、高级管理人员承担民事赔偿责任。

2）分红和优先认股权

股东对公司的资产收益权主要体现为有权取得并保有公司分配的股利。无论是有限责任公司还是股份有限公司，利润分配方案均由董事会制定，股东会或者股东大会以普通多数决议通过后，再由董事会实施。《公司法》第三十四条规定："股东按照实缴的出资比例分取红利；公司新增资本时，股东有权优先按照实缴的出资比例认缴出资。但是，全体股东约定不按照出资比例分取红利或者不按照出资比例优先认缴出资的除外。"

实践中常有股东因公司不分红而发生争议。根据《公司法解释四》第十三条的规定："股东请求公司分配利润案件，应当列公司为被告。一审法庭辩论终结前，其他股东基于同一分配方案请求分配利润并申请参加诉讼的，应当列为共同原告。"

3）诉讼请求权

股东诉讼可以分为股东代表诉讼和股东直接诉讼。股东代表诉讼的目的是保护公司利益和股东的共同利益，而不仅仅是为了个别股东的利益。股东直接诉讼主要是为了保护个别股东的利益。股东的诉讼请求权有助于维护股东的合法权益，保护投资积极性，增强投资信心。

（1）股东代表诉讼

① 股东对股东会、董事会的决议提起诉讼。

公司股东会或股东大会、董事会的决议内容违反法律、行政法规的无效。

股东会或股东大会、董事会的会议召集程序、表决方式违反法律、行政法规或者公司章程，或者决议内容违反公司章程的，股东可以自决议作出之日起60日内，请求人民法院撤销。请求撤销股东会或者股东大会、董事会决议的原告，应当在起诉时具有公司股东资格。股东请求撤销股东会或者股东大会、董事会决议，符合上述规定的，人民法院应当予以支持，但会议召集程序或者表决方式仅有轻微瑕疵，且对决议未产生实质影响的，人民法院不予支持。

根据《公司法解释四》第一条的规定："公司股东、董事、监事等请求确认股东会或者股东大会、董事会决议无效或者不成立的，人民法院应当依法予以受理。"股东会或者股东大会、董事会决议存在下列情形之一，该决议不成立：公司未召开会议的，但依据公司法或者公司章程规定可以不召开股东会或者股东大会而直接作出决定，并由全体股东在决定文件上签名、盖章的除外；会议未对决议事项进行表决的；出席会议的人数或者股东所持表决权不符合公司法或者公司章程规定的；会议的表决结果未达到公司法或者公司章程规定的通过比例的；导致决议不成立的其他情形。

股东依法提起诉讼的，人民法院可以应公司的请求，要求股东提供相应担保。

公司根据股东会或股东大会、董事会决议已办理变更登记的，人民法院宣告该决议无效或者撤销该决议后，公司应当向公司登记机关申请撤销变更登记。

原告请求确认股东会或者股东大会、董事会决议不成立、无效或者撤销决议的案件，应当列公司为被告。对决议涉及的其他利害关系人，可以依法列为第三人。一审法庭辩论终结前，其他有原告资格的人以相同的诉讼请求申请参加上述规定诉讼的，可以列为共同原告。股东会或者股东大会、董事会决议被人民法院判决确认无效或者撤销的，公司依据该决议与善意相对人形成的民事法律关系不受影响。

② 公司董事、监事、高级管理人员和他人侵犯公司合法权益，给公司造成损失的，股东可以行使诉讼请求权，具体分为以下几种情形。

第一，股东通过监事会或者监事提起诉讼。公司董事、高级管理人员执行职务违反法律、行政法规、公司章程的规定，给公司造成损失的，股东可以书面请求监事会或者不设监事会的有限责任公司的监事提起诉讼。监事会或者不设监事会的有限责任公司的监事依据公司法规定对董事、高级管理人员提起诉讼的，应当列公司为原告，依法由监事会主席或者不设监事会的有限责任公司的监事代表公司进行诉讼。

第二，股东通过董事会或者董事提起诉讼。监事给公司造成损失的，股东可以请求董事会（或者执行董事）提起诉讼。董事会或者不设董事会的有限责任公司的执行董事依据公司法规定对监事提起诉讼的，应当列公司为原告，依法由董事长或者执行董事代表公司进行诉讼。

第三，股东直接提起诉讼。监事会、监事、董事会、执行董事拒绝提起诉讼，或者情况紧急、不立即提起诉讼将会使公司利益受到难以弥补的损害等情况下，股东可以直接提起诉讼。股东直接对董事、监事、高级管理人员或者他人提起诉讼的，应当列公司为第三人参加诉讼，该案件的胜诉利益归属于公司，股东不得请求被告直接向其承担民事责任。

第四，股东可以通过监事会或者监事、董事会或者董事或者股东直接向人民法院提起诉讼。他人侵犯公司合法权益，给公司造成损失的，股东可以依照上述规定向人民法院提起诉讼。董事会或者不设董事会的有限责任公司的执行董事依据公司法规定对他人提起诉讼的，应当列公司为原告，依法由董事长或者执行董事代表公司进行诉讼。

（2）股东直接诉讼

董事、高级管理人员违反法律、行政法规或者公司章程的规定，损害股东利益的，股东可以提起诉讼。

4）特殊情况下的退出权

有限责任公司自成立之后至解散之前，股东不得要求退还其股份，这是由有限责任公司的性质决定的，但这并不意味着在任何情况下，股东都必须承担公司决策的后果。根据《公司法》的规定，有下列情形之一的，对股东会该项决议投反对票的股东可以请求公司按照合理的价格收购其股权：

① 公司连续 5 年不向股东分配利润，而公司该 5 年连续盈利，并且符合本法规定的分配利润条件的；

② 公司合并、分立、转让主要财产的；

③ 公司章程规定的营业期限届满或者章程规定的其他解散事由出现，股东会会议通过决议修改章程使公司存续的。

自股东会会议决议通过之日起 60 日内，股东与公司不能达成股权收购协议的，股东可以自股东会会议决议通过之日起 90 日内向人民法院提起诉讼。

2. 有限责任公司股东的义务

① 全面履行出资义务。股东是否履行出资义务包括两个层面的问题：第一次股东出资是否依照章程的规定，按期缴纳，第二是实缴出资的金额是否与股东认缴的金额一致。

股东出资是否缴纳，主要看股东出资的财产权是否依照章程的规定依法转移至公司。货币应当足额存入公司银行账户；非货币财产，如动产、土地使用权、知识产权、股权、债权等，应当依法办理财产权的转移手续。

出资人以非货币财产出资，经具有合法资格的评估机构对该财产评估作价。评估确定的价额显著低于公司章程所定价额的，应当认定出资人未依法全面履行出资义务。

出资人以房屋、土地使用权等出资的，应当交付公司并办理权属登记手续。根据《公司法解释三》第十条的规定："出资人以房屋、土地使用权或者需要办理权属登记的知识产权等财产出资，已经交付公司使用但未办理权属变更手续，公司、其他股东或者公司债权人主张认定出资人未履行出资义务的，人民法院应当责令当事人在指定的合理期间内办理权属变更手续；在前述期间内办理了权属变更手续的，人民法院应当认定其已经履行了出资义务；出资人主张自其实际交付财产给公司使用时享有相应股东权利的，人民法院应予支持。"出资人以上述规定的财产出资，已经办理权属变更手续但未交付给公司使用，在实际交付之前不享有相应股东权利。

对于出资财产存在瑕疵的，出质人有义务补正。根据《公司法解释三》的规定，出资人以划拨土地使用权出资，或者以设定权利负担的土地使用权出资，当事人应当在合理期间内办理土地变更手续或者解除权利负担；逾期未办理或者未解除的，应当认定出资人未依法全面履行出资义务。

出资人以其他公司股权出资，符合下列条件的，应当认定出资人已履行出资义务：出资的股权由出资人合法持有并依法可以转让；出资的股权无权利瑕疵或者权利负担；出资人已履行关于股权转让的法定手续；出资的股权已依法进行了价值评估。

出资人以符合法定条件的非货币财产出资后，因市场变化或者其他客观因素导致出资财产贬值，除当事人另有约定外，该出资人不承担补足出资责任。

关于足额缴纳出资的问题。股东应当按期足额缴纳公司章程中规定的各自所认缴的出资额。股东不按规定缴纳出资的，除应当向公司足额缴纳外，还应当向已按期足额缴纳出资的股东承担违约责任。

② 补交出资差额。有限责任公司成立后，发现作为设立公司出资的非货币财产的实际价额显著低于公司章程所定价额的，应当由交付该出资的股东补足其差额；公司设立时的其他股东承担连带责任。

③ 不得抽逃出资。公司成立后，股东不得抽逃出资。公司成立后，相关股东的行为符合下列情形之一且损害公司权益的，可以认定该股东抽逃出资：将出资款项转入公司账户验资后又转出；通过虚构债权债务关系将其出资转出；制作虚假财务会计报表虚增利润进行分配；利用关联交易将出资转出；其他未经法定程序将出资抽回的行为。

④ 遵纪守法，依法行使股东权利。公司股东应当遵守法律、行政法规和公司章程，依法行使股东权利。

3. 有限责任公司股东的责任

① 股东未履行或者未全面履行出资义务的赔偿责任。股东未履行或者未全面履行出资义

务的,应当依法全面履行出资义务。未履行或者未全面履行出资义务的股东在未出资本息范围内对公司债务不能清偿的部分承担补充赔偿责任。

股东在公司设立时未履行或者未全面履行出资义务,公司的发起人与被告股东对债权人承担连带责任。公司的发起人承担责任后,可以向被告股东追偿。股东在公司增资时未履行或者未全面履行出资义务,董事、高级管理人员未尽公司法规定的忠诚和勤勉义务,使得出资不足的情况发生的,这些董事、高级管理人员应当承担相应责任。董事、高级管理人员承担责任后,可以向被告股东追偿。

有限责任公司的股东未履行或者未全面履行出资义务即转让股权,受让人对此知道或者应当知道,公司请求该股东履行出资义务、受让人对此承担连带责任的,人民法院应予支持;公司债权人依照规定向该股东提起诉讼,同时请求前述受让人对此承担连带责任的,人民法院应予支持。受让人根据上述规定承担责任后,向该未履行或者未全面履行出资义务的股东追偿的,人民法院应予支持。但是,当事人另有约定的除外。

② 股东抽逃出资的赔偿责任。股东抽逃出资的,应当向公司返还出资本息,协助抽逃出资的其他股东、董事、高级管理人员或者实际控制人对此承担连带责任。抽逃出资的股东在抽逃出资本息范围内对公司债务不能清偿的部分承担补充赔偿责任,协助抽逃出资的其他股东、董事、高级管理人员或者实际控制人对此承担连带责任。

第三人代垫资金协助发起人设立公司,双方明确约定在公司验资后或者在公司成立后将该发起人的出资抽回以偿还该第三人,发起人依照前述约定抽回出资偿还第三人后又不能补足出资的,相关权利人有权请求第三人连带承担发起人因抽回出资而产生的相应责任。

③ 股东未履行或者未全面履行出资义务或者抽逃出资,会导致权利丧失。股东未履行或者未全面履行出资义务或者抽逃出资,公司有权根据公司章程或者股东会决议对其利润分配请求权、新股优先认购权、剩余财产分配请求权等股东权利作出相应的合理限制。

有限责任公司的股东未履行出资义务或者抽逃全部出资,经公司催告缴纳或者返还,其在合理期间内仍未缴纳或者返还出资,公司有权以股东会决议解除该股东的股东资格。

公司股东未履行或者未全面履行出资义务或者抽逃出资,公司或者其他股东请求其向公司全面履行出资义务或者返还出资,被告股东不得以诉讼时效为由进行抗辩。

④ 冒用他人名义出资并将该他人作为股东在公司登记机关登记的,冒名登记行为人应当承担相应责任。公司、其他股东或者公司债权人以未履行出资义务为由,请求被冒名登记为股东的承担补足出资责任或者对公司债务不能清偿部分的赔偿责任的,人民法院不予支持。

3.2.4 有限责任公司的组织机构

有限责任公司的组织机构包括股东会、董事会、监事会和经理机构。

1. 有限责任公司的股东会

(1) 有限责任公司股东会的职权

有限责任公司股东会由全体股东组成,股东会是公司的权力机构,股东会依法行使职权。股东会的职权包括:

① 决定公司的经营方针和投资计划;

② 选举和更换非由职工代表担任的董事、监事,决定有关董事、监事的报酬事项;

③ 审议批准董事会的报告;

④ 审议批准监事会或者监事的报告;
⑤ 审议批准公司的年度财务预算方案、决算方案;
⑥ 审议批准公司的利润分配方案和弥补亏损方案;
⑦ 对公司增加或者减少注册资本作出决议;
⑧ 对发行公司债券作出决议;
⑨ 对公司合并、分立、解散、清算或者变更公司形式作出决议;
⑩ 修改公司章程;
⑪ 公司章程规定的其他职权。

对以上所列事项股东以书面形式一致表示同意的,可以不召开股东会会议,直接作出决定,并由全体股东在决定文件上签名、盖章。

(2) 有限责任公司股东会会议的形式

有限责任公司股东会会议的形式分为定期会议和临时会议两种。定期会议按照公司章程规定的时间召开。临时会议是在公司章程规定的会议时间以外召开的会议,临时会议只能由以下人员提议召开:代表 1/10 以上表决权的股东;1/3 以上的董事;监事会或者不设监事会的公司的监事。

有限责任公司设立董事会的,股东会会议由董事会召集,董事长主持;董事长不能履行职务或者不履行职务的,由副董事长主持;副董事长不能履行职务或者不履行职务的,由半数以上董事共同推举 1 名董事主持。有限责任公司不设董事会的,股东会会议由执行董事召集和主持。董事会或者执行董事不能履行或者不履行召集股东会会议职责的,由监事会或者不设监事会的公司的监事召集和主持;监事会或者监事不召集和主持的,代表 1/10 以上表决权的股东可以自行召集和主持。首次股东会会议由出资最多的股东召集和主持。

召开股东会会议,应当于会议召开 15 日前通知全体股东;但是,公司章程另有规定或者全体股东另有约定的除外。

(3) 有限责任公司股东会决议

有限责任公司股东会的议事方式和表决程序,除《公司法》有规定的以外,由公司章程规定。其中增加或减少注册资本、公司的合并与分立、公司的解散与清算或变更公司形式、修改公司章程,必须经代表 2/3 以上表决权的股东通过。股东会会议由股东按照出资比例行使表决权;但是,公司章程另有规定的除外。股东会应当对所议事项的决定作成会议记录,出席会议的股东应当在会议记录上签名。

2. 有限责任公司的董事会

(1) 有限责任公司董事会的性质及组成

有限责任公司的执行机构是董事会或执行董事,它是公司的常设机构,对内执行公司业务、对外代表公司。有限责任公司的董事会成员为 3~13 人,董事会设董事长 1 人,可以设副董事长。董事长、副董事长的产生办法由公司章程规定。董事任期由公司章程规定,但每届任期不得超过 3 年。董事任期届满,连选可以连任。董事任期届满未及时改选,或者董事在任期内辞职导致董事会成员低于法定人数的,在改选出的董事就任前,原董事仍应当依照法律、行政法规和公司章程的规定,履行董事职务。两个以上的国有企业或者两个以上的国有投资主体投资设立的有限责任公司,其董事会成员中应当有公司职工代表,董事会中的职工代表由公司职工通过职工代表大会、职工大会或者其他形式民主选举产生。其他有限责任公司董事会成员中也可以有公司职工代表，由公司职工民主选举产生。有限责任公司董事会中非由职工代表担任的董事由股东会选举产生。

股东人数较少和规模较小的有限责任公司，可以设1名执行董事，不设董事会。执行董事可以兼任公司经理。执行董事的职权由公司章程规定。

公司法定代表人依照公司章程的规定，由董事长、执行董事或者经理担任，并依法登记。公司法定代表人变更，应当办理变更登记。

（2）有限责任公司董事会的职权

有限责任公司的董事会对股东会负责，行使下列职权：

① 召集股东会会议，并向股东会报告工作；
② 执行股东会的决议；
③ 决定公司的经营计划和投资方案；
④ 制订公司的年度财务预算方案、决算方案；
⑤ 制订公司的利润分配方案和弥补亏损方案；
⑥ 制订公司增加或者减少注册资本以及发行公司债券的方案；
⑦ 制订公司合并、分立、解散或者变更公司形式的方案；
⑧ 决定公司内部管理机构的设置；
⑨ 决定聘任或者解聘公司经理及其报酬事项，并根据经理的提名决定聘任或者解聘公司副经理、财务负责人及其报酬事项；
⑩ 制定公司的基本管理制度；
⑪ 公司章程规定的其他职权。

（3）有限责任公司董事会的召开

有限责任公司的董事会会议由董事长召集和主持；董事长不能履行职务或者不履行职务的，由副董事长召集和主持；副董事长不能履行职务或者不履行职务的，由半数以上董事共同推举1名董事召集和主持。

董事会决议的表决，实行一人一票。董事会的议事方式和表决程序，除《公司法》有规定的外，由公司章程规定。董事会应当对所议事项的决定作成会议记录，出席会议的董事应当在会议记录上签名。

3. 有限责任公司的经理

有限责任公司可以设经理，经理是董事会聘任的主持日常经营管理工作的高级职员，对董事会负责。经理列席董事会会议。经理机构可称为辅助执行机构，即辅助董事会执行的工作机构。与董事会、监事会不同的是，经理不是以会议形式形成决议的机构，而是以自己最终意志为准的执行机构。

经理的职权为：

① 主持公司的生产经营管理工作，组织实施董事会决议；
② 组织实施公司年度经营计划和投资方案；
③ 拟订公司内部管理机构设置方案；
④ 拟定公司的基本管理制度；
⑤ 制定公司的具体规章；
⑥ 提请聘任或者解聘公司副经理、财务负责人；

⑦ 决定聘任或者解聘除应由董事会决定聘任或者解聘以外的负责管理人员;
⑧ 董事会授予的其他职权。
公司章程对经理职权另有规定的,从其规定。

4. 有限责任公司的监事会

(1) 有限责任公司监事会的组成

监事会是公司的内部监督机构,它对公司执行机构的业务活动进行监督。我国《公司法》规定,经营规模较大的有限责任公司,设立监事会,其成员不得少于3人。股东人数较少或者经营规模较小的,可以只设1~2名监事,不设监事会。董事、高级管理人员不得兼任监事。

监事会设主席1人,由全体监事过半数选举产生。监事会主席召集和主持监事会会议;监事会主席不能履行职务或者不履行职务的,由半数以上监事共同推举1名监事召集和主持监事会会议。监事会应当包括股东代表和适当比例的公司职工代表,其中职工代表的比例不得低于1/3,具体比例由公司章程规定。监事会中的职工代表由公司职工通过职工代表大会、职工大会或者其他形式民主选举产生。监事会中的股东代表由股东会选举产生。监事的任期每届为3年。监事任期届满,连选可以连任。监事任期届满未及时改选,或者监事在任期内辞职导致监事会成员低于法定人数的,在改选出的监事就任前,原监事仍应当依照法律、行政法规和公司章程的规定,履行监事职务。

(2) 有限责任公司监事会或者监事的职权

监事会、不设监事会的公司的监事依法行使下列职权:
① 检查公司财务;
② 对董事、高级管理人员执行公司职务的行为进行监督,对违反法律、行政法规、公司章程或者股东会决议的董事、高级管理人员提出罢免的建议;
③ 当董事、高级管理人员的行为损害公司的利益时,要求董事、高级管理人员予以纠正;
④ 提议召开临时股东会会议,在董事会不履行本法规定的召集和主持股东会会议职责时召集和主持股东会会议;
⑤ 向股东会会议提出提案;
⑥ 依法对董事、高级管理人员提起诉讼;
⑦ 公司章程规定的其他职权。

监事可以列席董事会会议,并对董事会决议事项提出质询或者建议。监事会、不设监事会的公司的监事发现公司经营情况异常,可以进行调查;必要时,可以聘请会计师事务所等协助其工作。监事会、不设监事会的公司的监事行使职权所必需的费用,由公司承担。

(3) 有限责任公司监事会的召开

监事会每年度至少召开一次会议,监事可以提议召开临时监事会会议。监事会决议应当经半数以上监事通过。监事会的议事方式和表决程序,除《公司法》有规定的外,由公司章程规定。监事会应当对所议事项的决定作成会议记录,出席会议的监事应当在会议记录上签名。

3.2.5 有限责任公司的股权转让和继承

1. 有限责任公司的股权转让

有限责任公司既有资合性又有人合性，有限责任公司的股东之间可以相互转让其全部或者部分股权，《公司法》对此未设定任何限制。

股东向股东以外的人转让股权，要符合以下法律规定：

首先，股东向股东以外的人转让股权，应当经其他股东过半数同意。股东应就其股权转让事项书面或者其他能够确认收悉的合理方式通知其他股东征求同意，其他股东自接到书面通知之日起满30日未答复的，视为同意转让。其他股东半数以上不同意转让的，不同意的股东应当购买该转让的股权；不购买的，视为同意转让。

其次，经股东同意转让的股权，在同等条件下，其他股东有优先购买权。两个以上股东主张行使优先购买权的，协商确定各自的购买比例；协商不成的，按照转让时各自的出资比例行使优先购买权。"同等条件"的确定应当考虑转让股权的数量、价格、支付方式及期限等因素。有限责任公司的股东主张优先购买转让股权的，应当在收到通知后，在公司章程规定的行使期间内提出购买请求。公司章程没有规定行使期间或者规定不明确的，以通知确定的期间为准，通知确定的期间短于30日或者未明确行使期间的，行使期间为30日。

有限责任公司的转让股东有撤回其股权转让意思的权利。除公司章程另有规定或者全体股东另有约定的以外，有限责任公司的转让股东，在其他股东主张优先购买后又不同意转让股权的，其他股东优先购买的主张不再成立，其他股东可以要求转让股东赔偿其合理的损失。

有限责任公司的股东向股东以外的人转让股权，未就其股权转让事项征求其他股东意见，或者以欺诈、恶意串通等手段，损害其他股东优先购买权，其他股东仍然有权主张按照同等条件购买该转让股权，但其他股东自知道或者应当知道行使优先购买权的同等条件之日起30日内没有主张，或者自股权变更登记之日起超过一年的除外。

最后，通过拍卖向股东以外的人转让有限责任公司股权的以及在依法设立的产权交易场所转让有限责任公司国有股权的，同样适用《公司法》关于"股权对外转让"和"优先购买权"的规定。

以上关于有限责任公司股权转让的规定，是《公司法》规定的一般原则，对股权转让如果公司章程另有规定的，则从其规定。

人民法院依照法律规定的强制执行程序转让股东的股权时，应当通知公司及全体股东，其他股东在同等条件下有优先购买权。其他股东自人民法院通知之日起满20日不行使优先购买权的，视为放弃优先购买权。

依照以上规定转让股权后，公司应当注销原股东的出资证明书，向新股东签发出资证明书，并相应修改公司章程和股东名册中有关股东及其出资额的记载。对公司章程的该项修改不需再由股东会表决。

2. 有限责任公司的股权继承

由于有限责任公司具有一定的人合性，《公司法》第七十五条规定："自然人股东死亡后，其合法继承人可以继承股东资格。"同时，考虑到公司自治原则又规定"但是，公司章程另有规定的除外"。有限责任公司的自然人股东因继承发生变化时，除公司章程另有规定或者全体股东另有约定的以外，其他股东不得行使优先购买权。

3.2.6 一人有限责任公司的特别规定

传统意义的公司因强调其社团性,一般规定公司须由两个以上的股东组成。但从我国近年的实际情况来看,以夫妻、亲戚、朋友等名义变相存在着大量的实质意义上的一人公司,而且现在世界上很多国家都承认一人公司的存在。一人公司虽然看起来似乎与公司社团性相矛盾,但是并没有否认股东是公司存在的基础,更没有否认公司本身的法人性。在法律上明确承认一人公司合法存在,有利于鼓励公民和企业的自主创业,吸引民间资本,扩大投资渠道。考虑到日益发达的立法技术完全能够对一人公司的天然风险作出制度性安排,我国《公司法》将一人公司纳入了其调整范畴,并通过一系列的制度措施,防止交易风险,保证交易安全。

《公司法》规定的一人有限责任公司,是指只有一个自然人股东或者一个法人股东的有限责任公司。为了保证交易安全,相对于有两人以上股东的有限责任公司,《公司法》对于一人有限责任公司在设立、组织机构和责任承担方面的规定更加严格。《公司法》对于一人有限责任公司有以下特殊规定,没有特殊规定的方面则适用有限责任公司的一般规定。

① 出资人。限制一人设立多个一人公司,《公司法》第五十八条规定:"一个自然人只能投资设立一个一人有限责任公司。该一人有限责任公司不能投资设立新的一人有限责任公司。"

② 公示制度。一人公司的形式公示必须明示,《公司法》第五十九条规定:"一人有限责任公司应当在公司登记中注明自然人独资或者法人独资,并在公司营业执照中载明。"

③ 章程制定。《公司法》第六十条规定:"一人有限责任公司章程由股东制定。"

④ 组织机构。《公司法》第六十一条规定:"一人有限责任公司不设股东会。"股东依照一般有限责任公司股东会职权作出决定时,应当采用书面形式,并由股东签名后置备于公司。

⑤ 财务会计制度。对一人公司实行强制审计制度,《公司法》第六十二条规定:"一人有限责任公司应当在每一会计年度终了时编制财务会计报告,并经会计师事务所审计。"

⑥ 责任承担。采取举证责任倒置以防止一人公司法人资格被滥用,《公司法》第六十三条规定:"一人有限责任公司的股东不能证明公司财产独立于股东自己的财产的,应当对公司债务承担连带责任。"

3.2.7 国有独资公司的特别规定

1. 国有独资公司的概念

《公司法》规定的国有独资公司,是指国家单独出资、由国务院或者地方人民政府授权本级人民政府国有资产监督管理机构履行出资人职责的有限责任公司。

国有独资公司的股东只有一人,其股东只能是国有资产监督管理机构。

2. 国有独资公司的组织机构

国有独资公司的组织机构和职能设置依照以下规定,以下规定没有涉及的方面适用有限责任公司的一般规定。

① 国有资产监督管理机构的职能。国有独资公司不设股东会,由国有资产监督管理机构行使股东会职权。国有资产监督管理机构可以授权公司董事会行使股东会的部分职权,决定公司的重大事项。但公司的合并、分立、解散、增加或者减少注册资本和发行公司债券,必

须由国有资产监督管理机构决定；其中，重要国有独资公司（按照国务院的规定确定）的合并、分立、解散、申请破产的，应当由国有资产监督管理机构审核后，报本级人民政府批准。国有独资公司章程由国有资产监督管理机构制定，或者由董事会制定报国有资产监督管理机构批准。

② 董事会的组成与职权。国有独资公司设董事会，董事每届任期不得超过3年。董事会成员中应当有公司职工代表。董事会成员由国有资产监督管理机构委派；但是，董事会成员中的职工代表由公司职工代表大会选举产生。董事会设董事长1人，可以设副董事长。董事长、副董事长由国有资产监督管理机构从董事会成员中指定。国有独资公司董事会除了具有一般有限责任公司董事会的职权外，还受国有资产监督管理机构之托行使股东会的部分职权。

③ 监事会的组成与职权。国有独资公司监事会成员不得少于5人，其中职工代表的比例不得低于1/3，具体比例由公司章程规定。监事会成员由国有资产监督管理机构委派；但是，监事会成员中的职工代表由公司职工代表大会选举产生。监事会主席由国有资产监督管理机构从监事会成员中指定。监事会行使一般有限责任公司监事会拥有的职权和国务院规定的其他职权。

④ 经理的聘任与职权。国有独资公司设经理，经理由董事会聘任或者解聘。经国有资产监督管理机构同意，董事会成员可以兼任经理。国有独资公司的经理的职权与一般有限责任公司经理享有的职权相同。

⑤ 国有独资公司管理人员的任职限制。国有独资公司的董事长、副董事长、董事、高级管理人员，未经国有资产监督管理机构同意，不得在其他有限责任公司、股份有限公司或者其他经济组织兼职。高级管理人员，是指公司的经理、副经理、财务负责人和公司章程规定的其他人员。

3.3 股份有限公司的法律规定

3.3.1 股份有限公司的概念

股份有限公司是指全部资本由等额股份构成并通过发行股票筹集资本，股东以其所认购股份对公司承担责任，公司以其全部资产对公司债务承担责任的企业法人。

股份有限公司有如下特征。① 资本划分为等额股份。在股份有限公司中，资本是指全体股东出资的总和。股份有限公司将资本总额划分为若干等额的股份，每股金额与股份数的乘积即是资本总额。而有限责任公司的资本不需要划分成等额股份。② 通过发行股票筹集资本。设立公司必须筹集资本，股份有限公司可以采用定向募集和公开募集的方式来筹集资本，这就为股份公司筹集资金开辟了广阔的渠道。而这种筹资方式对有限责任公司是不允许的。③ 股东人数无最高限额。有限责任公司为闭合性质公司，股东人数有最高限额。而股份有限公司为开放式公司，股东人数没有最高限额。④ 股票可以自由转让。股票的自由转让意味着投资者的随意更换，股票转让的价格也可高可低，这对于投资者有很大的吸引力。而对有限责任公司来说，在出资转让方面有较为严格的限制。⑤ 经营信息公开。股份有限公司应当将公司章程、股东名册、公司债券存根、股东大会会议记录、董事会会议记录、监事会会议记录、财务会计报告置备于本公司。公司应当定期向股东披露董事、监事、高级管理人员从公司获得报酬的情况。

3.3.2 股份有限公司的设立

1. 股份有限公司的设立方式

股份有限公司的设立,可以采取发起设立或者募集设立的方式。发起设立,是指由发起人认购公司应发行的全部股份而设立公司。募集设立又可分为公开募集和定向募集两种方式。公开募集设立,是指由发起人认购公司应发行股份的一部分,其余股份向社会公开募集而设立公司。定向募集设立,是指由发起人认购公司应发行股份的一部分,其余股份向特定对象募集而设立公司。

2. 股份有限公司的设立条件

设立股份有限公司,应当具备下列条件。

(1) 发起人符合法定人数

发起人,是指依法办理筹建股份有限公司事务的人。为设立公司而签署公司章程、向公司认购出资或者股份并履行公司设立职责的人,应当认定为公司的发起人,包括有限责任公司设立时的股东。

发起人既可以是自然人,也可以是法人。我国《公司法》第七十八条规定:"设立股份有限公司应当有二人以上二百人以下为发起人,其中须有半数以上的发起人在中国境内有住所。"由二人以上作为发起人有助于相互监督、内部制约;至于发起人人数的上限为二百人,主要是因为证监会规定设立公司向二百人以上的人募集资本的视为公开募集。

(2) 有符合公司章程规定的全体发起人认购的股本总额或者募集的实收股本总额

新修订的《公司法》对发起设立和募集设立股份有限公司的注册资本采取不同的规定。

股份有限公司采取发起设立方式设立的,注册资本为在公司登记机关登记的全体发起人认购的股本总额。在发起人认购的股份缴足前,不得向他人募集股份。新修订的《公司法》删除了原《公司法》关于出资期限的规定。

股份有限公司采取募集方式设立的,注册资本为在公司登记机关登记的实收股本总额。以募集设立方式设立股份有限公司的,发起人认购的股份不得少于公司股份总数的35%;但是,法律、行政法规另有规定的,从其规定。

新修订的《公司法》删除了原《公司法》关于法定资本最低限额的规定。但是法律、行政法规以及国务院决定对股份有限公司注册资本实缴、注册资本最低限额另有规定的,从其规定。比如根据《中华人民共和国证券法》的规定,股份公司申请上市,公司股本总额不少于3 000万元。

发起人的出资形式,与有限责任公司股东的出资形式规定相同。

(3) 股份发行、筹办事项符合法律规定

(4) 发起人制定公司章程,采用募集方式设立的经创立大会通过

《公司法》第八十一条规定,股份有限公司章程应当载明下列事项:"(一) 公司名称和住所;(二) 公司经营范围;(三) 公司设立方式;(四) 公司股份总数、每股金额和注册资本;(五) 发起人的姓名或者名称、认购的股份数、出资方式和出资时间;(六) 董事会的组成、职权和议事规则;(七) 公司法定代表人;(八) 监事会的组成、职权和议事规则;(九) 公司利润分配办法;(十) 公司的解散事由与清算办法;(十一) 公司的通知和公告办

法；（十二）股东大会会议认为需要规定的其他事项。"

（5）有公司名称，建立符合股份有限公司要求的组织机构

依法设立的股份有限公司，必须在公司名称中标明股份有限公司或者股份公司字样。

（6）有公司住所

3. 发起人的责任

股份有限公司发起人承担公司筹办事务。发起人应当签订发起人协议，明确各自在公司设立过程中的权利和义务。发起人协议在法律上被视为合伙协议。在公司成立过程中，发起人应对他人承担无限连带责任。股份有限公司的发起人应当承担下列责任。

① 公司不能成立时，对设立行为所产生的债务和费用负连带责任。公司因故未成立，债权人有权请求全体或者部分发起人对设立公司行为所产生的费用和债务承担连带清偿责任。部分发起人承担责任后，请求其他发起人按照约定的责任承担比例分担责任；没有约定责任承担比例的，按照约定的出资比例分担责任；没有约定出资比例的，按照均等份额分担责任。发起人为设立公司以自己名义对外签订合同，合同相对人有权请求该发起人承担合同责任。公司成立后对该合同予以确认，或者已经实际享有合同权利或者履行合同义务，合同相对人也有权请求公司承担合同责任。

② 公司不能成立时，对认股人已缴纳的股款，负返还股款并加算银行同期存款利息的连带责任。

③ 在公司设立过程中，由于发起人的过失致使公司利益受到损害的，应当对公司承担赔偿责任。因部分发起人的过错导致公司未成立，对于设立行为所产生的费用和债务，应当根据过错情况，确定过错一方的责任范围。发起人因履行公司设立职责造成他人损害，公司成立后受害人有权请求公司承担侵权赔偿责任；公司未成立，受害人有权请求全体发起人承担连带赔偿责任。公司或者无过错的发起人承担赔偿责任后，可以向有过错的发起人追偿。

④ 股份有限公司成立后，发起人未按照公司章程的规定缴足出资的，应当补缴，其他发起人承担连带责任。股份有限公司的认股人未按期缴纳所认股份的股款，经公司发起人催缴后在合理期间内仍未缴纳，公司发起人对该股份另行募集的，该募集行为有效。认股人延期缴纳股款给公司造成损失，公司有权请求该认股人承担赔偿责任。

⑤ 股份有限公司成立后，发现作为设立公司出资的非货币财产的实际价额显著低于公司章程所定价额的，应当由交付该出资的发起人补足其差额，其他发起人承担连带责任。

4. 发起式设立股份有限公司的程序

① 发起人发起。股份有限公司的设立程序始于发起人的发起。由不少于2人的发起人确立了设立公司的共同意思后，应订立发起人协议，明确各自的权利义务。

② 订立公司章程。全体发起人应共同参与公司章程的制定。

③ 发起人认购股份。以发起设立方式设立股份有限公司的，发起人应当书面认足公司章程规定其认购的股份。

④ 发起人缴纳股款。发起人应当书面认足公司章程规定其认购的股份，并按照公司章程规定缴纳出资。以非货币财产出资的，应当依法办理其财产权的转移手续。发起人不按以上规定缴纳出资的，应当按照发起人协议承担违约责任。

⑤ 选举董事会和监事会成员。发起人认足公司章程规定的出资后，应当选举董事会和监事会，以建立符合股份有限公司要求的组织机构。

⑥ 申请设立登记。设立股份有限公司，应当由董事会向公司登记机关报送公司章程以及法律、行政法规规定的其他文件，申请设立登记。申请设立登记时应当向公司登记机关提交的文件与有限责任公司申请设立时应提交的10项文件相同。经公司登记机关核准设立登记并发给《企业法人营业执照》，公司即告成立。公司凭公司登记机关核发的《企业法人营业执照》刻制印章，开立银行账户，申请纳税登记。

⑦ 设立公告。股份有限公司应当在其设立登记被核准后的30日内发布设立登记公告，并应当自公告发布之日起30日内将发布的公告报送公司登记机关备案。

5. 募集式设立股份有限公司的程序

① 发起人发起。发起人应当签订发起人协议，明确各自在公司设立过程中的权利和义务。

② 制定公司章程。发起人制定公司章程，采用募集方式设立的股份有限公司的公司章程应经创立大会通过。

③ 发起人认购部分股份。

④ 发起人缴纳股款。以募集设立方式设立股份有限公司的，发起人应一次缴清所认购的股款。

⑤ 法定验资机构验资。发起人缴纳股款后，应由法定验资机构验资并出具证明。

⑥ 发起人草拟招股说明书。招股说明书应当附有发起人制定的公司章程，并载明下列事项：发起人认购的股份数；每股的票面金额和发行价格；无记名股票的发行总数；募集资金的用途；认股人的权利、义务；本次募股的起止期限及逾期未募足时认股人可以撤回所认股份的说明。

⑦ 签订股票承销协议。发起人向社会公开募集股份，应当由依法设立的证券公司承销，签订承销协议。

⑧ 同银行签订代收股款协议。发起人向社会公开募集股份，应当同银行签订代收股款协议。代收股款的银行应当按照协议代收和保存股款，向缴纳股款的认股人出具收款单据，并负有向有关部门出具收款证明的义务。

⑨ 向国务院证券监督管理机构申请募股。发起人向社会公开募集股份前，依法必须向国务院证券监督管理机构递交募股申请。未经国务院证券监督管理机构核准，发起人不得向社会公开募集股份。

⑩ 公告招股说明书，制作认股书。发起人向社会公开募集股份，必须公告招股说明书，并制作认股书。认股书应当载明招股说明书列事项，由认股人填写认购股数、金额、住所，并签名、盖章。认股人按照所认购股数缴纳股款。

⑪ 社会公众缴纳股款。

⑫ 法定验资机构验资。发行股份的股款缴足后，必须经依法设立的验资机构验资并出具证明。

⑬ 召开创立大会。发起人应当自股款缴足之日起30日内主持召开公司创立大会。创立大会由发起人、认股人组成。发起人应当在创立大会召开15日前将会议日期通知各认股人或者予以公告。创立大会应有代表股份总数过半数的发起人、认股人出席，方可举行。发行的股份超过招股说明书规定的截止期限尚未募足的，或者发行股份的股款缴足后，发起人在30日内未召开创立大会的，认股人可以按照所缴股款并加算银行同期存款利息，要求发起人返还。

创立大会行使下列职权：审议发起人关于公司筹办情况的报告；通过公司章程；选举董

事会成员；选举监事会成员；对公司的设立费用进行审核；对发起人用于抵作股款的财产的作价进行审核；发生不可抗力或者经营条件发生重大变化直接影响公司设立的，可以作出不设立公司的决议。创立大会对前款所列事项作出决议，必须经出席会议的认股人所持表决权过半数通过。

发起人、认股人缴纳股款或者交付抵作股款的出资后，除未按期募足股份、发起人未按期召开创立大会或者创立大会决议不设立公司的情形外，不得抽回其股本。

⑭ 申请设立登记。以募集方式设立股份有限公司的，应当于创立大会结束后 30 日内由董事会向公司登记机关申请设立登记。报送的文件除了所要求的 11 项文件之外，以募集方式设立股份有限公司的，还应当提交创立大会的会议记录；以募集方式设立股份有限公司公开发行股票的，还应当提交国务院证券监督管理机构的核准文件。经公司登记机关核准设立登记并发给《企业法人营业执照》，公司即告成立。

⑮ 公告并报告募股情况。股份有限公司应当在其设立登记被核准后的 30 日内发布设立登记公告，并应当将募集股份的情况报国务院证券监督管理机构备案。

6. 有限责任公司变更为股份有限公司

有限责任公司变更为股份有限公司时，折合的实收股本总额不得高于公司净资产额。有限责任公司变更为股份有限公司，为增加资本公开发行股份时，应当依法办理。

3.3.3 股份有限公司的组织机构

股份有限公司的组织机构包括股东大会、董事会、监事会及经理机构。经理机构由公司高级管理人员组成，高级管理人员是指公司的经理、副经理、财务负责人、上市公司董事会秘书和公司章程规定的其他人员。

1. 股份有限公司的股东大会

（1）股份有限公司股东的权利与义务

股份有限公司股东的参与管理权包括股东大会参与权、提案权、在股东大会上的表决权、累计投票权、股东大会召集请求权和自行召集权，了解公司事务和其他文件的知情权，提起诉讼权等权利。资产收益权包括股利分配请求权、剩余财产分配权、新股认购优先权、股份质押权和股份转让权等。

股份有限公司股东的权利主要包括以下几方面。

① 知情权。《公司法》第九十七条规定：“股东有权查阅公司章程、股东名册、公司债券存根、股东大会会议记录、董事会会议决议、监事会会议决议、财务会计报告，对公司的经营提出建议或者质询。”

关于股份有限公司股东知情权的具体做法，可以参阅有限责任公司股东知情权的内容。

② 诉讼请求权。股东大会、董事会的会议召集程序、表决方式违反法律、行政法规或者公司章程，或者决议内容违反公司章程的，股东可以向人民法院提起诉讼请求撤销。

董事、高级管理人员执行职务违反法律、行政法规、公司章程的规定，给公司造成损失的，股份有限公司连续 180 日以上单独或者合计持有公司 1%以上股份的股东可以书面请求监事会提起诉讼。监事给公司造成损失的，上述股东可以请求董事会提起诉讼。监事会、董事会拒绝提起诉讼，或者情况紧急、不立即提起诉讼将会使公司利益受到难以弥补的损害等情况下，股东可以直接提起诉讼。他人侵犯公司合法权益，给公司造成损失的，上述股东可以依照以上规定向人民法院提起诉讼。

董事、高级管理人员违反法律、行政法规或者公司章程的规定,损害股东利益的,股东可以提起诉讼。

关于股份有限公司股东诉讼请求权的具体做法,可以参阅有限责任公司股东诉讼请求权的内容。

③ 股份转让权。股东持有的股份可以依法转让。

④ 特殊情况下的股份退出权。股东因对股东大会作出的公司合并、分立决议持异议,可以要求公司收购其股份。

股份有限公司股东的义务主要是指股份转让应遵守国家有关法律法规。《公司法》第一百三十八条规定:"股东转让其股份,应当在依法设立的证券交易场所进行或者按照国务院规定的其他方式进行。"

（2）股份有限公司股东大会的职权

股份有限公司由股东组成股东大会,股东大会是公司的权利机构。《公司法》中关于有限责任公司股东会职权的规定,也适用于股份有限公司股东大会。

根据2014年修订的《上市公司章程指引》的有关要求,上市公司股东大会还有以下职权。

① 对公司聘用、解聘会计师事务所作出决议。

② 审议批准规定的担保事项。公司下列对外担保行为,须经股东大会审议通过:本公司及本公司控股子公司的对外担保总额,达到或超过最近一期经审计净资产的50%以后提供的任何担保;公司的对外担保总额,达到或超过最近一期经审计总资产的30%以后提供的任何担保;为资产负债率超过70%的担保对象提供的担保;单笔担保额超过最近一期经审计净资产10%的担保;对股东、实际控制人及其关联方提供的担保。

③ 审议公司在一年内购买、出售重大资产超过公司最近一期经审计总资产30%的事项。

④ 审议批准变更募集资金用途事项。

⑤ 审议股权激励计划。

⑥ 审议法律、行政法规、部门规章或本章程规定应当由股东大会决定的其他事项。

上述股东大会的职权不得通过授权的形式由董事会或其他机构和个人代为行使。

（3）股份有限公司股东大会的形式

股份有限公司股东大会的形式分为年会和临时会两种。年会应每年按时召开1次,临时会是指在年会以外遇有特殊情况依法召开的大会。我国《公司法》规定有下列情形之一的,应当在两个月内召开临时股东大会:

① 董事人数不足本法规定人数或者公司章程所定人数的2/3时;

② 公司未弥补的亏损达实收股本总额1/3时;

③ 单独或者合计持有公司10%以上股份的股东请求时;

④ 董事会认为必要时;

⑤ 监事会提议召开时;

⑥ 公司章程规定的其他情形。

此外,《公司法》第一百零四条规定:"本法和公司章程规定公司转让、受让重大资产或者对外提供担保等事项必须经股东大会作出决议的,董事会应当及时召集股东大会会议,由股东大会就上述事项进行表决。"

（4）股份有限公司股东大会的召集

股东大会会议由董事会召集，董事长主持；董事长不能履行职务或者不履行职务的，由副董事长主持；副董事长不能履行职务或者不履行职务的，由半数以上董事共同推举1名董事主持。董事会不能履行或者不履行召集股东大会会议职责的，监事会应当及时召集和主持；监事会不召集和主持的，连续90日以上单独或者合计持有公司10%以上股份的股东可以自行召集和主持。

股份有限公司召开股东大会应当通知各股东。公司应当将股东大会会议召开的时间、地点和审议的事项于会议召开20日前通知各股东；临时股东大会应当于会议召开15日前通知各股东；发行无记名股票的，应当于会议召开30日前公告会议召开的时间、地点和审议事项。股东大会只能就以上通知中列明的事项作出决议，如果股东想要就以上通知中未列明的事项提交股东大会进行决议，则需提出临时提案。《公司法》第一百零二条第二款规定："单独或者合计持有公司百分之三以上股份的股东，可以在股东大会召开十日前提出临时提案并书面提交董事会；董事会应当在收到提案后二日内通知其他股东，并将该临时提案提交股东大会审议。临时提案的内容应当属于股东大会职权范围，并有明确议题和具体决议事项。"

无记名股票持有人出席股东大会会议的，应当于会议召开5日前至股东大会闭会时将股票交存于公司。

（5）股份有限公司股东大会的决议

股东出席股东大会会议，所持每一股份有一表决权。但是，公司持有的本公司股份没有表决权。股东可以委托代理人出席股东大会会议，代理人应当向公司提交股东授权委托书，并在授权范围内行使表决权。

股东大会作出决议，必须经出席会议的股东所持表决权过半数通过。但是，股东大会作出修改公司章程、增加或者减少注册资本的决议，以及公司合并、分立、解散或者变更公司形式的决议，必须经出席会议的股东所持表决权的2/3以上通过。

我国《公司法》规定，股东大会选举董事、监事，可以依照公司章程的规定或者股东大会的决议，实行累积投票制。所谓累积投票制，是指股东大会选举董事或者监事时，每一股份拥有与应选董事或者监事人数相同的表决权，股东拥有的表决权可以集中使用。累积投票制与普通投票制的区别，主要在于公司股东可以把自己拥有的表决权集中使用于待选董事或者监事中的一人或多人。例如：一公司共有100股，股东甲拥有15股，乙拥有另外85股。每股具有等同于待选董事人数的表决权（如选7人即每股有7票）。如果要选7名董事，股东甲总共有105个表决权，乙拥有595个表决权。在实行普通投票制的情况下，甲投给自己提出的7个候选人每人的表决权不会多于15，远低于乙投给其提出的7个候选人每人85的表决权。此时甲不可能选出自己提名的董事。如果实行累积投票制，甲可以集中将他拥有的105个表决权投给自己提名的一名董事，而乙无论如何分配其总共拥有的595个表决权，也不可能使其提名的7个候选人每人的表决权多于85，更不可能多于105。累积投票制的功能就在于使中小股东可以集中他们手中的表决权选举出能够代表中小股东利益的董事、监事，为保护中小股东的利益提供了一定的制度保障。

根据《上市公司治理准则》的规定，在董事的选举过程中，应充分反映中小股东的意见。股东大会在董事选举中应积极推行累积投票制度。控股股东控股比例在30%以上的上市公司，应当采用累积投票制。采用累积投票制度的上市公司应在公司章程里规定该制度的实施细则。

股东大会应当对所议事项的决定作成会议记录，主持人、出席会议的董事应当在会议记录上签名。会议记录应当与出席股东的签名册及代理出席的委托书一并保存。

2. 股份有限公司的董事会

① 股份有限公司董事会的组成。股份有限公司董事会是公司的执行机构，董事会由 5～19 人组成。董事会成员中可以有公司职工代表。董事会中的职工代表由公司职工通过职工代表大会、职工大会或者其他形式民主选举产生。非由职工代表担任的董事由股东大会选出。董事任期每届不得超过 3 年，董事任期届满，连选可以连任。

董事会设董事长 1 人，可以设副董事长。董事长和副董事长由董事会以全体董事的过半数选举产生。董事长召集和主持董事会会议，检查董事会决议的实施情况。副董事长协助董事长工作，董事长不能履行职务或者不履行职务的，由副董事长履行职务；副董事长不能履行职务或者不履行职务的，由半数以上董事共同推举 1 名董事履行职务。公司法定代表人依照公司章程的规定，由董事长、执行董事或者经理担任，并依法登记。

② 股份有限公司董事会的职权。《公司法》中关于有限责任公司董事会职权的规定，也适用于股份有限公司董事会。

③ 股份有限公司董事会的召开。董事会每年度至少召开两次会议，每次会议应当于会议召开 10 日前通知全体董事和监事。代表 1/10 以上表决权的股东、1/3 以上董事或者监事会，可以提议召开董事会临时会议。董事长应当自接到提议后 10 日内，召集和主持董事会会议。董事会如需召开临时会议，可以另定召集董事会的通知方式和通知时限。

④ 股份有限公司董事会的决议。董事会决议的表决，实行一人一票。董事会会议应有过半数的董事出席方可举行。董事会作出决议，必须经全体董事的过半数通过。董事会会议，应由董事本人出席；董事因故不能出席，可以书面委托其他董事代为出席，委托书中应载明授权范围。董事会应当对会议所议事项的决定作成会议记录，出席会议的董事应当在会议记录上签名。

董事应当对董事会的决议承担责任。董事会的决议违反法律、行政法规或者公司章程、股东大会决议，致使公司遭受严重损失的，参与决议的董事对公司负赔偿责任。但经证明在表决时曾表明异议并记载于会议记录的，该董事可以免除责任。

3. 股份有限公司的经理

股份有限公司设经理，由董事会决定聘任或者解聘。董事会成员可以兼任经理。《公司法》中关于有限责任公司经理职权的规定，也适用于股份有限公司经理。

根据 2014 年修订的《上市公司章程指引》的有关要求，在上市公司控股股东、实际控制人单位担任除董事以外其他职务的人员，不得担任公司的高级管理人员。

4. 股份有限公司的监事会

① 股份有限公司的监事会的组成。股份有限公司设监事会，其成员不得少于 3 人。监事会应当包括股东代表和适当比例的公司职工代表，其中职工代表的比例不得低于 1/3，具体比例由公司章程规定。监事会中的职工代表由公司职工通过职工代表大会、职工大会或者其他形式民主选举产生。非由职工代表担任的监事由股东大会选出。董事、高级管理人员不得兼任监事。

监事会设主席 1 人，可以设副主席。监事会主席和副主席由全体监事过半数选举产生。监事会主席召集和主持监事会会议；监事会主席不能履行职务或者不履行职务的，由监事会副主席召集和主持监事会会议；监事会副主席不能履行职务或者不履行职务的，由半数以上监事共同推举 1 名监事召集和主持监事会会议。

② 股份有限公司的监事的职权。《公司法》关于有限责任公司监事会职权的规定，也适用于股份有限公司监事会。

③ 股份有限公司的监事会的召开。监事会每 6 个月至少召开 1 次会议。监事可以提议召开临时监事会会议。监事会决议应当经半数以上监事通过。监事会应当对所议事项的决定作成会议记录，出席会议的监事应当在会议记录上签名。监事会行使职权所必需的费用，由公司承担。

公司不得直接或者通过子公司向董事、监事、高级管理人员提供借款。

5. 上市公司组织机构的特别规定

《公司法》所称上市公司，是指其股票在证券交易所上市交易的股份有限公司。对于上市公司的组织机构，《公司法》作出以下特别规定。

（1）设立独立董事

上市公司的独立董事是指不在公司担任除董事外的其他职务，并与其所受聘的上市公司及其主要股东不存在可能妨碍其进行独立客观判断的关系的董事。独立董事由股东大会选举产生。独立董事每届任期与该上市公司其他董事任期相同，任期届满，连选可以连任，但是连任时间不得超过 6 年。

独立董事除应当具有公司法和其他相关法律、法规赋予董事的职权外，上市公司还应当赋予独立董事以下特别职权：① 重大关联交易（指上市公司拟与关联人达成的总额高于 300 万元或高于上市公司最近经审计净资产值的 5%的关联交易）应由独立董事认可后，提交董事会讨论；独立董事作出判断前，可以聘请中介机构出具独立财务顾问报告，作为其判断的依据；② 向董事会提议聘用或解聘会计师事务所；③ 向董事会提请召开临时股东大会；④ 提议召开董事会；⑤ 独立聘请外部审计机构和咨询机构；⑥ 可以在股东大会召开前公开向股东征集投票权。独立董事行使上述职权应当取得全体独立董事的 1/2 以上同意。如上述提议未被采纳或上述职权不能正常行使，上市公司应将有关情况予以披露。如果上市公司董事会下设薪酬、审计、提名等委员会的，独立董事应当在委员会成员中占有 1/2 以上的比例。独立董事除履行上述职责外，还应当对其他事项向董事会或股东大会发表独立意见。

（2）设置董事会秘书

上市公司设董事会秘书，负责公司股东大会和董事会会议的筹备、文件保管及公司股东资料的管理，办理信息披露事务等事宜。

（3）董事会对关联交易的表决

上市公司董事与董事会会议决议事项所涉及的企业有关联关系的，不得对该项决议行使表决权，也不得代理其他董事行使表决权。该董事会会议由过半数的无关联关系董事出席即可举行，董事会会议所作决议须经无关联关系董事过半数通过。出席董事会的无关联关系董事人数不足 3 人的，应将该事项提交上市公司股东大会审议。

（4）重大资产变动事项的决议

上市公司在一年内购买、出售重大资产或者担保金额超过公司资产总额 30%的，应当由股东大会作出决议，并经出席会议的股东所持表决权的 2/3 以上通过。

3.3.4 股份有限公司的股份发行和转让

1. 股份发行

（1）股份与股票

股份是指由股份有限公司的股东所持有的可以转让的资本的一部分。股份有限公司的股份通过股票的形式来表现。股份有限公司的资本划分为股份，每一股的金额相等。

股票是公司签发的证明股东所持股份的凭证。股票采用纸面形式或者国务院证券监督管理机构规定的其他形式。股票应当载明下列主要事项：① 公司名称；② 公司成立日期；③ 股票种类、票面金额及代表的股份数；④ 股票的编号。股票由法定代表人签名，公司盖章；发起人的股票，应当标明发起人股票字样。

公司发行的股票，可以为记名股票，也可以为无记名股票。公司向发起人、法人发行的股票，应当为记名股票，并应当记载该发起人、法人的名称或者姓名，不得另立户名或者以代表人姓名记名。公司发行记名股票的，应当置备股东名册，记载下列事项：① 股东的姓名或者名称及住所；② 各股东所持股份数；③ 各股东所持股票的编号；④ 各股东取得股份的日期。发行无记名股票的，公司应当记载其股票数量、编号及发行日期。

股份有限公司成立后，即向股东正式交付股票。公司成立前不得向股东交付股票。

（2）股份发行的原则

① 公平原则。参与股份发行的当事人在相同条件下的法律地位是平等的，相同的投资者有相同的权利，相同的发行人在法律上负有相同的责任，不应在相同的投资者之间存在不公平的待遇。同次发行的同种类股票，每股的发行条件和价格应当相同；任何单位或者个人所认购的股份，每股应当支付相同价额。

② 公正原则。股份发行活动应当做到客观公正，依法办事，维护社会正义，保证有关公正原则的各项规范得以实施。

③ 同股同权原则。同种类的每一股份应当具有同等权利。

（3）股票发行价格

股票发行可以等价发行，也可以溢价发行，但不允许折价发行。《公司法》第一百二十七条规定：“股票发行价格可以按票面金额，也可以超过票面金额，但不得低于票面金额。"

（4）发行新股

发行新股是指股份有限公司成立后再向社会募集股份的法律行为。公司发行新股关系到公司股东的权益，需要由公司章程规定的股东大会来确定。股东大会应当对下列事项作出决议：① 新股种类及数额；② 新股发行价格；③ 新股发行的起止日期；④ 向原有股东发行新股的种类及数额。

公司发行新股，可以根据公司经营情况和财务状况，确定其作价方案。公司经国务院证券监督管理机构核准公开发行新股时，必须公告新股招股说明书和财务会计报告，并制作认股书。公司发行新股募足股款后，必须向公司登记机关办理变更登记，并公告。

2. 股份转让

股东持有的股份可以依法转让。股东转让其股份，应当在依法设立的证券交易场所进行或者按照国务院规定的其他方式进行。

记名股票由股东以背书方式或者法律、行政法规规定的其他方式转让；转让后由公司将受让人的姓名或者名称及住所记载于股东名册。股东大会召开前20日内或者公司决定分配股利的基准日前5日内，不得进行股东名册的变更登记。但是，法律对上市公司股东名册变更登记另有规定的，从其规定。无记名股票的转让，由股东将该股票交付给受让人后即发生转让的效力。

公司董事、监事、高级管理人员应当向公司申报所持有的本公司的股份及其变动情况，在任职期间每年转让的股份不得超过其所持有本公司股份总数的25%；所持本公司股份自公司股票上市交易之日起一年内不得转让。上述人员离职后半年内，不得转让其所持有的本公司股份。公司章程可以对公司董事、监事、高级管理人员转让其所持有的本公司股份作出其他限制性规定。公司发起人持有的本公司股份，自公司成立之日起一年内不得转让。公司公开发行股份前已发行的股份，自公司股票在证券交易所上市交易之日起一年内不得转让。

公司不得收购本公司股份。但是，有下列情形之一的除外：
① 减少公司注册资本；
② 与持有本公司股份的其他公司合并；
③ 将股份用于员工持股计划或者股权激励；
④ 股东因对股东大会作出的公司合并、分立决议持异议，要求公司收购其股份的；
⑤ 将股份用于转换上市公司发行的可转换为股票的公司债券；
⑥ 上市公司为维护公司价值及股东权益所必需。

公司因上述第①项、第②项规定的情形收购本公司股份的，应当经股东大会决议；公司因前款第③项、第⑤项、第⑥项规定的情形收购本公司股份的，可以依照公司章程的规定或者股东大会的授权，经三分之二以上董事出席的董事会会议决议。

公司依照《公司法》规定收购本公司股份后，属于第①项情形的，应当自收购之日起十日内注销；属于第②项、第④项情形的，应当在六个月内转让或者注销；属于第③项、第⑤项、第⑥项情形的，公司合计持有的本公司股份数不得超过本公司已发行股份总额的百分之十，并应当在三年内转让或者注销。

上市公司收购本公司股份的，应当依照《中华人民共和国证券法》的规定履行信息披露义务。上市公司因本条第一款第③项、第⑤项、第⑥项规定的情形收购本公司股份的，应当通过公开的集中交易方式进行。

公司不得接受本公司的股票作为质押权的标的。

3.4 公司董事、监事、高级管理人员的资格和义务

3.4.1 公司董事、监事、经理的资格

有限责任公司和股份有限公司的董事、监事、高级管理人员是代表公司组织机构行使职权的人员，在公司处于重要地位，并依法行使法定职权。为了保证这些人员具有履行职责的能力并获得股东的信任，《公司法》规定了有限责任公司和股份有限公司的董事、监事、经理的资格。目前，我国《公司法》尚未对他们的任职条件作出具体规定，但明确规定以下人员不能担任公司的董事、监事、高级管理人员：
① 无民事行为能力或者限制民事行为能力；

② 因贪污、贿赂、侵占财产、挪用财产或者破坏社会主义市场经济秩序，被判处刑罚，执行期满未逾 5 年，或者因犯罪被剥夺政治权利，执行期满未逾 5 年；

③ 担任破产清算的公司、企业的董事或者厂长、经理，对该公司、企业的破产负有个人责任的，自该公司、企业破产清算完结之日起未逾 3 年；

④ 担任因违法被吊销营业执照、责令关闭的公司、企业的法定代表人，并负有个人责任的，自该公司、企业被吊销营业执照之日起未逾 3 年；

⑤ 个人所负数额较大的债务到期未清偿。根据《公务员法》的规定，公务员必须遵守纪律，不得从事或参与营利性活动，在企业或其他营利性组织中兼任职务。

公司违反前款规定选举、委派董事、监事或者聘任高级管理人员的，该选举、委派或者聘任无效。董事、监事、高级管理人员在任职期间出现以上所列情形的，公司应当解除其职务。

3.4.2 公司董事、监事、经理的义务

董事、监事、高级管理人员应当遵守法律、行政法规和公司章程，对公司负有忠实义务和勤勉义务。所谓忠实义务，是指董事、监事、高级管理人员应当以公司或者整体股东的利益最大化为目标，不得损害公司或整体股东的利益，在自身利益与公司或者整体股东的利益相冲突时不得偏向自身利益。所谓勤勉义务，是指董事、监事、高级管理人员应当在执行公司职务时勤勉尽责，尽最大努力为公司或者整体股东的利益服务。

董事、监事、高级管理人员不得利用职权收受贿赂或者其他非法收入，不得侵占公司的财产。董事、高级管理人员不得有下列行为：

① 挪用公司资金；

② 将公司资金以其个人名义或者以其他个人名义开立账户存储；

③ 违反公司章程的规定，未经股东会、股东大会或者董事会同意，将公司资金借贷给他人或者以公司财产为他人提供担保；

④ 违反公司章程的规定或者未经股东会、股东大会同意，与本公司订立合同或者进行交易；

⑤ 未经股东会或者股东大会同意，利用职务便利为自己或者他人谋取属于公司的商业机会，自营或者为他人经营与所任职公司同类的业务；

⑥ 接受他人与公司交易的佣金归为己有；

⑦ 擅自披露公司秘密；

⑧ 违反对公司忠实义务的其他行为。

董事、高级管理人员违反以上规定所得的收入应当归公司所有。

3.4.3 对公司的董事、监事、经理的监督

董事、监事、高级管理人员执行公司职务时违反法律、行政法规或者公司章程的规定，给公司造成损失的，应当承担赔偿责任；有限责任公司的股东、股份有限公司连续 180 日以上单独或者合计持有公司 1% 以上股份的股东，可以要求提起诉讼，特定情况下，股东可以直接向人民法院起诉。董事、高级管理人员违反法律、行政法规或者公司章程的规定，损害股东利益的，股东可以向人民法院提起诉讼。

股东会或者股东大会要求董事、监事、高级管理人员列席会议的，董事、监事、高级管理人员应当列席并接受股东的质询。董事、高级管理人员应当如实向监事会或者不设监事会的有限责任公司的监事提供有关情况和资料，不得妨碍监事会或者监事行使职权。

3.5 公司的财务会计

3.5.1 对公司的财务会计要求

① 公司应当依照法律、行政法规和国务院财政主管部门的规定建立本公司的财务会计制度。

② 公司应当在每一会计年度终了时编制财务会计报告，并依法经会计师事务所审计。根据《会计法》及《企业财务会计报告条例》的规定，公司必须根据实际发生的经济业务事项进行会计核算，填制会计凭证，登记会计账簿，编制财务会计报告。

③ 公司聘用、解聘承办公司审计业务的会计师事务所，依照公司章程的规定，由股东会、股东大会或者董事会决定。公司股东会、股东大会或者董事会就解聘会计师事务所进行表决时，应当允许会计师事务所陈述意见。公司应当向聘用的会计师事务所提供真实、完整的会计凭证、会计账簿、财务会计报告及其他会计资料，不得拒绝、隐匿、谎报。

④ 有限责任公司应当按照公司章程规定的期限将财务会计报告送交各股东。股份有限公司的财务会计报告应当在召开股东大会年会的20日前置备于本公司，供股东查阅；公开发行股票的股份有限公司必须公告其财务会计报告。

⑤ 公司除法定的会计账册外，不得另立会计账册。对公司资产，不得以任何个人名义开立账户存储。

3.5.2 公司的利润分配

1. 利润

利润是指企业在一定时期（一年）内生产经营的财务成果，包括营业利润、投资净收益及营业外收支净额。公司利润的分配顺序是：① 弥补以前年度亏损（在不超过税法规定的弥补期限之内）；② 缴纳所得税；③ 弥补在税前利润弥补亏损之后仍存在的亏损；④ 提取法定公积金；⑤ 提取任意公积金；⑥ 支付股利。

2. 公积金

公积金是公司在资本之外所保留的资金金额，又称为附加资本或准备金。公司为增强自身财力，扩大营业范围和预防意外亏损，从利润中提取一定的资金，以用于扩大资本，或弥补亏损。提取公积金制度是国家规定的一项强制性制度，各国公司法一般都有规定。

公积金分为盈余公积金和资本公积金两类。盈余公积金是从公司盈余中提取的公积金，有盈余则提，无盈余则不提。盈余公积金又分为法定盈余公积金和任意盈余公积金两种。法定盈余公积金按照税后利润（减弥补亏损）的10%提取，当盈余公积金累计金额已达注册资本50%以上时可不再提取；任意盈余公积金按照公司章程规定或股东会决议提取和使用。资本公积金是直接由资本原因形成的公积金，如超过票面价额发行股份所得的溢价额、法定财产重估增值、接受捐赠的资产价值等。

法定盈余公积金和资本公积金的用途有 3 个方面。① 弥补亏损。公司可使用盈余公积金弥补亏损（资本公积金不能用来弥补公司的亏损）。② 转增资本。经股东会决议，公积金可转为股本，按股东原有股份比例发给新股或增加每股面值。用法定盈余公积金转增股本时，以转增后留存的该项公积金不少于注册资本的 25%为限。③ 扩大公司生产经营。公司可以根据生产经营的需要，用公积金来扩大生产经营规模。

3. 股利

股利是按股份支付给持股人的公司盈余。投资人向公司投资的目的就是多获得股利。每年分派股利的多少又是一个公司信誉的象征。

公司弥补亏损和提取公积金后所余税后利润，有限责任公司股东按照实缴的出资比例分取红利，但全体股东约定不按照出资比例分取红利的除外；股份有限公司按照股东持有的股份比例分配，但公司章程规定不按持股比例分配的除外。

一般说来，公司在纳税、弥补亏损和提取法定公积金前，不得分配股利。股东会、股东大会或者董事会违反规定，在公司弥补亏损和提取法定公积金之前向股东分配利润的，股东必须将违反规定分配的利润退还公司。另外，公司持有的本公司股份不得分配利润。

3.6 公司的合并、分立、增资、减资

3.6.1 公司的合并

公司的合并，应当由股东会作出决议。股份有限公司合并，还必须经国务院授权的部门或者省级人民政府批准。

1. 合并的形式

合并是指两个以上的公司依照法定程序变为一个公司的行为。其形式有两种：一是吸收合并；二是新设合并。吸收合并指接纳一个或一个以上的企业加入本公司，加入方解散并取消原法人资格，接纳方存续。新设合并是指公司与一个或一个以上的企业合并成立一个新公司，原合并各方解散，取消原法人资格。

2. 合并的程序

合并的程序主要有 4 项：① 签订合并协议；② 确认债权、债务；③ 报批；④ 重新登记。因公司合并对股东、债权人及公司职工都会带来影响，因而合并各方在事先要反复协议，取得一致意见，并用协议形式确认下来。合并协议的内容可以有很多，一般应有 6 项：① 合并各方的名称、住所；② 合并后存续公司或新设公司的名称、住所；③ 合并各方的债权债务处理办法；④ 合并各方的资产状况及其处理办法；⑤ 存续公司或新设公司因合并而增资所发行的股份总额、种类和数量；⑥ 合并各方认为需要载明的其他事项。

公司决议合并时应编制资产负债表及财产清单。并在作出合并决议之日起 10 日内通知债权人，并于 30 日内在报纸上公告。债权人自接到通知书之日起 30 日内，未接到通知书的自公告之日起 45 日内，可以要求公司清偿债务或者提供相应的担保。

公司合并时，合并各方的债权、债务应当由合并后存续的公司或者新设立的公司承继。

3. 变更登记

因合并而存续的公司，其登记事项发生变化的，应当申请变更登记；因合并而解散的公司，应当申请注销登记；因合并而新设立的公司，应当申请设立登记。公司合并应当自公告之日起 45 日后申请登记，提交合并协议和合并决议以及公司在报纸上登载公司合并、分立公告的有关证明和债务清偿或者债务担保情况的说明。法律、行政法规或者国务院决定规定公司合并、分立必须报经批准的，还应当提交有关批准文件。

3.6.2 公司的分立

公司的分立是指依照法定规定及协议约定将一个公司变为两个或两个以上公司的法律行为。公司的分立应当由股东会作出决议。股份有限公司分立必须经国务院授权的部门或者省级人民政府批准。

① 分立的形式。公司分立的形式，我国《公司法》上未作明确规定，一般应有两种：一是公司以其部分财产和业务另设一个新的公司，原公司存续；二是公司以全部财产分别归入两个以上的新设公司，原公司解散。

② 分立的程序。分立的程序与合并的程序基本一样，要签订分立协议，清理财产，清理债务，进行公告。

③ 公司分立前的债务处理。公司分立前的债务由分立后的公司承担连带责任；但是，公司在分立前与债权人就债务清偿达成的书面协议另有约定的除外。

④ 变更登记。与公司合并的变更登记程序基本一致。

3.6.3 公司注册资本的增加和减少

1. 公司注册资本的增加

公司变更注册资本的，应当提交依法设立的验资机构出具的验资证明。

公司增加注册资本时，有限责任公司股东认缴新增资本的出资和股份有限公司的股东认购新股，应当分别依照《公司法》设立有限责任公司缴纳出资和设立股份有限公司缴纳股款的有关规定执行。股份有限公司以公开发行新股方式或者上市公司以非公开发行新股方式增加注册资本的，还应当提交国务院证券监督管理机构的核准文件。

公司法定公积金转增为注册资本的，验资证明应当载明留存的该项公积金不少于转增前公司注册资本的 25%。

公司增加注册资本，应当依法向公司登记机关办理变更登记。

2. 公司注册资本的减少

公司需要减少注册资本时，必须编制资产负债表及财产清单。公司减少注册资本时，应自作出减少资本决议之日起 10 日内通知债权人，并于 30 日内在报纸上公告。债权人自接到通知书之日起 30 日内，未接到通知书的自公告之日起 45 日内，有权要求公司清偿债务或者提供相应的担保。

公司减少注册资本的，应当自公告之日起 45 日后申请变更登记，并应当提交公司在报纸上登载公司减少注册资本公告的有关证明和公司债务清偿或者债务担保情况的说明。公司减少资本后的注册资本不得低于法定的最低限额。

3.7 公司解散和清算

3.7.1 公司的解散

1. 公司解散的概念

公司解散是指公司发生章程规定或法定的除破产以外的解散事由而停止业务活动,并进入清算程序的过程。

公司发生解散事由后,公司并未终止,仍然具有法人资格,可以以自己的名义开展与清算相关的活动,直到清算完毕并注销后才消灭其主体资格。公司依法清算结束并办理注销登记前,有关公司的民事诉讼,应当以公司的名义进行。公司成立清算组的,由清算组负责人代表公司参加诉讼;尚未成立清算组的,由原法定代表人代表公司参加诉讼。

2. 公司解散的原因

根据我国《公司法》的规定,公司解散的原因有5种情况:① 公司章程规定的营业期限届满或者公司章程规定的其他解散事由出现;② 股东会或者股东大会决议解散;③ 因公司合并或者分立需要解散的;④ 依法被吊销营业执照、责令关闭或者被撤销;⑤ 人民法院依法予以解散。

公司出现营业期限届满或者公司章程规定的解散事由的,可以通过修改公司章程而存续,从而避免解散。依照上述规定修改公司章程,有限责任公司须经持有 2/3 以上表决权的股东通过,股份有限公司须经出席股东大会会议的股东所持表决权的 2/3 以上通过。

上述前 3 项原因属于公司自愿解散,必须经过公司股东会或股东大会决议。后 2 项属于公司解散的外部原因,可以称之为强制解散。公司成立后无正当理由超过 6 个月未开业或者开业后自行停业连续 6 个月以上的,可以由公司登记机关吊销其公司营业执照。

3. 强制解散

我国《公司法》赋予了人民法院应股东请求强制解散公司的权利。公司经营管理发生严重困难,继续存续会使股东利益受到重大损失,通过其他途径不能解决的,单独或者合计持有公司全部股东表决权 10%以上的股东,以下列事由之一,可以请求人民法院解散公司:① 公司持续两年以上无法召开股东会或者股东大会,公司经营管理发生严重困难的;② 股东表决时无法达到法定或者公司章程规定的比例,持续两年以上不能作出有效的股东会或者股东大会决议,公司经营管理发生严重困难的;③ 公司董事长期冲突,且无法通过股东会或者股东大会解决,公司经营管理发生严重困难的;④ 经营管理发生其他严重困难,公司继续存续会使股东利益受到重大损失的情形。

股东不得以知情权、利润分配请求权等权益受到损害,或者公司亏损、财产不足以偿还全部债务,以及公司被吊销企业法人营业执照未进行清算等为由,提起解散公司诉讼。

股东提起解散公司诉讼应当以公司为被告。股东提起解散公司诉讼,不得同时又申请人民法院对公司进行清算。在人民法院判决解散公司后,依据《公司法》的规定,可以自行组织清算或者另行申请人民法院对公司进行清算。人民法院关于解散公司诉讼作出的判决,对公司全体股东具有法律约束力。

4. 解散公司诉讼案件和公司清算案件的司法管辖权

解散公司诉讼案件和公司清算案件由公司住所地人民法院管辖。公司住所地是指公司主要办事机构所在地。公司办事机构所在地不明确的，由其注册地人民法院管辖。

基层人民法院管辖县、县级市或者区的公司登记机关核准登记公司的解散诉讼案件和公司清算案件；中级人民法院管辖地区、地级市以上的公司登记机关核准登记公司的解散诉讼案件和公司清算案件。

3.7.2 公司清算

1. 公司清算

公司清算是指公司解散或被依法宣告破产后，依照一定的程序结束公司事务，收回债权，偿还债务，清理资产，并分配剩余财产，终止消灭公司的过程。

公司因为以上第①、②、④、⑤项规定而解散的，应当依法进行清算。因公司合并或者分立需要解散的，不必进行清算。进行清算必须成立清算组。

2. 清算组

（1）清算组的成立

公司应当依照《公司法》的规定，在解散事由出现之日起 15 日内成立清算组，开始自行清算。有限责任公司的清算组由股东组成，股份有限公司的清算组由董事或者股东大会确定的人员组成。

逾期不成立清算组进行清算的，债权人可以申请人民法院指定有关人员组成清算组进行清算。人民法院应当受理该申请，并及时组织清算组进行清算。

有下列情形之一，债权人有权申请人民法院指定清算组进行清算：① 公司解散逾期不成立清算组进行清算的；② 虽然成立清算组但故意拖延清算的；③ 违法清算可能严重损害债权人或者股东利益的。具有上述所列情形，而债权人未提起清算申请，公司股东亦可申请人民法院指定清算组对公司进行清算。

人民法院受理公司清算案件，应当及时指定有关人员组成清算组。清算组成员可以从下列人员或者机构中产生：① 公司股东、董事、监事、高级管理人员；② 依法设立的律师事务所、会计师事务所、破产清算事务所等社会中介机构；③ 依法设立的律师事务所、会计师事务所、破产清算事务所等社会中介机构中具备相关专业知识并取得执业资格的人员。

人民法院指定的清算组成员有下列情形之一的，人民法院可以根据债权人、股东的申请，或者依职权更换清算组成员：① 有违反法律或者行政法规的行为；② 丧失执业能力或者民事行为能力；③ 有严重损害公司或者债权人利益的行为。

（2）清算组的职权

清算组的职权是：① 清理公司财产，分别编制资产负债表和财产清单；② 通知或者公告债权人；③ 处理与清算有关的公司未了结的业务；④ 清缴所欠税款以及清算过程中产生的税款；⑤ 清理债权、债务；⑥ 处理公司清偿债务后的剩余财产；⑦ 代表公司参与民事诉讼活动。

（3）清算组的义务

清算组成员应当忠于职守，依法履行清算义务。清算组成员不得利用职权收受贿赂或者其他非法收入，不得侵占公司财产。清算组成员从事清算事务时，违反法律、行政法规或者公司章程给公司或者债权人造成损失，公司或者债权人有权要求其承担赔偿责任。

（4）清算义务人

清算义务人主要是指有限责任公司的股东、股份有限公司的董事和控股股东。

有限责任公司的股东、股份有限公司的董事和控股股东未在法定期限内成立清算组开始清算，导致公司财产贬值、流失、毁损或者灭失的，债权人有权主张其在造成损失范围内对公司债务承担赔偿责任。他们因怠于履行义务，导致公司主要财产、账册、重要文件等灭失，无法进行清算的，债权人有权主张其对公司债务承担连带清偿责任。上述情形系实际控制人原因造成的，债权人也有权主张实际控制人对公司债务承担相应民事责任。

有限责任公司的股东、股份有限公司的董事和控股股东，以及公司的实际控制人在公司解散后，恶意处置公司财产给债权人造成损失，或者未经依法清算，以虚假的清算报告骗取公司登记机关办理法人注销登记，债权人有权主张其对公司债务承担相应赔偿责任。

公司解散应当在依法清算完毕后，申请办理注销登记。公司未经清算即办理注销登记，导致公司无法进行清算的，债权人有权主张有限责任公司的股东、股份有限公司的董事和控股股东，以及公司的实际控制人对公司债务承担清偿责任。其中一人或者数人按照规定承担民事责任后，有权主张其他人员按照过错大小分担责任。

公司解散时，股东尚未缴纳的出资均应作为清算财产。股东尚未缴纳的出资，包括到期应缴未缴的出资，以及按规定分期缴纳尚未届满缴纳期限的出资。公司财产不足以清偿债务时，债权人有权主张未缴出资股东，以及公司设立时的其他股东或者发起人在未缴出资范围内对公司债务承担连带清偿责任。

3. 清算工作程序

（1）通知债权人

公司清算时，清算组应当自成立之日起10日内按照《公司法》的规定，将公司解散清算事宜书面通知全体已知债权人，并于60日内根据公司规模和营业地域范围在全国或者公司注册登记地省级有影响的报纸上进行公告。清算组未按照上述规定履行通知和公告义务，导致债权人未及时申报债权而未获清偿的，债权人有权主张清算组成员对因此造成的损失承担赔偿责任。

（2）债权申报和登记

债权人应当自接到通知书之日起30日内，未接到通知书的自第一次公告之日起45日内，向清算组申报其债权，并提供有关债权的证明材料。清算组应当对债权进行登记。在申报债权期间，清算组不得对债权人进行清偿。

公司清算时，债权人对清算组核定的债权有异议的，可以要求清算组重新核定。清算组不予重新核定，或者债权人对重新核定的债权仍有异议的，债权人有权以公司为被告向人民法院提起诉讼请求确认。

债权人在规定的期限内未申报债权，在公司清算程序终结前补充申报的，清算组应予登记。公司清算程序终结，是指清算报告经股东会、股东大会或者人民法院确认完毕。

债权人补充申报的债权，可以在公司尚未分配财产中依法清偿。公司尚未分配财产不能全额清偿的，债权人有权主张股东以其在剩余财产分配中已经取得的财产予以清偿；但债权人因重大过错未在规定期限内申报债权的除外。

（3）清理公司财产，制订清算方案

清算组应当对公司财产进行清理，编制资产负债表和财产清单，制订清算方案。公司自行清算的，清算方案应当报股东会或者股东大会决议确认；人民法院组织清算的，清算方案应当报人民法院确认。未经确认的清算方案，清算组不得执行。执行未经确认的清算方案给公司或者债权人造成损失的，公司、股东或者债权人有权主张清算组成员承担赔偿责任。

人民法院指定的清算组在清理公司财产、编制资产负债表和财产清单时，发现公司财产不足清偿债务的，可以与债权人协商制作有关债务清偿方案。债务清偿方案经全体债权人确认且不损害其他利害关系人利益的，人民法院可依清算组的申请裁定予以认可。清算组依据该清偿方案清偿债务后，应当向人民法院申请裁定终结清算程序。

清算组在清理公司财产后，发现公司财产不足清偿债务，债权人对债务清偿方案不予确认或者人民法院不予认可的，清算组应当依法向人民法院申请宣告破产。人民法院裁定宣告破产后，清算组应当将清算事务移交给人民法院。债权人或者清算组，不能仅以公司尚未分配财产和股东在剩余财产分配中已经取得的财产，不能全额清偿补充申报的债权为由，向人民法院提出破产清算申请。

（4）清偿债务

公司财产能够清偿公司债务的，分别支付清算费用、职工工资和劳动保险费用、缴纳所欠税款、清偿公司债务。公司财产按上述顺序清偿后剩余财产，按股东的出资比例或股东所持股份比例进行分配。清算组未按上述顺序清偿时，不得将公司财产分配给股东。

（5）公告公司终止

清算结束后，清算组应当制作清算报告，报股东会、股东大会或者人民法院确认，并报送公司登记机关，申请注销公司登记，公告公司终止。

公司因不能清偿到期债务，被依法宣告破产的，清算程序与以上规定不同，应当依照有关企业破产的法律实施破产清算。

人民法院组织清算的，清算组应当自成立之日起 6 个月内清算完毕。因特殊情况无法在 6 个月内完成清算的，清算组应当向人民法院申请延长。

3.7.3 注销登记

有下列情形之一的，公司清算组应当自公司清算结束之日起 30 日内向原公司登记机关申请注销登记：① 公司被依法宣告破产；② 公司章程规定的营业期限届满或者公司章程规定的其他解散事由出现，但公司通过修改公司章程而存续的除外；③ 股东会、股东大会决议解散或者一人有限责任公司的股东、外商投资的公司董事会决议解散；④ 依法被吊销营业执照、责令关闭或者被撤销；⑤ 人民法院依法予以解散；⑥ 法律、行政法规规定的其他解散情形。

公司申请注销登记，应当提交下列文件：① 公司清算组负责人签署的注销登记申请书；② 人民法院的破产裁定、解散裁判文书，公司依照《公司法》作出的决议或者决定，行政机关责令关闭或公司被撤销的文件；③ 股东会、股东大会、一人有限责任公司的股东、外商投资的公司董事会或者人民法院、公司批准机关备案、确认的清算报告；④《企业法人营业执照》；⑤ 法律、行政法规规定应当提交的其他文件。国有独资公司申请注销登记，还应当提交国有资产监督管理机构的决定，其中，国务院确定的重要的国有独资公司，还应当提交本级人民政府的批准文件。有分公司的公司申请注销登记，还应当提交分公司的注销登记证明。

经公司登记机关注销登记,公司终止。

3.8 外国公司的分支机构

3.8.1 外国公司分支机构的法律地位

外国公司是指依照外国法律在中国境外登记成立的公司,属于外国法人。外国公司依照《公司法》规定可以在中国境内设立分支机构,从事生产经营活动。外国公司的分支机构是外国公司的组成部分,不具有中国法人的资格,外国公司对其分支机构在中国境内进行经营活动承担民事责任。

经批准设立的外国公司分支机构,在中国境内从事业务活动,必须遵守中国法律,不得损害中国的社会公共利益,其合法权益受中国法律保护。

3.8.2 外国公司分支机构的设立

外国公司在中国境内设立分支机构应当符合以下条件:① 外国公司的分支机构应当在名称中标明该外国公司的国籍及责任形式;② 外国公司的分支机构应当在本机构中置备该外国公司章程;③ 外国公司的分支机构必须在中国境内指定负责该分支机构的代表人或代理人;④ 外国公司必须向该分支机构拨付与其所从事的经营活动相适应的资金。

外国公司在中国境内设立分支机构的主要程序如下。① 申请审批。外国公司必须向中国主管机关提出申请,并提交其公司章程、所属国的公司登记证书等有关文件。② 注册登记。其申请经批准后,应向公司登记管理机构依法办理登记,领取营业执照。外国公司分支机构的审批办法由国务院另行规定。

3.8.3 外国公司分支机构的撤销

外国公司撤销其在中国境内的分支机构时,必须依法清偿债务,按照我国的《公司法》有关公司清算程序的规定进行清算。未清偿债务之前,不得将其分支机构的财产移至中国境外。

3.9 案例分析

案例一 综合分析题

一、案情

某股份有限公司(本题下称"股份公司")是一家于 2010 年 8 月在上海证券交易所上市的上市公司。该公司董事会于 2011 年 3 月 28 日召开会议,该次会议召开的情况及讨论的有关问题如下:

1. 股份公司董事会由 7 名董事组成。出席该次会议的董事有董事 A、董事 B、董事 C、董事 D。董事 E 因出国考察不能出席会议;董事 F 因参加人民代表大会不能出席会议,电话委托董事 A 代为出席并表决;董事 G 因病不能出席会议,委托董事会秘书 H 代为出席并表决。

2. 出席本次董事会会议的董事讨论并一致作出决定，于2011年7月8日举行股份公司2010年度股东大会年会，除例行提交有关事项由该次股东大会年会审议通过外，还将就下列事项提交该次会议以普通决议审议通过，即：增加2名独立董事；股份公司与本公司市场部的项目经理李某签订的一份将公司的一项重要业务委托李某负责管理的合同。

3. 根据总经理的提名，出席本次董事会会议的董事讨论并一致同意，聘任张某为公司财务负责人，并决定给予张某年薪10万元；董事会会议讨论通过公司内部机构设置的方案表决时，除董事B反对外，其他人均表示同意。

4. 该次董事会会议记录由出席董事会会议的全体董事和列席会议的监事签名后存档。

要求：（1）根据本题要点1所提示的内容，出席该次董事会会议的董事人数是否符合规定？董事F和董事G委托他人出席该次董事会会议是否有效？并分别说明理由。

（2）指出本题要点2中不符合有关规定之处，并说明理由。

（3）根据本题要点3所提示的内容，董事会通过的两项决议是否符合规定？并分别说明理由。

（4）指出本题要点4的不规范之处，并说明理由。

二、参考答案

（1）首先，出席该次董事会会议的董事人数符合规定。根据有关规定，出席董事会会议的董事人数须有1/2以上，即可举行。其次，董事F电话委托董事A代为出席董事会会议不符合有关规定。根据有关规定，董事因故不能出席董事会会议时，可以书面委托其他董事代为出席。最后，董事G委托董事会秘书H出席董事会会议不符合规定。根据有关规定，董事因故不能出席董事会会议时，只能委托其他董事出席，而不能委托董事之外的人代为出席。

（2）首先，该次董事会会议决定股份公司股东大会年会于2011年7月8日举行不符合规定。根据有关规定，上市公司的股东大会年会应当于上一个会计年度完结之后的6个月之内举行，董事会会议决定股东大会年会于7月8日举行，超过了6个月。其次，股份公司与本公司市场部的项目经理李某签订的一份将公司的一项重要业务委托李某负责管理的合同提交股东大会并以普通决议通过不符合规定。根据有关规定，该项内容应当以特别决议通过。

（3）首先，出席本次董事会会议的董事讨论并一致通过的聘任财务负责人并决定其报酬的决议符合规定。根据有关规定，该决议事项属于董事会职权范围的内容。其次，批准公司内部机构设置的方案不符合规定。根据有关规定，董事会决议必须经全体董事的过半数通过；公司董事由7人组成，董事B反对该事项后，实际只有3名董事同意，未超过全体董事的半数。

（4）董事会会议决议形成的会议记录有两处不规范。首先，该会议记录应当有会议记录员的签名；其次，该次会议记录无须列席会议的监事签名。

 案例二 综合分析题

一、案情

某市甲、乙、丙3家企业经协商决定共同投资设立一从事生产经营的公司。甲、乙、丙订立了发起人协议，协议中的部分内容如下：公司的组织形式为有限责任公司，公司名称为光华实业公司；公司注册资本为150万元，其中甲出资70万元，乙出资30万元，丙出资50万元（其中以一非专利技术出资折价36万元）；甲、乙、丙的首次出资额为20万元，其余部分由甲、乙、丙自公司成立之日起 5 年内缴足。委托甲办理设立公司的申请登记手续。

甲到当地工商行政管理局申请公司设立登记时,工商行政管理局指出申请人在公司名称、出资方式方面的不合法之处,甲经与乙、丙商妥后均予以纠正。2016 年 1 月 10 日,当地工商管理局向甲颁发了于当天签发的《企业法人营业执照》,公司名称为"光华××公司"(以下简称"光华公司")。甲认为,按照法律规定,公司成立应当公告,并于同年 1 月 25 日发出公司成立的公告。

2016 年 2 月,光华公司拟与美国丁公司在本市投资设立一中外合资经营企业,双方经商谈达成初步协议,协议中的部分内容如下:合营企业注册资本 200 万元,光华公司以现金及实物出资 160 万元,丁出资折合人民币 40 万元;双方分期出资,光华公司第一期出资 30 万元,丁公司第一期出资折合人民币 5 万元;双方各派 1 名代表组成董事会。后因其他原因,该合营企业未设立。

2016 年 2 月,经光华公司董事会决定,将公司资金 50 万元以公司财务人员王某的名义开立账户存储。

2016 年 5 月,光华公司发生严重财务危机,为此,经公司董事会研究并一致通过,决定公司解散。

问题:

(1)请说明甲、乙、丙订立的发起人协议中关于公司名称、出资方式的约定是否符合法律规定。

(2)甲认为,按照法律规定光华公司成立应当公告,甲的观点是否正确?为什么?

(3)光华公司成立的日期应当是哪一天?

(4)光华公司与美国丁公司达成的初步协议中有哪些不符合我国法律规定之处?为什么?

(5)光华公司董事会决定公司解散的做法是否合法?为什么?

二、参考答案

(1)① 名称:依据《公司法》第八条,设立有限责任公司必须在公司名称中标明有限责任公司或者有限公司字样,故发起人协议中关于公司名称的约定不合法。② 出资方式符合法律规定。根据新修订的公司法规定,有限责任公司的注册资本为在公司登记机关登记的全体股东认缴的出资额。法律、行政法规以及国务院决定对有限责任公司注册资本实缴、注册资本最低限额另有规定的,从其规定。对该有限责任公司的注册资本法律、行政法规没有另行规定,股东可以以认缴的出资额出资。

(2)甲观点错误。《公司法》规定,股份有限公司成立应当公告,有限责任公司成立《公司法》并未要求公告。

(3)光华公司成立之日为 2016 年 1 月 10 日。

(4)① 中外合资经营企业的董事不得少于 3 人,初步协议中董事会只有 2 人不合法;② 合营企业外方投资者出资比例不得低于 25%,初步协议中只有 20%,不合法;③ 双方投资者分期缴付出资的第一次出资不得低于出资额的 15%,丁公司第一次出资只有 12.5%,不合法。

(5)依据《公司法》第三十七条第九款的规定,公司解散应当由股东大会作出决议,故董事会决议解散违法。

案例三　综合分析题

一、案情

甲、乙、丙、丁均为非国有企业。2012年2月，甲、乙、丙、丁共同出资依法设立华昌有限责任公司（以下简称"华昌公司"），注册资本为6 000万元。2016年2月6日，华昌公司召开股东会会议，作出如下3项决议。

1. 更换公司两名监事：一是由乙企业代表陈某代替了企业代表王某；二是由公司职工代表李某代替公司职工代表徐某。

2. 决定于2016年4月发行公司债券1 500万元，用于扩大公司的生产经营。

3. 经代表2/3以上表决权的股东通过，批准了公司董事会提出的从公司2 100万元公积金中提取500万元转为公司资本的方案。3月15日，华昌公司总经理用公司资产为其亲属提供债务担保。

根据以上事实，回答下列问题：

1. 股东会会议作出更换两名监事的决议是否符合《公司法》的规定？为什么？
2. 股东会会议作出发行公司债券的决议是否符合《公司法》的规定？为什么？
3. 股东会会议批准公司公积金转为资本方案的决议是否符合《公司法》的规定？为什么？
4. 华昌公司总经理用公司资产为其亲属提供债务担保的行为是否符合《公司法》的规定？如不符合法律规定，应当承担何种法律责任？

二、参考答案

1. 股东会会议作出由陈某代替王某出任公司监事的决议符合《公司法》的规定，而由李某代替徐某出任公司监事的决议违反《公司法》的规定。《公司法》规定，有限责任公司监事会由股东代表和适当比例的职工代表组成，前者由股东会选举或更换，后者由职工代表大会民主选举产生。

2. 符合《公司法》规定。旧《公司法》规定，只有股份有限公司、国有独资公司及两个以上国有投资主体投资设立的有限责任公司才能发行公司债券。新修订的《公司法》删去了此项规定，也就是说，只要符合法定条件的公司，就可以公平地享有发行公司债券的权利。而发行公司债券属于股东会的职权。

3. 符合。《公司法》规定法定盈余公积金转增资本时转增后留存的该项公积金不得少于转增前公司注册资本的25%，本题中转增资本后，公积金占注册资本的比例为（2 100－500）/6 000≈26.7%，高于25%，故符合公司法的规定。

4. 不符合。《公司法》第一百四十八条第三款规定，董事、高级管理人员不得有下列行为："违反公司章程的规定，未经股东会、股东大会或者董事会同意，将公司资金借贷给他人或者以公司财产为他人提供担保。"董事、经理违反《公司法》的规定，以公司资产为本公司的股东或者其他个人债务提供担保的，责令取消担保，并依法承担赔偿责任，将违法提供担保的收入归公司所有。情节严重的，由公司给予处分。

案例四　综合分析题

一、案情

2007年2月，甲、乙、丙、丁、戊5人共同出资设立北陵贸易有限责任公司（简称"北陵公司")。公司章程规定：公司注册资本 500 万元；持股比例各 20%；甲、乙各以 100 万元现金出资，丙以私有房屋出资，丁以专利权出资，戊以设备出资，各折价 100 万元；甲任董事长兼总经理，负责公司经营管理；公司前 5 年若有利润，甲得 28%，其他 4 位股东各得 18%，从第六年开始平均分配利润。

至 2010 年 9 月，丙的房屋仍未过户登记到公司名下，但事实上一直由公司占有和使用。

公司成立后一个月，丁提出急需资金，向公司借款 100 万元，公司为此召开临时股东会议，作出决议如下：同意借给丁 100 万元，借期为 6 个月，每月利息 1 万元。丁向公司出具了借条。虽至今丁一直未归还借款，但每月均付给公司利息 1 万元。

千山公司总经理王五系甲好友，千山公司向中国建设银行借款 1 000 万元，借期为 1 年，王五请求北陵公司提供担保。甲说："公司章程规定我只有 300 万元的担保决定权，超过了要上股东会才行。"王五说："你放心，我保证一年到期就归还银行，到时候与你公司无关，只是按银行要求做个手续。"甲碍于情面，自己决定以公司名义给千山公司的贷款银行出具了一份担保函。

戊不幸于 2008 年 5 月在地震中遇难，其 13 岁的儿子幸存下来。

2010 年 5 月，乙提出欲将其股份全部转让给甲，甲愿意受让。

问题：

1. 北陵公司章程规定的关于公司前 5 年利润分配的内容是否有效？为什么？
2. 丙作为出资的房屋未过户到公司名下，对公司的设立产生怎样的后果？在房屋已经由公司占有和使用的情况下，丙是否需要承担违约责任？
3. 丁向公司借款 100 万元的行为是否构成抽逃注册资金？为什么？
4. 北陵公司于 2010 年 8 月请求丁归还借款，其请求权是否已经超过诉讼时效？为什么？
5. 北陵公司是否有权请求法院确认其向建设银行出具的担保函无效？为什么？
6. 戊 13 岁的儿子能否继承戊的股东资格而成为公司的股东？为什么？
7. 乙向甲转让股份时，其他股东是否享有优先受让权？为什么？

二、参考答案

1. 有效。《公司法》允许有限公司章程对利润作出不按出资比例的分配办法，故北陵公司章程规定的关于公司前 5 年利润分配的内容有效。

2. 不影响公司的有效设立。丙应当承担违约责任。《公司法》第二十八条规定，股东应当按期足额缴纳公司章程中规定的各自所认缴的出资额。股东以货币出资的，应当将货币出资足额存入有限责任公司在银行开设的账户；以非货币财产出资的，应当依法办理其财产权的转移手续。股东不按照前款规定缴纳出资的，除应当向公司足额缴纳外，还应当向已按期足额缴纳出资的股东承担违约责任。可见，出资不到位并不影响公司的设立，只是股东应当向公司足额缴纳，并向已按期足额缴纳出资的股东承担违约责任。

3. 不构成。经过股东会决议，签订了借款合同，形成丁对公司的债务，不构成抽逃注册资金。

4. 未超过。因为丁作为债务人一直在履行债务。丁虽一直未归还借款，但每月均付给公司利息 1 万元的行为表明其认同借款合同的存在，其主观上愿意承担还款义务，即同意履行，故诉讼时效中断，北陵公司于 2010 年 8 月请求丁归还借款，其请求权没有超过诉讼时效。

5. 无权。因保证合同是甲与银行之间的合同。董事、高级管理人员未经股东会、股东大会或者董事会同意，不得将公司资金借贷给他人或者以公司财产为他人提供担保；董事、高级管理人员违反法律规定所得的收入应当归公司所有；董事、监事、高级管理人员执行公司职务时违反法律、行政法规或者公司章程的规定，给公司造成损失的，应当承担赔偿责任。可见，《公司法》对此种行为只是规定了产生的利益归于公司，由于此种行为给公司造成损失的，相应人员应当承担赔偿责任，而并未规定此行为无效，故北陵公司无权请求法院确认其向建设银行出具的担保函无效。

6. 能够。因为公司法并未要求股东为完全民事行为能力人。《公司法》第七十五条规定，自然人股东死亡后，其合法继承人可以继承股东资格；但是，公司章程另有规定的除外。可见，《公司法》并未对股东资格的继承人作特殊限制性规定，公司法也并未要求股东为完全民事行为能力人，故戊13岁的儿子可以继承戊的股东资格而成为公司的股东。

7. 不享有。因为不是对外转让。有限责任公司的股东之间可以相互转让其全部或者部分股权。乙向股东甲转让股权不是对外转让，不需经其他股东同意，其他股东也不享有优先受让权。

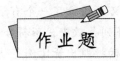

一、复习思考题

1. 公司的基本特征有哪些？
2. 公司法的基本原则有哪些？
3. 简述公司的资本制度。
4. 有限责任公司与股份有限公司有哪些不同特点？
5. 《公司法》关于有限责任公司股东的出资有哪些规定？
6. 有限责任公司股东的权利有哪些？
7. 什么样的人不能担任公司的董事、监事、经理？
8. 《公司法》对于一人有限责任公司有哪些特殊规定？
9. 国有独资公司的组织机构与有限公司的组织机构有何不同特点？
10. 设立股份有限公司应具备哪些条件？
11. 股份有限公司的发起人应当承担哪些义务和责任？
12. 上市公司独立董事的职权有哪些？
13. 在什么情况下，股份公司可以收购本公司的股份？
14. 公司解散的原因有哪些？

二、单项选择题

1. 甲、乙、丙分别出资7万元、8万元和35万元，成立一家有限责任公司。其中，甲、乙的出资为现金，丙的出资为房产。公司成立后，又吸收丁出资现金10万元入股。半年后，该公司因经营不善，拖欠巨额债务。法院在执行中查明，丙作为出资的房产仅值15万元。又查明，丙现有可执行的个人财产10万元。依照《公司法》的规定，对此应如何处理？（　　）

   A. 丙以现有财产补交差额，不足部分待丙有财产时再行补足
   B. 丙以现有财产补交差额，不足部分由甲、乙补足

C. 丙以现有财产补交差额，不足部分由甲、乙、丁补足

D. 丙无须补交差额，其他股东也不负补足的责任

2. 根据公司法律制度的规定，下列关于有限责任公司股东出资的表述，正确的是(　　)。

   A. 经全体股东同意，股东可以用劳务出资

   B. 根据公司章程规定，股东可以以认缴的出资额出资

   C. 在董事会向公司登记机关申请登记前，股东必须以实际缴付认缴的出资额

   D. 股东用知识产权出资的金额不得超过有限责任公司注册资本的20%

3. 某有限责任公司的股东会拟对公司为股东甲提供担保事项进行表决。下列有关该事项表决通过的表述中，符合《公司法》规定的是(　　)。

   A. 该项表决由公司全体股东所持表决权的过半数通过

   B. 该项表决由出席会议的股东所持表决权的过半数通过

   C. 该项表决由除甲以外的股东所持表决权的过半数通过

   D. 该项表决由出席会议的除甲以外的股东所持表决权的过半数通过

4. 甲、乙、丙3人共同出资500万元设立了一个有限责任公司，其中甲和乙各出资40%，丙出资20%。该公司章程的下列条款中，不符合公司法律制度规定的有(　　)。

   A. 股东会表决时，甲、乙、丙按照出资比例行使表决权

   B. 股东会表决选举公司董事和总经理时，须经甲、乙、丙一致同意，决议方为通过

   C. 公司分配利润时，丙有优先分配权；公司当年利润不足10万元的，仅分配给丙，超过10万元的部分，甲、乙、丙按出资比例分配

   D. 公司解散清算后，如有剩余财产，甲、乙、丙按照出资比例分配

5. 2018年8月，甲、乙、丙共同出资设立了A有限责任公司。2019年5月丙与丁达成协议，将其在A公司的出资全部转让给丁，甲、乙均不同意。下列解决方案中不符合《公司法》规定的是(　　)。

   A. 由甲或乙购买丙的出资

   B. 由甲和乙共同购买丙的出资

   C. 如果甲、乙均不愿购买，丙无权将出资转让给丁

   D. 如果甲、乙均不愿购买，丙有权将出资转让给丁

6. 王某依公司法设立了以其一人为股东的有限责任公司。公司存续期间，王某实施的下列(　　)行为违反公司法的规定。

   A. 决定由其本人担任公司执行董事兼公司经理

   B. 决定公司不设立监事会，仅由其亲戚张某担任公司监事

   C. 决定用公司资本的一部分投资另一公司，但未作书面记载

   D. 未召开任何会议，自作主张制订公司经营计划

7. 根据《公司法》的规定，下列有关公司组织机构的表述中，正确的是(　　)。

   A. 股东人数较少或者规模较小的有限责任公司可以不设监事会，也可以不设监事

   B. 一人有限责任公司不设股东会

   C. 国有独资公司的董事长由董事会以全体董事的过半数选举产生

   D. 股份有限公司的董事会成员应当有公司职工代表

8. 下面关于有限责任公司和股份有限公司的说法，正确的是(　　)。

A. 有限责任公司董事会的成员为5~19人，股份有限公司的董事会成员为3~13人
B. 有限责任公司的董事可兼任经理，而股份有限公司的董事不可兼任经理
C. 股份有限公司的董事长和副董事长由董事会以全体董事的2/3以上选举产生
D. 有限责任公司和股份有限公司的监事会均由股东代表和适当比例的公司职工代表组成

9. 杨某持有甲有限责任公司10%的股权，该公司未设立董事会和监事会。杨某发现公司执行董事何某（持有该公司90%股权）将公司产品低价出售给其妻开办的公司，遂书面向公司监事姜某反映。姜某出于私情未予过问。杨某应当如何保护公司和自己的合法利益？（　　）
    A. 提请召开临时股东会，解除何某的执行董事职务
    B. 请求公司以合理的价格收回自己的股份
    C. 以公司的名义对何某提起民事诉讼要求赔偿损失
    D. 以自己的名义对何某提起民事诉讼要求赔偿损失

10. 某股份有限公司召开股东大会，董事长、副董事长因故均不能出席会议，于是董事会指定由董事甲主持会议，但是出席会议的代表2/3以上表决权的股东对此有异议，故推举股东乙主持会议，而出席本次会议的最大股东丙认为其他股东的做法是对其大股东的不尊重，认为应由自己主持会议。监事会认为股东大会主持人发生争议，将影响股东大会如期召开和公司的决策行为，于是决定由股东丁主持该次股东大会。你认为该股东大会应由（　　）主持。
    A. 董事甲   B. 股东乙   C. 股东丙   D. 股东丁

11. 甲公司是股份有限公司，注册资本2亿元，累计提取法定公积金余额5 000万元。2012年度税后利润为3 000万元，该公司当年应当提取的法定公积金数额为（　　）万元。
    A. 150   B. 200   C. 300   D. 500

12. 汪某与李某拟设立一注册资本为50万元的有限责任公司，其中汪某出资60%，李某出资40%。在他们拟定的公司章程中，下列（　　）条款是不合法的。
    A. 公司不设董事会，公司的法人代表由公司经理担任
    B. 公司不设监事会，公司的执行监事由股东汪某担任
    C. 公司利润在弥补亏损、缴纳企业所得税并提取公积金后，由股东平均分配
    D. 公司经营期限届满前，股东不得要求解散公司

13. 某区政府工业主管部门作出决定，把所属的A公司的两个业务部分立出再设B公司和C公司，并在决定中明确该公司以前所负的债务由新设的B公司承担。A公司原欠李某货款5万元，现李某要求偿还，你认为该债务应当如何处理？（　　）
    A. 由B公司承担债务   B. 由A、B、C 3个公司分别承担债务
    C. 由A公司承担债务   D. 由A、B、C 3个公司连带承担债务

三、多项选择题

1. 甲、乙、丙3人共同出资设立了某有限责任公司，公司成立后，召开了第一次股东会会议。有关这次会议的下列情况中，符合我国《公司法》规定的有（　　）。
    A. 会议决定1年后发行公司债券
    B. 会议决定不设董事会，由甲任执行董事，甲为公司法定代表人

C. 会议决定设1名监事，由乙担任，任期3年

D. 会议决定了公司的经营方针和投资计划

2. 某市国有投资部门出资51%，其他34名股东共出资49%组建红星有限责任公司。2017年5月国有投资部门作出了撤销公司董事长张某的决定。并通知了各股东，但未及时到工商行政管理部门办理变更登记。在此期间，张某应李某所求，以红星公司的名义为李某个人提供了50万元的担保。后因李某的债权人向红星公司请求承担担保责任而发生纠纷。对此，下列有关说法中（　　）是正确的。

A. 在办理变更登记之前，张某仍是公司董事长

B. 从撤销决定作出之日起，张某不再是公司董事长

C. 本案担保为张某依法行使职务而有效

D. 应责令张某取消担保，并依法承担赔偿责任

3. 甲、乙、丙3人拟成立一家小规模商贸有限责任公司，注册资本为8万元，甲以一辆面包车出资，乙以货币出资，丙以实用新型专利出资。对此，下列（　　）是不正确的。

A. 甲出资的面包车无须移转所有权，但须交公司管理和使用

B. 乙的货币出资不能少于2万元

C. 丙的专利出资作价可达到4万元

D. 公司首期出资不得低于注册资本的30%

4. 金某是甲有限公司的小股东并担任公司董事，因其股权份额仅占10%，在5人的董事会中也仅占1席，其意见和建议常被股东会和董事会否决。金某为此十分郁闷，遂向律师请教维权事宜。在金某讲述的下列事项中，金某可以就（　　）事项以股东身份对公司提起诉讼。

A. 股东会决定：为确保公司的经营秘密，股东不得查阅公司会计账簿

B. 董事会任期届满，但董事长为了继续控制公司，拒绝召开股东会改选董事

C. 董事会不顾金某反对制订了甲公司与另一公司合并的方案

D. 股东会决定：公司监事调查公司经营情况时，若无法证明公司经营违法的，其调查费用自行承担

5. 湘东船运有限公司共8个股东，除股东甲外，其余股东都已足额出资。某次股东会上，7个股东一致表决同意因甲未实际缴付出资而不能参与当年公司利润分配。3个月后该公司船舶燃油泄漏，造成沿海养殖户巨大损失，公司的全部资产不足以赔偿。甲向其他7个股东声明：自己未出资，也未参与分配，实际上不是股东，公司的债权债务与己无关。下列（　　）选项是正确的。

A. 甲虽然没有实际缴付出资，但不影响其股东地位

B. 其他股东决议不给甲分配当年公司利润是符合公司法的

C. 就公司财产不足清偿的债务部分，只应由甲承担相应的责任，其他7个股东不承担责任

D. 甲的声明对内具有效力，但不能对抗善意第三人

6. 某股份有限公司股东大会在审议董事会人选时，有下列4人的任职资格受到股东质疑。其中（　　）不属于公司法规定不得担任董事的情形。

A. 张某，5年前因对一起重大工程事故负有责任，被判处有期徒刑1年

B. 李某，2年前被任命为一家长期经营不善、负债累累的国有企业的厂长，上任仅3个月，该企业被宣告破产

C. 陈某，曾独资开办一家工厂，1年前该厂因无力清偿大额债务而倒闭，债权人至今仍在追讨

D. 刘某，66岁，曾任市政府副秘书长，现退休在家

7. 甲为某有限公司股东，持有该公司15%的表决权股。甲与公司的另外两个股东长期意见不合，已两年未开成公司股东会，公司经营管理出现困难，甲与其他股东多次协商未果。在此情况下，甲可以采取下列（　　）措施解决问题。

A. 请求法院解散公司

B. 请求公司以合理的价格收购其股权

C. 将股权转让给另外两个股东退出公司

D. 经另外两个股东同意撤回出资以退出公司

8. 甲股份有限公司注册资本为2 000万元。公司现有法定公积金800万元，任意公积金400万元。现该公司拟以公积金700万元转为公司资本，进行增资派股。为此，公司股东提出以下几种建议，其中（　　）不符合《公司法》的规定。

A. 将法定公积金600万元，任意公积金100万元转为公司资本

B. 将法定公积金500万元，任意公积金200万元转为公司资本

C. 将法定公积金400万元，任意公积金300万元转为公司资本

D. 将法定公积金300万元，任意公积金400万元转为公司资本

9. 以下选项中，（　　）不构成甲公司的解散事由。

A. 甲公司将其部分资产分为两部分，组建成乙、丙两家公司

B. 甲公司被乙公司兼并，成为乙公司的子公司

C. 甲公司（有限责任公司）经代表过半数表决权的股东通过解散公司的决议

D. 甲公司开业后自行停业6个月以上

10. 一枝花有限公司因营业期限届满解散，并依法成立了清算组，该清算组在清算过程中实施的下列（　　）行为是合法的。

A. 为使公司股东分配到更多的剩余财产，将公司的库房出租给甲公司收取租金

B. 为减少债务利息，在债权申报期间清偿了可以确定的乙公司债务

C. 通知公司的合作伙伴丙公司解除双方之间的供货合同并对其作出相应赔偿

D. 代表公司参加了一项仲裁活动并与对方当事人达成和解协议

四、案例分析题

1. 甲、乙、丙3个企业法人与丁自然人为发起人，拟成立股份有限公司，共设490万股，每股面值为人民币1元。甲、乙、丙3个发起人已各自认缴实有资本人民币40万元（40万股），丁已认缴实有资本人民币27万元（27万股）。该4发起人共计已认缴实有资本人民币147万元（147万股），其余向社会公开募集，注册资本为人民币490万元，并制定了公司章程、组建了组织机构，有固定的生产经营场所和必要的生产经营条件。公司名称待有关部门批准后再定。董事会成员为21人。其他一切手续和条件均已具备。去向工商行政管理机关提出申请设立登记。试分析工商行政管理机关应否作出登记的决定。为什么？

2. 徐某、王某系株洲市碧丽饮料股份有限公司（以下简称"碧丽公司"）董事会成员。2016年4月二人又同张某合伙开办一个饮料厂，专门生产冰淇淋、汽水等饮料，其产品与碧丽公司生产的产品相同。2016年10月，碧丽公司发现了徐某、王某的行为，经董事会决议，罢免了徐某、王某公司董事的职务，并扣除了二人当月的工资、奖金，同时要求徐某、王某将饮料厂的所得交给公司。

试析：

（1）公司董事会能否罢免徐某、王某二人的公司董事职务？为什么？

（2）徐某、王某是否应将经营饮料厂所得交还公司？为什么？

3. 某股份有限公司于2010年3月10成立，股本总额为人民币3 000万元，其中2 200万元系向社会公开发行募集。2013年为增加实力，与另一股份有限公司进行合并。两公司于3月10日作出合并决议，4月1日通知债权人，5月6日开始在报纸上刊登公告两次。并于8月1日正式合并，且办理了工商变更登记。

股份有限公司董事会召开年度会议。董事会成员为15人，本人出席会议的5人，有3人因故不能出席而委托他人参加会议，其中甲委托董事长代为出席，乙委托某监事代为出席，丙委托其出任董事的本法人股东单位的一位负责人出席。董事会会议议程包括：① 决定公司投资方案；② 对发行公司债券作出决议；③ 决定公司内部管理机构的设置调整；④ 制定公司若干具体规章。以上事项均经出席会议的董事的过半数通过。

请指出该公司的上述活动与《公司法》不符之处，并说明理由。

4. A上市公司专门从事工业设备生产销售，其产品主要的市场在甲地。2019年A公司召开的董事会会议情形如下：

（1）该公司共有董事7人，其中有1名是A公司的子公司B的董事。董事会有6人亲自出席，其中包括B公司的董事。列席本次董事会的监事张某向会议提交另一名因故不能到会的董事出具的代为行使表决权的委托书，该委托书委托张某代为行使本次董事会的表决权。

（2）会议通过了A上市公司的子公司B为董事高某提供借款10万元的决定。

（3）董事会通过了一项与B公司签订房屋租赁合同的决定，经确认，除B公司的董事未参与表决外，剩余的5名董事全部通过。

（4）董事会会议结束后，以上所有决议事项均载入会议记录，并由出席董事会会议的全体董事和列席会议的监事签名后存档。

要求：根据公司法律制度的规定，分析说明下列问题。

（1）董事会出席人数是否符合规定？在董事会会议中张某是否能接受委托代为行使表决权？并分别说明理由。

（2）董事会会议通过了A上市公司的子公司B为董事高某提供借款10万元的决定是否合法？并说明理由。

（3）董事会通过了一项与B公司签订房屋租赁合同的决定是否合法？并说明理由。

（4）董事会会议记录是否存在不当之处？并说明理由。

5. 2017年8月8日，甲、乙、丙、丁共同出资设立了一家有限责任公司（下称公司）。公司未设董事会，仅设丙为执行董事。2018年6月8日，甲与戊订立合同，约定将其所持有的全部股权以20万元的价格转让给戊。甲于同日分别向乙、丙、丁发出拟转让股权给戊的通知书。乙、丙分别于同年6月20日和24日回复，均要求在同条件下优先购买甲所持公司全部股权。丁于同年6月9日收到甲的通知后,至7月15日未就此项股权转让事项作出任何答复。戊在对公司进行调查的过程中,发现乙在公司设立时以机器设备折合30万元用于出资,而该机器设备当时的实际价值仅为10万元。公司股东会于2018年2月就2017年度利润分配作出决议,决定将公司在该年度获得的可分配利润68万元全部用于分红,并在4月底之前实施完毕。至7月底丁尚未收到上述分红利润,在没有告知公司任何机构和人员的情况下,直接向人民法院提起诉讼,要求实施分红决议。

要求:根据上述内容,回答下列问题。

(1)丁未作答复将产生何种法律效果?并说明理由。

(2)乙、丙均要求在同等条件下,优先受让甲所持公司全部股权,应当如何处理?

(3)如果乙出资不实的行为属实,应当如何处理?

(4)丁直接向人民法院提起诉讼的行为是否符合法律程序?并说明理由。

6. 某甲有限责任公司,经营塑料产品的制造、加工和买卖,总资产为1 200万元,总负债为200万元。因业务兴旺,董事会决定,即日起正式实施以下方案:

(1)以甲公司名义投资300万元,与乙公司组成合伙企业;

(2)以甲公司名义向丙计算机有限责任公司投资350万元;

(3)以甲公司名义发行150万元公司债券;

(4)以甲公司财产为个体户张某的债务提供担保。

请判断董事会的上述决定是否合法,依据何在?

7. 某高校A、国有企业B和集体企业C签订合同决定共同投资设立一家生产性的科技发展有限责任公司。其中,A以高新技术成果出资,作价15万元;B以厂房出资,作价20万元;C以现金17万元出资。后C因资金紧张实际出资14万元。请问:

(1)该有限责任公司能否有效成立?为什么?

(2)以非货币形式向公司出资,应办理什么手续?

(3)C承诺出资17万元,实际出资14万元,应承担什么责任?

(4)设立有限责任公司应向什么部门办理登记手续?应提交哪些文件或材料?

(5)A的出资是否符合法律规定?为什么?

第4章 破产法

4.1 破产法概述

4.1.1 破产的概念与特征

破产是指债务人不能清偿到期债务或债务超过资产时，由法院强制执行其全部财产，公平清偿全体债权人；或在法院主持下，由债务人与债权人会议达成和解协议，避免倒闭清算的法律制度。破产一般是指破产清算程序，我们通常从广义上理解破产，它不仅包括破产清算制度，而且包括以挽救债务人、避免破产为目的的和解、重整等法律制度。

破产的法律特征主要有以下几项。

① 破产是一种概括的执行程序。普通的民事执行程序是为个别债权人的利益进行的，而破产是为全体债权人的利益而对债务人的全部财产进行的概括的执行程序。执行程序属于司法程序，所以破产必须在法院的管辖支配下才能进行。作为一种执行程序，破产制度不具有解决当事人间实体民事争议的功能。对于债权人与债务人或其他利害关系人间的实体民事争议，各国破产法均规定在破产程序之外通过诉讼程序解决，只有无争议的或已经法院或仲裁机关裁判确定名义的债权债务关系，才能在破产程序中得到执行。此外，破产作为概括性的为全体债权人利益而进行的执行程序，具有对一般债务清偿程序的排他性，即排除为个别债权人利益而进行的执行程序。所以在破产程序适用之后，其他与之相冲突的执行程序或清偿行为都应当停止。

② 破产是对债务人财产法律关系的全面清算。破产宣告后，将终结债务人的生产经营，并因终止经营导致对债务人财产法律关系的全面清算，使其丧失民事主体资格。这与一般的民事执行程序是不同的，一般民事执行程序仅限于与所执行债务相关的财产，且债务人不会丧失民事主体资格。

③ 破产程序强调的是对债权人的公平清偿和对债务人的公平保护。破产法所要解决的主要矛盾之一，是多数债权人之间因债务人有限财产不足以清偿全部债务而发生的冲突，破产法针对此情况设有专门制度保证对债权人的公平清偿，例如，破产财产清算制度、撤销权、别除权的设定等。此外，破产法对债务人的正当权益也制定了相应的保护性规定，如通过和解、重整制度达到避免破产的目的，以及免除诚实的债务人通过破产程序未能清偿的剩余债务等。

4.1.2 破产法的概念与基本原则

1. 破产法的概念

破产法是调整基于破产事件而发生的债权人、债务人以及其他相关主体之间权利义务关系的法律规范的总称。

破产法从调整范围上讲有广义与狭义之分,狭义的破产法仅指对债务人破产清算的法律,广义的破产法则还包括以避免债务人破产为主要目的的各种关于和解、企业重整等制度的法律。现代意义上的破产法均是由规定破产清算与避免破产的法律制度所共同组成。

2. 破产法的基本原则

破产法的基本原则,是贯穿于破产法的全部规范并对执行破产法具有指导作用和约束力的一般准则。它主要包括以下几点。

① 国家干预原则。企业破产程序需要国家法律对其加以规范,有国家强制力参与其中。从破产申请到破产宣告,从债权登记到财产清理,从破产财产分配到破产终结,有关当事人的活动均应依照国家法律,在法院的主持和监督下进行。

② 保护全体债权人和债务人合法权益的原则。对债权人来说,通过对破产财产的确认,对债务人非法处分破产财产行为的制止,可保证破产债权充分得以实现;由法院依照法定程序决定每一债权人能够得到的补偿份额,可避免因债务人自行补偿债权人所引起的分配不均及对部分债权人利益的损害。因此,破产制度有助于保护债权人的利益。对债务人来说,破产制度对于债务人利益的保护主要体现在破产法有关重整和破产程序终结的法律效力的规定当中。重整制度为企业通过努力改善经营,避免破产提供了机会;而破产程序终结后未得到清偿的债权不再清偿的规定,可使债务人从长期的债务中解脱出来。

③ 破产与重整相结合的原则。当企业法人出现不能清偿到期债务并且资产不足以清偿全部债务或者明显缺乏清偿能力的情况时,可以依法对企业进行破产清算;也可以依法对企业进行重整以谋求企业重生。

④ 保障企业职工的合法权益的原则。人民法院审理破产案件,应当依法保障企业职工的合法权益,依法追究破产企业经营管理人员的法律责任。在进行破产清算时,破产法规定破产财产在有限清偿破产费用和共益债务后,优先清偿破产人所欠职工的工资和医疗、伤残补助、抚恤费用,所欠的应当划入职工个人账户的基本养老保险、基本医疗保险费用,以及法律、行政法规规定应当支付给职工的补偿金。这些都体现了破产法对企业职工合法权益的保护。

4.1.3 我国破产法立法情况及法律适用

1. 我国破产法立法情况

1986 年 12 月 2 日,第六届全国人大常委会第十八次会议通过了《中华人民共和国企业破产法(试行)》(以下简称《企业破产法(试行)》),自 1988 年 11 月 1 日起施行,该法适用于全民所有制企业。为保障《企业破产法(试行)》的顺利实施,最高人民法院于 1991 年 11 月 7 日发布了《关于贯彻执行〈中华人民共和国企业破产法(试行)〉若干问题的意见》,进一步完善《企业破产法(试行)》的有关规定。1991 年 4 月 9 日,第七届全国人大第四次会议通过《中华人民共和国民事诉讼法》(以下简称《民事诉讼法》),该法在第二编第十九章中规定了企业法人破产还债程序，适用于非全民所有制的企业法人。

以上有关的企业破产法律制度经过近20年的试行，在实践中暴露出一些问题。为了统一不同类型企业的破产法律，弥补原有破产法律的不足，全国人民代表大会常务委员会于2006年8月27日通过新的《中华人民共和国企业破产法》（以下简称《企业破产法》），该法自2007年6月1日起施行，《企业破产法（试行）》同时废止。为了正确适用《企业破产法》，最高人民法院审判委员会于2011年8月29日、2013年7月29日分别通过了《最高人民法院关于适用〈中华人民共和国企业破产法〉若干问题的规定（一）》（以下简称《企业破产法司法解释（一）》）和《最高人民法院关于适用〈中华人民共和国企业破产法〉若干问题的规定（二）》（以下简称《企业破产法司法解释（二）》），进一步规范了人民法院对企业破产案件的审理。

《企业破产法》第一条规定："为规范企业破产程序，公平清理债权债务，保护债权人和债务人的合法权益，维护社会主义市场经济秩序，制定本法。"这是我国破产法的立法宗旨。

2. 我国破产法的适用范围

《企业破产法》适用于企业法人的破产，不包括没有法人资格的企业、个体工商户、合伙组织、农村承包经营户和自然人。对于非法人企业，《企业破产法》规定：其他法律规定企业法人以外的组织的清算，属于破产清算的，参照适用本法规定的程序。这在一定程度扩大了破产法的适用范围。目前，可以参照适用《企业破产法》规定的破产清算程序进行清算的主体有合伙企业、个人独资企业、资不抵债的民办学校、农民专业合作社等。

《企业破产法》还对商业银行、证券公司、保险公司等金融机构破产的法律适用作出了特殊规定。对于金融机构实施破产的，国务院可以依据《企业破产法》和其他有关法律的规定制定实施办法。《企业破产法》同时规定，破产案件审理程序本法没有规定的，适用民事诉讼法的有关规定。

3. 破产程序的域外效力

对于涉及我国企业的境外财产以及外国公司在中国境内财产的破产案件，《企业破产法》第五条规定："依照本法开始的破产程序，对债务人在中华人民共和国领域外的财产发生效力。对外国法院作出的发生法律效力的破产案件的判决、裁定，涉及债务人在中华人民共和国领域内的财产，申请或者请求人民法院承认和执行的，人民法院依照中华人民共和国缔结或者参加的国际条约，或者按照互惠原则进行审查，认为不违反中华人民共和国法律的基本原则，不损害国家主权、安全和社会公共利益，不损害中华人民共和国领域内债权人的合法权益的，裁定承认和执行。"

4.2 破产申请的提出与受理

4.2.1 破产申请的提出

破产申请的提出，是法院受理破产案件的前提，也是破产程序开始的依据。破产程序开始时，应满足必要的条件，包括实质要件和形式要件。

1. 破产申请的实质要件

破产程序开始的实质要件是债务人发生了破产原因。破产原因，亦称破产界限，指认定债务人丧失清偿能力，当事人得以提出破产申请，法院据以启动破产程序的法律标准。破产原因也是和解与重整程序开始的原因，但重整程序开始的原因更为宽松，企业法人有明显丧失清偿能力可能的，就可以依法申请重整。

在破产立法上，各国对破产原因的规定主要有两种方式：一种是列举主义，即在法律中列举若干表明债务人丧失清偿能力的具体破产行为，凡存在这些行为者，便认定达到破产界限；另一种是概括主义，即对破产界限作抽象的概括规定，它着眼于破产发生的一般原因，而不是具体行为。也有的国家将两种立法方式结合使用。我国破产法采用的是概括主义立法方式。通常，概括主义立法方式规定的破产原因有"不能清偿到期债务"、"资产不足以清偿全部债务"及"停止支付债务"。

根据现行《企业破产法》的规定，企业破产原因分为以下3种情况。

第一种情况是债务人自己申请破产。我国《企业破产法》第七条第一款规定：债务人不能清偿到期债务，并且资产不足以清偿全部债务或者明显缺乏清偿能力的，债务人可以向人民法院提出重整、和解或者破产清算申请。从以上规定可以看出，债务人申请企业破产的原因是债务人"不能清偿"且"资不抵债"；对于资不抵债不易判断的案件，其破产原因是：债务人"不能清偿"且"明显缺乏清偿能力"。只要债务人本人符合上述条件即为发生破产原因，其他对其债务负清偿义务者（如连带责任人、担保人），不能视为债务人的清偿能力或其延伸。根据《企业破产法司法解释（一）》的规定，债务人账面资产虽大于负债，但存在下列情形之一的，人民法院应当认定其明显缺乏清偿能力：① 因资金严重不足或者财产不能变现等原因，无法清偿债务；② 法定代表人下落不明且无其他人员负责管理财产，无法清偿债务；③ 经人民法院强制执行，无法清偿债务；④ 长期亏损且经营扭亏困难，无法清偿债务；⑤ 导致债务人丧失清偿能力的其他情形。

第二种情况是债权人申请破产。我国《企业破产法》第七条第二款规定："债务人不能清偿到期债务，债权人可以向人民法院提出对债务人进行重整或者破产清算的申请。"从以上规定可以看出，债权人申请企业破产的原因是债务人"不能清偿"。根据《企业破产法司法解释（一）》的规定，下列情形同时存在的，人民法院应当认定债务人不能清偿到期债务：① 债权债务关系依法成立；② 债务履行期限已经届满；③ 债务人未完全清偿债务。

第三种情况是清算企业申请破产。我国《企业破产法》第七条第三款规定："企业法人已解散但未清算或者未清算完毕，资产不足以清偿债务的，依法负有清算责任的人应当向人民法院申请破产清算。"从以上规定可以看出，第三种情况的破产界限是企业法人"资不抵债"。出于对于全体债权人利益的保护，在这种情况下清算责任人有义务向人民法院申请破产清算。根据《企业破产法司法解释（一）》的规定，债务人的资产负债表，或者审计报告、资产评估报告等显示其全部资产不足以偿付全部负债的，人民法院应当认定债务人资产不足以清偿全部债务，但有相反证据足以证明债务人资产能够偿付全部负债的除外。

鉴于目前企业被吊销营业执照后不清算等恶意逃债现象十分严重，且这类企业即使进行司法强制清算往往最后也要转入破产清算程序，因此，《企业破产法司法解释（一）》第五条规定："企业法人已解散但未清算或者未在合理期限内清算完毕，债权人申请债务人破产清算的，除债务人在法定异议期限内举证证明其未出现破产原因外，人民法院应当受理。"对于企业法人已解散但未清算或者未在合理期限内清算完毕的情况，债权人可以选择直接申请债务人破产。

2. 破产申请的形式要件

破产申请的形式要件是指破产申请应遵循破产法所规定的程序要求。

（1）提出破产申请的当事人

① 债务人。债务人发生破产原因，债务人自己可以向人民法院提出重整、和解或者破产清算申请。

② 债权人。债务人不能清偿到期债务，债权人可以向人民法院提出对债务人进行重整或者破产清算的申请，但不能提出和解申请。没有物权担保的债权人当然享有破产申请权，对破产人的特定财产享有担保权的债权人同样享有破产申请权。

③ 清算责任人。企业法人已解散但未清算或者未清算完毕，资产不足以清偿债务的，依法负有清算责任的人应当向人民法院申请破产清算。

④ 税务机关和社会保险机构。税务机关和社会保险机构只享有对债务人的破产清算申请权，但不享有重整申请权。

⑤ 破产企业的职工。破产企业的职工作为债权人可以申请债务人企业破产，职工提出破产申请应经职工代表大会或者全体职工会议通过。

⑥ 商业银行、证券公司、保险公司等金融机构出现不能清偿到期债务，并且资产不足以清偿全部债务或者明显缺乏清偿能力情形的，国务院金融监督管理机构可以向人民法院提出对该金融机构进行重整或者破产清算的申请。国务院金融监督管理机构依法对出现重大经营风险的金融机构采取接管、托管等措施的，可以向人民法院申请中止以该金融机构为被告或者被执行人的民事诉讼程序或者执行程序。

（2）当事人提出破产申请时的形式

债权人与债务人均有权申请债务人破产，破产申请应当采用书面形式。破产申请人向人民法院提出破产申请，应当提交破产申请书和有关证据。破产申请书应当载明下列事项：① 申请人、被申请人的基本情况；② 申请目的；③ 申请的事实和理由；④ 人民法院认为应当载明的其他事项。债务人提出申请的，还应当向人民法院提交财产状况说明、债务清册、债权清册、有关财务会计报告、职工安置预案以及职工工资的支付和社会保险费用的缴纳情况。人民法院受理破产申请前，申请人可以请求撤回申请。

4.2.2 破产申请的受理

1. 破产案件的管辖

破产申请应向对案件有管辖权的人民法院提出。破产案件的管辖包括地域管辖、级别管辖和移送管辖。

（1）地域管辖

对于地域管辖，《企业破产法》规定：企业破产案件由债务人住所地人民法院管辖。

（2）级别管辖

对于级别管辖，《企业破产法》未作规定。根据最高人民法院对《企业破产法》的司法解释，破产案件的级别管辖依破产企业的工商登记情况确定。基层人民法院一般管辖县、县级市或者区的工商行政管理机关核准登记企业的破产案件；中级人民法院一般管辖地区、地级市（含本级）以上的工商行政管理机关核准登记企业的破产案件。纳入国家计划调整的企业破产案件，由中级人民法院管辖。根据《企业破产法司法解释（一）》的规定，申请人向人民法院提出破产申请，人民法院未接收其申请，或者未按规定执行的，申请人可以向上一级人民法院提出破产申请。上一级人民法院接到破产申请后，应当责令下级法院依法审查并及时作出是否受理的裁定；下级法院仍不作出是否受理裁定的，上一级人民法院可以径行作出裁定。上一级人民法院裁定受理破产申请的，可以同时指令下级人民法院审理该案件。

（3）移送管辖

上级人民法院审理下级人民法院管辖的企业破产案件，或者将本院管辖的企业破产案件移交下级人民法院审理，以及下级人民法院需要将自己管辖的企业破产案件交由上级人民法院审理的，依照《民事诉讼法》第三十八条的规定办理。省、自治区、直辖市范围内因特殊情况需对个别企业破产案件的地域管辖作调整的，须经共同上级人民法院批准。

2. 对破产申请的审查和裁定

人民法院对当事人提出的破产申请应当依照破产法的有关规定进行审查，审查包括两方面的内容：一是审查形式要件，即债务人有无破产能力、申请人有无诉讼能力、申请权以及法定代表人和诉讼代理人资格，法院有无管辖权，破产申请提出时有无破产障碍；二是审查实质要件，即破产界限存在与否，申请人所述情况是否属实。人民法院认为申请人应当补充、补正相关材料的，应当自收到破产申请之日起 5 日内告知申请人。当事人补充、补正相关材料的期间不计入《企业破产法》第十条规定的期限。

债权人提出破产申请的，应当提交债务人不能清偿到期债务的有关证据。人民法院应当自收到申请之日起 5 日内通知债务人。债务人对申请有异议的，应当自收到人民法院的通知之日起 7 日内向人民法院提出。人民法院应当自异议期满之日起 10 日内裁定是否受理。债务人对债权人的申请未在法定期限内向人民法院提出异议，或者异议不成立的，人民法院应当依法裁定受理破产申请。债务人或清算企业提出破产申请的，人民法院应当自收到破产申请之日起 15 日内裁定是否受理。有特殊情况需要延长裁定受理期限的，经上一级人民法院批准，可以延长 15 日。

人民法院受理破产申请的，应当自裁定作出之日起 5 日内送达申请人。债权人提出申请的，人民法院应当自裁定作出之日起 5 日内送达债务人。债务人应当自裁定送达之日起 15 日内，向人民法院提交财产状况说明、债务清册、债权清册、有关财务会计报告以及职工工资的支付和社会保险费用的缴纳情况。债务人拒不提交的，人民法院可以对债务人的直接责任人员采取罚款等强制措施。

人民法院裁定不受理破产申请的，应当自裁定作出之日起 5 日内送达申请人并说明理由。申请人对裁定不服的，可以自裁定送达之日起 10 日内向上一级人民法院提起上诉。

人民法院受理破产申请后至破产宣告前，经审查发现债务人没有达到破产法所规定的破产界限的，可以裁定驳回申请。申请人对裁定不服的，可以自裁定送达之日起 10 日内向上一级人民法院提起上诉。

3. 人民法院进行通知和公告

人民法院裁定受理破产申请的，应当同时指定管理人。

人民法院应当自裁定受理破产申请之日起 25 日内通知已知债权人，并予以公告。公告除在受理破产案件的人民法院公告栏内张贴外，还应根据具体案情，如债权人分布区域、破产财产所在区域等，在地方或全国性报刊上登载，目前主要是登载在《人民法院报》上。通知和公告应当载明下列事项：① 申请人、被申请人的名称或者姓名；② 人民法院受理破产申请的时间；③ 申报债权的期限、地点和注意事项；④ 管理人的名称或者姓名及其处理事务的地址；⑤ 债务人的债务人或者财产持有人应当向管理人清偿债务或者交付财产的要求；

⑥第一次债权人会议召开的时间和地点；⑦人民法院认为应当通知和公告的其他事项。

4.2.3 受理破产案件的法律效力

① 人民法院受理破产申请后，债务人对个别债权人的债务清偿无效。该个别债权人主要是指无物权担保的债权人，对于有物权担保的债权人的个别清偿情况有所不同。《企业破产法司法解释（二）》第十四条规定："债务人对以自有财产设定担保物权的债权进行的个别清偿，管理人依据企业破产法第三十二条的规定请求撤销的，人民法院不予支持。但是，债务清偿时担保财产的价值低于债权额的除外。"

② 人民法院受理破产申请后，债务人的债务人应当向管理人清偿债务；债务人的财产持有人应当向管理人交付财产。如果债务人的债务人故意违反规定，不是向管理人而仍然向债务人清偿债务；财产持有人故意违反规定，不是向管理人而仍然向债务人交付财产，使债权人受到损失的，不免除其向管理人清偿债务或者交付财产的义务。

③ 人民法院受理破产申请后，管理人对破产申请受理前成立而债务人和对方当事人均未履行完毕的合同有权决定解除或者继续履行，并通知对方当事人。管理人自破产申请受理之日起2个月内未通知对方当事人，或者自收到对方当事人催告之日起30日内未答复的，视为解除合同。管理人决定继续履行合同的，对方当事人应当履行；但是，对方当事人有权要求管理人提供担保。管理人不提供担保的，视为解除合同。根据《企业破产法司法解释（二）》第三十四条的规定："买卖合同双方当事人在合同中约定标的物所有权保留，在标的物所有权未依法转移给买受人前，一方当事人破产的，该买卖合同属于双方均未履行完毕的合同，管理人有权依据《企业破产法》第十八条的规定决定解除或者继续履行合同。"

④ 人民法院受理破产申请后，有关债务人财产的保全措施应当解除，执行程序应当中止。根据《企业破产法司法解释（二）》第七条和第八条的规定："对债务人财产已采取保全措施的相关单位，在知悉人民法院已裁定受理有关债务人的破产申请后，应当及时解除对债务人财产的保全措施。"人民法院受理破产申请后至破产宣告前裁定驳回破产申请，或者依法裁定终结破产程序的，应当及时通知原已采取保全措施并已依法解除保全措施的单位按照原保全顺位恢复相关保全措施。在已依法解除保全的单位恢复保全措施或者表示不再恢复之前，受理破产申请的人民法院不得解除对债务人财产的保全措施。根据《企业破产法司法解释（二）》第二十二条规定，破产申请受理前，债权人就债务人财产向人民法院提起本规定第二十一条第一款所列诉讼，人民法院已经作出生效民事判决书或者调解书但尚未执行完毕的，破产申请受理后，相关执行行为应当中止，债权人应当依法向管理人申报相关债权。

⑤ 人民法院受理破产申请后，已经开始而尚未终结的有关债务人的民事诉讼或者仲裁应当中止；在管理人接管债务人的财产后，该诉讼或者仲裁继续进行。《企业破产法司法解释（二）》第二十一条规定："破产申请受理前，债权人就债务人财产提起下列诉讼，破产申请受理时案件尚未审结的，人民法院应当中止审理：（一）主张次债务人代替债务人直接向其偿还债务的；（二）主张债务人的出资人、发起人和负有监督股东履行出资义务的董事、高级管理人员，或者协助抽逃出资的其他股东、董事、高级管理人员、实际控制人等直接向其承担出资不实或者抽逃出资责任的；（三）以债务人的股东与债务人法人人格严重混同为由，主张债务人的股东直接向其偿还债务人对其所负债务的；（四）其他就债务人财产提起的个别清偿诉讼。债务人破产宣告后，人民法院应当依照企业破产法第四十四条的规定判决驳回债权人的

诉讼请求。但是，债权人一审中变更其诉讼请求为追收的相关财产归入债务人财产的除外。债务人破产宣告前，人民法院依据《企业破产法》第十二条或者第一百零八条的规定裁定驳回破产申请或者终结破产程序的，上述中止审理的案件应当依法恢复审理。"

⑥ 人民法院受理破产申请后，有关债务人的民事诉讼，只能向受理破产申请的人民法院提起。人民法院受理破产申请后，当事人提起的有关债务人的民事诉讼案件和财产保全，应当由受理破产申请的人民法院管辖。破产申请受理后，债权人就债务人财产向人民法院提起《企业破产法司法解释（二）》第二十一条第一款所列诉讼的，人民法院不予受理。根据《企业破产法司法解释（二）》第六条的规定："破产申请受理后，对于可能因有关利益相关人的行为或者其他原因，影响破产程序依法进行的，受理破产申请的人民法院可以根据管理人的申请或者依职权，对债务人的全部或者部分财产采取保全措施。"

4.2.4 债务企业有关人员的义务

自人民法院受理破产申请的裁定送达债务人之日起至破产程序终结之日，债务人的有关人员承担下列义务：

① 妥善保管其占有和管理的财产、印章和账簿、文书等资料；
② 根据人民法院、管理人的要求进行工作，并如实回答询问；
③ 列席债权人会议并如实回答债权人的询问；
④ 未经人民法院许可，不得离开住所地；
⑤ 不得新任其他企业的董事、监事、高级管理人员。

这里所说的"有关人员"，是指企业的法定代表人；经人民法院决定，可以包括企业的财务管理人员和其他经营管理人员。

4.3 管理人制度

4.3.1 管理人的概念

管理人是指法院受理破产申请后成立的，全面接管破产企业负责破产财产的保管、清理、估价、处理和分配等事务，并负责监管和解、重整程序的专门机构。管理人是破产程序中最为重要的机构。

管理人概念有广义和狭义之分。狭义的管理人仅负责破产清算程序中的管理工作，所以又称破产管理人。广义的管理人还在和解、重整程序中承担管理、监督工作。我国破产法界定的管理人应当属于后者。

4.3.2 管理人的资格与指定

1. 管理人的资格

管理人应具有破产管理、清算的专业知识，并能够独立承担法律责任。我国《企业破产法》规定：管理人可以由有关部门、机构的人员组成的清算组或者依法设立的律师事务所、会计师事务所、破产清算事务所等社会中介机构担任。人民法院根据债务人的实际情况，可以在征询有关社会中介机构的意见后，指定该机构具备相关专业知识并取得执业资格的人员担任管理人。个人担任管理人的,应当参加执业责任保险。《企业破产法》中之所以仍然保留法院指定清算组担任管理人的规定,是考虑到在国有企业政策性破产继续实施期间,采取这一方式有利于解决一些政策性破产的特殊社会问题。

有下列情形之一的,不得担任管理人:① 因故意犯罪受过刑事处罚;② 曾被吊销相关专业执业证书;③ 与本案有利害关系;④ 人民法院认为不宜担任管理人的其他情形。

社会中介机构、清算组成员有下列情形之一,可能影响其忠实履行管理人职责的,人民法院可以认定为"与本案有利害关系":① 与债务人、债权人有未了结的债权债务关系;② 在人民法院受理破产申请前3年内,曾为债务人提供相对固定的中介服务;③ 现在是或者在人民法院受理破产申请前3年内曾经是债务人、债权人的控股股东或者实际控制人;④ 现在担任或者在人民法院受理破产申请前3年内曾经担任债务人、债权人的财务顾问、法律顾问;⑤ 人民法院认为可能影响其忠实履行管理人职责的其他情形。

清算组成员的派出人员、社会中介机构的派出人员、个人管理人有下列情形之一,可能影响其忠实履行管理人职责的,可以认定为"与本案有利害关系":① 具有上述规定5项情形之一的;② 现在担任或者在人民法院受理破产申请前3年内曾经担任债务人、债权人的董事、监事、高级管理人员;③ 与债权人或者债务人的控股股东、董事、监事、高级管理人员存在夫妻、直系血亲、三代以内旁系血亲或者近姻亲关系;④ 人民法院认为可能影响其公正履行管理人职责的其他情形。

2. 管理人的指定

各国立法对管理人的选任方式规定有所不同。有的规定仅由法院选任,有的规定仅由债权人会议选任,也有以债权人会议选任为主,以法院等机构选任为辅,或是相反。我国《企业破产法》规定:管理人由人民法院指定,债权人会议认为管理人不能依法、公正执行职务或者有其他不能胜任职务情形的,可以申请人民法院予以更换。

受理企业破产案件的人民法院指定管理人,一般应从本地管理人名册中指定。对于商业银行、证券公司、保险公司等金融机构以及在全国范围内有重大影响、法律关系复杂、债务人财产分散的企业破产案件,人民法院可以从所在地区高级人民法院编制的管理人名册列明的其他地区管理人或者异地人民法院编制的管理人名册中指定管理人。

受理企业破产案件的人民法院,一般应指定管理人名册中的社会中介机构担任管理人。由中介机构担任管理人是破产法所倡导的主导模式。

对于事实清楚、债权债务关系简单、债务人财产相对集中的企业破产案件,人民法院可以指定管理人名册中的个人为管理人。

企业破产案件有下列情形之一的,人民法院可以指定清算组为管理人:① 破产申请受理前,根据有关规定已经成立清算组,人民法院认为符合法律规定的;② 审理《企业破产法》第一百二十三条规定的案件,即纳入国家计划的国有企业政策性破产案件;③ 有关法律规定企业破产时成立清算组;④ 人民法院认为可以指定清算组为管理人的其他情形。清算组为管理人的,人民法院可以从政府有关部门、编入管理人名册的社会中介机构、金融资产管理公司中指定清算组成员,人民银行及金融监督管理机构可以按照有关法律和行政法规的规定派人参加清算组。

人民法院认为社会中介机构或者个人与本案有利害关系的,不应指定该社会中介机构或者个人为本案管理人。社会中介机构或者个人有重大债务纠纷或者因涉嫌违法行为正被相关部门调查的，人民法院不应指定该社会中介机构或者个人为本案管理人。

管理人无正当理由，不得拒绝人民法院的指定。管理人一经指定，不得以任何形式将管理人应当履行的职责全部或者部分转给其他社会中介机构或者个人。管理人没有正当理由不得辞去职务，管理人辞去职务应当经人民法院许可。管理人经人民法院许可，可以聘用必要的工作人员。

管理人的报酬由人民法院确定。债权人会议对管理人的报酬有异议的，有权向人民法院提出。

3. 管理人的更换

债权人会议认为管理人不能依法、公正执行职务或者有其他不能胜任职务情形的，可以申请人民法院予以更换，应由债权人会议作出决议并向人民法院提出书面申请。

社会中介机构管理人或清算组成员有下列情形之一的，人民法院可以根据债权人会议的申请或者依职权迳行决定更换管理人：① 执业许可证或者营业执照被吊销或者注销；② 出现解散、破产事由或者丧失承担执业责任风险的能力；③ 与本案有利害关系；④ 履行职务时，因故意或者重大过失导致债权人利益受到损害；⑤ 有重大债务纠纷或者因涉嫌违法行为正被相关部门调查的情形。

个人管理人有下列情形之一的，人民法院可以根据债权人会议的申请或者依职权迳行决定更换管理人：① 执业资格被取消、吊销；② 与本案有利害关系；③ 履行职务时，因故意或者重大过失导致债权人利益受到损害；④ 失踪、死亡或者丧失民事行为能力；⑤ 因健康原因无法履行职务；⑥ 执业责任保险失效；⑦ 个人有重大债务纠纷或者因涉嫌违法行为正被相关部门调查的情形。清算组成员的派出人员、社会中介机构的派出人员参照适用前款规定。

4.3.3 管理人的职责

管理人应当勤勉尽责，忠实执行职务。管理人履行下列职责：

① 接管债务人的财产、印章和账簿、文书等资料；
② 调查债务人财产状况，制作财产状况报告；
③ 决定债务人的内部管理事务；
④ 决定债务人的日常开支和其他必要开支；
⑤ 在第一次债权人会议召开之前，决定继续或者停止债务人的营业；
⑥ 管理和处分债务人的财产；
⑦ 代表债务人参加诉讼、仲裁或者其他法律程序；
⑧ 提议召开债权人会议；
⑨ 人民法院认为管理人应当履行的其他职责。在第一次债权人会议召开之前，管理人决定继续或停止债务人的营业的，应当经人民法院许可。

管理人依照《企业破产法》的规定执行职务，向人民法院报告工作，并接受债权人会议和债权人委员会的监督。管理人应当列席债权人会议，向债权人会议报告职务执行情况，并回答询问。

管理人未依照法律规定勤勉尽责，忠实执行职务，人民法院可以依法处以罚款；给债权人、债务人或者第三人造成损失的，依法承担赔偿责任。

4.4 债务人财产

4.4.1 债务人财产的概念

债务人财产,是指破产申请受理时属于债务人的全部财产,以及破产申请受理后至破产程序终结前债务人取得的财产。债务人财产在破产宣告后称为破产财产。

新旧破产法对债务人财产的规定有较大的区别:第一,新破产法将债务人财产与破产财产明确区分开来;第二,新破产法将确定债务人财产范围的时点从破产宣告时改为破产申请受理时;第三,旧破产法将已作为担保物的财产排除在破产财产之外,而新破产法并未将已作为担保物的财产排除在债务人财产之外。

4.4.2 债务人财产范围

债务人财产包括以下几方面。

① 债务人所有的货币、实物。这是债务人的主要财产。

② 债务人依法享有的可以用货币估价并可以依法转让的债权、股权、知识产权、用益物权等财产和财产权益。

③ 债务人已依法设定担保物权的特定财产。对债务人的特定财产在担保物权消灭或者实现担保物权后的剩余部分,在破产程序中可用以清偿破产费用、共益债务和其他破产债权。

④ 债务人对按份享有所有权的共有财产的相关份额,或者共同享有所有权的共有财产的相应财产权利,以及依法分割共有财产所得部分,这些财产均为债务人财产。

⑤ 破产申请受理后,有关债务人财产的执行程序未依法中止的,采取执行措施的相关单位应当依法予以纠正。依法执行回转的财产属于债务人财产。

下列财产不应属于债务人财产:

① 债务人基于仓储、保管、承揽、代销、借用、寄存、租赁等合同或者其他法律关系占有、使用的他人财产;

② 债务人在所有权保留买卖中尚未取得所有权的财产;

③ 所有权专属于国家且不得转让的财产;

④ 其他依照法律、行政法规不属于债务人的财产。

4.4.3 管理人对债务人财产和债权的追收

人民法院受理破产申请后,管理人应注意对债务人财产和债权的追收。

① 管理人应注意对债务人的债务或者财产的追收。人民法院应当自裁定受理破产申请之日起 25 日内通知已知债权人,并予以公告。要求债务人的债务人或者财产持有人应当向管理人清偿债务或者交付财产。

② 管理人应注意对被债权人占有的属于债务人的财产的追收。《企业破产法》第三十七条规定:"人民法院受理破产申请后,管理人可以通过清偿债务或者提供为债权人接受的担保,取回质物、留置物;前款规定的债务清偿或者替代担保,在质物或者留置物的价值低于被担保的债权额时,以该质物或者留置物当时的市场价值为限。"管理人拟通过清偿债务或者提供

担保取回质物、留置物,或者与质权人、留置权人协议以质物、留置物折价清偿债务等方式,进行对债权人利益有重大影响的财产处分行为的,应当及时报告债权人委员会。未设立债权人委员会的,管理人应当及时报告人民法院。

③ 管理人应注意对注册资金投入不足和抽逃出资的追收。人民法院受理破产申请后,债务人的出资人尚未完全履行出资义务的,管理人应当要求该出资人缴纳所认缴的出资,而不受出资期限的限制。根据《企业破产法司法解释(二)》第二十条的规定:"管理人代表债务人提起诉讼,主张出资人向债务人依法缴付未履行的出资或者返还抽逃的出资本息,出资人以认缴出资尚未届至公司章程规定的缴纳期限或者违反出资义务已经超过诉讼时效为由抗辩的,人民法院不予支持。管理人依据公司法的相关规定代表债务人提起诉讼;主张公司的发起人和负有监督股东履行出资义务的董事、高级管理人员,或者协助抽逃出资的其他股东、董事、高级管理人员、实际控制人等,对股东违反出资义务或者抽逃出资承担相应责任,并将财产归入债务人财产的,人民法院应予支持。"

④ 管理人应注意对高级管理人员利用职权从企业获取的非正常收入和侵占的企业财产的追收。《企业破产法》第三十六条规定:"债务人的董事、监事和高级管理人员利用职权从企业获取的非正常收入和侵占的企业财产,管理人应当追回。"根据《企业破产法司法解释(二)》第二十四条的规定,债务人有发生破产原因的情形时,债务人的董事、监事和高级管理人员利用职权获取的以下收入,人民法院应当认定为企业破产法第三十六条规定的非正常收入:绩效奖金;普遍拖欠职工工资情况下获取的工资性收入;其他非正常收入。债务人的董事、监事和高级管理人员拒不向管理人返还上述债务人财产,管理人主张上述人员予以返还的,人民法院应予支持。债务人的董事、监事和高级管理人员因返还非正常收入形成的债权,可以作为普通破产债权清偿,按照该企业职工平均工资计算的部分作为拖欠职工工资清偿。

4.4.4 与债务人财产相关的几个概念

1. 破产撤销权与无效行为制度

(1)破产撤销权与无效行为的概念

《企业破产法》规定了破产撤销权与无效行为制度。

破产撤销权,是指管理人对债务人在破产案件受理前的法定期间内进行的欺诈逃债或损害公平清偿的行为,有申请法院撤销的权利。

破产撤销权源于民法与合同法中规定的民事撤销权,但两者有一定区别。首先,破产撤销权针对债务人丧失清偿能力的特殊情况设置,适用范围同民事撤销权有所不同。破产法规定的一些可撤销行为,在债务人具有清偿能力时可能是具有法律效力的,属于债务人对其民事权利的处分,如对原无担保的债务提供物权担保,对未到期的债权提前清偿等。但在债务人丧失清偿能力时,因违背公平清偿原则,这些行为便属于欺诈行为或偏袒清偿行为,应予撤销。其次,民法撤销权的行使主体为当事人和利害关系人,而破产撤销权只能由管理人行使。再有,破产撤销权与民法撤销权在行为的主观构成要件等方面也存在一定区别。

《企业破产法》规定的无效行为是针对《民法通则》《合同法》中规定的无效民事行为在破产程序中的表现特点作出的强调性规定,并无实质性变更内容。对于无效行为,无论何时、何人发现,均可追回被非法处分的财产,而撤销权的行使则有时效限制。

(2) 破产撤销权

《企业破产法》第三十一条规定:"人民法院受理破产申请前一年内,涉及债务人财产的下列行为,管理人有权请求人民法院予以撤销:(一)无偿转让财产的;(二)以明显不合理的价格进行交易的;(三)对没有财产担保的债务提供财产担保的;(四)对未到期的债务提前清偿的;(五)放弃债权的。""对未到期的债务提前清偿的"是指对在破产申请受理之后才到期的债权,提前到破产申请受理之前清偿。《企业破产法司法解释(二)》第十二条规定:"破产申请受理前一年内债务人提前清偿的未到期债务,在破产申请受理前已经到期,管理人请求撤销该清偿行为的,人民法院不予支持。但是,该清偿行为发生在破产申请受理前六个月内且债务人有《企业破产法》第二条第一款规定情形的除外。""放弃债权的"是指以明示或默示的方式放弃对他人的债权,包括放弃债权、不作为使债权因诉讼时效而消灭胜诉权、撤回诉讼等。《企业破产法司法解释(二)》第十九条规定:"债务人对外享有债权的诉讼时效,自人民法院受理破产申请之日起中断。债务人无正当理由未对其到期债权及时行使权利,导致其对外债权在破产申请受理前一年内超过诉讼时效期间的,人民法院受理破产申请之日起重新计算上述债权的诉讼时效期间。"

合同法上的撤销权在与破产撤销权不冲突的情况下,也可以在破产程序中行使。《企业破产法司法解释(二)》第十三条规定:"破产申请受理后,管理人未依据企业破产法第三十一条的规定请求撤销债务人无偿转让财产、以明显不合理价格交易、放弃债权行为的,债权人依据合同法第七十四条等规定提起诉讼,请求撤销债务人上述行为并将因此追回的财产归入债务人财产的,人民法院应予受理。相对人以债权人行使撤销权的范围超出债权人的债权抗辩的,人民法院不予支持。"

根据《企业破产法》第三十二条的规定,人民法院受理破产申请前6个月内,债务人有不能清偿到期债务并且资产不足以清偿全部债务或者明显缺乏清偿能力情形,仍对个别债权人进行清偿,管理人有权请求人民法院予以撤销。但是,个别清偿使债务人财产受益的除外。"根据《企业破产法司法解释(二)》的规定,债务人对债权人进行的以下个别清偿有效:① 债务人为维系基本生产需要而支付水费、电费等的;② 债务人支付劳动报酬、人身损害赔偿金的;③ 使债务人财产受益的其他个别清偿;④ 债务人对以自有财产设定担保物权的债权进行的个别清偿;⑤ 债务人经诉讼、仲裁、执行程序对债权人进行的个别清偿。

(3) 无效行为

《企业破产法》第三十三条规定:"涉及债务人财产的下列行为无效:(一)为逃避债务而隐匿、转移财产的;(二)虚构债务或者承认不真实的债务的。"因此而取得的债务人的财产,管理人有权追回。

(4) 破产撤销权与无效行为的后果

管理人依据《企业破产法》第三十一条和第三十二条的规定提起诉讼,请求撤销涉及债务人财产的相关行为并由相对人返还债务人财产的,人民法院应予支持。管理人因过错未依法行使撤销权导致债务人财产不当减损,债权人提起诉讼主张管理人对其损失承担相应赔偿责任的,人民法院应予支持。人民法院根据管理人的请求撤销涉及债务人财产的以明显不合理价格进行的交易的,买卖双方应当依法返还从对方获取的财产或者价款。因撤销该交易,对于债务人应返还受让人已支付价款所产生的债务,受让人请求作为共益债务清偿的,人民法院应予支持。

管理人依据《企业破产法》第三十三条的规定提起诉讼,主张被隐匿、转移财产的实际占有人返还债务人财产,或者主张债务人虚构债务或者承认不真实债务的行为无效并返还债务人财产的,人民法院应予支持。

因《企业破产法》第三十一条、第三十二条或者第三十三条规定的行为而取得的债务人的财产,管理人有权追回。债务人有第三十一条、第三十二条或者第三十三条规定的行为,损害债权人利益的,债务人的法定代表人和其他直接责任人员依法承担赔偿责任。

2. 取回权

取回权是指人民法院受理破产申请后,债务人占有的不属于债务人的财产,该财产的权利人可以通过管理人取回。破产法上的取回权分为一般取回权与特别取回权(也称出卖人取回权)。

(1) 一般取回权

取回权的基础权利主要是物权,但也经常存在依债权产生取回权的情况。在司法实践中,取回权主要表现为加工承揽人破产时,定作人取回定作物;承运人破产时,托运人取回托运物;承租人破产时,出租人取回租赁物;保管人破产时,寄存人取回寄存物;受托人破产时,信托人取回信托财产等。《企业破产法》第三十八条规定:"人民法院受理破产申请后,债务人占有的不属于债务人的财产,该财产的权利人可以通过管理人取回。但是,本法另有规定的除外。"这是对一般取回权的规定。一般取回权在破产案件受理后形成,其行使不受原约定条件、期限的限制,也不受破产程序的限制,在无争议时无须通过诉讼程序,但因财产在管理人占有之下,权利人须通过其取回财产。

一般取回权的行使在遇到重整程序时受阻,在重整程序中行使取回权应当符合约定的条件。《企业破产法司法解释(二)》第四十条规定:"债务人重整期间,权利人要求取回债务人合法占有的权利人的财产,不符合双方事先约定条件的,人民法院不予支持。但是,因管理人或者自行管理的债务人违反约定,可能导致取回物被转让、毁损、灭失或者价值明显减少的除外。"

权利人在行使取回权时,存在对等给付义务的,应当向管理人交付相应对价,否则管理人有权拒绝。《企业破产法司法解释(二)》第二十八条规定:"权利人行使取回权时未依法向管理人支付相关的加工费、保管费、托运费、委托费、代销费等费用,管理人拒绝其取回相关财产的,人民法院应予支持。"

一般取回权的行使通常只限于取回原物,如原物被转让或灭失,则需根据具体的情况分别处理。

① 对债务人占有的权属不清的鲜活易腐等不易保管的财产或者不及时变现价值将严重贬损的财产,管理人及时变价并提存变价款后,有关权利人可就该变价款行使取回权。

② 债务人占有的他人财产被违法转让给第三人,第三人已善意取得财产所有权,原权利人无法取回该财产的,人民法院应当按照以下规定处理:转让行为发生在破产申请受理前的,原权利人因财产损失形成的债权,作为普通破产债权清偿;转让行为发生在破产申请受理后的,因管理人或者相关人员执行职务导致原权利人损害产生的债务,作为共益债务清偿。

③ 债务人占有的他人财产被违法转让给第三人,第三人已向债务人支付了转让价款,但未取得财产所有权,原权利人依法追回转让财产的,对因第三人已支付对价而产生的债务,人民法院应当按照以下规定处理:转让行为发生在破产申请受理前的,作为普通破产债权清

偿；转让行为发生在破产申请受理后的，作为共益债务清偿。

④ 债务人占有的他人财产毁损、灭失，因此获得的保险金、赔偿金、代偿物尚未交付给债务人，或者代偿物虽已交付给债务人但能与债务人财产予以区分的，权利人有权取回就此获得的保险金、赔偿金、代偿物。保险金、赔偿金已经交付给债务人，或者代偿物已经交付给债务人且不能与债务人财产予以区分的，应当按照以下规定处理：财产毁损、灭失发生在破产申请受理前的，权利人因财产损失形成的债权，作为普通破产债权清偿；财产毁损、灭失发生在破产申请受理后的，因管理人或者相关人员执行职务导致权利人损害产生的债务，作为共益债务清偿。债务人占有的他人财产毁损、灭失，没有获得相应的保险金、赔偿金、代偿物，或者保险金、赔偿物、代偿物不足以弥补其损失的部分，应当按照上述两项规定处理。

⑤ 管理人或者相关人员在执行职务过程中，因故意或者重大过失不当转让他人财产或者造成他人财产毁损、灭失，导致他人损害产生的债务作为共益债务，由债务人财产随时清偿不足弥补损失，权利人有权向管理人或者相关人员主张承担补充赔偿责任。上述债务作为共益债务由债务人财产随时清偿后，债权人以管理人或者相关人员执行职务不当导致债务人财产减少给其造成损失为由提起诉讼，有权请求管理人或者相关人员承担相应赔偿责任。

（2）出卖人取回权

买方在破产申请受理时尚未付清货款，同时也没有收到货物，未取得所有权。如果不允许卖方将尚属于自己的货物取回，其未得到支付的货款便只能作为破产债权受偿，有失公平。因此，特设立此出卖人取回权。

《企业破产法》第三十九条规定："人民法院受理破产申请时，出卖人已将买卖标的物向作为买受人的债务人发运，债务人尚未收到且未付清全部价款的，出卖人可以取回在运途中的标的物。但是，管理人可以支付全部价款，请求出卖人交付标的物。"这是破产法对特别取回权中出卖人取回权的规定。出卖人通过通知承运人或者实际占有人中止运输、返还货物、变更到达地，或者将货物交给其他收货人等方式，对在运途中标的物主张了取回权但未能实现，或者在货物未达管理人前已向管理人主张取回在运途中标的物，在买卖标的物到达管理人后，出卖人向管理人主张取回的，管理人应予准许。出卖人对在运途中标的物未及时行使取回权，在买卖标的物到达管理人后向管理人行使在运途中标的物取回权的，管理人不应准许。

（3）取回权的行使时间

权利人行使取回权应当在破产财产变价方案或者和解协议、重整计划草案提交债权人会议表决前向管理人提出。权利人在上述期限后主张取回相关财产的，应当承担延迟行使取回权增加的相关费用。

3. 别除权

不依破产程序而能从破产企业的特定财产上得到优先受偿的权利，称为别除权。在破产宣告前，破产企业以自己的特定财产向债权人设定了担保，并且担保关系合法有效，那么债权人就可以对担保债权的财产依法行使别除权。

《企业破产法》第一百零九条规定："对破产人的特定财产享有担保权的权利人，对该特定财产享有优先受偿的权利。"

4. 抵销权

破产法上的抵销权，是指债权人在破产申请受理前对债务人即破产人负有债务的，无论是否已到清偿期限、标的是否相同，均可在破产财产最终分配确定前向管理人主张相互抵销的权利。《企业破产法》第四十条第一款规定："债权人在破产申请受理前对债务人负有债务的，可以向管理人主张抵销。"破产法上的抵销权是破产债权只能依破产程序受偿的例外，抵销权实施的结果使该债权在抵销范围内得以由破产财产中得到全额、优先清偿。

债权人行使抵销权，应当在破产财产最终分配确定之前向管理人提出抵销主张。管理人不得主动抵销债务人与债权人的互负债务，但抵销使债务人财产受益的除外。管理人收到债权人提出的主张债务抵销的通知后，经审查无异议的，抵销自管理人收到通知之日起生效。管理人对抵销主张有异议的，应当在约定的异议期限内或者自收到主张债务抵销的通知之日起三个月内向人民法院提起诉讼。无正当理由逾期提起的，人民法院不予支持。人民法院判决驳回管理人提起的抵销无效诉讼请求的，该抵销自管理人收到主张债务抵销的通知之日起生效。债权人主张抵销，管理人以下列理由提出异议的，人民法院不予支持：① 破产申请受理时，债务人对债权人负有的债务尚未到期；② 破产申请受理时，债权人对债务人负有的债务尚未到期；③ 双方互负债务标的物种类、品质不同。

为防止破产抵销权被当事人所滥用、损害他人利益，各国破产法对抵销权的行使均规定有禁止条款。我国《企业破产法》第四十条第二款规定："有下列情形之一的，不得抵销：① 债务人的债务人在破产申请受理后取得他人对债务人的债权的；② 债权人已知债务人有不能清偿到期债务或者破产申请的事实，对债务人负担债务的；但是，债权人因为法律规定或者有破产申请一年前所发生的原因而负担债务的除外；③ 债务人的债务人已知债务人有不能清偿到期债务或者破产申请的事实，对债务人取得债权的；但是，债务人的债务人因为法律规定或者有破产申请一年前所发生的原因而取得债权的除外。"

《企业破产法》第四十条所列不得抵销情形的债权人，有权主张以其对债务人特定财产享有优先受偿权的债权，与债务人对其不享有优先受偿权的债权抵销。但是，用以抵销的债权大于债权人享有优先受偿权财产价值的除外。

破产申请受理前 6 个月内，债务人有产生破产原因的情形，债务人与个别债权人以抵销方式对个别债权人清偿，其抵销的债权债务属于《企业破产法》第四十条第（二）、（三）项规定的情形之一，管理人在破产申请受理之日起三个月内向人民法院提起诉讼，主张该抵销无效的，人民法院应予支持。

债务人的股东不得以下列债务与债务人对其负有的债务抵销：① 债务人股东因欠缴债务人的出资或者抽逃出资对债务人所负的债务；② 债务人股东滥用股东权利或者关联关系损害公司利益对债务人所负的债务。

4.5 债权申报与债权人会议

4.5.1 债权的申报

1. 破产债权的概念

破产债权是指在人民法院受理破产申请时对债务人享有的债权。根据破产法的一般规定，破产案件受理后，债权人只有在依法申报债权并得到确认后，才能行使破产参与、受偿等权利。

2. 债权的申报期限

人民法院受理破产申请后，应当确定债权人申报债权的期限。债权申报期限自人民法院发布受理破产申请公告之日起计算，最短不得少于 30 日，最长不得超过 3 个月。旧的破产法规定的债权申报期限是固定期限，根据新的破产法规定，在上述规定的期限内，人民法院可以根据案件具体情况确定申报债权的期限。

债权人应当在人民法院确定的债权申报期限内向管理人申报债权。在人民法院确定的债权申报期限内，债权人未申报债权的，可以在破产财产最后分配前补充申报；但是，此前已进行的分配，不再对其补充分配。为审查和确认补充申报债权的费用，由补充申报人承担。债权人未依照破产法规定申报债权的，不得依照破产法规定的程序行使权利。

3. 债权申报的注意事项

人民法院受理破产申请时对债务人享有债权的债权人，依照《企业破产法》规定的程序行使权利。债权人申报债权时，应当书面说明债权的数额和有无财产担保，并提交有关证据。申报的债权是连带债权的，应当说明。

债权申报时应注意以下事项的处理。

① 未到期的债权在破产申请受理时视为到期。附利息的债权自破产申请受理时起停止计息，而不是旧破产法规定的自破产宣告时起停止计息。

② 附条件、附期限的债权和诉讼、仲裁未决的债权，债权人可以申报。

③ 连带债权人可以由其中一人代表全体连带债权人申报债权，也可以共同申报债权。

④ 连带债务人数人的破产案件均被受理的，其债权人有权就全部债权分别在各破产案件中申报债权。

⑤ 债务人的保证人或者其他连带债务人已经代替债务人清偿债务的，以其对债务人的求偿权申报债权；尚未代替债务人清偿债务的，以其对债务人的将来求偿权申报债权。但是，债权人已经向管理人申报全部债权的除外。

⑥ 管理人或者债务人依照《企业破产法》规定解除合同的，对方当事人以因合同解除所产生的损害赔偿请求权申报债权。可以申报的债权以实际损失为计算原则，违约金不作为破产债权，定金不再适用定金法则。

⑦ 债务人是委托合同的委托人，被裁定适用《企业破产法》规定的程序，受托人不知该事实，继续处理委托事务的，受托人以由此产生的请求权申报债权。

⑧ 债务人是票据的出票人，被裁定适用《企业破产法》规定的程序，该票据的付款人继续付款或者承兑的，付款人以由此产生的请求权申报债权。

⑨ 享有优先受偿权的债权人行使优先受偿权利未能完全受偿的，债权人以未受偿的债权申报债权；放弃优先受偿权利的，债权人以其债权申报债权。

对于债务人所欠职工的工资和医疗、伤残补助、抚恤费用，所欠的应当划入职工个人账户的基本养老保险、基本医疗保险费用，以及法律、行政法规规定应当支付给职工的补偿金，不必申报，由管理人调查后列出清单并予以公示。职工对清单记载有异议的，可以要求管理人更正；管理人不予更正的，职工可以向人民法院提起诉讼。根据新破产法规定，职工债权是免申报的债权，可以避免遗漏职工债权的现象，这有助于更好地维护职工权益。

4. 债权的确认

管理人收到债权申报材料后，应当登记造册，对申报的债权进行审查，并编制债权表。

债权表和债权申报材料由管理人保存，供利害关系人查阅。债权表应当提交第一次债权人会议核查。债务人、债权人对债权表记载的债权无异议的，由人民法院裁定确认。债务人、债权人对债权表记载的债权有异议的，可以向受理破产申请的人民法院提起诉讼。

4.5.2 债权人会议

1. 债权人会议的概念

债权人会议是由全体债权人组成，以维护债权人共同利益为目的，在法院监督下讨论决定有关破产事宜，表达债权人意思的临时性机构。债权人会议依召集会议的方式进行活动，虽属于法定必设机关，但不是常设机构，而是临时性机构。债权人会议为决议机构，享有法定职权，但本身并无执行功能，其所作出的决议一般由管理人负责执行。

2. 债权人会议的组成

依法申报债权的债权人为债权人会议的成员，有权参加债权人会议，享有表决权。债权尚未确定的债权人，除人民法院能够为其行使表决权而临时确定债权额的外，不得行使表决权。对债务人的特定财产享有担保权的债权人，未放弃优先受偿权利的，对于"通过和解协议"和"通过破产财产的分配方案"不享有表决权。债权人可以委托代理人出席债权人会议，行使表决权。代理人出席债权人会议，应当向人民法院或者债权人会议主席提交债权人的授权委托书。债权人会议应当有债务人的职工和工会的代表参加，对有关事项发表意见。职工和工会的代表在债权人会议上没有表决权。

债权人会议设主席一人，由人民法院从有表决权的债权人中指定。债权人会议主席主持债权人会议。

3. 债权人会议的召开

第一次债权人会议由人民法院召集，自债权申报期限届满之日起 15 日内召开。以后的债权人会议，在人民法院认为必要时，或者管理人、债权人委员会、占债权总额 1/4 以上的债权人向债权人会议主席提议时召开。召开债权人会议，管理人应当提前 15 日通知已知的债权人。

4. 债权人会议的职权

债权人会议行使下列职权：① 核查债权；② 申请人民法院更换管理人，审查管理人的费用和报酬；③ 监督管理人；④ 选任和更换债权人委员会成员；⑤ 决定继续或者停止债务人的营业；⑥ 通过重整计划；⑦ 通过和解协议；⑧ 通过债务人财产的管理方案；⑨ 通过破产财产的变价方案；⑩ 通过破产财产的分配方案；⑪ 人民法院认为应当由债权人会议行使的其他职权。债权人会议应当对所议事项的决议作成会议记录。

5. 债权人会议的决议

债权人会议的决议，由出席会议的有表决权的债权人过半数通过，并且其所代表的债权额占无财产担保债权总额的 1/2 以上。债权人会议的决议，对于全体债权人均有约束力。债权人认为债权人会议的决议违反法律规定，损害其利益的，可以自债权人会议作出决议之日起 15 日内，请求人民法院裁定撤销该决议，责令债权人会议依法重新作出决议。

在对债务人财产的管理方案和破产财产的变价方案进行表决时，经债权人会议表决未通过的，由人民法院裁定，人民法院可以在债权人会议上宣布或者另行通知债权人，债权人对法院裁定不服的，可以自裁定宣布之日或者收到通知之日起 15 日内向该人民法院申请复议；在对破产财产的分配方案进行表决时，经债权人会议二次表决仍未通过的，由人民法院裁定，人民法院可以在债权人会议上宣布或者另行通知债权人,债权额占无财产担保债权总额 1/2 以上的债权人对法院裁定不服的,可以自裁定宣布之日或者收到通知之日起 15 日内向该人民法院申请复议。复议期间不停止裁定的执行。

6. 债权人委员会

债权人会议可以决定设立债权人委员会。债权人委员会是遵循债权人的共同意志,代表债权人会议监督管理人行为及破产程序的合法、公正进行,处理破产程序中的有关事项的常设监督机构。在破产程序中设立债权人委员会具有重要意义,有助于保护全体债权人的利益,保障债权人会议职能的有效执行,并在债权人会议闭会期间对破产程序进行日常必要的监督。我国《企业破产法》第六十七条规定:"债权人会议可以决定设立债权人委员会。债权人委员会由债权人会议选任的债权人代表和一名债务人的职工代表或者工会代表组成。债权人委员会成员不得超过九人。债权人委员会成员应当经人民法院书面决定认可。"

债权人委员会行使下列职权:① 监督债务人财产的管理和处分;② 监督破产财产分配;③ 提议召开债权人会议;④ 债权人会议委托的其他职权。

债权人委员会执行职务时,有权要求管理人、债务人的有关人员对其职权范围内的事务作出说明或者提供有关文件。管理人、债务人的有关人员拒绝接受监督的,债权人委员会有权就监督事项请求人民法院作出决定;人民法院应当在 5 日内作出决定。

管理人实施下列行为,应当及时报告债权人委员会:① 涉及土地、房屋等不动产权益的转让;② 探矿权、采矿权、知识产权等财产权的转让;③ 全部库存或者营业的转让;④ 借款;⑤ 设定财产担保;⑥ 债权和有价证券的转让;⑦ 履行债务人和对方当事人均未履行完毕的合同;⑧ 放弃权利;⑨ 担保物的取回;⑩ 对债权人利益有重大影响的其他财产处分行为。未设立债权人委员会的,管理人实施上述规定的行为应当及时报告人民法院。

4.6 重整与和解

4.6.1 重整

1. 重整的概念和特点

重整,是指企业发生破产原因或陷入债务危机时,虽然企业处于困境但可预见能够重建,企业依法申请调整其利害关系人的利益,借助法律强制进行营业重组与债务清理,以避免破产、获得更生的法律制度。重整制度是预防企业破产最为积极有效的措施。我国重整制度的适用范围为企业法人,由于其程序复杂、费用高昂、耗时很长,故实践中主要适用于大型企业,中小型企业则往往采用更为简化的和解程序。

重整制度具有以下特点。

① 申请条件相对宽松。在债务人发生破产原因时,或者虽然没有发生破产原因但陷入债务危机,出现支付困难时,都可以申请开始重整。与破产、和解申请条件相比,新破产法放宽了提起重整的条件。提出破产与和解申请,以债务人已经发生破产原因为前提,而重整申请是在债务人有发生破产原因的可能时即可以提出。

② 多方主体参与。破产债务人、公司股东、债权人等利害关系人均参加重整程序,但有物权担保的债权人的权利受到限制。不仅债务人、债权人有权参加重整程序,公司股东等利

害关系人均有权参加重整程序。

③ 重整措施多样。改善企业经营，促进企业重生的措施形式多样，不仅可以采取延期或减免偿还债务的方式，还可采取核减公司注册资本，发行新股份，将债权转化为股份等方法，并设立重整管理人负责公司的重整经营。重整程序的目的在于维持公司的事业，而不必是保持公司本身存在，必要时还可采取解散原有公司设立新公司，或者与其他公司合并等方法。

④ 多种权利受到限制。在重整期间，公司管理权、担保的优先受偿权、出资人收益权、高管人员转让股权的权利、取回权都受到不同程度的限制。例如，在重整期间，对债务人的特定财产享有的担保权暂停行使，财产的权利人在重整期间要求取回财产的，应当符合事先约定的条件，债务人的出资人不得请求投资收益分配等。

⑤ 债务人可以负责制订、执行重整计划。除非债务人存在破产欺诈、无经营能力等情况，根据破产法规定，在重整期间，经债务人申请、法院批准，债务人可以在管理人的监督下制订重整计划草案，在重整计划批准后自行管理财产和营业事务。在重整期间，也可以由管理人负责管理企业的财产和营业事务，因为债务人比管理人更熟悉企业的经营与业务，由债务人负责重整计划的执行，成功的可能性较大。

⑥ 重整计划的强制性，包括重整计划的强制批准和强制执行。重整计划草案未获得各表决组一致通过时，如果符合法律规定的条件，法院可以直接以裁定的方式批准通过该重整计划。这就是重整计划的强制批准。而经人民法院裁定批准的重整计划，对债务人和全体债权人均具有约束力，各方当事人必须遵照执行。

2. 重整申请

债务人或者债权人可以依法直接向人民法院申请对债务人进行重整。

① 进入破产程序前，债务人直接提出重整申请。债务人不能清偿到期债务，并且资产不足以清偿全部债务或者明显缺乏清偿能力的，债务人可以向人民法院提出重整申请。

② 进入破产程序前，债权人直接提出重整申请。债务人不能清偿到期债务，债权人可以向人民法院提出对债务人进行重整申请。

③ 在受理破产申请后、宣告破产前提出重整申请。

债权人申请对债务人进行破产清算的，在人民法院受理破产申请后、宣告债务人破产前，债务人或者出资额占债务人注册资本 1/10 以上的出资人，可以向人民法院申请重整。

人民法院经审查认为重整申请符合破产法规定的，应当裁定债务人重整，并予以公告。

3. 重整期间及其相关规定

（1）重整期间的概念

自人民法院裁定债务人重整之日起至重整程序终止，为重整期间。重整期间不包括重整计划得到批准后的执行期间。

（2）重整期间的财产和营业事务的管理

在重整期间，经债务人申请，人民法院批准，债务人可以在管理人的监督下自行管理财产和营业事务；在这种情况下，已接管债务人财产和营业事务的管理人应当向债务人移交财产和营业事务，管理人的职权由债务人行使。此时管理人主要发挥监督作用。由管理人负责管理财产和营业事务的，可以聘任债务人的经营管理人员负责营业事务。

（3）重整期间对相关权利的限制

① 在重整期间，对债务人的特定财产享有的担保权暂停行使。但是，担保物有损坏或者

价值明显减少的可能,足以危害担保权人权利的,担保权人可以向人民法院请求恢复行使担保权。在重整期间,债务人或者管理人为继续营业而借款的,可以为该借款设定担保。

② 债务人合法占有的他人财产,该财产的权利人在重整期间要求取回的,应当符合事先约定的条件。

③ 在重整期间,债务人的出资人不得请求投资收益分配。在重整期间,债务人的董事、监事、高级管理人员不得向第三人转让其持有的债务人的股权。但是,经人民法院同意的除外。

(4) 重整程序的终止

在重整期间,有下列情形之一的,经管理人或者利害关系人请求,人民法院应当裁定终止重整程序,并宣告债务人破产:

① 债务人的经营状况和财产状况继续恶化,缺乏挽救的可能性;

② 债务人有欺诈、恶意减少债务人财产或者其他显著不利于债权人的行为;

③ 由于债务人的行为致使管理人无法执行职务。

4. 重整计划的制订

① 重整计划的制订人。重整计划是重整程序的核心,是债务人实施重整行为的依据。按照谁管理、谁制定的原则确定重整计划的制订人。债务人自行管理财产和营业事务的,由债务人制作重整计划草案。管理人负责管理财产和营业事务的,由管理人制作重整计划草案。

② 重整计划的提交时间。债务人或者管理人应当自人民法院裁定债务人重整之日起六个月内,同时向人民法院和债权人会议提交重整计划草案;规定的期限届满,经债务人或者管理人请求,有正当理由的,人民法院可以裁定延期三个月。债务人或者管理人未按期提出重整计划草案的,人民法院应当裁定终止重整程序,并宣告债务人破产。

③ 重整计划草案的内容。重整计划草案应当包括下列内容:债务人的经营方案;债权分类;债权调整方案;债权受偿方案;重整计划的执行期限;重整计划执行的监督期限;有利于债务人重整的其他方案。债务延期偿还、减免债务、债权转股权等债权债务方案是重整计划草案常见的内容。

5. 重整计划的批准

(1) 重整计划的批准程序及其内容

① 债权人会议的召开。人民法院应当自收到重整计划草案之日起三十日内召开债权人会议,对重整计划草案进行表决。债务人或者管理人应当向债权人会议就重整计划草案作出说明,并回答询问。

② 表决组的划分。重整计划草案在债权人会议上进行分组表决,表决组的划分应当体现出当事人的差别利益。根据破产法的规定,下列各类债权的债权人参加讨论重整计划草案的债权人会议,依照下列债权分类,分组对重整计划草案进行表决:

第一类为对债务人的特定财产享有担保权的债权;

第二类为债务人所欠职工的工资和医疗、伤残补助、抚恤费用,所欠的应当划入职工个人账户的基本养老保险、基本医疗保险费用,以及法律、行政法规规定应当支付给职工的补偿金;

第三类为债务人所欠税款;

第四类为普通债权。

人民法院在必要时可以决定在普通债权组中设小额债权组对重整计划草案进行表决。

此外，债务人的出资人代表可以列席讨论重整计划草案的债权人会议。在重整计划草案涉及出资人权益调整事项时，应当设出资人组，对该事项进行表决。重整计划不得规定减免债务人欠缴的第二类债权以外的社会保险费用，该项费用的债权人不参加重整计划草案的表决。

③ 重整计划草案的通过。出席会议的同一表决组的债权人过半数同意重整计划草案，并且其所代表的债权额占该组债权总额的 2/3 以上的，即为该组通过重整计划草案。各表决组均通过重整计划草案时，重整计划即为通过。自重整计划通过之日起十日内，债务人或者管理人应当向人民法院提出批准重整计划的申请。人民法院经审查认为符合规定的，应当自收到申请之日起三十日内裁定批准，终止重整程序，并予以公告。

（2）重整计划的强制批准程序及其内容

破产法还专门设置了人民法院强制批准重整计划草案的程序。部分表决组未通过重整计划草案的，债务人或者管理人可以同未通过重整计划草案的表决组协商。该表决组可以在协商后再表决一次。双方协商的结果不得损害其他表决组的利益。未通过重整计划草案的表决组拒绝再次表决或者再次表决仍未通过重整计划草案，但重整计划草案符合下列条件的，债务人或者管理人可以申请人民法院批准重整计划草案：

① 按照重整计划草案，第一类债权就该特定财产将获得全额清偿，其因延期清偿所受的损失将得到公平补偿，并且其担保权未受到实质性损害，或者该表决组已经通过重整计划草案；

② 按照重整计划草案，第二类、第三类所列债权将获得全额清偿，或者相应表决组已经通过重整计划草案；

③ 按照重整计划草案，普通债权所获得的清偿比例，不低于其在重整计划草案被提请批准时依照破产清算程序所能获得的清偿比例，或者该表决组已经通过重整计划草案；

④ 重整计划草案对出资人权益的调整公平、公正，或者出资人组已经通过重整计划草案；

⑤ 重整计划草案公平对待同一表决组的成员，并且所规定的债权清偿顺序不违反《企业破产法》的规定；

⑥ 债务人的经营方案具有可行性。

人民法院经审查认为重整计划草案符合以上规定的，应当自收到申请之日起三十日内裁定批准，终止重整程序，并予以公告。

（3）重整计划草案的否定

重整计划草案未获得通过而且也没有依照以上法律规定获得法院批准，或者已通过的重整计划未获得法院批准的，人民法院应当裁定终止重整程序，并宣告债务人破产。

6. 重整计划的执行、监督与终止

（1）重整计划的执行

经人民法院裁定批准的重整计划，对债务人和全体债权人均有约束力。债权人未按规定申报债权的，在重整计划执行期间不得行使权利；在重整计划执行完毕后，可以按照重整计划规定的同类债权的清偿条件行使权利。债权人对债务人的保证人和其他连带债务人所享有的权利，不受重整计划的影响。

重整计划由债务人负责执行。即使重整计划草案是由管理人制订的，在批准后也要由债务人负责执行。

人民法院裁定批准重整计划后，已接管财产和营业事务的管理人应当向债务人移交财产

和营业事务。

(2) 重整计划的监督

自人民法院裁定批准重整计划之日起,在重整计划规定的监督期内,由管理人监督重整计划的执行。在监督期内,债务人应当向管理人报告重整计划执行情况和债务人财务状况。监督期届满时,管理人应当向人民法院提交监督报告。自监督报告提交之日起,管理人的监督职责终止。管理人向人民法院提交的监督报告,重整计划的利害关系人有权查阅。经管理人申请,人民法院可以裁定延长重整计划执行的监督期限。

(3) 重整计划的终止

债务人不能执行或者不执行重整计划的,人民法院经管理人或者利害关系人请求,应当裁定终止重整计划的执行,并宣告债务人破产。此时,为重整计划的执行提供的担保继续有效。人民法院裁定终止重整计划执行的,债权人在重整计划中作出的债权调整的承诺失去效力。债权人因执行重整计划所受的清偿仍然有效,债权未受清偿的部分作为破产债权;该破产债权的债权人,只有在其他同顺位债权人同自己所受的清偿达到同一比例时,才能继续接受分配。

按照重整计划减免的债务,自重整计划执行完毕时起,债务人不再承担清偿责任。

4.6.2 和解

1. 和解的概念和特点

(1) 和解的概念

和解是指在发生破产原因时,债务人为避免破产清算而与债权人会议达成了结债务的协议,并经人民法院裁定认可后生效的法律程序。

(2) 破产和解的特点

和解程序与重整程序比较,具有以下特点。

① 直接目的和措施不同。破产和解是通过债权债务关系的调整来维持债务企业的法人人格不变,为债务人提供避免破产清算的机会,和解措施主要局限于债务清偿期限、数额、减免等和解形式,不涉及具体经营方案,也不关心债务人如何改善自身的经营以图复苏;破产重整的目的则更深入一层,不仅在于消极地维持债务企业的法人人格,而且深入企业内部,寻找其深层"病因",采取延期或减免偿还债务、核减公司注册资本、资产重组、发行新股份、债转股等措施,恢复生产经营能力。

② 申请条件和申请人不同。和解申请只能在债务人发生破产原因后,由债务人一方提出和解的请求,挽救企业的时机较晚。而重整申请是在债务人有发生破产原因的可能时即可以提出,除债务人之外,具备一定条件的股东和债权人均有申请权。

③ 担保债权的实现方法不同。和解协议虽有约束力,但不影响有财产担保或者享有优先权的债权人实现其别除权。在重整程序,所有的债权,无论其性质如何皆一律平等,别除权的行使均告停止,担保债权人或优先债权人若不参加重整程序则不得实现其权利。

④ 法律效力不同。和解协议没有强制执行的效力,债务人不能执行或者不执行和解协议,债务人可能被宣告破产。而重整计划对所有当事人均具有法律效力。重整的法律效力高于和解。和解程序开始后,可以转而开始重整程序;重整程序开始后,不得转向开始和解程序,而且正在进行的和解程序亦告中止。

⑤ 和解程序相对简单。和解程序简单快捷、耗时短、涉及关系相对简单，适用于中小型企业。而重整程序复杂、涉及关系复杂、耗时长，因而更加适用于大型企业。

2. 和解申请

和解申请只能由债务人提出。债务人可以依据破产法规定，直接向人民法院申请和解；也可以在人民法院受理破产申请后、宣告债务人破产前，向人民法院申请和解。债务人申请和解，应当提出和解协议草案。

3. 和解协议的通过和认可

人民法院经审查认为和解申请符合《企业破产法》规定的，应当裁定和解，予以公告，并召集债权人会议讨论和解协议草案。对债务人的特定财产享有担保权的权利人，自人民法院裁定和解之日起可以行使权利。

债权人会议通过和解协议的决议，由出席会议的有表决权的债权人过半数同意，并且其所代表的债权额占无财产担保债权总额的 2/3 以上。债权人会议通过和解协议的，由人民法院裁定认可，终止和解程序，并予以公告。管理人应当向债务人移交财产和营业事务，并向人民法院提交执行职务的报告。

和解协议必须经人民法院认可才能生效。和解协议草案经债权人会议表决未获得通过，或者已经债权人会议通过的和解协议未获得人民法院认可的，人民法院应当裁定终止和解程序，并宣告债务人破产。

4. 和解协议的法律效力

经人民法院裁定认可的和解协议，对债务人和全体和解债权人均有约束力。其法律效力主要表现在以下几个方面。

① 中止破产程序。破产宣告受阻，债务人可以继续占有、使用财产和正常处分财产。中止的起始时间与和解协议的生效时间一致，为法院公告之日。

② 变更债权债务关系。和解协议生效后，原有债权债务关系变更为和解后的债权债务关系。当事人双方只能按和解协议规定索偿和清偿。

③ 对未申报债权的和解债权人的效力。和解债权人是指人民法院受理破产申请时对债务人享有无财产担保债权的人。和解债权人未依照规定申报债权的，在和解协议执行期间不得行使权利；在和解协议执行完毕后，可以按照和解协议规定的清偿条件行使权利。和解债权人对债务人的保证人和其他连带债务人所享有的权利，不受和解协议的影响。

5. 和解的终止

① 正常终止。因和解协议执行完毕而终止，按照和解协议减免的债务，自和解协议执行完毕时起，债务人不再承担清偿责任。

② 非正常终止。债务人不能执行或者不执行和解协议的，人民法院经和解债权人请求，应当裁定终止和解协议的执行，并宣告债务人破产。此时，为和解协议的执行提供的担保继续有效。人民法院裁定终止和解协议执行的，和解债权人在和解协议中作出的债权调整的承诺失去效力。和解债权人因执行和解协议所受的清偿仍然有效，和解债权未受清偿的部分作为破产债权；该破产债权的债权人，只有在其他债权人同自己所受的清偿达到同一比例时，才能继续接受分配。

因债务人的欺诈或者其他违法行为而成立的和解协议，人民法院应当裁定无效，并宣告债务人破产；有以上规定情形的，和解债权人因执行和解协议所受的清偿，在其他债权人所受清偿同等比例的范围内，不予返还。

4.7 破产清算

4.7.1 破产宣告

1. 破产宣告的概念

破产宣告是人民法院依据当事人的申请或法定职权裁定宣布债务人破产以清偿债务的活动。债务人被宣告破产后，债务人称为破产人，债务人财产称为破产财产。

人民法院依照破产法规定宣告债务人破产的，应当自裁定作出之日起五日内送达债务人和管理人，自裁定作出之日起十日内通知已知债权人，并予以公告。

2. 破产宣告的法定条件

法院受理破产申请后，债务人发生破产原因，又不存在法律规定的破产宣告障碍的，人民法院应当宣告债务人企业破产。破产宣告障碍包括：① 重整申请的提出；② 和解申请的提出；③ 破产财产不足以支付破产费用；④ 债务人与全体债权人就债权债务的处理自行达成协议，人民法院裁定认可的；⑤ 第三人为债务人提供足额担保或者为债务人清偿全部到期债务的；⑥ 债务人已清偿全部到期债务的。

以下情况人民法院应当宣告债务人企业破产：① 在重整期间，经管理人或者利害关系人请求，人民法院裁定终止重整程序的；② 债务人或者管理人未按期提出重整计划草案，人民法院裁定终止重整程序的；③ 重整计划草案未获得通过或者批准，人民法院裁定终止重整程序的；④ 债务人不能执行或者不执行重整计划的，人民法院裁定终止重整计划的执行的；⑤ 和解协议草案经债权人会议表决未获得通过或者未获得人民法院认可，人民法院裁定终止和解程序的；⑥ 和解协议被人民法院裁定为无效的；⑦ 债务人不能执行或者不执行和解协议的，人民法院裁定终止和解协议执行的。

4.7.2 破产费用和共益债务

在破产案件中，为维护全体债权人的共同利益，会产生各种各样的费用支出；在必要时，为继续破产企业的营业、继续履行合同、进行破产财产的管理等，也可能会使破产财产负担一定的债务，破产法按照这些支出性质，分别将其规定为破产费用与共益债务。

破产费用是指在破产程序中为维护全体债权人的共同利益而支付的各项费用的总称。人民法院受理破产申请后发生的下列费用，为破产费用：

① 破产案件的诉讼费用；
② 管理、变价和分配债务人财产的费用；
③ 管理人执行职务的费用、报酬和聘用工作人员的费用。

共益债务是指在破产程序中为全体债权人利益而由债务人财产负担的债务的总称。人民法院受理破产申请后发生的下列债务，为共益债务：

① 因管理人或者债务人请求对方当事人履行双方均未履行完毕的合同所产生的债务；
② 债务人财产受无因管理所产生的债务；
③ 因债务人不当得利所产生的债务；

④ 为债务人继续营业而应支付的劳动报酬和社会保险费用以及由此产生的其他债务；
⑤ 管理人或者相关人员执行职务致人损害所产生的债务；
⑥ 债务人财产致人损害所产生的债务。

破产费用和共益债务由债务人财产随时清偿。债务人财产不足以清偿所有破产费用和共益债务的，先行清偿破产费用。债务人财产不足以清偿所有破产费用或者共益债务的，按照比例清偿。债务人财产不足以清偿破产费用的，管理人应当提请人民法院终结破产程序。人民法院应当自收到请求之日起十五日内裁定终结破产程序，并予以公告。

4.7.3 破产财产的变价和分配

1. 破产财产的变价

管理人应当及时拟订破产财产变价方案，提交债权人会议讨论。管理人应当按照债权人会议通过的或者人民法院裁定的破产财产变价方案，适时变价出售破产财产。

变价出售破产财产应当通过拍卖进行。但是，债权人会议另有决议的除外。破产企业可以全部或者部分变价出售。企业变价出售时，可以将其中的无形资产和其他财产单独变价出售。按照国家规定不能拍卖或者限制转让的财产，应当按照国家规定的方式处理。

2. 破产财产的分配

根据《企业破产法》第一百一十三条的规定，破产财产在优先清偿破产费用和共益债务后，依照下列顺序清偿：

① 破产人所欠职工的工资和医疗、伤残补助、抚恤费用，所欠的应当划入职工个人账户的基本养老保险、基本医疗保险费用，以及法律、行政法规规定应当支付给职工的补偿金（其中破产企业的董事、监事和高级管理人员的工资按照该企业职工的平均工资计算）；
② 破产人欠缴的除①项规定以外的社会保险费用和破产人所欠税款；
③ 普通破产债权。

破产财产不足以清偿同一顺序的清偿要求的，按照比例分配。破产财产的分配应当以货币分配方式进行，但债权人会议另有决议的除外。

这里需要注意的是，考虑到与原有法律的衔接以及对破产企业职工利益的保护，《企业破产法》附则第一百三十二条规定：2007 年 6 月 1 日《企业破产法》施行后，破产人在 2006 年 8 月 27 日《企业破产法》公布之日前所欠职工的工资和医疗、伤残补助、抚恤费用，所欠的应当划入职工个人账户的基本养老保险、基本医疗保险费用，以及法律、行政法规规定应当支付给职工的补偿金，依照《企业破产法》第一百一十三条规定清偿后不足以清偿的部分，以企业所拥有的特定财产优先于对该特定财产享有担保权的权利人受偿。

管理人应当及时拟订破产财产分配方案，提交债权人会议讨论。破产财产分配方案应当载明下列事项：① 参加破产财产分配的债权人名称或者姓名、住所；② 参加破产财产分配的债权额；③ 可供分配的破产财产数额；④ 破产财产分配的顺序、比例及数额；⑤ 实施破产财产分配的方法。债权人会议通过破产财产分配方案后，由管理人将该方案提请人民法院裁定认可。

破产财产分配方案经人民法院裁定认可后，由管理人执行。管理人按照破产财产分配方案实施多次分配的，应当公告本次分配的财产额和债权额。管理人实施最后分配的，应当在公告中指明。

在破产财产分配过程中应注意以下债权的分配。

① 对于附生效条件或者解除条件的债权，管理人应当将其分配额提存。管理人依照规定提存的分配额，在最后分配公告日，生效条件未成就或者解除条件成就的，应当分配给其他债权人；在最后分配公告日，生效条件成就或者解除条件未成就的，应当交付给债权人。

② 债权人未受领的破产财产分配额，管理人应当提存。债权人自最后分配公告之日起满二个月仍不领取的，视为放弃受领分配的权利，管理人或者人民法院应当将提存的分配额分配给其他债权人。

③ 破产财产分配时，对于诉讼或者仲裁未决的债权，管理人应当将其分配额提存。自破产程序终结之日起满二年仍不能受领分配的，人民法院应当将提存的分配额分配给其他债权人。

4.7.4 破产程序的终结

破产法规定的破产程序终结方式有3种：因和解、重整程序顺利完成而终结；因债务人的破产财产不足以支付破产费用而终结；因破产财产分配完毕而终结。

破产人无财产可供分配的，管理人应当请求人民法院裁定终结破产程序。

管理人在最后分配完结后，应当及时向人民法院提交破产财产分配报告，并提请人民法院裁定终结破产程序。人民法院应当自收到管理人终结破产程序的请求之日起十五日内作出是否终结破产程序的裁定。裁定终结的，应当予以公告。

管理人应当自破产程序终结之日起十日内，持人民法院终结破产程序的裁定，向破产人的原登记机关办理注销登记。管理人于办理注销登记完毕的次日终止执行职务。但是，存在诉讼或者仲裁未决情况的除外。

由于债务人财产不足以清偿破产费用的或者破产人无财产可供分配而被人民法院终结破产程序的，自破产程序终结之日起二年内，有下列情形之一的，债权人可以请求人民法院按照破产财产分配方案进行追加分配：

① 发现有依照《企业破产法》规定应当行使追回权追回财产的；

② 发现破产人有应当供分配的其他财产的。

有上述规定情形，但财产数量不足以支付分配费用的，不再进行追加分配，由人民法院将其上交国库。

破产人的保证人和其他连带债务人，在破产程序终结后，对债权人依照破产清算程序未受清偿的债权，依法继续承担清偿责任。

4.8 法律责任

我国《企业破产法》规定，对造成企业破产、违反企业破产法的行为，要追究相应的法律责任。破产法律责任分为两类：一类是对在破产案件审理中违法行为的责任，另一类则是对造成企业破产损失行为的责任。责任的法律形式包括民事责任、行政责任与刑事责任。

4.8.1 破产违法行为的责任

① 有义务列席债权人会议的债务人的有关人员，经人民法院传唤，无正当理由拒不列席

债权人会议的，人民法院可以拘传，并依法处以罚款。债务人的有关人员违反规定，拒不陈述、回答，或者作虚假陈述、回答的，人民法院可以依法处以罚款。

② 债务人违反规定，拒不向人民法院提交或者提交不真实的财产状况说明、债务清册、债权清册、有关财务会计报告以及职工工资的支付情况和社会保险费用的缴纳情况的，人民法院可以对直接责任人员依法处以罚款。债务人违反规定，拒不向管理人移交财产、印章和账簿、文书等资料的，或者伪造、销毁有关财产证据材料而使财产状况不明的，人民法院可以对直接责任人员依法处以罚款。

③ 债务人的有关人员违反规定，擅自离开住所地的，人民法院可以予以训诫、拘留，可以依法并处罚款。

④ 管理人未依照法律规定勤勉尽责，忠实执行职务的，人民法院可以依法处以罚款；给债权人、债务人或者第三人造成损失的，依法承担赔偿责任。

4.8.2 企业破产责任

① 企业董事、监事或者高级管理人员违反忠实义务、勤勉义务，致使所在企业破产的，依法承担民事责任。有上述情形的人员，自破产程序终结之日起三年内不得担任任何企业的董事、监事、高级管理人员。

② 债务人有《企业矿产法》第三十一条、第三十二条、第三十三条规定的行为，损害债权人利益的，债务人的法定代表人和其他直接责任人员依法承担赔偿责任。

除上述责任外，相关人员违反《企业破产法》规定，构成犯罪的，依法追究刑事责任。

4.9 案例分析

案例一　综合分析题

一、案情

某全民所有制企业因资不抵债，拟向法院申请破产，并聘请注册会计师代理破产中的事务。

注册会计师经工作一段时间后了解到：① 该企业为原在省工商行政管理局注册登记的工业企业；② 该企业债权人之一甲公司因追索 150 万元贷款而在一个月前起诉该企业，此案尚在审理中；③ 该企业欠当地工商银行贷款 1 200 万元，贷款时曾提供一套设备作抵押，该设备价值 800 万元；④ 该企业曾为乙公司向当地建设银行一笔 300 万元的贷款作保证人，现乙公司尚未偿还该笔贷款；⑤ 该企业资不抵债已达 3 500 万元。问：

1. 该企业如申请破产，应由哪级法院受理？
2. 向人民法院申请破产时，注册会计师需准备提交哪些材料？
3. 甲公司与该企业之间尚未审结的诉讼如何处理？
4. 工商银行的 1 200 万元贷款如何处理？
5. 建设银行能否参加破产程序，申报破产债权？并说明理由。

二、参考答案

1. 应由破产企业所在地人民法院受理。企业破产案件由债务人住所地人民法院管辖。

2. 根据《企业破产法》第八条规定，向人民法院提出破产申请，应当提交破产申请书和有关证据。债务人提出申请的，还应当向人民法院提交财产状况说明、债务清册、债权清册、有关财务会计报告、职工安置预案及职工工资的支付和社会保险费用的缴纳情况。

3. 应中止诉讼，待管理人接管债务人的财产后，该诉讼继续进行。《企业破产法》第二十条规定："人民法院受理破产申请后，已经开始而尚未终结的有关债务人的民事诉讼或者仲裁应当中止；在管理人接管债务人的财产后，该诉讼或者仲裁继续进行。"

4. 1 200万元中的800万元从抵押财产中优先受偿；其余400万元可申报债权，参加破产程序。

5. 能参加破产程序。破产案件中债务人作为保证人而被保证的债务尚未清偿的，债权人享有是否将其债权作为破产债权的选择权。

案例二 综合分析题

一、案情

2017年7月30日，人民法院受理了甲公司的破产申请，并同时指定了管理人。管理人接管甲公司后，在清理其债权债务过程中，有如下事项。

1. 2016年4月，甲公司向乙公司采购原材料而欠乙公司80万元货款未付。2017年3月，甲乙双方签订一份还款协议，该协议约定：甲公司于2017年9月10日前偿还所欠乙公司货款及利息共计87万元，并以甲公司所属一间厂房作抵押。还款协议签订后，双方办理了抵押登记。乙公司在债权申报期内就上述债项申报了债权。

2. 2016年6月，丙公司向A银行借款120万元，借款期限为1年。甲公司以所属部分设备为丙公司提供抵押担保，并办理了抵押登记。借款到期后，丙公司未能偿还A银行贷款本息。经甲公司、丙公司和A银行协商，甲公司用于抵押的设备被依法变现，所得价款全部用于偿还A银行，但尚有20万元借款本息未能得到清偿。

3. 2016年7月，甲公司与丁公司签订了一份广告代理合同，该合同约定：丁公司代理发布甲公司产品广告；期限为2年；一方违约，应当向另一方承担违约金20万元。至甲公司破产申请被受理时，双方均各自履行了部分合同义务。

4. 2016年8月，甲公司向李某购买一项专利，尚欠李某19万元专利转让费。李某之子小李创办的戊公司曾于2016年11月向甲公司采购一批电子产品，尚欠甲公司货款21万元。人民法院受理甲公司破产申请后，李某与戊公司协商一致，戊公司在向李某支付19万元后，取得李某对甲公司的19万元债权。戊公司向管理人主张以19万元债权抵销其所欠甲公司相应债务。

5. 甲公司共欠本公司职工工资和应当划入职工个人账户的基本养老保险、基本医疗保险费用37.9万元，其中，在2016年8月27日新的《企业破产法》公布之前，所欠本公司职工工资和应当划入职工个人账户的基本养老保险、基本医疗保险费用为20万元。甲公司的全部财产在清偿破产费用和共益债务后，仅剩余价值1 500万元的厂房及土地使用权，但该厂房及土地使用权已于2016年6月被甲公司抵押给A银行，用于担保一笔2 000万元的借款。

要求：根据上述内容，分别回答下列问题：

1. 管理人是否有权请求人民法院对甲公司将厂房抵押给乙公司的行为予以撤销？并说明理由。

2. A 银行能否将尚未得到清偿的 20 万元欠款向管理人申报普通债权，由甲公司继续偿还？并说明理由。

3. 如果管理人决定解除甲公司与丁公司之间的广告代理合同，并由此给丁公司造成实际损失 5 万元，则丁公司可以向管理人申报的债权额应为多少？并说明理由。

4. 戊公司向管理人提出以 19 万元债权抵销其所欠甲公司相应债务的主张是否成立？并说明理由。

5. 甲公司所欠本公司职工工资和应当划入职工个人账户的基本养老保险、基本医疗保险费用共计 37.9 万元应当如何受偿？

二、参考答案

1. 管理人有权请求人民法院予以撤销。根据规定，人民法院受理破产申请前一年内，债务人对没有财产担保的债务提供财产担保的，管理人有权请求人民法院予以撤销。在本案例中，甲公司在人民法院受理破产申请前一年内对之前的没有担保的乙公司的货款设定了担保，因此这是可以撤销的。

2. A 银行不能将尚未得到清偿的 20 万元欠款向管理人申报普通债权。根据规定，如破产人仅作为担保人为他人债务提供物权担保，担保债权人的债权虽然在破产程序中可以构成别除权，但因破产人不是主债务人，在担保物价款不足以清偿担保债额时，余债不得作为破产债权向破产人要求清偿，只能向原主债务人求偿。本案例中甲公司仅仅为丙公司提供了抵押担保，因此对于抵押物不能够清偿的部分，A 银行只能够要求丙公司清偿，不能够向甲公司申报债权。

3. 丁公司可以向管理人申报的债权额为 5 万元。根据规定，管理人依照《企业破产法》规定解除合同的，对方当事人以因合同解除所产生的损害赔偿请求权申报债权。可申报的债权以实际损失为限，违约金不作为破产债权。本案例中管理人解除甲公司、丁公司之间的合同给丁公司造成的损失是 5 万元，因此丁公司只能够以 5 万元去申报债权。

4. 戊公司的主张不成立。根据规定，债务人的债务人在破产申请受理后取得他人对债务人的债权的，不得抵销。本案例中戊公司是在破产申请受理后取得李某对甲公司的债权的，因此戊公司不能够主张债务抵销。

5. 甲公司所欠本公司职工工资和应当划入职工个人账户的基本养老保险、基本医疗保险费用，只有在《企业破产法》公布之日前的 20 万元可以得到清偿。

一、复习思考题

1. 什么是破产？破产具有哪些法律特征？
2. 破产法的基本原则有哪些？
3. 简述我国企业的破产界限。
4. 管理人是怎样确定的？行使哪些职责？
5. 受理破产案件的法律效力如何？
6. 什么是追回权？在哪些情形下，管理人有权请求人民法院追回财产？
7. 破产费用和共益债务分别有哪些？

8. 哪些事项可以作为债权申报？
9. 什么是债权人会议？其职权有哪些？
10. 什么是重整？重整制度有哪些特点？
11. 什么是和解？和解协议的法律效力如何？
12. 破产财产应按何种顺序清偿？

二、单项选择题

1. 债权人可以向人民法院提出对债务人企业进行重整或者破产清算申请的破产界限是（　　）。
   A. 债务人企业不能清偿到期债务，并且资产不足以清偿全部债务
   B. 债务人企业不能清偿到期债务，并且明显缺乏清偿能力
   C. 债务人企业不能清偿到期债务
   D. 债务人企业资产不足以清偿全部债务

2. 南翔物流有限责任公司（以下简称"南翔公司"）因严重亏损，已无法清偿到期债务。2017年6月，各债权人上门讨债无果，欲申请南翔公司破产还债。下列各债权人中，（　　）有权申请南翔公司破产。
   A. 甲公司：南翔公司租用其仓库期间，因疏于管理于2016年12月失火烧毁仓库
   B. 乙公司：南翔公司拖欠其燃料款40万元应于2015年1月偿还，但该公司一直未追索
   C. 丙公司：法院于2016年10月终审判决南翔公司10日内赔偿该公司货物损失20万元，该公司一直未申请执行
   D. 丁公司：南翔公司就拖欠该公司货款30万元达成协议，约定于2017年10月付款

3. 甲公司向乙公司购买了总价值20万元的电器设备，甲公司支付订金10万元。乙公司已将该电器设备通过铁路发运。此时甲公司被人民法院受理破产申请，对于尚在运输途中的电器设备，乙公司保护其正当权益的方式是（　　）。
   A. 行使取回权　　　　　　　　B. 行使撤销权
   C. 行使破产债权　　　　　　　D. 行使追回权

4. 千叶公司因不能清偿到期债务，被债权人百草公司申请破产，法院指定甲律师事务所为管理人。下列（　　）是错误的。
   A. 甲律师事务所租赁百草公司酒店用作管理人办公室的行为不违反破产法的规定
   B. 甲律师事务所有权处分千叶公司的财产
   C. 甲律师事务所有权因担任管理人而获得报酬
   D. 如甲律师事务所不能胜任职务，债权人会议有权罢免其管理人资格

5. 以下为F建筑公司破产案件中当事人提出的破产抵销主张。其中（　　）不能合法成立。
   A. 甲工厂主张抵销23万元："F建筑公司收取我厂141万元预付工程款后，未履行合同即宣告破产；在此之前，我厂有23万元给F建筑公司的结算款，付给的汇票因填写不当被银行退回。"
   B. 乙工厂主张抵销49万元："破产案件受理前,F建筑公司欠我厂设备货款120万元；F建筑公司曾退回我厂一台质量不合格的机器，其已付价金为49万元，双方达成

协议按退货处理。"

  C. 丙公司主张抵销85万元："我公司欠F建筑公司工程款187万元；在F建筑公司破产宣告后，M建材厂将其对F建筑公司的85万元债权转移给我公司，以抵偿其欠我公司的债务。"

  D. 丁公司主张抵销142万元："我公司欠F建筑公司工程款256万元；在F建筑公司破产宣告前，我公司作为保证人向银行偿付了F建筑公司所欠的142万元债务。"

6. 长虹储运公司是一家国有企业，因经营不善进入破产程序。与该公司有关的下列（　　）债权应由债权人申报债权。

  A. 债权人甲公司因参加破产程序花费5万元

  B. 破产宣告时长虹储运公司欠乙公司2万元货款，距偿付日期还有1个月

  C. 长虹储运公司欠缴的职工基本养老保险和基本医疗保险费用20万元

  D. 长虹储运公司拖欠某市地方税务局税款5万元

7. 根据《企业破产法》的规定，下列关于债权人委员会的表述中，正确的是（　　）。

  A. 在债权人会议中应当设置债权人委员会

  B. 债权人委员会的成员人数最多不得超过7人

  C. 债权人委员会中的债权人代表由人民法院指定

  D. 债权人委员会中应当有1名债务人企业的职工代表或者工会代表

8. 甲公司因经营不善，不能清偿到期债务而进入破产程序。该公司债权人乙公司能够参与普通破产债权分配的条件之一是（　　）。

  A. 乙公司应当自收到人民法院通知之日起30日内申报债权

  B. 乙公司应当自人民法院发布受理破产申请公告之日起3个月内申报债权

  C. 乙公司应当在破产财产最后分配前申报债权

  D. 乙公司应当在破产财产第一次分配前申报债权

9. 关于破产案件受理后、破产宣告前的程序转换，下列（　　）是正确的。

  A. 如为债务人申请破产清算的案件，债权人可以申请和解

  B. 如为债权人申请债务人破产清算的案件，债务人可以申请重整

  C. 如为债权人申请债务人重整的案件，债务人可以申请破产清算

  D. 如为债权人申请债务人破产清算的案件，债务人的出资人可以申请和解

10. 下列关于破产财产分配的说法中，（　　）符合《企业破产法》的规定。

  A. 破产财产分配方案经债权人会议通过后生效

  B. 破产财产分配方案由人民法院裁定认可并执行

  C. 债权人自最后分配公告之日起满二年仍不领取的，视为放弃受领分配的权利

  D. 破产财产分配时，对于诉讼未决的债权，管理人应当将其分配额提存

三、多项选择题

1. 甲公司因负债被申请破产，法院受理了破产申请。其后，相应的机关和当事人实施了以下行为，其中（　　）是违法的。

  A. 法院委托拍卖行拍卖一年前查封的甲公司的土地

  B. 甲公司为维持生产经营向某公司支付10万元货款

  C. 税务机关通知银行直接从甲公司账上扣缴税款5万元

D. 以甲公司自己的债权抵销了所欠某公司的债务8万元

2. 根据《企业破产法》的规定,人民法院受理破产申请后发生的下列（　　）债务,为共益债务。

   A. 因管理人依法解除债务人未到期合同而产生的违约金
   B. 债务人财产受无因管理所产生的债务
   C. 因债务人不当得利所产生的债务
   D. 管理、变价和分配债务人财产的费用

3. 根据《企业破产法》的规定,人民法院受理破产申请后,债权人在债权申报期限内可以向管理人申报的债权有（　　）。

   A. 债务人的保证人尚未代替债务人清偿债务的,以将来求偿权申报债权
   B. 财政部门通过签订合同按有偿使用、定期归还原则发放给债务人的款项
   C. 债务人在破产宣告前因违约给他人造成财产损失而产生的赔偿金
   D. 破产申请受理后至破产宣告前的债务利息

4. 根据《企业破产法》的规定,债权人会议表决的下列事项中,对债务人的特定财产享有担保权且未放弃优先受偿权利的债权人享有表决权的有（　　）。

   A. 通过重整计划　　　　　　　　B. 通过和解协议
   C. 通过破产财产的分配方案　　　D. 通过破产财产的变价方案

5. 某破产企业有11位债权人,债权总额为1 200万元,其中债权人甲、乙的债权额为300万元,有破产企业的房产作抵押。现债权人会议讨论通过和解协议,下列各项中,不能通过的情形有（　　）。

   A. 有6位债权人同意,其代表的债权额为600万元
   B. 有6位债权人同意,其代表的债权额为450万元
   C. 有5位债权人同意,其代表的债权额为600万元
   D. 有4位债权人同意,其代表的债权额为600万元

6. 关于破产清算、重整与和解的表述,下列（　　）是正确的。

   A. 债务人一旦被宣告破产,则不可能再进入重整或者和解程序
   B. 破产案件受理后,只有债务人才能提出和解申请
   C. 即使债务人未出现现实的资不抵债情形,也可申请重整程序
   D. 重整是破产案件的必经程序

7. 刘律师在谈论企业破产程序中人民法院的权限时,认为人民法院对下列事项具有裁定权,其中正确的有（　　）。

   A. 对破产申请有权裁定宣告破产,也有权裁定驳回破产申请
   B. 管理人提出的破产财产分配方案,经债权人会议一致通过的,须经人民法院裁定才能生效;债权人会议没有通过的,人民法院也有权裁定其生效
   C. 债权人与债务人达成的破产和解协议,须经人民法院裁定才能生效
   D. 破产财产分配完毕后,终结破产程序,须经人民法院裁定

8. 某房地产开发公司被法院宣告破产。就该破产企业清偿顺序问题,下列（　　）是正确的。

   A. 该破产企业所拖欠的民工工资按第一顺序清偿

B. 该破产企业拖欠施工单位的工程欠款可以在破产清算程序开始前受偿

C. 因延期交房给购房人造成的损失按照破产债权清偿

D. 该公司员工向公司的投资款按照破产债权清偿

四、案例分析题

1. 某国有企业因严重亏损不能清偿到期债务被债权人申请破产。人民法院10月20日受理案件，11月28日发布破产公告，通知债权人申报债权，12月22日召开第一次债权人会议。人民法院宣告债务人破产后，管理人发现，债务人曾于上一年11月10日有无偿转让财产行为，上一年10月15日曾向关联单位非正常压价出售财产，今年4月10日，债务人在整体不能清偿到期债务，且资不抵债的情况下，向某私营企业归还欠款30万元。债权人遂向人民法院申请撤销上述违法行为，追回财产，人民法院予以批准，追回的财产并入破产财产。

试问：在此案例中，存在哪些与法律规定不相符的问题？

2. 宏达经贸公司因经营管理不善，不能清偿到期债务，且资不抵债，因此向所在地人民法院提出破产申请。经核查，该公司资产情况如下：属于企业的实物、现金等有100万元；另有一座办公楼价值240万元，已作为向A银行贷款200万元的抵押；该公司作为联营企业一方投入其他企业60万元；美华公司欠该公司货款80万元。该公司负债情况如下：为维持公司日常开支，向职工借款40万元；欠A银行贷款200万元及利息50万元；欠税款100万元；欠胜利公司货款500万元；欠职工工资30万元。请回答下列问题：

（1）宏达经贸公司能否自己提出破产申请？

（2）上述财产中哪些属于破产财产？

（3）根据《企业破产法》的规定，应如何进行清偿？

3. A有限责任公司因经营管理不善造成严重亏损，其实有资产为200万元，而所欠外债共计400万元。一债权人以A公司已资不抵债为由向人民法院提出破产申请。人民法院受理后，向已知债权人发出通知并且公告。债权人甲在收到通知后15日向人民法院申报债权，债权人乙在收到通知后35日向人民法院申报债权，债权人丙未收到通知，与公告之日后45日申报债权，债权人丁于公告后100日向人民法院申报债权，债权人戊未申报债权。债务人在收到破产案件受理通知后，于法院受理破产案件后三个半月时，向人民法院提出重整申请，以避免破产，清偿债务。请问：

（1）债务人是否已经达到法律规定的破产界限？为什么？

（2）债权人有无对A公司提出破产申请的权利？

（3）债权人甲、乙、丙、丁、戊哪些人申报的债权有效？为什么？

（4）债务人提出的重整申请是否合法？法院应如何处理？

4. 光华商贸总公司已于2017年7月被宣告破产，管理人接管了该企业，经过清理、估价，得出的债权人申报的债权和现有财产状况如下。

现有财产：现金110万元（其中包括总公司在破产宣告前处理未名公司租赁设备款40万元）；公司场地作价200万元；卡车7辆，每辆5万元；轿车2辆，每辆40万元。

借长达公司中型客车1辆，价值13万元；本年3月份向希望工程捐赠15万元；账面呆账10万元，尚未返还。

债权人申报情况如下：海峰公司要求偿还560万元；长虹公司要求偿还130万元，约定以轿车1辆作抵押；长达公司要求偿还5万元；新兴公司要求偿还25万元，以3辆卡车作为抵押。破产费用2万元；欠职工工资20万元；欠国家税款20万元；未名公司要求取回租赁设备款40万元。总公司在破产宣告前应承担的罚款、罚金10万元。请问：

（1）未名公司能否取回租赁设备款40万元？
（2）应如何分配破产财产？

5. 某机械厂是大型国有企业，因为长期经营管理不善，亏损额达3 000万元。2016年11月9日，该厂向人民法院提出破产申请，并提交了相关的会计报表、债务清册、债权清册等。人民法院经审查决定于11月29日立案。12月25日，人民法院发布公告，通知该厂的债权人于收到通知之日起30日内前来申报债权。2017年4月15日，人民法院召集主持了第一次债权人会议。在此期间，该厂向人民法院申请重整，人民法院经审查认为重整申请符合破产法规定，裁定债务人重整，并公告。债务人于2017年5月15日向债权人会议提交重整计划草案。债权人会议只设立了普通债权组，重整计划草案由普通债权组的债权人过半数通过，其中所代表的债权额占该组债权总额的半数，同意该厂进行整顿。管理人向人民法院提出批准重整计划的申请，人民法院裁定批准。在整顿期间，该厂的财务状况继续恶化。2017年8月3日管理人申请终结整顿，人民法院裁定终结对该厂的整顿，宣告其破产。

管理人经讨论提出了破产财产分配方案，将破产财产优先拨付破产费用后，首先清偿了该厂所欠职工工资和劳动保险费，剩余的破产财产不足以支付该厂所欠的税款和破产债权，管理人决定按比例分配。该破产财产分配方案未经债权人会议讨论，由管理人直接报请人民法院裁定并执行。破产财产分配完毕后，管理人向人民法院提请了终结破产程序，并向该厂原登记机关办理了注销登记。问：该破产还债程序中有哪些违法之处？

6. 某国有企业被人民法院依法宣告破产。4月5日，管理人查明：该企业在宣告破产时经营管理的全部财产价值为250万元，其中已作为银行贷款等值担保物的财产价值为60万元。债权人甲的破产债权为56万元，其他债权人的破产债权合计为110万元。由于管理人决定解除该企业与乙所签的一份合同，给乙造成了84万元的经济损失。该企业欠发职工工资55万元，欠交税金35万元。4月10日，管理人又查明：在人民法院受理该企业破产案件前3个月内，该企业无偿转让作价为80万元的财产，遂向人民法院申请予以撤销，追回财产。4月25日，该财产已全部追回。

该企业破产费用共计30万元。

要求：（1）计算该企业的破产财产的数额。
（2）计算该企业的破产债权的数额。
（3）计算该企业可用于清偿债权的破产财产的数额。
（4）计算甲能获得清偿的数额。

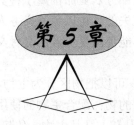

第 5 章 物 权 法

5.1 物、物权和物权法概述

5.1.1 物

1. 物的概念和特征

物权法上的物是指存在于人的身体之外的能够被人们支配和利用的具有物质属性的有体物。物具备以下特征。

① 有体性。即物必须是客观存在的物质实体或自然力。山脉、草原、江河湖海、地下矿藏、动物、房屋、汽车、计算机等都是物。物不限于外在存在的人们可感知的物质形态，只要有一定物质结构并能被人们支配，便是物权法上的物，如电、热、气、磁力等自然力。智力成果不具备物质形态，不是物权法上的物，而是知识产权的客体。但智力成果的物质表现形式，如书籍、专利制品等则属于物。但是，活体的人身及其组成部分不是物，不得成为支配和利用的对象。然而，人死后的遗体或者从活体上分离的物质器官等可以作为物。

② 可支配性。物的可支配性是指物能够为人类支配和控制。这是确立物的制度的宗旨所在。民法规定物权制度，是为了民事主体能够利用物进行民事活动。因此，只有能够被民事主体所支配的物质实体和自然力才是民法上的物。如地球以外的其他星球的土地，虽是物理学意义上的物，但它不能被人们支配和控制，不是民法上的物。

③ 可使用性。这是指物能够满足民事主体的物质或精神需求。物的可使用性不仅是指可以满足民事主体在物质利益上的需求，也包括民事主体在精神需求上的满足。如亲人的书信、遗照一般不具有经济价值，但可以满足人的精神需求，所以也是民法上的物。

2. 物的分类

按照不同的标准，可以对物进行以下主要分类。

① 动产和不动产。以物能否移动及是否因移动而损害其价值为标准，可以把物区分为动产和不动产。动产是指能够在空间上移动且不因移动而损害其价值的物，如电视机、汽车等。不动产是指性质上不能移动或虽可移动但移动后会损害其价值的物。如土地及房屋、林木等地上定着物。区分动产和不动产的法律意义主要在于：物权变动的法定要件不同，不动产物权的变动，以向国家主管机关登记为要件，否则不受法律保护。动产物权的变动，一般以物的交付为要件。

② 特定物和种类物。以物是否具有独立特征或是否被权利人指定而特定化为标准，可以把物区分为特定物和种类物。特定物是指自身具有独立的特征，或者被权利人指定而特定化，不能以其他物代替的物。如一幅古画或一件古物等。种类物是指具有共同的特征，能以品种、

规格、质量或者度量衡加以确定的物。绝大部分工业品和绝大部分农业品都属于种类物。区分特定物和种类物的法律意义主要是：特定物在交付前意外灭失的，可以免除义务人的交付义务，而只能请求赔偿损失。种类物在交付前意外灭失的，不能免除义务人的交付义务，可责令义务人以同种类的物交付。

③ 主物和从物。以物与物之间是否具有主从关系为标准，可以把物区分为主物和从物。主物是指独立存在，与其他物互相配合，并在其中起主要作用的物；配合主物的使用而起辅助作用的物为从物。例如，电脑包是笔记本电脑的从物；马和马鞍，马是主物，马鞍是从物。从物是一个独立的物，否则就不是从物。如房屋上的门、窗，不能脱离房屋而独立存在，不是房屋的从物。区分主物和从物的法律意义在于：若无特别约定，对主物处分及于从物。

④ 原物和孳息。以两物之间的渊源关系为标准，可以把物区分为原物和孳息。原物是指原已存在之物，孳息是由原物所产生的收益。孳息可分为天然孳息和法定孳息。天然孳息是依据物的自然规律获得的收益，如果树、动物的出产物。法定孳息是依据民事法律关系产生的收益，如利息、股利、租金等因法律关系所获得的收益。区分原物和孳息的法律意义在于：孳息通常由所有权人取得；原物所有权转移，孳息所有权应同时转移。

此外，物还可以区分为可消耗物和不可消耗物；单一物、合成物和集合物；流通物、限制流通物和禁止流通物等。

5.1.2 物权

1. 物权的概念

物权，是指权利人依法对特定的物享有直接支配和排他的权利，包括所有权、用益物权和担保物权。

2. 物权的特征

物权具有以下特征。

① 物权是一种财产权。对其价值可以进行估计或以金钱进行计算。财产权分为物权、债权、知识产权、继承权等。物权只不过是财产权的一种类型，物权法是财产权法，但是它不能包括所有的财产权法，合同债权、知识产权就不是物权范畴。

② 物权是一种有形财产权。物权的客体一般为物，包括动产和不动产。行为和无形财产均不是物权的标的。物权和知识产权这种无形财产权是相区别的，不包括知识产权等无形财产权。例如，著作、商标、专利等精神产品不是物权法规范的对象，主要由专门法律调整。

③ 物权是一种对财产的支配权。物权是支配权，物权人可以按照自己的意志对其标的物直接行使权利，无须他人的意思或义务人的行为的介入。例如，房屋所有人对于自己的房屋可以依自己的意思自行居住、出卖、出租、抵押等。而债权性质是请求权，债权的实现必须依赖于债务人履行债务的行为。

④ 物权是一种对世性财产权。财产权利人所享有的财产权利可以对抗除权利人之外的任何人，任何人侵害或者妨害了权利人的权利，权利人可以向其主张权利。债权不是一种对世权，只是一种相对权，债权人所享有的权利只能对抗特定的债务人，不能对债务人之外的任何其他人产生效力。

⑤ 物权是排他性的权利。物权人有权排除他人对于他行使的物上权利的干涉，而且同一物上不许有内容不相容的物权并存。例如，一间房屋不能同时有两个所有权。而债权不具有

排他性，同一客体可以有多个债权存在。

⑥ 物权是一种优先权。优先权主要是指当物权和债权并存的情况下，物权要优先于债权受偿。例如，在抵押权和一般债权同时存在的情况下，抵押权要优先受偿。

⑦ 物权的追及权。是指当物权标的物被他人不法占有时，无论该物流向何处、在何人之手，物权人并不因失去物的占有而丧失物权，物权人有权要求不法占有人返还原物。物权人包括所有权人和用益物权人，均可追及其物主张权利。在所有权中，追及权由所有权人行使。在用益物权中，追及权既可以由所有权人行使，也可以由用益物权人行使，或者由所有权人与用益物权人共同行使。在遇善意取得时，物权人的追及权受阻。例如，甲将汽车借给乙，乙把该车卖给丙，丙为善意取得时，甲不能向丙追及汽车的所有权，只能向乙主张债权。

3. 物权的种类

物权可以按不同的标准分为以下几类。

① 根据物权的权利主体是否为财产的所有人划分，可以把物权分为自物权和他物权。

自物权，即为所有权，是指权利人对自己的所有物享有的占有、使用、收益和处分的权利。自物权是物权中最完整、最充分的权利。

他物权，是指财产非所有人根据法律规定或所有人的意思对他人所有的财产享有进行有限支配的物权。所有权之外的物权均是他物权。

② 依据设立目的的不同划分，可以把他物权分为用益物权和担保物权。

用益物权，是指用益物权人对他人所有的不动产或者动产，依法享有占有、使用和收益的权利。如土地承包经营权、建设用地使用权、宅基地使用权、地役权等都是用益物权。

担保物权，是指为了担保债的履行而设定的物权。如抵押权、质权、留置权、典权等都是担保物权。

③ 按物权的客体是动产还是不动产划分，可以把物权分为动产物权和不动产物权。

动产物权，是指以能够移动的财产为客体的物权，如质押权、留置权。

不动产物权，是指以土地、房屋等不动产为客体的物权，如不动产所有权、土地使用权、房屋典权、不动产抵押权等。

5.1.3　物权法概述

物权法是关于国家、集体、私人及其他权利人的基本财产权利的法律。《物权法》第二条第一款规定："因物的归属和利用而产生的民事关系，适用本法。"所谓"归属"是指某项财产归属谁，即所有权；所谓"利用"是指利用他人财产的权利，包括用益物权和担保物权。

物权法有广义与狭义之分。广义物权法，既包括《民法通则》《物权法》等民事法律中的物权法规范，也包括《宪法》及其他法律中的物权法规范。如《合同法》《担保法》《婚姻法》《城市规划法》《矿产资源法》《土地管理法》《草原法》《森林法》《文物法》等关于物权方面的规定。狭义的物权法是指《中华人民共和国物权法》（以下简称《物权法》）。

我国《物权法》的起草始于1994年，历经了13年起草，人大常委会7次审议，社会各界广泛关注，人民群众积极参与，于2007年3月16日第十届全国人民代表大会第五次会议审议通过，自2007年10月1日起实施。为正确审理建筑物区分所有权纠纷案件和物业服务纠纷案件，依法保护当事人的合法权益，最高人民法院审判委员会于2009年3月23日通过了《最高人民法院关于审理建筑物区分所有权纠纷案件具体应用法律若干问题的解释》、于

2009年4月20日通过了《最高人民法院关于审理物业服务纠纷案件具体应用法律若干问题的解释》，这两部司法解释自2009年10月1日起施行。进一步规范了人民法院对物权纠纷的审理。2015年12月10日由最高人民法院审判委员会通过了《最高人民法院关于适用〈中华人民共和国物权法〉若干问题的解释（一）》，自2016年3月1日起施行；国务院于2014年发布了《不动产登记暂行条例》，该条例自2015年3月1日起施行，对我国物权法律制度进一步作出具体规定。

《物权法》第一条规定："为了维护国家基本经济制度，维护社会主义市场经济秩序，明确物的归属，发挥物的效用，保护权利人的物权，根据宪法，制定本法。"这是我国物权法的立法宗旨。

5.1.4 物权法的基本原则

物权法的基本原则包括平等保护原则、物权法定原则、一物一权原则和公示、公信原则。

① 平等保护原则。物权法上的平等保护原则，是指物权的主体在法律地位上是平等的，其享有的所有权和其他物权在受到侵害以后，应当受到物权法的平等保护。平等保护原则是物权法最重要的原则。《物权法》第三条第三款规定："国家实行社会主义市场经济，保障一切市场主体的平等法律地位和发展权利。"《物权法》第四条规定："国家、集体、私人的物权和其他权利人的物权受法律保护，任何单位和个人不得侵犯。"

② 物权法定原则。物权法定原则的内容包括：第一，物权必须由法律设定，不得由当事人随意创设，当事人在其协议中不得明确规定其通过合同设定的权利为物权，也不得设定与法定的物权不相符合的物权。例如，法律规定以动产设立质押必须移转占有，当事人不得设立不移转占有的动产质权。第二，物权的种类和内容由法律规定，而不能由当事人通过协议设定。第三，物权的效力必须由法律规定，而不能由当事人通过协议加以设定。

③ 一物一权原则。物权的支配权性质要求，在同一标的物上只能存在一个所有权，不允许有两种以上不相容的物权同时存在，一个所有权的客体仅为一个特定物。当然，这并不是说一个特定物之上的所有人不能为多人，数人对一物享有所有权，并不指所有权本身也成为多重所有权，所有权仍然是一个，只不过主体存在多人而已。在同一标的物上可以并存数个不相冲突的物权，如所有权与他物权、数个担保物权、用益物权和担保物权均可以并存。

④ 公示、公信原则。所谓公示，是指物权在变动时，必须将物权变动的事实通过一定的公示方法向社会公开，从而使第三人知道物权变动的情况，以避免第三人遭受损害并保护交易安全。如不动产的权利状态通过登记公示，动产的权利状态通过交付公示。所谓公信，是指一旦当事人变更物权时，依据法律的规定进行了公示，即使依公示方法表现出来的物权不存在或存在瑕疵，但对于信赖该物权的存在并已从事了物权交易的人，法律仍然承认其具有与真实的物权存在相同的法律效果，以保护交易安全。

5.1.5 物权变动

1. 物权变动的概念与类型

（1）物权变动的概念

物权变动，是指物权的设立、变更、转让和消灭。物权的设立，指物权主体之间形成物权关系。物权的变更，指物权的内容发生变化。物权的转让，指物权的主体发生变化。物权的消灭，指物权主体之间的物权关系消灭。

（2）物权变动的类型

① 非基于法律行为的物权变动。是指基于法律行为以外的因素而产生的物权变动。此种物权变动不以当事人的意思表示为要素。

非基于法律行为的物权变动的具体类型如下。

- 依据"公共权力"发生的物权变动，是指直接根据法律规定、法院的判决、政府的指令所发生的物权变动。因人民法院、仲裁委员会的法律文书或者人民政府的征收决定等，导致物权设立、变更、转让或者消灭的，自法律文书或者人民政府的征收决定等生效时发生效力。
- 根据继承或遗赠所发生的物权变动。因继承或者受遗赠取得物权的，自继承或者受遗赠开始时发生效力。
- 因事实行为发生的物权变动。因合法建造、拆除房屋等事实行为设立或者消灭物权的，自事实行为成就时发生效力。

依照上述三种规定享有物权，但尚未完成动产交付或者不动产登记的物权人，在无权占有不动产或者动产的情况下，权利人可以请求返还原物；在妨害物权或者可能妨害物权的情况下，权利人可以请求排除妨害或者消除危险；在造成不动产或者动产毁损的情况下，权利人可以请求修理、重作、更换或者恢复原状；在侵害物权，造成权利人损害的情况下，权利人可以请求损害赔偿，也可以请求承担其他民事责任。

- 因自然事件发生的物权变动，对自然而生的动产，以及土地之外的不动产（如自然生出的竹木等），法律许可主物的所有权人取得。
- 因时效取得的物权。即依取得所有权的意思，公开、和平、继续地占有他人之物达到法律规定的期间，从而取得所有权。
- 国家取得物权的特殊方式，如征税、没收、征收或征用、无主物法定归国家所有等，多施行于不动产和准不动产。

非基于法律行为而产生的物权变动，应在物权公示前生效。导致不动产物权设立、变更、转让和消灭的，应当依照法律规定及时办理登记；未经登记，不得处分其物权。

② 基于法律行为的物权变动。是指基于当事人的意思表示而产生的物权变动。这是物权变动最主要的类型。物权的取得和行使，应当遵守法律，尊重社会公德，不得损害公共利益和他人合法权益。不动产物权的设立、变更、转让和消灭，应当依照法律规定登记。动产物权的设立和转让，应当依照法律规定交付。

2. 不动产登记

（1）不动产登记的概念和目的

不动产登记是指不动产登记机构依法将不动产权利归属和其他法定事项记载于不动产登记簿的行为。不动产是指土地、海域以及房屋、林木等定着物。

不动产登记的主要目的在于公示，即通过登记向公众公开不动产物权归属及变动情况，使其了解不特定的物权状态，使第三人在参与交易时有一个识别、判断物权的客观标准。

（2）不动产登记的效力

关于登记的效力有两种观点：一是登记要件说。登记是不动产所有权变动的生效要件，未经登记，不动产所有权不发生变动。二是登记对抗说。未经登记，所有权的变动在法律上也可有效成立，但只能在当事人之间产生效力，不能对抗第三人。

我国不动产物权变动采用登记要件说，即未经登记，不动产所有权不发生变动。但未办理物权登记的，不影响合同效力。我国《物权法》第九条规定："不动产物权的设立、变更、转让和消灭，经依法登记，发生效力；未经登记，不发生效力，但法律另有规定的除外。依法属于国家所有的自然资源，所有权可以不登记。"

某些他物权和某些动产的物权变动不以登记为生效要件，采用登记对抗说。例如，土地承包经营权、地役权均自合同生效时设立，未经登记，不得对抗善意第三人。我国《物权法》第二十四条规定："船舶、航空器和机动车等物权的设立、变更、转让和消灭，未经登记，不得对抗善意第三人。"转让人转移船舶、航空器和机动车等所有权，受让人已经支付对价并取得占有，虽未经登记，但转让人的债权人不能主张其为"善意第三人"，法律另有规定的除外。

（3）登记机关及其权责

在《物权法》实施之前，我国没有建立统一的不动产登记制度。具体做法是一种以财产的类别分别设立登记机关，至少有5种登记机关：土地管理部门、林业管理部门、房产管理部门、工商管理部门、证券管理部门。如土地使用权登记在土地管理部门进行；有关林木所有权的登记在林业管理部门进行；房屋产权登记在城建部门进行。

我国《物权法》确立了统一的不动产登记制度。《物权法》第十条规定："不动产登记，由不动产所在地的登记机构办理。国家对不动产实行统一登记制度。统一登记的范围、登记机构和登记办法，由法律、行政法规规定。"

2014年国务院发布的《不动产登记暂行条例》适用于不动产首次登记、变更登记、转移登记、注销登记、更正登记、异议登记、预告登记、查封登记等。

根据《不动产登记暂行条例》的规定，国务院国土资源主管部门负责指导、监督全国不动产登记工作。县级以上地方人民政府应当确定一个部门为本行政区域的不动产登记机构，负责不动产登记工作，并接受上级人民政府不动产登记主管部门的指导、监督。不动产登记由不动产所在地的县级人民政府不动产登记机构办理；直辖市、设区的市人民政府可以确定本级不动产登记机构统一办理所属各区的不动产登记。跨县级行政区域的不动产登记，由所跨县级行政区域的不动产登记机构分别办理。不能分别办理的，由所跨县级行政区域的不动产登记机构协商办理；协商不成的，由共同的上一级人民政府不动产登记主管部门指定办理。国务院确定的重点国有林区的森林、林木和林地，国务院批准项目用海、用岛，中央国家机关使用的国有土地等不动产登记，由国务院国土资源主管部门会同有关部门规定。

下列不动产权利，依照《不动产登记暂行条例》的规定办理登记：① 集体土地所有权；② 房屋等建筑物、构筑物所有权；③ 森林、林木所有权；④ 耕地、林地、草地等土地承包经营权；⑤ 建设用地使用权；⑥ 宅基地使用权；⑦ 海域使用权；⑧ 地役权；⑨ 抵押权；⑩ 法律规定需要登记的其他不动产权利。

国务院国土资源主管部门应当会同有关部门建立统一的不动产登记信息管理基础平台。各级不动产登记机构登记的信息应当纳入统一的不动产登记信息管理基础平台，确保国家、省、市、县4级登记信息的实时共享。

登记机构应当履行下列职责：① 查验申请人提供的权属证明和其他必要材料；② 就有关登记事项询问申请人；③ 如实、及时登记有关事项；④ 法律、行政法规规定的其他职责。

登记机构不得有下列行为：① 要求对不动产进行评估；② 以年检等名义进行重复登记；③ 超出登记职责范围的其他行为。

不动产登记费按件收取，不得按照不动产的面积、体积或者价款的比例收取。具体收费标准由国务院有关部门会同价格主管部门规定。

（4）不动产登记簿

不动产登记簿是物权归属和内容的根据。不动产以不动产单元为基本单位进行登记，不动产单元具有唯一编码。

不动产登记簿由登记机构管理。不动产登记机构应当按照国务院国土资源主管部门的规定设立统一的不动产登记簿。不动产登记簿应当记载以下事项：① 不动产的坐落、界址、空间界限、面积、用途等自然状况；② 不动产权利的主体、类型、内容、来源、期限、权利变化等权属状况；③ 涉及不动产权利限制、提示的事项；④ 其他相关事项。

不动产登记簿应当采用电子介质，暂不具备条件的，可以采用纸质介质。不动产登记机构应当明确不动产登记簿唯一、合法的介质形式。不动产登记簿采用电子介质的，应当定期进行异地备份，并具有唯一、确定的纸质转化形式。

不动产登记机构应当依法将各类登记事项准确、完整、清晰地记载于不动产登记簿。任何人不得损毁不动产登记簿，除依法予以更正外不得修改登记事项。

（5）不动产登记程序

因买卖、设定抵押权等申请不动产登记的，应当由当事人双方共同申请。属于下列情形之一的，可以由当事人单方申请：① 尚未登记的不动产首次申请登记的；② 继承、接受遗赠取得不动产权利的；③ 人民法院、仲裁委员会生效的法律文书或者人民政府生效的决定等设立、变更、转让、消灭不动产权利的；④ 权利人姓名、名称或者自然状况发生变化，申请变更登记的；⑤ 不动产灭失或者权利人放弃不动产权利，申请注销登记的；⑥ 申请更正登记或者异议登记的；⑦ 法律、行政法规规定可以由当事人单方申请的其他情形。

当事人或者其代理人应当到不动产登记机构办公场所申请不动产登记。不动产登记机构将申请登记事项记载于不动产登记簿前，申请人可以撤回登记申请。申请人应当提交下列材料，并对申请材料的真实性负责：① 登记申请书；② 申请人、代理人身份证明材料、授权委托书；③ 相关的不动产权属来源证明材料、登记原因证明文件、不动产权属证书；④ 不动产界址、空间界限、面积等材料；⑤ 与他人利害关系的说明材料；⑥ 法律、行政法规以及本条例实施细则规定的其他材料。不动产登记机构应当在办公场所和门户网站公开申请登记所需材料目录和示范文本等信息。

不动产登记机构收到不动产登记申请材料，应当分别按照下列情况办理：① 属于登记职责范围，申请材料齐全、符合法定形式，或者申请人按照要求提交全部补正申请材料的，应当受理并书面告知申请人；② 申请材料存在可以当场更正的错误的，应当告知申请人当场更正，申请人当场更正后，应当受理并书面告知申请人；③ 申请材料不齐全或者不符合法定形式的，应当当场书面告知申请人不予受理并一次性告知需要补正的全部内容；④ 申请登记的不动产不属于本机构登记范围的，应当当场书面告知申请人不予受理并告知申请人向有登记权的机构申请。不动产登记机构未当场书面告知申请人不予受理的，视为受理。

不动产登记机构受理不动产登记申请的，应当按照下列要求进行查验：① 不动产界址、空间界限、面积等材料与申请登记的不动产状况是否一致；② 有关证明材料、文件与申请登记的内容是否一致；③ 登记申请是否违反法律、行政法规规定。

属于下列情形之一的，不动产登记机构可以对申请登记的不动产进行实地查看：① 房屋等建筑物、构筑物所有权首次登记；② 在建建筑物抵押权登记；③ 因不动产灭失导致的注销登记；④ 不动产登记机构认为需要实地查看的其他情形。对可能存在权属争议，或者可能涉及他人利害关系的登记申请，不动产登记机构可以向申请人、利害关系人或者有关单位进行调查。不动产登记机构进行实地查看或者调查时，申请人、被调查人应当予以配合。

不动产登记机构应当自受理登记申请之日起30个工作日内办结不动产登记手续，法律另有规定的除外。登记申请有下列情形之一的，不动产登记机构应当不予登记，并书面告知申请人：① 违反法律、行政法规规定的；② 存在尚未解决的权属争议的；③ 申请登记的不动产权利超过规定期限的；④ 法律、行政法规规定不予登记的其他情形。

登记事项自记载于不动产登记簿时完成登记。不动产登记机构完成登记，应当依法向申请人核发不动产权属证书或者登记证明。《物权法》第十四条规定："不动产物权的设立、变更、转让和消灭，依照法律规定应当登记的，自记载于不动产登记簿时发生效力。"不动产权属证书是权利人享有该不动产物权的证明。不动产权属证书记载的事项，应当与不动产登记簿一致；记载不一致的，除有证据证明不动产登记簿确有错误外，以不动产登记簿为准。

(6) 当事人的权利和义务

① 查询、复制登记资料的权利。不动产登记簿记载的资料应当向社会公开，权利人、利害关系人可以依法查询、复制不动产登记资料，不动产登记机构应当提供。有关国家机关可以依照法律、行政法规的规定查询、复制与调查处理事项有关的不动产登记资料。查询不动产登记资料的单位、个人应当向不动产登记机构说明查询目的，不得将查询获得的不动产登记资料用于其他目的；未经权利人同意，不得泄露查询获得的不动产登记资料。

② 更正登记和异议登记的权利。权利人、利害关系人认为不动产登记簿记载的事项错误的，可以申请更正登记。不动产登记簿记载的权利人书面同意更正或者有证据证明登记确有错误的，登记机构应当予以更正。不动产登记簿记载的权利人不同意更正的，利害关系人可以申请异议登记。登记机构予以异议登记的，申请人在异议登记之日起15日内不起诉，异议登记失效；异议登记的事由失效后，当事人提起民事诉讼，有权请求确认物权归属，异议登记失效不影响人民法院对案件的实体审理。异议登记不当，造成权利人损害的，权利人可以向申请人请求损害赔偿。当事人有证据证明不动产登记簿的记载与真实权利状态不符，其为该不动产物权的真实权利人，请求确认其享有物权的，应予支持。

③ 预告登记及其所保全的请求权。当事人签订买卖房屋或者其他不动产物权的协议，为保障将来实现物权，按照约定可以向登记机构申请预告登记。预告登记后，未经预告登记的权利人同意，转移不动产所有权，或者设定建设用地使用权、地役权、抵押权等其他物权的，不发生物权效力。预告登记后，债权消灭或者自能够进行不动产登记之日起3个月内未申请登记的，预告登记失效。买卖不动产物权的协议被认定无效、被撤销、被解除，或者预告登记的权利人放弃债权的，应当认定为"债权消灭"。

④ 登记错误的损害赔偿责任。当事人提供虚假材料申请登记，给他人造成损害的，应当承担赔偿责任。因登记错误，给他人造成损害的，登记机构应当承担赔偿责任。登记机构赔偿后，可以向造成登记错误的人追偿。

3. 动产交付

（1）动产交付的概念

交付是指将自己占有的物或所有权凭证移转给其他人占有的行为。《物权法》第二十三条规定："动产物权的设立和转让，自交付时发生效力，但法律另有规定的除外。"

（2）动产交付的类型及其效力

在动产物权的变动中，交付包括现实交付和观念交付。现实交付是指动产物权的让与人将其对于动产的直接管领力，现实地移转于受让人，即占有的现实移转。观念交付是指动产占有在观念上的移转而非现实移转，主要包括以下3种情形。

① 简易交付。所谓简易交付，是指出让人在转让动产所有权之前，受让人已通过委托、借用、租赁等方式实际且合法占有了该动产，则从移转标的物所有权的合同生效之时起，视为交付。也就是说，双方当事人就动产所有权转让的合意来代替对动产的现实的交付，此种交付又称为无形的交付，关于受让人占有的原因，可以不予考虑，但一般要求合法。如甲占有乙的电视机，其后甲、乙约定将该电视机卖给甲，自合同成立之日起，所有权即移转归甲。《物权法》第二十五条规定"动产物权设立和转让前，权利人已经依法占有该动产的，物权自法律行为生效时发生效力。"

② 占有改定。所谓占有改定，是指转让人和受让人在转让动产所有权时，如果转让人希望继续占有该动产，当事人双方可以订立合同，特别约定转让人可以继续占有该动产，而受让人因此取得对标的物的间接占有以代替标的物的实际交付。占有改定的目的是要使转让人继续占有标的物，从而既符合转让人的要求又继续发挥物的效用。如甲、乙约定，将乙的电视机卖给甲，但乙需要再借看数日才交给甲，而所有权自合同订立时起移转给甲。《物权法》第二十七条规定："动产物权转让时，双方又约定由出让人继续占有该动产的，物权自该约定生效时发生效力。"

③ 指示交付，是指动产所有权转让前，第三人依法占有该动产的，负有交付义务的人可以通过转让请求第三人返还原物的权利代替交付。如甲将出租给乙的一台设备卖给丙，即将对乙的返还租赁物的请求权让与丙，以代替交付。《物权法》第二十六条规定："动产物权设立和转让前，第三人依法占有该动产的，负有交付义务的人可以通过转让请求第三人返还原物的权利代替交付。"

5.1.6 物权保护

1. 物权保护的含义

所谓物权保护，是指在物权受到侵害时，依照法律规定的方法和程序恢复物权的圆满状态。我国《物权法》规定，物权受到侵害的，权利人可以通过和解、调解、仲裁、诉讼等途径解决。

2. 物权保护的途径

物权保护可以分为私力保护和公力保护。

（1）私力保护

私力保护又称为自力保护、私力救济，是指在物权受到侵害时，权利人通过自己的力量或者其他非国家力量来对权利加以保护，恢复物权圆满状态的物权保护方式。这是保护民事权利的基本方式。除和解、调解、仲裁方式外，私力保护还包括正当防卫、紧急避险和自助行为。

（2）公力保护

公力保护又称为公力救济，是指物权受到侵害时，由权利人向法院提起诉讼，由法院通过诉讼程序以国家强制力对物权实施的保护。民法为物权人提供的"公力救济"方法包括物权法上的救济和债法上的救济。物权法上的救济是指物权法为物权人提供的救济手段，包括确认物权请求权、返还原物请求权、排除妨害请求权、消除危险请求权、恢复原状请求权。债法上的救济主要规定在《民法通则》《合同法》等法律中，包括违约损害赔偿请求权、侵权损害赔偿请求权和其他民事责任。

3. 物权的保护方式

物权请求权也称"物上请求权"，是指当物权的圆满状态受到妨害或有被妨害之虞时，物权人为排除妨害或防止妨害发生，对现实妨害或将为妨害人请求为一定行为或不为一定行为的权利。

物权请求权具体包括以下几种。

（1）物权确认请求权

利害关系人对物权的归属或者物权的具体内容发生争议时，可以请求有关行政主管机关、仲裁机关或者人民法院确认具体的权利归属及内容。例如，因土地使用权的归属发生争议时，利害关系人可以请求县级以上人民政府确定该土地使用权归谁享有。

（2）返还原物请求权

当所有人的财产被他人非法占有时，财产所有人或合法占有人，可以依照法律的规定请求不法占有人返还原物，或者请求法院责令不法占有人返还原物。

返还原物请求权的主体可以是所有权人，也可以是其他物权人。例如，用益物权人基于对物的支配，可以享有独立的返还原物请求权；质权人基于对物的占有，可以享有独立的返还原物请求权。但抵押权人因不占有抵押物，不能独立行使返还原物请求权；留置权人一旦丧失占有留置物，留置权随即消灭，也不能独立行使返还原物请求权。

（3）排除妨害请求权

我国《物权法》第三十五条规定："妨害物权或者可能妨害物权的，权利人可以请求排除妨害或者消除危险。"排除妨害既包括除去已经构成的妨害，也包括防止可能出现的妨害，因后者情形而产生的排除妨害请求权又称为消除危险请求权。排除妨害请求权的行使主体，既可以是直接占有物的所有权人，也可以是直接占有物的用益物权人。

（4）恢复原状请求权

我国《物权法》第三十六条规定："造成不动产或者动产毁损的，权利人可以请求修理、重作、更换或者恢复原状。"恢复原状请求权的行使，可以由物的所有人提出，也可以由物的合法占有人（如质权人、保管人）与使用人（如承租人、承包经营人）提出。

（5）损害赔偿请求权

我国《物权法》第三十七条规定："侵害物权，造成权利人损害的，权利人可以请求损害赔偿，也可以请求承担其他民事责任。"

损害赔偿请求权，可以单独提出，也可以在行使其他物权请求权时同时提出。当侵害人的行为导致物权标的物毁损、灭失，物权人不能通过行使物权请求权而恢复原状时，物权人应当单独提出损害赔偿请求权；当采用返还原物、排除妨害、恢复原状等保护方法仍不能完全挽回物权人的损失时,物权人在行使上述物权请求权时,也可以同时请求赔偿损失。

5.2 所有权

5.2.1 所有权概述

1. 所有权的概念

所有权是指所有权人对自己的不动产或者动产,依法享有占有、使用、收益和处分的权利。在我国现行法律和实践中,所有权的客体是指不动产或者动产这样的有体物,不包括债权、继承权和知识产权中的财产权利。法律规定专属于国家所有的不动产和动产,任何单位和个人不能取得所有权。

2. 所有权的特征

所有权本身具有以下一些主要特性。

① 完全性。所有权人对其标的物的支配是全面的支配,一般可以不受限制地行使占有、使用、收益、处分等权利。而用益物权、担保物权等他物权,只能在一定范围内享有支配权。

② 整体性。所有权不是占有、使用、收益和处分等各项权能量的总和,而是对标的物有统一支配力,是整体的权利。不能在内容或者时间上加以分割。所有权人在其物上设定他物权,即使其物的占有、使用、收益、处分等权能分别归他人享有,所有权人的所有权性质也不受影响。

③ 永续性。所有权是永久性的权利,其存在没有存续期间,即使长期放置所有物而不使用和收益,也不会因时效而消灭,只要物持续存在,所有权就持续存在。他物权是有期限的,只在法定或约定的期限内有效,期限届满权利即行消灭。所有权的永续性并非指永久不消灭的意思,而是说不得预定其存续期间,当事人不得创设有期限的所有权,法律也不得为所有权设定存续期间,但所有权人可以通过转让、抛弃等方式消灭其所有权。

④ 弹力性。所有权的部分权能可能通过设定他物权而与作为整体的所有权相分离,所有权本身甚至可以成为不具任何权能的空虚所有,然而所有权人并不因此丧失对所有权的支配力。同时这种分离是有条件的,他物权消灭,所有权的权能便复归原位,所有权就恢复到它原来的圆满状态。

3. 所有权的基本权能

(1) 占有权

占有权通常由所有权人行使,也可以依照法律规定或者依照合同约定由非所有权人行使。例如,国有企业可以依照法律规定占有国家的机器设备、厂房和土地,保管人、租赁人、承运人可以依照合同约定对所有人的财产实施占有。

(2) 使用权

使用权既可以由所有权人享有,也可以依照法律规定或者依照合同约定由非所有权人有偿性或无偿性地享有,并按指定的用途使用。

(3) 收益权

收益权是指民事主体收取物所产生利益的权利。

在民法上,物所产生的利益主要指物的孳息。孳息包括天然孳息和法定孳息两类。天然孳息是指因物的自然属性而生之物，如家畜生崽、果树结果等属于天然孳息；法定孳息是指依一定的法律关系而生之利益，如存款所得的利息、出租所得租金、股票所产生的股息等属于法定孳息。天然孳息在没有与原物分离之前，由原物所有人所有；法定孳息的取得则需依据一定的法律规定进行。

（4）处分权

处分权是指依法对物进行事实处分和法律处分的权利。处分权是所有权的核心权利，有无完整的处分权是区分所有权人与非所有权人的标准。

处分包括事实上的处分和法律上的处分。事实上的处分是指对物的直接变更或消灭，例如，对食物的消费、将粮食酿成酒、将所有物改造成新的产品、将所有物毁损等都属事实上的处分，它导致了原物所有权的绝对消灭。法律上的处分是指通过法律行为的实施变更或消灭物的权利状态，其法律后果是所有权全部或部分权能的转移。如转让商品、租借财物、抛弃财物、将财产设定抵押权等。

处分权一般由所有权人行使，但在某些情况下，非所有权人基于法律的规定或所有人的意志也可以有处分权，例如，抵押权人、质权人、留置权人在债务履行期届满仍未被履行时，可以依照法律规定将抵押物、质物、留置物变卖；运输的货物，如果发生紧急情况，承运人也可以依法处置货物。

4. 所有权的取得

所有权的取得，也称所有权的发生，是指民事主体依据一定的法律事实而获得某物的所有权。包括原始取得和继受取得两大类。

（1）原始取得

原始取得指根据法律的规定，因一定的法律事实，财产所有权第一次产生或者不以原所有人的所有权和意志为根据，而直接取得所有权。

原始取得的主要形式包括劳动生产、收益、先占、添附、国家强制取得、善意取得、拾得遗失物、发现隐藏物、埋藏物等。

① 劳动生产。劳动生产是取得所有权的最基本、最重要方式，如农民收割庄稼，工厂生产产品。

② 收益。指民事主体通过合法途径取得的物质利益，包括天然孳息和法定孳息等收益。

③ 先占。是指民事主体以所有的意思占有无主动产而取得其所有权的法律事实。先占是针对无主物取得所有权的重要方式。例如，捕捞江海湖泊的水生动植物，可以认定为基于先占取得所有权。

④ 添附。是指不同所有人的物因一定的行为而结合在一起形成不可分割的物或具有新质的物。

添附包括混合、附合和加工3种情形。

混合，是指不同所有人的财产互相渗合，难以分开并形成新财产，如沙和沙的混合、酒和酒的混合等。

附合，是指不同所有人的财产密切结合在一起而形成新财产，虽未达到混合程度，但非经拆毁不能达到原来的状态，包括动产与动产附合，如以原料绘画、以油漆漆桌子等；也包括动产与不动产的附合，如用他人的钢筋水泥盖房等。

加工，是指一方使用他人财产加工改造为具有更高价值的新的财产。如将玉料雕琢成艺术品,将他人的木板加工成家具等。

在上述情况下,由于要恢复原状已不可能或经济上不合理,现代各国立法一般根据添附的事实,重新确定所有权的归属,一般由当事人协商处理,或归一方所有,或归当事人共有。

⑤ 国家强制取得。是指国家根据法律、法规的强行性规定,采取没收、征收、国有化或税收等强制措施将一定的财产收归国有的法律事实。

⑥ 善意取得。是指无处分权的人处分他人动产或者不动产,如果受让人善意且有偿取得该财产,则受让人可取得该财产的所有权。原财产所有权人的损失,由擅自处分人承担赔偿责任。

⑦ 拾得遗失物。是指发现他人不慎丧失占有的动产而予以占有的法律事实。依照我国《民法通则》的规定,拾得遗失物应当归还失主,拾得人不能取得遗失物的所有权。

拾得遗失物,应当返还权利人。拾得人应当及时通知权利人领取,或者送交公安等有关部门。有关部门收到遗失物,知道权利人的,应当及时通知其领取;不知道的,应当及时发布招领公告。拾得人在遗失物送交有关部门前,有关部门在遗失物被领取前,应当妥善保管遗失物。因故意或者重大过失致使遗失物毁损、灭失的,应当承担民事责任。

权利人领取遗失物时,应当向拾得人或者有关部门支付保管遗失物等支出的必要费用,但拾得人不得要求支付报酬。若权利人悬赏寻找遗失物的,领取遗失物时应当按照承诺履行义务。

拾得人侵占遗失物的,如拾得人隐匿遗失物据为己有,则构成侵犯所有权。遗失物所有人可以请拾得人偿还,公安机关可以责令拾得人缴出。拾得人丧失报酬和费用请求权,即无权请求保管遗失物等支出的费用,也无权请求权利人按照承诺履行义务。拾得人将数额较大的遗失物占为己有,拒不交出的,构成犯罪,依刑法惩处。

所有权人或者其他权利人有权追回遗失物。该遗失物通过转让被他人占有的,权利人有权向无处分权人请求损害赔偿,或者自知道或者应当知道受让人之日起两年内向受让人请求返还原物,但受让人通过拍卖或者向具有经营资格的经营者购得该遗失物的,即善意取得遗失物的,权利人请求返还原物时应当支付受让人所付的费用。权利人向受让人支付所付费用后,有权向无处分权人追偿。

自公安机关收到遗失物发布招领公告之日起6个月无人认领的,遗失物归国家所有。

⑧ 发现埋藏物和隐藏物。依照我国《物权法》的规定,拾得漂流物、发现埋藏物或者隐藏物的,参照拾得遗失物的有关规定。文物保护法等法律另有规定的,依照其规定。

(2) 继受取得

继受取得,又称传来取得,是指通过一定的法律行为或基于法定的事实从原所有人处取得对某项财产的所有权。继受取得应当以原所有人对该项财产已经存在的所有权作为取得的前提条件。

继受取得所有权的原因主要有两个:其一,因一定的法律行为而取得所有权。具体包括通过买卖合同、赠与、互易等法律行为从原所有人处取得所有权;其二,因法律行为以外的事实而取得所有权。具体包括通过继承遗产,接受他人遗赠等事实从原所有人处取得所有权。

5. 所有权的征收与征用

(1) 征收

征收是指为了公共利益的需要,国家把私人所有的财产强制地征归国有。我国《物权法》

第四十二条规定："为了公共利益的需要，依照法律规定的权限和程序可以征收集体所有的土地和单位、个人的房屋及其他不动产。征收集体所有的土地，应当依法足额支付土地补偿费、安置补助费、地上附着物和青苗的补偿费等费用，安排被征地农民的社会保障费用，保障被征地农民的生活，维护被征地农民的合法权益。征收单位、个人的房屋及其他不动产，应当依法给予拆迁补偿，维护被征收人的合法权益；征收个人住宅的，还应当保障被征收人的居住条件。任何单位和个人不得贪污、挪用、私分、截留、拖欠征收补偿费等费用。"

（2）征用

征用是指为了公共利益的需要，强制性地使用公民的私有财产。征收和征用的主要区别在于：征收是所有权的改变，征用只是使用权的改变。我国《物权法》第四十四条规定："因抢险、救灾等紧急需要，依照法律规定的权限和程序可以征用单位、个人的不动产或者动产。被征用的不动产或者动产使用后，应当返还被征用人。单位、个人的不动产或者动产被征用或者征用后毁损、灭失的，应当给予补偿。"

征收和征用，既适用于所有权的征收和征用，也适用于用益物权的征收和征用，如建设用地使用权、土地承包经营权等。但国家对耕地实行特殊保护，严格限制农用地转为建设用地，控制建设用地总量。不得违反法律规定的权限和程序征收集体所有的土地。

5.2.2 所有权的类型

按照所有制关系的不同，所有权可以分为国家所有权、集体所有权、私人所有权。这是我国现阶段财产所有权的3种基本形式，我国物权法规定了国家、集体、私人的财产所有权，并对国家、集体、私人财产的主体、范围、管理体制、行使权利的方式和保护的原则、方法都作出了明确规定。

1. 国家所有权

国家所有权是指国家对国有财产的占有、使用、收益和处分的权利。

法律规定属于国家所有的财产，属于国家所有，即全民所有。依照我国《物权法》的规定，下列财产属于国家所有的财产。

① 矿藏、水流、海域属于国家所有。

② 城市的土地，属于国家所有。法律规定属于国家所有的农村和城市郊区的土地，属于国家所有。

③ 森林、山岭、草原、荒地、滩涂等自然资源，属于国家所有，但法律规定属于集体所有的除外。

④ 法律规定属于国家所有的野生动植物资源，属于国家所有。

⑤ 无线电频谱资源属于国家所有。

⑥ 法律规定属于国家所有的文物，属于国家所有。

⑦ 国防资产属于国家所有。

⑧ 铁路、公路、电力设施、电信设施和油气管道等基础设施，依照法律规定为国家所有的，属于国家所有。

除法律另有规定的以外，国有财产由国务院代表国家行使所有权。国务院可以授权其他机构来具体行使国家所有权，例如，国务院授权国有资产管理委员会具体对经营性国有资产行使所有权，授权人民银行对国家外汇储备行使国家所有权，授权国家财政部对国家铁路资产履行出资人职责。

在具体实施上，国家所有权则由各级国家机关和企事业单位来行使相应的权利。依照我国《物权法》的规定，国家机关对其直接支配的不动产和动产，享有占有、使用，以及依照法律和国务院的有关规定处分的权利。国家举办的事业单位对其直接支配的不动产和动产，享有占有、使用，以及依照法律和国务院的有关规定收益、处分的权利。国家出资的企业，由国务院、地方人民政府依照法律、行政法规规定分别代表国家履行出资人职责，享有出资人权益。

国家所有的财产受法律保护，禁止任何单位和个人侵占、哄抢、私分、截留、破坏。履行国有财产管理、监督职责的机构及其工作人员，应当依法加强对国有财产的管理、监督，促进国有财产保值增值，防止国有财产损失；滥用职权，玩忽职守，造成国有财产损失的，应当依法承担法律责任。违反国有财产管理规定，在企业改制、合并分立、关联交易等过程中，低价转让、合谋私分、擅自担保或者以其他方式造成国有财产损失的，应当依法承担法律责任。

2. 集体所有权

集体所有权是指劳动群众集体组织依法对其财产所享有的占有、使用、收益、处分的权利。

劳动群众集体组织的财产属于劳动群众集体所有，集体所有的不动产和动产包括：① 法律规定属于集体所有的土地和森林、山岭、草原、荒地、滩涂；② 集体所有的建筑物、生产设施、农田水利设施；③ 集体所有的教育、科学、文化、卫生、体育等设施；④ 集体所有的其他不动产和动产。

农民集体所有的不动产和动产，属于本集体成员集体所有。下列事项应当依照法定程序经本集体成员决定：① 土地承包方案以及将土地发包给本集体以外的单位或者个人承包；② 个别土地承包经营权人之间承包地的调整；③ 土地补偿费等费用的使用、分配办法；④ 集体出资的企业的所有权变动等事项；⑤ 法律规定的其他事项。对于集体所有的土地和森林、山岭、草原、荒地、滩涂等，依照下列规定行使所有权：① 属于村农民集体所有的，由村集体经济组织或者村民委员会代表集体行使所有权；② 分别属于村内两个以上农民集体所有的，由村内各该集体经济组织或者村民小组代表集体行使所有权；③ 属于乡镇农民集体所有的，由乡镇集体经济组织代表集体行使所有权。

城镇集体所有的不动产和动产，依照法律、行政法规的规定由本集体享有占有、使用、收益和处分的权利。

集体所有的财产受法律保护，禁止任何单位和个人侵占、哄抢、私分、破坏。集体经济组织或者村民委员会、村民小组应当依照法律、行政法规以及章程、村规民约向本集体成员公布集体财产的状况。集体经济组织、村民委员会或者其负责人作出的决定侵害集体成员合法权益的，受侵害的集体成员可以请求人民法院予以撤销。

3. 私人所有权

私人所有权，是指私人依法对其私人所有的财产享有占有、使用、收益和处分的权利。

私人对其合法的收入、房屋、生活用品、生产工具、原材料等不动产和动产享有所有权。私人合法的储蓄、投资及其收益受法律保护。国家依照法律规定保护私人的继承权及其他合法权益。私人的合法财产受法律保护，禁止任何单位和个人侵占、哄抢、破坏。

4. 其他所有权

法人所有权，是指法人依法对其财产享有的占有、使用、收益和处分的权利。企业法人对其不动产和动产依照法律、行政法规以及章程享有占有、使用、收益和处分的权利。企业法人以外的法人，对其不动产和动产的权利，适用有关法律、行政法规及章程的规定。

社会团体所有权，是指社会团体依法对其财产享有的占有、使用、收益和处分的权利。社会团体依法所有的不动产和动产受法律保护。

5.2.3 共有

1. 共有的概念和特征

共有，是指某项财产由两个或两个以上的权利主体享有所有权，共同所有权的主体称为共有人，共有标的物称为共有物，各共有人之间因财产共有形成的权利义务关系，称为共有关系。我国《物权法》第九十三条规定："不动产或者动产可以由两个以上单位、个人共有。共有包括按份共有和共同共有。"

共有不仅包括所有权共有，而且还包括其他财产权共有，如对用益物权、担保物权的共有，这种共有在学理上叫作"准共有"。

与独立所有权相比，共有具有以下特征。

① 共有的主体具有非单一性。所有权主要是独立所有权，归唯一的权利人所有，而共有是两个或两个以上的权利主体对不动产或者动产享有所有权。共同所有权的主体包括公民之间的共有、法人之间的共有以及公民和法人之间的共有。但多数人共同所有一物，并不意味着共有是多个所有权，在法律上，共有物只有一个所有权，而由多人享有。

② 共有的客体包括动产或者不动产，具有统一性。共有物为动产或者不动产，通常表现为一项尚未分割的统一财产。它既可以是一个独立物，如一辆汽车、一台机器、一栋房屋等，也可以是集合物，如一个企业的全部财产、一群羊等。用益物权、担保物权也可以成为共有关系的客体，形成准共有关系。

③ 共有关系的内容包括外部关系和内部关系，具有双重性。在共有关系存续期间，共有人不能分割共有物，也不能分别就共有物的某一部分享有所有权，每个共有人的权利及于整个共有物，在共有外部关系上，可以以一个单一的所有权整体向第三人主张权利。在共有内部关系上，各个共有人或是对共有财产共同享有权利、承担义务，或是按各自的份额，对共有物享有权利、承担义务。

2. 按份共有

（1）按份共有的概念

按份共有，又称分别共有，是指两个或两个以上的共有人按应有份额对共有物共同享有权利和分担义务的共有。我国《物权法》第九十四条规定："按份共有人对共有的不动产或者动产按照其份额享有所有权。"在按份共有中，各共有人对共有物享有不同的份额。各共有人的份额，又称应有份，其具体数额一般是由共有人约定明确的。按份共有人对共有的不动产或者动产享有的份额，没有约定或者约定不明确的，按照出资额确定；不能确定出资额的，视为等额享有。

共有人对共有的不动产或者动产没有约定为按份共有或者共同共有，或者约定不明确的，除共有人具有家庭关系等外，视为按份共有。

（2）按份共有的内部关系

按份共有的内部关系表现为共有人对内的权利和义务。具体表现在以下几个方面。

① 共有物的占有、使用、收益。各共有人依照其份额对共有物进行占有、使用、收益，在不妨害其他共有人使用的前提下，也有权依照其份额对共有物的全部进行占有、使用、收益。

② 共有物的处分。按份共有人对共有物的处分包括两种情况：一是对其享有份额的处分；二是对整个共有物的处分。

按份共有人有权处分其份额。由于共有人的财产份额是抽象的，所以共有人只能对其份额进行法律上的处分，包括对其份额进行转让、设定负担、分出或抛弃份额等。按份共有人有权要求将自己的份额予以转让、设定抵押权或分出，除非法律或者共有协议有所限制。按份共有人死亡时，其继承人也有权继承其应有部分。

共有人对共有物的处分，不管是事实上的处分（如重大修缮、抛弃实物），还是法律上的处分（如转让、赠与），都会涉及共有物的全部，涉及全体共有人的利益，应由全体共有人协商决定。我国《物权法》规定：处分共有的不动产或者动产以及对共有的不动产或者动产作重大修缮的，应当经占份额 2/3 以上的按份共有人同意，但共有人之间另有约定的除外。这里所说的处分，应该包括上面提到的转让、设定负担、赠与、抛弃等。

③ 共有物的分割。至于实物分割的问题，物权法作了较为详细的规定：共有人约定不得分割共有的不动产或者动产，以维持共有关系的，应当按照约定，但共有人有重大理由需要分割的，可以请求分割；没有约定或者约定不明确的，按份共有人可以随时请求分割。因分割对其他共有人造成损害的，应当给予赔偿。共有人可以协商确定分割方式。达不成协议，共有的不动产或者动产可以分割并且不会因分割减损价值的，应当对实物予以分割；难以分割或者因分割会减损价值的，应当对折价或者拍卖、变卖取得的价款予以分割。共有人分割所得的不动产或者动产有瑕疵的，其他共有人应当分担损失。

④ 优先购买权。按份共有人可以转让其享有的共有的不动产或者动产份额。其他共有人在同等条件下享有优先购买的权利。

在一般情况下，按份共有人转让其享有的共有份额，无须得到其他共有人同意。但在同等条件下，其他共有人享有优先购买权。所谓的"同等条件"，应当综合共有份额的转让价格、价款履行方式及期限等因素确定。优先购买权的行使期间，按份共有人之间有约定的，按照约定处理；没有约定或者约定不明的，按照下列情形确定：（一）转让人向其他按份共有人发出的包含同等条件内容的通知中载明行使期间的，以该期间为准；（二）通知中未载明行使期间，或者载明的期间短于通知送达之日起 15 日的，为 15 日；（三）转让人未通知的，为其他按份共有人知道或者应当知道最终确定的同等条件之日起 15 日；（四）转让人未通知，且无法确定其他按份共有人知道或者应当知道最终确定的同等条件的，为共有份额权属转移之日起 6 个月。按份共有人向共有人之外的人转让其份额，其他按份共有人根据法律、司法解释规定，请求按照同等条件购买该共有份额的，应予支持。其他按份共有人的请求具有下列情形之一的，不予支持：（一）未在规定的期间内主张优先购买，或者虽主张优先购买，但提出减少转让价款、增加转让人负担等实质性变更要求；（二）以其优先购买权受到侵害为由，仅请求撤销共有份额转让合同或者认定该合同无效。

此处优先购买权是共有人相对于非共有人购买而言的，在共有人之间转让共有份额并无优先的问题。按份共有人之间转让共有份额，其他按份共有人主张优先购买的，不予支持，但按份共有人之间另有约定的除外。

两个以上按份共有人主张优先购买且协商不成时，请求按照转让时各自份额比例行使优先购买权的，应予支持。

共有份额的权利主体因继承、遗赠等原因发生变化时，其他按份共有人主张优先购买的，不予支持，但按份共有人之间另有约定的除外。

⑤ 共有物的管理及其费用负担。共有人按照约定管理共有的不动产或者动产；没有约定或者约定不明确的，各共有人都有管理的权利和义务。按份共有人对共有物的管理包括对共有物的保存、使用方法和简易修缮等方面的内容。

对共有物的管理费用及其他负担，有约定的，按照约定；没有约定或者约定不明确的，按份共有人按照其份额负担。对共有物的管理费用主要包括对共有物的保存费用、对共有物作简易修缮或者重大修缮所支出的费用或者造成损害支付的赔偿金、医疗费等其他负担。

（3）按份共有的外部关系

按份共有的外部关系主要表现为共有人对外的权利和义务。我国《物权法》规定，因共有的不动产或者动产产生的债权债务，在对外关系上，共有人享有连带债权、承担连带债务，但法律另有规定或者第三人知道共有人不具有连带债权债务关系的除外。关于按份共有的外部关系，主要表现为以下两个方面。

① 共有人对第三人的权利。因共有财产产生的债权，除法律另有规定或者第三人知道共有人不具有连带债权关系的外，按份共有人对外享有连带债权，该债权在共有人内部按照约定处理，共有人内部没有约定的，按份共有人按照份额享有债权。当共有物受到外部侵害时，各按份共有人都可以单独就共有物的全部为自己应有份额的利益或为全体共有人的利益向第三人提出请求权，包括物权请求权和债权请求权。

② 共有人对第三人义务。因共有物产生的债权债务，除法律另有规定或者第三人知道共有人不具有连带债务关系的外，按份共有人对外承担连带债务责任，该债务在共有人内部按照约定处理，共有人内部没有约定的，按份共有人按照份额承担债务。偿还债务超过自己应当承担份额的按份共有人，有权向其他共有人追偿。

3. 共同共有

（1）共同共有的概念

共同共有是指两个或两个以上的共有人对全部共有财产不分份额地享有平等所有权的共有。共同共有通常发生于婚姻家庭领域，包括夫妻共有、家庭共有和遗产分割前的共有。我国《物权法》第九十五条规定："共同共有人对共有的不动产或者动产共同享有所有权。"

（2）共同共有的法律效力

根据我国物权法和民法的相关规定及精神，共同共有的效力可以归纳为以下几方面。

① 共同共有的内部关系。主要有：在共同共有存续期间，每个共有人对全部共有财产平等地享有占有、使用、收益和处分权；处分共有的不动产或者动产以及对共有的不动产或者动产作重大修缮的，应当经全体共同共有人同意。共同共有人按照约定管理共有的不动产或者动产；没有约定或者约定不明确的，各共同共有人都有管理的权利和义务；对共有物的管理费用及其他负担，由各共同共有人平等地承担因共有物产生的费用；共同共有关系存续期间，各共有人一般不得请求分割共有的不动产或者动产，共同共有人在共有的基础丧失或者

有重大理由需要分割时可以请求分割，因分割对其他共有人造成损害的，应当给予赔偿。

② 共同共有的外部关系。因共有的不动产或者动产产生的债权债务，在对外关系上，共有人享有连带债权、承担连带债务，但法律另有规定或者第三人知道共有人不具有连带债权债务关系的除外。共有关系存续期间，部分共有人擅自处分共有财产的，一般认定无效，但是，如第三人善意、有偿取得该项财产的，应当确认第三人取得共有权，对其他共有人的损失，由擅自处分共有财产的人赔偿。

5.2.4 建筑物区分所有权

1. 建筑物区分所有权的概念

一栋建筑物常常被分割为不同部分而为众多的住户所有，这种现象就是建筑物区分所有。建筑物区分所有权是指共同拥有一栋建筑物的多个所有人对其建筑物的专用部分所享有的所有权、对其共同使用的共用部分所享有的共有权，以及基于对建筑物有关共同事务所享有的管理权的结合。建筑物区分所有权是一种独立的所有权类型。

我国《物权法》第七十条规定："业主对建筑物内的住宅、经营性用房等专有部分享有所有权，对专有部分以外的共有部分享有共有和共同管理的权利。"业主的建筑物区分所有权包括3个基本内容：一是对专有部分所享有的所有权；二是对建筑区划内的共有部分所享有的共有权；三是对共有部分所享有的共同管理的权利。业主的建筑物区分所有权3个基本内容是一个不可分离的整体。在这3个权利中，专有部分的所有权占主导地位，是业主对共有部分享有共有权，以及对共有部分享有共同管理权的基础。如果业主转让建筑物内的住宅、经营性用房，其对共有部分享有共有和共同管理的权利也一并转让。

2. 建筑物区分所有权的内容

（1）建筑物区分所有人的专有权

专有权，即专有所有权，是指建筑物区分所有人对建筑物专有部分享有占有、使用、收益和处分的权利。业主对建筑物内属于自己所有的住宅、经营性用房等专有部门可以直接占有、使用，实现居住或者经营的目的；也可以依法出租、出借，抵押或出售。业主行使专有权利不得危及建筑物的安全，不得损害其他业主的合法权益。例如，业主装修房子时不能破坏建筑物的整体结构；在住宅里面不得存放易燃易爆等危险物品；业主不得违反法律、法规及管理规约，将住宅改变为经营性用房。业主将住宅改变为经营性用房的，比如将住宅改变为餐饮、娱乐等商业用房，除遵守法律、法规及管理规约外，应当经有利害关系的业主同意。

（2）建筑物区分所有人的共有权

共有权是指业主对建筑物专有部分以外的共有部分所享有的权利。专有部分以外的走廊、楼梯、过道、电梯、外墙面、水箱、水电气管线等为业主共有部分。

建筑区划内的道路、绿地、其他公共场所、公用设施和物业服务用房，为法定共有部分。我国《物权法》第七十三条规定："建筑区划内的道路，属于业主共有，但属于城镇公共道路的除外。建筑区划内的绿地，属于业主共有，但属于城镇公共绿地或者明示属于个人的除外。建筑区划内的其他公共场所、公用设施和物业服务用房，属于业主共有。"

建筑区划内车位、车库为约定共有部分。我国《物权法》第七十四条规定："建筑区划内，规划用于停放汽车的车位、车库应当首先满足业主的需要。建筑区划内，规划用于停放汽车的车位、车库的归属，由当事人通过出售、附赠或者出租等方式约定。占用业主共有的道路或者其他场地用于停放汽车的车位，属于业主共有。"

业主对建筑物专有部分以外的共有部分，享有权利，承担义务；不得以放弃权利为由不履行义务。

区分所有人作为共有权人的权利主要有：① 区分所有人有权按共用部分的用途加以使用。如果区分所有人按区分所有建筑物的非本来用法使用，则须由多数区分所有人决定，或者按规约的规定处理。如在屋顶开设娱乐场等。② 区分所有人有权分享共用部分的收益。如果区分所有人将共用部分用于营利性使用，则其收益应由区分所有人分享。例如，将共用的庭院出租或停车收费、出租外墙壁用作商业广告等。对共用部分的收益，区分所有人应按共有份额的比例分享。

区分所有人作为共有权人的义务主要有：① 区分所有人应维护共用部分的正常使用状态。所有人不得随意改变共有部分的外形或结构，不得多占、独占共用部分。例如，业主不得随意在公用庭院搭棚建屋。② 区分所有人应负担共用部分的正常费用。对于为使用、维修、管理共用部分所支出的费用，区分所有人有分摊的义务。

（3）共同管理权

共同管理权是指对共有部分享有共同管理的权利，即有权对共用部分与公共设备设施的使用、收益、维护等事项通过参加和组织业主大会进行管理。

业主可以设立业主大会，选举业主委员会。业主大会是由物业管理区域内全体业主组成的、管理其共有财产和共同事务的自治组织，是区分所有人管理共同事务的最高决策机关。业主委员会是由业主大会选举产生，由物业管理区域内业主代表组成，代表业主利益，向社会各方反映业主意愿和要求，并监督物业管理公司管理运作的一个民间性组织。业主大会或者业主委员会的决定，对业主具有约束力。

下列事项由业主共同决定：制定和修改业主大会议事规则；制定和修改建筑物及其附属设施的管理规约；选举业主委员会或者更换业主委员会成员；选聘和解聘物业服务企业或者其他管理人；筹集和使用建筑物及其附属设施的维修资金；改建、重建建筑物及其附属设施；有关共有和共同管理权利的其他重大事项。决定筹集和使用建筑物及其附属设施的维修资金，以及改建、重建建筑物及其附属设施这两项重要事项，应当经专有部分占建筑物总面积 2/3 以上的业主且占总人数 2/3 以上的业主同意。决定上述其他事项，应当经专有部分占建筑物总面积过半数的业主且占总人数过半数的业主同意。

建筑物及其附属设施的维修资金，属于业主共有。经业主共同决定，可以用于电梯、水箱等共有部分的维修。维修资金的筹集、使用情况应当公布。建筑物及其附属设施的费用分摊、收益分配等事项，有约定的，按照约定；没有约定或者约定不明确的，按照业主专有部分占建筑物总面积的比例确定。业主可以自行管理建筑物及其附属设施，也可以委托物业服务企业或者其他管理人管理。对建设单位聘请的物业服务企业或者其他管理人，业主有权依法更换。物业服务企业或者其他管理人根据业主的委托管理建筑区划内的建筑物及其附属设施，并接受业主的监督。

业主大会或者业主委员会作出的决定侵害业主合法权益的，受侵害的业主可以请求人民法院予以撤销。

业主应当遵守法律、法规及管理规约。业主大会和业主委员会，对任意弃置垃圾、排放污染物或者噪声、违反规定饲养动物、违章搭建、侵占通道、拒付物业费等损害他人合法权益的行为，有权依照法律、法规及管理规约，要求行为人停止侵害、消除危险、排除妨害、赔偿损失。业主对侵害自己合法权益的行为，可以依法向人民法院提起诉讼。

5.2.5 相邻关系

1. 相邻关系的概念

相邻关系，即不动产相邻关系的简称，是指相互毗邻的两个以上不动产所有人、用益物权人或占有人，在用水、排水、通行、通风、采光等方面根据法律规定产生的权利义务关系，一方的权利称为相邻权。相邻权为不动产权利人相互之间享有的权利。

相邻关系具有以下几个特征。

① 相邻关系具有物权从属性。相邻关系是一种物权，但不是独立的物权，而是依附于物权。其实质上是相邻不动产所有人或使用人行使权利的延伸或限制。物权存在，相邻关系就存在；物权消灭，相邻关系就消灭。

② 相邻关系的主体是两个或者两个以上的不动产所有人、用益物权或占有人，如房屋所有权人、土地承包经营权人、宅基地使用权人、承租人等。

③ 相邻关系的客体并非不动产本身，主要是指行使不动产权利所体现的利益，既包括经济利益，也包括其他利益。

④ 相邻关系因种类不同而具有不同的内容。其基本内容包括两个方面：一是相邻一方有权要求他方提供必要的便利，他方应给予必要的方便。所谓必要的便利，是指非从相邻方得到便利，就不能正常行使其所有权或使用权。二是相邻各方行使权利，不得损害他方的合法权益。

我国《物权法》第八十四条规定："不动产的相邻权利人应当按照有利生产、方便生活、团结互助、公平合理的原则，正确处理相邻关系。"第八十五条规定："法律、法规对处理相邻关系有规定的，依照其规定；法律、法规没有规定的，可以按照当地习惯。"这是我国处理相邻关系的原则。

2. 相邻关系的类型

① 因用水、排水而产生的相邻关系。不动产权利人应当为相邻权利人用水、排水提供必要的便利。对自然流水的利用，应当在不动产的相邻权利人之间合理分配。对自然流水的排放，应当尊重自然流向。

② 因通行而产生的相邻关系。不动产权利人对相邻权利人因通行等必须利用其土地的，应当提供必要的便利。

③ 因施工而产生的相邻关系。不动产权利人因建造、修缮建筑物，以及铺设电线、电缆、水管、暖气和燃气管线等必须利用相邻土地、建筑物的，该土地、建筑物的权利人应当提供必要的便利。

④ 因通风、采光和日照而产生的相邻关系。建造建筑物，不得违反国家有关工程建设标准，应当与相邻建筑物保持适当距离并适当限制其高度，不得妨碍相邻建筑物的通风、采光和日照。否则相邻他方有权要求排除妨害或赔偿损失。

⑤ 因有害物质侵害而产生的相邻关系。不动产权利人不得违反国家规定弃置固体废物，排放大气污染物、水污染物、噪声、光、电磁波辐射等有害物质。

⑥ 相邻防险关系。又称相邻防险权。不动产权利人挖掘土地、建造建筑物、铺设管线及

安装设备等，不得危及相邻不动产的安全。

不动产权利人因用水、排水、通行、铺设管线等利用相邻不动产的，应当尽量避免对相邻的不动产造成损害；造成损害的，应当给予赔偿。

5.3 用益物权

5.3.1 用益物权的概念和特征

用益物权是指用益物权人对他人所有的不动产或者动产，依法享有占有、使用和收益的权利。

依照我国《物权法》的规定，用益物权主要有土地承包经营权、建设用地使用权、宅基地使用权、地役权、海域使用权、探矿权、采矿权、取水权和使用水域、滩涂从事养殖、捕捞的权利等。

用益物权的特征表现在以下几个方面。

① 用益物权是他物权。用益物权是一种设立在他人所有物上的物权，是非所有人根据法律的规定或者当事人的约定，对他人所有物享有的占有、使用、收益的权利，是由所有权派生的权利，是与担保物权并列的另一种重要的他物权。我国《物权法》第一百一十八条规定："国家所有或者国家所有由集体使用以及法律规定属于集体所有的自然资源，单位、个人依法可以占有、使用和收益。"

② 用益物权是独立物权。用益物权是由所有权派生的权利。但是，用益物权的这种派生性并不影响用益物权作为一种独立的物权存在。用益物权一旦设立，用益物权人就可以在设定的范围内对标的物进行独立地占有、使用和收益。用益物权人行使权利，应当遵守法律有关保护和合理开发利用资源的规定，所有权人不得干涉用益物权人行使权利。

③ 用益物权是限制物权和有期限物权。用益物权只是在某一方面或几方面在一定期限内支配标的物的权利，没有完全的支配权。用益物权在存续期限上、在权利内容上受到法律和合同的限制。例如，建设用地使用权、土地承包经营权只限于在特定的期限内、特定的方面使用他人的土地，而所有权却是一种无期限、完全的物权。

④ 用益物权的主要内容是占有、使用和收益。用益物权的设立，目的在于获取物的使用、收益，并以对物的占有为前提。而担保物权的设立是为了确保债权得到清偿，原则上没有使用、收益的权能。用益物权作为一种限制物权，一般不享有处分权。即使法律和合同在特定情形下赋予权利人处分权，也是有限的、一定范围内的处分权。因不动产或者动产被征收、征用致使用益物权消灭或者影响用益物权行使的，用益物权人有权依法获得相应补偿。

⑤ 用益物权的客体包括动产和不动产。用益物权虽然可以在动产上设立，但是从用益物权的具体类型来看，用益物权主要还是以不动产为客体，这主要是因为不动产便于通过登记来公示。

5.3.2 土地承包经营权

1. 土地承包经营权的概念和特征

土地承包经营权是指农业生产经营者为了从事种植业、林业、畜牧业、渔业等生产，依照法律和土地承包经营合同,以承包的方式对农民集体所有的或国家所有由农民集体经济组织使用的土地享有的占有、使用、收益的权利。

农村集体经济组织实行家庭承包经营为基础、统分结合的双层经营体制,这是我国宪法确立的农村集体经济组织的经营体制。物权法对此也作出了明确规定,而且还规定,农民集体所有或国家所有由农民集体使用的耕地、林地、草地及其他用于农业的土地,依法实行土地承包经营制度。我国法律赋予了农民长期而有保障的土地使用权,维护了农村土地承包当事人的合法权益。

土地承包经营权作为一种独立的用益物权,具有以下法律特征。

(1)土地承包经营权的主体是农业生产和经营者

土地承包经营权的主体是指从事农业生产和经营的个人、农户、法人和其他组织,其他非从事农业生产的个人、农户、法人和其他组织不能成为土地承包经营权的主体。一般来说,土地承包经营权的主体为本集体经济组织的内部成员,但是随着农村经济的发展,如招标、拍卖、公开协商等方式在土地承包经营中运用,土地承包经营权的主体已经扩大到了一切从事农业生产的个人、农户、法人和其他组织。我国《物权法》《农村土地承包法》均规定土地承包经营权可以依法流转,而且受让的主体并没有限制于本集体经济组织的内部成员。

(2)土地承包经营权的客体是农民集体所有和国家所有由农民集体使用的土地

承包经营权的客体是指农民集体所有或国家所有由农民集体使用的耕地、林地、草地或山岭、荒地、滩涂、水面,而不是其他财产。

(3)土地承包经营权的设立目的是在他人土地上从事农业生产

土地承包经营权的设立目的是从事种植业、林业、畜牧业等农业生产活动。一般情况下,土地承包经营权人不能在承包的土地上营造建筑物或其他构筑物,即便是建造部分建筑物或其他构筑物,也只能是为了农业生产,而不能用作其他用途。

2. 土地承包经营权的法律规定

(1)土地承包经营权的设立

我国《物权法》第一百二十七条规定:"土地承包经营权自土地承包经营权合同生效时设立。县级以上地方人民政府应当向土地承包经营权人发放土地承包经营权证、林权证、草原使用权证,并登记造册,确认土地承包经营权。"根据此规定,我国土地承包经营权是通过订立土地承包经营合同的方式设立,该合同一旦生效,承包方即取得土地承包经营权,既不需要登记,也不需要交付。发放权证、登记造册,确认土地承包经营权,这是政府机关的一项法定义务,但不是合同生效的要件。

承包经营合同的类型有两种:一是以家庭承包方式订立的承包经营合同;二是以招标、拍卖、公开协商等方式订立的承包经营合同。农村土地承包采取农村集体经济组织内部的家庭承包方式,不宜采取家庭承包方式的荒山、荒沟、荒丘、荒滩等农村土地,可以采取招标、拍卖、公开协商等方式承包。

(2)土地承包经营权的流转

土地承包经营权流转是指通过承包取得的土地承包经营权,可以依法采取转包、互换、转让、入股、抵押、出租等方式流转。

我国《物权法》第一百二十八条规定:"土地承包经营权人依照农村土地承包法的规定,有权将土地承包经营权采取转包、互换、转让等方式流转。流转的期限不得超过承包期的剩余期限。未经依法批准，不得将承包地用于非农建设。"

土地承包经营权人将土地承包经营权互换、转让，当事人要求登记的，应当向县级以上地方人民政府申请土地承包经营权变更登记；未经登记，不得对抗善意第三人。土地承包经营权人将土地承包经营权转包、出租的，由于不涉及物权变动，当事人不必登记。

通过招标、拍卖、公开协商等方式承包荒地等农村土地，依照农村土地承包法等法律和国务院的有关规定，其土地承包经营权也可以转让、入股、抵押或者以其他方式流转。

（3）土地承包经营权的期限

依照我国《物权法》的规定，耕地的承包期为30年。草地的承包期为30~50年。林地的承包期为30~70年；特殊林木的林地承包期，经国务院林业行政主管部门批准可以延长。规定的承包期届满，由土地承包经营权人按照国家有关规定继续承包。

（4）土地承包经营权的效力

土地承包经营权人依法对其承包经营的耕地、林地、草地等享有占有、使用和收益的权利，有权从事种植业、林业、畜牧业等农业生产。

对承包期内的承包地，发包人不得收回。承包期内的土地承包经营权人全家迁入小城镇落户的，应当按照土地承包经营权人的意愿，保留其土地承包经营权或者允许其依法进行土地承包经营权流转。承包期内的土地承包经营权人全家迁入设区的市，享有城市居民社会保障待遇的，应当将承包的耕地和草地交回发包人。土地承包经营权人不交回的，发包人可以收回承包的耕地和草地。承包期内的土地承包经营权人交回承包地或者发包人依法收回承包地，土地承包经营权人对其在承包地上投入而提高土地生产能力的，有权获得合理补偿。承包期内，妇女结婚，在新居住地未取得承包地的，发包方不得收回其原承包地，妇女离婚或丧偶，仍在原居住地生活或不在原居住地生活但在新居住地未取得承包地的，发包方不得收回其原承包地。承包人应得的承包收益，其继承人可以继承。林地承包人死亡或以家庭承包方式以外的其他方式承包的土地，承包人的继承人除可以继承承包收益外，还可以在承包期内继续承包。

承包期内发包人不得调整承包地。因自然灾害严重毁损承包地等特殊情形，需要适当调整承包的耕地和草地的，必须经本村村民会议2/3以上成员或者2/3以上村民代表同意，并报乡人民政府和县级政府农业主管部门批准。

承包地被征收的，土地承包经营权人有权依法获得相应补偿。

发包方实施干涉承包方享有的生产经营自主权、违反法律规定收回或调整土地、强迫或阻止土地承包经营权流转、假借少数服从多数强迫承包方放弃或变更土地承包经营权而进行流转、以划分"口粮田"和"责任田"等为由收回承包地搞招标承包、将承包地收回抵顶欠款等行为的，应当承担停止侵害、返还原物、恢复原状、排除妨害、消除危险、赔偿损失等民事责任。

5.3.3 建设用地使用权

1. 建设用地使用权的概念

物权法中的建设用地使用权，在城市房地产管理法中称为土地使用权，均系国有建设用地使用权，是指建设用地使用权人依法对国家所有的土地享有占有、使用和收益的权利，以及利用该土地建造建筑物、构筑物及其附属设施的权利。

原则上，除兴办乡镇企业、村民建造住宅、村内建设公共设施以及公益事业建设经依法批准使用本集体经济组织农民集体所有土地的外，其他对集体土地的建设利用，都必须先征归国有，然后取得国有建设用地使用权。

建设用地使用权是存在于国家所有的土地之上的物权，不包括集体所有的农村土地。使用集体所有的土地进行建设（如兴办乡镇企业、村民建造住宅、村内建设公共设施），不属于《物权法》的调整范围。

建设用地使用权可以在土地的地表、地上（地表之上，即空中）或者地下（地表之下，即地中）分别设立。前者是指一般意义的建设用地使用权，后两者可称为空间建设用地使用权。空间建设用地使用权的设立，不得损害已设立的用益物权；地表建设用地使用权的设立，也不得损害已设立的地上或地下的用益物权。

2. 建设用地使用权的取得

建设用地使用权的取得方式有两种：创设取得和移转取得。创设取得可以采取无偿划拨或有偿出让等方式。移转取得可以采取转让、互换、出资、赠与或者抵押等方式。

1）创设取得

（1）无偿划拨

土地使用权划拨，是指县级以上人民政府依法批准，在土地使用者缴纳补偿、安置等费用后将该幅土地交付其使用，或者将土地使用权无偿交付给土地使用者使用的行为。根据规定，下列建设用地的土地使用权，确属必需的，可以由县级以上人民政府依法批准划拨：① 国家机关用地和军事用地；② 城市基础设施用地和公益事业用地；③ 国家重点扶持的能源、交通、水利等项目用地；④ 法律、行政法规规定的其他用地。

国家严格限制以划拨方式设立建设用地使用权，采取划拨方式的，应经县级以上人民政府依法批准。用于商业开发的建设用地，不得以划拨方式取得建设用地使用权。建设用地使用权的划拨实际上可以分为两种：一是在建设用地使用权人缴纳补偿、安置等费用后取得该土地使用权，二是建设用地使用权人不需要缴纳任何费用取得该土地使用权。

（2）有偿出让

除上述可经划拨取得的情形外，建设单位使用国有土地，应当以出让等有偿使用方式取得。建设用地使用权出让，是指国家将国有土地使用权在一定年限内出让给土地使用者，由土地使用者向国家支付土地使用权出让金的行为。

① 城市规划区内的集体所有的土地，经依法征用转为国有土地后，该幅国有土地的使用权方可有偿出让。

② 建设用地使用权出让，可以采取拍卖、招标或者双方协议的方式，其中，工业、商业、旅游、娱乐和商品住宅等经营性用地以及同一土地有两个以上意向用地者的，应当采取招标、拍卖等公开竞价的方式出让；没有条件，不能采取拍卖、招标方式的，可以采取双方协议的方式。采取双方协议方式出让土地使用权的出让金不得低于按国家规定所确定的最低价。采取招标、拍卖、协议等出让方式设立建设用地使用权的，当事人应当采取书面形式订立建设用地使用权出让合同。

③ 土地使用权出让合同约定的使用年限届满，土地使用者需要继续使用土地的，应当至迟于届满前 1 年申请续期，除根据社会公共利益需要收回该幅土地的，应当予以批准。经批准准予续期的，应重新签订土地使用权出让合同，依照规定支付土地使用权出让金。

④ 土地使用权出让合同约定的使用年限届满,土地使用者未申请续期或者虽申请续期但依照规定未获批准的,土地使用权由国家无偿收回,该土地上的房屋及其他不动产的归属,有约定的,按照约定;没有约定或者约定不明确的,依照法律、行政法规的规定办理。但是,住宅建设用地使用权期间届满的,自动续期。

2)移转取得

建设用地使用权转让、互换、出资、赠与或者抵押的,当事人应当采取书面形式订立相应的合同。使用期限由当事人约定,但不得超过建设用地使用权的剩余期限。

以出让方式取得土地使用权的,转让房地产时,应当符合下列条件:① 按照出让合同约定已经支付全部土地使用权出让金,并取得土地使用权证书;② 按照出让合同约定进行投资开发,属于房屋建设工程的,完成开发投资总额的25%以上,属于成片开发土地的,形成工业用地或者其他建设用地条件;③ 转让房地产时房屋已经建成的,还应当持有房屋所有权证书。

以划拨方式取得土地使用权的,转让房地产时,应当按照国务院规定,报有批准权的人民政府审批。有批准权的人民政府准予转让的,应当由受让方办理土地使用权出让手续,并依照国家有关规定缴纳土地使用权出让金。

3)登记

无论是采用有偿出让,还是无偿划拨的方式取得建设用地使用权,该建设用地使用权都是自登记时设立。我国《物权法》第一百三十九条规定:"设立建设用地使用权的,应当向登记机构申请建设用地使用权登记。建设用地使用权自登记时设立。登记机构应当向建设用地使用权人发放建设用地使用权证书。"设立建设用地使用权必须依法登记,否则,建设用地使用权不能成立。

建设用地使用权转让、互换、出资或者赠与的,应当向登记机构申请变更登记。

建设用地使用权消灭的,出让人应当及时办理注销登记。登记机构应当收回建设用地使用权证书。

3. 建设用地使用权人的权利与义务

① 对建设用地占有、使用和收益的权利。建设用地使用权人对土地的占有,不以土地上存在建筑物、构筑物及其附属设施为条件,建设用地使用权人可以通过建造建筑物、构筑物及其附属设施,通过出售、出租或者自己使用等方式获取收益,也可以直接将建设用地使用权作为交易对象,通过转让、出租等方式来获取收益。

② 对建设用地使用权的处分权。除法律另有规定的外,建设用地使用权人有权将建设用地使用权转让、互换、出资、赠与或者抵押。建设用地使用权转让、互换、出资或者赠与的,附着于该土地上的建筑物、构筑物及其附属设施一并处分。建筑物、构筑物及其附属设施转让、互换、出资或者赠与的,该建筑物、构筑物及其附属设施占用范围内的建设用地使用权一并处分。

③ 取得建筑物、构筑物及其附属设施的权利。我国《物权法》第一百四十二条规定:"建设用地使用权人建造的建筑物、构筑物及其附属设施的所有权属于建设用地使用权人,但有相反证据证明的除外。"在多数情况下,建设用地使用权人建造的建筑物、构筑物及其附属设施的所有权是属于建设用地使用权人的,但也存在一些例外。如由开发商在房地产项目开发中配套建设的一部分市政公共设施,其性质属于市政公用,其归属就应当按照有充分的证据

证明的事先约定来确定，而不是当然地归建设用地使用权人。

④ 合理利用土地，按照土地用途使用土地的义务。建设用地使用权人应当合理利用土地，不得改变土地用途；需要改变土地用途的，应当依法经有关行政主管部门批准。例如，不能将公益用地改为商业用地，不得将非住宅用地改为住宅用地等。

⑤ 支付相关费用的义务。建设用地使用权人应当依照法律规定及合同约定支付出让金等费用。

4. 建设用地使用权的期限

根据相关法律的规定，土地使用权出让最高年限按下列用途确定：居住用地 70 年；工业用地 50 年；教育、科技、文化、卫生、体育用地 50 年；商业、旅游、娱乐用地 40 年；综合或者其他用地 50 年。土地使用者通过转让方式取得的土地使用权，其使用年限为土地使用权出让合同规定的使用年限减去原土地使用者已使用年限后的剩余年限。

以无偿划拨方式取得的建设用地使用权，除法律、行政法规另有规定外，没有使用期限的限制。

建设用地使用权期间届满前，因公共利益需要提前收回该土地的，应当依法对该土地上的房屋及其他不动产给予补偿，并退还相应的出让金。

5.3.4 宅基地使用权

1. 宅基地使用权的概念和特征

宅基地使用权是指宅基地使用权人依法对集体所有的土地享有占有和使用的权利，有权依法利用该土地建造住宅及其附属设施。

宅基地使用权的特征如下。

① 宅基地使用权的权利主体只能是农村集体经济组织的成员。这只是针对宅基地使用权的创设取得而言的，不包括通过继承、接受遗赠等方式取得农村房屋所有权而附随取得宅基地使用权的情形。

② 宅基地使用权仅限于村民建造住宅及其附属设施，且必须用于自用。附属设施是指附属于住宅的水井、地窖、院落等，宅基地使用权人不得建设厂房等设施，也不能建造用于出售的房地产项目。

③ 宅基地使用权的取得是无偿的。农村宅基地使用权的取得是无偿的，具有很明显的社会福利性质。只要符合法定的申请条件，就可以取得宅基地使用权，而且使用权人不需要支付使用费。按照"一户一宅"的法律规定，农村村民将原有住房出卖、出租或赠与他人后，再申请宅基地的，不得批准。

④ 宅基地使用权没有存续期间的限制。用益物权一般都有一定的存续期间，但农村宅基地使用权没有期限的限制。户主或者某个家庭成员的死亡也不影响宅基地使用权的存续。

⑤ 宅基地使用权的流转受到严格限制。按照相关法律的规定，农村宅基地使用权依附于房屋所有权，不可单独流转，但房屋所有权转移时，农村宅基地使用权也随之转移。受让方受到法律严格限制，国家禁止城镇居民在农村购置宅基地。法律禁止单独对农村宅基地使用权进行出卖、出租、抵押、赠与等流转行为。

2. 宅基地使用权的法律规定

宅基地因自然灾害等原因灭失的，宅基地使用权消灭。对失去宅基地的村民，应当重新分配宅基地。已经登记的宅基地使用权转让或者消灭的，应当及时办理变更登记或者注销登记。

5.3.5 地役权

1. 地役权的概念

地役权是指地役权人为了自己使用不动产的便利或者土地利用价值的提高，按照合同约定利用他人不动产的权利。地役权人有权按照合同约定，利用他人的不动产，以提高自己的不动产的效益。他人的不动产为供役地，自己的不动产为需役地。例如，为耕作而在必经的他人土地上修路通行的权利，为排灌而在他人土地上修渠的权利。常见的地役权有通行地役权、引水地役权、眺望地役权、采光地役权、支撑地役权、放牧地役权、铺设管线地役权、排污地役权等。

2. 地役权与相邻关系的区别

地役权和相邻关系（相邻权）都是以邻人的不动产为自己的不动产提供便利，但两者存在较大的区别。

① 相邻权是法定权利，是基于法律的直接规定而产生的，法律要求一方必须要为另一方提供便利；地役权是按当事人的约定设立，或者由时效取得。

② 相邻权在性质上是对相邻不动产所有权的限制或扩大，并非独立的物权，而地役权是为自己土地的利益而使用他人的土地，是一种独立的用益物权。

③ 相邻权依法发生一般以相互毗邻为条件，而地役权不受土地是否毗邻的限制。

④ 相邻权设立的目的在于为相邻一方提供必要便利、维护正常生活和生产，而地役权设立的目的在于增加自己土地的利益。

3. 地役权的法律规定

（1）地役权的设立

设立地役权，当事人应当采取书面形式订立地役权合同。地役权自地役权合同生效时设立。当事人要求登记的，可以向登记机构申请地役权登记；未经登记，不得对抗善意第三人。

地役权的期限由当事人在合同中约定，但不得超过土地承包经营权、建设用地使用权等用益物权剩余的期限。

土地上已设立土地承包经营权、建设用地使用权、宅基地使用权等权利的，未经用益物权人同意，土地所有权人不得设立地役权。土地所有权人享有地役权或者负担地役权的，设立土地承包经营权、宅基地使用权时，该土地承包经营权人、宅基地使用权人继续享有或者负担已设立的地役权。

（2）地役权的效力

供役地权利人应当按照合同约定，允许地役权人利用其土地，不得妨害地役权人行使权利。地役权人应当按照合同约定的利用目的和方法利用供役地，尽量减少对供役地权利人物权的限制。

（3）地役权的转让

除合同另有约定的以外，地役权不得单独转让，土地承包经营权、建设用地使用权等转让的，地役权一并转让。需役地及需役地上的土地承包经营权、建设用地使用权部分转让时，转让部分涉及地役权的，受让人同时享有地役权。供役地及供役地上的土地承包经营权、建设用地使用权部分转让时,转让部分涉及地役权的,地役权对受让人具有约束力。

地役权不得单独抵押。土地承包经营权、建设用地使用权等抵押的,在实现抵押权时,地役权一并转让。

（4）地役权的消灭

地役权人有下列情形之一的,供役地权利人有权解除地役权合同,地役权消灭:违反法律规定或者合同约定,滥用地役权;有偿利用供役地,约定的付款期间届满后在合理期限内经两次催告未支付费用。

已经登记的地役权变更、转让或者消灭的,应当及时办理变更登记或者注销登记。

5.4 担保物权

5.4.1 担保物权概述

1. 担保物权的概念

担保物权指以确保债务清偿为目的,在债务人或第三人的财产或权利上设定的,当债务人不履行债务时,权利人将该财产或权利变价并优先受偿的权利。我国《物权法》第一百七十条规定:"担保物权人在债务人不履行到期债务或者发生当事人约定的实现担保物权的情形,依法享有就担保财产优先受偿的权利,但法律另有规定的除外。"

债权人在借贷、买卖等民事活动中,为保障实现其债权,需要担保的,可以依照《物权法》《担保法》和其他法律的规定设立担保物权。我国担保物权包括抵押权、质权和留置权。

2. 担保物权的特征

（1）担保物权以确保债务的履行为目的

担保物权为债权人在其原有的债权请求权之外又增加了一项物权请求权。债权人享有双重请求权,是担保物权法律关系的基本特征。担保物权的成立,以债权的存在和有效成立为基础,直接目的在于保证债务的清偿,使得债权人对于担保标的物享有优先受偿的权利,从而加强和补充债权的效力。

（2）担保物权是在债务人或第三人的财产或权利上设定的权利

担保物权是在他人的所有物上设定的,对于债权人来说都是他人的所有物,因此是他物权。

（3）担保物权以支配担保物的价值为内容,属于物权的一种

一般物权以对标的物实体的占有、使用、收益、处分为目的;而担保物权以标的物的价值确保债权的清偿为目的,以标的物取得一定的价值为内容。在担保期间,担保财产毁损、灭失或者被征收等,担保物权人可以就获得的保险金、赔偿金或者补偿金等优先受偿。被担保债权的履行期未届满的,也可以提存该保险金、赔偿金或者补偿金等。

（4）担保物权具有从属性

担保物权本身不能独立存在,是从属于债权的,因此是一种从物权。担保物权的成立以被担保的债权的有效成立为前提,随着债权的存在而存在,随着债权的转移而转移,并随着债权的消灭而消灭。

（5）担保物权具有不可分性

担保物权的不可分性是指在担保的债权未全部受清偿前，担保物权人可以就担保物的全部行使权利。具体体现在：即使债权一部分被清偿、被让与或被消灭，债权人仍可以就未清偿债权部分对担保物的全部行使权利；即使担保物被分割或者一部分灭失，各部分或者残存部分仍须担保债权的全部。担保物权设定后，担保物价格上涨，债务人无权要求减少担保物；反之，债务人也无提供补充担保的义务。

3. 担保物权的担保范围

担保物权的担保范围包括主债权及其利息、违约金、损害赔偿金、保管担保财产和实现担保物权的费用。当事人另有约定的，按照约定。当事人对担保的范围没有约定或者约定不明确的，担保人应对全部债务承担责任。

4. 担保物权的消灭

有下列情形之一的，担保物权消灭：① 主债权消灭；② 担保物权实现；③ 债权人放弃担保物权；④ 法律规定担保物权消灭的其他情形，比如第三人提供担保，未经其书面同意，债权人允许债务人转移全部或者部分债务的，担保人不再承担相应的担保责任，担保人相应的担保责任消灭。

5.4.2 抵押权

1. 抵押的概念和种类

抵押是指债务人或者第三人不转移对用于抵押物的财产的占有，将该财产作为债权的担保。债务人不履行债务时，债权人有权依法以该财产折价或者以拍卖、变卖该财产的价款优先受偿。债务人或第三人为抵押人，债权人为抵押权人，提供担保的财产为抵押物。

抵押的种类有不动产抵押、动产抵押、权利抵押、财团抵押、浮动抵押、最高额抵押。

2. 抵押物

（1）抵押物的范围

允许抵押的财产必须符合法定条件。根据《物权法》规定，债务人或者第三人有权处分的下列财产可以抵押。

① 建筑物和其他土地附着物。其他土地附着物是指附着于土地之上的除房屋以外的不动产，包括桥梁、隧道、大坝、道路等构筑物，以及林木、庄稼等。

② 建设用地使用权。

③ 以招标、拍卖、公开协商等方式取得的荒地等土地承包经营权。不论承包人是本集体经济组织成员，还是本集体经济组织之外的单位和个人，都可以依法将荒地等土地承包经营权抵押。

④ 生产设备、原材料、半成品、产品。既可以是现有的，也可以是未来将有的生产设备、原材料、半成品、产品。该部分抵押为浮动抵押，下面将做详细介绍。

⑤ 正在建造的建筑物、船舶、航空器。在实践中，建设工程往往周期长、资金缺口大，以正在建造的建筑物、船舶、航空器作为抵押，对于解决建设者融资难，保证在建工程顺利完工具有重要的作用。

⑥ 交通运输工具。包括飞机、轮船、铁路机车车辆、各种机动车辆等。

⑦ 法律、行政法规未禁止抵押的其他财产。

抵押人可以将上述所列财产一并抵押。

《物权法》对建筑物的抵押有专门的规定，实行房与地同时抵押的原则。以建筑物抵押的，该建筑物占用范围内的建设用地使用权一并抵押。以建设用地使用权抵押的，该土地上的建筑物一并抵押。抵押人未依照上述规定一并抵押的，未抵押的财产视为一并抵押。以法定程序确认为违法、违章的建筑物抵押的，抵押无效。乡镇、村企业的建设用地使用权不得单独抵押。以乡镇、村企业的厂房等建筑物抵押的，其占用范围内的建设用地使用权一并抵押。以土地承包经营权抵押的，或者以乡镇、村企业的厂房等建筑物占用范围内的建设用地使用权一并抵押的，实现抵押权后，未经法定程序，不得改变土地所有权的性质和土地用途。

建设用地使用权抵押后，该土地上新增的建筑物不属于抵押财产。该建设用地使用权实现抵押权时，应当将该土地上新增的建筑物与建设用地使用权一并处分，但新增建筑物所得的价款，抵押权人无权优先受偿。

（2）浮动抵押

当事人可以设定浮动抵押权。所谓浮动抵押权，是指以现有的和将有的全部财产或者部分财产为抵押物而设置的抵押。如企业以现有的以及未来可能买进的机器设备、库存产成品、生产原材料等抵押。

与不动产抵押、动产抵押、权利抵押、财团抵押等固定抵押不同：第一，浮动抵押权设定后，抵押的财产不断发生变化，直到约定或法定的事由发生，抵押财产才确定；第二，在浮动抵押期间，抵押人处分抵押财产不必经抵押权人同意，抵押人可以将抵押的原材料投入生产，也可以卖出抵押财产，抵押权人对抵押财产无追及的权利，只能就约定或者法定的事由发生后确定的财产优先受偿。如抵押财产确定前企业卖出的财产不追回，买进的财产算作抵押财产。

设立浮动抵押应当符合以下条件：第一，设立主体限于企业、个体工商户、农业生产经营者；第二，设立的财产限于生产设备、原材料、半成品、产品，除此以外的动产及不动产不得设立浮动抵押；第三，抵押期间，抵押财产处于不确定状态，只有在约定或法定的实现抵押权的条件成就时，抵押财产才确定，实现抵押权时确定的抵押财产与设立时的财产不必相同；第四，要有书面协议；第五，实现抵押权的条件是不履行到期债务或者发生当事人约定的实现抵押权的情形。

设定动产浮动抵押的，浮动抵押权人具有优先受偿权。但法律也有例外规定，即浮动抵押不得对抗正常经营活动中已支付合理价款并取得抵押财产的买受人。

根据《物权法》的规定，浮动抵押的抵押财产自下列情形之一发生时确定：① 债务履行期届满，债权未实现；② 抵押人被宣告破产或者被撤销；③ 当事人约定的实现抵押权的情形；④ 严重影响债权实现的其他情形。

（3）禁止抵押的财产

根据《物权法》的规定，下列财产不得抵押。

① 土地所有权。包括国有土地所有权，也包括集体土地所有权。

② 耕地、宅基地、自留地、自留山等集体所有的土地使用权，但法律规定可以抵押的除外。

③ 学校、幼儿园、医院等以公益为目的的事业单位、社会团体的教育设施、医疗卫生设施和其他社会公益设施。以其教育设施、医疗卫生设施和其他社会公益设施以外的财产为自身债务设定抵押的，抵押有效。

④ 所有权、使用权不明或者有争议的财产。
⑤ 依法被查封、扣押、监管的财产。
⑥ 法律、行政法规规定不得抵押的其他财产。

按份共有人以其共有财产中享有的份额设定抵押的，抵押有效。共同共有人以其共有财产设定抵押，未经其他共有人的同意，抵押无效。但是，其他共有人知道或者应当知道而未提出异议的视为同意，抵押有效。

抵押物因附合、混合或者加工使抵押物的所有权为第三人所有的，抵押权的效力及于补偿金；抵押物所有人为附合物、混合物或者加工物的所有人的，抵押权的效力及于附合物、混合物或者加工物；第三人与抵押物所有人为附合物、混合物或者加工物的共有人的，抵押权的效力及于抵押人对共有物享有的份额。

抵押权设定前为抵押物的从物的，抵押权的效力及于抵押物的从物。但是，抵押物与其从物为两个以上的人分别所有时，抵押权的效力不及于抵押物的从物。

3. 抵押合同和抵押物登记

（1）抵押合同

抵押人和抵押权人应当以书面形式订立抵押合同。抵押合同一般包括下列条款：被担保债权的种类和数额；债务人履行债务的期限；抵押财产的名称、数量、质量、状况、所在地、所有权归属或者使用权归属；担保的范围。

抵押合同对被担保的主债权种类、抵押财产没有约定或者约定不明，根据主合同和抵押合同不能补正或者无法推定的，抵押不成立。

抵押权人在债务履行期届满前，不得与抵押人约定债务人不履行到期债务时抵押财产归债权人所有。债务履行期届满后债务人不履行债务的，抵押权人可以与抵押人协议将抵押财产折价归抵押权人所有，但是不得损害顺序在后的担保物权人和其他债权人利益。

（2）抵押物登记

根据我国《物权法》的规定，当事人以下列财产抵押的，应当办理抵押登记，抵押权自登记时设立。这些财产包括：建筑物和其他土地附着物；建设用地使用权；以招标、拍卖、公开协商等方式取得的荒地等土地承包经营权；正在建造的建筑物。

当事人以下列财产抵押的，抵押权自抵押合同生效时设立；未经登记，不得对抗善意第三人。这些财产包括：生产设备、原材料、半成品、产品；正在建造的船舶、航空器；交通运输工具。

所谓不得对抗善意第三人，包括两方面含义：一是合同签订后，如果抵押人将抵押财产转让，对于善意取得该财产的第三人，抵押权人无权追偿。二是抵押合同签订后，如果抵押人以该财产再次设定抵押，而后位抵押权人进行了抵押登记，那么实现抵押权时，后位抵押权人可以优先于前位未进行抵押登记的抵押权人受偿。

办理抵押物登记，应当向登记部门提供下列文件或者其复印件：主合同和抵押合同；抵押物的所有权或者使用权证书。登记部门登记的资料，应当允许查阅、抄录或者复印。

抵押物登记有两个例外情况：一是因登记部门的原因致使无法办理登记。抵押人向债权人交付权利凭证的，可认定债权人对财产享有优先受偿权。二是尚未办理权属证书的财产抵押，在二审法庭辩论终结前能够提供权属证书或补办抵押登记的，可认定抵押有效。但未办理抵押物登记，不得对抗第三人。抵押物登记记载的内容与抵押合同约定的内容不一致的，以登记记载的内容为准。

4. 抵押的效力

（1）抵押人的权利和义务

在抵押关系存续期间，抵押人享有的权利如下。

① 对抵押物的占有权。除法律和合同另有约定的外，抵押人有权继续占有抵押物，并有权取得抵押物的孳息。

② 对抵押物的出租权。抵押人将已抵押的财产出租的，抵押权实现后，租赁合同对受让人不具有约束力。抵押人将已抵押的财产出租时，如果抵押人未书面告知承租人该财产已抵押的，抵押人对出租抵押物造成承租人的损失承担赔偿责任；如果抵押人已书面告知承租人该财产已抵押的，抵押权实现造成承租人的损失，由承租人自己承担。但是，抵押人将已出租的财产抵押的，应当书面告知承租人，原租赁合同继续有效。抵押权实现后，租赁合同在有效期内对抵押物的受让人继续有效。

③ 对抵押物的处分权。抵押设定后，抵押人并不丧失对抵押物的所有权，抵押人有权决定将抵押物出租他人使用或者转让他人。

我国《物权法》特别重视对抵押权人的安全性利益的保护。其第一百九十一条规定："抵押期间，抵押人经抵押权人同意转让抵押财产的，应当将转让所得的价款向抵押权人提前清偿债务或者提存。转让的价款超过债权数额的部分归抵押人所有，不足部分由债务人清偿。抵押期间，抵押人未经抵押权人同意，不得转让抵押财产，但受让人代为清偿债务消灭抵押权的除外。"

虽然抵押财产可以转让，但抵押权的转让却受到限制。《物权法》第一百九十二条规定："抵押权不得与债权分离而单独转让或者作为其他债权的担保。债权转让的，担保该债权的抵押权一并转让，但法律另有规定或者当事人另有约定的除外。"

④ 对抵押物设定多项抵押的权利。我国《物权法》既没有直接规定禁止超额抵押，也没有直接规定抵押人可以就抵押物设定多项抵押权。根据《担保法》的规定，抵押人所担保的债权不得超出其抵押物的价值。财产抵押后，该财产的价值大于所担保债权的余额部分，可以再次抵押，但不得超出其余额部分。

抵押人的义务主要是妥善保管抵押物。抵押人有义务采取各种必要的措施以防止抵押物的毁损、灭失和价值减少。因抵押人的行为足以使抵押物价值减少的，抵押权人有权要求抵押人停止其行为。抵押物价值减少时，抵押权人有权要求抵押人恢复抵押物的价值，或者提供与其减少的价值相当的担保。若要求遭到拒绝时，抵押权人可以请求债务人履行债务，也可以请求提前行使抵押权。

抵押人对抵押物价值减少无过错的，抵押权人只能在抵押人因损害而得到的赔偿范围内要求提供担保。抵押物折价或者拍卖、变卖该抵押物的价款低于抵押权设定时约定价值的，应当按照抵押物实现的价值进行清偿。不足清偿的剩余部分，由债务人清偿。

抵押物灭失而抵押权消灭，因灭失所得的赔偿金应作为抵押财产。这说明在抵押物灭失、毁损或者被征用的情况下，抵押权人可以就该抵押物的保险金、赔偿金或者补偿金优先受偿。抵押权与其担保的债权同时存在，债权消灭的，抵押权也消灭。

（2）抵押权人的权利

① 抵押权的保全权。抵押权人在抵押权存续期间，遇有抵押物的价值受到侵害的情形时，

享有保全其抵押权益的权利。抵押权人享有的权利主要包括停止侵害和排除妨害请求权、恢复原状请求权、提供相应担保请求权和损害赔偿请求权。

② 孳息的收取权。债务人不履行到期债务或者发生当事人约定的实现抵押权的情形，致使抵押财产被人民法院依法扣押的，自扣押之日起抵押权人有权收取该抵押财产的天然孳息或者法定孳息，但抵押权人未通知应当清偿法定孳息的义务人的除外，该孳息应当先充抵收取孳息的费用。

③ 优先受偿权。优先受偿权是抵押权人享有的最重要的一种权利。抵押权人的优先受偿权主要表现在：抵押权人优先于普通债权人受偿；抵押物被查封、被执行时，抵押权优先于执行权，这一规定适用于抵押权设立在先、抵押财产被查封而执行在后的情况；抵押人破产时，抵押权优先于抵押人的一般债权；抵押物依法被继承或者赠与的，抵押权也不受影响。抵押权人优先受偿的标的物范围要超出抵押标的物的范围，具体包括抵押物原物、抵押物的从物、抵押物的孳息、抵押物的附合物和抵押物的代位物。

5. 抵押权的实现

（1）抵押权实现的一般规定

债务人不履行到期债务或者发生当事人约定的实现抵押权的情形，抵押权人可以与抵押人协议以抵押财产折价或者以拍卖、变卖该抵押财产所得的价款优先受偿，协议损害其他债权人利益的，其他债权人可以在知道或者应当知道撤销事由之日起一年内请求人民法院撤销该协议；抵押权人与抵押人未就抵押权实现方式达成协议的，抵押权人可以请求人民法院拍卖、变卖抵押财产。抵押财产折价或者变卖的，应当参照市场价格。

主债权未受全部清偿的，抵押权人可以就抵押物的全部行使其抵押权。抵押物被分割或者部分转让的，抵押权人可以就分割或者转让后的抵押物行使抵押权。主债权被分割或者部分转让的，各债权人可以就其享有的债权份额行使抵押权。主债权被分割或者部分转让的，抵押人仍以其抵押物担保数个债务人履行债务，但是，第三人提供抵押的，债权人许可债务人转让债务未经抵押人书面同意的，抵押人对未经其同意转让的债务，不再承担担保责任。

抵押物折价或者拍卖、变卖后，其价款超过债权数额的部分归抵押人所有，不足部分由债务人清偿。抵押物折价或者拍卖、变卖所得的价款，当事人没有约定的，按下列顺序清偿：① 实现抵押权的费用；② 主债权的利息；③ 主债权。

抵押人承担担保责任后，可以向债务人追偿，也可以要求其他抵押人清偿其应当承担的份额。为债务人抵押担保的第三人，在抵押权人实现抵押权后，有权向债务人追偿。

（2）多项抵押权实现的清偿顺序

同一财产向两个以上债权人抵押的，拍卖、变卖抵押财产所得的价款依照下列规定清偿：

① 抵押权已登记的，按照登记的先后顺序清偿；顺序相同的，按照债权比例清偿；

② 抵押权已登记的先于未登记的受偿；

③ 抵押权未登记的，按照债权比例清偿。

同一财产向两个以上债权人抵押的，顺序在后的抵押权所担保的债权先到期的，抵押权人只能就抵押物价值超出顺序在先的抵押担保债权的部分受偿；顺序在先的抵押权所担保的债权先到期的，抵押权实现后的剩余价款应予提存，留待清偿顺序在后的抵押担保债权；顺序在先的抵押权与该财产的所有权归属一人时，该财产的所有权人可以以其抵押权对抗顺序在后的抵押权。

同一债权有两个以上抵押人的，债权人放弃债务人提供的抵押担保的，其他抵押人可以请求人民法院减轻或者免除其应当承担的担保责任。同一债权有两个以上抵押人的，当事人对其提供的抵押财产所担保的债权份额或者顺序没有约定或者约定不明的，抵押权人可以就其中任一或者各个财产行使抵押权。

（3）抵押权与其他担保物权并存的清偿顺序

同一财产法定登记的抵押权与质权并存时，抵押权人优先于质权人受偿。同一动产上已设立抵押权或者质权，该动产又被留置的，留置权人优先受偿。

6. 抵押权的行使期间

《物权法》第二百零二条规定："抵押权人应当在主债权诉讼时效期间行使抵押权；未行使的，人民法院不予保护。"超过了主债权诉讼时效期间后，抵押权人丧失的是抵押权受人民法院保护的权利，即胜诉权，而抵押权本身并没有消灭，如果抵押人自愿履行担保义务的，抵押权人仍可以行使抵押权。

7. 最高额抵押权

（1）最高额抵押权的概念、特征和适用范围

最高额抵押是指为担保债务的履行，债务人或者第三人对一定期间内将要连续发生的债权提供担保财产，债务人不履行到期债务或者发生当事人约定的实现抵押权的情形的，抵押权人有权在最高债权额限度内就该担保财产优先受偿。

最高额抵押具有以下特征。

① 最高额抵押是限额抵押。抵押权人只能在最高债权额限度内对抵押财产享有优先受偿权。

② 最高额抵押是为将来发生的债权提供担保。

③ 最高额抵押所担保的最高债权额是确定的，但实际发生额不确定。

④ 最高额抵押是对一定期间内连续发生的债权提供担保。

最高额抵押的适用范围在我国主要为两类法律关系：一是借款合同可以附最高额抵押合同；二是债权人与债务人就某项商品在一定期间内连续发生交易而签订的合同，可以附最高额抵押合同。最高额抵押权所担保的债权范围，不包括抵押物因财产保全或者执行程序被查封后或债务人、抵押人破产后发生的债权。最高额抵押权设立前已经存在的债权，经当事人同意，可以转入最高额抵押担保的债权范围。

（2）主债权变更与最高额抵押权

最高额抵押所担保的主债权是可以转让的。最高额抵押担保的债权确定前，部分债权转让的，最高额抵押权不得转让，但当事人另有约定的除外。当事人可以约定在最高额抵押担保的债权确定前，最高额抵押权随部分债权的转让而转让。当事人的约定主要有以下情形：一是部分债权转让的，抵押权也部分转让，原最高额抵押所担保的债权额随之相应减少；二是部分债权转让的，全部抵押权随之转让，未转让的部分债权成为无担保债权。

当事人也可以协议变更主债权的内容。《物权法》第二百零五条规定："最高额抵押担保的债权确定前，抵押权人与抵押人可以通过协议变更债权确定的期间、债权范围以及最高债权额，但变更的内容不得对其他抵押权人产生不利影响。"

（3）债权确定

有下列情形之一的，抵押权人的债权确定：

① 约定的债权确定期间届满；

② 没有约定债权确定期间或者约定不明确,抵押权人或者抵押人自最高额抵押权设立之日起满两年后请求确定债权；

③ 新的债权不可能发生；

④ 抵押财产被查封、扣押；

⑤ 债务人、抵押人被宣告破产或者被撤销；

⑥ 法律规定债权确定的其他情形。

最高额抵押权所担保的不特定债权,在特定后债权已届清偿期的,最高额抵押权人可以根据普通抵押权的规定行使其抵押权。抵押权人实现最高额抵押权时,如果实际发生的债权余额高于最高限额的,以最高限额为限,超过部分不具有优先受偿的效力；如果实际发生的债权余额低于最高限额的,以实际发生的债权余额为限对抵押物优先受偿。

5.4.3 质权

质权包括动产质权和权利质权两种。

1. 动产质权

1）动产质权的概念

动产质权是指债务人或者第三人将其动产移交债权人占有,将该动产作为债权的担保,当债务人不履行债务时,债权人有权依法以该动产折价或者以拍卖、变卖该动产的价款优先受偿。债务人或者第三人为出质人,债权人为质权人,移交的动产为质押财产。

法律没有明确规定禁止转让的动产,都可以作为设定质权的标的。法律、行政法规禁止转让的动产不得出质,如毒品、管制枪支等。

2）质权合同

出质人和质权人应当以书面形式订立质权合同。动产质权是实践合同,质权自出质人交付质押财产时设立。出质人代质权人占有质押财产的,质权合同不生效。质权人将质押财产返还于出质人后,不得以其质权对抗第三人。出质人以间接占有的财产出质的,质权合同自书面通知送达占有人时视为移交。占有人收到出质通知后,仍接受出质人的指示处分出质财产的,该行为无效。

质权合同中对质押的财产约定不明,或者约定的出质财产与实际移交的财产不一致的,以实际交付占有的财产为准。

质权合同一般包括下列条款：被担保债权的种类和数额；债务人履行债务的期限；质押财产的名称、数量、质量、状况；担保的范围；质押财产交付的时间。

质权人在债务履行期届满前,不得与出质人约定债务人不履行到期债务时质押财产归债权人所有。该约定的无效不影响质权合同其他部分内容的效力。债务履行期届满后质权人未受清偿时,质权人和出质人可以协议以质押财产折价取得质押财产,但是不得损害顺序在后的担保物权人和其他债权人利益。

出质人与质权人可以协议设立最高额质权。最高额质权还可以参照最高额抵押权的规定。

3）动产质权的效力

（1）动产质权对质权人的效力

① 对质押财产的占有和留置权。在质权设定以后,质权人有权占有出质人出质的财产。

在债务没有被清偿之前，质权人有权留置质押财产，即使质押财产的所有者已经由出质人转让给他人，质权人仍然享有留置权，并有权拒绝任何第三人提出的交付质押财产的要求。因不可归责于质权人的事由而丧失对质押财产的占有，质权人可以向不当占有人请求停止侵害、恢复原状、返还质押财产。

② 质押财产孳息的收取权。除质权合同另有约定的外，质权人有权收取质押财产的孳息。该孳息应当先充抵收取孳息的费用。

③ 质押财产保全权。因不能归责于质权人的事由可能使质押财产毁损或者价值明显减少，足以危害质权人权利的，质权人有权要求出质人提供相应的担保；出质人不提供的，质权人可以拍卖、变卖质押财产，并与出质人通过协议将拍卖、变卖所得的价款提前清偿债务或者提存。

④ 费用偿还请求权。质权人对于因保管所支出的必要费用有偿还请求权。

⑤ 质物的转质权。质权人在质权存续期间，为担保自己的债务，经出质人同意，以其所占有的质押财产为第三人设定质权的，应当在原质权所担保的债权范围之内，超过的部分不具有优先受偿的效力。转质权的效力优于原质权。质权人在质权存续期间，未经出质人同意转质，造成质押财产毁损、灭失的，应当向出质人承担赔偿责任。

⑥ 优先受偿权。在债务人不履行债务时，质权人有权以折价或者拍卖、变卖质押财产的价款优先于普通债权人受偿。债务人或者第三人将其金钱以特户、封金、保证金等形式特定化后，移交债权人占有作为债权的担保，当债务人不履行债务时，债权人可以以该金钱优先受偿。

⑦ 质权人可以放弃质权。债务人以自己的财产出质，质权人放弃该质权的，其他担保人在质权人丧失优先受偿权益的范围内免除担保责任，但其他担保人承诺仍然提供担保的除外。

质权人的主要义务为妥善保管质押财产。质权人负有妥善保管质押财产的义务；因保管不善致使质押财产毁损、灭失的，应当承担赔偿责任。质权人的行为可能使质押财产毁损、灭失的，出质人可以要求质权人将质押财产提存，或者要求提前清偿债务并返还质押财产。

质权人在质权存续期间，未经出质人同意，擅自使用、处分质押财产，给出质人造成损害的，应当承担赔偿责任。

（2）动产质权对出质人的效力

① 对质押财产的处分权。出质人在质权成立以后，并不丧失对质押财产的所有权，因此出质人仍然对质押财产有法律上的处分权。

② 质押财产孳息的收取权。出质人可以与质权人约定在质权人占有质押财产期间，由出质人或第三人收取质押财产的孳息。

③ 除去权利侵害和返还质押财产的请求权。质权人不能妥善保管质押财产可能致使其灭失或者毁损的，出质人可以要求质权人将质押财产提存，或者要求提前清偿债权而返还质押财产。在提存期间，提存的费用应由质权人负担。出质人提前清偿债权的，应当扣除未到期部分的利息。债务人履行债务或者出质人提前清偿所担保的债权的，质权人应当返还质押财产。

④ 追偿权。为债务人质押担保的第三人在质权人实现质权后，有权向债务人追偿。

出质人的主要责任在于：出质人以其不具有所有权但合法占有的动产出质的，不知出质人无处分权的质权人行使质权后，因此给动产所有人造成损失的，由出质人承担赔偿责任；债务人或者第三人未按质权合同约定的时间移交质押财产的，因此给质权人造成损失的，出质人应当根据其过错承担赔偿责任；质押财产有隐蔽瑕疵造成质权人其他财产损害的，应由出质人承担赔偿责任，但是质权人在质押财产移交时明知质物有瑕疵而予以接受的除外。

动产质权的效力及于质押财产的从物。但是，从物未随同质押财产移交质权人占有的，质权的效力不及于从物。

4）动产质权的实现

债务人不履行到期债务或者发生当事人约定的实现质权的情形，质权人可以与出质人协议以质押财产折价，也可以就拍卖、变卖质押财产所得的价款优先受偿。质押财产折价或者变卖的，应当参照市场价格。质押财产折价或者拍卖、变卖后，其价款超过债权数额的部分归出质人所有，不足部分由债务人清偿。债务履行期届满质权人未受清偿的，质权人可以继续留置质押财产，并以质押财产的全部行使权利，质押财产的全部包括质押财产、质押财产的从物、孳息和代位物等。

出质人可以请求质权人在债务履行期届满后及时行使质权；质权人不行使的，出质人可以请求人民法院拍卖、变卖质押财产。出质人请求质权人及时行使质权，因质权人怠于行使权利造成损害的，由质权人承担赔偿责任。

质权因质押财产灭失而消灭，因灭失所得的赔偿金应当作为出质财产；质押财产与其担保的债权同时存在，债权消灭的，质权也消灭。

2. 权利质权

权利质权是指债务人或者第三人以其财产权利出质作为债权的担保。除法律另有规定者外，动产质权的法律规定适用于权利质权。

债务人或者第三人有权处分的下列权利可以出质：

① 汇票、支票、本票；
② 债券、存款单；
③ 仓单、提单；
④ 可以转让的基金份额、股权；
⑤ 可以转让的注册商标专用权、专利权、著作权等知识产权中的财产权；
⑥ 应收账款；
⑦ 法律、行政法规规定可以出质的其他财产权利。

以汇票、支票、本票、债券、存款单、仓单、提单出质的，当事人应当订立书面合同。质权自权利凭证交付质权人时设立；没有权利凭证的，质权自有关部门办理出质登记时设立。汇票、支票、本票、债券、存款单、仓单、提单的兑现日期或者提货日期先于主债权到期的，质权人可以兑现或者提货，并与出质人协议将兑现的价款或者提取的货物提前清偿债务或者提存。其兑现或者提货日期后于债务履行期的，质权人只能在兑现或者提货日期届满时兑现款项或者提取货物。以票据、债券、存款单、仓单、提单出质的，质权人再转让或者质押的无效。以存款单出质的，签发银行核押后又受理挂失并造成存款流失的，应当承担民事责任。

以基金份额、股权出质的，当事人应当订立书面合同。以基金份额、证券登记结算机构登记的股权出质的，质权自证券登记结算机构办理出质登记时设立；以其他股权出质的，质权自工商行政管理部门办理出质登记时设立。基金份额、股权出质后，不得转让，但经出质人与质权人协商同意的除外。出质人转让基金份额、股权所得的价款，应当向质权人提前清偿债务或者提存。以依法可以转让的股份、股票出质的，质权的效力及于股份、股票的法定孳息。

以注册商标专用权、专利权、著作权等知识产权中的财产权出质的，当事人应当订立书面合同。质权自有关主管部门办理出质登记时设立。知识产权中的财产权出质后，出质人不得转让或者许可他人使用，但经出质人与质权人协商同意的除外。出质人未经质权人同意而转让或者许可他人使用已出质权利的，应当认定为无效，因此给质权人或者第三人造成损失的，由出质人承担民事责任。出质人转让或者许可他人使用出质的知识产权中的财产权所得的价款，应当向质权人提前清偿债务或者提存。

以应收账款出质的，当事人应当订立书面合同。质权自信贷征信机构办理出质登记时设立。应收账款出质后，不得转让，但经出质人与质权人协商同意的除外。出质人转让应收账款所得的价款，应当向质权人提前清偿债务或者提存。

质权人向出质人、出质债权的债务人行使质权时，出质人、出质债权的债务人拒绝的，质权人可以起诉出质人和出质债权的债务人，也可以单独起诉出质债权的债务人。

5.4.4 留置权

1. 留置权的概念

留置权是指在债务人不履行到期债务时，债权人可以留置已经合法占有的债务人的动产，并有权就该动产优先受偿。该债权人为留置权人，占有的动产为留置财产。

2. 留置权的构成要件

留置权的构成有以下 3 项要件。

① 债权人已经合法占有债务人的动产。债权人必须基于合法原因而占有债务人动产，如基于承揽、运输、保管合同的约定而取得动产的占有。债权人合法占有债务人交付的动产时，不知债务人无处分该动产的权利，债权人仍可以行使留置权，如将借用的电视机交人修理，如果不支付修理费，债权人可以留置该电视机。

② 债务人不履行到期债务。债权人的债权未届清偿期，其交付占有标的物的义务已届履行期的，不能行使留置权。但是，债权人能够证明债务人无支付能力的除外。

③ 债权人留置的动产，应当与债权属于同一法律关系，但企业之间留置的除外。在自然人之间产生的留置权，其留置的动产范围较窄，应与债权属于同一法律关系，如保管合同中寄存人不按期交付保管费，保管人可以留置保管物。随意强占债务人的财产，不能构成留置权。在企业之间产生的留置权，其留置的动产范围较宽，不要求与债权属于同一法律关系。

抵押权、质权是通过当事人约定产生的，留置权与之不同，留置权是一种典型的法定担保形式，所谓法定担保，是指在符合法律规定的条件时，无须债权人和债务人达成协议，债权人即可行使担保权。根据《担保法》规定，因保管合同、运输合同、承揽合同发生的债权，债务人不履行债务的，债权人有留置权。法律规定可以留置的其他合同，债权人也有留置权。法律规定或者当事人约定不得留置的动产，不得留置。

留置权人在债权未受全部清偿前，留置的财产为可分物的，留置物的价值应当相当于债务的金额；留置物为不可分物的，留置权人可以就其留置物的全部行使留置权。

3. 留置权的效力

1）留置权担保的范围

① 留置权所担保的债权范围。担保的范围包括主债权及利息、违约金、损害赔偿金、留置物保管费用和实现留置权的费用。

② 留置权客体的范围。留置权效力所及的标的物的范围一般包括主物（留置权得以成立时债权人占有的动产）、从物、留置物的孳息、留置物的代位物。

2）留置关系中当事人的权利义务

（1）留置权发生后，留置权人的权利义务

① 对留置物的占有权。留置权一经成立，留置权人有权继续占有对方的财产，有权拒绝对方返还财产的请求。

② 留置物孳息的收取权。虽然留置财产的孳息归留置物的所有人所有，但留置权人有权收取留置财产的孳息，该孳息应当先充抵收取孳息的费用。

③ 留置物必要的使用权。留置权为担保物权，留置权人虽有权占有留置物，但原则上对留置物不得使用。但为保管上的必要，如为防止留置的机械生锈，或者经留置物所有人同意，留置权人可以使用留置物。

④ 必要费用返还请求权。留置权人为保管留置物所支出的必要费用，是为物的所有人的利益而支出的，应有权向物的所有人请求返还。这些费用属于留置权所担保的债权范围，可以优先受偿。

⑤ 优先受偿权。留置权人有权就留置财产的价值优先受偿，这是保障留置权人债权实现的根本手段。

留置权人的主要义务是妥善保管留置物，因保管不善致使留置财产毁损、灭失的，应当承担赔偿责任。留置权人在占有留置物期间，不得擅自使用和利用留置物，不得为获取收益而使用留置物，更不得非法处分留置物。在债务人履行债务或债务人另行提供担保而使留置权消灭时，留置权人负有返还留置物的义务。

（2）留置物所有人的权利义务

留置物所有人是指对留置物享有处分权的人，既包括物的所有人，也包括对留置物享有经营权的人。在有些情况下，留置物所有人与债务人不一致。

留置物所有人在留置物被留置期间并不丧失对留置物的所有权，因此留置物所有人仍可以处分留置物，但因留置权人留置了留置物，所以留置物所有人的权利行使受到一定的限制。

留置权债务人的主要义务是在留置权发生后，不得干扰、阻碍留置权人行使留置权，并应偿付因保管留置物而支出的必要的费用。

4. 留置权的实现

留置权为具有两次效力的担保物权。留置权的第一次效力发生于债务人在履行期届满而未履行义务之时，留置权成立。留置权人可以留置其占有的债务人的动产，以促使债务人履行债务。留置权人并不能以留置物受偿其债权。留置权的第二次效力是优先受偿权的实行，在留置权人留置留置物后一定期限内，债务人仍不履行债务时才发生。

《物权法》第二百三十六条规定："留置权人与债务人应当约定留置财产后的债务履行期间；没有约定或者约定不明确的，留置权人应当给债务人两个月以上履行债务的期间，但鲜活易腐等不易保管的动产除外。债务人逾期未履行的，留置权人可以与债务人协议以留置财产折价，也可以就拍卖、变卖留置财产所得的价款优先受偿。留置财产折价或者变卖的，应当参照市场价格。"债务人可以请求留置权人在债务履行期届满后行使留置权；留置权人不行使的，债务人可以请求人民法院拍卖、变卖留置财产。留置财产折价或者拍卖、变卖后，其价款超过债权数额的部分归债务人所有，不足部分由债务人清偿。

留置权人对留置财产丧失占有或者留置权人接受债务人另行提供担保的，留置权消灭。

5.5 占有

5.5.1 占有的概念和特征

占有是指占有人对于物具有事实上的管领力的一种状态。对物的管领之人，称占有人；被管领之物，称占有物。只要占有人客观上有占有行为的存在且主观上有占有的意思即构成物权法所称的占有。

占有具有以下特征。

① 任何权利主体均可成为占有人。自然人和法人可以为占有人，无民事行为能力人或限制民事行为能力人有事实上支配能力，也可成为占有人。

② 占有的客体以物为限。在现实生活中，虽然没有物权却占有不动产的情形也是经常存在的，例如，不动产承租人对于不动产的占有，以及未经登记的不动产移转而产生的占有等，因此，我国《物权法》所说的占有既适用于动产，也适用于不动产。对无须占有物而可行使权利的财产权，如地役权、抵押权和专利权等，只能成立"准占有"。

③ 从占有的内容上看，占有必须是对标的物有事实上的管领力。所谓对物有事实上管领力，是指对物可以支配，并排除他人干涉。只要依一般社会观念足以认定一定的物已具有属于某人实力支配之下的客观关系，即可认定有事实上的管领力。

5.5.2 占有的分类

按不同标准，可将占有进行不同的分类，其中比较重要的有以下几种。

① 有权占有和无权占有。在非所有人的占有中，按照法律上的原因为标准来划分有两类。一类是有权占有，凡有法律依据，即依照法律规定、所有人的意志、行政命令或法院裁判及其他合法原因而实行的占有，如承运人对托运物、保管人对寄存物、承揽人对工作物、承租人对租赁物、留置权人对留置物、质权人对质押财产等的占有为有权占有。另一类为无权占有，发生于占有人对物的占有无正当法律关系的情形，如原法律关系被撤销或者无效时占有人对占有物的占有、盗贼对偷盗之物的占有、借用或租用他人之物到期不还等所发生的占有。

② 善意占有和恶意占有。按照占有人是否知情，可以将无权占有区分为善意占有和恶意占有两类。善意占有是指占有人在占有他人财产时，不知道或不应知道其占有是非法的占有。恶意占有是指占有人在占有他人财产时，知道或应该知道其占有是非法的占有。

③ 直接占有和间接占有。按照占有人是否直接占有标的物，可以将占有分为直接占有和间接占有两类。直接占有是指占有人事实上占有其物，即直接对物有事实上的管领力。如所有人对所有物的占有、质权人对质物的占有、保管人对保管物的占有等。间接占有是指占有人不对标的物直接占有，而是基于一定法律关系对直接占有其物的人有返还请求权的占有。所有人有时候并不直接占有所有物，而为地上权人、质权人、承租人、借用人、保管人、承运人等直接占有，但所有人可以依法或依约请求返还。这种占有称为间接占有。

④ 自主占有与他主占有。按照占有意思的不同，可以将占有分为自主占有和他主占有两类。自主占有是指占有人以所有的意思占有标的物，如买受人对标的物的占有、盗贼对赃物

的占有。他主占有是指占有人以非所有的意思占有标的物,如借用人对借用物的占有、保管人对保管物的占有等。

另外,占有还可以划分为公然占有与隐秘占有、和平占有与强暴占有、自己占有与辅助占有等。

5.5.3 占有的取得、变更与丧失

1. 占有的取得

(1) 占有的原始取得

占有的原始取得是指不依据他人既存的占有而取得的对某物的占有,例如,无主物的先占、遗失物的拾得等。这种原始取得的原因是事实行为,故行为人可以为无民事行为能力人。

(2) 占有的继受取得

占有的继受取得是指当事人依据他人既存的占有而取得占有,主要的方式就是通过法律行为或者继承而取得占有。如买受人取得对标的物的占有、质权人取得对质押财产的占有、继承人取得对遗产的占有等。

2. 占有的变更

占有的变更是指占有从一种类型转向另一种类型。当占有人丧失法律上占有的原因后仍继续占有标的物的,则其有权占有就变为无权占有。例如,承租人在租赁期限届满后仍不向出租人返还租赁物时,其有权占有变为无权占有。当无权占有人知道了或者应当知道其占有是没有合法根据之时,善意占有就变为恶意占有。

3. 占有的丧失

(1) 直接占有的丧失

当占有人丧失了对某物事实上的管领力时,就丧失了直接占有。管领力的丧失可能是基于占有人自己的意思,如出售、抛弃等,也可能是非基于占有人的意思,如被盗、遗失等。

(2) 间接占有的丧失

间接占有的丧失包括以下几种情形:直接占有人丧失占有,间接占有归于消灭;直接占有人不承认间接占有,间接占有消灭;间接占有人丧失了返还请求权,间接占有也归于消灭。

5.5.4 占有的效力

占有的效力是占有制度的核心,其法律效力主要表现为:事实推定效力、权利推定效力、无权占有人与返还请求权人的关系。

1. 占有状态事实推定效力

依照证据法的原则,任何人为了自己的利益主张事实存在的,须负举证责任,但是对于占有,各国法律规定对占有的一些事实推定,免除了占有人的举证责任。占有状态事实推定包括下列基本内容:当占有人的占有状态不明确时,推定为自主、善意、公然、和平的占有,占有人无须举证。他人想要推翻,则须负举证责任。在占有的前后两个时期,有占有证据的,推定其前后两个时期之间为继续占有。

2. 占有状态权利推定效力

占有状态权利推定是指占有人在占有物上行使的权利,推定为占有人合法享有此权利。占有人不负有权占有的举证责任,在相对人提出反证时,占有人为推翻该反证,仍须举证。

关于这种推定的权利范围，只要是以占有标的物为内容行使权利，均在推定范围内，既包括物权（所有权、质权、留置权等），也包括债权（租赁使用权、借用权）。不以占有为内容的权利，如地役权、抵押权、著作权等，则不在推定范围内。权利的推定，一般是为占有人的利益，但物上负担，如税收，也应由占有人负担。

3. 无权占有人与返还请求权人的关系

无权占有人通常不得对抗财产的合法权利人。但无权占有分善意占有和恶意占有两类，其效力有所不同。

（1）善意占有的效力

① 受让人从无处分权人处受让他人财产时，如受让人为善意且有偿取得财产，受让人能够享有财产所有权。

② 原权利人请求善意受让人归还遗失物或被他人盗窃、抢劫等非法占有的财产时，应当偿还善意受让人对遗失物支付的代价。

③ 物的权利人请求善意占有人返还财产时，善意占有人有权要求返还为保持占有物的效用和价值所支付的费用。我国《物权法》第二百四十三条规定："不动产或者动产被占有人占有的，权利人可以请求返还原物及其孳息，但应当支付善意占有人因维护该不动产或者动产支出的必要费用。" 据此，不管是善意占有人还是恶意占有人，在要求返还支付的必要费用的权利时，都负有返还原物及其孳息的义务，这是我国《物权法》的一个不同点。

（2）恶意占有的效力

占有人因使用占有的不动产或者动产，致使该不动产或者动产受到损害的，恶意占有人应当承担赔偿责任。占有的不动产或者动产毁损、灭失，该不动产或者动产的权利人请求赔偿的，占有人应当将因毁损、灭失取得的保险金、赔偿金或者补偿金等返还给权利人；权利人的损害未得到足够弥补的，恶意占有人还应当赔偿损失。

5.5.5 占有的法律保护

我国《物权法》规定的占有的法律保护具体包括3种形式。

① 占有物返还请求权。占有的不动产或者动产被侵占的，占有人有权请求返还原物。这里的"占有人"不仅包括有权占有人，也包括无权占有人。占有人返还原物的请求权，自侵占发生之日起一年内未行使的，该请求权消灭。

② 排除妨害请求权和消除危险请求权。对妨害占有的行为，占有人有权请求排除妨害或者消除危险。占有人无论是有权占有还是无权占有，其占有受他人侵害，即可行使法律赋予的占有保护请求权。

③ 损害赔偿请求权。因侵占或者妨害造成损害的，占有人有权请求损害赔偿。

5.6 案例分析

案例一　综合分析题

一、案情

甲公司于2017年10月10日通过拍卖方式拍得位于北京郊区的一块工业建设用地，同年

10月15日，甲公司与北京市土地管理部门签订《建设用地使用权出让合同》。同年10月21日，甲公司缴纳全部土地出让金。同年11月5日，甲公司办理完毕建设用地使用权登记，并获得建设用地使用权证。2017年11月21日，甲公司与相邻土地的建设用地使用权人乙公司签订书面合同。该合同约定：甲公司在乙公司的土地上修筑一条机动车道，以利于交通方便；使用期限为20年；甲公司每年向乙公司支付8万元费用。该合同所设立的权利没有办理登记手续。2018年1月28日，甲公司以取得的上述建设用地使用权作抵押，向丙银行借款5 000万元，借款期限为3年。该抵押权办理了登记手续。此后，甲公司依法办理了各项立项、规划、建筑许可、施工许可等手续之后开工建设厂房。2018年5月，因城市修改道路规划，政府提前收回甲公司取得的尚未建设厂房的部分土地，用于市政公路建设。甲公司因该原因办理建设用地使用权变更登记手续时，发现登记机构登记簿上记载的建设用地使用权面积与土地使用权证上的记载不尽一致。

要求：根据本题所述内容，分别回答下列问题。

1. 甲公司于何时取得建设用地使用权？并说明理由。
2. 甲公司与乙公司订立合同拟设立的是何种物权？该物权是否已经设立？并说明理由。
3. 甲公司与乙公司的合同订立后，如果甲公司不支付约定的费用，乙公司在何种条件下有权解除合同？
4. 甲公司在建造的厂房已经完工，未办理房屋所有权证的情况下，是否取得该房屋所有权？并说明理由。
5. 甲公司建造的厂房是否属于丙银行抵押权涉及的抵押物范围？并说明理由。丙银行如何实现自己的抵押权？
6. 在政府提前收回甲公司部分建设用地使用权的情况下，丙银行能否就甲公司获得的补偿金主张权利？并说明理由。
7. 在登记簿上的记载与土地使用权证上的记载不一致的情况下，以何为准？

二、参考答案

1. 甲公司于2017年11月5日取得建设用地使用权。根据规定，建设用地使用权的取得必须向登记机构办理登记，登记是建设用地使用权生效的条件。在本题中，甲公司于2017年11月5日办理了建设用地使用权的登记，因此，甲公司于2017年11月5日取得建设用地使用权。

2. 甲、乙公司设立的是地役权，该地役权已经设立。根据规定，地役权自地役权合同生效时设立。当事人要求登记的，可以向登记机构申请地役权登记；未经登记，不得对抗善意第三人。在本题中，当事人未办理登记不影响地役权的设立，地役权自地役权合同生效时（2017年11月21日）设立。

3. 在约定的付款期间届满后，在合理期限内经乙公司2次催告，甲公司仍未支付费用的，乙公司有权解除合同使得地役权消灭。

4. 甲公司已经取得该房屋的所有权。根据规定，因合法建造等事实行为设立物权的，自事实行为成就时发生效力。在本例中，由于甲公司建造的房屋已经完工，即使未办理房屋所有权证书，但甲公司自合法建造完成之日起就取得了所有权。

5. 厂房不属于抵押物的范围。根据规定，以城市房地产设定抵押的，土地上新增的房屋不属于抵押财产。抵押权实现时，可以依法将该土地上新增的房屋与抵押物一同变价，但对新增房屋的变价所得，抵押权人无权优先受偿。

6. 丙银行可以就补偿金主张权利。根据规定，担保期间，担保财产毁损、灭失或者被征收等，担保物权人可以就获得的保险金、赔偿金或者补偿金等优先受偿。

7. 以登记簿为准。根据规定，抵押物登记记载的内容与抵押合同约定的内容不一致的，以登记记载的内容为准。

案例二　综合分析题

一、案情

冯系养鸡专业户，为改建鸡舍和引进良种需资金 20 万元。冯向陈借款 10 万元，以自己的一套价值 10 万元的音响设备抵押，双方立有抵押字据，但未办理登记。冯又向朱借款 10 万元，又以该设备质押，双方立有质押字据，并将设备交付朱占有。冯得款后，改造了鸡舍，且与县良种站签订了良种鸡引进合同。合同约定良种鸡款共计 2 万元，冯预付定金 4 000 元，违约金按合同总额的 10%计算，冯以销售肉鸡的款项偿还良种站的货款。合同没有明确约定合同的履行地点。后县良种站将良种鸡送交冯，要求支付运费，冯拒绝。因发生不可抗力事件，冯预计的收入落空，冯因不能及时偿还借款和支付货款而与陈、朱及县良种站发生纠纷。诉至法院后，法院查证上述事实后又查明：朱在占有该设备期间不慎将该设备损坏，送蒋修理。朱无力交付修理费 1 万元，该设备现已被蒋留置。请问：

1. 冯与陈之间的抵押关系是否有效？为什么？
2. 冯与朱之间的质押关系是否有效？为什么？
3. 朱与蒋之间是何种法律关系？
4. 对该音响设备，陈要求行使抵押权，蒋要求行使留置权，应由谁优先行使其权利？为什么？

二、参考答案

1. 冯与陈之间的抵押关系有效。冯、陈双方立有抵押字据，为书面形式的合同，且抵押物并非必须办理登记的土地使用权、房地产、林木等，当事人以其他财产抵押的，可以自愿办理抵押物登记，也可以不办理抵押物登记，故冯与陈之间的抵押关系有效。

2. 冯与朱之间的质押关系有效。《担保法》第六十四条规定："出质人和质权人应当以书面形式订立质押合同。质押合同自质物移交于质权人占有时生效。"在本案中，双方当事人立有质押字据，且质物已移交质权人占有，故冯与朱之间的质押关系有效。

3. 朱与蒋之间是承揽合同关系、留置关系。朱是定作人，蒋是承揽人，之后朱与蒋之间因承揽合同发生的债权发生留置关系，朱是债务人，蒋是债权人、留置权人。

4. 应由蒋优先行使留置权。《最高人民法院关于适用〈中华人民共和国担保法〉若干问题的解释》第七十九条规定："同一财产法定登记的抵押权与质权并存时，抵押权人优先于质权人受偿。同一财产抵押权与留置权并存时，留置权人优先于抵押权人受偿。"朱与蒋之间，蒋的留置权有优先权。

案例三　综合分析题

一、案情

2016 年 1 月，村民张老三到儿子张四处暂住，委托邻居李老五帮忙照看其房屋。2016

年 2 月,李老五因突发脑溢血去世了,其子李六便主动承担照看张老三房屋的责任。

村民刘七早就得知张老三家有一块祖传砚台,便向李六提出购买张老三家的祖传砚台。2016 年 3 月,李六以 2 000 元的价格将砚台卖给了刘七。刘七购得砚台后,谎称该砚台为其祖传珍品,并以 1 万元的价格卖给了吴八。吴八购得砚台后,于 2016 年 4 月到城里寻找买家,恰逢张老三的儿子张四。张四见该砚台与自家祖传砚台十分相似,便起了疑心。吴八便吹嘘该砚台有公母两个,公的早已失传,其出售的正是母砚台。张四信以为真,便花 2 万元购得该砚台。张四回家后便将该砚台交给其父张老三,张老三对该砚台有公母的说法将信将疑,特地将该砚台带回老家,准备与自己的砚台做一番比较。回家后张老三发现自己家的砚台不见了,立即找李六询问。在得知事情的原委后,张老三要求李六赔偿张四为购买该砚台支付的 2 万元。李六认为自己卖砚台时只收取了刘七 2 000 元,故只同意返还张老三 2 000 元。张老三于是要求刘七赔偿剩余的 1.8 万元,刘七认为该砚台系其从李六处购买,不同意赔偿张老三的损失。请问:

1. 李老五和李六都对张老三的房屋进行了占有,在法律关系上有何不同?
2. 李六将张老三家祖传砚台出售给刘七的行为是否有效?并说明理由。
3. 吴八能否取得该砚台的所有权?为什么?
4. 张老三的损失应如何得到赔偿?

二、参考答案

1. 张老三委托李老五照看房屋,李老五是基于房屋所有人的委托占有张老三的房屋及家中的部分财物,这是一种有权占有。李六照看张老三房屋并没有张老三的授权,也没有法律规定,是一种无权占有,可视为是一种无因管理行为,但其照看房屋的行为使其对房屋内的财产都取得了一种事实上的占有状态。

2. 李六借其为张老三照看房屋的机会,将张老三家的祖传砚台卖给刘七的行为,是一种无处分权行为,签订的合同是效力待定合同。根据法律规定,当事人订立合同处分财产时,应当享有财产处分权,否则合同无效。但是,法律规定,无处分权的人处分他人的财产,经权利人追认或者无处分权的人订立合同后取得处分权的,该合同有效。如果合同相对人善意且有偿取得财产,则合同相对人能够享有财产所有权,原财产所有权人的损失,由擅自处分人承担赔偿责任。本例中,张老三明确否认了李六的处分权,刘七明知李六无权出售该砚台仍收购,其主观恶意非常明显,不构成善意取得。因此,可以认定李六与刘七签订的合同为无效合同。

3. 由于刘七与李六签订的砚台买卖合同无效,刘七恶意购得砚台后,并不能取得砚台的所有权,其对该砚台的占有行为也是一种无权占有,其将砚台出售给吴八的行为也是一种无处分权行为。由于吴八并不知道刘七无处分权的事实,而且在轻信了刘七的谎言后购买该砚台,吴八在购买该砚台时主观上为善意,可以认定为善意取得,吴八能够取得该砚台的所有权。吴八以 2 万元的价格将砚台出售给张四,虽然有虚假陈述的行为,总的来看,并不构成欺诈,可以认定该出售行为是有效的。

4. 该例中,李六和刘七共同构成侵权行为,张老三的损失应根据两人的过错分别承担赔偿责任。

作业题

一、复习思考题

1. 物权的概念及其特征是什么?
2. 简述物权的种类及其内容。
3. 非基于法律行为的物权变动的具体类型有哪些?
4. 试述我国基于法律行为而发生物权变动的公示方法。
5. 简述所有权的基本权能。
6. 与独立所有权相比,共有的特征有哪些?
7. 简述建筑物区分所有权的概念和内容。
8. 简述用益物权的特征。
9. 什么是地役权?地役权与相邻关系有何区别?
10. 抵押人和抵押权人各有哪些主要权利?
11. 质权人对动产质押的权利有哪些?
12. 抵押权和留置权有何主要区别?
13. 简述占有的效力。

二、单项选择题

1. 甲有一天然木雕,不慎丢失。乙误以为无主物捡回家,配以基座,陈列于客厅。乙的朋友丙十分喜欢,乙遂以之相赠。后甲发现,向丙追索。下列选项正确的是( )。
    A. 木雕属遗失物,乙应返还给甲
    B. 木雕属无主物,乙取得其所有权
    C. 乙因加工行为取得木雕的所有权
    D. 丙因善意取得木雕的所有权
2. 下列( )情况下,善意第三人不能依据善意取得制度取得相应物权。
    A. 保留所有权的动产买卖中,尚未付清全部价款的买方将其占有的标的物卖给不知情的第三人
    B. 计算机的承租人将其租赁的计算机向不知情的债权人设定质权
    C. 动产质权人擅自将质物转质于不知情的第三人
    D. 受托代为转交某一物品的人将该物品赠与不知情的第三人
3. 甲、乙、丙、丁按份共有一栋房屋,份额相同。为提高该房屋使用价值,甲向乙、丙、丁提议拆旧翻新。在共有人之间未就该事项作出明确约定的情况下,下列表述中,符合物权法规定的是( )。
    A. 即使乙、丙、丁不同意,甲仍可以拆旧翻新
    B. 只要乙、丙、丁中有一人同意,甲就可以拆旧翻新
    C. 只要乙、丙、丁中有两人同意,甲就可以拆旧翻新
    D. 只有乙、丙、丁均同意,甲才可以拆旧翻新
4. 甲将一辆二手车出售给邻居乙,并约定:在甲将汽车出售给乙之后,乙获得以每月150元的价格永久使用甲家车库的权利。后甲又与丙达成车库买卖合同,尚未办理过户手

续。下列有关车库权利的表述中,正确的是（　　）。
   A. 乙获得的车库使用权是物权
   B. 乙获得的车库使用权可以没有期限限制
   C. 乙获得的车库使用权不能对抗丙
   D. 如经多次催告乙仍不按约支付使用费,甲可以收回车库使用权

5. 某村在本村"四荒"土地发包过程中,下列行为（　　）是错误的。
   A. 将村东的荒沟通过招标方式发包给邻村人张某
   B. 将村西的荒丘通过拍卖方式发包给外乡人王某和陈某
   C. 将村北的荒山通过公开协商方式发包给县林业开发公司
   D. 将村南的荒滩依照村委会的决议发包给本村人黄某

6. 对于宅基地使用权,下列表述错误的是（　　）。
   A. 自然人在城镇依法买卖房屋时该房屋宅基地使用权应随房屋所有权转移给新房主
   B. 宅基地使用权人享有在房前屋后种植树木的权利
   C. 宅基地使用权可以单独转让
   D. 宅基地使用权可以互换宅基地

7. 甲公司向乙银行贷款1 000万元,约定2015年12月2日一次性还本付息。丙公司以自己的一栋房屋作抵押。甲到期没有清偿债务,乙银行每个月都向其催收,均无效果,最后一次催收的时间是2017年3月6日。乙银行在（　　）前行使抵押权,才能得到法院的保护。
   A. 2017年12月2日　　　　　　B. 2019年12月2日
   C. 2019年3月6日　　　　　　 D. 2021年3月6日

8. 甲居于某城市,因业务需要,以其坐落在市中心的一处公寓（价值210万元）作抵押,分别从乙银行和丙银行各贷款100万元。甲与乙银行于6月5日签订了抵押合同,6月10日办理了抵押登记;与丙银行于6月8日签订了抵押合同,同日办理了抵押登记。后因甲无力还款,乙银行、丙银行行使抵押权,对甲的公寓依法拍卖,只得价款150万元,乙银行、丙银行对拍卖款应如何分配?（　　）
   A. 乙75万元、丙75万元　　　　B. 乙10万元、丙50万元
   C. 丙100万元、乙50万元　　　 D. 丙80万元、乙70万元

9. 甲向乙借款20万元做生意,由丙提供价值15万元的房屋抵押,并订立了抵押合同。甲因办理登记手续费过高,经乙同意未办理登记手续。甲又以自己的一辆价值6万元的"夏利"车质押给乙,双方订立了质押合同。乙认为将车放在自家附近不安全,决定仍放在甲处。一年后,甲因亏损无力还债,乙诉至法院要求行使抵押权、质权。本案中抵押和质押的效力如何?（　　）
   A. 抵押、质押均有效　　　　　B. 抵押、质押均无效
   C. 抵押有效、质押无效　　　　D. 质押有效、抵押无效

10. 甲为乙的债权人,乙将其电动车出质于甲。现甲为了向丙借款,未经乙同意将电动车出质于丙,丙不知此车为乙所有。下列（　　）是错误的。
    A. 丙因善意取得而享有质权
    B. 因未经乙的同意丙不能取得质权

C. 甲对电动车的毁损、灭失应向乙承担赔偿责任
D. 对电动车毁损、灭失，乙可向丙索赔

三、多项选择题

1. 甲发现去年丢失的电动自行车被路人乙推行，便上前询问，乙称从朋友丙处购买，并出示了丙出具的付款收条。如甲想追回该自行车，可以提出（ ）理由支持请求。
   A. 甲丢失该自行车被丙拾得
   B. 丙从甲处偷了该自行车
   C. 乙明知道该自行车是丙从甲处偷来的仍然购买
   D. 乙向丙支付的价格远远低于市场价

2. 根据物权法法律制度的规定，下列物权变动中，以登记为变动要件的有（ ）。
   A. 甲公司将一幅土地的建设用地使用权转让给乙公司
   B. 甲公司与乙公司之间订立合同，在甲的土地上设定地役权
   C. 甲公司将一架飞机的所有权转让给乙公司
   D. 自然人丙将其继承的房屋转让给丁，该房屋尚登记在其去世的父亲名下

3. 根据物权法法律制度的规定，下列关于建筑物区分所有权的表述中，错误的有（ ）。
   A. 业主对于专有部分的占有、使用、收益和处分，不得损害其他业主的合法权益
   B. 业主对于共有部分的使用，应征得其他业主的同意
   C. 业主对于共有部分的使用权，应当按照业主专有部分建筑面积的比例来决定
   D. 业主大会选聘和解聘物业服务机构，应征求房地产开发商的意见

4. 王某有一栋两层楼房，在楼顶上设置了一个商业广告牌。后王某将该楼房的第二层出售给了张某。以下叙述（ ）是正确的。
   A. 张某无权要求王某拆除广告牌
   B. 张某对楼顶享有共有和共同管理的权利
   C. 张某与王某间形成了建筑物区分所有权关系
   D. 张某有权要求与王某分享其购房后的广告收益

5. 王某承包了村里的耕地、林地、草地各一块，现在全家准备进城经商，但农民离土，最关心的就是他和土地的关系，下列说法中，（ ）是正确的。
   A. 王某全家迁入县城经商，有权保留承包地经营权
   B. 王某全家迁入县城经商，有权将耕地、草地租给同村人李某并收取租金
   C. 王某全家在省会城市上户口、入社保，有权保留承包地经营权
   D. 王某全家在省会城市上户口、入社保，有权将耕地、草地出售给同村人李某
   E. 王某全家在省会城市上户口、入社保，对其在承包地上的筑坝投资，无权获得补偿

6. 赵某向钱某借款30万元，用价值15万元的汽车作抵押，同时又请孙某和李某对未抵押部分债务共同承担连带担保责任。偿债期到后，赵某无力偿还。钱某获汽车拍卖价款10万元后，找孙某追偿其余债务。孙某承担责任并行使权利的方式有（ ）。
   A. 先代偿20万元，然后请求赵某偿付20万元
   B. 先代偿20万元，然后请求李某承担10万元，再请求赵某偿还10万元
   C. 先代偿15万元，然后请求赵某偿付15万元

D. 先代偿15万元，然后请求李某承担7.5万元，再请求赵某偿还7.5万元

7. 2019年11月5日甲向乙借款1500元，同时签订了一份质押合同，由甲于2019年11月11日将一头受胎的母牛作为质物交付给乙。第二年1月8日母牛产小牛一只。下列表述（　　）是正确的。
   A. 质押合同生效时间为2019年11月5日
   B. 质押合同生效时间为2019年11月11日
   C. 小牛应归甲所有
   D. 乙在接受还款前有权占有小牛

8. 2019年9月1日，王某将一台笔记本电脑交由丁某修理，修理费为800元。11月5日，王某将电脑提走，并约定10天内支付修理费，如果10天内不支付修理费，丁某可对该电脑行使留置权。现王某拒不支付修理费，丁某可行使的权利为（　　）。
   A. 对该笔记本电脑行使留置权
   B. 向王某行使清偿请求权
   C. 对王某的另一台台式计算机行使留置权
   D. 要求王某承担违约责任
   E. 要求王某将笔记本电脑送回，以便行使留置权

四、案例分析题

1. 2017年4月2日，王某与丁某约定：王某将一栋房屋出售给丁某，房价为30万元。丁某支付房屋价款后，王某交付了房屋，但没有办理产权转移登记。丁某接受房屋并进行了装修，于2017年8月2日，出租给叶某，租期为2年。2017年8月10日，王某因病去世，全部遗产由其子小王继承。小王于2017年9月1日将该房屋卖给杜某，并办理了产权转移登记。请问：
   （1）杜某是否有权请求丁某返还房屋？为什么？
   （2）杜某什么时候取得房屋的所有权？

2. 万某与李某为夫妻关系，共同拥有房屋一套，房产证登记的名字为万某，2010年8月乘着妻子外出，万某在未征得李某同意的情况下，与丁某签订了《房屋买卖合同》，将房屋出售给丁某。丁某按照市场价格支付了全部购房款并办理了过户登记手续，后入住该房屋。李某外出回家后发现房屋出售给了丁某，就向法院起诉，要求认定《房屋买卖合同》无效，并要求丁某返还房屋。请问：
   （1）万某与丁某之间签订的《房屋买卖合同》是否有效？
   （2）丁某主观上是否为"善意"？
   （3）丁某是否构成善意取得？

3. 2010年8月，甲、乙二人各出资20万元，丙出资30万元共同购买了一套商业门面房。2010年10月，甲、乙二人欲出售该房屋给他人，丙不同意，并提出愿意以八折价格购买甲和乙的出资。2010年11月，甲、乙背着丙与丁签订了买卖合同，将该门面房以50万元的价格出售给了丁。丙得知情况后，认为甲、乙侵犯了自己的所有权，遂向法院起诉，要求撤销甲、乙与丁所签订的合同。请问：
   （1）甲、乙、丙3人之间是什么关系？
   （2）丙的请求能否得到法院支持？为什么？

4. 李甲购买了一套临河 3 层高档别墅，为了能够保证欣赏到远处的风景，与相邻土地的使用权人张乙约定：张乙保证该块土地上不会修建高于 3 层的建筑，作为补偿，李甲每年向张乙支付 5 000 元。双方签订了书面协议，李甲如约给付了当年的款项。半年后，张乙因工作调动，将自有房屋和该块土地使用权出售给王丙，因怕影响出售价格，故并未告知其与李甲的协议。王丙随后在该块土地上建造了一幢 7 层大楼，不仅完全遮挡了李甲眺望河滨的角度，甚至妨碍了李甲房屋的正常采光。请问：

（1）李甲对该块土地能否享有地役权？为什么？

（2）王丙影响李甲的"眺望风景权"，是否应当予以补偿？为什么？

（3）王丙影响李甲房屋正常采光，是否应当予以补偿？为什么？

（4）地役权与相邻权有何主要区别？

5. 甲因向乙借款而将自己的房屋抵押给乙，双方签订了抵押合同，并且甲将该房屋的产权证交付于乙，但因当地登记部门的原因而未登记。后甲又以该产权证的复印件与丙签订了抵押合同，并办理了抵押登记。后甲逾期未偿还债务。请问：

（1）乙对甲的房屋是否享有抵押权？为什么？

（2）丙对甲的房屋是否享有抵押权？为什么？

（3）如果两个抵押权都存在，对抵押物优先受偿权的位次如何？为什么？

6. 2018 年 10 月，甲公司向某银行贷款 100 万元，乙公司以其所有的一栋房屋为甲公司设定抵押，并完成了抵押登记。2019 年 1 月，乙公司又以该房屋为债权人丙设定抵押，但一直拒绝办理抵押登记。2019 年 3 月，乙公司擅自将该房屋出售给丁公司，并办理了过户手续。

（1）银行作为债权人能否对该房屋行使抵押权？为什么？

（2）乙公司与债权人丙之间的抵押合同是否成立？抵押权是否已经设立？为什么？

（3）乙公司与丁公司之间的房屋转让合同是否生效？为什么？

（4）在什么情况下，不论银行是否同意，乙公司均有权将房屋出售给丁公司？

7. 2009 年 10 月，甲公司与乙公司签订了一份运输合同，约定由乙公司将甲公司的货物运至沈阳，运费为 4 000 元。货物运抵目的地后，甲公司暂时无钱支付运费，但答应乙公司尽快偿还。2010 年 1 月，甲公司又与乙公司签订了一份运输合同，约定由乙公司将甲公司的 10 辆摩托车（每辆单价约 1 万元）运到广州，甲公司事先支付了运费 6 000 元。摩托车运到广州以后，乙公司将这 10 辆摩托车留置，要求甲公司偿还上一次运输合同的运费。同时在留置期间，乙公司将其中的 5 辆摩托车借给他人使用，获取租金 2 000 元。请问：

（1）乙公司能否留置这 10 辆摩托车，要求甲公司偿还上一次运输合同的运费？为什么？

（2）乙公司能否留置这 10 辆摩托车中的一辆，要求甲公司偿还上一次运输合同的运费？为什么？

（3）乙公司能否将摩托车借给他人使用？获取的租金应该归谁所有？

（4）如果乙公司能够留置摩托车，应如何行使留置权？

第6章 合同法（总则）

6.1 合同法概述

1. 合同的概念和特征

合同，亦称契约，是指平等主体的自然人、法人、其他组织之间设立、变更、终止民事权利义务关系的协议。

合同有广义和狭义之分。广义的合同除了包括民事合同外，还包括行政合同、劳动合同等。民事合同是指当事人之间设立、变更、终止民事关系的协议，它包括债权合同、身份合同等。我国《合同法》中所称的合同，是指狭义上的合同，其调整对象为除了身份合同以外的所有民事合同。

合同具有如下特征。

① 合同是一种民事法律行为。合同是当事人之间在自愿基础上达成的协议，是以发生一定民事法律后果为目的的法律行为，不具有发生民事法律后果目的的行为不是合同。合同的这一特征明显区别于一般社交中的约定行为。一般社交活动中的约定并不产生法律上的权利义务关系，不是合同。

② 合同是双方或多方当事人的法律行为。合同的主体必须有两个或者两个以上，合同的成立是各方当事人意思表示一致的结果，不是单方面的法律行为。

③ 合同当事人的法律地位平等。当事人在合同关系中的法律地位是平等的，一方不得凭借行政权力、经济实力等将自己的意志强加给另一方。

④ 合同是当事人的意思表示一致。签订合同的当事人必须有明确的目的，并作出意思完全一致的表示。

2. 合同的分类

根据不同的标准，可将合同分为不同的种类。合同的分类有助于当事人正确地理解法律，订立和履行合同，有助于正确地适用法律，处理合同纠纷，还可对合同法律的完善起到促进作用。通常，对合同做以下分类。

（1）有名合同与无名合同

根据法律是否对合同规定有确定的名称与调整规则，合同分为有名合同与无名合同。有名合同是立法上规定有确定名称与规则的合同，又称典型合同。如《合同法》在分则中规定的买卖合同、赠与合同、借款合同、租赁合同等各类合同。无名合同是立法上尚未规定有确定名称与规则的合同，又称非典型合同。这种分类的意义在于两种合同的法律适用不同。对有名合同可直接适用《合同法》中关于该种合同的具体规定。对无名合同则只能在适用《合同法》总则中规定的一般规则的同时，参照该法分则或者其他法律中最相类似的规定执行。

(2) 单务合同与双务合同

根据合同当事人是否互相享有权利、负有义务，可将合同分为单务合同与双务合同。单务合同是指仅有一方当事人承担义务的合同，如赠与合同。双务合同是指双方当事人相互享受权利、承担义务的合同，如买卖合同、承揽合同、租赁合同等。这种分类的法律意义在于：除法律另有规定或当事人另有约定外，双务合同的当事人应当同时履行其义务；一方在未履行自己的义务时请求对方履行的，对方有权拒绝；一方不履行义务时，对方有权依法解除合同并要求赔偿。单务合同不发生上述法律后果。

(3) 有偿合同与无偿合同

根据合同当事人是否为从合同中得到的利益支付对价，可将合同分为有偿合同与无偿合同。有偿合同是指当事人为从合同中得到利益要支付相应对价的合同。无偿合同是指当事人不需为从合同中得到的利益支付相应对价的合同。有的合同只能是有偿合同，如买卖、租赁合同等；有的合同只能是无偿合同，如赠与、借用合同等；有的合同是否有偿决定于当事人的约定，如委托、保管合同等。区分有偿合同与无偿合同的意义主要在于：有偿合同当事人的责任一般重于无偿合同当事人的责任。如买卖合同的出卖人对标的物负瑕疵担保责任，而赠与合同的赠与人一般对赠与物不负瑕疵担保责任。

(4) 诺成合同与实践合同

根据合同是自当事人意思表示一致时成立，还是在当事人意思表示一致后，仍须有实际交付标的物的行为才能成立，可将合同分为诺成合同与实践合同。诺成合同是在当事人意思表示一致时即告成立的合同。实践合同是在当事人意思表示一致后，仍须有实际交付标的物的行为才能成立的合同。除当事人另有约定外，自然人之间的借款合同、保管合同均为实践合同。区分诺成合同与实践合同的意义主要在于正确认定合同是否成立。

(5) 要式合同与不要式合同

根据法律是否要求合同必须符合一定的形式才能成立，可将合同分为要式合同与不要式合同。要式合同是必须按照法律规定的特定形式订立方可成立的合同。如成立公司、不动产所有权的转移、设定房屋的抵押权等都需要履行一定的手续。不要式合同是法律对合同订立未规定特定的形式的合同。通常，合同除有法律特别规定者外，均属不要式合同。区分要式合同与不要式合同的意义主要在于：正确确定合同的成立与否，对于要式合同，当事人若未采用法律规定的形式，则合同不能成立或生效。

(6) 主合同与从合同

根据合同是否须以其他合同的存在为前提而存在，可将合同分为主合同与从合同。主合同是无须以其他合同存在为前提即可独立存在的合同。从合同是必须以其他合同的存在为前提才可存在的合同。从合同不能独立存在，所以又称附属合同。主合同的成立与效力直接影响从合同的成立与效力。主合同和从合同的关系为：主合同和从合同并存时，两者发生互补作用。主合同无效或者被撤销，从合同也将失去法律效力；而从合同无效或者被撤销一般不影响主合同的法律效力。

3. 合同法的概念及其适用

(1) 合同法的概念

合同法是调整平等民事主体之间合同关系的法律规范的总称。

合同是当代社会进行各种经济活动的基本法律形式。在商品经济条件下，如果没有各种合同，社会的经济生活就无法顺利进行，社会的经济秩序将难以维持。我国自20世纪80年代起，就把经济立法，特别是有关合同立法放在法制建设的重要地位。从1981年至1987年，我国先后制定并颁布了4项有关合同的法律，即1981年12月13日通过的《中华人民共和国经济合同法》（以下简称"《经济合同法》"，1982年7月1日起实施）、1985年3月21日通过的《涉外经济合同法》（1985年7月1日起实施）、1986年4月12日通过的《中华人民共和国民法通则》（以下简称"《民法通则》"，1987年1月1日起实施）、1987年6月23日通过的《中华人民共和国技术合同法》（以下简称"《技术合同法》"，1987年11月1日起实施）。为了适应社会主义市场经济的发展，1993年9月2日第八届全国人民代表大会常委会通过了《关于修改〈中华人民共和国经济合同法〉的决定》，这些法律确立了我国合同法的基本原则和法律制度。除此之外，国务院及有关部门和各地方政府根据有关合同法的规定，制定了多种合同的实施条例和细则等法规，如《建设工程勘察设计合同条例》《工矿产品购销合同条例》《农副产品购销合同条例》《借款合同条例》等。

1999年3月15日，第九届全国人民代表大会第二次会议通过了《中华人民共和国合同法》（以下简称"《合同法》"），并于同年10月1日起施行。原制定的《经济合同法》《涉外经济合同法》《技术合同法》同时废止。这次新合同法的出台，是对原有"三分天下"的合同法律制度的扬弃，意味着在一个国家内，人们合同行为的一致性，是民法制度的一种完善。为了保障《合同法》的正确实施，最高人民法院先后通过了《关于适用〈中华人民共和国合同法〉若干问题的解释（一）》《关于适用〈中华人民共和国合同法〉若干问题的解释（二）》《关于审理商品房买卖合同纠纷案件适用法律若干问题的解释》《最高人民法院关于审理建设工程施工合同纠纷案件适用法律问题的解释》《关于审理技术合同纠纷案件适用法律若干问题的解释》《关于审理涉外民事或商事合同纠纷案件法律适用若干问题的规定》等，丰富和完善了我国的合同法律制度。

（2）合同法的适用范畴

统一的合同法适用于平等主体的自然人、法人、其他组织之间设立、变更、终止民事权利义务关系的民事合同。但并非所有的民事合同都属合同法的调整范畴。3部原有的合同法中规定的均属于债权债务关系的合同，民法中称之为债合同。而民事合同中又存在一些具有人身属性的合同，对于这种合同，不能适用合同法所贯彻的自愿原则，而是具有不同的特性。因此，具有人身属性的婚姻、收养、监护等合同，比如离婚协议、收养协议等，应当由各自相应的法律规范来调整，不属于合同法的调整对象。

4. 合同法的基本原则

合同法的基本原则可以概括为以下几个方面。

① 平等原则。合同当事人的法律地位平等，任何一方不得把自己的意志强加给另一方。

② 自愿原则。当事人依法享有自愿订立合同的权利，任何单位和个人不得非法干预。

③ 公平原则。当事人应当遵循公平原则确定各方的权利和义务。

④ 诚实信用原则。当事人行使权利、履行义务应当遵循诚实信用原则。

⑤ 公序良俗和合法性原则。当事人订立、履行合同，应当遵守法律、行政法规，尊重社会公德，不得扰乱社会经济秩序，不得损害社会公共利益。

6.2 合同的订立

1. 合同的形式

合同的订立是指各方当事人通过协商，依法就合同的主要条款达成协议的法律行为。当事人订立合同，应当具有相应的民事权利能力和民事行为能力。当事人依法可以委托代理人订立合同。

合同的形式是表示合同当事人双方意思一致的法律行为的方式。当事人订立合同有书面形式、口头形式和其他形式。

（1）书面形式

书面形式是指以文字来表示当事人所订合同的形式。合同书、信件和数据电文等任何记载当事人要约承诺和权利义务内容的文件，都是合同书面形式的具体体现。随着社会的发展，合同的书面形式越来越丰富，电报、电传、传真、电子数据交换和电子邮件等都可以有形地表现合同所载内容的形式。

书面合同是在实践中采用最广泛的合同形式，《合同法》规定：法律、行政法规规定采用书面形式的，应当采用书面形式。当事人约定采用书面形式的，应当采用书面形式。《合同法》要求尽量采用书面形式，有利于诉讼中证据的确定和审查。

书面合同形式具体分为以下 3 类。

① 合同书。是指记载合同内容的文书。合同书有标准合同书与非标准合同书之分。标准合同书指合同条款由当事人一方预先拟定，对方只能表示全部同意或者不同意的合同书；非标准合同书指合同条款完全由当事人双方协商一致所签订的合同书。

② 信件。是指当事人就要约与承诺所作的意思表示的普通文字信函。

③ 数据电文。与现代通信技术相联系，包括电报、电传、传真、电子数据交换和电子邮件等。

（2）口头形式

口头形式的合同是当事人双方就合同内容取得一致意见达成的口头协议。包括当面谈判、协商或通过电话方式而订立的合同。这种合同形式，简便易行，方便经济往来。但它也存在缺陷，即在发生合同纠纷时，往往"空口无凭"，举证困难。

（3）其他形式

当事人未以书面形式或者口头形式订立合同，但从双方从事的民事行为能够推定双方有订立合同意愿的，人民法院可以认定是以合同法中的"其他形式"订立的合同。其他形式主要是指默示形式。默示形式是指不直接以语言文字而是通过行为作意思表示。默示形式一般包括推定形式和沉默形式。推定形式是指当事人不用语言及文字，而是通过某种有目的的行为表达自己意思的一种形式，即从当事人的积极行为中，可以推定其已作了意思表示，如存车人将车停放在看车场，看车人发给存车牌，从当事人的停放车辆和发给存车牌的行为中可推断出当事人保管车辆的意思表示。沉默形式是指当事人既不用口头形式、书面形式，也不用实施任何行为，而是以消极的不作为的方式进行的意思表示，如继承人知道被继承人死亡，对其是否继承遗产不作任何表示，只保持沉默。沉默形式只有在法律有特别规定或者当事人事先有特别约定的情况下才能运用。

2. 合同的主要条款

合同的种类很多，不同种类的合同，由于当事人的目的不同，因而其要求和内容都有很大的差异。但是作为合同，必须具备一些共同的基本条款内容。根据《合同法》的规定，合同的内容由当事人约定。一般包括以下条款。

（1）当事人的名称或者姓名和住所

（2）标的

标的是合同当事人权利和义务共同指向的对象。它可以表现为物、行为、智力产品和货币等。不同种类的合同，标的不同，如买卖合同的标的是货物，借款合同的标的是货币，运输合同的标的是劳务。合同必须有确定的标的，没有标的或标的不明确，当事人的权利和义务就无法落实，合同便无法履行。

（3）数量

数量是用计量单位和数字来衡量标的的尺度，决定权利义务的大小。数量必须按国家规定的法定计量单位计量。

（4）质量

质量是标的内在素质和外观形态的综合，是标的的具体特征。包括标的的品种、规格、型号、标准、技术要求等。质量条款必须符合《中华人民共和国产品质量法》等法律法规的规定。标的的质量条款是合同中最重要的内容，应尽量明确、详细、具体。否则易发生合同纠纷。

（5）价款或者报酬

价款是合同当事人得到对方的产品、商品应支付的货款；报酬是合同当事人接受对方提供的劳务、服务或者完成一定工作而应支付的报酬。价款或报酬除必须执行国家定价的以外，由当事人议定。

（6）履行期限、地点和方式

履行期限是指当事人依照合同约定的交货、付款和完成一定工作任务的时间。这是衡量合同如期履行或迟延履行的标准，必须在合同中明确、具体地规定；履行地点是指当事人享受权利、履行义务的地点、场所，它关系着合同的履行期限与司法管辖的范围，必须明确、准确；履行方式是指当事人履行合同义务的方法，包括付货方式、结算方式、运输方式。这些内容也必须在合同中明确规定。

（7）违约责任

违约责任是指当事人一方不履行合同义务或者履行合同义务不符合约定的，应承担继续履行、采取补救措施或者赔偿损失等违约责任。对于违约责任，法律、法规有规定的，按规定执行；法律、法规没有规定的，由当事人双方协商确定。

（8）解决争议的方法

解决争议的方法有和解、调解、仲裁和诉讼。当事人双方约定仲裁解决纠纷的，任何一方当事人向人民法院提起诉讼，人民法院不予受理。

除上述条款之外，根据法律规定或按合同性质必须具备的条款，以及当事人一方要求具备的条款，也是合同的主要条款。

当事人对合同条款的理解有争议的，应当按照合同所使用的词句、合同的有关条款、合同的目的、交易习惯及诚实信用原则，确定该条款的真实意思。合同文本采用两种以上文字订立并约定具有同等效力的，对各文本使用的词句推定具有相同含义。各文本使用的词句不一致的，应当根据合同的目的予以解释。

涉外合同的当事人可以选择处理合同争议所适用的法律，但法律另有规定的除外。涉外合同的当事人没有选择的，适用与合同有最密切联系的国家的法律。在中华人民共和国境内履行的中外合资经营企业合同、中外合作经营企业合同、中外合作勘探开发自然资源合同，适用中华人民共和国法律。

3. 合同的订立程序

合同的订立程序是指当事人之间对合同内容进行相互协商，取得一致意见的过程。合同的成立要经过要约、承诺阶段。要约和承诺是合同成立的基本规则，也是合同成立必须经过的两个阶段。

1）要约

（1）要约的定义

要约是希望和他人订立合同的意思表示。提出要约的一方称为要约人，其相对方称为受要约人。要约可以用书面形式作出，也可以用口头或行动作出。

一项有效的要约必须符合下列规定。

① 要约必须表明要约人愿意按照要约中所提出的条件同对方订立合同的旨意。要约的目的在于订立合同，因此凡不是以订立合同为目的的意思表示，就不能称之为要约。在通常情况下，要约向特定的相对人或其代理人提出，要约也可以向不特定的相对人提出，比如，悬赏广告，商店里陈列商品的明码标签，就是向不特定的相对人提出的要约。

② 要约的内容必须具体确定。要约的内容应包括拟签订合同的主要条件，一旦受要约人表示承诺，就是成立一项对双方当事人均有约束力的合同。例如，在商业买卖中，要约一般应包括商品的名称、价格、数量以及交货或付款的时间等。

③ 要约必须传递给受要约人或其代理人，否则要约就没有法律效力。

要约是一种法律行为。它表现在规定的有效期限内，要约人要受到要约的约束。受要约人若按时和完全接受要约条款时，要约人负有与受要约人签订合同的义务。否则，要约人对由此造成受要约人的损失应承担法律责任。

在法律上应将要约和要约邀请加以区别。要约邀请是希望他人向自己发出要约的意思表示。要约邀请不发生行为人必须与对方订立合同的效力，寄送的价目表、拍卖公告、招标公告、招股说明书、商业广告等为要约邀请，其目的虽然也是订立合同，但它本身并不是一项要约，而只是为了邀请对方向自己发出要约。但商业广告的内容符合要约规定的，视为要约。例如悬赏广告，是广告人以广告的方式声明，对于完成特定行为的人，将给予一定的报酬。这类广告视为要约。《关于审理商品房买卖合同纠纷案件适用法律若干问题的解释》第3条规定："商品房的销售广告和宣传资料为要约邀请，但是出卖人就商品房开发规划范围内的房屋及相关设施所作的说明和允诺具体确定，并对商品房买卖合同的订立以及房屋价格的确定有重大影响的，应当视为要约。该说明和允诺即使未载入商品房买卖合同，亦应当视为合同内容，当事人违反的，应当承担违约责任。"

（2）要约的生效

要约到达受要约人时生效。无论口头或书面的要约，到达受要约人时才能产生法律效力。关于要约生效的时间，应注意：送达并不一定实际送达到受要约人及其代理人手中，只要要约送达到受要约人所能控制的地方，即为到达。如采取邮寄方式的，送到受要约人的信箱即为送达。采用数据电文形式的,如收件人指定特定系统接收数据电文的,该数据进入该特定系统的时间,视为到达时间;如未指定特定系统的,该数据电文进入收件人的任何系统的首次时间,视为到达时间。

(3) 要约的撤回和撤销

① 要约可以撤回。撤回要约的通知应当在要约到达受要约人之前或者与要约同时到达受要约人。

② 要约可以撤销。撤销要约的通知应当在受要约人发出承诺之前到达受要约人。要约在其被受要约人接受之前,原则上可以撤销,但有下列情况之一者,要约不得撤销:

● 要约人确定了承诺期限或者以其他形式明示要约不可撤销的;
● 受要约人有理由认为要约是不可撤销的,并已经为履行合同作了准备工作。

(4) 要约的失效

要约失去效力后,无论是要约人或受要约人均不再受要约的约束。要约失效的原因很多,主要有以下几种情况:

① 拒绝要约的通知到达要约人;
② 要约人依法撤销要约;
③ 承诺期限届满,受要约人未作出承诺;
④ 受要约人对要约的内容作出实质性变更。

2) 承诺

(1) 承诺的概念和条件

承诺是受要约人同意要约的意思表示。承诺应当以通知的方式作出,但根据交易习惯或者要约表明可以通过行为作出承诺的除外。承诺也是一种法律行为,表现为:要约一经承诺,合同即告成立。

一项有效的承诺,应当具备下列条件。

① 承诺必须是由受要约人作出。受要约人包括其本人及其授权代理人。

② 承诺必须是由受要约人在承诺期限内向要约人作出。如果要约规定了承诺期限,则应该在该期限内承诺;如果没有规定期限,则应当在合理期限内作出承诺。如果承诺人超过了规定的期限作出承诺,则视为承诺迟到或称为逾期承诺。一般而言,逾期的承诺被视为一项新的要约,只有要约人及时通知受要约人该承诺有效,承诺才能成立。

③ 承诺的内容应当与要约的内容一致。受要约人对要约的内容作出实质性变更的,为新要约。有关合同标的、数量、质量、价款或者报酬、履行期限、履行地点和方式、违约责任和解决争议方法等的变更,是对要约内容的实质性变更。承诺对要约的内容作出非实质性变更的,如受要约人在承诺中将合同生效的时间推迟一天,除要约人及时表示反对或者要约表明承诺不得对要约的内容作出任何变更的以外,该承诺有效,合同的内容以承诺的内容为准。

④ 承诺必须表明受要约人决定与要约人订立合同。这就要求受要约人的承诺必须清楚明确,不能含糊。

(2) 承诺生效的时间

① 承诺于表示同意的通知到达要约人时生效。如果表示同意的通知在要约人所规定的时间内,未曾到达要约人;或如未规定时间,在一段合理的时间内,未曾到达要约人,承诺均视为无效。受要约人在承诺期限内发出承诺,按照通常情况能够及时到达要约人,但因其他

原因承诺到达要约人时超过承诺期限的，除要约人及时通知受要约人因承诺超过期限不接受该承诺的以外，该承诺有效。至于承诺到达生效时间与要约到达受要约人时生效情况相同。

② 承诺不需要通知的，根据交易习惯或者要约的要求作出承诺的行为时生效。例如，以发运货物或者支付货款有关的行为来表示同意，而无须向要约人发出通知，则承诺于该项行为作出时生效。这种情况，实际是到达生效原则的一种例外。

（3）承诺的撤回

撤回承诺是承诺人阻止承诺发生效力的一种意思表示。承诺必须在其生效以前才能撤回，承诺一旦生效，合同即告成立，承诺人就不得撤回其承诺。承诺在发出去以后，到达要约人之前，尚不发生法律效力的这段时间内，受要约人可撤回其承诺，前提是撤回承诺的通知在承诺通知到达要约人之前或者与承诺通知同时到达要约人。承诺不需要通知的，根据交易习惯或者要约的要求作出承诺的行为时，承诺即生效力，此种承诺不能撤回。

在合同订立过程中，要约人作出要约，受要约人往往要对要约中的合同条款作些变更，并与要约人进行协商，这就意味着受要约人向原要约人提出了新的要约，原要约人则成了新要约的受约方。订立合同的过程，往往是一方提出要约，另一方又再提出新的要约，反复多次，一直到最后承诺。

当事人订立合同，采取要约、承诺方式，这只是关于合同成立的一般规定。但依据国家法律、法规规定或双方当事人约定，有些合同除须经过要约和承诺两个阶段外，还须办理一些手续才能成立，这是关于合同成立的特别规定。

4. 合同的成立

（1）合同成立的时间

① 承诺生效时合同成立。确定合同成立的标准有两个：一是有效承诺的通知到达要约人时，承诺生效，合同即告成立；二是根据交易习惯或者要约要求通过行为作出承诺的，受要约人作出该行为时，承诺生效，合同即告成立。这只是关于合同成立的一般规定，法律、行政法规规定或当事人约定采用特定形式订立合同的，适用以下规定。

② 当事人采用合同书形式订立合同的，自双方当事人签字或者盖章时合同成立。

③ 当事人采用信件、数据电文等形式订立合同的，可以在合同成立之前要求签订确认书。签订确认书时合同成立。

（2）合同成立的地点

合同成立的地点可能关系到案件的管辖。在涉外合同中，合同成立的地点还可能涉及不同国家的法律适用问题。因此合同法对合同成立的地点作出了规定。

① 承诺生效的地点为合同成立的地点。

② 采用数据电文形式订立的合同，收件人的主营业地为合同成立的地点；没有主营业地的，其经常居住地为合同成立的地点。当事人另有约定的，按其约定。

③ 采用合同书形式订立合同的，双方当事人签字或者盖章的地点为合同成立的地点。合同约定的签订地与实际签字或者盖章地点不符的，约定的签订地为合同签订地；合同没有约定签订地，双方当事人签字或者盖章不在同一地点的，最后签字或者盖章的地点为合同签订地。

（3）实际履行与合同成立的关系

合同法规定了两种特殊情况下对合同成立的确认。

① 法律、行政法规规定或当事人约定采用书面形式订立合同，当事人未采用书面形式，

但另一方已经履行主要义务，对方接受的，该合同成立。

② 采用合同书形式订立合同，在签字或盖章之前，当事人一方已经履行主要义务，对方接受的，该合同成立。

5. 格式条款

格式条款是当事人为了重复使用而预先拟定，并在订立合同时未与对方协商的条款。格式条款的适用可以简化签约程序，加快交易速度，减少交易成本。但是，由于格式条款是由一方当事人拟定，相对人不参与订约的协商过程，只能对一方提出的格式条款表示接受或者不接受，双方地位实际上并不平等，其条款内容难免有不够公平之处。为防止提供格式条款的一方利用格式条款损害相对人的合法权益，我国《合同法》对此也作了相应规定。

① 采用格式条款订立合同的，提供格式条款的一方应当遵循公平原则确定当事人之间的权利和义务，并采取合理的方式提请对方注意免除或者限制其责任的条款，按照对方的要求，对该条款予以说明。如果提供格式条款的一方对格式条款中免除或者限制其责任的内容，在合同订立时采用足以引起对方注意的文字、符号、字体等特别标识，并按照对方的要求对该格式条款予以说明的，应当认定为"采取合理的方式"。提供格式条款一方对已尽合理提示及说明义务承担举证责任。提供格式条款的一方当事人违反"提示和说明义务"的规定，导致对方没有注意免除或者限制其责任的条款，对方当事人申请撤销该格式条款的，人民法院应当支持。

② 格式条款具有《合同法》规定的合同无效和免责条款无效的情形，或者提供格式条款一方免除其责任、加重对方责任、排除对方主要权利的，该条款无效。

③ 对格式条款的理解发生争议的，应当按照通常理解予以解释。对格式条款有两种以上解释的，应当作出不利于提供格式条款一方的解释。格式条款和非格式条款不一致的，应当采用非格式条款。

6. 缔约过失责任

（1）缔约过失责任的概念

缔约过失责任是指合同当事人在订立合同过程中，因违反法律规定、违背诚实信用原则，致使合同未能成立，并给对方造成损失，而应承担的损害赔偿责任。缔约过失责任与违约责任和侵权责任有显著区别，是一种独立的责任形式。

（2）缔约过失的表现

《合同法》第四十二条规定，当事人在订立合同过程中有下列情形之一，给对方造成损失的，应当承担损害赔偿责任：

① 假借订立合同，恶意进行磋商；

② 故意隐瞒与订立合同有关的重要事实或者提供虚假情况；

③ 有其他违背诚实信用原则的行为。

订约过程中的其他违背诚实信用原则的行为复杂多样，概括起来，主要有以下几种情形：a. 要约人违反有效要约；b. 缔约时意思表示不真实；c. 违反初步协议；d. 违反附随义务（在缔约阶段违反附随义务的情况主要为未尽告知义务和未尽保护义务）；e. 合同无效和被撤销；f. 无权代理。

《合同法》第四十三条规定："当事人在订立合同过程中知悉的商业秘密，无论合同是否成立，不得泄露或者不正当地使用。泄露或者不正当地使用该商业秘密给对方造成损失的，应当承担损害赔偿责任。"

商业秘密是指不为公众所知悉，能为权利人带来经济利益，具有实用性并经权利人采取保护措施的技术信息或经营信息。保密义务是当事人根据诚实信用原则负担的一项前契约义务，对它的违反亦将产生缔约过失责任。在订立合同过程中遵守保密义务，不向外界披露或擅自使用对方的商业秘密，这是各国立法与实践普遍要求的。由于在缔约谈判的过程中，当事人之间已经超越了一般人之间的关系界限，因此双方为达成合同往往会提供给对方一些界外人不可能了解到的信息，而当合同最终不能签订时，这个秘密便有可能被对方利用，从而给当事人造成不公正的损失。这样，按照诚实信用的要求，缔结合同的过程中双方当事人就必须尽保密义务，不向外界透露所知道的秘密，同时自己也不能够利用这个秘密。当事人违反保密义务给秘密所有人造成损失的，要承担损害赔偿责任。赔偿的范围主要限于可得利益的损失，如有必要，在信息尚未泄露或只是部分泄露时，受害方当事人也可以要求行为人承担侵权法上的责任，即停止侵害。

（3）缔约过失责任的承担

缔约过失责任方须承担对方信赖利益的损失，包括直接损失和间接损失。

直接损失包括缔约费用及利息。如邮电费用，查看标的物或赴缔约地所支出的合理费用，准备履行所支出的费用及利息（如运送标的物或受领对方给付所支出的合理费用）。间接损失多表现为丧失与第三人另订合同的机会所产生的损失。

6.3 合同的效力

1. 合同生效

（1）合同生效的概念

合同生效是指已经成立的合同在当事人之间产生了一定的法律约束力，也就是法律效力。

（2）合同成立与合同生效的关系

《合同法》规定："依法成立的合同，自成立时生效。"可见，合同成立与合同生效是不同的概念。合同成立是合同生效的前提条件，如果合同未成立，就谈不上合同生效的问题。合同成立后，只有当其符合生效条件时才能生效。在大多数情况下，合同成立与合同生效是同时发生的，即在合同成立之时也就生效了。但是也有少数合同，合同虽然成立但并不发生法律效力，这主要是指无效合同、可撤销合同、效力待定合同。

根据《合同法》的规定，合同生效主要有以下3种情况。

① 依法成立的合同，自成立时生效。未依法成立的合同，虽已成立，但不一定产生法律约束力，这需要按欠缺合同生效条件的程度，分别按无效合同、可撤销合同、效力待定合同处理。

② 依法成立的合同，若法律、行政法规规定应当办理批准、登记等手续的，合同办批准、登记等手续后生效。依照法律、行政法规规定合同应当办理批准手续，或者办理批准、登记等手续才生效的，在一审法庭辩论终结前当事人仍未办理批准手续的，或者仍未办理批准、登记等手续的，该合同被认定为未生效。例如，当事人以土地使用权、城市房地产等抵押的，应当办理抵押登记，抵押合同自登记之日起生效。当事人以上述财产签订抵押合同后，未办理登记手续的，该合同未生效。

③ 依法成立的合同，法律、行政法规规定合同应当办理登记手续，但未规定登记后生效

的, 当事人未办理登记手续不影响合同的效力, 合同标的物所有权及其他物权不能转移。例如, 在房屋买卖合同中, 房屋买卖应当办理登记手续, 但未规定登记后生效, 房屋的出让和转让, 未办理登记手续的, 房屋所有权不发生移转, 但并不影响房屋买卖合同的效力。

（3）附条件合同生效

附条件合同是指当事人以将来不确定实现的事实的发生与否, 限制其法律行为效力的发生或存续的意思表示而订立的合同。

法律行为中所附的条件可以是事件, 也可以是行为, 但是能够作为法律行为所附条件的事实必须具备以下条件：① 是将来发生的事实, 已发生的事实不能作为条件；② 是不确定的事实, 即条件是否必然发生, 当事人不能肯定；③ 是当事人任意选择的事实, 而非法定的事实；④ 是合法的事实, 不得以违法或违背道德的事实作为所附条件；⑤ 所限制的是法律行为效力的发生或消灭, 而不涉及法律行为的内容, 即不与行为的内容相矛盾。条件主要有停止条件、解除条件、肯定条件和否定条件。

当事人对合同的效力可以约定附条件。附生效条件的合同, 自条件成就时生效。附解除条件的合同, 自条件成就时失效。当事人为自己的利益不正当地阻止条件成就的, 视为条件已成就；不正当地促成条件成就的, 视为条件不成就。

（4）附期限合同生效

附期限合同是指当事人以将来确定发生的事实, 限制其法律行为效力的发生或存续的意思表示而订立的合同。

附期限的法律行为, 是指在法律行为中指明一定的期限, 把期限的到来作为法律行为生效或终止的依据。期限是必然到来的事实, 这与附条件的法律行为所附的条件不同。法律行为所附期限可以是明确的期限, 如某年某月某日, 也可以是不确定的期限, 如"某人死亡之日""果实成熟之时"等。期限有延缓期限和解除期限, 有确定期限和不确定期限, 有法定期限和约定期限。

当事人对合同的效力可以约定附期限。附生效期限的合同, 自期限届至时生效；附终止期限的合同, 自期限届满时失效。

2. 无效合同

（1）无效合同的概念

无效合同是指国家不予承认和保护的, 没有法律效力的合同。无效合同是严重欠缺合同生效要件的合同, 从订立时起就没有法律约束力。

无效合同分为全部无效合同和部分无效合同两种。前者是指合同的全部条款不具有法律约束力, 如合同当事人所从事的主要经济行为是国家法律和法规所禁止的行为, 则该合同是全部无效的；后者是指合同的部分条款无效, 但并不影响合同其他条款的法律效力, 如一份合同, 本应执行国家定价而未执行, 则该合同价格条款无效, 但其余条款的法律效力不受影响。

（2）合同无效的法律规定

根据《合同法》规定, 有下列情形之一的, 合同无效：

① 一方以欺诈、胁迫的手段订立合同, 损害国家利益；

② 恶意串通, 损害国家、集体或者第三人利益；

③ 以合法形式掩盖非法目的；

④ 损害社会公共利益；
⑤ 违反法律、行政法规的强制性规定。

(3) 合同中免责条款无效的法律规定

《合同法》对合同中免责条款的无效进行了规定。免责条款，是指合同当事人在合同中规定的免除或限制一方或双方当事人违约法律责任的条款。对当事人自愿订立的免责条款，法律是不加干涉的。如果合同中的免责条款违反法律规定、违背诚实信用原则，法律必须加以禁止。因此，《合同法》规定合同中的下列免责条款无效：

① 造成对方人身伤害的；
② 因故意或者重大过失造成对方财产损失的。

法律之所以规定上述两种情况的免责条款无效，原因有二：一是这两种行为具有一定的社会危害性和法律的谴责性；二是这两种行为都可能构成侵权行为责任，如果当事人约定这种侵权行为可以免责，就等于以合同的方式剥夺了当事人合同以外的合法权利，违反了民法的公平原则。

3. 效力待定合同

1) 效力待定合同的概念

效力待定合同，是指合同虽然已经成立，但因其不完全符合合同生效要件的规定，因此其法律效力能否发生还不能确定，一般须经权利人确认才能生效的合同。效力待定合同主要是因为当事人缺乏缔约能力、处分能力和代理资格所造成的。效力待定合同可以因有权人的承认而生效，也可以因有权人的不承认而不生效。

2) 效力待定合同的类型

(1) 限制民事行为能力人订立的合同的效力待定

限制民事行为能力人订立的合同，经法定代理人追认后，该合同有效。追认的意思表示自到达相对人时生效，合同自订立时起生效。但纯获利益的合同或者与其年龄、智力、精神健康状况相适应而订立的合同，不必经法定代理人追认。

相对人可以催告法定代理人在 1 个月内予以追认。法定代理人未作表示的，视为拒绝追认。合同被追认之前，善意相对人有撤销的权利。撤销应当以通知的方式作出。

根据法律规定，限制民事行为能力人订立的合同在以下 3 种情况下是有效的：经过法定代理人追认；纯获利益的合同，如接受奖励、赠与、报酬的合同；与其年龄、智力、精神健康状况相适应而订立的合同。

无民事行为能力人不能独立实施任何民事行为，由其法定代理人代理实施民事法律行为。

(2) 无权代理的行为人代订合同的效力待定

① 无权代理。无权代理是指没有代理权而以他人名义进行的民事行为。在无权代理的情况下，如果经过本人追认，无权代理人所为代理行为的法律效果归属于被代理人，视为有权代理。行为人没有代理权、超越代理权或者代理权终止后，以被代理人名义订立的合同，未经被代理人追认，对被代理人不发生效力，由行为人承担责任。相对人可以催告被代理人在 1 个月内予以追认。被代理人未作表示的，视为拒绝追认。合同被追认之前，善意相对人有撤销的权利。撤销应当以通知的方式作出。

② 表见代理。行为人没有代理权、超越代理权或者代理权终止后以被代理人名义订立合同，相对人有理由相信行为人有代理权的，该代理行为有效。这是关于表见代理的规定。所

谓表见代理，是指客观上存在使相对人相信无权代理人的行为有代理权的情况和理由，且相对人主观上为善意时，代理行为有效。表见代理的情形有：被代理人对第三人表示已将代理权授予他人，而实际并未授权；被代理人已知无权代理人表示为他的代理人而不反对；被代理人将某种有代理权的证明文件（如盖有公章的空白介绍信、空白合同文本、合同专用章等）交给他人，他人以该种文件使第三人相信其有代理权并与之进行法律行为；代理授权不明；代理人违反被代理人的意思或者超越代理权，第三人无过失地相信其有代理权而与之进行法律行为；代理关系终止后未采取必要的措施而使第三人仍然相信行为人有代理权，并与之进行法律行为。

（3）无处分权人处分他人财产的合同效力待定

无处分权人处分他人财产是指对他人财产在法律上的处分，包括财产的赠与、转让、租赁、设定抵押权等。当事人订立合同处分财产时，应当享有财产处分权，否则合同无效。但是，法律规定，无处分权的人处分他人的财产，经权利人追认或者无处分权的人订立合同后取得处分权的，该合同有效。如果合同相对人善意且有偿取得财产，则合同相对人能够享有财产所有权，原财产所有权人的损失，由擅自处分人承担赔偿责任。

我国《物权法》第一百零六条规定："无处分权人将不动产或者动产转让给受让人的，所有权人有权追回；除法律另有规定外，符合下列情形的，受让人取得该不动产或者动产的所有权：（1）受让人受让该不动产或者动产时是善意的；（2）以合理的价格转让；（3）转让的不动产或者动产依照法律规定应当登记的已经登记，不需要登记的已经交付给受让人。受让人依照前款规定取得不动产或者动产的所有权的，原所有权人有权向无处分权人请求赔偿损失。当事人善意取得其他物权的，参照前两款规定。"

受让人受让不动产或者动产时，不知道转让人无处分权，且无重大过失的，应当认定受让人为善意。真实权利人主张受让人不构成善意的，应当承担举证证明责任。具有下列情形之一的，应当认定不动产受让人知道转让人无处分权：（一）登记簿上存在有效的异议登记；（二）预告登记有效期内，未经预告登记的权利人同意；（三）登记簿上已经记载司法机关或者行政机关依法裁定、决定查封或者以其他形式限制不动产权利的有关事项；（四）受让人知道登记簿上记载的权利主体错误；（五）受让人知道他人已经依法享有不动产物权。真实权利人有证据证明不动产受让人应当知道转让人无处分权的，应当认定受让人具有重大过失。受让人受让动产时，交易的对象、场所或者时机等不符合交易习惯的，应当认定受让人具有重大过失。

具有下列情形之一，受让人主张根据物权法第一百零六条规定取得所有权的，不予支持：（一）转让合同因违反合同法规定被认定无效；（二）转让合同因受让人存在欺诈、胁迫或者乘人之危等法定事由被撤销。

受让人善意取得的法律后果主要表现在两个方面：其一，受让人取得该不动产或者动产的所有权；其二，善意受让人取得动产后，该动产上的原有权利消灭。例如，善意取得的动产上设定有抵押的权利，善意受让人取得动产后，该抵押权消灭。但是，如果善意受让人取得动产时，知道该动产已被抵押，则抵押权不消灭。

法人或者其他组织的法定代表人、负责人越权订立的合同，不是效力待定合同。我国《合同法》规定："法人或其他组织的法定代表人、负责人超越权限订立的合同，除相对人知道或者应当知道其超越权限的以外，该代表行为有效。"法定代表人、负责人依法享有相应的权利订立的合同是有效的；只有在相对人知道或者应当知道法定代表人、负责人超越权限时，才属无效。根据最高人民法院的司法解释,当事人超越经营范围订立的合同,人民法院不因此认定合同无效。但违反国家限制经营、特许经营以及法律、行政法规禁止经营规定的除外。

4. 可变更或可撤销合同

(1) 可变更或可撤销合同的概念

可变更或可撤销合同是指合同当事人订立的合同欠缺生效条件时,一方当事人可以按照自己的意思,请求人民法院或者仲裁机构作出裁定,从而使合同的内容变更或使合同的效力归于消灭的合同。可撤销合同具有以下的特点:

① 可撤销合同是当事人意思表示不真实的合同;
② 可撤销合同在被撤销之前,仍然是有效合同;
③ 对可撤销合同的撤销,必须由当事人请求人民法院或者仲裁机构作出;
④ 当事人可以撤销合同,也可以变更合同的内容,甚至可以维持原合同保持不变。

(2) 可变更或可撤销合同的法律规定

根据《合同法》规定,下列合同,当事人一方有权请求人民法院或者仲裁机构变更或者撤销。

① 因重大误解订立的。重大误解是一方因自己的过错而对合同的内容等发生误解,订立了合同。误解直接影响到当事人所应享受的权利和承担的义务。重大误解既可以是单方面的误解(如出卖人误将某一标的物当作另一物),也可以是双方的误解。但对于订立合同后能否得到的经济利益、商业风险大小而产生的错误认识,不属于重大误解。

② 在订立合同时显失公平的。显失公平是指一方当事人利用优势或者对方没有经验,在订立合同时致使双方的权利与义务明显违反公平、等价有偿原则的行为。

③ 一方以欺诈、胁迫的手段或者乘人之危,使对方在违背真实意思的情况下订立的合同。受损害方有权请求人民法院或者仲裁机构变更或者撤销。

(3) 撤销权的消灭

有下列情形之一的,撤销权消灭。

① 具有撤销权的当事人自知道或者应当知道撤销事由之日起1年内没有行使撤销权。
② 具有撤销权的当事人知道撤销事由后明确表示或者以自己的行为放弃撤销权。

对可撤销的合同是否撤销,或是采取撤销还是变更措施,完全由当事人决定。当事人请求变更的,人民法院或者仲裁机构不得撤销。

(4) 被变更或被撤销合同的效力

可变更合同经当事人请求变更的,应按变更后的内容履行;可撤销合同经当事人请求撤销的,就将产生追溯力,即该合同自始就没有法律约束力。

无效的合同或者被撤销的合同自始没有法律约束力。两者具有相同的法律后果,但可撤销合同不同于无效合同,其主要区别在于:① 两者发生的原因不同。可撤销合同发生的原因是意思表示有瑕疵;无效合同发生的原因是合同根本不具备有效合同的成立要件。② 两者的效力不同。可撤销合同在被撤销之前是有效的,只是在有撤销权人行使撤销权而撤销该合同时,其效力才归于消灭,而且追溯到自始无效。③ 确认两者无效的条件和程序不同。可撤销合同是否撤销取决于当事人的意思,其他人无权主张该合同无效或撤销;而无效合同是绝对无效的,行为人及利害关系人都可主张无效,人民法院或者仲裁机构也可以依职权确认其无效。

合同无效、被撤销或者终止的,不影响合同中独立存在的有关解决争议方法的条款的效力。

5. 合同无效或者被撤销的法律后果

合同被确认无效或者被撤销以后，在当事人之间仍应产生相应的法律后果，主要包括以下3种。

（1）返还财产

返还财产是使当事人的财产关系恢复到合同签订以前的状态。不论接受财产的一方是否具有过错，都负有返还财产的义务。如果不能返还或者没有必要返还的，应当折价补偿。

（2）赔偿损失

有过错的一方应当赔偿对方因此所受到的损失，双方都有过错的，应当各自承担相应的责任。

（3）追缴财产

当事人恶意串通，损害国家、集体或者第三人利益的，因此取得的财产收归国家所有或者返还集体、第三人。

6.4 合同的履行

1. 合同履行的概念和原则

合同的履行是指合同双方当事人按照合同的规定，全面完成各自应履行的义务和实现各自应享有的权利，使双方当事人的目的得以实现的行为。

合同的履行是实现双方当事人体现在合同中的目的的重要环节，当事人只有全面、正确地履行合同，才能保证正常的经济秩序。因此，当事人都必须重合同、守信用，严格、全面地履行合同。

合同当事人履行合同时，应遵循以下原则。

（1）全面履行原则

全面履行是指合同当事人应当按照合同的约定全面履行自己的义务，包括履行义务的主体、标的、数量、质量、价款或者报酬以及履行的方式、地点、期限等，都应当按照合同的约定全面履行，不能以单方面的意思改变合同义务或者解除合同。

（2）诚实信用原则

诚实信用原则是指在合同履行过程中，合同当事人讲究信用，恪守信用，以善意的方式履行其合同义务，不得滥用权利及规避法律或者合同规定的义务。合同的履行应当严格遵循诚实信用原则。一方面要求当事人除了应履行法律和合同规定的义务外，还应当履行依据诚实信用原则所产生的各种附随义务，包括相互协作和照顾义务、瑕疵的告知义务、使用方法的告知义务、重要情事的告知义务、保密义务等。当事人一方违反"附随义务"，给对方当事人造成损失，对方当事人可以请求赔偿实际损失。另一方面，在法律和合同规定的内容不明确或者欠缺规定的情况下，当事人应当依据诚实信用原则履行义务。

合同生效后，当事人不得因姓名、名称的变更或者法定代表人、负责人、承办人的变动而不履行合同义务。

2. 合同履行中的几个规则

（1）质量、价款等履行规则

合同生效后，当事人就质量、价款或者报酬、履行地点等内容没有约定或者约定不明确的，可以协议补充；不能达成补充协议的，按照合同有关条款或者交易习惯确定。依照上述履行原则仍不能确定的，适用《合同法》的下列规定。

① 质量要求不明确的，按照国家标准、行业标准履行；没有国家标准、行业标准的，按照通常标准或者符合合同目的的特定标准履行。

② 价款或者报酬不明确的，按照订立合同时履行地的市场价格履行；依法应当执行政府定价或者政府指导价的，按照规定履行。

③ 履行地点不明确，给付货币的，在接受货币一方所在地履行；交付不动产的，在不动产所在地履行；其他标的，在履行义务一方所在地履行。

④ 履行期限不明确的，债务人可以随时履行，债权人也可以随时要求履行，但应当给对方必要的准备时间。

⑤ 履行方式不明确的，按照有利于实现合同目的的方式履行；

⑥ 履行费用的负担不明确的，由履行义务一方负担。

（2）执行政府定价的履行规则

执行政府定价或者政府指导价的，在合同约定的交付期限内政府价格调整时，按照交付时的价格计价。逾期交付标的物的，遇价格上涨时，按照原价格执行；价格下降时，按照新价格执行。逾期提取标的物或者逾期付款的，遇价格上涨时，按照新价格执行；价格下降时，按照原价格执行。

（3）代为履行债务的规则

代为履行是指由合同以外的第三人代替合同当事人履行合同。与合同转让不同，代为履行并未变更合同的权利义务主体，只是改变了履行主体。代为履行有两种情况：对第三人履行债务和第三人履行债务。

对第三人履行债务是指合同的债务人对合同以外的第三人来履行其合同债务，以替代其向债权人履行债务。第三人成为接受合同的履行人，应当由合同当事人约定，如果当事人没有约定，只有在债务人同意的情况下，第三人才能成为合同接受履行的人。第三人只是合同履行辅助人，而不是合同的当事人。第三人在接受合同的履行中的违约行为，由债权人承担。第三人有权要求债务人向其履行合同债务。债务人没有向第三人履行债务或者向第三人履行债务不符合合同的约定的，构成对债权人的违约，债务人应当向债权人承担违约责任，而不是向第三人承担违约责任。

第三人履行债务是指合同以外的第三人代替合同的债务人向债权人履行合同债务。第三人成为合同债务的履行人，应由合同当事人约定。如果当事人没有约定，只有在债权人同意的情况下，第三人才能成为代替债务人履行合同的人。第三人只是合同的履行辅助人，而不是合同的当事人。债权人有权要求第三人向其履行合同债务，第三人不履行债务或者履行债务不符合约定，债务人应当向债权人承担违约责任，而不是由第三人承担违约责任。

（4）提前履行债务的规则

合同的履行应当按照合同的约定，只要不符合合同约定的履行行为，都可以被认为是违约行为。违反合同约定的履行期限的履行，一是迟延履行，一是提前履行。提前履行合同，对于债权人来说在许多情况下是有利的，但在一些情形下，提前履行对债权人并没有实际意义，甚至是有害的，比如季节性的供货合同。在这种情况下，债权人可以拒绝债务人提前履行债务。但只要是债务人的提前履行不损害债权人的利益，债权人就不得拒绝履行。债权人接受债务人的提前履行的，因债务人提前履行而给债权人增加的费用，由债务人负担。增加的费用主要包括运费、仓储费用、保管费用及其他税费等。

（5）部分履行合同的规则

部分履行又称为不完全履行合同，是指债务人有履行合同的行为，但履行行为在数量上不符合合同的约定，仅是履行了其中应当履行的债务的一部分。债权人可以拒绝债务人部分履行债务，要求债务人全部履行。如果债务人部分履行不损害债权人利益的，债权人不得拒绝债务人的部分履行。债务人部分履行债务给债权人增加的费用（如运费、保管费、装卸费用等），由债务人负担。

3. 合同履行的抗辩权

抗辩权是指在双务合同中，一方当事人享有的依法对抗对方要求或否认对方权利主张的权利。履行抗辩权的设置，使当事人可以在法定情况下对抗对方的请求权，使当事人的拒绝履行行为不构成违约，可以更好地维护当事人的合法权益。履行抗辩权主要包括同时履行抗辩权、后履行抗辩权和不安抗辩权。

（1）同时履行抗辩权

同时履行抗辩权是指双务合同的当事人应同时履行义务，一方在对方未履行前，有拒绝对方请求自己履行合同的权利。《合同法》规定："当事人互负债务，没有先后履行顺序的，应当同时履行。一方在对方履行之前有权拒绝其履行要求。一方在对方履行债务不符合约定时，有权拒绝其相应的履行要求。"

（2）后履行抗辩权

后履行抗辩权是指双务合同中应先履行义务的一方当事人未履行时，对方当事人有拒绝其请求履行合同的权利。《合同法》规定："当事人互负债务，有先后履行顺序，先履行一方未履行的，后履行一方有权拒绝其履行要求。先履行一方履行债务不符合约定的，后履行一方有权拒绝其相应的履行要求。"

（3）不安抗辩权

不安抗辩权是指双务合同中应先履行义务的一方当事人，有证据证明对方当事人不能或可能不能履行合同义务时，在对方当事人未履行合同或提供担保之前，有暂时中止履行合同的权利。

《合同法》规定，合同的当事人一方负有先履行合同的义务的，在合同订立之后，履行前，有确切证据证明对方有下列情形之一的，先履行义务人可以暂时中止履行：

① 经营状况严重恶化；

② 转移财产、抽逃资金，以逃避债务；

③ 丧失商业信誉；

④ 有丧失或者可能丧失履行债务能力的其他情形。

当事人依法中止履行的，应当及时通知对方。对方提供适当担保时，应当恢复履行。中止履行后，如果对方当事人在合理期限内未恢复履行能力并且未提供适当担保的，中止履行的一方可以解除合同。

此外，债权人分立、合并或者变更住所没有通知债务人，致使履行债务发生困难的，债务人可以中止履行或者将标的物提存。

4. 债权人的代位权和撤销权

《合同法》对合同的保全制度作出了明确的规定。合同的保全是指法律为防止因债务人的财产不当减少而给债权人的债权带来危害，允许债权人代债务人之位向第三人行使债务人的权利，或者请求法院撤销债务人单方实施或与第三人实施的法律行为的法律制度。

合同的保全制度有代位权制度和撤销权制度。

（1）债权人的代位权

债权人的代位权是指当债务人怠于行使其权利，而危害到债权人的债权时，债权人可以向人民法院请求以自己的名义代位行使债务人的债权。

债权人依法行使代位权应当符合下列条件。

① 债权人对债务人的债权合法。债务人对第三人享有的债权是代位权的标的。债务人对第三人享有的债权应当是合法有效的债权。对于未成立的合同，债权人不能行使代位权。对债务人的其他权利，如果不涉及第三人，则不能由债权人行使代位权。债务人的债权必须是财产性的债权，对于人身性等债权，债权人不得行使代位权。

② 债务人怠于行使其到期债权，对债权人造成损害。代位权的适用对象是债务人的消极行为，是指债务人不履行其对债权人的到期债务，又不以诉讼方式或者仲裁方式向次债务人主张其享有的具有金钱给付内容的到期债权，致使债权人的到期债权未能实现。

③ 债务人的债权已到期。

④ 债务人的债权不是专属于债务人自身的债权。专属于债务人自身的债权，是指基于扶养关系、抚养关系、赡养关系、继承关系产生的给付请求权和劳动报酬、退休金、养老金、抚恤金、安置费、人寿保险、人身伤害赔偿请求权等权利。

债权人行使代位权应当以自己的名义行使，而不是以债务人的名义行使。债权人依法提起代位权诉讼的，由被告住所地人民法院管辖。代位权的行使范围以债权人的债权为限。如果次债务人（即债务人的债务人）提出抗辩，不认为债务人有怠于行使其到期债权情况的，应当承担举证责任。在代位权诉讼中，次债务人对债务人的抗辩，可以向债权人主张。债权人行使代位权的必要费用，由债务人负担。在代位权诉讼中，债权人胜诉的，诉讼费由次债务人负担，从实现的债权中优先支付。

根据最高人民法院的司法解释，债权人行使代位权，其债权就代位权行使的结果有优先受偿的权利。债权人向次债务人提起的代位权诉讼经人民法院审理后认定代位权成立的，由次债务人向债权人履行清偿义务，债权人与债务人、债务人与次债务人之间相应的债权债务关系即予消灭。

（2）债权人的撤销权

撤销权是指债权人对债务人实施的危及债权人利益的减少财产行为，可以请求人民法院予以撤销的权利。撤销权行使的结果是恢复债务人的财产与权利，债权人就撤销权行使的结果并无优先受偿权利。

债权人行使撤销权有以下 3 种情形。

① 因债务人放弃其到期债权，对债权人造成损害的，债权人可以请求人民法院撤销债务人的行为。债务人放弃其未到期的债权或者放弃债权担保，或者恶意延长到期债权的履行期，对债权人造成损害，债权人也可以请求人民法院撤销债务人的行为。

② 因债务人无偿转让财产，对债权人造成损害的，债权人可以请求人民法院撤销债务人

的行为。

③ 债务人以明显不合理的低价转让财产，对债权人造成损害，并且受让人知道该情形的，债权人可以请求人民法院撤销债务人的行为。债务人以明显不合理的高价收购他人财产，债权人也可以请求人民法院撤销债务人的行为。撤销权的行使范围以债权人的债权为限。转让价格达不到交易时交易地的指导价或者市场交易价70%的，一般可以视为明显不合理的低价；对转让价格高于当地指导价或者市场交易价30%的，一般可以视为明显不合理的高价。

债权人行使撤销权的必要费用（如所支付的律师代理费、差旅费等）由债务人负担，第三人有过错的，应当适当分担。

债权人的撤销权的行使期限，合同法作了明确的限制：撤销权自债权人知道或者应当知道撤销事由之日起1年内行使。自债务人的行为发生之日起5年内没有行使撤销权的，该撤销权消灭。债权人依法提起撤销权诉讼的，由被告住所地人民法院管辖。

6.5 合同的变更、转让和终止

1. 合同的变更

合同的变更是指合同没有履行或没有完全履行时，由当事人依照法律规定的条件和程序，对原合同进行修订和补充。合同变更后，原合同确定的当事人的权利和义务就发生了变化。

合同的变更有广义和狭义两种。广义的合同变更是指合同的内容和主体发生变更，狭义的合同变更是指合同的内容的变更。合同法所称的合同变更是指合同内容的变更，合同主体的变更则为合同的转让。

合同的变更通常分为协议变更和法定变更两种。协议变更是指合同双方当事人以协议的方式对合同的内容进行变更，所以又称为合意变更。法定变更是指在合同成立后，当发生法定的可以变更合同的事由时，经一方当事人的要求而对合同的内容作出的变更。法定变更不必征得对方当事人的同意，只要发生法定的可以变更合同的条件即可以一方当事人的意志而作出变更。

我国《合同法》第七十七条规定："当事人协商一致，可以变更合同，法律、行政法规规定变更合同应当办理批准、登记手续的，依照其规定。"

当事人对合同变更的内容约定应具体、明确，若内容约定不明确的，推定为未变更。合同变更的法律效力应包括：变更后原有的合同内容失去效力，当事人应按照变更后的合同内容履行；合同的变更只对合同未履行的部分有效，不对合同已履行的内容发生效力；合同的变更不影响当事人请求损害赔偿的权利，若因合同的变更而使一方当事人受到经济损失的，受损一方可向另一方当事人要求赔偿损失。

2. 合同的转让

（1）合同的转让的概念和法律后果

合同的转让是指合同订立后，当事人一方将合同的权利和义务全部或部分向第三方（受让方）转移的法律行为。

根据合同权利义务转让的范围，合同的转让可分为全部转让和部分转让。全部转让是合同一方当事人的变更，其法律后果是合同原当事人之间的权利义务关系消灭，与此同时在未转让一方当事人与第三方（受让人）之间形成权利义务关系，但原合同内容未变。合同的部分转让则在原单一权利义务关系基础上形成转让方、未转让方、第三方（受让方）与未转让方之间的多方权利义务关系。

（2）合同权利的转让

《合同法》规定：债权人可以将合同的权利全部或者部分转让给第三人，但有下列情形之一的除外。

① 根据合同的性质不得转让。主要有：第一，合同的标的与当事人的人身有关的合同债权。一是因个人信任关系而订立的合同，如租赁合同、借用合同、雇佣合同等；二是因当事人的特定身份而订立的合同，如抚养协议产生的债权、因婚姻关系产生的债权、因继承产生的合同债权等。第二，不作为的合同债权。主要是指当事人以限制一方的行为而订立的合同，这类合同只能由当事人来履行，实际上也具有一定的身份关系。第三，与第三人利益有关的合同。这类合同只有第三人才有权处分，如第三人提供的保证合同、抵押合同、质押合同等。

② 当事人的约定不得转让。

③ 依照法律规定不得转让。

合同的债权人转让权利，并不是任意的，必须履行将合同转让的事宜通知债务人的义务，而不必征得债务人的同意。该通知送达债务人时，债权人合同权利的转让始对债务人生效。合同债权转让的通知送达债务人以后，即发生法律效力，债权人不得再行撤销，但经受让人同意的除外。债权人转让权利的，受让人取得与债权有关的从权利，如债权的抵押权，但该从权利专属于债权人自身的除外。债权人对让与的债权应当向受让人负瑕疵担保责任。

债权人权利的转让，不得损害债务人的利益，不应影响债务人的权利。因此，《合同法》规定，债务人接到债权转让通知后，债权转让协议对债务人发生法律效力，债务人可以其对原债权人的一切抗辩权对抗债权的受让人。如债务人对债权人可以行使的撤销权、诉讼时效期间等均可向受让人主张。债权人转让合同权利后，债务人与受让人之间因履行合同发生纠纷诉至人民法院，债务人对债权人的权利提出抗辩的，可以将债权人列为第三人。

债务人可以行使抵销权，不受债权转让的影响。根据《合同法》规定，债务人接到债权转让通知时，债务人对让与人享有债权，并且债务人的债权先于转让的债权到期或者同时到期的，债务人可以向受让人主张抵销，从而使债务人对受让人的债务归于消灭。

（3）合同义务的转让

债务人将合同的义务全部或者部分转移给第三人的，应当经债权人同意，只有在取得债权人的同意后，才对债权人产生法律效力。

债务人转移义务的，新债务人应当承担与主债务有关的从债务，如利息或违约金等一并转移，但该从债务专属于原债务人自身的除外。债务人转移义务的，新债务人可以主张原债务人对债权人的抗辩。经债权人同意，债务人转移合同义务后，受让人与债权人之间因履行合同发生纠纷诉至人民法院，受让人就债务人对债权人的权利提出抗辩的，可以将债务人列为第三人。

（4）合同权利义务的概括转让

合同权利义务的概括转让，一般由合同的一方当事人与合同之外的第三人通过签订转让协议，约定由第三人取代合同转让人的地位，享有合同中转让人的一切权利并承担转让人在合同中的一切义务。合同权利义务的概括转让与债权或债务转让不同，后者仅是债权或债务的单一转让，而合同权利义务的概括转让则是债权与债务一并转让。

根据《合同法》的规定，当事人一方经对方同意，可以将自己在合同中的权利和义务一并转让给第三人。权利和义务一并转让的，适用债权转让和债务转让的有关规定。

合同当事人一方经对方同意将其在合同中的权利义务一并转让给受让人，对方与受让人因履行合同发生纠纷诉至人民法院，对方就合同权利义务提出抗辩的，可以将出让方列为第三人。

另外，合同当事人发生合并或分立时，也存在合同权利或义务的转让问题。根据《合同法》的规定，当事人订立合同后合并的，由合并后的法人或者其他组织行使合同权利，履行合同义务。当事人订立合同后分立的，除债权人和债务人另有约定以外，由分立的法人或者其他组织对合同的权利和义务享有连带债权，承担连带债务。

法律、行政法规规定转让权利或者转移义务应当办理批准、登记等手续的，依照其规定。

3. 合同的终止

（1）合同终止的概念

合同终止，又称为合同的消灭，是指当事人之间的债权债务消灭，当事人不再受合同关系的约束。

（2）合同终止的条件

合同终止的原因有多种。根据合同法规定，有下列情形之一的，合同的权利义务终止。

① 债务已经按照约定履行。合同当事人完全履行了合同债务，合同因此而全部履行，当事人不再受合同的约束。

② 合同解除。当事人协商一致，可以解除合同；由于产生法定的事由，当事人依照法律的规定，也可解除合同。

③ 债务相互抵销。债务相互抵销有法定抵销和合意抵销两种。法定抵销是指当事人互负到期债务，该债务的标的物种类、品质相同的，任何一方可以将自己的债务与对方的债务抵销，但依照法律规定或者按照合同性质不得抵销的除外。当事人主张抵销的，应当通知对方。通知自到达对方时生效。抵销不得附条件或者附期限。合意抵销是指当事人互负债务的，如果标的物种类、品质不相同，经双方协商一致，也可以抵销。

④ 债务人依法将标的物提存。提存也是合同终止的一种方式。

⑤ 债权人免除债务。合同债务的免除是指债权人抛弃债权，从而消灭合同关系及其他债务关系的单方行为。债权人免除债务人部分或者全部债务的，合同的权利义务部分或者全部终止。

⑥ 债权债务同归于一人。债权债务同归于一人称为混同。《合同法》规定："债权和债务同归于一人的，合同的权利义务终止，但涉及第三人利益的除外。"

⑦ 法律规定或者当事人约定终止的其他情形。主要是指法律有了明确规定的情况下，因合同具备了特定的条件，而使合同关系消灭。

合同的权利义务终止后，当事人应当遵循诚实、信用原则，根据交易习惯履行通知、协助、保密等义务。

合同的权利义务终止，不影响合同中结算和清理条款的效力。

（3）合同的解除

合同的解除是指合同没有履行或者没有完全履行时，由当事人依照法律规定的条件和程序，终止原合同关系。合同解除后，原合同确定的当事人的权利义务关系就不再存在。

合同解除的方式有两种。一是当事人协议解除。《合同法》规定："当事人协商一致，可以解除合同。当事人可以约定一方解除合同的条件。解除合同的条件成就时，解除权人可以解除合同。"二是法定解除，是指在合同有效成立后，由于产生法定的事由，当事人依照法律的规定而解除合同。

《合同法》规定,有下列情形之一的,当事人可以解除合同:

① 因不可抗力致使不能实现合同目的;

② 在履行期限届满之前,当事人一方明确表示或者以自己的行为表明不履行主要债务;

③ 当事人一方延迟履行主要债务,经催告后在合理期限内仍未履行;

④ 当事人一方延迟履行债务或者有其他违约行为致使不能实现合同目的;

⑤ 法律规定的其他情形。

合同成立以后客观情况发生了当事人在订立合同时无法预见的、非不可抗力造成的不属于商业风险的重大变化,继续履行合同对于一方当事人明显不公平或者不能实现合同目的,当事人请求人民法院变更或者解除合同的,人民法院应当根据公平原则,并结合案件的实际情况确定是否变更或者解除。

当事人依法主张解除合同的,应当通知对方。合同自通知到达对方时解除。对方有异议的,可以请求人民法院或者仲裁机构确认解除合同的效力。法律、行政法规规定解除合同应当办理批准、登记等手续的,依照其规定。

关于解除权的期限,若法律规定或者当事人约定解除权行使期限,期限届满当事人不行使的,该权利消灭;若法律没有规定或者当事人没有约定解除权行使期限,经对方催告后在合理期限内不行使的,该权利消灭。

合同解除后,尚未履行的,终止履行;已经履行的,根据履行情况和合同性质,当事人可以要求恢复原状或采取其他补救措施,并有权要求赔偿损失。

(4)提存

提存是指在由于债权人的原因致使债务人无法向债权人清偿其债务时,债务人将合同的标的物交付给特定的提存机关,从而产生与债务清偿完全相同的效果,即合同消灭的制度。

合同的提存与向债权人本人履行不同,通常对债权人不利,因此只有在法律规定的特定情况下,债务人才可以进行提存,否则将不产生提存的法律效果。《合同法》规定,有下列情形之一,难以履行债务的,债务人可以将标的物提存:

① 债权人无正当理由拒绝受领;

② 债权人下落不明;

③ 债权人死亡未确定继承人或者丧失民事行为能力未确定监护人;

④ 法律规定的其他情形。

标的物不适于提存或者提存费用过高的,债务人依法可以拍卖或者变卖标的物,提存所得的价款。

标的物提存后,除债权人下落不明的以外,债务人应当及时通知债权人或者债权人的继承人、监护人。标的物提存后,毁损、灭失的风险由债权人承担。提存期间,标的物的孳息归债权人所有。提存费用由债权人负担。债权人可以随时领取提存物,但债权人对债务人负有到期债务的,在债权人未履行债务或者提供担保之前,提存部门根据债务人的要求应当拒绝其领取提存物。债权人领取提存物的权利,自提存之日起5年内不行使而消灭,提存物扣除提存费用后归国家所有。

6.6 合同的担保

6.6.1 合同担保概述

1. 担保的概念

担保是指法律规定或担保人约定的确保合同履行,保障债权人利益实现的法律措施。因担保活动所签订的合同即为担保合同。担保合同本身不能独立存在,它是主合同的从合同。除法律另有规定以外,主合同无效,担保合同也无效。

担保法规定的担保方式有保证、抵押、质押、留置和定金 5 种。抵押、质押、留置担保属于物权范畴,在第 6 章的物权法中已重点阐述,本节主要介绍保证和定金担保。

2. 担保法的概念

广义的担保法是指调整担保活动中有关当事人之间发生的担保关系的法律规范的总称,包括《担保法》和其他法律以及规范性文件中有关担保的法律规范。狭义的担保法是指《中华人民共和国担保法》(简称《担保法》)。

1995 年 6 月 30 日由第八届全国人民代表大会常务委员会第十四次会议通过的《担保法》,自 1995 年 10 月 1 日起实施。这是国家为促进资金融通和商品流通,保障债权的实现和发展社会主义市场经济而制定的一部法律。为了正确适用《担保法》,结合审判实践经验,最高人民法院审判委员会于 2000 年 9 月 29 日通过了《最高人民法院关于适用〈中华人民共和国担保法〉若干问题的解释》,自 2000 年 12 月 13 日起施行。物权法第四编"担保物权"是在担保法的基础上拟定的,对抵押权、质押权、留置权这 3 种担保物权都作了规定。若担保法与物权法的规定不一致,适用物权法第四编的规定。

3. 担保的效力

(1) 担保合同的有效条件

担保作为民事法律行为,担保人应当具有相应的民事行为能力,其意思表示真实,担保合同的内容及形式合法,满足这些基本条件,担保合同才能发生法律效力。

(2) 担保合同的无效及后果

担保合同无效,是指担保合同不能发生担保的法律效力,在当事人之间不能产生因担保而发生的权利义务关系。担保合同被确认无效后,债务人、担保人、债权人有过错的,应当根据其过错各自承担相应的民事责任。

担保合同的无效及后果包括以下两种情况。

① 担保合同因主合同无效而无效。主合同无效而导致担保合同无效,担保人无过错的,担保人不承担民事责任;担保人有过错的,担保人承担民事责任的部分不应超过债务人不能清偿部分的 1/3。

② 担保合同因自身不符合合同的有效条件而无效。主合同有效而担保合同无效,债权人无过错的,担保人与债务人对主合同债权人的经济损失,承担连带赔偿责任;债权人、担保人有过错的,担保人承担民事责任的部分不应超过债务人不能清偿部分的 1/2。

(3) 担保的效力

担保对于担保权人的效力表现在:在人的担保(指保证和银行担保)中,在一定条件下担保权人可以直接请求担保人清偿;而在物的担保(指抵押、质押和留置担保)中,担保权人在一定的条件下可从担保物的价值中优先受偿。

担保对于担保人的效力:担保人负有担保债权实现的义务。保证人承担保证责任后,有权向债务人追偿。保证人对债务人行使追偿权的诉讼时效,自保证人向债权人承担责任之日起开始计算。

担保对于被担保人的效力:担保并不减轻或削弱被担保人的义务,被担保人应当向债权人履行自己的债务。被担保人在担保人承担保证责任后,负有向担保人偿还的义务。

6.6.2 保证

1. 保证和保证人资格

(1)保证的概念

保证是指保证人和债权人约定,当债务人不履行债务时,保证人按照约定履行债务或者承担责任的行为。

(2)保证人资格

担任保证人须具有一定的资格,具有代为清偿债务能力的法人、其他组织或者公民可以作保证人。但是,不具有完全代偿能力的法人、其他组织或者自然人,以保证人身份订立保证合同后,不能以自己没有代偿能力为由要求免除保证责任。

根据《担保法》的规定,以下单位不能成为保证人。

① 国家机关。但经国务院批准为使用外国政府或者国际经济组织贷款进行转贷的除外。

② 学校、幼儿园、医院等以公益为目的的事业单位、社会团体。但从事经营活动的事业单位、社会团体为保证人的,如无其他导致保证合同无效的情况,其所签订的保证合同应当认定为有效。

③ 企业法人的分支机构、职能部门。企业法人的分支机构是指企业法人下设的,依法取得营业执照的分公司、分厂、销售部等。企业法人的职能部门是指企业法人下设的,没有对外经营权的内部职能部门,如公司的人事部、财务部、生产车间等。

最高人民法院对企业法人的分支机构、职能部门提供担保的效力,以及其责任的承担作出了具体规定。

企业法人的分支机构有法人书面授权的,可以在授权范围内提供保证。企业法人的分支机构未经法人书面授权或者超出授权范围与债权人订立保证合同的,该合同无效或者超出授权范围的部分无效,债权人和企业法人有过错的,应当根据其过错各自承担相应的民事责任;债权人无过错的,由企业法人承担民事责任。

企业法人的职能部门提供保证的,保证合同无效。债权人知道或者应当知道保证人为企业法人的职能部门的,因此造成的损失由债权人自行承担;债权人不知保证人为企业法人的职能部门,因此造成的损失,若债务人、担保人、债权人有过错的,应当根据其过错各自承担相应的民事责任。

企业法人的分支机构为他人提供保证的,人民法院在审理保证纠纷案件中可以将该企业法人作为共同被告参加诉讼。但是商业银行、保险公司的分支机构提供保证的除外。

2. 保证合同和保证方式

1)保证合同

保证人与债权人应当以书面形式订立保证合同。保证人与债权人可以就单个主合同分别订立保证合同,也可以协议在最高债权额限度内就一定期间连续发生的借款合同或者某项商品交易合同订立一个保证合同。最高额保证合同的不特定债权确定后,保证人应当对在最高债权额限度内就一定期间连续发生的债权余额承担保证责任。

保证合同应当包括以下内容:① 被保证的主债权种类、数额;② 债务人履行债务的期限;③ 保证的方式;④ 保证担保的范围;⑤ 保证的期间;⑥ 双方认为需要约定的其他事项。

第三人单方以书面形式向债权人出具担保书,债权人接受且未提出异议的,保证合同成立。主合同中虽然没有保证条款,但是保证人在主合同上以保证人的身份签字或者盖章的,保证合同成立。

2)保证方式

保证方式有一般保证和连带责任保证两种。

(1)一般保证

当事人在保证合同中约定,债务人不能履行债务时由保证人承担保证责任的,为一般保证。一般保证的最大特点是保证人享有先诉抗辩权。即一般保证的保证人在主合同纠纷未经审判或者仲裁,并就债务人财产依法强制执行仍不能履行债务前,对债权人可以拒绝承担保证责任。可见,先诉抗辩权的存在使一般保证中的保证人所承担的责任成为一种纯粹的补充责任。

先诉抗辩权是保证人的一项权利,保证人既可以选择行使,也可以选择放弃。但有下列情形之一的,保证人不得行使先诉抗辩权。

① 债务人住所变更,致使债权人要求其履行债务发生重大困难的。包括债务人下落不明、移居境外,且无财产可供执行。

② 人民法院受理债务人破产案件,中止执行程序的。

③ 保证人以书面形式放弃先诉抗辩权的。

一般保证的保证人在主债权履行期间届满后,向债权人提供了债务人可供执行财产的真实情况的,债权人放弃或者怠于行使权利致使该财产不能被执行,保证人可以请求人民法院在其提供可供执行财产的实际价值范围内免除保证责任。

一般保证的债权人向债务人和保证人一并提起诉讼的,人民法院可以将债务人和保证人列为共同被告参加诉讼。但是,应当在判决书中明确在对债务人财产依法强制执行后仍不能履行债务时,由保证人承担保证责任。

(2)连带责任保证

当事人在保证合同中约定保证人与债务人对债务承担连带责任的,为连带责任保证。连带责任保证人的债务人在主合同规定的债务履行期届满时没有履行债务的,债权人可以要求债务人履行债务,也可以要求保证人在其保证范围内承担保证责任。

当事人对保证方式没有约定或者约定不明确的,按照连带责任保证承担保证责任。

一般保证和连带责任保证的保证人享有债务人的抗辩权。债务人放弃对债务的抗辩权的,保证人仍有权抗辩。

3. 保证范围、保证期间和诉讼时效

1)保证担保的范围

保证担保的范围包括主债权及利息、违约金、损害赔偿金和实现债权的费用。保证合同另有约定的,按照约定。当事人对保证担保的范围没有约定或者约定不明确的,保证人应对全部债务承担责任。

2)保证期间

保证期间是保证责任的存续期间,由保证人与债权人在保证合同中约定。保证人与债权人未约定保证期间的,保证期间为主债务履行期届满之日起6个月。保证期间为除斥期间,不因任何事由发生中断、中止、延长的法律后果。

3)保证期间与诉讼时效

在保证期间内,如果债权人未向保证人主张权利,保证人的保证责任免除,也就不存在诉讼时效的问题。在保证期间内,债权人向保证人主张权利,保证人就开始负有代为清偿的责任,保证人的保证责任即受诉讼时效的制约。

在保证期间内,债权人未对一般保证的债务人提起诉讼或者申请仲裁的,保证人免除保证责任;债权人已提起诉讼或者申请仲裁的,则主债务诉讼时效中断,那么保证的诉讼时效也中断,从判决或者仲裁裁决生效之日起,开始计算保证合同的诉讼时效。

在保证期间内,连带责任保证的债权人仅向债务人主张权利、提起诉讼或者申请仲裁,而未要求保证人承担保证责任的,保证人免除保证责任。此时,主债务的诉讼时效中断时,保证债务的诉讼时效不中断。连带责任保证的债权人在保证期间届满前要求保证人承担保证责任的,从债权人要求保证人承担保证责任之日起,开始计算保证合同的诉讼时效。

一般保证和连带责任保证中,主债务诉讼时效中止的,保证债务的诉讼时效同时中止。

保证人对已经超过诉讼时效期间的债务承担保证责任或者提供保证的,又以超过诉讼时效为由抗辩的,人民法院不予支持。保证责任消灭后,债权人书面通知保证人要求承担保证责任或者清偿债务,保证人在催款通知书上签字的,人民法院不得认定保证人继续承担保证责任。但是,催款通知书内容符合《合同法》和《担保法》有关担保合同成立的规定,并经保证人签字认可,能够认定成立新的保证合同的,人民法院应当认定保证人按照新保证合同承担保证责任。

4. 保证责任的承担

(1)保证责任的承担的方式

保证人承担保证责任的方式有两种:代为履行和赔偿损失。

① 代为履行。当事人可以在保证合同中约定,在债务人不履行债务时,保证人应当代为履行主合同约定的债务。就金钱债务而言,债务人到期不履行时,保证人可代其履行。但是,保证合同中约定保证人代为履行非金钱债务的,如果保证人不能实际代为履行,对债权人因此造成的损失,保证人应当承担赔偿责任。

② 赔偿损失。当事人可以在保证合同中约定,当债务人到期不履行债务并因此给债权人造成损失时,由保证人对其承担赔偿责任。赔偿损失可普遍适用于各类合同的担保,是实践中经常采用的保证责任承担方式。

(2)多个担保人时保证责任的承担

① 同一债务有两个以上保证人的,保证人应当按照保证合同约定的保证份额承担保证责任。没有约定保证份额的,保证人承担连带责任,债权人可以要求任何一个保证人承担全部保证责任,保证人都负有担保全部债权实现的义务。连带共同保证的保证人不得以其相互之间约定各自承担的份额对抗债权人。已经承担保证责任的保证人有权向债务人追偿,或者要

求承担连带责任的其他保证人清偿其应当承担的份额；向债务人不能追偿的部分，由各连带保证人按其内部约定的比例分担，没有约定的，平均分担。

② 被担保的债权既有物的担保又有人的担保的，债务人不履行到期债务或者发生当事人约定的实现担保物权的情形，债权人应当按照约定实现债权；没有约定或者约定不明确，债务人自己提供物的担保的，债权人应当先就该物的担保实现债权；第三人提供物的担保的，债权人可以就物的担保实现债权，也可以要求保证人承担保证责任。提供担保的第三人承担担保责任后，有权向债务人追偿。同一债权既有保证又有物的担保的，物的担保合同被确认无效或者被撤销，或者担保物因不可抗力的原因灭失而没有代位物的，保证人仍应当按合同的约定或者法律的规定承担保证责任。

（3）主合同变更时保证责任的承担

① 保证期间，债权人依法将主债权转让给第三人的，保证债权同时转让，保证人在原保证担保的范围内对受让人承担保证责任。但是，保证人与债权人事先约定仅对特定的债权人承担保证责任或者禁止债权转让的，保证人不再承担保证责任。

② 保证期间，债权人许可债务人转让债务的，应当取得保证人书面同意，保证人对未经其同意转让部分的债务，不再承担保证责任。但是，保证人仍应对未转让部分的债务承担保证责任。

③ 债权人与债务人协议变更主合同的，应当取得保证人书面同意。在保证期间，债权人与债务人对主合同数量、价款、币种、利率等内容做了变动，未经保证人同意的，如果减轻债务人的债务的，保证人仍应当对变更后的合同承担保证责任；如果加重债务人的债务的，保证人对加重的部分不承担保证责任。债权人与债务人对主合同履行期限作了变动，未经保证人书面同意的，保证期间为原合同约定的或者法律规定的期间。债权人与债务人协议变动主合同内容，但并未实际履行的，保证人仍应当承担保证责任。

（4）其他保证责任的承担

① 保证人对债务人的注册资金提供保证的，债务人的实际投资与注册资金不符，或者抽逃转移注册资金的，保证人在注册资金不足或者抽逃转移注册资金的范围内承担连带保证责任。

② 第三人向债权人保证监督支付专款专用的，在履行了监督支付专款专用的义务后，不再承担责任。未尽监督义务造成资金流失的，应当对流失的资金承担补充赔偿责任。

5. 保证责任的解除

根据《担保法》的规定和最高人民法院的司法解释，有下列情形之一的，保证人不承担民事责任：

① 主合同当事人双方串通，骗取保证人提供保证的；

② 主合同债权人采取欺诈、胁迫等手段，使保证人在违背真实意思的情况下提供保证的；

③ 主合同债务人采取欺诈、胁迫等手段，使保证人在违背真实意思的情况下提供保证，债权人知道或者应当知道欺诈、胁迫事实的。

债务人与保证人共同欺骗债权人，订立主合同和保证合同的，债权人可以请求人民法院予以撤销。因此给债权人造成损失的，由保证人与债务人承担连带赔偿责任。

6.6.3 定金

1. 定金的概念和种类

（1）定金的概念

定金是合同当事人一方在合同规定应当支付的总价款或者报酬以内，预先给付对方一定数额的货币，以保证合同义务履行的担保方式。

定金在合同已履行的情况下可以抵作价款，起到预付款的作用，但两者性质不同，主要区别表现如下。

① 定金的主要作用是担保，交付定金的目的是担保债务人履行债务，本身不是债务的履行行为。而预付款是履行给付义务的一部分，不担保合同的履行。

② 定金具有惩罚性。即付给定金的一方当事人不履行合同，无权请求返还定金；接受定金的一方不履行合同，必须双倍返还定金。而预付款无惩罚性，不发生丧失和双倍返还的情况。

（2）定金的种类

在传统民法中，依设定定金的目的和作用不同，而将定金分为立约定金，即为保证正式订立合同而交付的定金；成约定金，即以定金交付为合同成立要件的定金；违约定金，即以违约赔偿为目的的定金；解约定金，此种定金为当事人一方保留解除合同权利的代价。

实践中当事人可以在合同中对定金的性质在不违反法律的禁止性规定的前提下作具体的约定，在当事人无另外约定时，定金在性质上属于违约定金，适用于债务不履行的行为。

2. 定金担保的法律特征

（1）定金具有从属性

定金合同是主合同的从合同，以主合同的有效存在为前提，伴随主合同的消灭而消灭。

（2）定金以交付为成立条件

定金担保只有在一方当事人实际交付定金时，定金担保才能成立。

（3）定金须于合同履行前交付

（4）定金担保为担保双方的债权

其他担保一般仅是担保一方当事人的债权，而定金担保对双方当事人的权利义务都要约束，因此定金实际上担保着当事人双方的债权。

3. 定金的成立

定金可以由双方当事人签订专门的定金合同来规定，也可以在订立合同时将定金作为一项条款加以规定，但定金必须以书面形式约定。当事人交付留置金、担保金、保证金、订约金、押金或者订金等，但没有约定定金性质的，当事人不得主张定金权利。

定金合同为实践合同，从实际交付定金之日起生效。实际交付的定金数额多于或者少于约定数额，视为变更定金合同；收受定金一方提出异议并拒绝接受定金的，定金合同不生效。定金的数额由当事人约定，但不得超过主合同标的额的20%。当事人约定的定金数额超过主合同标的额20%的，超过的部分无效。

当事人在定金合同中应当约定交付定金的期限、定金的数额以及适用定金罚则等基本条款。定金的交付期限可以是主合同履行期限前任一时间，但不能迟于主合同的履行期限。

4. 定金的效力

给付定金的一方不履行约定的债务的，无权要求返还定金；收受定金的一方不履行约定的债务的，应当双倍返还定金。债务人履行债务后，定金应当抵作价款或者收回。

因当事人一方迟延履行或者其他违约行为，致使合同目的不能实现，除法律另有规定或者当事人另有约定的外，可以适用定金罚则。当事人一方不完全履行合同的，应当按照未履行部分所占合同约定内容的比例适用定金罚则。因不可抗力、意外事件致使主合同不能履行的，不适用定金罚则。因合同关系以外第三人的过错，致使主合同不能履行的，适用定金罚则。受定金处罚的一方当事人可以依法向第三人追偿。

当事人约定以交付定金作为订立主合同担保的，给付定金的一方拒绝订立主合同的，无权要求返还定金；收受定金的一方拒绝订立合同的，应当双倍返还定金。

当事人约定以交付定金作为主合同成立或者生效要件的，给付定金的一方未支付定金，但主合同已经履行或者已经履行主要部分的，不影响主合同的成立或者生效。

定金交付后，交付定金的一方可以按照合同的约定以丧失定金为代价而解除主合同，收受定金的一方可以以双倍返还定金为代价而解除主合同。对解除主合同后责任的处理，适用《合同法》的规定。

6.7 违约责任

1. 违约责任概述

（1）违约责任的概念

违约责任，即违反合同的责任，是指当事人一方不履行合同义务或者履行合同义务不符合约定的，除依法可以免除责任的以外，应当承担违反合同的责任。当事人双方都违反合同的，应当各自承担相应的责任。

违约责任制度作为保障债权实现及债务履行的重要措施，能促使当事人双方自觉、全面地履行合同义务，起到避免和减少违约行为发生的预防性作用；在发生违约事实时，对违约方进行经济制裁，使他们受到经济惩罚，起到惩罚性作用；通过惩处违约行为，保护了受害当事人的合法权益，使其经济损失得到补偿，又起到补偿性作用。

（2）违约责任的构成要件

违约责任的构成要件分为一般构成要件和特殊构成要件。一般构成要件是指违约当事人承担任何形式的违约责任都应具备的条件。违约责任的一般构成要件为违约行为，而不以过错为构成要件。在合同的有效期内，确实有当事人不履行合同或者不完全履行合同的行为发生，才能追究该当事人的违约责任。

违约责任的特殊构成要件，是指违约当事人承担特定形式的违约责任应具备的条件。如承担赔偿损失责任的要件包括损害事实、违约行为及其与损害后果之间有因果关系。

（3）违约责任的归责原则

违约责任的归责原则，是指确定违约当事人的民事责任的原则，也就是说判定当事人在什么情况下，要承担违约责任的原则。

违约责任的归责原则有两项：过错责任原则和严格责任原则。按照过错责任原则，侵权人引起的损害只在证明侵害人主观上有过错的情况下才能要求他承担损害赔偿责任。如果不能证明侵害人在主观上有过错，相反能证明侵害人在主观上的确没有故意或过失，按过错责任原则，就不必赔偿。对于过错的存在有两种方式确认，其一是适用"谁主张，谁举证"

的原则,由一方当事人举证证明违约当事人存在过错,否则不能追究违约责任;其二是在特定情况下适用"举证责任倒置的原则",若有违约行为存在,就可推定违约当事人在主观上有过错,就可以追究当事人的违约责任。当事人须举证证明自己不存在过错,才能免予追究违约责任。

严格责任原则,是指违约发生后确定违约当事人的责任,不考虑当事人有无过错(过错包括故意和过失),而只考虑违约结果是否因为当事人的行为造成的一种归责原则。《合同法》对违约责任的规定主要采取严格责任原则。《合同法》第一百零七条规定:"当事人一方不履行合同义务或者履行合同义务不符合约定的,应当承担继续履行、采取补救措施或者赔偿损失等违约责任。"这就是说,无论合同当事人主观上有无过错,只要违反合同的约定,就要承担违约责任。

《合同法》规定了严格责任原则,但并不排斥过错责任。违约责任以严格责任原则为主,过错责任原则为辅。合同活动中的过错责任,是指一方违反合同的义务,不履行或不适当履行合同时,应以是否有过错作为确定责任的要件和确定责任范围的依据。比如,《合同法》规定,在运输过程中旅客自带物品毁损、灭失,承运人有过错的,应当承担损害赔偿责任。至于缔约过失、无效合同或者可撤销合同,则采取过错责任原则,由有过错一方向受损害方承担赔偿损失责任。

在合同责任中,严格责任是一般归责原则,过错责任是例外的归责原则。采取以严格责任为主的归责原则,有利于促使合同当事人认真履行合同义务,也符合国际的一般规定,许多国家都采取此原则。

(4)预期违约的处理

违约行为可分为届期违约和预期违约。当事人在合同履行期届满后不履行合同为届期违约。预期违约又称为先期违约,是指当事人在合同履行期届满前以明示或暗示的方式表示将不履行合同。

预期违约包括明示毁约和默示毁约两种。明示毁约是指在合同履行期限到来之前,一方当事人无正当理由而明确肯定地向另一方当事人表示他将不履行合同。默示毁约是指在履行期限到来之前,一方当事人有充分的证据证明对方当事人在履行期限到来之际,将不履行合同或者不能履行合同,而另一方当事人又不愿为此提供必要的担保。

预期违约与实际违约不同,预期违约是在合同的履行期到来之前的毁约,而不同于实际履行中的实际违约。根据《合同法》第一百零八条规定:"当事人一方明确表示或者以自己的行为表明不履行合同义务的,对方可以在履行期限届满之前要求其承担违约责任。"

2. 承担违约责任的方式

承担违约责任的方式主要有:继续履行、采取补救措施、赔偿损失、支付违约金、定金、价格制裁等。

(1)继续履行

《合同法》第一百零九条规定:"当事人一方未支付价款或者报酬的,对方可以要求其支付价款或者报酬。"在买方未向卖方支付价款或者报酬的情况下,卖方要求买方支付价款或者报酬也是继续履行合同的一种方式,在这种情况下,卖方还可以同时要求买方支付逾期利息或双方约定的违约金。

《合同法》还规定,当事人一方不履行非金钱债务或者履行非金钱债务不符合约定的,对方可以要求履行，但有下列情形之一的除外：

① 法律或者事实上不能履行；

② 债务的标的不适于强制履行或者履行费用过高；

③ 债权人在合理的期限内未要求履行。

当事人因违约支付了违约金或者赔偿金，但并不能因此而代替合同的履行，对原合同未履行的部分仍应继续按照要求履行。债务人有能力履行而不自觉履行合同义务时，债权人可以请求人民法院强制债务人履行。

（2）采取补救措施

质量不符合约定的，应当按照当事人的约定承担违约责任。对违约责任没有约定或者约定不明确，当事人可以协议补充。不能达成补充协议的，受损害方根据标的的性质以及损失的大小，可以合理选择要求对方承担修理、更换、重作、退货、减少价款或者报酬等违约责任。

（3）赔偿损失

当事人一方不履行合同义务或者履行合同义务不符合约定的，在履行义务或者采取补救措施后，对方还有其他损失的，应当赔偿损失。

当事人一方不履行合同义务或者履行合同义务不符合约定的，给对方造成损失的，损失赔偿额应当相当于因违约所造成的损失，该损失分为直接损失和间接损失。直接损失是指现有财产上的减少、毁损、灭失和花费开支。间接损失是指可得利益的损失，即当事人原本应该完全可以得到，由于违约方的违约而没有得到的预期经济利益。间接损失包括合同履行后可以获得的利益，但不得超过违反合同一方订立合同时预见到或者应当预见到的因违反合同可能造成的损失。当事人可以约定一方违约时应当根据违约情况向对方支付一定数额的违约金，也可以约定因违约产生的损失赔偿额的计算方法。

当事人一方违约后，对方应当采取适当措施防止损失的扩大；没有采取适当措施致使损失扩大的，不得就扩大的损失要求赔偿。当事人因防止损失扩大而支出的合理费用，由违约方承担。

经营者对消费者提供商品或者服务有欺诈行为的，应当按照消费者的要求增加赔偿其受到的损失，增加赔偿的金额为消费者购买商品的价款或者接受服务的费用的一倍。

（4）支付违约金

违约金是指当事人不履行或者不完全履行合同时，根据法律规定或合同约定，向对方支付的一定数额的货币。违约金具有约定性、预定性、赔偿性和惩罚性等特点。违约金可分为约定违约金和法定违约金。

违约金的成立条件主要有两个。首先，有违约行为的存在。一般来说，各种违约的形态，如不履行、不适当履行、迟延履行等，都可以导致违约金的支付。其次，有违约金的约定。我国的违约金都是约定违约金，如果当事人在合同中没有有关违约金的事先约定，则在一方违约时，另一方就无法要求违约方支付违约金。同时，违约金的约定必须合法有效。

在违约金的性质体现赔偿性的情况下，违约金被视为是损害赔偿额的预定标准，其目的在于补偿债权人因债务人的违约行为所造成的损失。因此，违约金可以替代损失赔偿金，当债务人支付违约金以后，债权人不得要求债务人再承担支付损失赔偿金的责任。如果约定的违约金低于造成的损失的，当事人可以请求人民法院或者仲裁机构予以增加；约定的违约金过分高于造成的损失的，当事人可以请求人民法院或者仲裁机构予以适当减少。当事人约定的违约金超过造成损失的30%的，一般可以认定为"过分高于造成的损失"。当事人就迟延履行约定违约金的，违约方支付违约金后，还应当履行债务。

（5）定金

定金具有双重作用：首先定金是合同的一种担保形式，如果给付定金的一方不履行合同义务，则无权要求对方返还定金；同时，定金也是一种违约责任，接受定金一方在对方违约时可以没收定金，相反，如果接受定金一方违约，则应当双倍返还定金。

当定金属于违约定金时，其性质与违约金相同。因此，两者不能同时并用。《合同法》第一百一十六条规定："当事人既约定违约金，又约定定金的，一方违约时，对方可以选择适用违约金或者定金条款。"

（6）价格制裁

价格制裁是指执行政府定价或者政府指导价的合同当事人，由于逾期履行合同义务而遇到价格调整时，在原价格和新价格中执行对违约方不利的价格。

3. 其他违约责任

当事人一方因第三人的原因造成违约的，应向对方承担责任。当事人一方和第三人之间的纠纷，应当依照法律的规定或者按照约定解决。

出卖人就同一标的物订立多重买卖合同，合同均不具有合同法规定的无效情形，买受人因不能按照合同约定取得标的物所有权，请求追究出卖人违约责任的，人民法院应予支持。

因当事人一方的违约行为，侵害对方人身、财产权益的，受损害方有权选择依照《合同法》要求其承担违约责任或者依照其他法律要求其承担侵权责任。债权人依照《合同法》的规定向人民法院起诉时作出选择后，在一审开庭以前又变更诉讼请求的，人民法院应当准许。

侵权责任与违约责任都是民事责任，但二者在许多方面都有不同，其中最大的区别在于违约责任是基于合同而产生的违反合同的责任；而侵权责任是基于行为人没有履行法律上的规定或者认可的应尽的注意义务而产生的责任。

4. 违约责任的免除

违约责任的免除，是指合同生效后，当事人之间因不可抗力事件的发生，造成合同不能履行时，依法可以免除责任。

《合同法》第一百一十七条规定："因不可抗力不能履行合同的，根据不可抗力的影响，部分或者全部免除责任，但法律另有规定的除外。当事人迟延履行后发生不可抗力的，不能免除责任。"

（1）不可抗力及其构成

不可抗力，是指当事人在订立合同时不能预见、对其发生和后果不能避免并不能克服的客观情况。

不可抗力的构成要件包括以下4个方面：首先，不可抗力事件是发生在合同订立生效之后；其次，该事件是当事人双方订立合同时均不能预见的，而依据人们的常识或经验，在订立合同时应当预见到的事件，则不构成不可抗力事件；再次，不可抗力事件的发生是不可避免，不能克服的，如果当事人能够避免事件对合同履行的影响，则当事人就不能以此事件为由要求以不可抗力而免责；最后，不可抗力事件是非由任何一方的过失行为引起的客观事件。

不可抗力的事件范围一般包括以下两大类：一类是自然事件，如水灾、火灾、地震、瘟疫等；另一类是社会事件，如战争、动乱、暴乱、武装冲突、罢工等，以及政府法律、行政行为等。

（2）不可抗力与免责

对于因不可抗力导致的合同不能履行，应当根据不可抗力的影响程度，部分或者全部免除责任。也就是说，要根据不可抗力对合同履行造成影响的程度确定免责的范围。对于造成部分义务不能履行的，免除部分责任。对于造成全部不能履行的，免除全部责任。

但是，对于不可抗力发生在迟延履行期间造成的合同不能履行，则不能免除责任。因为，当事人应当在合同约定的期限内履行完合同义务，如果不是迟延履行，就不会受到不可抗力的影响。

（3）因不可抗力不能履行合同一方当事人的义务

根据《合同法》规定，不可抗力发生后，当事人一方应当及时通知对方，以减轻可能给对方造成的损失，并且应当在合理的期限内提供证明。及时通知对方，这是当事人的首要义务，目的在于避免给对方造成更大的损失，如果由于当事人通知不及时，而给对方造成损失的扩大，则对扩大的损失不应当免除责任。

6.8 案例分析

 案例一 综合分析题

一、案情

某肉联厂与罐头厂签订了冻牛肉买卖合同。合同规定：肉联厂从 2010 年 12 月起向罐头厂供货，至 2011 年 3 月止，分批供应 800 吨，单价 10 800 元/吨，总价款 864 万元。罐头厂在 2011 年 1 月 30 日前付货款 400 万元，余款于 2011 年 6 月底全部付清。

问题与思考：

1. 如果合同履行至 2011 年 1 月 15 日，冻牛肉市场价格大幅上涨，肉联厂要求提高冻牛肉单价，而双方在合同中没有约定变更合同的通知的答复期限。2011 年 1 月 20 日，肉联厂向罐头厂发出电报，要求提高单价 3 000 元，即单价为 13 800 元/吨。当日罐头厂收到电报，但至 2011 年 2 月 10 日罐头厂才回电报，不同意提高单价。请问，每吨冻牛肉的价格以多少为标准？为什么？

2. 假设合同履行至 2011 年 1 月 15 日，因冻牛肉市场价格大幅上升，肉联厂在未与罐头厂协商一致的情况下，停止供应，将原准备履约的 300 吨冻牛肉卖给另一肉制食品加工厂。

（1）合同规定，肉联厂违约，应偿付不履行部分的 25%违约金，是否过多？为什么？

（2）假设合同中没有规定违约金，应采取什么方式补偿罐头厂的损失？

（3）假设肉联厂停止履行合同给罐头厂造成 120 万元损失，合同规定的 25%的违约金不足以补偿怎么办？

（4）假设罐头厂在获得违约补偿后，仍要求肉联厂继续履行合同，合法吗？为什么？

3. 假设 2011 年 1 月 15 日后，肉联厂在未与罐头厂协商一致的情况下毁约，将原准备履约的 300 吨冻牛肉售予另外一肉制食品加工厂。合同签订时，罐头厂曾给付肉联厂 16 万元定金。在此情况下，应如何处理这 16 万元定金？

4. 假设2011年1月15日，因天降大雪，肉联厂至罐头厂的公路被大雪覆盖达半月之久，无法行车，肉联厂与罐头厂两地之间不通火车，以至所备300吨冻牛肉无法交货。请问：

(1) 在此情况下，肉联厂是否违约？

(2) 在此情况下，应如何处理？肉联厂负什么义务？

5. 2011年3月，肉联厂已全部履行其合同义务。罐头厂的余款464万元在6月底前只付清了240万元欠款，尚有224万元欠款。

(1) 肉联厂起诉至法院，法院应作何判决？除诉讼外，还有什么方式解决纠纷？

(2) 假如罐头厂在2011年5月与甲厂合并，组建成某市肉联有限责任公司，则这224万元欠款由谁来偿还？

(3) 假如2011年7月15日，肉联厂向人民法院提起了诉讼，要求罐头厂偿还欠款224万元。2011年8月20日，罐头厂的其他债权人向人民法院提出了破产申请，人民法院受理了该案。此时对于肉联厂的起诉该如何处置？

(4) 2012年1月，人民法院裁定，宣告罐头厂破产。此时，对于肉联厂的224万元欠款及其利息，该如何处置？

(5) 假如罐头厂曾以自己的固定资产作为抵押物，为其债务作担保，那么罐头厂被宣告破产后，如何处置罐头厂欠肉联厂的224万元欠款？

6. 以下关于违约金的论断，正确的是：

(1) 违约金只有在一方当事人违约给另一方造成损失的情况下，才承担；

(2) 违约金和定金可以并行适用；

(3) 违约金不足以补偿给对方造成的损失时，违约金具有补偿的性质；

(4) 违约金数量超过给对方造成的损失，违约金具有惩罚性质。

二、参考答案

1. 肉联厂要求提高冻牛肉单价，是要求变更合同。《合同法》第七十七条规定："当事人协商一致，可以变更合同。法律、行政法规规定变更合同应当办理批准、登记等手续的，依照其规定。"同时，《农副产品购销合同条例》第十一条规定："当事人一方接到另一方要求变更或解除合同的建议后，应在收到通知之日起十五天内作出答复。当事人另有约定的，按约定的期限答复。超过规定（约定）期限不做答复的，即视为默认"。在本案中，肉联厂以书面方式于1月20日发出要求变更合同的通知，在合同中，双方当事人没有约定对变更合同的通知作出答复的期限，因此，应适用《农副产品购销合同条例》中规定的15日期限，故罐头厂应在2011年2月3日前予以答复。逾期不作答复，法律推定其作出了变更合同的承诺。所以，该合同中冻牛肉的单价应以变更后的13 800元为准。

2. (1) 合同约定的25%违约金是合法的。《农副产品购销合同条例》规定了该类合同的违约金幅度，即："如因违约自销而不履行合同时，（供方）应向需方偿付不履行合同部分5%至25%的违约金。"合同规定的违约金比例是符合法律规定的。

(2) 应当要求肉联厂赔偿罐头厂的损失。《合同法》第一百一十二条规定："当事人一方不履行合同义务或者履行合同义务不符合约定的，在履行义务或者采取补救措施后，对方还有其他损失的，应当赔偿损失。"

(3) 可以请求人民法院或者仲裁机构予以增加到120万元。《合同法》第一百一十四条规定:"当事人可以约定一方违约时应当根据违约情况向对方支付一定数额的违约金,也可以约定因违约产生的损失赔偿额的计算方法。约定的违约金低于造成的损失的,当事人可以请求人民法院或者仲裁机构予以增加;约定的违约金过分高于造成的损失的,当事人可以请求人民法院或者仲裁机构予以适当减少。"

(4)合法。《合同法》第一百一十条规定:"当事人一方不履行非金钱债务或者履行非金钱债务不符合约定的,对方可以要求履行,但有下列情形之一的除外:(一)法律上或者事实上不能履行;(二)债务的标的不适于强制履行或者履行费用过高;(三)债权人在合理期限内未要求履行。"

3. 依据《担保法》第八十九条"当事人可以约定一方向对方给付定金作为债权的担保。债务人履行债务后,定金应当抵作价款或者收回。给付定金的一方不履行约定的债务的,无权要求返还定金;收受定金的一方不履行约定的债务的,应当双倍返还定金。"本案中,肉联厂部分违约,没有履行300吨冻牛肉的交货义务,对没有履行的部分应双倍返还定金。罐头厂有权收回10万元的定金,并且肉联厂还应双倍返还6×2=12万元定金。

4.(1)肉联厂无法交货是违约,但可以免予承担违约责任。

(2)《合同法》第一百一十七条规定:"因不可抗力不能履行合同的,根据不可抗力的影响,部分或者全部免除责任,但法律另有规定的除外。"根据本案情况看,天降大雪无法行车,是不可抗力,可适用免责条款。不可抗力致使无法行车达半个月,因而肉联厂履约的期限也可顺延半个月。

在不可抗力出现的情况下,肉联厂应当及时向对方通报不能履行或者需要延期履行、部分履行合同的理由,并且取得有关不可抗力发生的证明。否则,当事人无权就本应避免而实际扩大的损失要求免责。

5.(1)法院在查明事实的基础上,应当判决罐头厂偿付224万元欠款给肉联厂,并且还应由罐头厂承担逾期付款的违约责任,即按中国人民银行有关延期付款的规定处理。

肉联厂还可以向人民法院申请支付令。如果双方当事人在合同中订有仲裁条款或事后达成仲裁协议,也可以通过仲裁方式解决合同纠纷。

(2)肉联厂的224万元债务由某市肉联有限责任公司承担。《合同法》第九十条规定:"当事人订立合同后合并的,由合并后的法人或者其他组织行使合同权利,履行合同义务。当事人订立合同后分立的,除债权人和债务人另有约定的以外,由分立的法人或者其他组织对合同的权利和义务享有连带债权,承担连带债务。"

(3)《企业破产法》第二十条规定:"人民法院受理破产申请后,已经开始而尚未终结的有关债务人的民事诉讼或者仲裁应当中止;在管理人接管债务人的财产后,该诉讼或者仲裁继续进行。"因此,应当中止人民法院已开始的诉讼程序,待管理人接管债务人的财产后,继续进行该诉讼。

(4)根据《企业破产法》的规定,肉联厂的债权属于破产债权,应从罐头厂的破产财产中按比例得以清偿。

(5)根据《企业破产法》的规定,肉联厂的224万元欠款有优先受偿权,如果担保物的价款不足以清偿其所担保的债务的,未得到清偿部分列为破产债权。

6. 正确的选项为(3)和(4)。

案例二　综合分析题

一、案情

甲、乙两公司采用合同书形式订立了一份买卖合同。双方约定由甲公司向乙公司提供100台精密仪器，甲公司于8月31日以前交货，并负责将货物运至乙公司；乙公司在收到货物后10日内付清货款。合同订立后双方均未签字盖章。7月28日，甲公司与丙运输公司订立货物运输合同，双方约定由丙公司将100台精密仪器运至乙公司。8月1日，丙公司先运了70台精密仪器至乙公司，乙公司全部收到，并于8月8日将70台精密仪器的货款付清。8月20日，甲公司掌握了乙公司转移财产、逃避债务的确切证据，随即通知丙公司暂停运输其余30台精密仪器，并通知乙公司中止交货，要求乙公司提供担保；乙公司及时提供了担保。8月26日，甲公司通知丙公司将其余30台精密仪器运往乙公司。丙公司在运输途中发生交通事故，30台精密仪器全部毁损，致使甲公司8月31日前不能按时全部交货。9月5日，乙公司要求甲公司承担违约责任。

要求：根据以上事实及《合同法》的规定，回答下列问题。
1. 甲公司订立买卖合同是否成立？并说明理由。
2. 甲公司8月20日中止履行合同的行为是否合法？并说明理由。
3. 乙公司9月5日要求甲公司承担违约责任的行为是否合法？并说明理由。
4. 丙公司对货物毁损应承担什么责任？并说明理由。

二、参考答案

1. 甲乙公司订立的买卖合同成立。根据《合同法》第三十七条的规定："采用合同书形式订立合同，在签字或者盖章之前，当事人一方已经履行主要义务，对方接受的，该合同成立。"本案中，甲乙双方虽然没有在合同书上签字盖章，但甲公司已将70台精密仪器交付了乙公司，乙公司也接受并付款，所以合同成立。

2. 甲公司8月20日中止履行合同的行为合法。根据《合同法》的规定，应当先履行债务的当事人，有确切证据证明对方有转移财产、逃避债务的情形，可以中止履行合同，即可以行使不安抗辩权。当事人依法中止履行的，应当及时通知对方。对方提供适当担保时，应当恢复履行。中止履行后，如果对方当事人在合理期限内未恢复履行能力并且未提供适当担保的，中止履行的一方可以解除合同。本案中，甲公司掌握了乙公司转移财产、逃避债务的确切证据，并通知乙公司中止交货，要求乙公司提供担保。因此，甲公司中止履行合同的行为合法。

3. 乙公司9月5日要求甲公司承担违约责任的行为合法。根据《合同法》第一百二十一条的规定："当事人一方因第三人的原因造成违约的，应当向对方承担违约责任。"

4. 丙公司对货物毁损应向甲公司承担损害赔偿责任。根据《合同法》第三百一十一条的规定，承运人对运输过程中货物的毁损、灭失承担损害赔偿责任。

 案例三　综合分析题

一、案情

甲公司向自然人乙借款，丙公司为一般保证人。后人民法院受理了丙公司破产案，但此时甲公司所欠乙的借款尚未到期。乙就其担保债权向管理人进行了申报。在第一次债权人会议对已申请债权进行核查时,债权人丁提出:丙公司作为一般保证人对乙享有先诉抗辩权;借款到期后,如果甲公司向乙偿还了全部借款,则丙公司不承担清偿责任;如果甲公司在借款到期后未向乙清偿债务,乙应先通过诉讼或仲裁向甲公司求偿,当就甲公司的财产依法强制执行后仍不能清偿乙的债权时,乙方可就未能获得清偿部分进行债权申报。

根据上述内容,分别回答下列问题:

1. 债权人丁提出的丙公司对乙享有先诉抗辩权的主张是否成立?并说明理由。

2. 若在借款到期前,乙先从丙公司破产案中通过破产分配获得部分清偿,对乙获得的该部分清偿应如何处理?

3. 若乙先从丙公司破产案中获得部分清偿,在借款到期后,乙应以债权全额还是应以债权未获清偿部分向甲公司主张权利?并说明理由。

4. 甲公司主动全额清偿了乙的债权,且乙此前已从丙公司破产案中获得了部分清偿,则对乙已从丙公司破产案中获得的该部分清偿应如何处理?

二、参考答案

1. 债权人丁的主张不成立。一般保证人破产,应当取消保证人的先诉抗辩权。因为保证人破产案件被法院受理后,如果继续维持一般保证人的先诉抗辩权,则债权人必须待债务到期后先向债务人求偿,然后才能向一般保证人求偿;但此时保证人的破产财产可能已经分配完毕,相当于免除了其保证责任。所以此时一般保证人不享有先诉抗辩权,债权人可以向一般保证人申报债权。

2. 在一般保证人破产分配过程中,债权人先从保证人处获得的清偿,应当先行提存。

3. 乙应以债权全额向甲公司主张权利。因为一般保证人承担的是补充保证责任,即在主合同纠纷未经审判或者仲裁,并就债务人财产依法强制执行仍不能履行债务前,对债权人可以拒绝承担保证责任。虽然此时一般保证人不能行使先诉抗辩权,但是在承担责任时,还是补充保证责任,仅对债务人实际不能清偿的部分承担责任;所以债权人向债务人求偿时,是以全部债权额求偿,再以"未从债务人处获得清偿的部分"计算应从保证人处获得的清偿。

4. 乙从丙公司破产案中获得的清偿额已经提存,待债权人在债务到期从债务人处获偿后,再按照保证人实际应承担补充责任的范围向债权人支付,余款由法院收回,分配给保证人的其他债权人。

一、复习思考题

1. 什么是合同?合同有哪些基本特征?
2. 如何理解要约的含义?要约与要约邀请有何不同?
3. 如何理解承诺的含义?一项有效的承诺应当具备哪些条件?
4. 什么是缔约过失责任?缔约过失的表现有哪些?
5. 如何理解合同成立与合同生效?
6. 如何理解无效代理和表见代理?
7. 如何理解合同履行的抗辩?
8. 如何理解债权人的代位权?依法行使代位权的条件有哪些?

9. 如何理解债权人的撤销权？
10. 合同生效后，当事人就质量、价款或者报酬、履行地点等内容没有约定的适用规则有哪些？
11. 一般保证和连带责任保证有何不同？其对保证人的诉讼时效有何不同？
12. 定金和预付款有何不同？
13. 什么是预期违约？预期违约与实际违约有何不同？
14. 违约责任的方式有哪些？

二、单项选择题

1. 甲公司7月1日通过报纸发布广告，称其有某型号的计算机出售，每台售价8 000元，随到随购，数量不限，广告有效期至7月30日。乙公司委托王某携带金额16万元的支票于7月28日到甲公司购买计算机，但甲公司称广告所述计算机已全部售完。乙公司为此受到一定的经济损失。根据合同法律制度的规定，下列表述正确的是（　　）。
   A. 甲公司的广告构成要约，乙公司的行为构成承诺，甲公司不承担违约责任
   B. 甲公司的广告构成要约，乙公司的行为构成承诺，甲公司应当承担违约责任
   C. 甲公司的广告不构成要约，乙公司的行为不构成承诺，甲公司不承担民事责任
   D. 甲公司的广告构成要约，乙公司的行为不构成承诺，甲公司不承担民事责任

2. A水泥厂与B建筑公司签订1 000吨水泥销售合同，双方约定合同经过公证后方为有效。合同中同时规定了定金条款，由B公司交付给A厂5%的货款作为定金。但后来该合同未经公证，B公司即交付了定金，A厂也收受了定金。A厂在合同规定的期限无法交付1 000吨水泥，B公司要求A厂双倍返还定金。下列判断中正确的是（　　）。
   A. A厂与B公司的水泥销售合同无效，A厂不需双倍返还定金
   B. A厂与B公司的水泥销售合同无效，A厂应双倍返还定金
   C. A厂与B公司的水泥销售合同有效，A厂应双倍返还定金
   D. A厂与B公司的水泥销售合同有效，A厂不需双倍返还定金

3. 甲是乙企业的销售人员，随身携带盖有乙企业公章的空白合同书，便于随时对外签约。后甲因收取回扣被乙企业除名，但空白合同书未收回。甲以此合同书与丙签订购销协议，该购销协议的效力应如何认定？（　　）
   A. 不成立　　　B. 无效　　　C. 效力待定　　　D. 有效

4. 甲公司因转产致使一台价值1 000万元的精密机床闲置。甲公司股东会决议规定，对精密机床的处置应经股东会特别决议。该公司董事长在未经股东会特别决议的情况下，与乙公司签订了一份机床转让合同。甲公司与乙公司之间转让机床的合同效力为（　　）。
   A. 无效　　　B. 有效　　　C. 效力待定　　　D. 可撤销

5. 甲、乙订立一个合同购销特定的标的物，合同执行政府定价，2010年2月1日订立合同时该标的物价格为每千克1 000元，合同规定2010年4月1日交货，违约金为每千克100元，交货后付款。但卖方直至2010年6月1日才交货，而政府定价于2010年5月1日调整为每千克1 200元，买方应当按照每千克（　　）元的价格向卖方支付货款。
   A. 900　　　B. 1 000　　　C. 1 100　　　D. 1 200

6. 周某与林某协议离婚时约定，孩子归女方林某抚养，周某每年给付1 000元抚养费。离婚后，因林某将孩子由姓周改姓林，周某就停止给付抚养费。因这一年年景不好，周某就将卖粮仅得的1 000元捐献给了希望工程，自己出去打工了。林某能请求法院撤销该赠与吗？（　　）
   A. 不能，因为赠与物已经交付
   B. 不能，因为是公益性捐赠
   C. 不能，因为周某处分的是自己的合法财产
   D. 能，因为周某逃避法定义务进行赠与

7. 甲乘乙危难之机提出不合理条件与乙订立合同，随后甲将其合同债权转让给丙，则（　　）。
   A. 乙仍可以撤销合同
   B. 甲构成不当得利，应向乙返还其不当获得的利益
   C. 乙、丙可共同向甲请求赔偿损失
   D. 乙可以向甲请求赔偿因其向丙履行而遭受的损失

8. 甲企业与乙银行签订借款合同，借款金额为15万元人民币，借款期限为1年，由丙企业作为借款保证人。合同签订3个月后，甲企业因扩大生产规模急需资金，遂与乙银行协商，将贷款金额增加到18万元，甲和银行通知了丙企业，丙企业未予答复。后甲企业到期不能偿还债务。该案中的保证责任应为（　　）。
   A. 丙企业不再承担保证责任，因为甲、乙变更合同条款未得到丙的同意
   B. 丙企业对15万元应承担保证责任，增加的3万元不承担保证责任
   C. 丙企业应承担18万元保证责任，因为丙对于甲和银行的通知未予答复，视为默认
   D. 丙企业不再承担保证责任，因为保证合同因甲、乙变更了合同的数额条款而致保证合同无效

9. 甲公司与乙公司依法订立一份总货款为20万元的购销合同。合同约定的违约金为货款总值的5%。同时，甲公司向乙公司给付定金5 000元，后乙公司违约，给甲公司造成损失2万元。乙公司应依法向甲公司偿付（　　）万元。
   A. 2　　　　　B. 3.5　　　　　C. 2.5　　　　　D. 3

10. 甲与乙签订了有定金条款的车辆买卖合同，合同签订3日后甲向乙实际交付了定金。下列说法正确的是（　　）。
    A. 车辆买卖合同于签订时生效，定金合同于实际交付定金时生效
    B. 定金合同于签订时生效，车辆买卖合同于实际交付定金时生效
    C. 车辆买卖合同及定金合同均于实际交付定金时生效
    D. 车辆买卖合同及定金合同均于合同签订时生效

三、多项选择题

1. 下列（　　）在当事人没有特别约定的情况下为实践合同。
   A. 保管合同　　　　　　　　　B. 自然人之间的借款合同
   C. 租赁合同　　　　　　　　　D. 建设工程合同
   E. 行纪合同

2. 育红学校欲组建电教室，分别向几个计算机公司发函，称"我校急需计算机50台，

如你公司有货，请速告知。"华夏公司第二日即派人将50台计算机送到学校，而育红学校此时已决定购买另一计算机公司的计算机，故拒绝接受华夏公司的计算机，由此发生纠纷。关于本案的下列表述中，正确的是（　　）。

A. 育红学校的发函属于要约邀请

B. 育红学校的发函属于要约

C. 育红学校拒绝接受华夏公司的计算机属于违约行为

D. 育红学校拒绝接受华夏公司的计算机不属于违约行为

3. 甲于2012年5月10日因情况紧急而与乙签订买卖合同，合同内容对甲显失公平。根据法律规定，下列判断（　　）是正确的。

A. 甲有权通知乙撤销该合同

B. 该合同无效，甲乙双方应各自返还财物

C. 该合同在未被撤销之前是有效合同

D. 如甲在2014年5月10日后才申请撤销该合同，则人民法院不再保护

E. 该合同有效，甲无权申请撤销该合同

4. 债权人以对自己造成损害为由，请求人民法院予以撤销（　　）的行为，人民法院应予支持。

A. 债务人怠于行使其到期债权

B. 债务人放弃其到期债权

C. 债务人无偿将财产赠与他人

D. 债务人以明显不合理的低价转让财产，但受让人不知该情形

5. 甲与乙签订销售空调100台的合同，但当甲向乙交付时，乙以空调市场疲软为由，拒绝受领，要求甲返还货款。下列说法（　　）是正确的。

A. 甲可以向有关部门提存这批空调

B. 空调在向当地公证机关提存后，因遇火灾，烧毁5台，其损失应由甲承担

C. 提存费用应由乙支付

D. 若自提存之日起5年内乙不领取空调，则归甲所有

6. 甲向乙借款5万元，乙要求甲提供担保，甲分别找到友人丙、丁、戊、己，他们各自作出以下表示，其中（　　）构成保证。

A. 丙在甲向乙出具的借据上签署"保证人丙"

B. 丁向乙出具字据称"如甲到期不向乙还款，本人愿代还3万元"

C. 戊向乙出具字据称"如甲到期不向乙还款，由本人负责"

D. 己向乙出具字据称"如甲到期不向乙还款，由本人以某处私房抵债"

7. 甲向乙借款12万元，丙、丁、戊为连带保证人。借款期届满，甲无力偿还债务，丙代为偿还了12万元。对此，丙可以取得（　　）的权利。

A. 请求甲偿还12万元

B. 请求丁、戊偿还各自应负担的4万元

C. 先请求甲偿还，不足部分再向丁、戊请求偿还

D. 请求丁、戊偿还各自应负担的4万元，并可同时请求甲偿还4万元

8. 甲与乙签订房屋买卖合同，将一幢房屋卖与乙。双方同时约定，一方违约应支付购房

款35%的违约金。但在交房前甲又与丙签订合同，将该房卖给丙，并与丙办理了过户登记手续。下列说法中（　　）是正确的。

A. 乙可以自己与甲签订的合同在先，主张甲与丙签订的合同无效
B. 乙有权要求甲收回房屋，实际履行合同
C. 乙不能要求甲实际交付该房屋，但可要求甲承担违约责任
D. 若乙要求甲支付约定的违约金，甲可以请求法院或仲裁机构予以适当减少

9. 甲购买一辆汽车，在开回的路上因刹车失灵而翻车受伤。在此情形下，他可以（　　）。

A. 请求商家承担违约责任
B. 请求厂家同时承担违约责任和侵权责任
C. 请求厂家承担侵权责任
D. 请求厂家承担侵权责任，同时请求商家承担违约责任

四、案例分析题

1. 甲公司于2012年3月1日给乙公司发出电报称："现有当年产玉米50吨，每吨1 000元。如贵方需购，望于接到电报之日起一周内回复为盼。"

（1）假设3月3日乙公司给甲公司复电称："接受贵方条件，但望以每吨800元成交"，则甲乙之间的合同关系是否成立？为什么？

（2）假设乙公司在3月10日复电给甲公司称："完全接受贵方条件"，则甲乙之间的合同关系是否成立？为什么？

（3）假设乙公司在接到甲公司的电报后，于3月3日派人直接去付款提货时，甲公司已将这50吨玉米高价卖给了丙公司，甲公司是否需对乙公司承担责任？

2. 2011年10月，红星建筑构件厂（甲方）与东方化肥厂锅炉车间（乙方）签订设备安装合同。合同规定由乙方为甲方2号锅炉安装新阀门。安装后第5天，2号锅炉在运行中因安装质量问题致使新阀门排气不畅，造成锅炉内压过高而发生爆炸事故。事故经济损失8万元。为此，甲方以乙方为被告向人民法院起诉，要求被告赔偿经济损失8万元，并支付1万元违约金。问：此案应如何处理？

3. 甲乙双方约定购买钢材100吨，乙方于8月10日先付50%的价款作为定金，款到3日内甲方发货，货到后乙方支付剩余50%的货款；任何一方违约须交付10%的违约金。合同订立后，乙方得知甲方经营状况严重恶化，有可能丧失履行能力，且乙方已有确切证据。因此乙方于7月10日要求甲方提供担保，并暂停付款。后经反复协商，甲方提供了一定担保，乙方收到货后经检验，该批钢材质量不符合双方约定的标准，无法满足乙方生产需要。因乙方工程进度急需，乙方不得已从市场上购买一批钢材。此时钢材价格上扬，乙方比按合同购买多支出5万元。

根据《合同法》的有关规定，请回答下列问题：

（1）乙方要求甲方提供履行担保且中止付款，是否是违约行为？为什么？
（2）在要求甲方提供担保和中止履行之后，乙方有何义务和权利？
（3）在后来甲方违约的情况下，乙方应如何要求甲方承担违约责任？

4. 甲企业向乙企业发出传真订货，该传真列明了货物的种类、数量、质量、供货时间、交货方式等，并要求乙在10日内报价。乙接受甲发出传真列明的条件并按期报价，亦要求甲在10日内回复；甲按期复电同意其价格，并要求签订书面合同。乙在未签订书面合同的情况

下按甲提出的条件发货，甲收货后未提出异议，亦未付货款。后因市场发生变化，该货物价格下降。甲遂向乙提出，由于双方未签订书面合同，买卖关系不能成立，故乙应尽快取回货物。乙不同意甲的意见，要求其偿付货款。随后，乙发现甲放弃其对关联企业的到期债权，并向其关联企业无偿转让财产，可能使自己的货款无法得到清偿，遂向人民法院提起诉讼。

要求：

（1）试述甲传真订货、乙报价、甲回复报价行为的法律性质。

（2）买卖合同是否成立？并说明理由。

（3）对甲放弃到期债权、无偿转让财产的行为，乙可向人民法院提出何种权利请求，以保护其利益不受侵害？对乙行使该权利的期限，法律有何规定？

5. 甲公司 2017 年 12 月 31 日的资产负债表显示的净资产为负，财务状况不断恶化。有关资产：商业用房一间，账面价值为 100 万元；机器设备一套，账面价值为 20 万元；银行存款 30 万元；应收乙的账款 30 万元（2018 年 1 月 20 日到期）；应收丙的账款 70 万元（2018 年 2 月 6 日到期）。甲公司有关负债：应付丙的账款 50 万元（2018 年 3 月 5 日到期）；应付丁的账款 180 万元（2018 年 1 月 10 日到期）。2018 年以来，甲公司的资产处理及债权债务清偿情况如下。

（1）1 月 20 日，丁请求甲公司偿还欠款未果。但在 1 月 28 日丁发现甲公司曾于 1 月 15 日将机器设备赠送给了戊。

（2）2 月 3 日，甲公司将拥有的商业用房以 60 万元的价格（市场价格为 120 万元）转让给非关联企业己公司，己公司在不知情的情况下，受让该房产，并办理了过户登记手续。

（3）2 月 21 日后，甲公司一直催告乙偿还债务，但乙到 8 月底仍未偿还，甲公司亦未采取其他法律措施。

（4）3 月 15 日，甲公司向丙提出就 50 万元债权债务予以抵销。

（5）4 月 10 日，甲公司与庚公司签订债权转让合同，将对丙的 20 万元债权以 18 万元的价格转让给庚。

要求：根据本题所述内容，分别回答下列问题。

（1）丁是否有权请求人民法院撤销甲公司将机器设备赠送给戊的行为？并说明理由。

（2）丁是否有权请求人民法院撤销甲公司将商业用房转让给己公司的行为？并说明理由。

（3）丁是否有权代位行使甲对乙的债权？并说明理由。

（4）甲是否有权向丙主张就 50 万元的债权债务予以抵销？并说明理由。

（5）甲庚之间的债权转让何时生效？何时对丙产生效力？并分别说明理由。

6. 甲公司与乙公司于 2011 年 5 月 20 日签订了设备买卖合同，甲为买方，乙为卖方。双方约定：

（1）由乙公司于 10 月 30 日前分 2 批向甲公司提供设备 10 套，价款总计为 150 万元；

（2）甲公司向乙公司给付定金 25 万元；

（3）如一方迟延履行，应向另一方支付违约金 20 万元；

（4）丙公司作为乙公司的保证人，在乙公司不能履行债务时，丙公司承担一般保证责任。

合同依法生效后，甲公司因故未向乙公司给付定金。7 月 1 日，乙公司向甲公司交付了 3 套设备，甲公司支付了 45 万元货款。9 月，该种设备价格大幅上涨，乙公司向甲公司提出变更合同，要求将剩余的 7 套设备价格提高到每套 20 万元，甲公司不同意，随后乙公司通知甲公司解除合同。11月1日，甲公司仍未收到剩余的7套设备，从而严重影响了其正常生产，并因此遭受了50万元的经济损失。于是甲公司诉至法院，要求乙公司增加违约金数额并继续履行合同；同时要求丙公司履行一般保证责任。

根据上述事实及有关法律规定，回答下列问题：

（1）乙公司通知甲公司解除合同是否合法？并说明理由。

（2）甲公司要求增加违约金数额依法能否成立？并说明理由。

（3）甲公司要求乙公司继续履行合同依法能否成立？并说明理由。

（4）丙公司在什么条件下应当履行一般保证责任？并说明理由。

7. 梁某系养牛专业户，2011年他与某县的畜牧站签订了良种奶牛引进合同。合同约定，良种奶牛款共10万元，梁某预付定金2万元，违约金按合同总额的10%计算。合同没有明确约定合同的履行地点。后梁某从畜牧站将良种奶牛拉回，为此支付运费1 000元。梁某拉回奶牛后，在饲养中发生不可抗力，导致奶牛无法产奶。梁某预计的收入落空，无法及时偿还购牛款。畜牧站遂将梁某诉至法院。问：

（1）梁某要求畜牧站支付运费，该请求能否得到法院的支持？为什么？

（2）针对畜牧站要求付款的请求，梁某以不可抗力要求免责，该请求能否得到法院的支持？为什么？

（3）如果梁某的行为构成违约，合同中规定的违约金与定金能否同时适用？为什么？

第7章 合同法（分则）

7.1 买卖合同

7.1.1 买卖合同的概念和法律特征

买卖合同是出卖人转移标的物的所有权于买受人，买受人支付价款的合同。买卖合同的内容，除《合同法》规定的一般条款外，还可以包括包装方式、检验标准和方法、结算方式、合同使用的文字及其效力等条款。

买卖合同具有以下法律特征。

① 出卖人须转移标的物的所有权于买受人。这是买卖合同的主要法律特征。例如租赁合同，虽然一方将标的物交付给另一方，但所有权未发生转移。

② 买受人须向出卖人支付价款。

③ 是双务、有偿、诺成合同。除法律另有规定的以外，买卖合同一般为诺成合同，自双方达成协议时成立，并不以交付标的物为合同的成立要件。

④ 买卖合同标的范围有一定限制。物的禁止和限制流转制度使某些物品不能成为买卖合同的标的或受到某些限制。

7.1.2 关于买卖合同标的物的法律规定

1. 标的物的范围

《合同法》第一百三十二条规定："出卖的标的物，应当属于出卖人所有或者出卖人有权处分。法律、行政法规禁止或者限制转让的标的物，依照其规定。"实践中，在订立合同时，标的物可能尚不属于出卖人或尚无处分权，甚至可能尚不存在，但在交付标的物时，标的物必须属于出卖人或有处分权。

2. 标的物的交付

（1）标的物交付的效力

《合同法》规定，除法律另有规定或者当事人另有约定以外，标的物的所有权自标的物交付时起转移。当事人可以在买卖合同中约定买受人未履行支付价款或者其他义务的，标的物的所有权属于出卖人，这样即使标的物已经交付但所有权也可能并未转移。

出卖具有知识产权的计算机软件等标的物的，除法律另有规定或者当事人另有约定以外，该标的物的知识产权不属于买受人。

（2）标的物交付的时间

《合同法》规定，出卖人应当按照约定的期限交付标的物。约定交付期间的，出卖人可以在该交付期间内的任何时间交付。当事人没有约定标的物的交付期限或者约定不明确的,双方可以协议补充。不能达成补充协议的,债务人(出卖人)可以随时履行,债权人(买受人)也可以随时请求履行,但应当给对方必要的准备时间。

标的物在订立合同之前已为买受人占有的,合同生效的时间为交付时间。

(3)标的物交付的地点

出卖人应当按照约定的地点交付标的物。当事人没有约定交付地点或者约定不明确的,双方可以协议补充。不能达成补充协议的,按照合同有关条款或者交易习惯仍不能确定的,适用下列规定:

① 标的物需要运输的,出卖人应当将标的物交付给第一承运人以运交给买受人;

② 标的物不需要运输,出卖人和买受人订立合同时知道标的物在某一地点的,出卖人应当在该地点交付标的物;不知道标的物在某一地点的,应当在出卖人订立合同时的营业地交付标的物。

出卖人应当履行向买受人交付标的物或者交付提取标的物的单证,并转移标的物所有权的义务。

3. 标的物的风险承担

(1)标的物的风险承担的一般规定

《合同法》规定,标的物毁损、灭失的风险,在标的物交付之前由出卖人承担,交付之后由买受人承担,但法律另有规定或者当事人另有约定的除外。这里所说的风险主要是指非因当事人故意或过失发生的意外毁损、灭失的风险。据此,标的物的所有权转移与风险承担可能不一致,所有权是否转移不是确定风险承担的标准。

(2)标的物的风险承担的特别规定

① 因买受人的原因致使标的物不能按照约定的期限交付的,买受人应当自违反约定之日起承担标的物毁损、灭失的风险。

② 出卖人出卖交由承运人运输的在途标的物,除当事人另有约定的以外,毁损、灭失的风险自合同成立时起由买受人承担。

③ 当事人没有约定交付地点或者约定不明确,标的物需要运输的,出卖人将标的物交付给第一承运人后,标的物毁损、灭失的风险由买受人承担。

④ 出卖人按照约定或者依照《合同法》有关规定将标的物置于交付地点,买受人违反约定没有收取的,标的物毁损、灭失的风险自违反约定之日起由买受人承担。

⑤ 因标的物质量不符合质量要求,致使不能实现合同目的的,买受人可以拒绝接受标的物或者解除合同。买受人拒绝接受标的物或者解除合同的,标的物毁损、灭失的风险由出卖人承担。

⑥ 出卖人按照约定未交付有关标的物的单证和资料的,不影响标的物毁损、灭失风险的转移。

⑦ 标的物毁损、灭失的风险由买受人承担的,不影响因出卖人履行债务不符合约定,买受人要求其承担违约责任的权利。

4. 标的物的孳息

根据《合同法》的规定,标的物在交付之前产生的孳息,归出卖人所有,交付之后产生的孳息,归买受人所有。

5. 标的物的质量与检验

① 出卖人应对标的物的质量负责。标的物出卖人应当按照约定的质量要求交付标的物。出卖人提供有关标的物质量说明的,交付的标的物应当符合该说明的质量要求。

② 标的物的质量标准的规定。当事人对标的物的质量要求没有约定或者约定不明确的,双方可以协议补充。不能达成补充协议的,按照国家标准、行业标准履行。没有国家标准、行业标准的,按照通常标准或者符合合同目的的标准履行。

③ 出卖人应当承担质量不合约定的违约责任。出卖人交付的标的物不符合质量要求的,买受人可以依法要求其承担违约责任。

④ 标的物的包装。出卖人应当按照约定的包装方式交付标的物。对包装方式没有约定或者约定不明确的,可以协议补充,不能达成补充协议的,应当按照通用的方式包装,没有通用方式的,应当采取足以保护标的物的包装方式。

⑤ 标的物的检验。买受人收到标的物时应当在约定的检验期间内检验。没有约定检验期间的,应当及时检验。

⑥ 标的物的验收和异议。当事人约定检验期间的,买受人应当在检验期间内将标的物的数量或者质量不符合约定的情形通知出卖人。买受人怠于通知的,视为标的物的数量或者质量符合约定。当事人没有约定检验期间的,买受人应当在发现或者应当发现标的物的数量或者质量不符合约定的合理期间内通知出卖人。买受人在合理期间内未通知或者自标的物收到之日起两年内未通知出卖人的,视为标的物的数量或者质量符合约定,但对标的物有质量保证期的,适用质量保证期,不适用该两年的规定。出卖人知道或者应当知道提供的标的物不符合约定的,买受人不受上述规定的通知时间的限制,因为出卖人的这种行为已属于欺诈行为。

7.1.3 当事人的权利义务

1. 出卖人的义务

① 交付标的物。出卖人应当履行向买受人交付标的物或者交付提取标的物的单证,并有转移标的物所有权的义务。

② 交付标的物相关单证和资料。出卖人应当按照约定或者交易习惯向买受人交付提取标的物单证以外的相关单证和资料。

③ 出卖人就交付的标的物负有权利保证义务。如保证标的物非他人所有或与他人共有,未设有抵押权、租赁权,未侵犯他人的知识产权等。为此,《合同法》规定,出卖人就交付的标的物,负有保证第三人不得向买受人主张任何权利的义务,但买受人订立合同时知道或者应当知道第三人对买卖的标的物享有权利的,或法律另有规定的除外。

2. 买受人的权利义务

① 买受人有履行抗辩权。买受人有确切证据证明第三人可能就标的物主张权利的,可以中止支付相应的价款,但出卖人提供适当担保的除外。

② 买受人应当按照约定的数额支付价款。对价款没有约定或者约定不明确的,可以协议补充,不能达成补充协议的,按照订立合同时履行地的市场价格履行。依法应当执行政府定价或者政府指导价的,按照规定履行。

③ 买受人应当按照约定的地点支付价款。对支付地点没有约定或者约定不明确的,可以协议补充。不能达成补充协议的,买受人应当在出卖人的营业地支付。但约定支付价款以交

付标的物或者交付提取标的物单证为条件的,在交付标的物或者交付提取标的物单证的所在地支付。

④ 买受人应当按照约定的时间支付价款。对支付时间没有约定或者约定不明确的,可以协议补充。不能达成补充协议的,买受人应当在收到标的物或者提取标的物单证的同时支付。

⑤ 出卖人多交标的物的,买受人可以接收或者拒绝接收多交的部分。买受人接收多交部分的,按照合同的价格支付价款;买受人拒绝接收多交部分的,应当及时通知出卖人。

7.1.4 合同解除的效力

① 买卖合同解除及于主物和从物的效力。因标的物的主物不符合约定而解除合同的,解除合同的效力及于从物。标的物的从物因不符合约定被解除的,解除的效力不及于主物。如果从物有瑕疵,买受人仅可解除与从物有关的合同部分。

② 买卖合同解除及于一物和数物的效力。标的物为数物,其中一物不符合约定的,买受人可以就该物解除合同,但该物与他物分离使标的物的价值显受损害的,当事人可以就数物解除合同。

③ 买卖合同解除及于分批和整批的效力。出卖人分批交付标的物的,出卖人对其中一批标的物不交付或者交付不符合约定,致使该批标的物不能实现合同目的的,买受人可以就该批标的物解除合同;出卖人不交付其中一批标的物或者交付不符合约定,致使今后其他各批标的物的交付不能实现合同目的的,买受人可以就该批以及今后其他各批标的物解除合同。买受人如果就其中一批标的物解除合同,该批标的物与其他各批标的物相互依存的,可以就已经交付和未交付的各批标的物解除合同。

7.1.5 特殊买卖合同的规定

① 分期付款的买卖合同的规定。分期付款的买受人未支付到期价款的金额达到全部价款的1/5的,出卖人可以要求买受人一并支付到期与未到期的全部价款或者解除合同。出卖人解除合同的,双方应互相返还财产,出卖人可以向买受人要求支付该标的物的使用费。

② 凭样品的买卖合同的规定。凭样品买卖的当事人应当封存样品,并可以对样品质量予以说明。出卖人交付的标的物应当与样品及其说明的质量相同。凭样品买卖的买受人不知道样品有隐蔽瑕疵的,即使交付的标的物与样品相同,出卖人交付的标的物的质量仍然应当符合同种物的通常标准。

③ 试用买卖合同的规定。试用买卖的当事人可以约定标的物的试用期间。对试用期间没有约定或者约定不明确的,双方可以协议补充,不能达成补充协议的,由出卖人确定。试用买卖的买受人在试用期内可以购买标的物,也可以拒绝购买。试用期间届满,买受人对是否购买标的物未作表示的,视为购买。此外,如买受人已无保留地支付部分或全部价款,或对标的物进行试用以外的行为的,如出租、出售,也可视为同意购买。

7.2 供用电合同

1. 供用电合同的概念和特征

供用电合同是供电人向用电人供电,用电人支付电费的合同。

供用电合同的主要特征如下。① 供用电合同是双务有偿合同。供电人有按照国家规定的供电标准和约定安全供电的义务,用电人负有按照国家的有关规定和约定用电并及时交付电费的义务。② 供用电合同是转移所有权的合同。③ 供用电合同的标的不是一般商品。电作为一种能量,是一种特殊的商品,是既不能储存又不能进入流通领域交换的商品,其标的性质决定了合同一般不存在退货、返还、恢复原状等问题。④ 供用电合同的内容更多地受国家政策的制约。

2. 供用电合同的内容

供用电合同的内容包括供电的方式、质量、时间,用电容量、地址、性质,计量方式,电价、电费的结算方式,供用电设施的维护责任等条款。

供用电合同的履行地点,按照当事人约定。当事人没有约定或者约定不明确的,供电设施的产权分界处为履行地点。

通常,供用电合同是以用电人提出用电申请为要约,供电人批准用电申请为承诺而订立的。

3. 双方当事人的权利义务

(1) 供电人的义务

① 供电人应当按照国家规定的供电质量标准和合同约定安全供电。供电人未按照国家规定的供电质量标准和合同约定安全供电,造成用电人损失的,应当承担损害赔偿责任。

② 供电人因供电设施计划检修、临时检修、依法限电或者用电人违法用电等原因,需要中断供电时,应当按照国家有关规定事先通知用电人。未事先通知用电人中断供电,造成用电人损失的,应当承担损害赔偿责任。

③ 因自然灾害等原因断电,供电人应当按照国家有关规定及时抢修。未及时抢修,造成用电人损失的,应当承担损害赔偿责任。

(2) 用电人的义务

① 用电人应当按照国家有关规定和当事人的约定及时交付电费。用电人逾期不交付电费的,应当按照约定支付违约金。经催告用电人在合理期限内仍不交付电费和违约金的,供电人可以按照国家规定的程序中止供电。

② 用电人应当按照国家有关规定和当事人的约定安全用电。用电人未按照国家有关规定和当事人的约定安全用电,造成供电人损失的,应当承担损害赔偿责任。

供用电、供用水、供用气、供用热力合同属同一性质的合同。故《合同法》规定,供用水、供用气、供用热力合同参照供用电合同的有关规定执行。

7.3 赠与合同

1. 赠与合同的概念和特征

赠与合同是赠与人将自己的财产无偿给予受赠人,受赠人表示接受赠与的合同。赠与作为一种合同行为,须有双方的意思表示一致才能成立。只有赠与人表示赠与的意思,而无对方愿意接受的意思表示,或者只有人愿意接受赠与,而无人愿意赠与的意思表示,赠与合同均不能成立。赠与合同可以采用口头形式,也可采用书面形式。

赠与合同具有以下法律特征。

① 发生财产所有权的转移。

② 赠与合同是无偿合同。因受赠人不付代价，所以受赠人可以是完全无民事行为能力人。有时候，当事人双方互相给予一定的财物，如果双方互以对方给予财产为给予条件，则为互易；如果双方的给予不以对方的给予为条件，则为赠与（实际为两个赠与合同）。赠与可以附义务。因为这种附义务与赠与的财产并无对等性，所以不改变赠与的无偿性。赠与附义务的，受赠人应当按照约定履行义务。

③ 赠与合同为诺成合同。非以交付财产为合同成立要件。赠与的财产依法须要办理登记等手续的，应当办理有关手续。

④ 赠与合同一般为单务合同，但有时也为双务合同。赠与人有按合同交付赠与物于受赠人的义务。对于具有救灾、扶贫等社会公益、道德义务性质的赠与合同或者经过公证的赠与合同，赠与人不交付赠与的财产的，受赠人可以要求交付。

2. 赠与人的责任承担

① 因赠与人故意或者重大过失致使赠与的财产毁损、灭失的，赠与人应当承担损害赔偿责任。

② 赠与的财产有瑕疵的，赠与人不承担责任。附义务的赠与，赠与的财产有瑕疵的，赠与人在附义务的限度内承担与出卖人相同的责任。赠与人故意不告知瑕疵或者保证无瑕疵，造成受赠人损失的，应当承担损害赔偿责任。

3. 赠与的撤销

赠与的撤销分为任意撤销和法定撤销。任意撤销是指赠与人在赠与财产的权利转移之前可以撤销赠与。但对于具有救灾、扶贫等社会公益、道德义务性质的赠与合同或者经过公证的赠与合同，不得撤销赠与。

法定撤销是指受赠人有下列法定情形之一的，无论赠与财产的权利是否转移，赠与是否具有救灾、扶贫等社会公益、道德义务性质或者经过公证，赠与人均可以撤销赠与：

① 严重侵害赠与人或者赠与人的近亲属；
② 对赠与人有扶养义务而不履行；
③ 不履行赠与合同约定的义务。

赠与人的撤销权，自知道或者应当知道撤销原因之日起 1 年内行使。因受赠人的违法行为致使赠与人死亡或者丧失民事行为能力的，赠与人的继承人或者法定代理人可以撤销赠与。赠与人的继承人或者法定代理人的撤销权，自知道或者应当知道撤销原因之日起 6 个月内行使。撤销权人撤销赠与的，可以向受赠人要求返还赠与的财产。

赠与人的经济状况显著恶化，严重影响其生产经营或者家庭生活的，可以不再履行赠与义务。

7.4 借款合同

1. 借款合同的概念和特征

借款合同是借款人向贷款人借款，到期返还借款并支付利息的合同。借款合同应采用书面形式，但自然人之间借款另有约定的除外。借款合同的内容包括借款种类、币种、用途、数额、利率、期限和还款方式等条款。

借款合同具有以下法律特征。

① 借款合同是主体范围十分广泛的合同。它可适用于国家金融机构的借贷，也适用于民间的平等主体间的借贷。

② 借款合同是诺成合同。当事人对合同内容协商一致的，合同即成立。自然人之间的借款合同为实践合同，自贷款人提供借款时生效。

③ 借款合同是双务、有偿合同。贷款人未按照约定的日期、数额提供借款的，应按约定支付违约金。借款人也有按期偿还借款并支付利息的义务。自然人之间的借款合同约定支付利息的，借款的利率不得违反国家有关限制借款利率的规定。自然人之间的借款合同对支付利息没有约定或者约定不明确的，视为不支付利息。

④ 除公民之间借款另有约定的除外，借款合同应为要式合同，即要求采用书面形式。

⑤ 借款合同的标的只能是货币，而不能是非货币的其他财物。

2. 贷款人的权利义务

① 贷款人未按照约定的日期、数额提供借款，造成借款人损失的，应当赔偿损失。

② 贷款人按照约定可以检查、监督借款的使用情况。借款人应当按照约定向贷款人定期提供有关财务会计报表等资料。借款人未按照约定的借款用途使用借款的，贷款人可以停止发放借款、提前收回借款或者解除合同。

③ 办理贷款业务的金融机构贷款的利率，应当按照中国人民银行规定的贷款利率的上下限确定。借款的利息不得预先在本金中扣除。利息预先在本金中扣除的，应当按照实际借款数额返还借款并计算利息。

3. 借款人的权利义务

① 订立借款合同，借款人应当按照贷款人的要求提供与借款有关的业务活动和财务状况的真实情况。

② 借款人应按约定收取借款。借款人未按照约定的日期、数额收取借款的，应当按照约定的日期、数额支付利息。

③ 借款人应当按照约定的期限支付利息。对支付利息的期限没有约定或者约定不明确的，可以协议补充。不能达成补充协议的，适用下列规定：借款期间不满1年的，应当在返还借款时一并支付；借款期间1年以上的，应当在每届满1年时支付，剩余期间不满1年的，应当在返还借款时一并支付。

④ 借款人应当按照约定的期限返还借款。借款人未按照约定的期限返还借款的，应当按照约定或者国家有关规定支付逾期利息。对借款期限没有约定或者约定不明确的，可以协议补充。不能达成补充协议的，适用下列规定：借款人可以随时返还借款，贷款人可以催告借款人在合理期限内返还借款。

⑤ 借款人提前偿还借款，按实际借款的期间计算利息。《合同法》规定，借款人提前偿还借款的，除当事人另有约定的以外，应当按照实际借款的期间计算利息。

⑥ 借款人申请展期的，应经贷款人同意。《合同法》规定，借款人可以在还款期限届满之前向贷款人申请展期。贷款人同意的，可以展期。

7.5 租赁合同与融资租赁合同

1. 租赁合同

1）租赁合同的概念和特点

租赁合同是出租人将租赁物交付承租人使用、收益，承租人支付租金的合同。

租赁合同有以下主要法律特征。

① 租赁合同是转让财产使用权的合同。这是租赁合同区别于转让财产所有权合同最根本的特征。

② 租赁合同是双务、有偿、诺成合同。租赁合同的合同双方当事人各自负有义务、享有权利。出租人须提供合同约定的出租物,承租人须为自己使用出租人的财产而支付租金,所以为双务有偿合同。租赁合同自双方意思表示一致时成立。

③ 合同标的只能是法律允许流通的财产,且是不能被消费的特定物。

④ 租赁合同是主体范围相当广泛的合同。在租赁关系中,出租人可以是财产所有权人或经营权人、典权人、使用权人、占有人、承租人等。

⑤ 租赁合同在当事人之间既引起债权法律关系,又引起物权法律关系,即导致承租人获得物权性质的租赁权和先买权。

2)租赁合同的形式和内容

租赁合同的租赁期限在 6 个月以上的,应当采用书面形式订立。当事人未采用书面形式的,视为不定期租赁,但租赁期限最长不得超过 20 年。超过 20 年的,超过部分无效。租赁期间届满,当事人可以续订租赁合同,但约定的租赁期限自续订之日起仍不得超过 20 年。

租赁合同的内容包括租赁物的名称、数量、用途、租赁期限、租金及其支付期限和方式、租赁物维修等条款。

3)出租人的权利义务

① 出租人应当按照约定将租赁物交付承租人,并在租赁期间保持租赁物符合约定的用途。

② 租赁物瑕疵担保义务。除当事人另有约定的外,出租人应当履行租赁物的维修义务。承租人在租赁物需要维修时可以要求出租人在合理期限内维修。出租人未履行维修义务的,承租人可以自行维修,维修费用由出租人负担。因维修租赁物影响承租人使用的,应当相应减少租金或者延长租期。

4)承租人的权利义务

(1)承租人的义务

① 按约定缴纳租金。承租人应当按照约定的期限支付租金。对支付期限没有约定或者约定不明确的,双方可以协议补充。不能达成补充协议的,适用下列规定:租赁期间不满 1 年的,应当在租赁期间届满时支付;租赁期间 1 年以上的,应当在每届满 1 年时支付,剩余期间不满 1 年的,应当在租赁期间届满时支付。因第三人主张权利,致使承租人不能对租赁物使用、收益的,承租人可以要求减少租金或者不支付租金。第三人主张权利的,承租人应当及时通知出租人。

② 承租人应当按照约定的方法使用租赁物。对租赁物的使用方法没有约定或者约定不明确的,当事人双方可以协议补充。不能达成补充协议的,应当按照租赁物的性质使用。承租人按照约定的方法或者租赁物的性质使用租赁物,致使租赁物受到损耗的,不承担损害赔偿责任。承租人未按照约定的方法或者租赁物的性质使用租赁物,致使租赁物受到损失的,出租人可以解除合同并要求赔偿损失。

③ 承租人有妥善保管租赁物的义务。承租人应当妥善保管租赁物,因保管不善造成租赁物毁损、灭失的,应当承担损害赔偿责任。

④ 租赁期间届满，承租人应当返还租赁物。返还的租赁物应当符合按照约定或者按照租赁物的性质使用后的状态。

（2）承租人的权利

① 承租人可以对租赁物进行改善或者增设他物。承租人经出租人同意，可以对租赁物进行改善或者增设他物。承租人未经出租人同意，对租赁物进行改善或者增设他物的，出租人可以要求承租人恢复原状或者赔偿损失。

② 承租人可以转租赁。承租人经出租人同意，可以将租赁物转租给第三人。承租人转租的，承租人与出租人之间的租赁合同继续有效。第三人对租赁物造成损失的，承租人应当赔偿损失。承租人未经出租人同意转租的，出租人可以解除合同。

③ 在租赁期间因占有、使用租赁物获得的收益，归承租人所有，但当事人另有约定的除外。

④ 优先购买权。租赁物在租赁期间发生所有权变动的，不影响租赁合同的效力，即实行"买卖不破租赁"的原则。出租人出卖租赁房屋的，应当在出卖之前的合理期限内通知承租人，承租人享有以同等条件优先购买的权利。

5）租赁合同的解除与延期

① 承租人无正当理由未支付或者迟延支付租金的，出租人可以要求承租人在合理期限内支付。承租人逾期不支付的，出租人可以解除合同。

② 因不可归责于承租人的事由，致使租赁物部分或者全部毁损、灭失的，承租人可以要求减少租金或者不支付租金。因租赁物部分或者全部毁损、灭失，致使不能实现合同目的的，承租人可以解除合同。

③ 当事人对租赁期限没有约定或者约定不明确的，双方可以协议补充，不能达成补充协议的，视为不定期租赁。当事人可以随时解除合同，但出租人解除合同应当在合理期限之前通知承租人。

④ 租赁物危及承租人的安全或者健康的，即使承租人订立合同时明知该租赁物质量不合格，承租人仍然可以随时解除合同。

⑤ 租赁期间届满，承租人继续使用租赁物，出租人没有提出异议的，原租赁合同继续有效，但租赁期限为不定期。承租人在房屋租赁期间死亡的，与其生前共同居住的人可以按照原租赁合同租赁该房屋。

2. 融资租赁合同

1）融资租赁合同的概念和特点

融资租赁合同是出租人根据承租人对出卖人、租赁物的选择，向出卖人购买租赁物提供给承租人使用，承租人支付租金的合同。出租人须按照承租人的要求出资购买租赁物，这是其不同于租赁合同的重要特点。

融资租赁合同具有以下主要法律特征。

① 租赁标的物由出租人依承租人要求购买。

② 出租人须将为承租人购买的物件交付承租人使用，但不丧失对该物的所有权。承租人破产的，租赁物不属于他的破产财产。

③ 出租人对租赁标的物无瑕疵担保责任。

④ 承租人须向出租人支付约定的租金，其租金通常高于租赁合同中的租金。融资租赁合

同的租金，除当事人另有约定的以外，应当根据购买租赁物的大部分或者全部成本及出租人的合理利润确定。

⑤ 承租人于租赁关系终止后享有选择权。或是将租赁物返还给出租人，或是以预定的租金继续租用，或是以支付租赁物残余的价值购买租赁物而取得其所有权。

⑥ 出租人为专营融资租赁业务的租赁公司，而不能是一般的公民或法人。

⑦ 融资租赁合同为诺成、双务、有偿合同。融资租赁合同应当采用书面形式。融资租赁合同的内容包括租赁物名称、数量、规格、技术性能、检验方法、租赁期限、租金构成及其支付期限和方式、币种、租赁期间届满租赁物的归属等条款。

2）承租人的权利义务

（1）承租人的权利

① 选择租赁物及其出卖人。出租人根据承租人对出卖人、租赁物的选择订立的买卖合同。出卖人应当按照约定向承租人交付标的物，未经承租人同意，出租人不得变更与承租人有关的合同内容。

② 承租人享有与受领标的物有关的买受人的权利。出租人、出卖人、承租人可以约定，出卖人不履行买卖合同义务的，由承租人行使索赔的权利。承租人行使索赔权利的，出租人应当予以协助。

③ 租赁期间享有对租赁物的独占使用权。承租人占有租赁物期间，租赁物造成第三人的人身伤害或者财产损害的，出租人不承担责任。

④ 租赁期间届满享有对租赁物选择权。出租人和承租人可以约定租赁期间届满租赁物的归属。

（2）承租人的义务

① 承租人应当妥善保管、使用租赁物。承租人应当履行占有租赁物期间的维修义务。

② 承租人应当按照约定支付租金。

③ 承担对租赁物选择不当的责任。由于对出卖人、租赁物的选择是承租人决定的，所以租赁物不符合租赁合同约定或者不符合使用目的的，出租人不承担责任，由承租人承担。

3）出租人的权利义务

（1）出租人的权利

① 享有对租赁物的所有权。

② 享有对租赁物的租金收取权。

③ 解除合同收回租赁物的权利。承租人经催告后在合理期限内仍不支付租金的，出租人可以要求支付全部租金，也可以解除合同，收回租赁物。当事人约定租赁期间届满租赁物归承租人所有，承租人已经支付大部分租金，但无力支付剩余租金，出租人因此解除合同收回租赁物的，收回的租赁物的价值超过承租人欠付的租金以及其他费用的，承租人可以要求部分返还。

④ 合同终止后收回租赁物的权利。承租人和出租人对租赁物的归属没有约定或者约定不明确的，双方可以协议补充。不能达成补充协议的，租赁物的所有权归出租人。

（2）出租人的义务

① 按合同约定为承租方融通资金，购买租赁物。

② 保障承租人在租赁关系承续期间对租赁物的使用权。出租人应当保证承租人对租赁物

的占有和使用。

③ 不得干涉承租人对租赁物及出卖人的选择。一般情况下，对租赁物选择的责任是由承租人承担的。但承租人依赖出租人的技能确定租赁物或者出租人干预选择租赁物的，出租人要承担对租赁物选择不当的责任。

7.6 承揽合同

1. 承揽合同的概念和特征

承揽合同是承揽人按照定作人的要求完成工作，交付工作成果，定作人给付报酬的合同。承揽包括加工、定作、修理、复制、测试、检验等工作。

承揽合同有以下主要法律特征。

① 承揽合同以一定工作的完成为目的。

② 承揽合同的标的具有特定性。它是承揽人完成并交付的工作成果。这一工作成果既可以是体力劳动成果，也可以是脑力劳动成果；既可以是物，也可以是其他财产，但它必须是按照定作人的特定要求，为满足定作人的特殊需要完成的。

③ 承揽合同的承揽人应以自己的风险独立完成工作。承揽人应承担取得工作成果的风险，对工作成果的完成负全部责任。承揽人不能完成工作而未取得成果的，不能从定作人处得到报酬。承揽人可为多人，除当事人另有约定的以外，共同承揽人对定作人承担连带责任。

④ 定作人可以随时解除承揽合同。这是承揽合同的一个特点，但定作人因此造成承揽人损失的，应当赔偿损失。

⑤ 承揽合同是双务、有偿、诺成合同。

承揽合同的内容包括承揽的标的、数量、质量、报酬、承揽方式、材料的提供、履行期限、验收标准和方法等条款。

2. 当事人双方的权利义务

① 承揽人独立作业和转承揽的规定。除当事人另有约定的以外，承揽人应当以自己的设备、技术和劳力完成主要工作。承揽人将其承揽的主要工作交由第三人完成的，应当就该第三人完成的工作成果向定作人负责，未经定作人同意的，定作人也可以解除合同。承揽人可以将其承揽的辅助工作交由第三人完成。承揽人将其承揽的辅助工作交由第三人完成的，应当就该第三人完成的工作成果向定作人负责。

② 定作材料的规定。合同约定由承揽人提供材料的，承揽人应当按照约定选用材料，并接受定作人检验；合同约定由定作人提供材料的，定作人应当按照约定提供材料。承揽人对定作人提供的材料，应当及时检验，发现不符合约定时，应当及时通知定作人更换、补齐或者采取其他补救措施。承揽人不得擅自更换定作人提供的材料，不得更换不需要修理的零部件。承揽人发现定作人提供的图纸或者技术要求不合理的，应当及时通知定作人。因定作人怠于答复等原因造成承揽人损失的，应当赔偿损失。定作人中途变更承揽工作的要求，造成承揽人损失的，应当赔偿损失。

③ 定作人的协助义务。承揽工作需要定作人协助的，定作人有协助的义务。定作人不履行协助义务致使承揽工作不能完成的，承揽人可以催告定作人在合理期限内履行义务，并可以顺延履行期限，定作人逾期不履行的，承揽人可以解除合同。

④ 定作人监督的规定。承揽人在工作期间,应当接受定作人必要的监督检验。定作人不得因监督检验妨碍承揽人的正常工作。

⑤ 交付工作成果的规定。承揽人完成工作的,应当向定作人交付工作成果,并提交必要的技术资料和有关质量证明。定作人应当验收该工作成果。承揽人交付的工作成果不符合质量要求的,定作人可以要求承揽人承担修理、重作、减少报酬、赔偿损失等违约责任。

⑥ 报酬支付的规定。定作人应当按照约定的期限支付报酬。对支付报酬的期限没有约定或者约定不明确的,双方可以协议补充,不能达成补充协议的,定作人应当在承揽人交付工作成果时支付。工作成果部分交付的,定作人应当作相应支付。定作人未向承揽人支付报酬或者材料费等价款的,承揽人对完成的工作成果享有留置权,但当事人另有约定的除外。

⑦ 承揽人的保管义务。承揽人应当妥善保管定作人提供的材料及完成的工作成果,因保管不善造成毁损、灭失的,应当承担损害赔偿责任。

⑧ 承揽人的保密义务。承揽人应当按照定作人的要求保守秘密,未经定作人许可,不得留存复制品或者技术资料。

7.7 建设工程合同

1. 建设工程合同的概念和特点

建设工程合同是承包人进行工程建设,发包人支付价款的合同。包括工程勘察、设计、施工合同。

建设工程合同原为承揽合同的一种,属于承揽完成不动产工程项目的合同。但由于建设工程不同于其他工作的完成,建设工程合同除具有与一般承揽合同相同的特征外,更具有与一般承揽合同不同的一些特点。这主要表现在以下几方面。

① 合同的主体只能是法人。对于勘察、设计、施工人还须具备一定的从业资格,建设人只能是经过主管部门批准建设工程的法人。

② 合同的标的仅限于基建工程。为完成不能构成基建的一般工程的建设项目而订立的合同,不属于建设工程合同,而应属于承揽合同。

③ 国家管理的特殊性。对于建设工程合同,从合同的签订到合同的履行,从资金的投放到最终的成果验收,都受到国家严格的管理和监督。

④ 严格的程序性。建设工程建设周期长、质量要求高、涉及的方面广,各阶段的工作之间有一定的严密程序,因此建设工程合同就具有程序性的特点。

⑤ 为要式合同。建设工程合同必须采取书面形式。

《合同法》规定,建设工程合同没有规定的,适用承揽合同的有关规定。为了更好地解决建设工程施工合同纠纷,最高人民法院发布了《关于审理建设工程施工合同纠纷案件适用法律问题的解释》,自 2005 年 1 月 1 日起施行。

2. 建设工程合同的形式和内容

建设工程合同应当采用书面形式。建设工程的招标投标活动,应当依照有关法律的规定公开、公平、公正进行。国家重大建设工程合同,应当按照国家规定的程序和国家批准的投资计划、可行性研究报告等文件订立。

发包人可以与总承包人订立建设工程合同,也可以分别与勘察人、设计人、施工人订立勘察、设计、施工承包合同。发包人不得将应当由一个承包人完成的建设工程肢解成若干部分发包给几个承包人。

勘察、设计合同的内容包括提交有关基础资料和文件（包括概预算）的期限、质量要求、费用及其他协作条件等条款。

施工合同的内容包括工程范围、建设工期、中间交工工程的开工和竣工时间、工程质量、工程造价、技术资料交付时间、材料和设备供应责任、拨款和结算、竣工验收、质量保修范围和质量保证期、双方相互协作等条款。

建设工程实行监理的，发包人应当与监理人采用书面形式订立委托监理合同。发包人与监理人的权利和义务以及法律责任，应当依照《合同法》中委托合同的规定以及其他有关法律、行政法规的规定执行。

3. 建设工程合同的效力及后果

根据《合同法》规定，建设工程主体结构的施工必须由承包人自行完成。总承包人或者勘察、设计、施工承包人经发包人同意，可以将自己承包的部分工作交由第三人完成。第三人就其完成的工作成果与总承包人或者勘察、设计、施工承包人向发包人承担连带责任。承包人不得将其承包的全部建设工程转包给第三人，或者将其承包的全部建设工程肢解以后以分包的名义分别转包给第三人。

《合同法》禁止承包人将工程分包给不具备相应资质条件的单位。禁止分包单位将其承包的工程再分包。

根据最高人民法院的司法解释，建设工程施工合同具有下列情形之一的，合同无效。

① 承包人未取得建筑施工企业资质或者超越资质等级的，合同无效。但是，承包人超越资质等级许可的业务范围签订建设工程施工合同，在建设工程竣工前取得相应资质等级的，合同为有效。

② 没有资质的实际施工人借用有资质的建筑施工企业名义的，合同无效。

③ 建设工程必须进行招标而未招标或者中标无效的，合同无效。

④ 承包人非法转包、违法分包建设工程或者没有资质的实际施工人借用有资质的建筑施工企业名义与他人签订建设工程施工合同的行为无效，当事人已经取得的非法所得由法院收缴。

具有劳务作业法定资质的承包人与总承包人、分包人签订的劳务分包合同，当事人不得以转包建设工程违反法律规定为由请求确认无效的。

建设工程施工合同无效，但建设工程经竣工验收合格，承包人请求参照合同约定支付工程价款的，人民法院支持。建设工程施工合同无效，且建设工程经竣工验收不合格的，按照以下情形分别处理：① 修复后的建设工程经竣工验收合格，发包人请求承包人承担修复费用的，应予支持；② 修复后的建设工程经竣工验收不合格，承包人请求支付工程价款的，不予支持。因建设工程不合格造成的损失，发包人有过错的，也应承担相应的民事责任。

4. 建设工程合同的解除及后果

承包人具有下列情形之一，发包人可以请求解除建设工程施工合同：

① 明确表示或者以行为表明不履行合同主要义务的；

② 合同约定的期限内没有完工，且在发包人催告的合理期限内仍未完工的；

③ 已经完成的建设工程质量不合格，并拒绝修复的；

④ 将承包的建设工程非法转包、违法分包的。

发包人具有下列情形之一，致使承包人无法施工，且在催告的合理期限内仍未履行相应义务，承包人可以请求解除建设工程施工合同：

① 未按约定支付工程价款的；

② 提供的主要建筑材料、建筑构配件和设备不符合强制性标准的；

③ 不履行合同约定的协助义务的。

建设工程施工合同解除后，已经完成的建设工程质量合格的，发包人应当按照约定支付相应的工程价款。已经完成的建设工程质量不合格的，修复后的建设工程经竣工验收合格的，发包人可以请求承包人承担修复费用；修复后的建设工程经竣工验收不合格，承包人不得请求支付工程价款。因一方违约导致合同解除的，违约方应当赔偿因此而给对方造成的损失。

5. 建设工程合同的竣工验收

建设工程竣工后，发包人应当根据施工图纸及说明书、国家颁发的施工验收规范和质量检验标准及时进行验收。验收合格的，发包人应当按照约定支付价款，并接收该建设工程。建设工程竣工经验收合格后，方可交付使用；未经验收或者验收不合格的，不得交付使用。

建设工程未经竣工验收，发包人擅自使用后，又以使用部分质量不符合约定为由主张权利的，不予支持；但是承包人应当在建设工程的合理使用寿命内对地基基础工程和主体结构质量承担民事责任。

当事人对建设工程实际竣工日期有争议的，按照以下情形分别处理：

① 建设工程经竣工验收合格的，以竣工验收合格之日为竣工日期；

② 承包人已经提交竣工验收报告，发包人拖延验收的，以承包人提交验收报告之日为竣工日期；

③ 建设工程未经竣工验收，发包人擅自使用的，以转移占有建设工程之日为竣工日期。

建设工程竣工前，当事人对工程质量发生争议，工程质量经鉴定合格的，鉴定期间为顺延工期期间。

6. 建设工程价款的规定

当事人对建设工程的计价标准或者计价方法有约定的，按照约定结算工程价款。当事人约定按照固定价结算工程价款，一方当事人不得请求对建设工程造价进行鉴定。

因设计变更导致建设工程的工程量或者质量标准发生变化，当事人对该部分工程价款不能协商一致的，可以参照签订建设工程施工合同时当地建设行政主管部门发布的计价方法或者计价标准结算工程价款。建设工程施工合同有效，但建设工程经竣工验收不合格的，修复后的建设工程经竣工验收合格的，发包人可以请求承包人承担修复费用；修复后的建设工程经竣工验收不合格，承包人不得请求支付工程价款。

当事人对工程量有争议的，按照施工过程中形成的签证等书面文件确认。承包人能够证明发包人同意其施工，但未能提供签证文件证明工程量发生的，可以按照当事人提供的其他证据确认实际发生的工程量。

当事人约定，发包人收到竣工结算文件后，在约定期限内不予答复，视为认可竣工结算文件的，按照约定处理。承包人有权请求按照竣工结算文件结算工程价款。

当事人就同一建设工程另行订立的建设工程施工合同与经过备案的中标合同实质性内容不一致的，应当以备案的中标合同作为结算工程价款的根据。

发包人未按照约定支付价款的，承包人可以催告发包人在合理期限内支付价款。发包人逾期不支付的，除按照建设工程的性质不宜折价、拍卖的以外，承包人可以与发包人协议将该工程折价，也可以申请人民法院将该工程依法拍卖。建设工程的价款就该工程折价或者拍卖的价款优先受偿。

根据规定，建筑工程的承包人的优先受偿权优于抵押权和其他债权。消费者交付购买商品房的全部或者大部分款项后，承包人就该商品房享有的工程价款优先受偿权不得对抗买受人。建筑工程价款包括承包人为建设工程应当支付的工作人员报酬、材料款等实际支出的费用，不包括承包人因发包人违约所造成的损失。建设工程承包人行使优先权的期限为6个月，自建设工程竣工之日或者建设工程合同约定的竣工之日起计算。

当事人对欠付工程价款利息计付标准有约定的，按照约定处理；没有约定的，按照中国人民银行发布的同期同类贷款利率计息。利息从应付工程价款之日计付。当事人对付款时间没有约定或者约定不明的，下列时间视为应付款时间：

① 建设工程已实际交付的，为交付之日；
② 建设工程没有交付的，为提交竣工结算文件之日；
③ 建设工程未交付，工程价款也未结算的，为当事人起诉之日。

当事人对垫资和垫资利息有约定，承包人请求按照约定返还垫资及其利息的，应予支持，但是约定的利息计算标准高于中国人民银行发布的同期同类贷款利率的部分除外。当事人对垫资没有约定的，按照工程欠款处理。当事人对垫资利息没有约定，承包人请求支付利息的，不予支持。

7. 当事人双方的权利义务

（1）发包人的权利义务

发包人的权利主要有以下几方面。

① 发包人在不妨碍承包人正常作业的情况下，可以随时对作业进度、质量进行检查。
② 勘察、设计的质量不符合要求或者未按照期限提交勘察、设计文件拖延工期，造成发包人损失的，勘察人、设计人应当继续完善勘察、设计，减收或者免收勘察、设计费并赔偿损失。
③ 因施工人的原因致使建设工程质量不符合约定的，发包人有权要求施工人在合理期限内无偿修理或者返工、改建。经过修理或者返工、改建后，造成逾期交付的，施工人应当承担违约责任。
④ 因承包人的过错造成建设工程质量不符合约定，承包人拒绝修理、返工或者改建，发包人有权请求减少支付工程价款。

发包人的义务主要有以下几方面。

① 因发包人的原因致使工程中途停建、缓建的，发包人应当采取措施弥补或者减少损失，赔偿承包人因此造成的停工、窝工、倒运、机械设备调迁、材料和构件积压等损失和实际费用。
② 因发包人变更计划，提供的资料不准确，或者未按照期限提供必需的勘察、设计工作条件而造成勘察、设计的返工、停工或者修改设计，发包人应当按照勘察人、设计人实际消耗的工作量增付费用。

（2）承包人的权利义务

① 发包人未按照约定的时间和要求提供原材料、设备、场地、资金、技术资料的，承包

人可以顺延工程日期，并有权要求赔偿停工、窝工等损失。

② 隐蔽工程在隐蔽以前，承包人应当通知发包人检查。发包人没有及时检查的，承包人可以顺延工程日期，并有权要求赔偿停工、窝工等损失。

③ 因承包人的原因致使建设工程在合理使用期限内造成人身和财产损害的，承包人应当承担损害赔偿责任。

④ 因保修人未及时履行保修义务，导致建筑物毁损或者造成人身、财产损害的，保修人应当承担赔偿责任。保修人与建筑物所有人或者发包人对建筑物毁损均有过错的，各自承担相应的责任。

7.8 运输合同

1. 运输合同的概念和特征

运输合同是承运人将旅客或者货物从起运地点运输到约定地点，旅客、托运人或者收货人支付票款或者运输费用的合同。根据运输方式的不同，运输合同可分为铁路、公路、内河、海上、航空、管道运输合同；按运输过程中协作关系的状况，可分为单一运输和联合运输合同。

运输合同有以下主要法律特征。

① 运输合同是双务、有偿合同。个别时候承运人可能免费运输货物或旅客，这时候就是单务无偿合同，但这只是个别情况。

② 运输合同是诺成合同。货物运输合同一般为诺成合同，但也有是实践合同的。

③ 运输合同一般为标准合同。它的主要条款是旅客、托运人通常无法协商变更的格式条款，不是由当事人约定的，而是承运人通过有关法规直接规定的。

④ 运输合同以运送旅客或货物为运输对象，以运送行为为标的。

运输合同有一些限制性的规定，以保障旅客、托运人的利益。《合同法》规定，从事公共运输的承运人不得拒绝旅客、托运人通常合理的运输要求。承运人应当在约定期间或者合理期间内，按照约定的或者通常的运输路线将旅客、货物安全运输到约定地点；旅客、托运人或者收货人应当支付票款或者运输费用。承运人未按照约定路线或者通常路线运输增加票款或者运输费用的，旅客、托运人或者收货人可以拒绝支付增加部分的票款或者运输费用。

《合同法》将运输合同分为客运合同、货运合同和多式联运合同。

2. 客运合同

（1）客运合同的概念

客运合同是承运人与旅客关于承运人将旅客及其行李安全运送到目的地，旅客为此支付运费的合同。根据运送工具的不同，客运合同可分为铁路客运合同、公路客运合同、水路客运合同、航空客运合同等。客运合同一般采用票证形式，如车票、船票、机票等。客运合同是格式合同，票证是它的书面形式。客运合同一般只有一部分内容记载于票证上，其他内容则是有关规定、规章，甚至是一些惯例。

客运合同自承运人向旅客交付客票时成立，但当事人另有约定或者另有交易习惯的除外。

（2）旅客权利义务

旅客应当持有效客票乘运。旅客无票乘运、超程乘运、越级乘运或者持失效客票乘运的，应当补交票款，承运人可以按照规定加收票款。旅客不交付票款的，承运人可以拒绝运输。

旅客可以自行决定解除客运合同。旅客因自己的原因不能按照客票记载的时间乘坐的，应当在约定的时间内办理退票或者变更手续。逾期办理的，承运人可以不退票款，并不再承担运输义务。

旅客在运输中应当按照约定的限量携带行李。超过限量携带行李的，应当办理托运手续。

旅客不得随身携带或者在行李中夹带易燃、易爆、有毒、有腐蚀性、有放射性以及有可能危及运输工具上人身和财产安全的危险物品或者其他违禁物品。旅客违反规定携带或者夹带违禁物品的，承运人可以将违禁物品卸下、销毁或者送交有关部门。旅客坚持携带或者夹带违禁物品的，承运人应当拒绝运输。

（3）承运人的权利义务

承运人应当向旅客及时告知有关不能正常运输的重要事由和安全运输应当注意的事项。

承运人应当按照客票载明的时间和班次运输旅客。承运人迟延运输的，应当根据旅客的要求安排改乘其他班次或者退票。

承运人擅自变更运输工具而降低服务标准的，应当根据旅客的要求退票或者减收票款，提高服务标准的，不应当加收票款。

承运人在运输过程中，应当尽力救助患有急病、分娩、遇险的旅客。

承运人应当对运输过程中旅客（包括按照规定免票、持优待票或者经承运人许可搭乘的无票旅客）的伤亡承担损害赔偿责任，但伤亡是旅客自身健康原因造成的或者承运人证明伤亡是旅客故意、重大过失造成的除外。

在运输过程中旅客自带物品毁损、灭失，承运人有过错的，应当承担损害赔偿责任。旅客托运的行李毁损、灭失的，适用货物运输的有关规定。

3. 货运合同

（1）货运合同的概念

货运合同是指承运人将托运人交付的货物运送到指定地点，托运人为此支付运费的合同。根据运送工具的不同，货运合同可分为铁路货运合同、公路货运合同、水路货运合同、航空货运合同、管道货运合同等。货运合同往往涉及第三人，即收货人，收货人有时不是货运合同的当事人，但却是合同的利害关系人，享有合同规定的权利并承担合同规定的义务。

（2）托运人的权利义务

货运合同以货物交付给收货人为合同履行完毕，而非将货物运达目的地为合同履行完毕，所以托运人办理货物运输，应当向承运人准确表明收货人的名称或者姓名或者凭指示的收货人，货物的名称、性质、重量、数量，收货地点等有关货物运输的必要情况。因托运人申报不实或者遗漏重要情况，造成承运人损失的，托运人应当承担损害赔偿责任。

货物运输需要办理审批、检验等手续的，托运人应当将办理完有关手续的文件提交承运人。托运人应当按照约定的方式包装货物。对包装方式没有约定或者约定不明确的，双方可以协议补充。不能达成补充协议的，应当按照通用的方式包装。没有通用方式的，应当采取足以保护标的物的包装方式。托运人违反此项规定的，承运人可以拒绝运输。

托运人托运易燃、易爆、有毒、有腐蚀性、有放射性等危险物品的，应当按照国家有关危险物品运输的规定对危险物品妥善包装，作出危险物标志和标签，并将有关危险物品的名称、性质和防范措施的书面材料提交承运人。托运人违反此项规定的，承运人可以拒绝运输，也可以采取相应措施以避免损失的发生，因此产生的费用由托运人承担。

托运人享有变更和中止运输合同的权利。在承运人将货物交付收货人之前,托运人可以要求承运人中止运输、返还货物、变更到达地或者将货物交给其他收货人,但应当赔偿承运人因此受到的损失。

(3) 承运人的权利义务

货物运输到达后,承运人知道收货人的,应当及时通知收货人。

承运人对运输过程中货物的毁损、灭失承担损害赔偿责任。但承运人证明货物的毁损、灭失是因不可抗力、货物本身的自然性质或者合理损耗以及托运人、收货人的过错造成的,不承担损害赔偿责任。

货物的毁损、灭失的赔偿额,当事人有约定的,按照其约定;没有约定或者约定不明确的,双方可以协议补充。不能达成补充协议的,按照交付或者应当交付时货物到达地的市场价格计算。法律、行政法规对赔偿额的计算方法和赔偿限额另有规定的,依照其规定。

两个以上承运人以同一运输方式联运的,与托运人订立合同的承运人应当对全程运输承担责任。损失发生在某一运输区段的,与托运人订立合同的承运人和该区段的承运人承担连带责任。

货物在运输过程中因不可抗力灭失,未收取运费的,承运人不得要求支付运费;已收取运费的,托运人可以要求返还。

托运人或者收货人不支付运费、保管费及其他运输费用的,承运人对相应的运输货物享有留置权,但当事人另有约定的除外。

(4) 收货人的权利义务

收货人在接到提货通知后,应当及时提货。收货人逾期提货的,应当向承运人支付保管费等费用。

收货人提货时应当按照约定的期限检验货物。对检验货物的期限没有约定或者约定不明确的,双方可以协议补充。不能达成补充协议的,应当在合理期限内检验货物。收货人在约定的期限或者合理期限内对货物的数量、毁损等未提出异议的,视为承运人已经按照运输单证的记载交付货物的初步证据。但以后如收货人有证据证明货物的毁损、灭失发生在运输过程中,仍可向承运人索赔。

收货人不明或者收货人无正当理由拒绝受领货物的,承运人可以依法提存货物。

4. 多式联运合同

多式联运经营人负责履行或者组织履行多式联运合同,对全程运输享有承运人的权利,承担承运人的义务。

多式联运经营人可以与参加多式联运的各区段承运人就多式联运合同的各区段运输约定相互之间的责任,但该约定不影响多式联运经营人对全程运输承担的义务。

多式联运经营人收到托运人交付的货物时,应当签发多式联运单据。按照托运人的要求,多式联运单据可以是可转让单据,也可以是不可转让单据。

因托运人托运货物时的过错造成多式联运经营人损失的,即使托运人已经转让多式联运单据,托运人仍然应当承担损害赔偿责任。

货物的毁损、灭失发生于多式联运的某一运输区段的,多式联运经营人的赔偿责任和责任限额适用调整该区段运输方式的有关法律规定。货物毁损、灭失发生的运输区段不能确定的,依照运输合同的规定承担损害赔偿责任。

7.9 技术合同

1. 技术合同概述

（1）技术合同的概念

技术合同是当事人就技术开发、转让、咨询或者服务订立的确立相互之间权利和义务的合同。它包括技术开发合同、技术转让合同、技术咨询合同和技术服务合同 4 种。

调整技术合同的法律除了《合同法》以外，还受其他一些相关的法律、法规的调整，如《专利法》《专利法实施细则》等。为了正确审理技术合同纠纷案件，最高人民法院审判委员会通过了《关于审理技术合同纠纷案件适用法律若干问题的解释》，自 2005 年 1 月 1 日起施行。

（2）技术合同的形式和内容

订立技术合同，应当有利于科学技术的进步，加速科学技术成果的转化、应用和推广。技术合同的内容由当事人约定，一般包括以下条款：① 项目名称；② 标的的内容、范围和要求；③ 履行的计划、进度、期限、地点、地域和方式；④ 技术情报和资料的保密；⑤ 风险责任的承担；⑥ 技术成果的归属和收益的分成办法；⑦ 验收标准和方法；⑧ 价款、报酬或者使用费及其支付方式；⑨ 违约金或者损失赔偿的计算方法；⑩ 解决争议的方法；⑪ 名词和术语的解释。

与履行合同有关的技术背景资料、可行性论证和技术评价报告、项目任务书和计划书、技术标准、技术规范、原始设计和工艺文件，以及其他技术文档，按照当事人的约定可以作为合同的组成部分。

技术合同涉及专利的，应当注明发明创造的名称、专利申请人和专利权人、申请日期、申请号、专利号及专利权的有效期限。

（3）技术合同的效力及后果

① 不具有民事主体资格的科研组织（包括法人或者其他组织设立的从事技术研究开发、转让等活动的课题组、工作室等）订立的技术合同，经法人或者其他组织授权或者认可的，视为法人或者其他组织订立的合同，由法人或者其他组织承担责任；未经法人或者其他组织授权或者认可的，由该科研组织成员共同承担责任，但法人或者其他组织因该合同受益的，应当在其受益范围内承担相应责任。

② 生产产品或者提供服务依法须经有关部门审批或者取得行政许可，而未经审批或者许可的，不影响当事人订立的相关技术合同的效力。当事人对办理审批或者许可的义务没有约定或者约定不明确的，由实施技术的一方负责办理，但法律、行政法规另有规定的除外。

③ 当事人一方采取欺诈手段，就其现有技术成果作为研究开发标的与他人订立委托开发合同收取研究开发费用，或者就同一研究开发课题先后与两个或者两个以上的委托人分别订立委托开发合同重复收取研究开发费用的，受损害方有权依法请求变更或者撤销合同。

④ 非法垄断技术、妨碍技术进步或者侵害他人技术成果的技术合同无效。

技术合同无效或者被撤销后，技术开发合同研究开发人、技术转让合同让与人、技术咨询合同和技术服务合同的受托人已经履行或者部分履行了约定的义务，并且造成合同无效或者被撤销的过错在对方的，对其已履行部分应当收取的研究开发经费、技术使用费、提供咨询服务的报酬,可以认定为因对方原因导致合同无效或者被撤销给其造成的损失。

技术合同无效或者被撤销后,因履行合同所完成新的技术成果或者在他人技术成果基础上完成后续改进技术成果的权利归属和利益分享,当事人不能重新协议确定的,由完成技术成果的一方享有。

侵害他人技术秘密的技术合同被确认无效后,除法律、行政法规另有规定的以外,善意取得该技术秘密的一方当事人可以在其取得时的范围内继续使用该技术秘密,但应当向权利人支付合理的使用费并承担保密义务。

当事人双方恶意串通或者一方知道或者应当知道另一方侵权仍与其订立或者履行合同的,属于共同侵权,侵权人应当承担连带赔偿责任和保密义务,因此取得技术秘密的当事人不得继续使用该技术秘密。

(4) 技术合同报酬的支付方式

技术合同价款、报酬或者使用费的支付方式由当事人约定,可以采取一次总算、一次总付或者一次总算、分期支付,也可以采取提成支付或者提成支付附加预付入门费的方式。

约定提成支付的,可以按照产品价格、实施专利和使用技术秘密后新增的产值、利润或者产品销售额的一定比例提成,也可以按照约定的其他方式计算。提成支付的比例可以采取固定比例、逐年递增比例或者逐年递减比例。约定提成支付的,当事人应当在合同中约定查阅有关会计账目的办法。

对技术合同的价款、报酬和使用费,当事人没有约定或者约定不明确的,可以按照以下原则处理:① 对于技术开发合同和技术转让合同,根据有关技术成果的研究开发成本、先进性、实施转化和应用的程度,当事人享有的权益和承担的责任,以及技术成果的经济效益等合理确定;② 对于技术咨询合同和技术服务合同,根据有关咨询服务工作的技术含量、质量和数量,以及已经产生和预期产生的经济效益等合理确定。技术合同价款、报酬、使用费中包含非技术性款项的,应当分项计算。

(5) 职务技术成果与非职务技术成果

职务技术成果是执行法人或者其他组织的工作任务,或者主要是利用法人或者其他组织的物质技术条件所完成的技术成果。职务技术成果的使用权、转让权属于法人或者其他组织的,法人或者其他组织可以就该项职务技术成果订立技术合同。法人或者其他组织应当从使用和转让该项职务技术成果所取得的收益中提取一定比例,对完成该项职务技术成果的个人给予奖励或者报酬。法人或者其他组织订立技术合同转让职务技术成果时,职务技术成果的完成人享有以同等条件优先受让的权利。

个人完成的技术成果,属于执行原所在法人或者其他组织的工作任务,又主要利用了现所在法人或者其他组织的物质技术条件的,应当按照该自然人原所在和现所在法人或者其他组织达成的协议确认权益。不能达成协议的,根据对完成该项技术成果的贡献大小由双方合理分享。

非职务技术成果的使用权、转让权属于完成技术成果的个人。完成技术成果的个人可以就该项非职务技术成果订立技术合同。完成技术成果的"个人",包括对技术成果单独或者共同作出创造性贡献的人,也即技术成果的发明人或者设计人。提出实质性技术构成并由此实现技术方案的人,是作出创造性贡献的人。提供资金、设备、材料、试验条件,进行组织管理、协助绘制图纸、整理资料、翻译文献等人员,不属于完成技术成果的个人。

完成技术成果的个人有在有关技术成果文件上写明自己是技术成果完成者的权利和取得荣誉证书、奖励的权利。

（6）其他规定

技术合同当事人一方迟延履行主要债务，经催告后在30日内仍未履行，另一方有权主张解除合同。当事人在催告通知中附有履行期限且该期限超过30日的，该履行期限为法律规定的合理期限。

当事人以技术成果向企业出资但未明确约定权属，接受出资的企业有权主张该技术成果归其享有，但是该技术成果价值与该技术成果所占出资额比例明显不合理损害出资人利益的除外。当事人对技术成果的权属约定有比例的，视为共同所有，其权利使用和利益分配，按共有技术成果的有关规定处理，但当事人另有约定的，从其约定。当事人对技术成果的使用权约定有比例的，人民法院可以视为当事人对实施该项技术成果所获收益的分配比例，但当事人另有约定的，从其约定。

2. 技术开发合同

（1）技术开发合同的概念和特征

技术开发合同是指当事人之间就新技术、新产品、新工艺或者新材料及其系统的研究开发所订立的合同。技术开发合同包括委托开发合同和合作开发合同。

技术开发合同有以下主要法律特征。

① 技术开发合同是双务、有偿、要式、诺成合同。

② 技术开发合同的标的是具有创新性的技术成果，而技术转让合同的标的是现有的技术成果。

③ 技术开发合同的当事人应共担风险。

技术开发合同应当采用书面形式。当事人之间就具有产业应用价值的科技成果实施转化订立的合同，参照技术开发合同的规定。

（2）委托开发合同当事人的主要权利义务

委托开发合同是指当事人一方（委托方）委托另一方（研究开发方）进行技术研究开发的合同。

委托开发合同的委托人应当按照约定支付研究开发经费和报酬，提供技术资料、原始数据，完成协作事项，接受研究开发成果。

委托开发合同的研究开发人应当按照约定制订和实施研究开发计划，合理使用研究开发经费，按期完成研究开发工作，交付研究开发成果，提供有关的技术资料和必要的技术指导，帮助委托人掌握研究开发成果。

委托人违反约定造成研究开发工作停滞、延误或者失败的，应当承担违约责任。研究开发人违反约定造成研究开发工作停滞、延误或者失败的，应当承担违约责任。

委托开发完成的发明创造，除当事人另有约定的以外，申请专利的权利属于研究开发人。研究开发人取得专利权的，委托人可以免费实施该专利；研究开发人转让专利申请权的，委托人享有以同等条件优先受让的权利。

委托开发或者合作开发完成的技术秘密成果的使用权、转让权及利益的分配办法，由当事人约定。没有约定或者约定不明确的，双方可以协议补充。不能达成补充协议的，当事人均有使用和转让的权利，当事人均有不经对方同意而自己使用或者以普通使用许可的方式许可他人使用技术秘密,并独占由此所获利益的权利。但是,当事人一方将技术秘密成果的转让权让与他人,或者以独占或者排他使用许可的方式许可他人使用技术秘密,未经对方当事人同意或者追认的,应当认定该让与或者许可行为无效。另外,委托开发的研究开发人不得在向委托人交付研究开发成果之前将研究开发成果转让给第三人。

技术开发合同当事人依照合同法的规定或者约定自行实施专利或使用技术秘密,但因其不具备独立实施专利或者使用技术秘密的条件,可以以一个普通许可方式许可他人实施或者使用。

(3) 合作开发合同当事人的主要权利义务

合作开发合同是指当事人各方就共同进行研究开发所订立的合同。合作开发合同是一种合伙合同,但它又不同于一般的合伙合同,其区别在于:合作各方都必须分工参与,并协作配合研究开发工作。如果一方当事人只以现金、技术或实物等进行投资,这种开发合同应属于委托开发合同,其法律后果是不同的,尤其是体现在研究开发成果的归属等重大问题上。

合作开发合同的当事人应当按照约定进行投资,包括以技术进行投资,分工参与研究开发工作,协作配合研究开发工作。所谓"分工参与研究开发工作",包括当事人按照约定的计划和分工,共同或者分别承担设计、工艺、试验、试制等工作。如果技术开发合同当事人一方仅提供资金、设备、材料等物质条件或者承担辅助协作事项,另一方进行研究开发工作的,属于委托开发合同,而不属于合作开发合同。

合作开发合同的当事人违反约定造成研究开发工作停滞、延误或者失败的,应当承担违约责任。

合作开发完成的发明创造,除当事人另有约定的以外,申请专利的权利属于合作开发的当事人共有。当事人一方转让其共有的专利申请权的,其他各方享有以同等条件优先受让的权利。合作开发的当事人一方声明放弃其共有的专利申请权的,可以由另一方单独申请或者由其他各方共同申请。申请人取得专利权的,放弃专利申请权的一方可以免费实施该专利。合作开发的当事人一方不同意申请专利的,另一方或者其他各方均不得申请专利。

(4) 技术开发合同的解除与风险承担

因作为技术开发合同标的的技术已经由他人公开,致使技术开发合同的履行没有意义的,当事人可以解除合同。

在技术开发合同履行过程中,因出现无法克服的技术困难,致使研究开发失败或者部分失败的,该风险责任由当事人约定。没有约定或者约定不明确的,双方可以协议补充。不能达成补充协议的,风险责任由当事人合理分担。

当事人一方发现出现无法克服的技术困难,可能致使研究开发失败或者部分失败的情形时,应当及时通知另一方并采取适当措施减少损失。没有及时通知并采取适当措施,致使损失扩大的,当事人应当就扩大的损失承担责任。

3. 技术转让合同

(1) 技术转让合同的概念和特征

① 技术转让合同的概念。

技术转让合同是指合法拥有技术的权利人,包括其他有权对外转让技术的人,将现有特定的专利、专利申请、技术秘密的相关权利让与他人,或者许可他人实施、使用所订立的合同。但就尚待研究开发的技术成果或者不涉及专利、专利申请或者技术秘密的知识、技术、经验和信息所订立的合同除外。

技术转让合同包括专利权转让、专利申请权转让、技术秘密转让、专利实施许可合同。法律、行政法规对技术进出口合同或者专利、专利申请合同另有规定的，依照其规定。技术转让合同应当采用书面形式。

技术转让合同中关于让与人向受让人提供实施技术的专用设备、原材料或者提供有关的技术咨询、技术服务的约定，属于技术转让合同的组成部分。

当事人以技术入股方式订立联营合同，但技术入股人不参与联营体的经营管理，并且以保底条款形式约定联营体或者联营对方支付其技术价款或者使用费的，视为技术转让合同。

② 订立技术转让合同的规定。

技术转让合同可以约定让与人和受让人实施专利或者使用技术秘密的范围，该范围包括实施专利或者使用技术秘密的期限、地域、方式以及接触技术秘密的人员等，但不得限制技术竞争和技术发展。当事人对实施专利或者使用技术秘密的期限没有约定或者约定不明确的，受让人实施专利或者使用技术秘密不受期限限制。

专利申请权转让合同当事人以专利申请被驳回或者被视为撤回为由请求解除合同，该事实发生在依照专利法办理专利申请权转让登记之前的，合同解除有效；发生在转让登记之后的，合同解除无效，但当事人另有约定的除外。

专利申请因专利申请权转让合同成立时即存在尚未公开的同样发明创造的在先专利申请被驳回，当事人有权请求予以变更或者撤销合同。

订立专利权转让合同或者专利申请权转让合同前，让与人自己已经实施发明创造，在合同生效后，受让人有权要求让与人停止实施，但当事人另有约定的除外。

让与人与受让人订立的专利权、专利申请权转让合同，不影响在合同成立前让与人与他人订立的相关专利实施许可合同或者技术秘密转让合同的效力。

（2）当事人双方的权利义务

专利实施许可合同只在该专利权的存续期间内有效。专利权有效期限届满或者专利权被宣布无效的，专利权人不得就该专利与他人订立专利实施许可合同。专利实施许可包括独占实施许可、排他实施许可、普通实施许可3种方式。

当事人对专利实施许可方式没有约定或者约定不明确的，认定为普通实施许可。专利实施许可合同约定受让人可以再许可他人实施专利的，认定该再许可为普通实施许可，但当事人另有约定的除外。技术秘密的许可使用方式，参照专利实施许可的规定确定。

专利实施许可合同的让与人应当按照约定许可受让人实施专利，交付实施专利有关的技术资料，提供必要的技术指导。专利实施许可合同让与人负有在合同有效期内维持专利权有效的义务，包括依法缴纳专利年费和积极应对他人提出宣告专利权无效的请求，但当事人另有约定的除外。

专利实施许可合同的受让人应当按照约定实施专利，并按照约定支付使用费，不得许可约定以外的第三人实施该专利。排他实施许可合同让与人不具备独立实施其专利的条件，以一个普通许可的方式许可他人实施专利的，可以认定为让与人自己实施专利，但当事人另有约定的除外。

当事人之间就申请专利的技术成果所订立的许可使用合同，专利申请公开以前，适用技术秘密转让合同的有关规定，发明专利申请公开以后、授权以前，参照适用专利实施许可合同的有关规定；授权以后，原合同即为专利实施许可合同，适用专利实施许可合同的有关规定。当事人不得就已经申请专利但尚未授权的技术订立专利实施许可合同为由，认定合同无效。技术秘密转让合同的让与人应当按照约定提供技术资料，进行技术指导，保证技术的实用性、可靠性，承担保密义务，该"保密义务"不限制其申请专利，但当事人约定让与人不得申请专利的除外。技术秘密转让合同的受让人应当按照约定使用技术，支付使用费，承担保密义务。

技术转让合同的让与人应当保证自己是所提供的技术的合法拥有者，并保证所提供的技术完整、无误、有效，能够达到约定的目标。

技术转让合同的受让人应当按照约定的范围和期限，对让与人提供的技术中尚未公开的秘密部分承担保密义务。

当事人可以按照互利的原则，在技术转让合同中约定实施专利、使用技术秘密后续改进的技术成果的分享办法。没有约定或者约定不明确的，双方可以协议补充。不能达成补充协议的，一方后续改进的技术成果，其他各方无权分享。

（3）违约责任

技术转让合同的让与人未按照约定转让技术的，应当返还部分或者全部使用费，并应当承担违约责任。实施专利或者使用技术秘密超越约定的范围的，违反约定擅自许可第三人实施该项专利或者使用该项技术秘密的，应当停止违约行为，承担违约责任。违反约定的保密义务的，应当承担违约责任。

技术转让合同的受让人未按照约定支付使用费的，应当补交使用费并按照约定支付违约金。不补交使用费或者支付违约金的，应当停止实施专利或者使用技术秘密，交还技术资料，承担违约责任。实施专利或者使用技术秘密超越约定的范围的，未经让与人同意擅自许可第三人实施该专利或者使用该技术秘密的，应当停止违约行为，承担违约责任。违反约定的保密义务的，应当承担违约责任。

受让人按照约定实施专利、使用技术秘密侵害他人合法权益的，由让与人承担责任，但当事人另有约定的除外。

4. 技术咨询合同和技术服务合同

（1）技术咨询合同和技术服务合同的概念

技术咨询合同是指当事人一方为另一方就特定技术项目提供可行性论证、技术预测、专题技术调查、分析评价报告等咨询服务，另一方支付报酬的合同。技术咨询合同包括就特定技术项目提供可行性论证、技术预测、专题技术调查、分析评价报告等合同。

技术服务合同是指当事人一方以技术知识为另一方解决特定技术问题，另一方支付报酬的合同。凡一方为另一方的专业技术人员进行特定项目和专业训练所达成的技术培训合同，一方以自己的知识、技术、经验、信息为另一方订立合同进行居间活动而达成的技术中介活动，均属于广义的技术服务合同。但是，承揽合同和建设工程合同的勘察、设计、施工、安装合同不属于技术服务合同。

（2）技术咨询合同当事人双方的权利义务

技术咨询合同的委托人应当按照约定阐明咨询的问题，提供技术背景材料及有关技术资料、数据，接受受托人的工作成果，支付报酬。当事人对技术咨询合同受托人进行调查研究、分析论证、试验测定等所需费用的负担没有约定或者约定不明确的，由受托人承担。

技术咨询合同的受托人应当按照约定的期限完成咨询报告或者解答问题，提出的咨询报告应当达到约定的要求。

技术咨询合同受托人发现委托人提供的资料、数据等有明显错误或者缺陷，未在合理期限内通知委托人的，视为其对委托人提供的技术资料、数据等予以认可。委托人在接到受托人的补正通知后未在合理期限内答复并予补正的，发生的损失由委托人承担。

技术咨询合同的委托人未按照约定提供必要的资料和数据，影响工作进度和质量，不接受或者逾期接受工作成果的，支付的报酬不得追回，未支付的报酬应当支付。技术咨询合同的受托人未按期提出咨询报告或者提出的咨询报告不符合约定的，应当承担减收或者免收报酬等违约责任。技术咨询合同的委托人按照受托人符合约定要求的咨询报告和意见作出决策所造成的损失由委托人承担，但当事人另有约定的除外。

当事人对技术咨询合同委托人提供的技术资料和数据或者受托人提出的咨询报告和意见未约定保密义务，当事人一方引用、发表或者向第三人提供的，不认定为违约行为，但侵害对方当事人对此享有的合法权益的，应当依法承担民事责任。

（3）技术服务合同当事人双方的权利义务

技术服务合同的委托人应当按照约定提供工作条件，完成配合事项，接受工作成果并支付报酬。当事人对技术服务合同受托人提供服务所需费用的负担没有约定或者约定不明确的，由受托人承担。

技术服务合同的受托人应当按照约定完成服务项目，解决技术问题，保证工作质量，并传授解决技术问题的知识。

技术服务合同受托人发现委托人提供的资料、数据、样品、材料、场地等工作条件不符合约定，未在合理期限内通知委托人的，视为其对委托人提供的工作条件予以认可。委托人在接到受托人的补正通知后未在合理期限内答复并予补正的，发生的损失由委托人承担。

技术服务合同的委托人不履行合同义务或者履行合同义务不符合约定，影响工作进度和质量，不接受或者逾期接受工作成果的，支付的报酬不得追回，未支付的报酬应当支付。技术服务合同的受托人未按照合同约定完成服务工作的，应当承担免收报酬等违约责任。

在技术咨询合同、技术服务合同履行过程中，受托人利用委托人提供的技术资料和工作条件完成的新的技术成果属于受托人。委托人利用受托人的工作成果完成的新的技术成果属于委托人。当事人另有约定的，按照其约定。

当事人一方以技术转让的名义提供已进入公有领域的技术，或者在技术转让合同履行过程中合同标的技术进入公有领域，但是技术提供方进行技术指导、传授技术知识，为对方解决特定技术问题符合约定条件的，按照技术服务合同处理，约定的技术转让费可以视为提供技术服务的报酬和费用，但是法律、行政法规另有规定的除外。在上述情况下，技术转让费视为提供技术服务的报酬和费用明显不合理的，可以根据当事人的请求合理确定。

（4）技术培训合同和技术中介合同

① 技术培训合同。

技术培训合同是指当事人一方委托另一方对指定的学员进行特定项目的专业技术训练和技术指导所订立的合同，不包括职业培训、文化学习和按照行业、法人或者其他组织的计划进行的职工业余教育。

当事人对技术培训必需的场地、设施和试验条件等工作条件的提供和管理责任没有约定或者约定不明确的，由委托人负责提供和管理。

技术培训合同委托人派出的学员不符合约定条件，影响培训质量的，由委托人按照约定支付报酬。

受托人配备的教员不符合约定条件，影响培训质量，或者受托人未按照计划和项目进行培训，导致不能实现约定培训目标的，应当减收或者免收报酬。

受托人发现学员不符合约定条件或者委托人发现教员不符合约定条件，未在合理期限内通知对方，或者接到通知的一方未在合理期限内按约定改派的，应当由负有履行义务的当事人承担相应的民事责任。

② 技术中介合同。

技术中介合同是指当事人一方以知识、技术、经验和信息为另一方与第三人订立技术合同进行联系、介绍，以及对履行合同提供专门服务所订立的合同。

中介人从事中介活动的费用，是指中介人在委托人和第三人订立技术合同前，进行联系、介绍活动所支出的通信、交通和必要的调查研究等费用。中介人的报酬，是指中介人为委托人与第三人订立技术合同以及对履行该合同提供服务应当得到的收益。

当事人对中介人从事中介活动的费用负担没有约定或者约定不明确的，由中介人承担。当事人约定该费用由委托人承担但未约定具体数额或者计算方法的，由委托人支付中介人从事中介活动支出的必要费用。

当事人对中介人的报酬数额没有约定或者约定不明确的，应当根据中介人所进行的劳务合理确定，并由委托人承担。仅在委托人与第三人订立的技术合同中约定中介条款，但未约定给付中介人报酬或者约定不明确的，应当支付的报酬由委托人和第三人平均承担。

中介人未促成委托人与第三人之间的技术合同成立的，不得要求支付报酬，可以要求委托人支付其从事中介活动必要费用，但当事人另有约定的除外。

中介人隐瞒与订立技术合同有关的重要事实或者提供虚假情况，侵害委托人利益的，应当根据情况免收报酬并承担赔偿责任。

中介人对造成委托人与第三人之间的技术合同的无效或者被撤销没有过错，并且该技术合同的无效或者被撤销不影响有关中介条款或者技术中介合同继续有效，中介人有权要求按照约定或者司法解释的有关规定给付从事中介活动的费用和报酬。

中介人收取从事中介活动的费用和报酬不应当被视为委托人与第三人之间的技术合同纠纷中一方当事人的损失。

7.10 保管合同与仓储合同

1. 保管合同

（1）保管合同的概念

保管合同是保管人保管寄存人交付的保管物，并返还该物的合同。保管合同一般为实践合同，除当事人另有约定的以外，保管合同自保管物交付时成立。

保管人与寄存人应当约定保管费。当事人对保管费没有约定或者约定不明确的，双方可以协议补充。不能达成补充协议的，保管是无偿的。

第7章 合同法（分则）

（2）保管人的义务

① 给付保管凭证义务。寄存人向保管人交付保管物的，保管人应当给付保管凭证，但另有交易习惯的除外。

② 妥善保管义务。保管人应当妥善保管保管物。当事人可以约定保管场所或者方法。除紧急情况或者为了维护寄存人利益的以外，保管人不得擅自改变保管场所或者方法。保管期间，因保管人保管不善造成保管物毁损、灭失的，保管人应当承担损害赔偿责任。但保管是无偿的，保管人证明自己没有重大过失的，不承担损害赔偿责任。

③ 专属保管和不得使用义务。除当事人另有约定的以外，保管人不得将保管物转交第三人保管，不得使用或者许可第三人使用保管物。保管人违反规定，将保管物转交第三人保管，对保管物造成损失的，应当承担损害赔偿责任。

④ 通知义务。第三人对保管物主张权利的，除已依法对保管物采取保全或者执行措施的以外，保管人仍应当履行向寄存人返还保管物的义务。第三人对保管人提起诉讼或者对保管物申请扣押的，保管人应当及时通知寄存人。

⑤ 返还保管物的义务。寄存人可以随时领取保管物。当事人对保管期间没有约定或者约定不明确的，保管人可以随时要求寄存人领取保管物；约定保管期间的，保管人无特别事由，不得要求寄存人提前领取保管物。保管期间届满或者寄存人提前领取保管物的，保管人应当将原物及其孳息归还寄存人。保管人保管货币的，可以返还相同种类、数量的货币。保管其他可替代物的，可以按照约定返还相同种类、品质、数量的物品。

（3）寄存人的义务

① 告知义务。寄存人交付的保管物有瑕疵或者按照保管物的性质需要采取特殊保管措施的，寄存人应当将有关情况告知保管人。寄存人未告知，致使保管物受损失的，保管人不承担损害赔偿责任。保管人因此受损失的，除保管人知道或者应当知道并且未采取补救措施的以外，寄存人应当承担损害赔偿责任。

② 支付保管费义务。有偿的保管合同，寄存人应当按照约定的期限向保管人支付保管费。当事人对支付期限没有约定或者约定不明确的，双方可以协议补充。不能达成补充协议的，应当在领取保管物的同时支付。寄存人未按照约定支付保管费以及其他费用的，保管人对保管物享有留置权，但当事人另有约定的除外。

③ 声明义务。寄存人寄存货币、有价证券或者其他贵重物品的，应当向保管人声明，由保管人验收或者封存。寄存人未声明的，该物品毁损、灭失后，保管人可以按照一般物品予以赔偿。

2. 仓储合同

（1）仓储合同的概念

仓储合同是保管人储存存货人交付的仓储物，存货人支付仓储费的合同。仓储合同实质上为保管合同的一种，由于对仓储合同有不同于保管合同的要求，因此《合同法》单独制定了调整规则。仓储合同为诺成合同，自成立时生效。仓储合同一般为有偿合同。

（2）当事人双方的权利义务

① 保管人应当按照约定对入库仓储物进行验收。保管人验收时发现入库仓储物与约定不符合的，应当及时通知存货人。保管人验收后，发生仓储物的品种、数量、质量不符合约定的，保管人应当承担损害赔偿责任。

保管人储存易燃、易爆、有毒、有腐蚀性、有放射性等危险物品的，应当具备相应的保管条件。储存易燃、易爆、有毒、有腐蚀性、有放射性等危险物品或者易变质物品，存货人应当说明该物品的性质，提供有关资料。存货人违反上述规定的，保管人可以拒收仓储物，也可以采取相应措施以避免损失的发生，因此产生的费用由存货人承担。

② 存货人交付仓储物的，保管人应当给付仓单。保管人应当在仓单上签字或者盖章。仓单包括下列事项：存货人的名称或者姓名和住所；仓储物的品种、数量、质量、包装、件数和标记；仓储物的损耗标准；储存场所；储存期间；仓储费；仓储物已经办理保险的，其保险金额、期间以及保险人的名称；填发人、填发地和填发日期。

仓单是存货人交付仓储物后，保管人向其出具的提取仓储物的凭证。存货人或者仓单持有人在仓单上背书并经保管人签字或者盖章的，可以转让提取仓储物的权利。

③ 保管人允许检查和抽样义务。保管人根据存货人或者仓单持有人的要求，应当同意其检查仓储物或者提取样品。

④ 仓储物损坏的通知义务。保管人对入库仓储物发现有变质或者其他损坏的，应当及时通知存货人或者仓单持有人，其变质或者其他损坏危及其他仓储物的安全和正常保管的，应当催告存货人或者仓单持有人作出必要的处置。因情况紧急，保管人可以作出必要的处置，但事后应当将该情况及时通知存货人或者仓单持有人。

⑤ 仓储物的返还。储存期间届满，存货人或者仓单持有人应当凭仓单提取仓储物。存货人或者仓单持有人逾期提取的，应当加收仓储费；提前提取的，不减收仓储费。储存期间届满，存货人或者仓单持有人不提取仓储物的，保管人可以催告其在合理期限内提取，逾期不提取的，保管人可以提存仓储物。当事人对储存期间没有约定或者约定不明确的，存货人或者仓单持有人可以随时提取仓储物，保管人也可以随时要求存货人或者仓单持有人提取仓储物，但应当给予必要的准备时间。

⑥ 保管人损害赔偿责任及免责规定。储存期间，因保管人保管不善造成仓储物毁损、灭失的，保管人应当承担损害赔偿责任。因仓储物的性质、包装不符合约定或者超过有效储存期造成仓储物变质、损坏的，保管人不承担损害赔偿责任。

仓储合同有规定的，按其规定；没有规定的，适用保管合同的有关规定。

7.11 委托合同、行纪合同与居间合同

1. 委托合同

（1）委托合同概述

委托合同是委托人和受托人约定，由受托人处理委托人事务的合同。委托与代理关系有所不同。委托关系的存在是办理委托事项的前提，办理委托事项的形式有多种，代理只是其一，行纪、居间等也都是由委托关系产生的。委托只涉及委托人和受托人之间的关系，不像代理，涉及与第三人的关系。

委托在一般社会关系中十分常见，委托属于典型的劳务合同，而且是外延最为广泛的劳务合同。只要不属于承揽、居间、经纪、保管、仓储等劳务合同或《合同法》规定的劳务合同或其他法律上规定的劳务合同，即便是无名的劳务合同，都可适用委托合同的法律规定。但具有人身属性的事项，如结婚、离婚、收养子女等，不适用于委托合同。

委托人可以特别委托受托人处理一项或者数项事务，也可以概括委托受托人处理一切事务。

（2）受托人的权利义务

① 受托人应当按照委托人的指示处理委托事务。需要变更委托人指示的，应当经委托人同意。因情况紧急，难以和委托人取得联系的，受托人应当妥善处理委托事务，但事后应当将该情况及时报告委托人。

② 受托人可以转委托。受托人应当亲自处理委托事务。经委托人同意，受托人可以转委托。转委托经同意的，委托人可以就委托事务直接指示转委托的第三人，受托人仅就第三人的选任及其对第三人的指示承担责任。转委托未经同意的，受托人应当对转委托的第三人的行为承担责任，但在紧急情况下受托人为维护委托人的利益需要转委托的除外。

③ 受托人应履行报告义务。受托人应当按照委托人的要求，报告委托事务的处理情况。委托合同终止时，受托人应当报告委托事务的结果。

④ 受托人应履行财产交付义务。受托人处理委托事务取得的财产，应当转交给委托人。

⑤ 受托人有要求赔偿的权利。受托人处理委托事务时，因不可归责于自己的事由受到损失的，可以向委托人要求赔偿损失。委托人经受托人同意，可以在受托人之外委托第三人处理委托事务，因此给受托人造成损失的，受托人可以向委托人要求赔偿损失。

（3）委托人的权利义务

① 委托人应当预付处理委托事务的费用。受托人为处理委托事务垫付的必要费用，委托人应当偿还该费用及其利息。

② 委托人有报酬给付的义务。受托人完成委托事务的，委托人应当向其支付报酬。因不可归责于受托人的事由，委托合同解除或者委托事务不能完成的，委托人应当向受托人支付相应的报酬。当事人另有约定的，按照其约定。

③ 委托人有权要求赔偿损失。有偿的委托合同，因受托人的过错给委托人造成损失的，委托人可以要求赔偿损失。无偿的委托合同，因受托人的故意或者重大过失给委托人造成损失的，委托人可以要求赔偿损失。受托人超越权限给委托人造成损失的，应当赔偿损失。两个以上的受托人共同处理委托事务的，对委托人承担连带责任。

（4）委托人与第三人的直接关系

受托人以自己的名义，在委托人的授权范围内与第三人订立的合同，第三人在订立合同时知道受托人与委托人之间的代理关系的，该合同直接约束委托人和第三人，但有确切证据证明该合同只约束受托人和第三人的除外。

受托人以自己的名义与第三人订立合同时，第三人不知道受托人与委托人之间的代理关系的，受托人因第三人的原因对委托人不履行义务，受托人应当向委托人披露第三人，委托人因此可以行使受托人对第三人的权利；但第三人如果知道该委托人存在，就不会与受托人订立合同的除外。

受托人因委托人的原因对第三人不履行义务，受托人应当向第三人披露委托人，第三人因此可以选择受托人或者委托人作为相对人主张其权利，但第三人不得变更选定的相对人。

委托人行使受托人对第三人的权利的，第三人可以向委托人主张其对受托人的抗辩。第三人选定委托人作为其相对人的，委托人可以向第三人主张其对受托人的抗辩以及受托人对第三人的抗辩。

（5）委托合同的终止

委托合同的终止有两种情况：一是因为合同解除而终止，二是因为法定原因而终止。

委托人或者受托人可以随时解除委托合同。因解除合同给对方造成损失的，除不可归责于该当事人的事由以外，应当赔偿损失。

委托人或者受托人死亡、丧失民事行为能力或者破产的，委托合同终止，但当事人另有约定或者根据委托事务的性质不宜终止的除外。

因委托人死亡、丧失民事行为能力或者破产，致使委托合同终止将损害委托人利益的，在委托人的继承人、法定代理人或者清算组织承受委托事务之前，受托人应当继续处理委托事务。

因受托人死亡、丧失民事行为能力或者破产，致使委托合同终止的，受托人的继承人、法定代理人或者清算组织应当及时通知委托人。因委托合同终止将损害委托人利益的，在委托人作出善后处理之前，受托人的继承人、法定代理人或者清算组织应当采取必要措施。

2. 行纪合同

（1）行纪合同概述

行纪合同是行纪人以自己的名义为委托人从事贸易活动，委托人支付报酬的合同。行纪合同具有以下特征。

① 行纪是一种营业。所谓营业是指经过工商登记，持续性地进行某项或某几项业务的经营性活动。经营行纪业者称为行纪人，与行纪人订立行纪合同的人为委托人。

② 行纪是为他人从事贸易活动的营业。所谓贸易活动，是指商业上的交易活动，如果不是商业上的交易活动则不能属于行纪业。商业上的交易，如动产的买卖、动产的拍卖、有价证券（股票、债券）的买卖、代为保险、代为出版、代收债权、代登广告、代为租赁等均属于商业交易行为，均可成为行纪的营业范围。

③ 行纪是以自己的名义为他人进行贸易活动的营业。行纪并非为自己进行贸易活动，而是为他人，因而行纪所发生的经济上的利益或损失均归于他人。

④ 行纪是收受报酬的营业。

行纪合同与委托合同有许多共同之处，广义上讲，属于委托合同的一种。行纪合同与委托合同的主要区别在于：

● 行纪合同的适用范围仅为贸易活动，而委托合同的受托人为委托人提供服务的适用范围广泛，包括各种可以委托的事项；

● 行纪人应以自己的名义与第三人订立合同，而委托合同的受托人可以委托人或者自己的名义订立合同，如以自己的名义订立合同，则负有披露义务；

● 行纪合同为有偿合同，而委托合同可以是有偿的，也可是无偿的；

● 行纪人处理委托事务支出的费用，除当事人另有约定，应自行承担，而委托合同的受托人的费用由委托人承担。

（2）双方当事人的权利义务

① 行纪人有妥善保管委托物的义务。行纪人占有委托物的，应当妥善保管委托物。委托物交付给行纪人时有瑕疵或者容易腐烂、变质的，经委托人同意，行纪人可以处分该物。和

委托人不能及时取得联系的，行纪人可以合理处分。

② 差额利益和损失的规定。行纪人在行纪中低于委托人指定的价格卖出或者高于委托人指定的价格买入的，应当经委托人同意。未经委托人同意，行纪人补偿其差额的，该买卖对委托人发生效力。行纪人高于委托人指定的价格卖出或者低于委托人指定的价格买入的，可以按照约定增加报酬。没有约定或者约定不明确的，双方可以协议补充，不能达成补充协议的，该利益属于委托人。委托人对价格有特别指示的，行纪人不得违背该指示卖出或者买入。

③ 行纪人可以介入委托物的买卖。行纪人卖出或者买入具有市场定价的商品，除委托人有相反的意思表示的以外，行纪人自己可以作为买受人或者出卖人。此时，行纪人仍然可以要求委托人支付报酬。

④ 行纪人按照约定买入委托物，委托人应当及时受领。经行纪人催告，委托人无正当理由拒绝受领的，行纪人可依法提存委托物。委托物不能卖出或者委托人撤回出卖，经行纪人催告，委托人不取回或者不处分该物的，行纪人可依法提存委托物。

⑤ 行纪人与第三人关系。行纪人与第三人订立合同的，行纪人对该合同直接享有权利、承担义务。第三人不履行义务致使委托人受到损害的，行纪人应当承担损害赔偿责任，但行纪人与委托人另有约定的除外。

⑥ 行纪人享有报酬请求权和留置权。行纪人完成或者部分完成委托事务的，委托人应当向其支付相应的报酬。委托人逾期不支付报酬的，行纪人对委托物享有留置权，但当事人另有约定的除外。

3. 居间合同

（1）居间合同的概念

居间合同是居间人向委托人报告订立合同的机会或者提供订立合同的媒介服务，委托人支付报酬的合同。

居间是指一方为他方报告订约的机会或者为订立合同提供媒介服务，而委托则是一方为他方处理事务。二者均属为他方服务，但仍有区别，表现为：居间限于报告订约机会或为订立合同提供媒介服务，其服务范围受有限制，而委托则为他人处理事务，事务的种类无限制；居间为有偿合同，而委托原则上为无偿合同。

居间行为分为两种情况，其一是受委托报告订立合同的机会，其二是除报告订立合同的机会外，还向委托人提供订立合同的媒介服务。

（2）居间人的权利义务

① 居间人负有报告义务。居间人应当就有关订立合同的事项向委托人如实报告。居间人故意隐瞒与订立合同有关的重要事实或者提供虚假情况，损害委托人利益的，不得要求支付报酬并应当承担损害赔偿责任。

② 居间人有权收受报酬。居间人促成合同成立的，委托人应当按照约定支付报酬。对居间人的报酬没有约定或者约定不明确的，双方可以协议补充。不能达成补充协议的，根据居间人的劳务合理确定。因居间人提供订立合同的媒介服务而促成合同成立的，由该合同的当事人平均负担居间人的报酬。居间人促成合同成立的，居间活动的费用由居间人负担。居间人未促成合同成立的，不得要求支付报酬，但可以要求委托人支付从事居间活动支出的必要费用。

7.12 案例分析

 案例一 综合分析题

一、案情

甲与乙订立了一份卖牛合同。合同约定甲向乙交付 5 头牛，分别为牛 1、牛 2、牛 3、牛 4、牛 5，总价款为 1 万元；乙向甲交付定金 3 000 元，余下款项由乙在半年内付清。双方还约定，在乙向甲付清牛款之前，甲保留该 5 头牛的所有权，甲向乙交付了该 5 头牛。根据《合同法》及相关法律回答下列问题：

1. 假设在牛款付清之前，牛 1 被雷电击死，该损失由谁承担？为什么？
2. 假设在牛款付清之前，牛 2 生下一头小牛，该小牛由谁享有所有权？为什么？
3. 假设在牛款付清之前，牛 3 踢伤丙，丙花去医药费和误工损失费共计 1 000 元，该损失费应由谁承担？为什么？
4. 假设在牛款付清之前，乙与丁达成一项转让牛 4 的合同。在向丁交付牛 4 之前，该合同的效力如何？为什么？
5. 假设在牛款付清之前，丁不知甲保留了此牛的所有权，乙与丁达成一项转让牛 4 的合同，作价 2 000 元且将牛 4 交付丁。丁能否据此取得该牛的所有权？为什么？
6. 假设在牛款付清之前，乙将牛 5 租给戊，租期 3 个月，租金 200 元。该租赁协议是否有效？租金应如何处理？
7. 合同中的定金条款效力如何？为什么？

二、参考答案

1. 该损失由乙承担。因为根据《合同法》规定，买卖合同标的物毁损、灭失的风险自标的物交付时起由买方承担。
2. 由乙享有所有权。因为根据《合同法》规定，标的物在交付之后产生的孳息归买受人所有。
3. 该损失应当由乙承担。因为根据《民法通则》规定，饲养的动物造成他人损害的，动物饲养人或者管理人应当承担民事责任。
4. 该合同效力未定。因为在牛款付清之前，牛 4 的所有权属于甲，乙无权处分。根据《合同法》规定，无处分权的人处分他人财产，经权利人追认或无处分权的人订立合同后取得处分权的，合同有效。
5. 丁可以取得该牛的所有权。因为丁是从合法占有人处善意、有偿取得牛 4，根据《民法》有关善意取得的原理，丁可以取得所有权。
6. 该租赁协议效力未定。租金视为孳息，归乙所有。
7. 合同中的定金条款部分无效。因为根据《担保法》的规定，定金数额不得超过主合同标的额的 20%。

案例二 综合分析题

一、案情

2009年10月15日，A公司与B公司签订了一份加工承揽合同。该合同约定：由B公司为A公司制作铝合金门窗1万件，原材料由A公司提供，加工承揽的报酬总额为150万元，违约金为报酬总额的10%；A公司应在2009年11月5日前向B公司交60%的原材料，B公司应在2010年3月1日前完成6 000件门窗的加工制作并交货；A公司应在2010年3月5日前交付其余40%的原材料，B公司应在2010年5月20日前完成其余门窗的加工制作并交货；A公司应在收到B公司交付门窗后3日内付清相应款项。

为确保A公司履行付款义务，B公司要求其提供担保。适值D公司委托A公司购买办公用房，D公司为此向A公司提供了盖有D公司公章及法定代表人签字的空白委托书和D公司的合同专用章。A公司遂利用上述空白委托书和合同专用章，将D公司列为该项加工承揽合同的连带保证人，与B公司签订了保证合同。

2009年11月1日A公司向B公司交付60%的原材料，B公司按约加工制作门窗。2010年2月28日，B公司将制作完成的6 000件门窗交付A公司，A公司按报酬总额的60%予以结算。

2010年3月1日B公司发生重组，加工型材的生产部门分立为C公司。3月5日，A公司既未按加工承揽合同的约定向B公司交付40%的原材料，也未向C公司交付。3月15日，C公司要求A公司继续履行其与B公司签订的加工承揽合同，A公司表示无法继续履行并要求解除合同。C公司遂在数日后向人民法院提起诉讼，要求判令A公司支付违约金并继续履行加工承揽合同，同时要求D公司承担连带责任。

经查明，A公司与B公司签订的加工承揽合同仅有B公司及其法定代表人的签章，而无A公司的签章。

1. A公司与B公司签订的加工承揽合同是否成立？为什么？
2. C公司可否向A公司主张加工承揽合同的权利？为什么？
3. C公司要求判令A公司支付违约金并继续履行加工承揽合同的主张能否获得支持？并说明理由。
4. D公司应否承担保证责任？并说明理由。

二、参考答案

1. A公司与B公司签订的加工承揽合同成立。根据《合同法》的规定，采用合同书形式订立合同，在签字或者盖章之前，当事人一方已经履行主要义务，对方已接受，该合同成立。在本案中，A公司虽未在加工承揽合同上签章，但已经履行了主要义务，且B公司已经接受，加工承揽合同成立。

2. C公司可向A公司主张加工承揽合同的权利。根据《合同法》的规定，当事人订立合同后分立的，除债权人和债务人另有约定以外，由分立的法人或者其他组织对合同的权利和义务享有连带债权，承担连带债务。

3. 首先，C公司要求判令A公司支付违约金的主张可以获得支持。A公司未按加工承揽合同约定的时间向B公司交付40%的原材料，已构成违约，根据《合同法》的规定，应当承担违约责任，支付违约金。其次，C公司要求判令A公司继续履行合同的主张不能获得支持。

根据《合同法》的规定,在加工承揽合同中,定作人可以随时解除承揽合同,造成承揽人损失的,应当赔偿损失。A公司作为定作人,可以解除合同,故无须继续履行合同。

4. D公司应承担保证责任。根据《合同法》的规定,行为人超越代理权以被代理人的名义订立合同,相对人有理由相信行为人有代理权的,该合同有效。本案中,A公司向B公司出具了D公司提供的盖有公章及法定代表人签字的空白委托书及合同专用章,B公司有理由相信A公司有代理权,A公司与B公司签订的以D公司为保证人的保证合同有效,因此D公司应承担担保责任。

 案例三 综合分析题

一、案情

甲公司需要乙公司生产的一套精密成套设备,双方找丙公司商议,由丙公司购买并直接租给甲公司。甲、乙、丙三方签订了以下合同:(一)由丙公司付给乙公司货款500万元;(二)乙公司将精密成套设备代办托运给甲公司;(三)甲公司承租该设备,期限为10年,每年租金为80万元。该合同由甲、乙、丙公司的法定代表人签字,甲、丙公司加盖了合同专用章,乙公司未加盖合同专用章。丙公司签订上述合同后,为筹措资金欲向丁银行借款300万元,丁银行要求提供担保,丙公司请求戊公司作保,戊公司允诺。丙、丁、戊签订了以下合同:(1)丁银行借给丙公司300万元,预扣1年的利息30万元,实际交付丙公司270万元;(2)戊公司承担保证责任,但丙公司应付给戊公司担保费30万元。合同由三方签字并加盖了各自的合同专用章。乙公司签订合同后与庚公司又签订了一份运输合同。甲公司签订合同后,为顺利安装和操作该设备,又与辛公司签订了一份技术咨询合同,但合同未约定根据咨询意见作出决策的损失承担。根据《合同法》及相关法律回答下列问题:

1. 甲、乙、丙之间的合同属于《合同法》上的哪种合同?
2. 现假设乙公司以未加盖合同专用章为由,主张合同无效,其理由能否成立?为什么?
3. 丙与丁银行的借款合同中的借款数额应为多少?为什么?
4. 丙、丁、戊所签的合同中约定支付30万元的担保费是否有效?为什么?
5. 现假设丙公司到期不能偿还丁银行的借款,戊公司应承担何种性质的保证责任?为什么?
6. 现假设乙公司交付的设备质量不符合要求,甲公司可否向乙公司追究违约责任?为什么?
7. 现假设甲公司根据辛公司的符合要求的咨询报告进行操作发生事故,辛公司是否承担赔偿责任?为什么?
8. 现假设庚公司因承运设备中有过错造成设备损失,应由谁向庚公司索赔?为什么?
9. 现假设乙公司向甲公司交付货物后,甲公司使用过程中部分部件正常磨损,需要维修。该维修费应由谁承担?为什么?
10. 现假设辛公司在提供技术咨询过程中形成了一项新的技术成果,且未与甲公司约定该技术成果的归属。该技术成果归谁享有?为什么?

二、参考答案

1. 该合同为《合同法》所规定的融资租赁合同。
2. 理由不能成立。因为《合同法》规定,当事人在书面合同上签字或者盖章的,合同成立。乙公司的法定代表人在合同上签字，该合同成立。

3. 借款数额应为 270 万元，因为根据《合同法》规定，借款的利息不得预先在本金中扣除，预先扣除的，应当按照实际借款数额返还借款并计算利息。

4. 有效。因为法律并未禁止被保证人向保证人支付担保费。

5. 戊公司应当承担连带保证责任。因为保证合同中对保证方式的约定不明确，根据《担保法》，保证人应当承担连带保证责任。

6. 甲公司可以向乙公司追究违约责任。因为根据《合同法》规定，出租人根据承租人对出卖人、租赁物的选择订立的合同，承租人享有与受领标的物有关的买受人的权利。

7. 辛公司不承担责任。根据《合同法》规定，技术咨询合同的委托人按照受托人符合约定要求的咨询报告和意见作出决策所造成的损失，由委托人承担。

8. 应当由乙公司向庚公司索赔。根据《合同法》规定，当事人约定由债务人向第三人履行债务的，债务人未向第三人履行债务或履行债务不符合约定的，应当向债权人承担违约责任。

9. 该维修费应当由甲公司承担。根据《合同法》规定，融资租赁合同项目，承租人应当履行占有租赁物期间的维修义务。

10. 该技术成果归辛公司享有。根据《合同法》规定，在技术咨询合同履行过程中，受托人利用委托人提供达到技术资料和工作条件完成的新的技术成果，属于受托人。

作业题

一、复习思考题

1. 如何理解买卖合同标的物的交付效力？
2. 《合同法》对买卖合同标的物风险的承担有哪些规定？
3. 《合同法》对特殊买卖合同有哪些规定？
4. 如何理解赠与合同的撤销？
5. 在租赁合同中，承租人享有哪些权利？
6. 租赁合同与融资租赁合同的法律特征有何不同？
7. 承揽合同的法律特征主要有哪些？
8. 运输合同中，承运人对旅客伤亡和行李灭失分别承担什么责任？
9. 保管合同中，保管人有哪些主要义务？
10. 如何理解委托合同的终止？
11. 什么是行纪合同？行纪有哪些特征？
12. 行纪合同与委托合同有哪些主要区别？

二、单项选择题

1. 2013 年 6 月 2 日杜某将自己家的耕牛借给邻居刘某使用。6 月 8 日刘某向杜某提出将耕牛卖给自己，杜某表示同意。双方商定了价格，并约定三天后交付价款。但 6 月 10 日，该头耕牛失脚坠下山崖摔死。对于该耕牛死亡的财产损失，应当由（　　）来承担。
   A. 杜某　　　　　　　　　　　　B. 杜某与刘某各承担一半
   C. 刘某　　　　　　　　　　　　D. 杜某承担三分之一，刘某承担三分之二

2. 甲方购买一批货物，约定于6月15日提货，但其因没有安排好汽车而未能提货。当天傍晚，出卖人的仓库遭雷击起火，货物被烧。你认为应如何确定损失的承担？（   ）
   A. 出卖人，因为货物是在其控制之下　　B. 出卖人，因为货物所有权没有转移
   C. 买受人，因为他未能按时提货　　　　D. 双方分担，因为谁都没有过错
3. 甲向乙购进一批玉米，双方约定，合同履行地在乙所在城市S市。5月1日乙为甲代办托运运往M县。在运输过程中，5月3日甲与丙签订协议，将该批玉米转让给丙，在M县火车站交货。5月4日由于遇到山洪暴发，火车在运输途中出轨，玉米损失。该损失应由（   ）。
   A. 甲承担　　　　B. 乙承担　　　　C. 丙承担　　　　D. 甲与丙分担
4. 甲答应赠与乙800元，资助乙上学。乙只有15岁。甲在给乙500元以后，就不再给了，乙认为甲答应赠与就应全部赠与，于是向甲索要另外300元。则（   ）。
   A. 甲应再给乙300元，否则即违约
   B. 甲不应再给，且因乙未成年，赠与合同无效
   C. 甲可向乙要求返还给乙的500元
   D. 赠与500元的合同有效，另300元的赠与不成立
5. 老张因身体不便将自己的一辆自行车赠与邻居的中学生小李，让小李上学使用，但要求小李今后回家途中给其捎带一些生活必需品，小李同意了。第二天小李上学路上因自行车刹车不灵造成摔伤，（   ）。
   A. 对此老张不负责任　　　　　　　　B. 老张应负全部责任
   C. 老张应负部分责任　　　　　　　　D. 此事造成赠与合同无效
6. 某企业向银行借贷100万元，贷款期限为1年。该企业使用借款10个月后，欲提前归还此项贷款。依照法律规定，下列表述中正确的是（   ）。
   A. 该企业可以提前还贷，银行应同意
   B. 该企业应在还款日前15天通知银行方可提前还款
   C. 该企业需与银行协商一致后方可提前还款
   D. 该企业不能提前还贷
7. 甲公司将所属设备租赁给乙公司使用。租赁期间，甲公司将用于出租的设备卖给丙公司。根据合同法律制度的规定，下列表述正确的是（   ）。
   A. 甲公司在租赁期间不能出卖出租设备
   B. 买卖合同有效，原租赁合同继续有效
   C. 买卖合同有效，原租赁合同自买卖合同生效之日起终止
   D. 买卖合同有效，原租赁合同须丙公司同意后方继续有效
8. 承揽人在履行承揽合同中，（   ）构成违约。
   A. 承揽人发现定作人提供的图纸不合理，立即停止工作并通知定作人，因等待答复，未能如期完成工作
   B. 承揽人发现定作人提供的材料不合格，遂自行更换为自己确认合格的材料
   C. 承揽人未征得定作人同意，将其承揽的辅助工作交由第三人完成
   D. 因定作人未按期支付报酬，承揽人拒绝交付工作成果
9. 在建设工程合同中，发包人未按照约定支付价款的，承包人可以催告发包人在合理期

限内支付价款。发包人逾期不支付的,可申请人民法院将该工程依法拍卖,就工程价款拍卖后优先得到清偿的顺序是(　　)。

　　A. 工程价款的支付优先受偿　　　　B. 该工程的抵押权人优先受偿
　　C. 该工程的其他债权人优先受偿　　D. 该工程的留置权人优先受偿

10. 甲委托乙为其购买木材,乙为此花去了一定的时间和精力,现甲不想要这批木材,于是电话告诉乙取消委托,乙不同意。(　　)的论述是正确的。

　　A. 甲无权单方取消委托,否则应赔偿乙的损失
　　B. 甲可以单方取消委托,但必须以书面形式进行
　　C. 甲可以单方取消委托,但需承担乙受到的损失
　　D. 甲可以单方取消委托,但仍需按合同约定支付乙报酬

11. 甲作为乙的行纪人与丙订立买卖合同,由于丙未按约定履行合同致使乙的利益受到损害,(　　)。

　　A. 乙的损失应由甲承担
　　B. 乙的损失应由丙承担
　　C. 乙的损失应由甲承担,丙负连带责任
　　D. 乙的损失应由丙承担,甲负连带责任

12. 华利公司欲购买一批仪器,委托刘某提供媒介服务。华利公司和有关当事人对刘某提供媒介服务的费用承担问题没有约定,后又不能协商确定。在此情况下,对刘某提供媒介服务的费用应按下列(　　)选项确定。

　　A. 华利公司应当向刘某预付提供媒介服务的费用
　　B. 在刘某促成合同成立时,华利公司应当承担其提供媒介服务的费用
　　C. 在刘某未促成合同成立时,应当由刘某自己承担提供媒介服务的费用
　　D. 在刘某促成合同成立时,应当由刘某自己承担提供媒介服务的费用

三、多项选择题

1. 2010年5月4日易某将自家的耕牛租与刘某使用两个星期,5月10日刘某提出要买下此耕牛,易某表示同意。双方商定价格为1 000元,并约定1个月后交付款项。但5月12日该耕牛被雷劈死。关于此案,以下选项(　　)是正确的。

　　A. 该买卖合同的生效时间是5月10日
　　B. 该买卖合同中耕牛的交付时间是5月10日
　　C. 该耕牛意外灭失的风险由易某承担
　　D. 该耕牛意外灭失的风险由刘某承担
　　E. 该买卖合同的生效时间是5月4日

2. 甲和乙签订了一台计算机的买卖合同,约定在甲交付计算机后10日内由乙支付货款5 000元。甲如期交付计算机,但乙却未按约定支付货款,甲行使下列(　　)权利能够得到法院的支持。

　　A. 请求乙支付货款　　　　　　　　B. 找乙搬回计算机
　　C. 要求乙承担违约责任　　　　　　D. 找乙搬回计算机并要求乙承担违约责任

3. 在以下(　　)情况下,买受人应当承担标的物毁损、灭失的风险。

　　A. 标的物已运抵交付地点,买受人因标的物质量不合格而拒绝接受

B. 出卖人已经将标的物发运,即将到达约定的交付地点
C. 合同约定在标的物所在地交货,约定时间已过,买受人仍未前往提货
D. 买受人下落不明,出卖人将标的物提存

4. 下列合同中,(　　)为要式合同。
   A. 建设工程合同　　　　　　　　B. 施工合同
   C. 加工承揽合同　　　　　　　　D. 银行借款合同
   E. 居间合同

5. 根据我国《合同法》的规定,在运输过程中发生旅客伤亡的,应如何确定赔偿责任?
   (　　)
   A. 应由承运人承担损害赔偿责任
   B. 伤亡如果是因旅客自身健康原因造成的,承运人不承担损害赔偿责任
   C. 承运人如能证明伤亡是旅客自己的故意、重大过失造成的,则不承担损害赔偿责任
   D. 承运人对无票旅客一律不承担损害赔偿责任

6. 甲欲将一部分货物寄存在乙处,为此向吴律师咨询。根据我国《合同法》的规定,吴律师的以下(　　)意见是正确的。
   A. 甲在签订保管合同后交付货物前解除合同的,不承担违约责任
   B. 甲、乙双方没有约定保管费,乙有权依交易习惯请求甲支付
   C. 乙可以根据情况改变保管场所或方法
   D. 在有第三人对甲寄存的货物主张权利时,除了依法对保管物采取保全或执行的以外,乙应当履行向甲返还寄存的货物的义务

7. 甲原籍是山区茶乡。春节期间,甲回原籍探亲,同事乙委托甲买上等茶叶5千克,并付款1 000元。春节期间因无茶叶出卖,甲将情况告乙,乙说你转托一人在春天三月再买吧。甲在回城前的一天晚上,丙正好前来探望甲,于是甲便委托丙代买5千克上等茶叶,丙应允。甲将1 000元放在信封里交付给丙。丙在当晚回家途中,1 000元被人所抢,抢劫案未侦破。甲回城后将此事告知乙,为此引起纠纷。乙起诉到法院,法院对乙的(　　)请求不予支持。
   A. 请求甲赔偿损失1 000元
   B. 请求丙赔偿损失1 000元
   C. 请求甲、丙各赔偿损失500元
   D. 请求甲、丙对1 000元损失负连带责任

8. 甲委托乙寄售行以该行名义将甲的一台仪器以3 000元出售,除酬金外双方对其他事项未作约定。其后,乙将该仪器以3 500元卖给了丙,为此乙多支付费用100元。对此,下列(　　)是正确的。
   A. 甲与乙订立的是居间合同
   B. 高于约定价格卖得的500元属于甲
   C. 如仪器出现质量问题,丙应向乙主张违约责任
   D. 乙无权要求甲承担100元费用

四、案例分析题

1. 2010年12月,村民甲与县肉联厂达成口头协议:自养的黄牛两头送县肉联厂宰杀,

牛肉款按净肉每斤6元5角的价格结算，牛皮、牛头和牛下水归肉联厂，甲再付肉联厂宰杀费80元。在宰杀过程中，肉联厂的屠宰工人乙在其中一头牛的下水中发现牛黄，重100克，卖得价款5 000元。甲知道后与乙、县肉联厂为牛黄款归属发生纠纷。现问：本案中该牛黄款应如何处理？

2. 甲公司与乙希望小学签订了一份赠与合同，甲公司决定向乙小学捐赠价值2万元的计算机。合同签订后，因甲公司的法定代表人更换，不愿意履行赠与合同。问题：

（1）该赠与合同是否生效？请说明理由。

（2）因甲公司法定代表人的变动，能否终止该合同关系？为什么？

（3）甲公司在没有交付捐赠计算机之前能否撤销该赠与合同？为什么？乙小学是否有权要求甲公司交付计算机？请说明理由。

（4）如果甲公司以书面形式通知乙小学不予赠与，是否甲公司可不再履行赠与义务？

3. 甲、乙于2011年4月1日订立一份租赁合同，甲将自己所有的房屋租赁给乙，租赁期限为9个月。2011年7月1日，经甲的同意，乙将该房屋转租给丙，期限为6个月。2011年10月1日，甲在未通知乙的情况下以20万元的价格将该房屋卖给丁，10月8日，丁要求丙在24小时内搬离该房屋，遭到丙的拒绝。10月10日，乙向甲提出自己希望以20万元的价格购买该房屋，遭到甲的拒绝。

根据以上事实和《合同法》的规定，分析回答下列问题：

（1）经甲的同意，乙将该房屋转租给丙后，甲、乙之间的租赁合同是否终止？并说明理由。

（2）丁要求丙在24小时内搬离该房屋的主张是否成立？并说明理由。

（3）甲在未通知乙的情况下将该房屋卖给丁，并拒绝乙购买请求的做法是否符合法律规定？并说明理由。

4. 王某有一辆旧三厢夏利轿车，一日王某将该旧车开到某甲贸易公司，委托甲方以10 000元的价格卖出，如能售出给甲贸易公司报酬3 000元。甲贸易公司接受委托后，与张某订立了买卖合同、以10 000元的价格卖出，期间甲方花去各种费用1 000元。甲方在将10 000元交给王某时，扣除了4 000元，理由所花费的1 000元也应由王某承担，因为这笔费用是为了王某的利益而办的，王某不同意，双方发生争议，向法院起诉。问：

（1）本案属于什么性质的纠纷？

（2）本案应如何处理？

5. 某甲和某工厂订立一份买卖汽车的合同，约定由工厂在6月底将一部行使3万千米的卡车交付给甲，价款为3万元，甲交付定金5 000元，交车后15日内余款付清。合同还约定，工厂晚交车一天，扣除车款50元，甲晚交款一天，应多交车款50元；一方有其他违约情形，应向对方支付违约金6 000元。合同订立后，该卡车因外出运货耽误，未能在6月底以前返回。7月1日，卡车在途经山路时，因遇暴雨，被一块落下的石头砸中，车头受损，工厂对卡车进行了修理，于7月10日交付给甲。10天后，甲在运货中发现卡车发动机有毛病，经检查，该发动机经过大修，遂请求退还卡车，并要求工厂双倍返还定金，支付6 000元违约金，赔偿因其不能履行对第三人的运输合同而造成的经营收入损失3 000元。工厂意识到对自己不利，即提出汽车没有办理过户手续，合同无效，双方只需返还财产。现请回答下列问题：

（1）汽车买卖合同是否有效？

（2）卡车受损，损失应由谁承担？
（3）甲能否要求退车？
（4）甲能否请求工厂支付违约金并双倍返还定金？
（5）甲能否请求工厂赔偿经营损失？
（6）甲能否同时请求工厂支付6 000元违约金和支付每天50元的迟延履行违约金？

6. 甲有四匹马要卖掉，便对乙方说："你先牵回去试用一个月，满意的话你就买下，价款5 000元。"乙牵回了四匹马，未付款。请回答：

（1）设马1在试用期间于某日放养时被洪水冲走，该损失应由谁承担？为什么？
（2）设马2在试用期间生下了一匹小马，该小马应归谁所有？为什么？
（3）设马3在试用期间逃出马圈，偷吃了邻人丙家的谷子，价值50元，对该损失应由谁承担？为什么？
（4）设试用期间乙将马4卖给丁，乙与丁之间买卖行为的性质如何？为什么？
（5）设在试用买卖期间，甲又将该四匹马卖给戊，作价5 000元，甲向戊说明了与乙之间试用买卖的情况。买卖效力如何？为什么？
（6）设试用买卖期限届满，乙决定购买该四匹马，但5天前甲与戊又签订了一份买卖合同，将该四匹马卖给戊，现戊由于不能取得该四匹马，欲起诉甲，依照法律戊可以向甲主张何种责任？

第8章 证券法

8.1 证券法概述

1. 证券的概念和特征

（1）证券的概念

证券，指的是一种具有一定票面金额，能够代表、证明或设定对财产的所有权，取得一定收益，并可以自由转让和买卖的书面凭证。

证券有广义和狭义之分。广义的证券一般指财物证券（如货运单、提单等）、货币证券（如支票、汇票、本票等）和资本证券（如股票、公司债券、基金凭证等）。狭义的证券指资本证券。

我国证券法规定的证券包括：股票、公司债券和国务院认定的其他证券（如基金凭证等）。

（2）证券的特征

① 证券是一种投资凭证。证券是表明投资者投资金额的证明文书，也是投资者权利的载体，投资者的权利是通过证券记载，并凭借证券获得相应的收益。

② 证券是一种权益凭证。证券体现一种权利，如股票体现股权，债券体现债权。

③ 证券具有可流通转让性。证券持有者可以随时将证券转让，实现自身权利。

2. 证券市场

1）证券市场的概念

证券市场是证券发行和交易的场所。证券市场是现代金融市场的重要组成部分，它不仅反映和调节货币资金的运动，而且对整个经济的运行具有重要影响。

2）证券市场的构成要素

证券市场的构成要素主要包括：证券市场参与者、证券市场交易工具和证券交易场所 3 个方面。

（1）证券市场参与者

① 证券发行人。是指为筹措资金而发行债券、股票等证券的政府及其机构、金融机构、公司和企业。证券发行人是证券发行的主体。

② 证券投资者。是证券市场的资金供给者，也是金融工具的购买者。证券投资者可分为机构投资者和个人投资者两大类。

③ 证券市场中介机构。是指为证券的发行与交易提供服务的各类机构，包括证券公司和其他证券服务机构，通常把两者合称为证券中介机构。

④ 自律性组织。包括证券交易所和证券行业协会。

⑤ 证券监管机构。在中国，证券监管机构是指中国证券监督管理委员会及其派出机构。

（2）证券市场交易工具

证券市场交易工具是指证券交易对象。主要包括政府债券（包括中央政府债券和地方政府债券）、金融债券、公司（企业）债券、股票、基金及金融衍生证券等。

（3）证券交易场所

证券交易场所包括场内交易市场和场外交易市场两种形式。场内交易市场是指在证券交易所内进行的证券买卖活动，这是证券交易场所的规范组织形式；场外交易市场是指在证券交易所之外进行证券买卖活动，如柜台交易市场等。场外交易市场是一个分散的无形市场，它没有固定的、集中的交易场所，由许多证券经营机构主要依靠电话、电报、传真和计算机网络等手段独立进行交易。如代办股份转让，非上市开放式基金的发行，在银行发行的非上市债券等都属于场外交易市场。

3）证券市场的种类

证券市场可以按照多种标准进行分类。

（1）按照证券市场的功能划分

按照证券市场的功能划分，证券市场可分为证券发行市场和证券交易市场。

① 证券发行市场。证券发行市场也称为"一级市场"或"初级市场"。证券发行是证券发行人将某种证券首次出售给投资者的行为，其市场功能是为资金需求者迅速地筹集资金，为投资者提供获得投资收益的机会。证券发行具有证券创设功能，是使证券得以转让和流通的前提。企业通过股份制改造并发行新股票，或上市公司为了增加股本，以送股或配股等方式发行的新股票，均属于证券发行市场的活动。

② 证券交易市场。证券交易市场也称为"二级市场"或"次级市场"，是投资者进行证券买卖和交易的场所。其功能是为已发行的证券提供流通场所，也是为证券的发行创造良好的条件。证券交易市场又可再分为场内交易市场和场外交易市场。

（2）按照证券的种类划分

按照证券的种类划分，证券市场可分为股票市场、债券市场、基金市场和衍生证券市场。

① 股票市场。股票市场是以股票为发行和交易对象的证券交易场所，它是最原始和最基本的证券市场形态。如股票、认股权证、配股权、抵押股票、股票指数等，均可成为股票市场的对象。我国股票市场还进一步分为 A 股市场和 B 股市场。

② 债券市场。债券市场是以债券为发行和交易对象的证券交易场所，包括国债市场、企业债券市场、公司债券市场、金融债券市场等。

③ 基金市场。是指基金凭证发行和交易的证券市场。基金市场依照基金特点和性质，可进一步分为投资基金市场和产业基金市场。

④ 衍生证券市场。主要包括期货市场、期权市场及其他衍生证券市场。

（3）按照证券市场的地域划分

按照证券市场的地域划分，证券市场可分为国内市场、外国市场和国际市场。

（4）按照证券市场的发行条件和规模划分

按照证券市场的发行条件和规模划分，证券市场可分为主板市场、中小板市场和创业板市场。

我国股票发行和交易的主板市场设在上海证券交易所，中小板市场和创业板市场设在深圳证券交易所。

3. 证券法的概念

证券法是调整有价证券的发行、交易及相关行为的法律规范的总称。证券法概念有狭义和广义之分。狭义的证券法是指《中华人民共和国证券法》（以下简称"《证券法》"）；广义的证券法除《证券法》外，还包括其他法律中有关证券管理的内容、国务院有关证券管理的行政法规、有关证券管理的部门规章、有关证券管理的地方性法规和规章，以及证券交易所等有关证券组织依法制定的业务规则和行业活动准则等。它广泛存在于民法、民事诉讼法、票据法、海商法、税法、公司法等各项民事经济法律、法规之中，是各个部门法中有价证券的法律规范的总称。

1998年12月29日第九届全国人民代表大会常务委员会第六次会议审议通过，自1999年7月1日开始实施了《中华人民共和国证券法》，根据2004年8月28日第十届全国人民代表大会常务委员会第十一次会议《关于修改〈中华人民共和国证券法〉的决定》进行了修正，于2005年10月27日第十届全国人民代表大会常务委员会第十八次会议修订，自2006年1月1日起施行，是我国证券市场的基本法。《证券法》在2013年和2014年又进行了两次修订，主要是减少了行政审批的范围。在中华人民共和国境内，股票、公司债券和国务院依法认定的其他证券的发行和交易，适用证券法；政府债券、证券投资基金份额的上市交易，也适用证券法；其他法律、行政法规有特别规定的，适用其规定。证券衍生品种发行、交易的管理办法，由国务院依照证券法的原则规定。

我国《证券法》的宗旨就是要确立证券发行行为和证券交易行为的基本规范，借助该行为规范来指引证券发行与交易中的各种行为，对于脱离基本规范的行为予以制裁，最终使得证券发行行为和交易行为在有秩序的范围内进行；同时，保护投资者的合法权益，进而维护社会经济秩序和社会公共利益，最终促进我国社会主义市场经济的发展。

4. 证券法的基本原则

《证券法》规定的证券活动和证券管理的基本原则包括以下内容。

（1）公开、公平、公正原则

公开、公平、公正原则是证券市场立法和监管的基本原则，是保护投资者的合法权益，促进公平竞争环境的形成、维护正常市场秩序、推动证券市场健康发展的根本保障。

（2）自愿、有偿、诚实信用原则

在市场交易活动中，任何一方都不得把自己的意志强加给对方。在证券市场的发行、交易活动中不得弄虚作假，欺骗他人，必须如实遵守自己的诺言，恪守信用。

（3）守法原则

《证券法》规定，在中国境内，股票、公司债券和国务院认定的其他证券的发行和交易活动，必须遵守法律、行政法规；禁止欺诈、内幕交易和操纵证券交易市场的行为。

（4）证券业与其他金融业分业经营分业管理原则

证券业和银行业、信托业、保险业分业经营、分业管理是证券市场初级阶段或者证券市场发展过程中一些主要国家所选择的金融管理体制。目前，我国的证券市场尚处于初级阶段，相关法律还不完备，监管手段还不够有力。另外，证券市场属于高风险市场。因此，证券业和银行业、信托业、保险业实行分业经营、分业管理，证券公司与银行、信托、保险业务机构分别设立。但国家另有规定的除外。这项规定是对分业经营中出现的混业经营给予了法律支撑，也为以后的金融改革预留了空间，更重要的意义是为银行资金间接进入资本市场准备了条件。这也是最新修订的《证券法》的一个重大变革。

(5) 政府统一监管与行业自律原则

根据《证券法》的规定，我国的证券监督管理体制是：国务院证券监督管理机构及其依法设立的派出机构，依法对全国证券市场实行集中统一管理，并在此前提下依法设立证券业协会，实行自律管理。

(6) 保护投资者合法权益的原则

证券市场的发展必须依靠社会公众的支持，投资者的热情和信心是证券市场健康发展的重要保证。因此，保护投资者尤其是中小投资者合法权益应成为我国证券法的基本原则。

8.2 证券的发行

8.2.1 证券发行概述

1. 证券发行的含义

证券发行是指发行人或承销人以筹集资金为目的，依法向社会中各类投资人发出要约出售证券的行为，是证券集资决策、证券发行活动和证券发行管理活动的总和。

2. 证券发行的种类

证券发行依照不同的标准可做不同的分类。

① 按照证券发行对象划分，可将其分为公开发行与非公开发行。

公开发行又称公募，是指发行人通过中介机构向不特定的社会公众广泛地发行证券的行为。因为公开发行涉及众多中小投资人的利益，监管当局对公募资金的使用方向、信息披露内容、风险防范要求都非常高。根据《证券法》第十条的规定："公开发行证券，必须符合法律、行政法规规定的条件，并依法报经国务院证券监督管理机构或者国务院授权的部门核准；未经依法核准，任何单位和个人不得公开发行证券。有下列情形之一的为公开发行：向不特定对象发行证券的；向特定对象发行证券累计超过二百人的；法律、行政法规规定的其他发行行为。非公开发行证券，不得采用广告、公开劝诱和变相公开方式。"

非公开发行又称私募，是指向一定数量的特定对象发行证券的行为。非公开发行是面向少量的、特定的投资者募集资金的方式。参加人一般具有一定的经济实力、风险识别和风险承担能力，无须证券监管的直接介入即可达到公平状态。因此，非公开发行的条件和程序往往较公开发行宽松、简单，有关证券发行的内容主要由当事人协商确定。私募一般不需要经过核准，但实际上我国《证券法》依然规定了一些特殊主体的私募发行必须经过核准。根据《证券法》的规定，非公开发行证券，不得采用广告、公开劝诱和变相公开方式。

② 按照证券发行目的划分，可将其分为设立发行和增资发行。

设立发行是指为使公司成立以募集到法定资本数额为目的的股份发行。增资发行是指在公司成立后，为增加公司资本总额或者改变其股本结构而发行新股。增发新股既可以公开发行，也可以定向私募，还可以采取配股或者赠股等形式。

③ 按照证券发行方式划分，可将其分为直接发行和间接发行。

直接发行指证券发行人不通过证券承销机构而由自己直接销售证券的一种证券发行方法。其特点是简单方便，发行费用较低，发行手续在发行者与投资者之间直接进行，减少了中间环节。间接发行指证券发行人委托证券承销机构销售证券的一种证券发行方法。间接发行可以进一步分为代销和包销。

我国公开发行的证券应当采用承销方式。根据《证券法》第十一条的规定："发行人申请公开发行股票、可转换为股票的公司债券，依法采取承销方式的，或者公开发行法律、行政法规规定实行保荐制度的其他证券的，应当聘请具有保荐资格的机构担任保荐人。"

④ 按照发行证券的品种划分，可将其分为股票发行、债券发行和基金证券发行等。

3. 证券发行的审核

《证券法》第十条第一款规定："公开发行证券，必须符合法律、行政法规规定的条件，并依法报经国务院证券监督管理机构或者国务院授权的部门核准；未经依法核准，任何单位和个人不得公开发行证券。"

一般来讲，证券发行审核制度主要有两种形式。

① 核准制。核准是指证券发行审核机构对证券发行申请只作形式审查，如果符合法律规定的形式要件，应予登记核准的发行审核制度。核准制要求发行人按照法律及证券管理机构的规定，制作公开发行申请文件，并保证公开发行文件真实、准确、完整，以使投资者自主对所发行的证券的价值作出判断，并作出投资决策。证券管理机构并不对发行人的资信及其经营前景进行实质审查，不对所发行证券的价值作出判断。

② 审批制。审批制是指证券发行审核机构不仅要求发行人公开发行申请文件，文件格式符合法律、证券管理机构的规定，并对文件的真实性、准确性、完整性以及发行人的资信、营业状况、发展前景、所发行证券的数量、价格等进行实质审查的发行审核制度。

目前，我国对股票公开发行的审核，采用核准制。国务院证券监督管理机构设发行审核委员会，依法审核股票发行申请。其审核程序大体是，首先由中国证券会有关职能部门对拟发行的股票进行初审，然后由发行审核委员会进行审核。审核通过后，发行人即可进入股票发行程序。

8.2.2 首次公开发行股票

为了规范股票发行市场，防止出现欺诈行为，我国现行法律、行政法规规定了一系列的发行条件。除了《公司法》《证券法》规定了相应的条件外。2006年5月17日，中国证券监督管理委员会通过了《首次公开发行股票并上市管理办法》，自2006年5月18日起施行。该办法就公司首次公开发行股票规定了相应的条件。这些条件适用于在上海证券交易所主板上市的公司和在深圳证券交易所中小板上市的公司。2014年2月11日，中国证券监督管理委员会审议通过并公布了《首次公开发行股票并在创业板上市管理办法》，自公布之日起施行。该办法就公司首次公开发行股票并在创业板上市的条件作出了具体规定。该办法在2015年和2018年又进行了两次修订。

设立股份有限公司公开发行股票，应当符合《公司法》《证券法》规定的条件和经国务院批准的国务院证券监督管理机构规定的其他条件，向国务院证券监督管理机构报送募股申请和下列文件：公司章程；发起人协议；发起人姓名或者名称，发起人认购的股份数、出资种类及验资证明；招股说明书；代收股款银行的名称及地址；承销机构名称及有关的协议。依照法律规定聘请保荐人的，还应当报送保荐人出具的发行保荐书；法律、行政法规规定设立公司必须报经批准的，还应当提交相应的批准文件。

1. 在主板和中小板上市的公司首次公开发行股票的条件

在主板和中小板上市的公司首次公开发行股票,应当符合下列条件。

① 发行人应当是依法设立且合法存续一定期限的股份有限公司。发行人自股份有限公司成立后,持续经营时间应当在 3 年以上,但经国务院批准的除外。有限责任公司按原账面净资产值折股整体变更为股份有限公司的,持续经营时间可以从有限责任公司成立之日起计算。

② 发行人已合法并真实取得注册资本项下载明的资产。发行人的注册资本已足额缴纳,发起人或者股东用作出资的资产的财产权转移手续已办理完毕,发行人的主要资产不存在重大权属纠纷。

③ 发行人的生产经营符合法律、行政法规和公司章程的规定,符合国家产业政策。

④ 发行人最近 3 年内主营业务和董事、高级管理人员没有发生重大变化,实际控制人没有发生变更。

⑤ 发行人的股权清晰,控股股东和受控股股东、实际控制人支配的股东持有的发行人股份不存在重大权属纠纷。

⑥ 发行人在独立性方面不得有其他严重缺陷。独立性表现在以下几个方面。

• 发行人的资产完整。生产型企业应当具备与生产经营有关的生产系统、辅助生产系统和配套设施,合法拥有与生产经营有关的土地、厂房、机器设备,以及商标、专利、非专利技术的所有权或者使用权,具有独立的原料采购和产品销售系统;非生产型企业应当具备与经营有关的业务体系及相关资产。

• 发行人的人员独立。发行人的总经理、副总经理、财务负责人和董事会秘书等高级管理人员不得在控股股东、实际控制人及其控制的其他企业中担任除董事、监事以外的其他职务,不得在控股股东、实际控制人及其控制的其他企业领薪;发行人的财务人员不得在控股股东、实际控制人及其控制的其他企业中兼职。

• 发行人的财务独立。发行人应当建立独立的财务核算体系,能够独立作出财务决策,具有规范的财务会计制度和对分公司、子公司的财务管理制度;发行人不得与控股股东、实际控制人及其控制的其他企业共用银行账户。

• 发行人的机构独立。发行人应当建立健全内部经营管理机构,独立行使经营管理职权,与控股股东、实际控制人及其控制的其他企业间不得有机构混同的情形。

• 发行人具备健全且运行良好的组织机构。

• 发行人的业务独立。发行人的业务应当独立于控股股东、实际控制人及其控制的其他企业,与控股股东、实际控制人及其控制的其他企业间不得有同业竞争或者显失公平的关联交易。

⑦ 发行人具有持续盈利能力。

⑧ 发行人的财务状况良好。表现在财务管理规范、财务指标良好、依法纳税、财务资料真实完整、不存在重大偿债风险等方面。其中财务指标应当符合下列条件:最近 3 个会计年度净利润均为正数且累计超过人民币 3 000 万元,净利润以扣除非经常性损益前后较低者为计算依据;最近 3 个会计年度经营活动产生的现金流量净额累计超过人民币 5 000 万元,或者最近 3 个会计年度营业收入累计超过人民币 3 亿元;发行前股本总额不少于人民币 3 000 万元;最近一期末无形资产(扣除土地使用权、水面养殖权和采矿权等后)占净资产的比例不高于 20%;最近一期末不存在未弥补亏损。

⑨ 发行人募集资金用途符合规定。
⑩ 发行人不存在法定的违法行为。

2. 在创业板上市的公司首次公开发行股票的条件

发行人申请首次公开发行股票并在创业板上市,应当符合《证券法》《公司法》规定的发行条件,还应当符合下列主要条件。

① 发行人是依法设立且持续经营 3 年以上的股份有限公司。有限责任公司按原账面净资产值折股整体变更为股份有限公司的,持续经营时间可以从有限责任公司成立之日起计算。

② 最近 2 年连续盈利,最近 2 年净利润累计不少于 1 000 万元;或者最近 1 年盈利,最近 1 年营业收入不少于 5 000 万元。净利润以扣除非经常性损益前后孰低者为计算依据。

③ 最近一期末净资产不少于 2 000 万元,且不存在未弥补亏损。

④ 发行后股本总额不少于 3 000 万元。

中国证监会根据《关于开展创新企业境内发行股票或存托凭证试点的若干意见》等规定认定的试点企业,可不适用于上述第②项规定和第③项"不存在未弥补亏损"的规定。

《首次公开发行股票并在创业板上市管理办法》还对在创业板上市的公司提出了具体的要求:① 发行人的注册资本已足额缴纳,发行人或者股东用作出资的资产的财产权转移手续已经办理完毕。发行人的主要资产不存在重大权属纠纷。② 发行人应当主要经营一种业务,其生产经营活动符合法律、行政法规和公司章程的规定,符合国家产业政策及环境保护政策。③ 发行人最近 2 年内主营业务和董事、高级管理人员均没有发生重大变化,实际控制人没有发生变更。④ 发行人的股权清晰,控股股东和受控股股东、实际控制人支配的股东所持发行人的股份不存在重大权属纠纷。⑤ 发行人具有完善的公司治理结构,依法建立健全股东大会、董事会、监事会以及独立董事、董事会秘书、审计委员会制度,相关机构和人员能够依法履行职责;发行人应当建立健全股东投票计票制度,建立发行人与股东之间的多元化纠纷解决机制,切实保障投资者依法行使收益权、知情权、参与权、监督权、求偿权等股东权利。⑥ 发行人会计基础工作规范,财务报表的编制和披露符合企业会计准则和相关信息披露规则的规定,在所有重大方面公允地反映了发行人的财务状况、经营成果和现金流量,并由注册会计师出具无保留意见的审计报告。⑦ 发行人内部控制制度健全且被有效执行,能够合理保证公司运行效率、合法合规和财务报告的可靠性,并由注册会计师出具无保留结论的内部控制鉴证报告。⑧ 发行人的董事、监事和高级管理人员应当忠实、勤勉,具备法律、行政法规和规章规定的资格,且不存在下列情形:被中国证监会采取证券市场禁入措施尚在禁入期的;最近 3 年内受到中国证监会行政处罚,或者最近 1 年内受到证券交易所公开谴责的;因涉嫌犯罪被司法机关立案侦查或者涉嫌违法违规被中国证监会立案调查,尚未有明确结论意见的。⑨ 发行人及其控股股东、实际控制人最近 3 年内不存在损害投资者合法权益和社会公共利益的重大违法行为。发行人及其控股股东、实际控制人最近 3 年内不存在未经法定机关核准,擅自公开或者变相公开发行证券,或者有关违法行为虽然发生在 3 年前,但目前仍处于持续状态的情形。

3. 首次公开发行股票的程序

① 发行人董事会作出决议。发行人董事会应当依法就本次股票发行的具体方案、本次募集资金使用的可行性及其他必须明确的事项作出决议,并提请股东大会批准。

② 发行人股东大会就本次发行股票作出的决议。

③ 保荐人保荐。发行人应当按照证监会的有关规定制作申请文件,由保荐人保荐并向证监会申报。

④ 证监会审核发行证券的申请。证监会收到申请文件后,在5个工作日内作出是否受理的决定。受理申请文件后,由相关职能部门对发行人的申请文件进行初审,并由发行审核委员会审核。依照法定条件对发行人的发行申请作出予以核准或者不予核准的决定,并出具相关文件。

⑤ 发行股票。自证监会核准发行之日起,发行人应在6个月内发行股票;超过6个月未发行的,核准文件失效,须重新经证监会核准后方可发行。

股票发行申请未获核准的,自中国证监会作出不予核准决定之日起6个月后,发行人可再次提出股票发行申请。

8.2.3 上市公司发行新股

发行新股,即增发股票,是指股份公司成立后,基于增资目的而再次申请公开发行股票。2006年4月26日中国证券监督管理委员会审议通过了《上市公司证券发行管理办法》,自2006年5月8日起施行。该办法对上市公司增发股票作出了相应的规定,适用于上市公司申请在境内发行股票、可转换公司债券及中国证监会认可的其他品种。

上市公司发行证券,可以向不特定对象公开发行,也可以向特定对象非公开发行。向不特定对象公开发行包括向原股东配售股份(简称"配股")和向不特定对象公开募集股份(简称"增发")。向特定对象非公开发行,一般称之为"定向增发"。2007年证券会发布了《上市公司非公开发行股票实施细则》,来规范非公开发行股票的行为。

1. 上市公司公开发行证券的一般条件

上市公司公开发行证券的一般条件是指上市公司采用不同公开发行证券方式都应当具备的条件。根据《证券法》第十三条规定,公司公开发行新股,应当符合下列条件:

① 具备健全且运行良好的组织机构;
② 具有持续盈利能力,财务状况良好;
③ 最近3年财务会计文件无虚假记载,无其他重大违法行为;
④ 经国务院批准的国务院证券监督管理机构规定的其他条件。

公司对公开发行股票所募集资金,必须按照招股说明书所列资金用途使用。改变招股说明书所列资金用途,必须经股东大会作出决议。擅自改变用途而未作纠正的,或者未经股东大会认可的,不得公开发行新股,也不得非公开发行新股。

上市公司存在下列情形之一的,不得公开发行证券:① 本次发行申请文件有虚假记载、误导性陈述或重大遗漏;② 擅自改变前次公开发行证券募集资金的用途而未作纠正;③ 上市公司12个月内受到过证券交易所的公开谴责;④ 上市公司及其控股股东或实际控制人12个月内存在未履行向投资者作出的公开承诺的行为;⑤ 上市公司或其现任董事、高级管理人员因涉嫌犯罪被司法机关立案侦查或涉嫌违法违规被中国证监会立案调查;⑥ 严重损害投资者的合法权益和社会公共利益的其他情形。

上市公司非公开发行新股,应当符合经国务院批准的国务院证券监督管理机构规定的条件,并报国务院证券监督管理机构核准。

2. 上市公司配股的条件

向原股东配售股份，除符合公开发行证券的一般条件外，还应当符合下列规定：

① 拟配售股份数量不超过本次配售股份前股本总额的 30%；

② 控股股东应当在股东大会召开前公开承诺认配股份的数量；

③ 采用证券法规定的代销方式发行。

控股股东不履行认配股份的承诺，或者代销期限届满，原股东认购股票的数量未达到拟配售数量 70%的，发行人应当按照发行价并加算银行同期存款利息返还已经认购的股东。

3. 上市公司增发的条件

向不特定对象公开募集股份，除符合公开发行证券的一般条件外，还应当符合下列规定。

① 3 个会计年度加权平均净资产收益率平均不低于 6%。扣除非经常性损益后的净利润与扣除前的净利润相比，以低者作为加权平均净资产收益率的计算依据。

② 除金融类企业外，最近一期末不存在持有金额较大的交易性金融资产和可供出售的金融资产、借予他人款项、委托理财等财务性投资的情形。

③ 发行价格应不低于公告招股意向书前 20 个交易日公司股票均价或前 1 个交易日的均价。

4. 上市公司非公开发行股票的条件

① 非公开发行股票的特定对象应当符合下列规定：特定对象符合股东大会决议规定的条件；发行对象不超过 10 名。发行对象为境外战略投资者的，应当经国务院相关部门事先批准。

② 上市公司非公开发行股票，应当符合下列规定：发行价格不低于定价基准日前 20 个交易日公司股票均价的 90%；本次发行的股份自发行结束之日起，12 个月内不得转让；控股股东、实际控制人及其控制的企业认购的股份，36 个月内不得转让；募集资金使用符合相关规定；本次发行将导致上市公司控制权发生变化的，还应当符合中国证监会的其他规定。

上市公司存在下列情形之一的，不得非公开发行股票：

① 本次发行申请文件有虚假记载、误导性陈述或重大遗漏；

② 上市公司的权益被控股股东或实际控制人严重损害且尚未消除；

③ 上市公司及其附属公司违规对外提供担保且尚未解除；

④ 董事、高级管理人员 36 个月内受到过中国证监会的行政处罚，或者 12 个月内受到过证券交易所公开谴责；

⑤ 上市公司或其现任董事、高级管理人员因涉嫌犯罪正被司法机关立案侦查或涉嫌违法违规正被中国证监会立案调查；

⑥ 最近一年及一期财务报表被注册会计师出具保留意见、否定意见或无法表示意见的审计报告，保留意见、否定意见或无法表示意见所涉及事项的重大影响已经消除或者本次发行涉及重大重组的除外；

⑦ 严重损害投资者合法权益和社会公共利益的其他情形。

5. 上市公司发行股票的程序

① 上市公司申请发行证券，董事会应当依法就发行事项作出决议，并提请股东大会批准。

② 股东大会就发行股票作出的决定。股东大会就发行证券事项作出决议，必须经出席会议的股东所持表决权的 2/3 以上通过。向本公司特定的股东及其关联人发行证券的，股东大会就发行方案进行表决时，关联股东应当回避。上市公司就发行证券事项召开股东大会，应当提供网络或者其他方式为股东参加股东大会提供便利。

③ 保荐人保荐。上市公司申请公开发行证券或者非公开发行新股，应当由保荐人保荐，并向中国证监会申报。

④ 中国证监会审核发行证券的申请。收到申请文件后，5个工作日内决定是否受理；中国证监会受理后，对申请文件进行初审；发行审核委员会审核申请文件；中国证监会作出核准或者不予核准的决定。

⑤ 发行股票。自中国证监会核准发行之日起，上市公司应在6个月内发行证券；超过6个月未发行的，核准文件失效，须重新经中国证监会核准后方可发行。

⑥ 承销或销售。上市公司发行证券，应当由证券公司承销；非公开发行股票，发行对象均属于原前10名股东的，可以由上市公司自行销售。

证券发行申请未获核准的上市公司，自中国证监会作出不予核准的决定之日起6个月后，可再次提出证券发行申请。

8.2.4 公司债券的发行

公司发行的债券包括一般公司债券和可转换公司债券两种。

1. 一般公司债券的发行条件

《证券法》第十六条规定，公开发行公司债券，应当符合下列条件：

① 股份有限公司的净资产不低于人民币3 000万元，有限责任公司的净资产不低于人民币6 000万元；

② 累计债券余额不超过公司净资产的40%；

③ 最近3年平均可分配利润足以支付公司债券一年的利息；

④ 筹集的资金投向符合国家产业政策；

⑤ 债券的利率不超过国务院限定的利率水平；

⑥ 国务院规定的其他条件。

根据《证券法》的规定，公开发行公司债券筹集的资金，必须用于核准的用途，不得用于弥补亏损和非生产性支出。上市公司发行可转换为股票的公司债券，除应当符合上述规定的条件外，还应当符合证券法关于公开发行股票的条件，并报国务院证券监督管理机构核准。

申请公开发行公司债券，应当向国务院授权的部门报送下列文件：公司营业执照；公司章程；公司债券募集办法；资产评估报告和验资报告；国务院授权的部门规定的其他文件。依照法律规定聘请保荐人的，还应当报送保荐人出具的发行保荐书。

《证券法》第十八条规定，有下列情形之一的，不得再次公开发行公司债券：

① 前一次公开发行的公司债券尚未募足；

② 对已公开发行的公司债券或者其他债务有违约或者延迟支付本息的事实，仍处于继续状态；

③ 违反证券法规定，改变公开发行公司债券所募资金的用途。

2. 可转换公司债券的发行条件

可转换公司债券，是指发行公司依法发行、在一定期间内依据约定的条件可以转换成股份的公司债券。可转换公司债券每张面值100元，利率由发行公司与主承销商协商确定，期限最短为1年，最长为6年。

公开发行可转换公司债券的公司，除应当符合公开发行证券的一般条件外，还应当符合下列规定：
① 3 个会计年度加权平均净资产收益率平均不低于 6%；
② 本次发行后累计公司债券余额不超过一期末净资产额的 40%；
③ 3 个会计年度实现的年均可分配利润不少于公司债券 1 年的利息。

可转换公司债券自发行结束之日起 6 个月后方可转换为公司股票，转股期限由公司根据可转换公司债券的存续期限及公司财务状况确定。债券持有人对转换股票或者不转换股票有选择权，并于转股的次日成为发行公司的股东。转股价格应不低于募集说明书公告日前 20 个交易日该公司股票交易均价和前一交易日的均价。

8.2.5 证券发行的管理

根据《证券法》的规定，国务院证券监督管理机构设发行审核委员会，依法审核股票发行申请。发行审核委员会由国务院证券监督管理机构的专业人员和所聘请的该机构外的有关专家组成，以投票方式对股票发行申请进行表决，提出审核意见。发行审核委员会的具体组成办法、组成人员任期、工作程序，由国务院证券监督管理机构规定。

国务院证券监督管理机构依照法定条件负责核准股票发行申请。核准程序应当公开，依法接受监督。参与审核和核准股票发行申请的人员，不得与发行申请人有利害关系，不得直接或者间接接受发行申请人的馈赠，不得持有所核准的发行申请的股票，不得私下与发行申请人进行接触。

国务院授权的部门对公司债券发行申请的核准，参照上述规定执行。

国务院证券监督管理机构或者国务院授权的部门应当自受理证券发行申请文件之日起 3 个月内，依照法定条件和法定程序作出予以核准或者不予核准的决定，发行人根据要求补充、修改发行申请文件的时间不计算在内；不予核准的，应当说明理由。

证券发行申请经核准，发行人应当依照法律、行政法规的规定，在证券公开发行前，公告公开发行募集文件，并将该文件置备于指定场所供公众查阅。发行证券的信息依法公开前，任何知情人不得公开或者泄露该信息。《证券法》规定发行人不得在公告公开发行募集文件前发行证券。

国务院证券监督管理机构或者国务院授权的部门对已作出的核准证券发行的决定，发现不符合法定条件或者法定程序，尚未发行证券的，应当予以撤销，停止发行。已经发行尚未上市的，撤销发行核准决定，发行人应当按照发行价并加算银行同期存款利息返还证券持有人；保荐人应当与发行人承担连带责任，但是能够证明自己没有过错的除外；发行人的控股股东、实际控制人有过错的，应当与发行人承担连带责任。

8.2.6 证券的承销

1. 证券承销的概念及其方式

证券承销，是指证券经营机构借助自己在证券市场中的信誉和营业网点，依照承销协议，在规定的有效期限内包销或者代销发行人向社会公开发行证券的行为。

根据《公司法》的有关规定，公司发起人向社会公开募集股份和公司向社会公开发行新股或者公司债券，应当由依法设立的证券经营机构承销，签订承销协议。根据《证券法》的规定，发行人向不特定对象公开发行的证券，法律、行政法规规定应当由证券公司承销的，发行人应当同证券公司签订承销协议。

证券公司承销发行人向社会公开发行的证券,包括代销或者包销两种方式。

① 证券代销是指证券公司代发行人发售证券,在承销期结束时,将未售出的证券全部退还给发行人的承销方式。证券公司采取这种承销方式,对承销期结束时未售出的证券,不承担任何责任,即没有经营风险。

② 证券包销是指证券公司将发行人的证券按照协议全部购入或者在承销期结束时将售后剩余证券全部自行购入的承销方式。

上述两种证券承销方式,证券公司可以根据发行人所发行的证券的种类、市场需求状况、具体发行要求,以及本公司的经营条件和经营能力,自行选择。

2. 证券承销机构

证券承销的机构为证券公司。根据《证券法》的规定,我国证券公司有两种:一种是综合类证券公司,一种是经纪类证券公司。只有综合类证券公司,才可以从事证券承销业务。

证券公司承销证券,应当同发行人签订代销或者包销协议,载明下列事项:当事人的名称、住所及法定代表人姓名;代销、包销证券的种类、数量、金额及发行价格;代销、包销的期限及起止日期;代销、包销的付款方式及日期;代销、包销的费用和结算办法;违约责任;国务院证券监督管理机构规定的其他事项。

《证券法》还规定:"向不特定对象公开发行的证券票面总值超过人民币 5 000 万元的,应当由承销团承销。承销团应当由主承销和参与承销的证券公司组成。"

承销团应当由两个以上证券公司组成。其中主承销商可以由发行人按照公平竞争的原则,通过竞标的方式确定,也可以由证券公司通过协议的方式共同确定;承销团是一个建立在协议基础之上的临时性组织,各成员公司根据所签订的协议享受权利、承担义务,并依法独立经办各自的承销业务,待承销期结束,承销团即告解散。

3. 证券承销的要求

① 公开发行证券的发行人有权依法自主选择符合法律规定的证券公司,证券公司不得以不正当竞争手段招揽证券承销业务。从事证券业务应当遵循公开、公平、公正的原则,证券承销业务也不例外。

② 证券公司承销证券,必须对招股说明书或者公司债券募集办法的真实性、准确性、完整性进行核查,这是法律规定证券公司必须履行的职责;证券公司依法对公开发行募集文件的真实性、准确性、完整性进行核查时发现有虚假记载、误导性陈述或者重大遗漏的,不得进行销售活动,已经销售的,必须立即停止销售活动,并采取纠正措施。

③ 证券的代销、包销期最长不得超过 90 日。证券公司可以根据所代销、包销的证券的种类、数量、发行价格、市场供求情况等因素,与发行人共同商定具体的承销期限;另外,证券公司代销证券的,不得为本公司购买所代销的证券;证券公司包销证券的,不得在承销期内事先为本公司留存所包销的证券。

④ 股票发行采取溢价发行的,其发行价格由发行人与承销的证券公司协商确定。股票发行采用代销方式,代销期限届满,向投资者出售的股票数量未达到拟公开发行股票数量 70%的,为发行失败。发行人应当按照发行价并加算银行同期存款利息返还股票认购人。

⑤ 证券公司依法承销发行人向社会公开发行的证券,必须接受国务院证券监督管理机构

的监督。证券公司包销证券的,应当在包销期满后的 15 日内,将包销情况报国务院证券监督管理机构备案;证券公司代销证券的,应当在代销期满后的 15 日内,与发行人共同将证券代销情况报国务院证券监督管理机构备案。

8.3 证券的交易

8.3.1 证券交易概述

1. 证券交易的概念和意义

证券交易,亦称证券转让或者证券流通,它是指在证券交易市场买卖证券的行为。所谓证券交易市场,又称二级市场或者证券流通市场或者证券转让市场,它是指出资者将在证券发行市场(又称一级市场或者初级市场)上取得的证券再次或者重复多次在投资者之间不断买卖的市场。

证券交易的意义在于:一是为不同期限的闲置资金持有人提供收益便利,有助于将分散的短期资金转化为长期资金;二是筹资人不必担心投资人收回资金;三是证券交易价格的波动在一定情况下可以反映筹资人的经营信誉和市场评价;四是有利于减少场外非法交易,规范证券市场。

2. 证券交易的基本内容

① 证券交易的对象。证券交易当事人依法买卖的证券,必须是依法发行并交付的证券。非依法发行的证券,不得买卖。依法发行的股票、公司债券及其他证券,法律对其转让期限有限制性规定的,在限定的期限内不得买卖。

② 证券交易的场所。依法公开发行的股票、公司债券及其他证券,应当在依法设立的证券交易所上市交易或者在国务院批准的其他证券交易场所转让。也就是说,证券不仅可以在上海和深圳两个主板市场上市交易,还可以在国务院批准的其他证券交易场所转让。

③ 在证券交易所进行证券交易的方式。证券在证券交易所上市交易,应当采用公开的集中交易方式或者国务院证券监督管理机构批准的其他方式。所谓集中交易方式,是指证券在证券交易所以公开、集中的方式进行买卖的交易方式。根据价格形成机制的不同,集中交易又可分为集中竞价交易、大宗交易和协议转让三种。

④ 证券交易的形式。证券交易当事人买卖的证券可以采用纸面形式或者国务院证券监督管理机构规定的其他形式。所谓纸面形式,是指通常所采用的书面形式。股票须由董事长签名、公司盖章。公司发行公司债券,必须在债券上载明公司名称、债券票面金额、利率、偿还期限等事项,并由董事长签名、公司盖章。国务院证券监督管理机构规定的其他形式主要是指无纸化形式,即在证券交易中,证券发行人将证券托管在证券登记结算公司,证券登记结算公司直接对投资者出具证券权利证明卡。

⑤ 证券交易的种类。证券交易以现货和国务院规定的其他方式进行交易。现货交易,又称现金现货交易,是指在证券交易中买卖双方进行交易时以现金票款和实有的证券进行交割的一种交易方式。在这种交易方式中,卖方交出证券取得资金;买方付钱取得证券。目前我国上海证券交易所和深圳证券交易所,对 A 股实行当天交易,次日交割(T+1)方式,对 B 股实行当天交易,第 3 日交割(T+2)方式交易。

⑥ 融资融券交易。我国《证券法》第一百四十二条规定:"证券公司为客户买卖证券提供融资融券服务,应当按照国务院的规定并经国务院证券监督管理机构批准。"目前,在我国已有一些证券公司可以为客户买卖证券提供融资融券业务。

⑦ 证券交易的收费。证券交易的收费必须合理,并公开收费项目、收费标准和收费办法。证券交易的收费项目、收费标准和管理办法由国务院有关主管部门统一规定。

3. 限制期限的证券交易规定

① 对发起人证券交易的期限限制。根据《公司法》的规定,发起人持有本公司的股票,自公司成立之日起 3 年内不得买卖,公司董事、监事、经理在任职期限内不得买卖本公司的股票。

② 对中介机构及相关人员证券交易的期限限制。根据《证券法》的规定,证券交易所、证券公司和证券登记结算机构的从业人员、证券监督管理机构的工作人员,以及法律、行政法规禁止参与股票交易的其他人员,在任期或者法定限期内,不得直接或者以化名、借他人名义持有、买卖股票,也不得收受他人赠送的股票。任何人在成为上述所列人员时,其原已持有的股票,必须依法转让。

为股票发行出具审计报告、资产评估报告或者法律意见书等文件的证券服务机构和人员,在该股票承销期内和期满后 6 个月内,不得买卖该种股票。为上市公司出具审计报告、资产评估报告或者法律意见书等文件的证券服务机构和人员,自接受上市公司委托之日起至上述文件公开后 5 日内,不得买卖该种股票。

③ 对上市公司董事、监事、高级管理人员和大股东证券交易的期限限制。上市公司董事、监事、高级管理人员、持有上市公司股份 5% 以上的股东,将其持有的该公司的股票在买入后 6 个月内卖出,或者在卖出后 6 个月内又买入,由此所得收益归该公司所有,公司董事会应当收回其所得收益。但是,证券公司因包销购入售后剩余股票而持有 5% 以上股份的,卖出该股票不受 6 个月时间限制。

公司董事会不按照规定执行的,股东有权要求董事会在 30 日内执行。公司董事会未在上述期限内执行的,股东有权为了公司的利益以自己的名义直接向人民法院提起诉讼,负有责任的董事依法承担连带责任。

8.3.2 股票上市交易

股票上市是指已经发行的股票经证券交易所批准后,在交易所公开挂牌交易的法律行为。

1. 股票上市交易的条件

根据《证券法》第五十条的规定,股份有限公司申请股票上市,应当符合下列条件:

① 股票经国务院证券监督管理机构核准已公开发行;

② 公司股本总额不少于人民币 3 000 万元;

③ 公开发行的股份达到公司股份总数的 25% 以上,公司股本总额超过人民币 4 亿元的,公开发行股份的比例为 10% 以上;

④ 公司最近 3 年无重大违法行为,财务会计报告无虚假记载。

证券交易所可以规定高于上述规定的上市条件,并报国务院证券监督管理机构批准。

2. 股票上市交易的审核及应提交的文件

申请证券上市交易,应当向证券交易所提出申请,由证券交易所依法审核同意,并由双方签订上市协议。申请股票、可转换为股票的公司债券或者法律、行政法规规定实行保荐制度的其他证券上市交易,应当聘请具有保荐资格的机构担任保荐人。

申请股票上市交易,应当向证券交易所报送下列文件:上市报告书;申请股票上市的股东大会决议;公司章程;公司营业执照;依法经会计师事务所审计的公司最近3年的财务会计报告;法律意见书和上市保荐书;最近一次的招股说明书;证券交易所上市规则规定的其他文件。

股票上市交易申请经证券交易所审核同意后,签订上市协议的公司应当在规定的期限内公告股票上市的有关文件,并将该文件置备于指定场所供公众查阅。签订上市协议的公司除公告上述规定的文件外,还应当公告下列事项:① 股票获准在证券交易所交易的日期;② 持有公司股份最多的前十名股东的名单和持股数额;③ 公司的实际控制人;④ 董事、监事、高级管理人员的姓名及其持有本公司股票和债券的情况。

3. 股票的暂停上市交易和终止上市交易

上市公司有下列情形之一的,由证券交易所决定暂停其股票上市交易:
① 公司股本总额、股权分布等发生变化不再具备上市条件;
② 公司不按照规定公开其财务状况,或者对财务会计报告作虚假记载,可能误导投资者;
③ 公司有重大违法行为;
④ 公司最近3年连续亏损;
⑤ 证券交易所上市规则规定的其他情形。

上市公司有下列情形之一的,由证券交易所决定终止其股票上市交易:
① 公司股本总额、股权分布等发生变化不再具备上市条件,在证券交易所规定的期限内仍不能达到上市条件;
② 公司不按照规定公开其财务状况,或者对财务会计报告作虚假记载,且拒绝纠正;
③ 公司最近3年连续亏损,在其后一个年度内未能恢复盈利;
④ 公司解散或者被宣告破产;
⑤ 证券交易所上市规则规定的其他情形。

8.3.3 债券上市交易

债券上市是指证券交易所承认并接纳某种债券在交易所市场上交易,债券上市必须符合证券交易所和政府有关部门制定的上市制度。证券交易所根据国务院授权部门的决定安排政府债券上市交易。

1. 公司债券上市交易的条件

公司申请其公司债券上市交易必须符合下列条件:
① 公司债券的期限为1年以上;
② 公司债券实际发行额不少于人民币5 000万元;
③ 公司申请债券上市时仍符合法定的公司债券发行条件。

2. 公司债券上市的审核及应提交的文件

申请公司债券上市交易,应当向证券交易所报送下列文件:上市报告书;申请公司债券上市的董事会决议;公司章程;公司营业执照;公司债券募集办法;公司债券的实际发行数额;证券交易所上市规则规定的其他文件。申请可转换为股票的公司债券上市交易,还应当报送保荐人出具的上市保荐书。

公司债券上市交易申请经证券交易所审核同意后，签订上市协议的公司应当在规定的期限内公告公司债券上市文件及有关文件，并将其申请文件置备于指定场所供公众查阅。

3. 公司债券的暂停上市交易或者终止上市交易

公司债券上市交易后，公司有下列情形之一的，由证券交易所决定暂停其公司债券上市交易：

① 公司有重大违法行为；
② 公司情况发生重大变化不符合公司债券上市条件；
③ 公司债券所募集资金不按照核准的用途使用；
④ 未按照公司债券募集办法履行义务；
⑤ 公司最近2年连续亏损。

公司有上述第①项、第④项所列情形之一经查实后果严重的，或者有上述第②项、第③项、第⑤项所列情形之一，在限期内未能消除的，由证券交易所决定终止其公司债券上市交易。公司解散或者被宣告破产的，由证券交易所终止其公司债券上市交易。

对证券交易所作出的不予上市、暂停上市、终止上市决定不服的，可以向证券交易所设立的复核机构申请复核。

8.3.4 持续信息公开

持续信息公开是指证券市场中的信息披露。持续信息公开原则是证券法的重要原则，是证券法的核心和基石。持续信息公开的主要内容包括：发行人和证券公司公告的招股说明书、财务会计报告、年度报告、中期报告（半年度报告）、季度报告和临时报告等。

1. 证券发行时的信息公开

《证券法》第六十四条规定："经国务院证券监督管理机构核准依法公开发行股票，或者经国务院授权的部门核准依法公开发行公司债券，应当公告招股说明书、公司债券募集办法。依法公开发行新股或者公司债券的，还应当公告财务会计报告。"

2. 定期报告

定期报告是股票或者公司债券上市交易的公司进行持续信息披露的主要形式之一。定期报告应当符合国家的会计制度和国务院证券监督管理机构的有关规定，由上市公司授权的董事或经理签字，并由上市公司盖章。定期报告包括季度报告、中期报告和年度报告等形式。

（1）季度报告

季度报告应当在每一会计年度第3个月、第9个月结束之日起1个月内编制完成并披露。季度报告应当记载以下内容：公司基本情况；公司会计数据和财务指标；国务院证券监督管理机构规定的其他事项。

（2）中期报告

上市公司和公司债券上市交易的公司，应当在每一会计年度的上半年结束之日起2个月内，向国务院证券监督管理机构和证券交易所报送记载以下内容的中期报告，并予以公告：公司财务会计报告和经营情况；涉及公司的重大诉讼事项；已发行的股票、公司债券变动情况；提交股东大会审议的重要事项；国务院证券监督管理机构规定的其他事项。

(3) 年度报告

上市公司和公司债券上市交易的公司，应当在每一会计年度结束之日起 4 个月内，向国务院证券监督管理机构和证券交易所报送记载以下内容的年度报告，并予以公告：公司概况；公司财务会计报告和经营情况；董事、监事、高级管理人员简介及其持股情况；已发行的股票、公司债券情况，包括持有公司股份最多的前十名股东名单和持股数额；公司的实际控制人；国务院证券监督管理机构规定的其他事项。

3. 临时报告

发生可能对上市公司股票交易价格产生较大影响的重大事件，投资者尚未得知时，上市公司应当立即将有关该重大事件的情况向国务院证券监督管理机构和证券交易所报送临时报告，并予以公告，说明事件的起因、目前的状态和可能产生的法律后果。重大事件包括：

① 公司的经营方针和经营范围的重大变化；
② 公司的重大投资行为和重大的购置财产的决定；
③ 公司订立重要合同，可能对公司的资产、负债、权益和经营成果产生重要影响；
④ 公司发生重大债务和未能清偿到期重大债务的违约情况；
⑤ 公司发生重大亏损或者重大损失；
⑥ 公司生产经营的外部条件发生的重大变化；
⑦ 公司的董事、1/3 以上监事或者经理发生变动；
⑧ 持有公司 5%以上股份的股东或者实际控制人，其持有股份或者控制公司的情况发生较大变化；
⑨ 公司减资、合并、分立、解散及申请破产的决定；
⑩ 涉及公司的重大诉讼，股东大会、董事会决议被依法撤销或者宣告无效；
⑪ 公司涉嫌犯罪被司法机关立案调查，公司董事、监事、高级管理人员涉嫌犯罪被司法机关采取强制措施；
⑫ 国务院证券监督管理机构规定的其他事项。

4. 对持续信息公开的要求和监督

① 依法披露的信息，必须真实、准确、完整，否则，相关责任人要承担赔偿责任。发行人、上市公司依法披露的信息，必须真实、准确、完整，不得有虚假记载、误导性陈述或者重大遗漏。上市公司董事、高级管理人员应当对公司定期报告签署书面确认意见。上市公司监事会应当对董事会编制的公司定期报告进行审核并提出书面审核意见。上市公司董事、监事、高级管理人员应当保证上市公司所披露的信息真实、准确、完整。发行人、上市公司公告的招股说明书、公司债券募集办法、财务会计报告、上市报告文件、年度报告、中期报告、季度报告、临时报告及其他信息披露资料，有虚假记载、误导性陈述或者重大遗漏，致使投资者在证券交易中遭受损失的，发行人、上市公司应当承担赔偿责任；发行人、上市公司的董事、监事、高级管理人员和其他直接责任人员，以及保荐人、承销的证券公司，应当与发行人、上市公司承担连带赔偿责任，但是能够证明自己没有过错的除外；发行人、上市公司的控股股东、实际控制人有过错的，应当与发行人、上市公司承担连带赔偿责任。

② 持续信息公开的形式要求。依法必须披露的信息，应当在国务院证券监督管理机构指定的媒体发布，同时将其置备于公司住所、证券交易所，供社会公众查阅。

③ 国务院证券监督管理机构对持续信息公开情况进行监督。国务院证券监督管理机构对

上市公司年度报告、中期报告、季度报告、临时报告及公告的情况进行监督,对上市公司分派或者配售新股的情况进行监督,对上市公司控股股东及其他信息披露义务人的行为进行监督。证券监督管理机构、证券交易所、保荐人、承销的证券公司及有关人员,对公司依照法律、行政法规规定必须作出的公告,在公告前不得泄露其内容。

④ 证券交易所决定暂停或者终止证券上市交易的,应当及时公告,并报国务院证券监督管理机构备案。

8.3.5 禁止的交易行为

证券交易禁止的交易行为是指根据我国的证券法律、法规、行政规章的规定,证券市场的参与者在证券交易过程中不得从事,如果违反,则应当依法承担法律责任的行为。我国《证券法》关于禁止的交易行为的规定包括以下主要内容。

1. 内幕交易行为

内幕交易行为是指证券交易内幕信息的知情人和非法获取内幕信息的人利用内幕信息从事证券交易活动。内幕交易行为是一种不正当竞争行为,它是内幕知情人员利用自己掌握的内幕信息买卖证券,或者建议他人买卖证券,从而达到获取利润或避免损失的目的。这种行为不仅侵犯了广大投资者的利益,违反了证券发行与交易中的公开、公平、公正原则,而且还会扰乱证券市场秩序。我国《证券法》第七十三条规定:"禁止证券交易内幕信息的知情人和非法获取内幕信息的人利用内幕信息从事证券交易活动。"

根据我国《证券法》的规定,内幕信息知情人员包括:
① 发行人的董事、监事、高级管理人员;
② 持有公司 5%以上股份的股东及其董事、监事、高级管理人员,公司的实际控制人及其董事、监事、高级管理人员;
③ 发行人控股的公司及其董事、监事、高级管理人员;
④ 由于所任公司职务可以获取公司有关内幕信息的人员;
⑤ 证券监督管理机构工作人员,以及由于法定职责对证券的发行、交易进行管理的其他人员;
⑥ 保荐人、承销的证券公司、证券交易所、证券登记结算机构、证券服务机构的有关人员;
⑦ 国务院证券监督管理机构规定的其他人。

证券交易活动中,涉及公司的经营、财务或者对该公司证券的市场价格有重大影响的尚未公开的信息,为内幕信息。具体包括:
① 可能对上市公司股票交易价格产生较大影响,而投资者尚未得知的重大事件;
② 公司分配股利或者增资的计划;
③ 公司股权结构的重大变化;
④ 公司债务担保的重大变更;
⑤ 公司营业用主要资产的抵押、出售或者报废一次超过该资产的 30%;
⑥ 公司的董事、监事、高级管理人员的行为可能依法承担重大损害赔偿责任;
⑦ 上市公司收购的有关方案;
⑧ 国务院证券监督管理机构认定的对证券交易价格有显著影响的其他重要信息。

证券交易内幕信息的知情人和非法获取内幕信息的人,在内幕信息公开前,不得买卖该公司的证券，或者泄露该信息，或者建议他人买卖该证券。持有或者通过协议、其他安排与他人共同持有公司5%以上股份的自然人、法人、其他组织收购上市公司的股份，证券法另有规定的，适用其规定。内幕交易行为给投资者造成损失的，行为人应当依法承担赔偿责任。

2. 操纵市场行为

操纵市场行为是指单位或者个人以获取利益或者减少损失为目的，利用其资金、信息等优势或者滥用职权影响证券市场价格，制造证券市场假象，诱导或者致使投资者在不了解事实真相的情况下作出买卖证券的决定，扰乱证券市场秩序的行为。我国《证券法》禁止任何人以不正当的手段获取不正当的利益，或者转嫁风险。

操纵市场行为主要包括以下4个方面。

① 单独或者通过合谋，集中资金优势、持股优势或者利用信息优势联合或者连续买卖，操纵证券交易价格或者证券交易量；

② 与他人串通，以事先约定的时间、价格和方式相互进行证券交易，影响证券交易价格或者证券交易量；

③ 在自己实际控制的账户之间进行证券交易，影响证券交易价格或者证券交易量；

④ 以其他手段操纵证券市场。

操纵证券市场行为给投资者造成损失的，行为人应当依法承担赔偿责任。

3. 制造虚假信息行为

我国《证券法》第七十八条规定："禁止国家工作人员、传播媒介从业人员和有关人员编造、传播虚假信息，扰乱证券市场。禁止证券交易所、证券公司、证券登记结算机构、证券服务机构及其从业人员，证券业协会、证券监督管理机构及其工作人员，在证券交易活动中作出虚假陈述或者信息误导。各种传播媒介传播证券市场信息必须真实、客观，禁止误导。"

4. 欺诈客户行为

欺诈客户行为是指证券公司及其从业人员在证券交易中违背客户的真实意愿，侵害客户利益的行为。

在证券交易中，禁止证券公司及其从业人员从事损害客户利益的欺诈行为，欺诈客户行为给客户造成损失的，行为人应当依法承担赔偿责任。欺诈行为具体包括：

① 违背客户的委托为其买卖证券；

② 不在规定时间内向客户提供交易的书面确认文件；

③ 挪用客户所委托买卖的证券或者客户账户上的资金；

④ 未经客户的委托，擅自为客户买卖证券，或者假借客户的名义买卖证券；

⑤ 为牟取佣金收入，诱使客户进行不必要的证券买卖；

⑥ 利用传播媒介或者通过其他方式提供、传播虚假或者误导投资者的信息；

⑦ 其他违背客户真实意思表示，损害客户利益的行为。

5. 其他禁止的交易行为

其他禁止的交易行为主要包括：

① 禁止法人非法利用他人账户从事证券交易，禁止法人出借自己或者他人的证券账户；

② 依法拓宽资金入市渠道，禁止资金违规流入股市；

③ 禁止任何人挪用公款买卖证券。

为了维护资本市场长期稳定发展,《证券法》第八十三条同时规定,国有企业和国有资产控股的企业买卖上市交易的股票,必须遵守国家有关规定。证券交易所、证券公司、证券登记结算机构、证券服务机构及其从业人员对证券交易中发现的禁止的交易行为,应当及时向证券监督管理机构报告。

8.4 上市公司收购

8.4.1 上市公司收购概述

1. 上市公司收购的概念

上市公司收购是指投资者(收购人)通过证券交易所购买股票方式,依法发出公开收购要约或者以协议转让方式,取得股份有限公司依法发行的股份,以实现对该股份有限公司(目标公司)控股或者合并的行为。上市公司收购是一种特殊的股票交易活动。收购人通过收购股份,不仅可以成为上市公司股票的持有者,享有上市公司股东的权利并履行相关义务,而且可以实现其控制该公司或将该公司合并的目的。不以达到对上市公司实际控制权而受让上市公司股票的行为,不能称之为收购。有下列情形之一的,为拥有上市公司控制权:① 投资者为上市公司持股 50%以上的控股股东;② 投资者可以实际支配上市公司股份表决权超过 30%;③ 投资者通过实际支配上市公司股份表决权能够决定公司董事会半数以上成员选任;④ 投资者依其可实际支配的上市公司股份表决权足以对公司股东大会的决议产生重大影响;⑤ 中国证监会认定的其他情形。

为了规范上市公司的收购及相关股份权益变动活动,保护上市公司和投资者的合法权益,维护证券市场秩序和社会公共利益,促进证券市场资源的优化配置,证券会于 2006 年 5 月 17 日通过了《上市公司收购管理办法》,并分别于 2008 年 8 月 27 日、2012 年 2 月 14 日和 2014 年 7 月 7 日对该办法进行修订,最新修订的办法自 2014 年 11 月 23 日起施行。

2. 上市公司收购的方式

我国《证券法》第八十五条规定:"投资者可以采取要约收购、协议收购及其他合法方式收购上市公司。"

(1)要约收购

要约收购又称公开收购股份要约。它是指收购人为取得或强化对某上市公司的控制权,通过向目标公司全体股东公开发出购买该上市公司股份的收购要约的方式,收购该上市公司股份的行为。收购要约应当写明收购价格、数量及要约期间等收购条件。

(2)协议收购

协议收购是指由收购人与上市公司的股票持有人就收购该公司股票的条件、价格、期限等有关事项达成协议,由公司股票持有人向收购者转让股票,收购人支付资金,而达到收购目的的行为。

(3)其他合法方式收购

其他合法方式收购,主要是通过证券交易所的集中竞价交易收购,是指投资者通过证券交易所的证券交易,购入上市公司的股票,实现对上市公司的相对控制。

3. 上市公司收购人

上市公司收购人是指意图通过取得股份的方式成为一个上市公司的控股股东，或者通过投资关系、协议、其他安排的途径成为一个上市公司的实际控制人的投资者及与其一致行动的他人。

任何人不得利用上市公司的收购损害被收购公司及其股东的合法权益。有下列情形之一的，不得收购上市公司：① 收购人负有数额较大债务，到期未清偿，且处于持续状态；② 收购人最近3年有重大违法行为或者涉嫌有重大违法行为；③ 收购人最近3年有严重的证券市场失信行为；④ 收购人为自然人的，存在《公司法》第一百四十六条规定情形；⑤ 法律、行政法规规定以及中国证监会认定的不得收购上市公司的其他情形。

4. 上市公司收购中当事人的权利义务

上市公司的收购及相关股份权益变动活动中的信息披露义务人，主要包括收购人、被收购公司的控股股东或者实际控制人，应当充分披露其在上市公司中的权益及变动情况，依法严格履行报告、公告和其他法定义务。在相关信息披露前，负有保密义务。信息披露义务人报告、公告的信息必须真实、准确、完整，不得有虚假记载、误导性陈述或者重大遗漏。

被收购公司的控股股东或者实际控制人及其关联方不得滥用股东权利损害被收购公司或者其他股东的合法权益。

被收购公司的董事、监事、高级管理人员对公司负有忠实义务和勤勉义务，应当公平对待收购本公司的所有收购人。被收购公司董事会针对收购所作出的决策及采取的措施，应当有利于维护公司及其股东的利益，不得滥用职权对收购设置不适当的障碍，不得利用公司资源向收购人提供任何形式的财务资助，不得损害公司及其股东的合法权益。

收购人进行上市公司的收购，应当聘请在中国注册的具有从事财务顾问业务资格的专业机构担任财务顾问。收购人未按照本办法规定聘请财务顾问的，不得收购上市公司。财务顾问应当勤勉尽责，遵守行业规范和职业道德，保持独立性，保证其所制作、出具文件的真实性、准确性和完整性。

中国证监会依法对上市公司的收购及相关股份权益变动活动进行监督管理。

8.4.2 权益披露

1. 报告和公告持股情况

通过证券交易所的证券交易，投资者持有或者通过协议、其他安排与他人共同持有一个上市公司已发行的股份达到5%时，应当在该事实发生之日起3日内，向国务院证券监督管理机构、证券交易所作出书面报告，通知该上市公司，并予公告；在上述期限内，不得再行买卖该上市公司的股票。所作的书面报告和公告，应当包括：① 持股人的名称、住所；② 持有的股票的名称、数额；③ 持股达到法定比例或者持股增减变化达到法定比例的日期。

投资者持有或者通过协议、其他安排与他人共同持有一个上市公司已发行的股份达到5%后，其所持该上市公司已发行的股份比例每增加或者减少5%，应当依照上述规定进行报告和公告。在报告期限内和作出报告、公告后2日内，不得再行买卖该上市公司的股票。

如果投资者通过协议转让的方式获得上市公司股份，投资者很难控制协议购买的股份比例刚好在5%，因此对协议转让股份的报告时点有所放松：通过协议转让方式，投资者及其一致行动人在一个上市公司中拥有权益的股份拟达到或者超过一个上市公司已发行股份的 5%

时，应当在该事实发生之日起3日内编制权益变动报告书，向中国证监会、证券交易所提交书面报告，通知该上市公司，并予公告。投资者及其一致行动人拥有权益的股份达到一个上市公司已发行股份的5%后，其拥有权益的股份占该上市公司已发行股份的比例每增加或者减少达到或者超过5%的，应当依照规定履行报告、公告义务。

投资者及其一致行动人通过行政划转或者变更、执行法院裁定、继承、赠与等方式拥有权益的股份变动达到上述规定比例的，同样应当履行报告、公告义务，并办理股份过户登记手续。

2. 权益披露的内容和要求

投资者及其一致行动人拥有权益的股份达到或者超过该公司已发行股份的5%，但未达到20%，其不是上市公司的第一大股东或者实际控制人的，应当编制简式权益变动报告书；是上市公司第一大股东或者实际控制人的，应当编制详式权益变动报告书。

投资者及其一致行动人拥有权益的股份达到或者超过一个上市公司已发行股份的20%但未超过30%的，应当编制详式权益变动报告书。其为上市公司第一大股东或者实际控制人的，还应当聘请财务顾问对上述权益变动报告书所披露的内容出具核查意见，但国有股行政划转或者变更、股份转让在同一实际控制人控制的不同主体之间进行、因继承取得股份的除外。

简式权益变动报告书应当包括：① 投资者及其一致行动人的姓名、住所；投资者及其一致行动人为法人的，其名称、注册地及法定代表人；② 持股目的，是否有意在未来12个月内继续增加其在上市公司中拥有的权益；③ 上市公司的名称、股票的种类、数量、比例；④ 在上市公司中拥有权益的股份达到或者超过上市公司已发行股份的5%或者拥有权益的股份增减变化达到5%的时间及方式；⑤ 权益变动事实发生之日前6个月内通过证券交易所的证券交易买卖该公司股票的简要情况；⑥ 中国证监会、证券交易所要求披露的其他内容。

已披露权益变动报告书的投资者及其一致行动人在披露之日起6个月内，因拥有权益的股份变动需要再次报告、公告权益变动报告书的，可以仅就与前次报告书不同的部分作出报告、公告；自前次披露之日起超过6个月的，投资者及其一致行动人应当按照规定编制权益变动报告书，履行报告、公告义务。

上市公司的收购及相关股份权益变动活动中的信息披露义务人依法披露前，相关信息已在媒体上传播或者公司股票交易出现异常的，上市公司应当立即向当事人进行查询，当事人应当及时予以书面答复，上市公司应当及时作出公告。

8.4.3 要约收购

1. 要约收购概述

要约收购是指收购人通过向目标公司的股东发出购买其所持该公司股份的书面意见表示，并按照依法公告的收购要约中所规定的收购条件、价格、期限及其他规定事项，收购目标公司股份的收购方式。要约收购是各国证券市场最主要的收购形式，是一种特殊的证券交易行为，其标的为上市公司的全部依法发行的股份。

投资者自愿选择以要约方式收购上市公司股份的，可以向被收购公司所有股东发出收购其所持有的全部股份的要约（简称全面要约收购），也可以向被收购公司所有股东发出收购其所持有的部分股份的要约（简称部分要约）。

除要约方式外,投资者不得在证券交易所外公开求购上市公司的股份。

2. 要约收购程序及内容

(1) 公告程序

要约收购很可能对目标公司的中小股东造成压力,因此我国《证券法》对要约收购程序有严格的规定。

① 编制要约收购报告书并公告。

以要约方式收购上市公司股份的,收购人应当编制要约收购报告书,聘请财务顾问,通知被收购公司,同时对要约收购报告书摘要作出提示性公告。本次收购依法应当取得相关部门批准的,收购人应当在要约收购报告书摘要中作出特别提示,并在取得批准后公告要约收购报告书。

② 提报要约收购报告书。

依照规定发出收购要约,收购人必须公告上市公司要约收购报告书,还应当同时提交证券交易所。

要约收购报告书,应当载明下列事项:① 收购人的姓名、住所;收购人为法人的,其名称、注册地及法定代表人,与其控股股东、实际控制人之间的股权控制关系结构图。② 收购人关于收购的决定及收购目的,是否拟在未来12个月内继续增持。③ 上市公司的名称、收购股份的种类。④ 预定收购股份的数量和比例。⑤ 收购价格。⑥ 收购所需资金额、资金来源及资金保证,或者其他支付安排。⑦ 收购要约约定的条件。⑧ 收购期限。⑨ 公告收购报告书时持有被收购公司的股份数量、比例。⑩ 本次收购对上市公司的影响分析,包括收购人及其关联方所从事的业务与上市公司的业务是否存在同业竞争或者潜在的同业竞争,是否存在持续关联交易;存在同业竞争或者持续关联交易的,收购人是否已作出相应的安排,确保收购人及其关联方与上市公司之间避免同业竞争以及保持上市公司的独立性。⑪ 未来12个月内对上市公司资产、业务、人员、组织结构、公司章程等进行调整的后续计划。⑫ 前24个月内收购人及其关联方与上市公司之间的重大交易。⑬ 前6个月内通过证券交易所的证券交易买卖被收购公司股票的情况。⑭ 中国证监会要求披露的其他内容。

收购人发出全面要约的,应当在要约收购报告书中充分披露终止上市的风险、终止上市后收购行为完成的时间及仍持有上市公司股份的剩余股东出售其股票的其他后续安排;收购人发出以终止公司上市地位为目的的全面要约,无须披露上述第⑩项规定的内容。

要约收购报告书所披露的基本事实发生重大变化的,收购人应当在该重大变化发生之日起2个工作日内作出公告,并通知被收购公司。

③ 收购人公告。

收购人自作出要约收购提示性公告起60日内,未公告要约收购报告书的,收购人应当在期满后次一个工作日通知被收购公司,并予公告;此后每30日应当公告一次,直至公告要约收购报告书。

(2) 要约的效力

① 收购要约约定的收购期限不得少于30日,并不得超过60日;但是出现竞争要约的除外。在收购要约确定的承诺期限内,收购人不得撤销其收购要约。

② 收购人作出要约收购提示性公告后,在公告要约收购报告书之前,拟自行取消收购计划的,应当公告原因;自公告之日起12个月内,该收购人不得再次对同一上市公司进行收购。

③ 收购人需要变更收购要约的,必须及时公告,载明具体变更事项。

④ 收购要约期限届满前 15 日内,收购人不得变更收购要约;但是出现竞争要约的除外。出现竞争要约时,发出初始要约的收购人变更收购要约距初始要约收购期限届满不足 15 日的,应当延长收购期限,延长后的要约期应当不少于 15 日,不得超过最后一个竞争要约的期满日,并按规定追加履约保证。发出竞争要约的收购人最迟不得晚于初始要约收购期限届满前 15 日发出要约收购的提示性公告,并应当根据规定履行公告义务。

⑤ 采取要约收购方式的,收购人作出公告后至收购期限届满前,不得卖出被收购公司的股票,也不得采取要约规定以外的形式和超出要约的条件买入被收购公司的股票。

（3）要约对象和条件

收购人按照本办法规定进行要约收购的,对同一种类股票的要约价格,不得低于要约收购提示性公告日前 6 个月内收购人取得该种股票所支付的最高价格。要约价格低于提示性公告日前 30 个交易日该种股票的每日加权平均价格的算术平均值的,收购人聘请的财务顾问应当就该种股票前 6 个月的交易情况进行分析,说明是否存在股价被操纵、收购人是否有未披露的一致行动人、收购人前 6 个月取得公司股份是否存在其他支付安排、要约价格的合理性等。

收购要约提出的各项收购条件,适用于被收购公司的所有股东。

（4）被收购公司的义务

被收购公司董事会应当对收购人的主体资格、资信情况及收购意图进行调查,对要约条件进行分析,对股东是否接受要约提出建议,并聘请独立财务顾问提出专业意见。在收购人公告要约收购报告书后 20 日内,被收购公司董事会应当公告被收购公司董事会报告书与独立财务顾问的专业意见。收购人对收购要约条件作出重大变更的,被收购公司董事会应当在 3 个工作日内公告董事会及独立财务顾问就要约条件的变更情况所出具的补充意见。

收购人作出提示性公告后至要约收购完成前,被收购公司除继续从事正常的经营活动或者执行股东大会已经作出的决议外,未经股东大会批准,被收购公司董事会不得通过处置公司资产、对外投资、调整公司主要业务、担保、贷款等方式,对公司的资产、负债、权益或者经营成果造成重大影响。

在要约收购期间,被收购公司董事不得辞职。

（5）预受要约

同意接受收购要约的股东（以下简称预受股东）,应当委托证券公司办理预受要约的相关手续。收购人应当委托证券公司向证券登记结算机构申请办理预受要约股票的临时保管。证券登记结算机构临时保管的预受要约的股票,在要约收购期间不得转让。

所谓预受,是指被收购公司股东同意接受要约的初步意思表示,在要约收购期限内不可撤回之前不构成承诺。在要约收购期限届满 3 个交易日前,预受股东可以委托证券公司办理撤回预受要约的手续,证券登记结算机构根据预受要约股东的撤回申请解除对预受要约股票的临时保管。在要约收购期限届满前 3 个交易日内,预受股东不得撤回其对要约的接受。在要约收购期限内,收购人应当每日在证券交易所网站上公告已预受收购要约的股份数量。

出现竞争要约时,接受初始要约的预受股东撤回全部或者部分预受的股份,并将撤回的股份售予竞争要约人的,应当委托证券公司办理撤回预受初始要约的手续和预受竞争要约的相关手续。

（6）要约期满

收购期限届满,发出部分要约的收购人应当按照收购要约约定的条件购买被收购公司股东预受的股份,预受要约股份的数量超过预定收购数量时,收购人应当按照同等比例收购预受要约的股份;以终止被收购公司上市地位为目的的,收购人应当按照收购要约约定的条件购买被收购公司股东预受的全部股份;未取得中国证监会豁免而发出全面要约的收购人,应当购买被收购公司股东预受的全部股份。

收购期限届满后3个交易日内,接受委托的证券公司应当向证券登记结算机构申请办理股份转让结算、过户登记手续,解除对超过预定收购比例的股票的临时保管;收购人应当公告本次要约收购的结果。

收购期限届满,被收购公司股权分布不符合上市条件,该上市公司的股票由证券交易所依法终止上市交易。在收购行为完成前,其余仍持有被收购公司股票的股东,有权在收购报告书规定的合理期限内向收购人以收购要约的同等条件出售其股票,收购人应当收购。

收购期限届满后15日内,收购人应当向证券交易所提交关于收购情况的书面报告,并予以公告。

3. 强制要约收购的概念和内容

(1)强制要约收购的概念

强制要约收购是指投资者持有一个上市公司已发行的股份达到一定比例时,有义务依照法律的规定向上市公司的股东发出收购要约,收购该上市公司股份的行为。

(2)强制要约收购的内容

根据我国《证券法》的规定,通过证券交易所的证券交易,投资者持有或者通过协议、其他安排与他人共同持有一个上市公司已发行的股份达到30%时,继续进行收购的,应当依法向该上市公司所有股东发出收购上市公司全部或者部分股份的要约。收购人依照上述规定,以要约方式收购一个上市公司股份的,其预定收购的股份比例均不得低于该上市公司已发行股份的5%。对于触发上述强制要约义务的收购行为,如果符合规定的豁免条件,收购人可以考虑是否向中国证监会申请豁免,以豁免其以要约方式增持股份或者豁免其向目标公司所有股东发出收购要约。

收购人为终止上市公司的上市地位而发出全面要约的,或者向中国证监会提出申请但未取得豁免而发出全面要约的,应当以现金支付收购价款;以依法可以转让的证券支付收购价款的,应当同时提供现金方式供被收购公司股东选择。

以要约方式进行上市公司收购的,收购人应当公平对待被收购公司的所有股东。持有同一种类股份的股东应当得到同等对待。收购上市公司部分股份的收购要约应当约定,被收购公司股东承诺出售的股份数额超过预定收购的股份数额的,收购人按比例进行收购。

(3)豁免事项

符合规定情形的,投资者及其一致行动人可以向中国证监会申请下列豁免事项:

① 免于以要约收购方式增持股份;

② 存在主体资格、股份种类限制或者法律、行政法规、中国证监会规定的特殊情形的,可以申请免于向被收购公司的所有股东发出收购要约。

未取得豁免的,投资者及其一致行动人应当在收到中国证监会通知之日起30日内将其或者其控制的股东所持有的被收购公司股份减持到30%或者30%以下;拟以要约以外的方式继续增持股份的,应当发出全面要约。

收购人提出豁免申请的,应当聘请律师事务所等专业机构出具专业意见。

8.4.4 协议收购和间接收购

1. 协议收购

协议收购是由收购人同被收购公司的股东以协议方式进行股份转让,以完成控制权转移的目的。由于协议收购涉及的股权转让往往是整笔股权,不像在交易所集中竞价购买和要约收购可以精确控制拟购买股份数量或比例,因此在计算持股权益披露的时点和强制要约收购义务的时点,都不相同。有关协议收购的时点界限上文已有论述。除此之外,对协议收购的规定还包括以下内容。

(1)报告和公告

采取协议收购方式的,收购人可以依照法律、行政法规的规定同被收购公司的股东以协议方式进行股份转让。以协议方式收购上市公司时,达成协议后,收购人必须在 3 日内将该收购协议向国务院证券监督管理机构及证券交易所作出书面报告,并予公告。在公告前不得履行收购协议。

(2)收购过渡区

以协议方式进行上市公司收购的,自签订收购协议起至相关股份完成过户的期间为上市公司收购过渡期(以下简称过渡期)。在过渡期内,收购人不得通过控股股东提议改选上市公司董事会,确有充分理由改选董事会的,来自收购人的董事不得超过董事会成员的 1/3;被收购公司不得为收购人及其关联方提供担保;被收购公司不得公开发行股份募集资金,不得进行重大购买、出售资产及重大投资行为或者与收购人及其关联方进行其他关联交易,但收购人为挽救陷入危机或者面临严重财务困难的上市公司的情形除外。

(3)控股股东的义务

上市公司控股股东向收购人协议转让其所持有的上市公司股份的,应当对收购人的主体资格、诚信情况及收购意图进行调查,并在其权益变动报告书中披露有关调查情况。

控股股东及其关联方未清偿其对公司的负债,未解除公司为其负债提供的担保,或者存在损害公司利益的其他情形的,被收购公司董事会应当对前述情形及时予以披露,并采取有效措施维护公司利益。

(4)股权过户

协议收购的相关当事人应当向证券登记结算机构申请办理拟转让股份的临时保管手续,并可以将用于支付的现金存放于证券登记结算机构指定的银行。

收购报告书公告后,相关当事人应当按照证券交易所和证券登记结算机构的业务规则,在证券交易所就本次股份转让予以确认后,凭全部转让款项存放于双方认可的银行账户的证明,向证券登记结算机构申请解除拟协议转让股票的临时保管,并办理过户登记手续。

收购人未按规定履行报告、公告义务,或者未按规定提出申请的,证券交易所和证券登记结算机构不予办理股份转让和过户登记手续。

收购人在收购报告书公告后 30 日内仍未完成相关股份过户手续的,应当立即作出公告,说明理由;在未完成相关股份过户期间,应当每隔 30 日公告相关股份过户办理进展情况。

(5)管理层收购

上市公司董事、监事、高级管理人员、员工或者其所控制或者委托的法人或者其他组织,拟对本公司进行收购或者通过间接收购的方式取得本公司控制权(以下简称管理层收购)的,该上市公司应当具备健全且运行良好的组织机构以及有效的内部控制制度，公司董事会成员中独立董事的比例应当达到或者超过 1/2。公司应当聘请具有证券、期货从业资格的资产评估机构提供公司资产评估报告，本次收购应当经董事会非关联董事作出决议，且取得 2/3 以上的独立董事同意后，提交公司股东大会审议，经出席股东大会的非关联股东所持表决权过半数通过。独立董事发表意见前，应当聘请独立财务顾问就本次收购出具专业意见，独立董事及独立财务顾问的意见应当一并予以公告。

上市公司董事、监事、高级管理人员存在《公司法》第一百四十八条规定情形，或者最近 3 年有证券市场不良诚信记录的，不得收购本公司。

2. 间接收购

投资者虽不是上市公司的股东，但通过投资关系、协议和其他安排取得对上市公司股东的控制权，间接控制了上市公司，这就构成了间接收购。间接收购中收购人并未直接成为被收购公司的控股股东，但往往是实际控制人，因此《上市公司收购管理办法》对间接收购作出了以下几点主要规定。

① 收购人虽不是上市公司的股东，但通过投资关系、协议、其他安排导致其拥有权益的股份达到或者超过一个上市公司已发行股份的 5%未超过 30%的，应当按照"9.4.2 权益披露"的要求办理。

② 收购人拥有权益的股份超过该公司已发行股份的 30%的，应当向该公司所有股东发出全面要约；收购人预计无法在事实发生之日起 30 日内发出全面要约的，应当在前述 30 日内促使其控制的股东将所持有的上市公司股份减持至 30%或者 30%以下，并自减持之日起 2 个工作日内予以公告；其后收购人或者其控制的股东拟继续增持的，应当采取要约方式。

③ 投资者虽不是上市公司的股东，但通过投资关系取得对上市公司股东的控制权，而受其支配的上市公司股东所持股份达到上述规定比例、且对该股东的资产和利润构成重大影响的，应当按照上述规定履行报告、公告义务。

8.4.5 收购的法律后果

① 禁止上市交易。收购期限届满，被收购公司股权分布不符合上市条件，该上市公司的股票由证券交易所依法终止上市交易。在收购行为完成前，其余仍持有被收购公司股票的股东，有权在收购报告书规定的合理期限内向收购人以收购要约的同等条件出售其股票，收购人应当收购。收购行为完成后，被收购公司不再具备股份有限公司条件的，应当依法变更企业形式。

② 被收购股票的交易被限制。在上市公司收购中，收购人持有的被收购的上市公司的股票，在收购行为完成后的 12 个月内不得转让。

③ 被收购公司解散。收购行为完成后，收购人与被收购公司合并，并将该公司解散的，被解散公司的原有股票由收购人依法更换。

收购期限届满后 15 日内，收购人应当向证券交易所提交关于收购情况的书面报告，并予以公告。收购上市公司中由国家授权投资的机构持有的股份，应当按照国务院的规定，经有关主管部门批准。除要约方式外，投资者不得在证券交易所外公开求购上市公司的股份。

8.5 证券机构

8.5.1 证券交易所

1. 证券交易所概念

证券交易所是为证券集中交易提供场所和设施,组织和监督证券交易,实行自律管理的法人。

证券交易所有公司制和会员制两种。公司制的证券交易所是指以营利为目的的法人;会员制的证券交易所是指非营利性的法人。我国上海证券交易所和深圳证券交易所都是会员制的证券交易所。

证券交易所可以自行支配的各项费用收入,应当首先用于保证其证券交易场所和设施的正常运行并逐步改善。实行会员制的证券交易所的财产积累归会员所有,其权益由会员共同享有,在其存续期间,不得将其财产积累分配给会员。

2. 证券交易所的设立

证券交易所的设立是指创设提供证券集中交易专门场所的法人的法律行为,即依法组建证券交易所并使其成为具有法律上的人格的法律行为。证券交易所的设立和解散,由国务院规定。我国《证券法》规定:"证券交易所必须在其名称中标明证券交易所字样,其他任何单位或者个人不得使用证券交易所或者近似的名称。"

设立证券交易所必须制定章程。证券交易所章程的制定和修改,必须经国务院证券监督管理机构批准。

3. 证券交易所的组织机构

根据我国《证券法》和《证券交易所管理办法》的规定,证券交易所的组织机构一般分为会员大会、理事会、总经理等。

(1)会员大会

证券交易所由全体会员组成会员大会。会员大会是证券交易所的权力机构,有权决定证券交易所的重大问题;同时,会员大会为议事机构,而非常设机构。

(2)理事会

证券交易所设理事会,理事会是证券交易所的管理执行机构,由会员大会选举产生并对会员大会负责。

(3)总经理

证券交易所设总经理1人,由国务院证券监督管理机构任免。总经理在理事会领导下负责证券交易所的日常管理工作,为证券交易所的法定代表人。证券交易所可根据需要设立专门委员会,如证券发行审核委员会、监察委员会等。

4. 证券交易所的职责

证券交易所的职责包括以下几个方面。

① 制定业务规则。证券交易所依照证券法律、行政法规制定上市规则、交易规则、会员管理规则和其他有关规则,并报国务院证券监督管理机构批准。

② 为组织公平的集中交易提供保障。证券交易所应当为组织公平的集中交易提供保障,

公布证券交易即时行情,并按交易日制作证券市场行情表,予以公布。未经证券交易所许可,任何单位和个人不得发布证券交易即时行情。

③ 办理证券的暂停、恢复、终止上市。证券交易所依照法律、行政法规的规定,办理股票、公司债券的暂停上市、恢复上市或者终止上市的事务,其具体办法由国务院证券监督管理机构制定。

④ 采取技术性停牌或者决定临时停市。因突发性事件而影响证券交易的正常进行时,证券交易所可以采取技术性停牌的措施;因不可抗力的突发性事件或者为维护证券交易的正常秩序,证券交易所可以决定临时停市。证券交易所采取技术性停牌或者决定临时停市,必须及时报告国务院证券监督管理机构。

⑤ 对在证券交易所进行的证券交易和上市公司披露信息进行监控和监督。证券交易所对证券交易实行实时监控,并按照国务院证券监督管理机构的要求,对异常的交易情况提出报告。证券交易所应当对上市公司及相关信息披露义务人披露信息进行监督,督促其依法及时、准确地披露信息。证券交易所作为资本市场运行一线监管者,可以根据需要,对出现重大异常交易情况的证券账户限制交易,并报国务院证券监督管理机构备案。

⑥ 设立并管理证券风险基金。证券交易所应当从其收取的交易费用和会员费、席位费中提取一定比例的金额设立风险基金。风险基金由证券交易所理事会管理。风险基金提取的具体比例和使用办法,由国务院证券监督管理机构会同国务院财政部门规定。证券交易所应当将收存的风险基金存入开户银行专门账户,不得擅自使用。

8.5.2 证券公司

1. 证券公司概念

证券公司是指依照公司法规定,经国务院证券监督管理机构审查批准的从事证券经营业务的有限责任公司或者股份有限公司。证券公司必须在其名称中标明证券有限责任公司或者证券股份有限公司字样。

2. 证券公司的设立

设立证券公司,必须经国务院证券监督管理机构审查批准。未经国务院证券监督管理机构批准,任何单位和个人不得经营证券业务。

设立证券公司,应当具备下列条件:

(1) 有符合法律、行政法规规定的公司章程;

(2) 主要股东具有持续盈利能力,信誉良好,最近 3 年无重大违法违规记录,净资产不低于人民币 2 亿元;

(3) 有符合本法规定的注册资本;

(4) 董事、监事、高级管理人员具备任职资格,从业人员具有证券从业资格;

(5) 有完善的风险管理与内部控制制度;

(6) 有合格的经营场所和业务设施;

(7) 法律、行政法规规定的和经国务院批准的国务院证券监督管理机构规定的其他条件。

经国务院证券监督管理机构批准,证券公司可以经营下列部分或者全部业务:① 证券经纪;② 证券投资咨询;③ 与证券交易、证券投资活动有关的财务顾问;④ 证券承销与保荐;⑤ 证券自营;⑥ 证券资产管理;⑦ 其他证券业务。

证券公司经营上述第①项至第③项业务的，注册资本最低限额为人民币 5 000 万元；经营第④项至第⑦项业务之一的，注册资本最低限额为人民币 1 亿元；经营第④项至第⑦项业务中两项以上的，注册资本最低限额为人民币 5 亿元。证券公司的注册资本应当是实缴资本。国务院证券监督管理机构根据审慎监管原则和各项业务的风险程度，可以调整注册资本最低限额，但不得少于上面规定的限额。

3. 证券公司内部管理规定

1）证券公司负债管理的规定

国务院证券监督管理机构应当对证券公司的净资本，净资本与负债的比例，净资本与净资产的比例，净资本与自营、承销、资产管理等业务规模的比例，负债与净资产的比例，以及流动资产与流动负债的比例等风险控制指标作出规定。证券公司不得为其股东或者股东的关联人提供融资或者担保。

2）证券公司从业人员资格的规定

证券公司的董事、监事、高级管理人员，应当正直诚实，品行良好，熟悉证券法律、行政法规，具有履行职责所需的经营管理能力，并在任职前取得国务院证券监督管理机构核准的任职资格。

① 有《公司法》第一百四十六条规定的情形之一的，不得担任证券公司的董事、监事或者高级管理人员。

② 有下列情形之一的，也不得担任证券公司的董事、监事或者高级管理人员。

● 因违法行为或者违纪行为被解除职务的证券交易所、证券登记结算机构的负责人或者证券公司的董事、监事、高级管理人员，自被解除职务之日起未逾 5 年。

● 因违法行为或者违纪行为被撤销资格的律师、注册会计师或者投资咨询机构、财务顾问机构、资信评级机构、资产评估机构、验证机构的专业人员，自被撤销资格之日起未逾 5 年。

③ 因违法行为或者违纪行为被开除的证券交易所、证券登记结算机构、证券服务机构、证券公司的从业人员和被开除的国家机关工作人员，不得招聘为证券公司的从业人员。

④ 国家机关工作人员和法律、行政法规规定的禁止在公司中兼职的其他人员，不得在证券公司中兼任职务。

3）证券公司资金管理的规定

① 国家设立证券投资者保护基金。证券投资者保护基金由证券公司缴纳的资金及其他依法筹集的资金组成，其筹集、管理和使用的具体办法由国务院规定。

② 证券公司从每年的税后利润中提取交易风险准备金，用于弥补证券交易的损失，其提取的具体比例由国务院证券监督管理机构规定。

4）证券公司操作管理的规定

① 证券公司应当建立健全内部控制制度，采取有效隔离措施，防范公司与客户之间、不同客户之间的利益冲突。证券公司必须将其证券经纪业务、证券承销业务、证券自营业务和证券资产管理业务分开办理，不得混合操作。

② 证券公司的自营业务必须以自己的名义进行，不得假借他人名义或者以个人名义进行。证券公司的自营业务必须使用自有资金和依法筹集的资金。证券公司不得将其自营账户借给他人使用。

③ 证券公司依法享有自主经营的权利，其合法经营不受干涉。

④ 证券公司客户的交易结算资金应当存放在商业银行，以每个客户的名义单独立户管理。具体办法和实施步骤由国务院规定。证券公司不得将客户的交易结算资金和证券归入其自有财产。禁止任何单位或者个人以任何形式挪用客户的交易结算资金和证券。证券公司破产或者清算时，客户的交易结算资金和证券不属于其破产财产或者清算财产。非因客户本身的债务或者法律规定的其他情形，不得查封、冻结、扣划或者强制执行客户的交易结算资金和证券。

⑤ 证券公司办理经纪业务，应当置备统一制定的证券买卖委托书，供委托人使用。采取其他委托方式的，必须作出委托记录。客户的证券买卖委托，不论是否成交，其委托记录应当按照规定的期限，保存于证券公司。

⑥ 证券公司接受证券买卖的委托，应当根据委托书载明的证券名称、买卖数量、出价方式、价格幅度等，按照交易规则代理买卖证券，如实进行交易记录；买卖成交后，应当按照规定制作买卖成交报告单交付客户。证券交易中确认交易行为及其交易结果的对账单必须真实，并由交易经办人员以外的审核人员逐笔审核，保证账面证券余额与实际持有的证券相一致。

⑦ 证券公司为客户买卖证券提供融资融券服务，应当按照国务院的规定并经国务院证券监督管理机构批准。

4. 禁止的操作行为

① 证券公司办理经纪业务，不得接受客户的全权委托而决定证券买卖、选择证券种类、决定买卖数量或者买卖价格。证券公司不得以任何方式对客户证券买卖的收益或者赔偿证券买卖的损失作出承诺。

② 证券公司及其从业人员不得未经过其依法设立的营业场所私下接受客户委托买卖证券。

证券公司的从业人员在证券交易活动中，执行所属的证券公司的指令或者利用职务违反交易规则的，由所属的证券公司承担全部责任。证券公司应当妥善保存客户开户资料、委托记录、交易记录和与内部管理、业务经营有关的各项资料，任何人不得隐匿、伪造、篡改或者毁损。上述资料的保存期限不得少于 20 年。

8.5.3 证券中介机构

1. 证券登记结算机构的概念

证券登记结算机构是为证券交易提供集中登记、存管与结算服务，不以营利为目的的法人。证券登记结算机构的设立或解散必须经国务院证券监督管理机构批准。

2. 证券登记结算机构设立的条件

设立证券登记结算机构，应当具备下列条件：

① 自有资金不少于人民币 2 亿元；
② 具有证券登记、托管和结算服务所必需的场所和设施；
③ 主要管理人员和从业人员必须具有证券从业资格；
④ 国务院证券监督管理机构规定的其他条件。

证券登记结算机构的名称中应当标明证券登记结算字样。

3. 证券登记结算机构的职能

证券登记结算机构履行下列职能：① 证券账户、结算账户的设立；② 证券的托管和过户；③ 证券持有人名册登记；④ 证券交易所上市证券交易的清算和交收；⑤ 受发行人的委托派发证券权益；⑥ 办理与上述业务有关的查询；⑦ 国务院证券监督管理机构批准的其他业务。

证券登记结算采取全国集中统一的运营方式，证券登记结算机构的章程、业务规则应当依法制定，并须经国务院证券监督管理机构批准。

8.5.4 证券交易服务机构

1. 证券交易服务机构的概念和种类

证券交易服务机构是指为证券交易提供证券投资咨询和资信评估的机构，包括专业的证券交易服务机构和其他证券交易服务机构。专业的证券交易服务机构包括证券投资咨询机构、资信评估机构；其他证券交易服务机构主要是指经批准可以兼营证券投资咨询服务的律师事务所、会计师事务所和资产评估机构等。

2. 证券交易服务机构及其从业人员的资格

投资咨询机构、财务顾问机构、资信评级机构、资产评估机构、会计师事务所从事证券服务业务，必须经国务院证券监督管理机构和有关主管部门批准。投资咨询机构、财务顾问机构、资信评级机构、资产评估机构、会计师事务所从事证券服务业务的审批管理办法，由国务院证券监督管理机构和有关主管部门制定。

投资咨询机构、财务顾问机构、资信评级机构从事证券服务业务的人员，必须具备证券专业知识和从事证券业务或者证券服务业务两年以上经验。认定其证券从业资格的标准和管理办法，由国务院证券监督管理机构制定。

8.5.5 证券监督管理机构

1. 证券监督管理机构概述

国务院证券监督管理机构依法对全国证券市场实行集中统一监督管理，并可以根据需要设立派出机构，按照授权履行监督管理职责。

我国《证券法》所称国务院证券监督管理机构，主要是指中国证券监督管理委员会（简称"中国证监会"），其职责范围是"依法对全国证券市场实行集中统一监督管理"。

2. 国务院证券监督管理机构的职责

国务院证券监督管理机构在对证券市场实施监督管理中履行下列职责：

① 依法制定有关证券市场监督管理的规章、规则，并依法行使审批或者核准权；

② 依法对证券的发行、上市、交易、登记、存管、结算，进行监督管理；

③ 依法对证券发行人、上市公司、证券公司、证券投资基金管理公司、证券服务机构、证券交易所、证券登记结算机构的证券业务活动，进行监督管理；

④ 依法制定从事证券业务人员的资格标准和行为准则，并监督实施；

⑤ 依法监督检查证券发行、上市和交易的信息公开情况；

⑥ 依法对证券业协会的活动进行指导和监督；

⑦ 依法对违反证券市场监督管理法律、行政法规的行为进行查处；

⑧ 法律、行政法规规定的其他职责。

国务院证券监督管理机构可以和其他国家或者地区的证券监督管理机构建立监督管理合作机制，实施跨境监督管理。

8.5.6 证券业协会

1. 证券业协会概述

证券业协会是证券业的自律性组织,是社会团体法人。证券业协会设理事会,理事会成员依章程的规定由选举产生。

证券业协会的宗旨是,根据发展社会主义市场经济的要求,贯彻执行国家的有关方针、政策和法规,发挥政府与证券经营机构之间的桥梁和纽带作用,促进证券业的开拓发展,加强证券业的自律管理,维护会员的合法权益,建立和完善具有中国特色的证券市场体系。

中国证券业协会于 1991 年 8 月 28 日成立,总部设在北京,其会员分为团体会员和个人会员。团体会员为证券公司,证券公司应当加入证券业协会;个人会员只限于证券市场管理部门有关领导以及从事证券研究及业务工作的专家,由协会根据需要吸收。证券业协会的权力机构为由全体会员组成的会员大会。

2. 证券业协会的职责

证券业协会履行下列职责:

① 协助证券监督管理机构教育和组织会员执行证券法律、行政法规;
② 依法维护会员的合法权益,向证券监督管理机构反映会员的建议和要求;
③ 收集整理证券信息,为会员提供信息;
④ 制定会员应遵守的规则,组织会员单位的从业人员的业务培训,开展会员间的业务交流;
⑤ 对会员之间、会员与客户之间发生的纠纷进行调解;
⑥ 组织会员就证券业的发展、运作及有关内容进行研究;
⑦ 监督、检查会员行为,对违反法律、行政法规或者协会章程的,按照规定给予纪律处分;
⑧ 国务院证券监督管理机构赋予的其他职责。

8.6 案例分析

 案例一 综合分析题

一、案情

新海股份有限公司(下称公司)在一家国有企业改组的基础上,经过法定程序批准,于 2014 年 2 月 15 日通过向社会公开发行股票成立,注册资本为 5 000 万元,为了扩大生产经营规模,公司决定拟通过增资扩股方式筹集资金。2014 年 9 月 15 日,该公司董事会向股东大会提交了一份增资扩股方案,该方案有关要点如下:

1. 本次发行的新股一律为人民币普通股,每股面额为人民币 1 元,拟计划发行 2 500 万股,一律以配售方式发行;

2. 根据公司盈利和财产增值情况,每股发行价格拟定为人民币 2.5 元,并委托南海证券有限公司独家承销;

3. 如果所有准备工作和审批手续进展顺利,新股销售时间将安排在 2015 年 2 月 15 日至 2015 年 5 月 23 日之间进行;

4. 如果本次新股发行成功,将严格按照规定的用途使用筹集资金,公司预期利润率比同期银行存款利率低不到1个百分点。

请分别回答下列问题：

1. 根据新股发行计划，一律以配售方式发行是否符合有关规定？为什么？
2. 新股发行委托南海证券有限公司独家承销，是否妥当？为什么？
3. 新股销售期的安排是否妥当？为什么？
4. 公司预期利润率是否符合《公司法》规定的新股发行条件？为什么？

二、参考答案

1. 不符合有关规定。因为根据中国证监会颁布的《关于上市公司送配股的暂行规定》，当年配股数量不得超过上一年股本总额的30%，而本次新股配售额将计划发行2 500万股，超过了上一年股本总额数的30%，故不符合该规定。

2. 妥当。因为根据《证券法》第三十二条的规定，向不特定对象发行的证券票面总值超过人民币5 000万元的，应当由承销团承销。承销团应当由主承销和参与承销的证券公司组成。而本次新股配售预期2 500万股，故由一家承销机构承销新股发售是妥当的。

3. 不妥当。根据《证券法》第三十三条之规定，证券的代销、包销期限最长不得超过90日。而本次新股销售期超过了90天，故不妥当。

4. 不符合条件。因为根据《证券法》的相关规定，新股发行的条件之一即是公司预期利润率可达同期银行存款利率，而本次新股发行对公司利润率的预期为比同期银行存款利率低不到1个百分点。故不符合新股发行的条件。

 案例二　综合分析题

一、案情

2009年7月，A国有企业（本题下称"A企业"）经国家有关部门同意，拟改组为股份有限公司并发行股票与上市。其拟定的有关方案部分要点为：A企业拟作为主要发起人，联合其他3家国有企业共同以发起设立方式于2009年9月前设立B股份有限公司（本题下称"B公司"）。各发起人投入B公司的资产总额拟定为人民币16 500万元。其中：负债为人民币12 200万元，净资产为人民币4 300万元。B公司成立时的股本总额拟定为2 750万股（每股面值为人民币1元，下同）。B公司成立1年后，即2010年年底之前，拟申请发行6 000万社会公众股，新股发行后，B公司股本总额为8 750万股。

如果上述方案未获批准，A企业将以协议收购方式收购C上市公司（本题下称"C公司"）。具体做法为：A企业与C公司的发起人股东D国有企业（本题下称"D企业"）订立协议，受让D企业持有的C公司51%的股份。在收购协议订立之前，C公司必须召开股东大会通过此事项。在收购协议订立之后，D企业必须在3日内将该收购协议报国务院证券监督管理机构以及证券交易所审核批准。收购协议在未获得上述机构批准前不得履行。在收购行为完成之后，A企业应当在30日内将收购情况报告国务院证券监督管理机构和证券交易所，并予以公告。为了减少A企业控制C公司的成本，A企业在收购行为完成3个月后，将所持C公司的股份部分转让给E公司。根据上述事实，分别回答下列问题：

1. A企业拟定的改制及股票发行上市方案存在哪些法律障碍？并说明理由。
2. A企业收购C公司的做法存在哪些不当之处？并说明理由。

二、参考答案

1. A 企业拟订的改制及股票发行上市方案存在以下法律障碍。

① B 公司的资产负债率不符合有关规定。根据有关规定，股份有限公司在股票发行前一年末的净资产在总资产中所占比例不得低于 30%，而各发起人投入 B 公司的净资产在总资产中所占比例仅达 26.06%。

② 各发起人投入 B 公司净资产的折股比率不符合有关规定。根据有关规定，该折股比率不得低于 65%，而各发起人投入 B 公司的净资产为人民币 4 300 万元，折成 2 750 万股，该折股比率仅为 63.95%。

③ 各发起人在 B 公司的持股数额不符合有关规定。根据有关规定，在上市公司的股份总额中，发起人认购的股份数额不得少于人民币 3 000 万元（每股面值为人民币 1 元），而各发起人认购的股份仅为 2 750 万股。

④ 按 B 公司申请发行社会公众股的额度，发起人认购的股份比例不符合有关规定。根据有关规定，发起人认购拟上市公司的股份数不得少于公司拟发行的股本总额的 35%，如果 B 公司申请发行 6 000 万社会公众股，那么，发起人认购的股份数仅达公司拟发行的股本总额的 31.43%。

2. A 企业收购 C 公司的做法存在以下不当之处。

① 安排 C 公司召开股东大会通过 A 企业收购 C 公司股权事宜有不当之处。因为 A 企业收购 C 公司是受让 C 公司股东的股权，股份有限公司股东的股权转让无须经过股东大会批准。

② 由 D 企业履行报告义务和将收购协议报国务院证券监督管理机构，以及证券交易所审核批准不符合法律规定。根据有关规定，收购协议签订之后，应由收购人，即 A 企业履行报告义务，而非 D 企业。此外，收购协议无须经国务院证券监督管理机构及证券交易所批准，仅向其作出书面报告即可。

③ 收购协议在未获批准之前不得履行的表述不当。根据有关规定，收购协议在未作出公告前不得履行。

④ 收购行为完成后，A 企业应当在 15 日内将收购情况报告国务院证券监督管理机构和证券交易所，并予以公告，而非 30 日。

⑤ A 企业拟在收购行为完成 3 个月后转让所持 C 公司股份不符合法律之规定。根据有关法律规定，收购人在收购行为完成后 6 个月内不得转让所持上市公司的股份。

作业题

一、复习思考题

1. 证券法的基本原则有哪些？
2. 股票发行的条件是什么？
3. 公司债券的发行条件有哪些？
4. 证券交易的一般规则是什么？
5. 股票上市交易应具备哪些条件？应提交哪些文件？
6. 禁止的交易行为包括哪些主要内容？
7. 要约收购包括哪些主要法律内容？其操作程序是什么？

8. 设立综合类证券公司应具备哪些条件？设立经纪类证券公司应具备哪些条件？

二、单项选择题

1. 下列关于股票和债券的表述中，（　　）是错误的。
   A. 股票和债券都属于投资证券
   B. 法律对股票的发行条件与债券的发行条件有不同的要求
   C. 有限责任公司和股份有限公司都可以发行股票和债券
   D. 股票和债券都属于有价证券

2. 某有限责任公司申请其首次发行的公司债券上市交易，下列选项（　　）不符合公司债券上市的法定条件。
   A. 该债券的期限为1年
   B. 该债券的实际发行额为人民币6 000万元
   C. 该公司的净资产额为人民币1.5亿元
   D. 该公司最近三年平均可分配利润足以支付公司债券10个月的利息

3. 根据证券法律制度的规定，为上市公司发行新股出具审计报告的注册会计师在法定期间内，不得买卖该上市公司的股票。该法定期间为（　　）。
   A. 自接受上市公司委托之日起至审计报告公开后5日内
   B. 上市公司股票承销期内和期满后6个月内
   C. 自接受上市公司委托之日起至上市公司股票承销期满后6个月内
   D. 自接受上市公司委托之日起至出具审计报告后6个月内

4. 根据证券法律制度的规定，下列信息中，不属于内幕信息的有（　　）。
   A. 公司董事的行为可能依法承担重大损害赔偿责任
   B. 公司营业用主要资产的抵押、出售或者报废一次超过该资产的20%
   C. 公司生产经营的外部条件发生重大变化
   D. 公司董事长发生变动

5. 上市公司发生的下列事实中，国务院证券主管部门可以决定该公司暂停上市的事实有（　　）。
   A. 公司的股本总额由人民币1.2亿元减至为人民币1亿元
   B. 持有股票面值人民币1 000元以上的股东人数由1 200人减至900人
   C. 公司最近2年连续亏损
   D. 公司未按规定公开其财务状况

6. 甲向乙上市公司发出了上市公司收购要约，并按法律规定公告了收购要约。在收购要约期满后，甲已持有了乙公司发行股份总数的91%，此时对其他持有乙公司股票的股东所持股票的正确处理方法是（　　）。
   A. 甲以同等条件收购　　　　　　B. 甲以比收购要约优惠的条件收购
   C. 甲以比收购要约苛刻的条件收购　D. 自由交易，不受收购要约的限制

7. 在要约收购上市公司方式下，收购人在依照规定报送上市公司收购报告书并公告收购要约后，即可在收购要约的期限内实施收购。根据《证券法》的规定，收购要约的期限为（　　）。
   A. 不得少于15日，并不得超过30日　　B. 不得少于15日，并不得超过60日

C. 不得少于30日，并不得超过60日　　D. 不得少于30日，并不得超过90日

8. 根据《证券法》的规定，证券交易所的临时停市应（　　）。
   A. 由证券交易所决定，并及时报告国务院
   B. 由国务院证券监督管理机构决定，证券交易所执行
   C. 由证券交易所决定并及时报告国务院证券监督管理机构
   D. 由国务院决定，证券交易所执行

9. 根据有关规定，下列选项中，属于证券交易所会员在代理业务中可以从事的行为是（　　）。
   A. 用客户的保证金从事证券自营业务
   B. 对客户证券买卖的收益作出承诺
   C. 接受代为客户决定证券买卖品种、数量、时间或买卖方向的全权委托
   D. 接受客户的限价委托或市价委托

10. 下列选项中，属于间接收购的是（　　）。
    A. 投资者通过投资协议取得对上市公司股东的控制权
    B. 投资者向上市公司的股东发出全面收购要约
    C. 投资者向上市公司的股东发出部分收购要约
    D. 投资者通过协议转让方式收购上市公司股份

三、多项选择题

1. 2014年5月，甲电力上市公司拟申请发行可转换公司债券，乙证券公司对该公司进行调查了解后，发现的下列事实中，构成发行可转换公司债券障碍的有（　　）。
   A. 2008年因发生操纵市场的重大违法行为而被查处
   B. 截至2014年3月底，净资产为3.2亿元，在本次申请发行可转换公司债券之前，累计债券余额为1.44亿元
   C. 经注册会计师核验，其扣除非经常性损益后，最近3个会计年度的净资产利润平均值为8%
   D. 2013年3月，委托丙证券公司理财资金3 000万元，在2013年的年度报告及以往披露的信息中未予说明，构成信息披露的重大遗漏

2. 下列股票交易行为中，属于国家有关证券法律、法规禁止的有（　　）。
   A. 甲上市公司的董事乙，在任职期间，买卖丙上市公司的股票，甲上市公司、董事乙与丙上市公司无任何关联关系
   B. W证券公司的从业人员Y，在任职期间，买卖Z上市公司的股票，W证券公司、从业人员Y与Z上市公司无任何关联关系
   C. 某上市公司的收购人，在收购行为完成后的第4个月，转让其所收购股票的1/3
   D. 为M股份有限公司首次发行股票出具审计报告的N会计师事务所的H注册会计师，在该公司股票承销期满后的第11个月，买卖该公司的股票

3. 根据《证券法》和《公司法》的规定，下列关于证券交易限制情形的表述（　　）是正确的。
   A. 发行人所持股票，在公司成立之日起3年内不得转让
   B. 公司董事、经理、监事在任职期间不得转让本公司股票

C. 持有一个公司已发行股份 5%的股东，其股票在买入后 6 个月内不得卖出
D. 公司绝对控股的股东，其股票于购入之日起 1 年内不得转让

4. 根据《公司法》有关规定，上市公司发生下列（   ）情形，国务院证券管理部门有权决定终止其股票上市。
A. 某公司在其 2010 年度的财务报告中虚列各项开支共计 900 多万元
B. 某公司参与走私香烟等货品，违法金额达 13 多万元
C. 某公司经营状况严重恶化，最近 3 年连续亏损
D. 某公司更换法定代表人但未经证券管理部门的同意

5. 根据有关规定，上市公司发生的下列事件中，应当立即公告的有（   ）。
A. 公司总经理发生变动
B. 公司 20%的董事发生变动
C. 公司遭受超过净资产 10%以上的重大损失
D. 法院依法撤销董事会决议

6. 根据证券法律制度的规定，投资者通过证券交易所的证券交易持有一个上市公司已发行股份的 5%时，应当在该事实发生之日起 3 日内履行一定的法定义务。下列选项中，属于该法定义务的有（   ）。
A. 向国务院证券监督管理机构作出书面报告
B. 向证券交易所作出书面报告
C. 向证券登记结算机构作出书面报告
D. 通知上市公司持股情况并予以公告

7. 上市公司发生下列情形时，属于证券法律制度禁止其增发股票的有（   ）。
A. 公司在 3 年前曾经公开发行过可转换公司债券
B. 公司现任监事在最近 36 个月内曾经受到过中国证监会的行政处罚
C. 公司在前年曾经严重亏损
D. 公司现任董事因涉嫌违法已被中国证监会立案调查

8. 关于上市公司权益披露的说法，正确的有（   ）。
A. 投资者拥有权益的股份超过该公司已发行股份的 5%，但未达到 20%，只需编制简式权益变动报告书
B. 投资者拥有权益的股份达到该公司已发行股份的 20%但未超过 30%的，应当编制详式权益变动报告书
C. 自前次权益披露之日起超过 6 个月的，投资者应当按照规定编制权益变动报告书，履行报告、公告义务
D. 投资者拥有权益的股份未超过该公司已发行股份的 5%的，只需编制简式权益变动报告书

四、案例分析题

1. 某上市公司独立审计师顾某一直与公司的管理层接触，其主要职责是负责审核公司账目，编制公司年度资产负债表，并提交董事会批准以供向股东公布。该上市公司一名业务经理商某与顾某讨论和翻阅公司的上述报告和资产负债表后，意识到本公司将要向股东公布的年度赢利高于市场期望水平。于是，他于公司正式公布资产负债表前，在股票市场上买进本

公司股票2万股,获利40万元。顾某的行为是否合法?

2. 甲、乙两公司均为股票上市公司,在对甲公司股票上市及申请公司债券发行过程进行规范检查中发现以下情况。① 甲公司由国有企业改组设立,新设立的股份有限公司总股本是1.6亿元(人民币),其中原国有企业净资产折价入股共6 400万股(每股面值1元),剩余股份通过证券公司采用上网定价方式面向社会公开发行,改组前国有企业近4年连续赢利,近3年平均净资产利润率为8%。② 公司股票上市后,单独设立证券投资部,集中大量货币资金与某证券公司联合,利用公司年度报告和中期报告前的时间差,大量购入本公司股票。③ 公司上年末账面总资产为3.2亿元,总负债为1.20亿元,近3年平均税后净资产利润率为10.5%。于本年初发行公司债券9 000万元,债券发行成功后又对外宣布该公司债券为可转换债券,并在发行结束后3个月开始按上年股票的平均市价转换为本公司上市流通普通股。④ 公司利用发行债券的资金,委托20家单位代为收购乙公司发行在外普通股,因未以甲公司名义收购,故未上报中国证券监督管理部门,也未对外公告,到目前为止,已经累计收购乙公司股份的45%。

要求:结合以上资料,分析甲公司上述行为有哪些不合法之处。

3. 某证券报社于2018年8月12日收到一封读者来信,反映其上市公司(下称"A公司")存在下述问题并要求有关主管部门予以查处:

① A公司于2014年3月5日由B企业、C企业、D公司、E企业、F公司共同以发起设立方式成立。A公司成立时的股本总额为人民币33 600万元(每股面值为人民币1元,下同)。2017年8月4日A公司获准发行8 400万股社会公众股,并于8月31日上市;此次发行完毕后,股本总额增至为人民币42 000万元。A公司现时股本结构违反了《中华人民共和国公司法》有关社会公众股所占股本总额比例的规定。此外,A公司现有在册职工1 800人,在本次发行的840万股职工股中,A公司有的高级管理人员以有的职工放弃认购职工股为由,认购达12 000股职工股之多,这一做法违反了国家有关认购职工股的规定。

② A公司的发起人E企业在进行资产重组时,将所持A公司2 000万股于2017年12月4日转让给G公司,从而G公司持有A公司的股份达到2 050万股。此一转让行为违反了国家法律、法规有关发起人股转让的规定,亦未经过A公司股东大会的同意;G公司也未向A公司、证券交易所及中国证监会作出书面报告并公告。

③ A公司于2018年5月5日召开股东大会年会,该次会议通过了更换会计师事务所的决议,但却未予公告,这一做法违反有关信息披露的规定。该次会议通过了2017年度公积金转增股本方案,即每10股转增5股,并责成董事会于2018年7月5日之前完成此一事宜。这一做法违反了新增发行股份与前次发行股份时间间隔的规定。

④ A公司在证券交易所交易的股票价格自其2017年度报告公布之后,连续盘升,涨幅达60%,而近期受大势回落的影响,一跌再跌,比年报公布前的价格还低20%,而A公司未采取任何可以影响其股票价格稳定的措施,以致股民遭受重大损失。这是严重损害股民利益的行为。

⑤ 鉴于上述情形,建议国家证券主管部门宣布A公司为证券市场禁入者。

试分别评述以上各点,并说明自己的观点。

4. 中国证监会在对A上市公司进行例行检查中,发现以下事实:

① A公司于2015年5月6日由B企业、C企业等6家企业作为发起人共同以发起设立

方式成立,成立时的股本总额为 8 200 万股(每股面值为人民币 1 元,下同)。2018 年 8 月 9 日,A 公司获准发行 5 000 万股社会公众股,并于同年 10 月 10 日在证券交易所上市。此次发行完毕后,A 公司的股本总额达到 13 200 万股。

② 2019 年 9 月 5 日,B 企业将所持 A 公司股份 680 万股让给了宏达公司,从而使宏达公司持有 A 公司的股份达到 800 万股。直到同年 9 月 15 日,宏达公司未向 A 公司报告。

③ 2019 年 10 月 6 日,A 公司董事会召开会议,通过了发行公司债券的方案和于同年 11 月 25 日召开临时股东大会审议发行公司债券方案的决定。在如期举行的临时股东大会上,除审议通过了发行公司债券的决议外,还根据控股股东 C 企业的提议临时增加了一项增选一名公司董事的议案,并经出席会议的股东所持表决权的半数以上通过。

④ 为 A 公司出具 2010 年度审计报告的注册会计陈某,在 2011 年 3 月 10 日公司年度报告公布后,于同年 3 月 20 日购买了 A 公司 2 万股股票并于同年 4 月 8 日抛售,获利 3 万余元;E 证券公司的证券从业人员李某认为 A 公司的股票具有上涨潜力,于 2011 年 3 月 15 日购买了 A 公司股票 1 万股。

要求:根据上述事实及有关法律规定,回答下列问题:

① A 公司上市后,其股本结构中社会公众股所占股本总额比例是否符合法律规定?并说明理由。

② B 企业转让 A 公司股份的行为,以及宏达公司未向 A 公司报告所持股份情况的行为是否符合法律规定?并说明理由。

③ A 公司临时股东大会通过发行公司债券的决议和增选一名公司董事的决议是否符合法律规定?并说明理由。

④ 陈某、李某买卖 A 公司股票的行为是否符合法律规定?并说明理由。

第 9 章 工业产权法

9.1 工业产权法概述

1. 工业产权的概念及其特征

从狭义的角度上讲,工业产权是指受工业产权法调整而形成的独占使用权,它是一种与工商产业的发展密切相关的精神财富的专有权,属于知识产权的组成部分;从广义的角度上讲,工业产权包括专利、实用新型、外观设计、商标、服务标记、厂商名称、货源标记、原产地名称以及制止不正当竞争的权利。这是《保护工业产权巴黎公约》所规定的工业产权的范围,即保护对象,它在原则上为所有缔约国所承认,但是,不同的国家从各自国家的具体国情出发,又有不同的保护范围或对象。我国所称的工业产权,主要是指专利权和商标权。工业产权作为一种无形财产权,它具有下列法律特征。

(1) 独占性

工业产权是国家赋予专利权人和商标专用权人在有效期内,对发明创造和注册商标享有独占、使用、收益和处分的权利,任何第三人未经专利权人和商标专用权人的许可,不得使用,否则即构成侵权行为,就要依法受到制裁。对某一项智力成果的专有权,只能授予 1 次,其他人不能再成为该项工业产权的所有人。

(2) 地域性

一国的专利法、商标法所保护的工业产权,除在一定条件下使用统一保护工业产权的国际公约以及个别国家承认另一国批准的专利有效外,只在该国范围内有效,对其他国家不发生法律效力,即不发生域外效力。如果想在别国得到保护,必须依照该国法律的规定履行必要的程序,经审查批准获得专利权、商标专用权。

(3) 时间性

工业产权的保护是有一定的期限的,这个时间界限就是专利权、商标专用权的有效保护期。法律规定的期限届满后,工业产权的财产权利即自行终止。法律保护专利权人和商标专用权人在有效期限内的独占权,不允许永久独占,超过有效期限则丧失其专利权和商标专用权,使之成为社会财富。

(4) 授权性

工业产权必须依法经过申请、审查、批准后才能取得,并受到法律的保护。

2. 工业产权法的概念

工业产权法是指调整因申请、取得、保护、使用和转让工业产权过程中所发生的各种社会关系的法律规范的总称。迄今为止,我国已相继颁布和实施了《商标法》《商标法实施细则》《专利法》《专利法实施细则》等法律法规。它们构成了我国比较健全和完整的调整工业产权的法律制度体系。

9.2 专利法

1. 专利与专利法概述

（1）专利的概念

专利一词，通常有3种含义：① 专利是专利权的简称，是指依照《专利法》的规定，某项发明创造向国家专利机关申请，经审查批准授予该项发明创造在一定期限内的独占权。这是专利的最基本的含义。② 专利是指受《专利法》保护的专利技术，即依法取得专利权的发明创造。③ 专利是指专利文献，其重要部分为记载发明创造内容的专利说明书。

（2）专利与专有技术

专利技术是相对于非专利技术而言的。非专利技术包括公有技术和专有技术两部分。公有技术是指已为人所共知的技术；专有技术是指那些尚处于保密状态，仅为特定人知晓并占有的技术，即技术秘密或技术诀窍。

① 专利技术处于公开状态；而专有技术则处于秘密状态。

② 专利权人在专利有效期内对专利技术拥有法律保护的所有权，而专有技术的占有人并不能对该技术拥有所有权。

③ 两者的有效期不同。专利权人的专用权有法定的保护期，而专有技术能否由占有人独占则以其保密状态的存续期间为准。

（3）专利法的概念

专利法属于工业产权法律制度。它是确认和保护发明创造所有权，调整在利用专有的发明创造过程中所产生的社会关系的法律规范的总称。

《中华人民共和国专利法》（以下简称"《专利法》"）于1984年3月12日经第六届全国人民代表大会常务委员会第四次会议通过，自1985年4月10日起实施；1985年1月19日国务院批准，中国专利局发布了《中华人民共和国专利法实施细则》（以下简称"《专利法实施细则》"）。1992年9月4日，为保持与国际条约精神一致，第七届全国人民代表大会常务委员会通过了《专利法》修正案，延长了三种专利的保护期限；1992年12月21日专利局发布了经国务院批准修订的《专利法实施细则》。2000年8月25日，为了适应加入WTO和高科技发展的要求，第九届全国人民代表大会常务委员会通过了对《专利法》的第2次修正，加大了对专利的保护力度；自2001年7月1日起施行。2008年12月27日，第十一届全国人民代表大会常务委员会通过了对《专利法》的第3次修正，自2009年10月1日起施行。国家还陆续发布了《专利法实施细则》《专利代理管理办法》《专利行政执法办法》《专利实施强制许可办法》《专利标识标注办法》等。《专利法》的颁布和实施，标志着我国保护发明创造的法律制度进入了一个新的历史时期。

我国《专利法》立法的宗旨是：为了保护专利权人的合法权益，鼓励发明创造，推动发明创造的应用，提高创新能力，促进科学技术进步和经济社会发展。它的任务是调整发明创造者、发明创造的所有者和发明创造使用者这三者的关系，保护三者的合法权益。

2. 专利权的主体和客体

1）专利权的主体

专利权是指国家专利机关依法授予发明创造的专利申请人对其发明创造在法定期限内享有的专有权利。专利权是一种无形财产权，具有两个基本属性：一是具有人身性，人身权不能继承，也不能转让；二是具有财产性，这种财产权可以继承，也可以转让。

专利权的主体是指可以申请并取得专利权的单位和个人。享有专利权的单位和个人统称为专利权人。

根据我国《专利法》的规定，有权在中国申请专利的人包括发明人或设计人，职务发明创造的单位，以及外国人、外国企业或者外国的其他组织。

（1）职务发明创造的单位

执行本单位的任务或者主要是利用本单位的物质技术条件所完成的发明创造为职务发明创造。

执行本单位的任务所完成的职务发明创造是指：① 在从事本职工作中所作出的发明创造；② 履行本单位交付的本职工作之外的任务所作出的发明创造；③ 退职、退休或调动工作1年以内作出的，与其在原单位承担的本职工作或者分配的任务有关的发明创造；④ 主要利用本单位的物质条件完成的发明创造。本单位，包括临时工作单位；利用本单位的物质条件是指利用本单位的资金、设备、零部件、原材料或不向外公开的技术资料等。

职务发明创造申请专利的权利属于该单位，申请被批准后，该单位为专利权人。利用本单位的物质技术条件所完成的发明创造，单位与发明人或者设计人订有合同，对申请专利的权利和专利权的归属作出约定的，从其约定。

（2）发明人或设计人

发明人或设计人是指对发明创造的实质性特点作出创造性贡献的人。在完成发明创造过程中，只负责组织工作的人、为物质技术条件的利用提供方便的人或者从事其他辅助工作的人，不是发明人或设计人。

发明人或者设计人所完成的非职务发明创造，申请专利的权利属于发明人或者设计人，申请被批准后，专利权归申请的发明人或者设计人所有。对发明人或者设计人的非职务发明创造专利的申请，任何单位或者个人不得压制。

非职务发明创造，一般是指发明人或者设计人在工作时间以外自由完成的职务发明以外的发明创造。凡是不能被证明为职务发明创造的为非职务发明创造。

（3）共同发明人或共同设计人

由两人或者两人以上共同完成的发明创造，称为共同发明创造。完成共同发明创造的个人、单位，称为共同发明人或者共同设计人。

确定共同发明人或共同设计人的标准是他们对所完成的发明、设计共同作出创造性的贡献。因此，在协作或者委托完成发明创造的当事人中，仅仅从资金、设备、场地等物质条件方面给予支持，或者帮助完成中间试验等辅助性工作的人，不应当视为共同发明人或共同设计人。

共同发明创造申请专利的权利归共同发明人或共同设计人。两个以上单位或者个人合作完成的发明创造、一个单位或者个人接受其他单位或者个人委托所完成的发明创造，除另有协议的以外，申请专利的权利属于完成或者共同完成的单位或者个人；申请被批准后，申请的单位或者个人为专利权人。

（4）外国人、外国企业或者外国其他组织

外国人、外国企业或者外国其他组织作出的发明创造在中国申请专利，在中国有经常居所或者营业所的，可以享受国民待遇；在中国没有经常居所或者营业所的，应依照其所属国同中国签订的协议或共同参加的国际条约，或者依照互惠原则，根据我国《专利法》的规定办理。

《专利法》还对中国单位或者个人到国外申请专利作出了规定。任何单位或者个人将在中国完成的发明或者实用新型向外国申请专利的，应当事先报经国务院专利行政部门进行保密审查。保密审查的程序、期限等按照国务院的规定执行。对违反上述规定向外国申请专利的发明或者实用新型，在中国申请专利的，不授予专利权。违反法律规定向外国申请专利，泄露国家秘密的，由所在单位或者上级主管机关给予行政处分；构成犯罪的，依法追究刑事责任。

2）专利权的客体

专利权的客体，是指专利法保护的对象，即依法可以取得专利权的发明创造。我国《专利法》所称的发明创造，是指发明、实用新型和外观设计。

（1）发明

我国《专利法》所称的发明，是指对产品、方法或者其改进所提出的新的技术方案。根据这一定义，发明分为产品发明和方法发明。所谓产品发明，是指人工制造各种制品的发明，包括制造品的发明、材料物品的发明、具有特定用途的物品的发明；所谓方法发明，是指把一种对象改造成另一种对象所用的手段的发明，包括制造产品方法、使用产品方法、测量方法、通信方法的发明等。

（2）实用新型

实用新型，是指对产品的形状、构造或者其结合所提出的适于实用的新的技术方案。

实用新型不同于发明，二者的区别如下。

① 发明既包括产品发明也包括方法发明，而实用新型仅指具有一定形状的物品发明。方法发明及没有固定形状和构造的产品，如液体、粉末等方面的产品发明，不属于实用新型的范畴。

② 实用新型同发明相比，对产品的创造性要求较低。因此，实用新型在一些国家被称为小发明。

（3）外观设计

外观设计，是指对产品的形状、图案或者其结合以及色彩与形状、图案的结合所作出的富有美感并适于工业应用的新设计。外观设计只涉及美化产品的外表和形状，而不涉及产品的制造和设计技术。

3. 授予专利权的条件

发明创造必须符合《专利法》规定的条件，才能被授予专利权。这些条件包括形式条件和实质条件两方面，二者都不能缺少。前者是指专利申请文书的写法和格式，后者是指发明创造本身的状况。在这里，将着重讨论授予专利权的实质条件。

1）授予发明和实用新型专利权的条件

我国《专利法》规定，授予专利权的发明和实用新型应当具备新颖性、创造性和实用性。

(1) 新颖性

新颖性,是指该发明或者实用新型不属于现有技术;也没有任何单位或者个人就同样的发明或者实用新型在申请日以前向国务院专利行政部门提出过申请,并记载在申请日以后公布的专利申请文件或者公告的专利文件中。所谓"现有技术",是指申请日以前在国内外为公众所知的技术。

申请专利的发明创造在申请日以前6个月内,有下列情形之一的,不丧失新颖性:

① 在中国政府主办或者承认的国际展览会上首次展出的;
② 在规定的学术会议或者技术会议上首次发表的;
③ 他人未经申请人同意而泄露其内容的。

(2) 创造性

创造性,是指与现有技术相比,该发明具有突出的实质性特点和显著的进步,该实用新型具有实质性特点和进步。

(3) 实用性

实用性,是指该发明或者实用新型能够在产业上制造或者使用,并且能够产生积极效果。

2) 授予外观设计专利权的条件

授予专利权的外观设计,应当不属于现有设计,也没有任何单位或者个人就同样的外观设计在申请日以前向国务院专利行政部门提出过申请,并记载在申请日以后公告的专利文件中。所谓"现有设计",是指申请日以前在国内外为公众所知的设计。

授予专利权的外观设计与现有设计或者现有设计特征的组合相比,应当具有明显区别。授予专利权的外观设计不得与他人在申请日以前已经取得的合法权利相冲突。

3) 不授予专利权的项目

根据我国《专利法》的规定,对于下列各项不授予专利权:① 科学发现;② 智力活动的规则和方法;③ 疾病的诊断和治疗方法;④ 动物和植物品种;⑤ 用原子核变换方法获得的物质;⑥ 对平面印刷品的图案、色彩或者二者的结合作出的主要起标识作用的设计。但动物和植物品种的生产方法,可以依照《专利法》的规定授予专利权。

此外,对违反法律、社会公德或者妨害公共利益的发明创造,不授予专利权。对违反法律、行政法规的规定获取或者利用遗传资源,并依赖该遗传资源完成的发明创造,不授予专利权。

4. 专利的申请和专利申请的审查、批准

1) 专利的申请

(1) 专利申请的原则

根据我国《专利法》的规定,专利申请应当遵循下列原则。

① 书面原则。即一项发明创造要申请专利,必须以书面形式向国家专利局提出申请,而不能以口头说明或者以提交实物的办法代替书面申请。

② 一项发明一件专利申请原则。我国《专利法》规定,一件发明或者实用新型专利申请应当限于一项发明或者实用新型。属于一个总的发明构思的两项以上的发明或者实用新型,可以作为一件申请提出。一件外观设计专利申请应当限于一项外观设计。同一产品两项以上的相似外观设计,或者用于同一类别并且成套出售或者使用的产品的两项以上外观设计,可以作为一件申请提出。

③ 申请优先原则。我国《专利法》规定，两个以上的申请人分别就同样的发明创造申请专利的，专利权授予最先申请的人。关于申请日，我国《专利法》明确规定，国务院专利行政部门收到专利申请文件之日为申请日，如果申请文件是邮寄的，以寄出的邮戳日为申请日。如果两个以上的申请人在同一日分别就同样的发明创造申请专利的，应当在收到国务院专利行政部门的通知后自行协商确定申请人。

④ 优先权原则。根据我国《专利法》的规定，申请人自发明或者实用新型在外国第一次提出专利申请之日起 12 个月内，或者自外观设计在外国第一次提出专利申请之日起 6 个月内，又在中国就相同主题提出专利申请的，依照该外国同中国签订的协议或者共同参加的国际条约，或者依照相互承认优先权的原则，可以享有优先权。申请人自发明或者实用新型在中国第一次提出专利申请之日起 12 个月内，又向国务院专利行政部门就相同主题提出专利申请的，可以享有优先权。

我国《专利法》同时规定，申请人要求优先权，应当在申请的时候提出书面声明，并且在 3 个月内提交前一次提出的专利申请文件的副本；未提出书面声明或者逾期未提交专利申请文件副本的，视为未要求优先权。

（2）专利申请的提出、修改和撤回

① 专利申请的提出。中国单位或者个人在国内申请专利和办理其他专利事务的，可以自行申请，也可以委托依法设立的专利代理机构办理。在中国没有经常居所或者营业所的外国人、外国企业或者外国其他组织在中国申请专利和办理其他专利事务的，应当委托依法设立的专利代理机构办理。

申请发明或者实用新型专利的，应当提交请求书、说明书及其摘要和权利要求书等文件。请求书应当写明发明或者实用新型的名称，发明人的姓名，申请人姓名或者名称、地址，以及其他事项。说明书应当对发明或者实用新型作出清楚、完整的说明，以所属技术领域的技术人员能够实现为准；必要的时候，应当有附图。摘要应当简要说明发明或者实用新型的技术要点。权利要求书应当以说明书为依据，清楚、简要地限定要求专利保护的范围。依赖遗传资源完成的发明创造，申请人应当在专利申请文件中说明该遗传资源的直接来源和原始来源；申请人无法说明原始来源的，应当陈述理由。

申请外观设计专利的，应当提交请求书、该外观设计的图片或者照片以及对该外观设计的简要说明等文件。申请人提交的有关图片或者照片应当清楚地显示要求专利保护的产品的外观设计。

② 专利申请的修改。专利申请的修改，可以由申请人自己主动提出修改，也可以根据国务院专利行政部门的要求进行修改。我国《专利法》规定，申请人可以对其专利申请文件进行修改，但是，对发明和实用新型专利申请文件的修改不得超出原说明书和权利要求书记载的范围，对外观设计专利申请文件的修改不得超出原图片或者照片表示的范围。

③ 专利申请的撤回。申请人可以在被授予专利权之前随时撤回其专利申请。

2）专利申请的审查和批准

国务院专利行政部门负责管理全国的专利工作；统一受理和审查专利申请，依法授予专利权。省、自治区、直辖市人民政府管理专利工作的部门负责本行政区域内的专利管理工作。

我国专利申请的审查和批准，一般要经过以下程序。

① 初步审查、早期公开。初步审查也称形式审查，是对申请文件、委托事项，以及发明

创造是否属于法律禁止授予专利权的情形等事项进行审查。

② 申请公开。国务院专利行政部门收到发明专利申请后，经初步审查认为符合本法要求的，自申请日起满 18 个月，即行公布。国务院专利行政部门可以根据申请人的请求早日公布其申请。

③ 实质审查。实质审查是指对发明创造是否具备新颖性、创造性和实用性等进行审查。发明专利申请自申请日起 3 年内，国务院专利行政部门可以根据申请人随时提出的请求，对其申请进行实质审查；申请人无正当理由逾期不请求实质审查的，该申请即被视为撤回。国务院专利行政部门认为必要的时候，可以自行对发明专利申请进行实质审查。

发明专利的申请人请求实质审查的时候，应当提交在申请日前与其发明有关的参考资料。发明专利已经在外国提出过申请的，国务院专利行政部门可以要求申请人在指定期限内提交该国为审查其申请进行检索的资料或者审查结果的资料；无正当理由逾期不提交的，该申请即被视为撤回。

④ 授予专利权。国务院专利行政部门对发明专利申请进行实质审查后，认为不符合我国《专利法》规定的，应当通知申请人，要求其在指定的期限内陈述意见，或者对其申请进行修改；无正当理由逾期不答复的，该申请即被视为撤回。发明专利申请经申请人陈述意见或者进行修改后，国务院专利行政部门仍然认为不符合我国《专利法》规定的，应当予以驳回。发明专利申请经实质审查没有发现驳回理由的，由国务院专利行政部门作出授予发明专利权的决定，发给发明专利证书，同时予以登记和公告。发明专利权自公告之日起生效。

国务院专利行政部门受理实用新型和外观设计专利申请后，只进行初步审查，不进行申请公开和实质审查程序。实用新型和外观设计专利申请经初步审查没有发现驳回理由的，由国务院专利行政部门作出授予实用新型专利权或者外观设计专利权的决定，发给相应的专利证书，同时予以登记和公告。实用新型专利权和外观设计专利权自公告之日起生效。

⑤ 专利复审。国务院专利行政部门设立专利复审委员会。专利申请人对国务院专利行政部门驳回申请的决定不服的，可以自收到通知之日起 3 个月内，向专利复审委员会请求复审。专利复审委员会复审后，作出决定，并通知专利申请人。专利申请人对专利复审委员会的复审决定不服的，可以自收到通知之日起 3 个月内向人民法院起诉。

我国《专利法》第二十一条规定："国务院专利行政部门及其专利复审委员会应当按照客观、公正、准确、及时的要求，依法处理有关专利的申请和请求。国务院专利行政部门应当完整、准确、及时发布专利信息，定期出版专利公报。在专利申请公布或者公告前，国务院专利行政部门的工作人员及有关人员对其内容负有保密责任。"

5. 专利权人的权利和义务

（1）专利权人的权利

根据我国《专利法》的规定，专利权人依法享有下列权利。

① 独占权。专利权人对其专利享有占有、使用、收益和处分的权利。专利权人有自己制造、使用和销售专利产品或者使用专利方法的权利。发明和实用新型专利权被授予后，除《专利法》另有规定的以外，任何单位或者个人未经专利权人许可，都不得实施其专利，即不得为生产经营目的制造、使用、许诺销售、销售、进口其专利产品，或者使用其专利方法以及使用、许诺销售、销售、进口依照该专利方法直接获得的产品。外观设计专利权被授予后，任何单位或者个人未经专利权人许可，都不得实施其专利，即不得为生产经营目的制造、许

诺销售、销售、进口其外观设计专利产品。

② 转让权。专利主体有权将自己的专利申请权转让给他人；专利权人有权将自己的专利权转让给他人。中国单位或者个人向外国人、外国企业或者外国其他组织转让专利申请权或者专利权的，应当依照有关法律、行政法规的规定办理手续。转让专利申请权或者专利权的，当事人应当订立书面合同，并向国务院专利行政部门登记，由国务院专利行政部门予以公告。专利申请权或者专利权的转让自登记之日起生效。

③ 许可权。专利权人有许可他人实施其专利并收取使用费的权利。任何单位或者个人实施他人专利的，应当与专利权人订立书面实施许可合同，向专利权人支付专利使用费。被许可人无权允许合同规定以外的任何单位或者个人实施该专利。

④ 标记权。专利权人享有在其专利产品或者该产品的包装上标明专利标记和专利号的权利。发明人或者设计人有权在专利文件中写明自己是发明人或者设计人。在授予专利权之后的专利权有效期内，专利权人或者经专利权人同意享有专利标识标注权的被许可人可以在其专利产品、依照专利方法直接获得的产品、该产品的包装或者该产品的说明书等材料上标注专利标识。

⑤ 排除侵犯权。专利权人享有在其专利权受到侵犯时请求专利管理机关进行处理，或者直接向人民法院起诉的权利。

⑥ 放弃专利权的权利。专利权人有权以书面形式放弃其专利权。

（2）专利权人的义务

我国《专利法》规定，专利权人在依法享有权利的同时，还必须履行下列义务。

① 实施专利的义务。专利权人负有自己在中国制造其专利产品、使用其专利方法或者许可他人在中国制造其专利产品、使用其专利方法的义务。

② 缴纳专利年费的义务。专利年费是专利权人付给国务院专利行政部门的管理费用。专利权人应从授予专利权的当年开始缴纳专利年费，不按规定缴纳年费的，专利权应予终止。

③ 职务发明创造取得专利后，被授予专利权的单位应当对职务发明创造的发明人或者设计人给予奖励；发明创造专利实施后，根据其推广应用的范围和取得的经济效益，对发明人或者设计人给予合理的报酬。

6. 专利权的期限、终止和无效

（1）专利权的期限

专利权的期限，是指专利权的时间效力。专利权只是在法定的期限内有效，并受到法律保护。超过法律规定的有效期限，专利权就自行终止。我国《专利法》第四十二条规定："发明专利权的期限为二十年，实用新型专利权和外观设计专利权的期限为十年，均自申请日起计算。"

（2）专利权的终止

专利权的终止，就是专利权的失效。有下列情形之一的，专利权在期限届满前终止：

① 没有按照规定缴纳年费的；

② 专利权人以书面声明放弃其专利权的。

专利权在期限届满前终止的，由国务院专利行政部门登记和公告。

（3）专利权的无效

① 专利权无效的概念。专利权无效是指已经取得的专利权因不符合专利法的规定，根据有关单位或个人的请求，经专利复审委员会审核后被宣告无效。

② 专利权宣告无效的程序。自国务院专利行政部门公告授予专利权之日起,任何单位或者个人认为该专利权的授予不符合《专利法》有关规定的,可以请求专利复审委员会宣告该专利权无效。专利复审委员会对宣告专利权无效的请求应当及时审查和作出决定,并通知请求人和专利权人。宣告专利权无效的决定,由国务院专利行政部门登记和公告。对专利复审委员会宣告专利权无效或者维持专利权的决定不服的,可以自收到通知之日起 3 个月内向人民法院起诉。人民法院应当通知无效宣告请求程序的对方当事人作为第三人参加诉讼。

③ 专利权宣告无效的法律效力。

宣告无效的专利权视为自始即不存在。

宣告专利权无效的决定,对在宣告专利权无效前人民法院作出并已执行的专利侵权的判决、调解书,已经履行或者强制执行的专利侵权纠纷处理决定,以及已经履行的专利实施许可合同和专利权转让合同,不具有追溯力。但是因专利权人的恶意给他人造成的损失,应当给予赔偿。依照上述规定不返还专利侵权赔偿金、专利使用费、专利权转让费,明显违反公平原则的,应当全部或者部分返还。

7. 专利的实施

专利实施,是指专利权人或者他人在中国境内为了生产经营的目的制造、使用和销售专利产品或使用其专利方法的全部实践活动。专利的实施有以下几种情况。

(1) 专利权人实施

专利权人取得专利后,依照专利的性能,制造其产品,使用其方法,以取得最大的经济效益。专利权人实施分为两种情况:一是专利权人自己单独实施;二是专利权人将其专利作为投资,与他人合资经营或者合作经营进行合作实施。

专利申请权或者专利权的共有人对权利的行使有约定的,从其约定。没有约定的,共有人可以单独实施或者以普通许可方式许可他人实施该专利;许可他人实施该专利的,收取的使用费应当在共有人之间分配。除上述规定的情形外,行使共有的专利申请权或者专利权应当取得全体共有人的同意。

(2) 许可他人实施

专利权人通过订立许可合同的方式,许可他人实施其专利,并依法获得专利使用费。专利权人与他人订立专利实施许可合同,并向国务院专利行政部门登记,由国务院专利行政部门予以公告。

(3) 依国家需要指定实施

我国《专利法》规定,国有企业、事业单位的发明专利,对国家利益或者公共利益具有重大意义的,国务院有关主管部门和省、自治区、直辖市人民政府报经国务院批准,可以决定在批准的范围内推广应用,允许指定的单位实施,由实施单位按照国家规定向专利权人支付使用费。

(4) 强制许可实施

强制许可实施,是指国务院专利行政部门在一定条件下,不需要经过专利权人的同意,准许其他单位和个人实施专利权人的专利的一种强制性法律措施。

8. 强制许可的法律规定

请求给予强制许可、请求裁决强制许可使用费和请求终止强制许可,应当使用中文以书面形式办理。国家知识产权局负责受理和审查申请并作出决定。在中国没有经常居所或者营业所的外国人、外国企业或者外国其他组织办理强制许可事务的，应当委托依法设立的专利代理机构办理。

（1）强制许可实施的条件

根据《专利法》和《专利实施强制许可办法》的规定，强制许可实施的情形有以下几种。

① 有下列情形之一的，具备实施条件的单位或者个人可以根据《专利法》的规定，请求给予强制许可：专利权人自专利权被授予之日起满3年，且自提出专利申请之日起满4年，无正当理由未实施或者未充分实施其专利的；专利权人行使专利权的行为被依法认定为垄断行为，为消除或者减少该行为对竞争产生的不利影响的。

② 在国家出现紧急状态或者非常情况时，或者为了公共利益的目的，国务院有关主管部门可以根据《专利法》的规定，建议国家知识产权局给予其指定的具备实施条件的单位强制许可。

③ 为了公共健康目的，具备实施条件的单位可以根据《专利法》的规定，请求给予制造取得专利权的药品并将其出口到下列国家或者地区的强制许可：最不发达国家或者地区；依照有关国际条约通知世界贸易组织表明希望作为进口方的该组织的发达成员或者发展中成员。

④ 一项取得专利权的发明或者实用新型比前已经取得专利权的发明或者实用新型具有显著经济意义的重大技术进步，其实施又有赖于前一发明或者实用新型的实施的，该专利权人可以根据《专利法》的规定请求给予实施前一专利的强制许可。国家知识产权局给予实施前一专利的强制许可的，前一专利权人也可以请求给予实施后一专利的强制许可。

（2）强制许可请求的提出与受理

① 请求给予强制许可的，应当提交强制许可请求书。请求书及其附加文件应当一式两份。强制许可请求涉及两个或者两个以上的专利权人的，请求人应当按专利权人的数量提交请求书及其附加文件副本。

② 根据上述条件①第一种情形或者上述条件④情形请求给予强制许可的，请求人应当提供证据，证明其以合理的条件请求专利权人许可其实施专利，但未能在合理的时间内获得许可。根据上述条件①第二种情形请求给予强制许可的，请求人应当提交已经生效的司法机关或者反垄断执法机构依法将专利权人行使专利权的行为认定为垄断行为的判决或者决定。

③ 国务院有关主管部门根据专利法建议给予强制许可的，应当指明下列各项：国家出现紧急状态或者非常情况，或者为了公共利益目的的需要给予强制许可；建议给予强制许可的发明专利或者实用新型专利的名称、专利号、申请日、授权公告日，以及专利权人的姓名或者名称；建议给予强制许可的期限；指定的具备实施条件的单位名称、地址、邮政编码、联系人及电话；其他需要注明的事项。根据上述条件③情形请求给予强制许可的，请求人应当提供进口方及其所需药品和给予强制许可的有关信息。

④ 强制许可请求有下列情形之一的，不予受理并通知请求人：请求给予强制许可的发明专利或者实用新型专利的专利号不明确或者难以确定；请求文件未使用中文；明显不具备请求强制许可的理由；请求给予强制许可的专利权已经终止或者被宣告无效。请求文件不符合相关规定的，请求人应当自收到通知之日起15日内进行补正。期满未补正的，该请求视为未提出。

（3）强制许可请求的审查和决定

① 国家知识产权局应当对请求人陈述的理由、提供的信息和提交的有关证明文件以及专

利权人陈述的意见进行审查；需要实地核查的，应当指派两名以上工作人员实地核查。

② 请求人或者专利权人要求听证的，由国家知识产权局组织听证。国家知识产权局应当在举行听证 7 日前通知请求人、专利权人和其他利害关系人。除涉及国家秘密、商业秘密或者个人隐私外，听证公开进行。举行听证时，请求人、专利权人和其他利害关系人可以进行申辩和质证。举行听证时应当制作听证笔录，交听证参加人员确认无误后签字或者盖章。

在国家出现紧急状态或者非常情况时，或者为了公共利益、公共健康的目的，建议或者请求给予强制许可的，不适用听证程序。

③ 请求人在国家知识产权局作出决定前撤回其请求的，强制许可请求的审查程序终止。在国家知识产权局作出决定前，请求人与专利权人订立了专利实施许可合同的，应当及时通知国家知识产权局，并撤回其强制许可请求。

④ 经审查认为强制许可请求不符合我国法律法规规定的，国家知识产权局应当作出驳回强制许可请求的决定。国家知识产权局在作出驳回强制许可请求的决定前，应当通知请求人拟作出的决定及其理由。除另有指定的外，请求人可以自收到通知之日起 15 日内陈述意见。

⑤ 经审查认为请求给予强制许可的理由成立的，国家知识产权局应当作出给予强制许可的决定。在作出给予强制许可的决定前，应当通知请求人和专利权人拟作出的决定及其理由。除另有指定的外，双方当事人可以自收到通知之日起 15 日内陈述意见。在国家出现紧急状态或者非常情况时，或者为了公共利益的目的，国家知识产权局作出给予强制许可的决定前，应当通知专利权人拟作出的决定及其理由。

⑥ 给予实施强制许可的决定，应当根据强制许可的理由规定实施的范围和时间。给予强制许可的决定应当自作出之日起 5 日内通知请求人和专利权人，并予以登记和公告。

⑦ 取得实施强制许可的单位或者个人不享有独占的实施权，并且无权允许他人实施。

（4）强制许可使用费裁决请求的审查和裁决

① 取得实施强制许可的单位或者个人应当付给专利权人合理的使用费，或者依照中华人民共和国参加的有关国际条约的规定处理使用费问题。付给使用费的，其数额由双方协商；双方不能达成协议的，由国务院专利行政部门裁决。

② 请求裁决强制许可使用费的，应当提交强制许可使用费裁决请求书，国家知识产权局受理强制许可使用费裁决请求的，应当自收到请求书之日起 3 个月内作出强制许可使用费的裁决决定。强制许可使用费裁决决定应当自作出之日起 5 日内通知双方当事人。

（5）终止强制许可请求的审查和决定

① 有下列情形之一的，强制许可自动终止：给予强制许可的决定规定的强制许可期限届满；被给予强制许可的发明专利或者实用新型专利终止或者被宣告无效。

② 给予强制许可的决定中规定的强制许可期限届满前，强制许可的理由消除并不再发生的，专利权人可以请求国家知识产权局作出终止强制许可的决定。

经审查认为请求终止强制许可的理由不成立的，国家知识产权局应当作出驳回终止强制许可请求的决定。在作出驳回终止强制许可请求的决定前，应当通知专利权人拟作出的决定及其理由。除另有指定的外，专利权人可以自收到通知之日起 15 日内陈述意见。

经审查认为请求终止强制许可的理由成立的，国家知识产权局应当作出终止强制许可的决定。在作出终止强制许可的决定前，应当通知取得强制许可的单位或者个人拟作出的决定及其理由。除另有指定的外，取得强制许可的单位或者个人可以自收到通知之日起 15 日内陈述意见。

终止强制许可的决定应当自作出之日起 5 日内通知专利权人和取得强制许可的单位或者个人。

③ 已经生效的给予强制许可的决定和终止强制许可的决定,以及强制许可自动终止的,应当在专利登记簿上登记并在专利公报上公告。

④ 当事人对国家知识产权局关于强制许可的决定不服的,可以依法申请行政复议或者提起行政诉讼。专利权人对国务院专利行政部门关于实施强制许可的决定不服的,专利权人和取得实施强制许可的单位或者个人对国务院专利行政部门关于实施强制许可的使用费的裁决不服的,可以自收到通知之日起 3 个月内向人民法院起诉。

9. 专利权的保护

（1）专利权的保护范围

发明或者实用新型专利权的保护范围以其权利要求的内容为准,说明书及附图可以用于解释权利要求的内容。

外观设计专利权的保护范围以表示在图片或者照片中的该产品的外观设计为准,简要说明可以用于解释图片或者照片所表示的该产品的外观设计。

（2）专利侵权行为

专利侵权,是指他人未经专利权人的许可,实施其专利的行为。专利侵权行为主要有 3 种情况:一是未经专利权人许可,实施其专利;二是假冒他人专利;三是以非专利产品或方法冒充专利产品或方法。

有下列情形之一的,不视为侵犯专利权:

① 专利产品或者依照专利方法直接获得的产品,由专利权人或者经其许可的单位、个人售出后,使用、许诺销售、销售、进口该产品的;

② 在专利申请日前已经制造相同产品、使用相同方法或者已经做好制造、使用的必要准备,并且仅在原有范围内继续制造、使用的;

③ 临时通过中国领陆、领水、领空的外国运输工具,依照其所属国同中国签订的协议或者共同参加的国际条约,或者依照互惠原则,为运输工具自身需要而在其装置和设备中使用有关专利的;

④ 专为科学研究和实验而使用有关专利的;

⑤ 为提供行政审批所需要的信息,制造、使用、进口专利药品或者专利医疗器械的,以及专门为其制造、进口专利药品或者专利医疗器械的。

为生产经营目的使用、许诺销售或者销售不知道是未经专利权人许可而制造并售出的专利侵权产品,能证明该产品合法来源的,不承担赔偿责任。

专利侵权纠纷涉及新产品制造方法的发明专利的,制造同样产品的单位或者个人应当提供其产品制造方法不同于专利方法的证明。专利侵权纠纷涉及实用新型专利或者外观设计专利的,人民法院或者管理专利工作的部门可以要求专利权人或者利害关系人出具由国务院专利行政部门对相关实用新型或者外观设计进行检索、分析和评价后作出的专利权评价报告,作为审理、处理专利侵权纠纷的证据。

在专利侵权纠纷中,被控侵权人有证据证明其实施的技术或者设计属于现有技术或者现有设计的，不构成侵犯专利权。

(3) 专利侵权的处理

未经专利权人许可，实施其专利，即侵犯其专利权，引起纠纷的，由当事人协商解决；不愿协商或者协商不成的，专利权人或者利害关系人可以向人民法院起诉，也可以请求管理专利工作的部门处理。管理专利工作的部门处理时，认定侵权行为成立的，可以责令侵权人立即停止侵权行为，当事人不服的，可以自收到处理通知之日起15日内依照《中华人民共和国行政诉讼法》向人民法院起诉；侵权人期满不起诉又不停止侵权行为的，管理专利工作的部门可以申请人民法院强制执行。进行处理的管理专利工作的部门应当事人的请求，可以就侵犯专利权的赔偿数额进行调解；调解不成的，当事人可以依照《中华人民共和国民事诉讼法》向人民法院起诉。

专利权人或者利害关系人有证据证明他人正在实施或者即将实施侵犯专利权的行为，如不及时制止将会使其合法权益受到难以弥补的损害的，可以在起诉前向人民法院申请采取责令停止有关行为的措施。申请人提出申请时，应当提供担保；不提供担保的，驳回申请。人民法院应当自接受申请之时起48小时内作出裁定；有特殊情况需要延长的，可以延长48小时。裁定责令停止有关行为的，应当立即执行。当事人对裁定不服的，可以申请复议一次；复议期间不停止裁定的执行。申请人自人民法院采取责令停止有关行为的措施之日起15日内不起诉的，人民法院应当解除该措施。申请有错误的，申请人应当赔偿被申请人因停止有关行为所遭受的损失。

侵犯专利权的诉讼时效为两年，自专利权人或者利害关系人得知或者应当得知侵权行为之日起计算。发明专利申请公布后至专利权授予前使用该发明未支付适当使用费的，专利权人要求支付使用费的诉讼时效为两年，自专利权人得知或者应当得知他人使用其发明之日起计算，但是，专利权人于专利权授予之日前即已得知或者应当得知的，自专利权授予之日起计算。

(4) 违反《专利法》的法律责任

① 假冒专利的，除依法承担民事责任外，由管理专利工作的部门责令改正并予公告，没收违法所得，可以并处违法所得4倍以下的罚款；没有违法所得的，可以处20万元以下的罚款；构成犯罪的，依法追究刑事责任。

② 管理专利工作的部门根据已经取得的证据，对涉嫌假冒专利行为进行查处时，可以询问有关当事人，调查与涉嫌违法行为有关的情况；对当事人涉嫌违法行为的场所实施现场检查；查阅、复制与涉嫌违法行为有关的合同、发票、账簿及其他有关资料；检查与涉嫌违法行为有关的产品，对有证据证明是假冒专利的产品，可以查封或者扣押。管理专利工作的部门依法行使前款规定的职权时，当事人应当予以协助、配合，不得拒绝、阻挠。

③ 侵犯专利权的赔偿数额按照权利人因被侵权所受到的实际损失确定；实际损失难以确定的，可以按照侵权人因侵权所获得的利益确定。权利人的损失或者侵权人获得的利益难以确定的，参照该专利许可使用费的倍数合理确定。赔偿数额还应当包括权利人为制止侵权行为所支付的合理开支。权利人的损失、侵权人获得的利益和专利许可使用费均难以确定的，人民法院可以根据专利权的类型、侵权行为的性质和情节等因素，确定给予1万元以上100万元以下的赔偿。

④ 侵夺发明人或者设计人的非职务发明创造专利申请权和《专利法》规定的其他权益的，

由所在单位或者上级主管机关给予行政处分。

⑤ 管理专利工作的部门不得参与向社会推荐专利产品等经营活动。管理专利工作的部门违反上述规定的，由其上级机关或者监察机关责令改正，消除影响，有违法收入的予以没收。情节严重的，对直接负责的主管人员和其他直接责任人员依法给予行政处分。

⑥ 从事专利管理工作的国家机关工作人员及其他有关国家机关工作人员玩忽职守、滥用职权、徇私舞弊，构成犯罪的，依法追究刑事责任；尚不构成犯罪的，依法给予行政处分。

9.3 商标法

1. 商标法概述

（1）商标的概念及特征

商标是商品和商业服务的标记。它是商品生产者或经营者用以标明自己所生产或销售的商品和商业服务者提供的服务与其他人生产或者销售的同类商品和提供的同类服务相区别的标记。这种标记一般用文字、图形或者用文字和图形的组合来表示，并置于商品表面或商品包装上和服务场所及服务说明书上。

商标具有下列特征。

① 商标是商品和商业服务的标记，它与商品和商业服务有密切的联系，是用在商品和服务领域的特定标记。

② 商标是区别不同商品生产者、经营者和商业服务者的标记。

③ 商标可以在长期的商品交易中产生信誉，反映商品的质量和服务水平，为商品的购买者和服务对象提供特殊的信息。

（2）商标的分类

① 商标按结构可以划分为：文字商标、图形商标、字母商标、数字商标、三维商标、颜色商标及组合商标。

② 商标按用途可以划分为：商品商标和服务商标。

商品商标是用于生产销售的商品上的标记。服务商标是用于服务行业，以便与其他服务相区别的标记。

③ 商标按其作用和功能可以划分为：集体商标、证明商标、防御商标和联合商标。

集体商标，是指以团体、协会或者其他组织名义注册，供该组织成员在商事活动中使用，以表明使用者在该组织中的成员资格的标志。

证明商标，是指由对某种商品或者服务具有监督能力的组织所控制，而由该组织以外的单位或者个人使用于其商品或者服务，用以证明该商品或者服务的原产地、原料、制造方法、质量或者其他特定品质的标志。

防御商标，是将同一商标注册于不同的商品或服务上，构成一个防御体系，以防止他人在不同的商品或服务上使用该商标可能给消费者造成的混淆。

联合商标，是指将与已注册商标相近似的商标在相同或类似商品或服务上加以注册。

④ 商标按其知名程度可以划分为：驰名商标、著名商标和知名商标。

驰名商标，是由商标局认定的在市场上享有较高声誉并为相关公众所熟悉的商标。

著名商标，是由省级工商行政管理部门认可的，在该行政区划范围内具有较高声誉和市场知名度的商标。

知名商标,是由市一级工商行政管理部门认可的,在该行政区划范围内具有较高声誉和市场知名度的商标。

(3)商标法的概念

商标法是调整在商标注册、使用、管理和保护商标专用权过程中所发生的各种社会关系的法律规范的总称。

商标法调整的社会关系包括3个方面:一是商标管理机关与企业、事业单位、个体商户等,在商标注册、商标使用和管理过程中所发生的关系;二是调整社会经济组织、个体工商户自身及相互之间因注册商标的转让、许可使用和商标争议而发生的关系;三是调整国家工商行政管理部门与地方工商行政管理部门内部在商标管理中的关系。

1982年8月23日,第五届全国人民代表大会常务委员会第二十四次会议通过了《中华人民共和国商标法》(以下简称《商标法》),1983年3月国务院颁布了《商标法实施细则》。1993年2月22日第七届全国人民代表大会常务委员会对《商标法》进行了第一次修正;1993年7月15日国务院批准了第二次修订的《商标法实施细则》。2001年10月27日第九届全国人民代表大会常务委员会对《商标法》进行了第二次修正;国务院于2002年8月公布《商标法实施条例》,国务院相关部门还制定了一些商标管理的具体规定,如《商标评审规则》《商标印制管理办法》《集体商标、证明商标注册和管理办法》《驰名商标认定和保护规定》《商标代理管理办法》等。2013年8月30日第十二届全国人民代表大会常务委员会对《商标法》进行了第三次修正,最高人民法院审判委员会于2014年2月10日通过了《最高人民法院关于商标法修改决定施行后商标案件管辖和法律适用问题的解释》。国家工商行政管理总局(国家市场监督管理总局)于2014年7月3日颁布了《驰名商标认定和保护规定》,这些法律法规都已正式施行。

我国《商标法》立法的宗旨,就是为了加强商标管理,保护商标专用权,促使生产、经营者保证商品和服务质量,维护商标信誉,以保障消费者和生产、经营者的利益,促进社会主义市场经济的发展。

2. 商标注册的申请

1)商标注册的概念

商标注册,是指商标使用人将其使用的商标按照法律规定的条件和程序,向商标管理机关提出注册申请,以取得商标专用权的行为。

经国家商标管理机关核准注册的商标为注册商标,商标注册人有权标明"注册商标"或者注册标记。商标注册人享有商标专用权,受法律保护。

商标注册制度是保护商标专用权的一种基本法律制度。我国与世界上许多国家的商标法都允许使用经过商标注册的商标或者使用未经商标注册的商标,但只有经过注册的商标才能取得专用权,受法律保护。

我国商标注册采用自愿注册与强制注册相结合的原则。对大部分商标采取自愿注册原则,是否注册,由商标使用人自主决定。法律、行政法规规定必须使用注册商标的商品(如人用药品和烟草制品),必须申请商标注册,未经核准注册的,不得在市场销售。

2)商标注册申请人

自然人、法人或者其他组织在生产经营活动中,对其商品或者服务需要取得商标专用权的，应当向商标局申请商标注册。商标法有关商品商标的规定，适用于服务商标。

申请商标注册或者办理其他商标事宜，可以自行办理，也可以委托依法设立的商标代理机构办理。两个以上的自然人、法人或者其他组织可以共同向商标局申请注册同一商标，共同享有和行使该商标专用权。

外国人或者外国企业在中国申请商标注册的，应当按其所属国和中华人民共和国签订的协议或者共同参加的国际条约办理，或者按对等原则办理。外国人或者外国企业在中国申请商标注册和办理其他商标事宜的，应当委托依法设立的商标代理机构办理。

商标国际注册遵循中华人民共和国缔结或者参加的有关国际条约确立的制度，具体办法由国务院规定。

3）商标代理机构和商标代理行业组织

商标代理机构应当遵循诚实信用原则，遵守法律、行政法规，按照被代理人的委托办理商标注册申请或者其他商标事宜；对在代理过程中知悉的被代理人的商业秘密，负有保密义务。

委托人申请注册的商标可能存在商标法规定不得注册情形的，商标代理机构应当明确告知委托人。商标代理机构知道或者应当知道委托人申请注册的商标属于商标法第十五条和第三十二条规定情形的，不得接受其委托。商标代理机构除对其代理服务申请商标注册外，不得申请注册其他商标。

商标代理行业组织应当按照章程规定，严格执行吸纳会员的条件，对违反行业自律规范的会员实行惩戒。商标代理行业组织对其吸纳的会员和对会员的惩戒情况，应当及时向社会公布。

4）商标构成

（1）商标构成的要件

① 商标必须具备法律规定的构成要素。我国《商标法》规定，任何能够将自然人、法人或者其他组织的商品与他人的商品区别开的标志，包括文字、图形、字母、数字、三维标志、颜色组合和声音等，以及上述要素的组合，均可以作为商标申请注册。

② 申请注册的商标，应当有显著特征，便于识别，并不得与他人在先取得的合法权利相冲突。

（2）商标禁止使用的标志

① 同中华人民共和国的国家名称、国旗、国徽、国歌、军旗、军徽、军歌、勋章等相同或者近似的，以及同中央国家机关的名称、标志、所在地特定地点的名称或者标志性建筑物的名称、图形相同的。

② 同外国的国家名称、国旗、国徽、军旗等相同或者近似的，但经该国政府同意的除外。

③ 同政府间国际组织的名称、旗帜、徽记等相同或者近似的，但经该组织同意或者不易误导公众的除外。

④ 与表明实施控制、予以保证的官方标志、检验印记相同或者近似的，但经授权的除外。

⑤ 同"红十字""红新月"的名称、标志相同或者近似的。

⑥ 带有民族歧视性的。

⑦ 带有欺骗性，容易使公众对商品的质量等特点或者产地产生误认的。

⑧ 有害于社会主义道德风尚或者有其他不良影响的。

此外，县级以上行政区划的地名或者公众知晓的外国地名，不得作为商标。但是，地名具有其他含义或者作为集体商标、证明商标组成部分的除外；已经注册的使用地名的商标继续有效。

（3）商标注册禁止使用的标志

① 仅有本商品的通用名称、图形、型号的。

② 仅直接表示商品的质量、主要原料、功能、用途、重量、数量及其他特点的。

③ 其他缺乏显著特征的。

但是，上述所列标志经过使用取得显著特征，并便于识别的，可以作为商标注册。

（4）商标注册禁止的其他规定

① 以三维标志申请注册商标的，仅由商品自身的性质产生的形状、为获得技术效果而需有的商品形状或者使商品具有实质性价值的形状，不得注册。

② 为相关公众所熟知的商标，持有人认为其权利受到侵害时，可以依照商标法规定请求驰名商标保护。就相同或者类似商品申请注册的商标是复制、摹仿或者翻译他人未在中国注册的驰名商标，容易导致混淆的，不予注册并禁止使用；就不相同或者不相类似商品申请注册的商标是复制、摹仿或者翻译他人已经在中国注册的驰名商标，误导公众，致使该驰名商标注册人的利益可能受到损害的，不予注册并禁止使用。

③ 我国《商标法》第十五条规定："未经授权，代理人或者代表人以自己的名义将被代理人或者被代表人的商标进行注册，被代理人或者被代表人提出异议的，不予注册并禁止使用。就同一种商品或者类似商品申请注册的商标与他人在先使用的未注册商标相同或者近似，申请人与该他人具有前款规定以外的合同、业务往来关系或者其他关系而明知该他人商标存在，该他人提出异议的，不予注册。"

④ 商标中有商品的地理标志，而该商品并非来源于该标志所标示的地区，误导公众的，不予注册并禁止使用；但是，已经善意取得注册的继续有效。这里所称地理标志，是指标示某商品来源于某地区，该商品的特定质量、信誉或者其他特征主要由该地区的自然因素或者人文因素所决定的标志。

（5）驰名商标的认定

驰名商标是在中国为相关公众所熟知的商标。相关公众包括与使用商标所标示的某类商品或者服务有关的消费者，生产前述商品或者提供服务的其他经营者以及经销渠道中所涉及的销售者和相关人员等。

驰名商标认定遵循个案认定、被动保护的原则。商标局、商标评审委员会根据当事人请求和审查、处理案件的需要，负责在商标注册审查、商标争议处理和工商行政管理部门查处商标违法案件过程中认定和保护驰名商标。

根据我国《商标法》第十四条的规定，驰名商标应当根据当事人的请求，作为处理涉及商标案件需要认定的事实进行认定。认定驰名商标应当考虑下列因素：

① 相关公众对该商标的知晓程度；

② 该商标使用的持续时间；

③ 该商标的任何宣传工作的持续时间、程度和地理范围；

④ 该商标作为驰名商标受保护的记录；

⑤ 该商标驰名的其他因素。

在商标注册审查、工商行政管理部门查处商标违法案件过程中，当事人依照驰名商标保护规定主张权利的，商标局根据审查、处理案件的需要，可以对商标驰名情况作出认定。

在商标争议处理过程中，当事人依照驰名商标保护规定主张权利的，商标评审委员会根据处理案件的需要，可以对商标驰名情况作出认定。

在商标民事、行政案件审理过程中，当事人依照驰名商标保护规定主张权利的，最高人民法院指定的人民法院根据审理案件的需要，可以对商标驰名情况作出认定。

生产、经营者不得将"驰名商标"字样用于商品、商品包装或者容器上，或者用于广告宣传、展览及其他商业活动中。

国家市场监督管理总局商标局认定驰名商标后，应当将认定结果通知有关部门及申请人，并予以公告。

5）商标注册申请的原则

① 申请在先原则。两个或者两个以上的商标注册申请人，在同一种商品或者类似商品上，以相同或者近似的商标申请注册的，商标权授予申请在先的人；同一天申请的，商标权授予使用在先的人；同日使用或者均未使用的，各申请人可以自行协商，不愿协商或者协商不成的，商标局通知各申请人以抽签的方式确定一个申请人。

② 优先权原则。商标注册申请人自其商标在外国第一次提出商标注册申请之日起6个月内，又在中国就相同商品以同一商标提出商标注册申请的，依照该外国同中国签订的协议或者共同参加的国际条约，或者按照相互承认优先权的原则，可以享有优先权。

依照上述要求优先权的，应当在提出商标注册申请的时候提出书面声明，并且在3个月内提交第一次提出的商标注册申请文件的副本；未提出书面声明或者逾期未提交商标注册申请文件副本的，视为未要求优先权。

另外，商标在中国政府主办的或者承认的国际展览会展出的商品上首次使用的，自该商品展出之日起6个月内，该商标的注册申请人也可以享有优先权。但是应当在提出商标注册申请的时候提出书面声明，并且在3个月内提交展出其商品的展览会名称、在展出商品上使用该商标的证据、展出日期等证明文件；未提出书面声明或者逾期未提交证明文件的，视为未要求优先权。

③ 申请注册和使用商标，应当遵循诚实信用原则。商标使用人应当对其使用商标的商品质量负责。各级工商行政管理部门应当通过商标管理，制止欺骗消费者的行为。申请商标注册不得以不正当手段抢先注册他人已经使用并有一定影响的商标。我国《商标法》第三十二条规定："申请商标注册不得损害他人现有的在先权利，也不得以不正当手段抢先注册他人已经使用并有一定影响的商标。"

6）商标注册申请的方法

① 商标注册申请人应当按规定的商品分类表填报使用商标的商品类别和商品名称，提出注册申请。

② 商标注册申请人可以通过一份申请就多个类别的商品申请注册同一商标。

③ 注册商标需要在核定使用范围之外的商品上取得商标专用权的，应当另行提出注册申请。

④ 注册商标需要改变其标志的，应当重新提出注册申请。

商标注册申请等有关文件，可以以书面方式或者数据电文方式提出。为申请商标注册所申报的事项和所提供的材料应当真实、准确、完整。

3. 商标注册的审查和核准

我国商标注册的审查和核准采用形式审查和实质审查相结合的制度，主要内容包括：形式审查、实质审查和公告核准，对于有争议的商标，还可能发生复审或者裁定。

商标注册的审查和核准包括以下几个步骤。

① 初步审定。对申请注册的商标，商标局应当自收到商标注册申请文件之日起 9 个月内审查完毕，符合本法有关规定的，予以初步审定公告。

在审查过程中，商标局认为商标注册申请内容需要说明或者修正的，可以要求申请人作出说明或者修正。申请人未作出说明或者修正的，不影响商标局作出审查决定。

申请注册的商标，凡不符合《商标法》有关规定或者同他人在同一种商品或者类似商品上已经注册的或者初步审定的商标相同或者近似的，由商标局驳回申请，不予公告。

两个或者两个以上的商标注册申请人，在同一种商品或者类似商品上，以相同或者近似的商标申请注册的，初步审定并公告申请在先的商标；同一天申请的，初步审定并公告使用在先的商标，驳回其他人的申请，不予公告。

② 公告。这是指经过初步审定的商标在商标局编印的定期刊物《商标公告》上进行公告，征询社会各方面意见，协助商标局进行审查。

③ 异议。这是指申请人以外的其他任何人对于商标局初步审定公告的商标提出不同意见，要求撤销初步审定公告的商标。其目的在于将申请注册商标工作置于社会的监督之下，以便及时发现问题，避免作出错误决定。提出异议的人可以是商标利害关系人，也可以是机关、团体或者个人。

对初步审定公告的商标，自公告之日起 3 个月内，在先权利人、利害关系人认为违反《商标法》相关规定的，或者任何人认为违反《商标法》相关规定的，可以向商标局提出异议。

对驳回申请、不予公告的商标，商标局应当书面通知商标注册申请人。商标注册申请人不服的，可以自收到通知之日起 15 日内向商标评审委员会申请复审。商标评审委员会应当自收到申请之日起 9 个月内作出决定，并书面通知申请人。有特殊情况需要延长的，经国务院工商行政管理部门批准，可以延长 3 个月。当事人对商标评审委员会的决定不服的，可以自收到通知之日起 30 日内向人民法院起诉。

对初步审定公告的商标提出异议的，商标局应当听取异议人和被异议人陈述事实和理由，经调查核实后，自公告期满之日起 12 个月内作出是否准予注册的决定，并书面通知异议人和被异议人。有特殊情况需要延长的，经国务院工商行政管理部门批准，可以延长 6 个月。

商标局作出准予注册决定的，发给商标注册证，并予公告。异议人不服的，可以依照《商标法》相关规定向商标评审委员会请求宣告该注册商标无效。

商标局作出不予注册决定，被异议人不服的，可以自收到通知之日起 15 日内向商标评审委员会申请复审。商标评审委员会应当自收到申请之日起 12 个月内作出复审决定，并书面通知异议人和被异议人。有特殊情况需要延长的，经国务院工商行政管理部门批准，可以延长 6 个月。被异议人对商标评审委员会的决定不服的，可以自收到通知之日起 30 日内向人民法院起诉。人民法院应当通知异议人作为第三人参加诉讼。

商标评审委员会在依照上述规定进行复审的过程中，所涉及的在先权利的确定必须以人民法院正在审理或者行政机关正在处理的另一案件的结果为依据的，可以中止审查。中止原因消除后，应当恢复审查程序。

④ 复审。这是指国家工商行政管理局设立的商标评审委员会对当事人不服商标局驳回申请注册商标的通知和不服商标局异议裁定依法所进行的再审查。

法定期限届满，当事人对商标局作出的驳回申请决定、不予注册决定、不申请复审或者对商标评审委员会作出的复审决定不向人民法院起诉的，驳回申请决定、不予注册决定或者复审决定生效。

经审查异议不成立而准予注册的商标，商标注册申请人取得商标专用权的时间自初步审定公告3个月期满之日起计算。自该商标公告期满之日起至准予注册决定作出前，对他人在同一种或者类似商品上使用与该商标相同或者近似的标志的行为不具有追溯力；但是，因该使用人的恶意给商标注册人造成的损失，应当给予赔偿。

对商标注册申请和商标复审申请应当及时进行审查。商标注册申请人或者注册人发现商标申请文件或者注册文件有明显错误的，可以申请更正。商标局依法在其职权范围内作出更正，并通知当事人。这里所称更正错误不涉及商标申请文件或者注册文件的实质性内容。

⑤ 核准。公告期满无异议的，予以核准注册，发给商标注册证，并予公告。至此，申请人即取得注册商标专用权。

4. 注册商标的期限、续展、变更、转让和使用许可

（1）注册商标的期限和续展

注册商标的期限，是注册商标具有法律效力的持续期间。注册商标专用权具有时间性，根据我国《商标法》的规定，注册商标有效期为10年，从商标核准注册之日起计算。

注册商标有效期满，需要继续使用的，商标注册人应当在期满前12月内按照规定办理续展手续；在此期间未能办理的，可以给予6个月的宽展期。每次续展注册的有效期为10年，自该商标上一届有效期满次日起计算。期满未办理续展手续的，注销其注册商标。商标局应当对续展注册的商标予以公告。

（2）注册商标专用权的变更和转让

注册商标专用权的转让，是指商标专有权人将其所有的注册商标依照法定程序，按照一定的条件转移给他人所有的行为。我国《商标法》规定，转让注册商标的，转让人和受让人应当签订转让协议，并共同向商标局提出申请。受让人应当保证使用该注册商标的商品质量。转让注册商标的，商标注册人对其在同一种商品上注册的近似的商标，或者在类似商品上注册的相同或者近似的商标，应当一并转让。对容易导致混淆或者有其他不良影响的转让，商标局不予核准，书面通知申请人并说明理由。转让注册商标经核准后，予以公告。受让人自公告之日起享有商标专用权。

注册商标需要变更注册人的名义、地址或者其他注册事项的，应当提出变更申请。

（3）注册商标的使用许可

注册商标的使用许可，是指注册商标所有人通过签订商标使用许可合同，许可其他人使用其注册商标，同时收取一定的许可使用费。

我国《商标法》规定，商标注册人可以通过签订商标使用许可合同，许可他人使用其注册商标。许可人应当监督被许可人使用其注册商标的商品质量。被许可人应当保证使用该注册商标的商品质量。经许可使用他人注册商标的，必须在使用该注册商标的商品上标明被许可人的名称和商品产地。许可他人使用其注册商标的，许可人应当将其商标使用许可报商标局备案，由商标局公告。商标使用许可未经备案不得对抗善意第三人。

5. 注册商标的无效宣告

已经注册的商标，违反《商标法》的规定，使用商标禁止的标志、使用商标注册禁止的标志以及以三维标志申请注册商标的，或者是以欺骗手段或者其他不正当手段取得注册的，由商标局宣告该注册商标无效；其他单位或者个人可以请求商标评审委员会宣告该注册商标无效。

商标局作出宣告注册商标无效的决定，应当书面通知当事人。当事人对商标局的决定不服的，可以自收到通知之日起15日内向商标评审委员会申请复审。商标评审委员会应当自收到申请之日起9个月内作出决定，并书面通知当事人。有特殊情况需要延长的，经国务院工商行政管理部门批准，可以延长3个月。当事人对商标评审委员会的决定不服的，可以自收到通知之日起30日内向人民法院起诉。其他单位或者个人请求商标评审委员会宣告注册商标无效的，商标评审委员会收到申请后，应当书面通知有关当事人，并限期提出答辩。商标评审委员会应当自收到申请之日起9个月内作出维持注册商标或者宣告注册商标无效的裁定，并书面通知当事人。有特殊情况需要延长的，经国务院工商行政管理部门批准，可以延长3个月。当事人对商标评审委员会的裁定不服的，可以自收到通知之日起30日内向人民法院起诉。人民法院应当通知商标裁定程序的对方当事人作为第三人参加诉讼。

已经注册的商标，违反有关商标注册审查和核准规定的，自商标注册之日起5年内，在先权利人或者利害关系人可以请求商标评审委员会宣告该注册商标无效。对恶意注册的，驰名商标所有人不受5年的时间限制。

商标评审委员会收到宣告注册商标无效的申请后，应当书面通知有关当事人，并限期提出答辩。商标评审委员会应当自收到申请之日起12个月内作出维持注册商标或者宣告注册商标无效的裁定，并书面通知当事人。有特殊情况需要延长的，经国务院工商行政管理部门批准，可以延长6个月。当事人对商标评审委员会的裁定不服的，可以自收到通知之日起30日内向人民法院起诉。人民法院应当通知商标裁定程序的对方当事人作为第三人参加诉讼。商标评审委员会在依照上述规定对无效宣告请求进行审查的过程中，所涉及的在先权利的确定必须以人民法院正在审理或者行政机关正在处理的另一案件的结果为依据的，可以中止审查。中止原因消除后，应当恢复审查程序。

法定期限届满，当事人对商标局宣告注册商标无效的决定不申请复审或者对商标评审委员会的复审决定、维持注册商标或者宣告注册商标无效的裁定不向人民法院起诉的，商标局的决定或者商标评审委员会的复审决定、裁定生效。

依照上述规定宣告无效的注册商标，由商标局予以公告，该注册商标专用权视为自始即不存在。宣告注册商标无效的决定或者裁定，对宣告无效前人民法院作出并已执行的商标侵权案件的判决、裁定、调解书和工商行政管理部门作出并已执行的商标侵权案件的处理决定，以及已经履行的商标转让或者使用许可合同不具有追溯力。但是，因商标注册人的恶意给他人造成的损失，应当给予赔偿。依照上述规定不返还商标侵权赔偿金、商标转让费、商标使用费，明显违反公平原则的，应当全部或者部分返还。

6. 商标使用的管理

商标使用的管理是国家商标主管机关依法对于注册商标和未注册商标的使用进行的管理活动。所称商标使用，是指将商标用于商品、商品包装或者容器及商品交易文书上，或者将商标用于广告宣传、展览及其他商业活动中，用于识别商品来源的行为。

负责全国商标注册和管理工作的商标主管机关是国家工商行政管理局商标局，地方各级工商行政管理部门负责地方的商标管理工作。商标管理机构的主要任务是：严格执行《商标法》，监督商标的正确使用，制止商标的滥用等违法行为。

（1）对注册商标使用的管理

它是指商标管理机关对注册商标依法实施管理的行为。

根据我国《商标法》的规定，商标注册人在使用注册商标的过程中，自行改变注册商标、注册人名义、地址或者其他注册事项的，由地方工商行政管理部门责令限期改正；期满不改正的，由商标局撤销其注册商标。注册商标成为其核定使用的商品的通用名称或者没有正当理由连续3年不使用的，任何单位或者个人可以向商标局申请撤销该注册商标。商标局应当自收到申请之日起9个月内作出决定。有特殊情况需要延长的，经国务院工商行政管理部门批准，可以延长3个月。

注册商标被撤销、被宣告无效或者期满不再续展的，自撤销、宣告无效或者注销之日起1年内，商标局对与该商标相同或者近似的商标注册申请，不予核准。

对商标局撤销或者不予撤销注册商标的决定，当事人不服的，可以自收到通知之日起15日内向商标评审委员会申请复审。商标评审委员会应当自收到申请之日起9个月内作出决定，并书面通知当事人。有特殊情况需要延长的，经国务院工商行政管理部门批准，可以延长3个月。当事人对商标评审委员会的决定不服的，可以自收到通知之日起30日内向人民法院起诉。法定期限届满，当事人对商标局作出的撤销注册商标的决定不申请复审或者对商标评审委员会作出的复审决定不向人民法院起诉的，撤销注册商标的决定、复审决定生效。被撤销的注册商标，由商标局予以公告，该注册商标专用权自公告之日起终止。

（2）对未注册商标的管理

它是指商标管理机关依法对未注册的商标实施管理的行为。

法律、行政法规规定必须使用注册商标的商品，如果未使用注册商标，由地方工商行政管理部门责令限期申请注册，违法经营额5万元以上的，可以处违法经营额20%以下的罚款，没有违法经营额或者违法经营额不足5万元的，可以处1万元以下的罚款。

将未注册商标冒充注册商标使用的，或者使用未注册商标违反《商标法》关于商标标志禁止使用规定的，由地方工商行政管理部门予以制止，限期改正，并可以予以通报，违法经营额5万元以上的，可以处违法经营额20%以下的罚款，没有违法经营额或者违法经营额不足5万元的，可以处1万元以下的罚款。

生产、经营者将"驰名商标"字样用于商品、商品包装或者容器上，或者用于广告宣传、展览及其他商业活动中的，由地方工商行政管理部门责令改正，处10万元罚款。

7. 注册商标专用权的保护

（1）注册商标专用权的概念

注册商标专用权，是指注册商标的所有人对其所有的注册商标享有独占的使用权，未经其许可，任何人都不准在同一种商品或者类似商品上使用与其注册商品相同或者近似的商标。当他人侵害了注册商标专用权时，注册商标专用权人有权采取保护措施，既可以请求工商行政管理部门予以行政保护，也可以请求人民法院给予司法保护。注册商标的专用权以核准注册的商标和核定使用的商品为限。

（2）商标侵权行为

商标侵权行为，是指侵害他人注册商标专用权的行为。凡具有我国《商标法》第五十七

条所规定的下列行为之一的,均属侵犯注册商标专用权:

① 未经商标注册人的许可,在同一种商品上使用与其注册商标相同的商标的;

② 未经商标注册人的许可,在同一种商品上使用与其注册商标近似的商标,或者在类似商品上使用与其注册商标相同或者近似的商标,容易导致混淆的;

③ 销售侵犯注册商标专用权的商品的;

④ 伪造、擅自制造他人注册商标标识或者销售伪造、擅自制造的注册商标标识的;

⑤ 未经商标注册人同意,更换其注册商标并将该更换商标的商品又投入市场的;

⑥ 故意为侵犯他人商标专用权行为提供便利条件,帮助他人实施侵犯商标专用权行为的;

⑦ 给他人的注册商标专用权造成其他损害的。

将他人注册商标、未注册的驰名商标作为企业名称中的字号使用,误导公众,构成不正当竞争行为的,依照《中华人民共和国反不正当竞争法》处理。

注册商标中含有的本商品的通用名称、图形、型号,或者直接表示商品的质量、主要原料、功能、用途、重量、数量及其他特点,或者含有的地名,注册商标专用权人无权禁止他人正当使用。三维标志注册商标中含有的商品自身的性质产生的形状、为获得技术效果而需有的商品形状或者使商品具有实质性价值的形状,注册商标专用权人无权禁止他人正当使用。商标注册人申请商标注册前,他人已经在同一种商品或者类似商品上先于商标注册人使用与注册商标相同或者近似并有一定影响的商标的,注册商标专用权人无权禁止该使用人在原使用范围内继续使用该商标,但可以要求其附加适当区别标识。

(3) 对注册商标侵权的法律制裁

① 有《商标法》第五十七条所列侵犯注册商标专用权行为之一,引起纠纷的,由当事人协商解决;不愿协商或者协商不成的,商标注册人或者利害关系人可以向人民法院起诉,也可以请求工商行政管理部门处理。工商行政管理部门处理时,认定侵权行为成立的,责令立即停止侵权行为,没收、销毁侵权商品和主要用于制造侵权商品、伪造注册商标标识的工具,违法经营额5万元以上的,可以处违法经营额5倍以下的罚款,没有违法经营额或者违法经营额不足5万元的,可以处25万元以下的罚款。对5年内实施两次以上商标侵权行为或者有其他严重情节的,应当从重处罚。销售不知道是侵犯注册商标专用权的商品,能证明该商品是自己合法取得并说明提供者的,由工商行政管理部门责令停止销售。对侵犯商标专用权的赔偿数额的争议,当事人可以请求进行处理的工商行政管理部门调解,也可以依照《中华人民共和国民事诉讼法》向人民法院起诉。经工商行政管理部门调解,当事人未达成协议或者调解书生效后不履行的,当事人可以依照《中华人民共和国民事诉讼法》向人民法院起诉。

② 对侵犯注册商标专用权的行为,工商行政管理部门有权依法查处;涉嫌犯罪的,应当及时移送司法机关依法处理。

③ 县级以上工商行政管理部门根据已经取得的违法嫌疑证据或者举报,对涉嫌侵犯他人注册商标专用权的行为进行查处时,可以行使下列职权:

● 询问有关当事人,调查与侵犯他人注册商标专用权有关的情况;

● 查阅、复制当事人与侵权活动有关的合同、发票、账簿及其他有关资料;

● 对当事人涉嫌从事侵犯他人注册商标专用权活动的场所实施现场检查;

● 检查与侵权活动有关的物品,对有证据证明是侵犯他人注册商标专用权的物品,可予以查封或者扣押。

工商行政管理部门依法行使前款规定的职权时，当事人应当予以协助、配合，不得拒绝、阻挠。

在查处商标侵权案件过程中，对商标权属存在争议或者权利人同时向人民法院提起商标侵权诉讼的，工商行政管理部门可以中止案件的查处。中止原因消除后，应当恢复或者终结案件查处程序。

④ 侵犯商标专用权的赔偿数额，按照权利人因被侵权所受到的实际损失确定；实际损失难以确定的，可以按照侵权人因侵权所获得的利益确定；权利人的损失或者侵权人获得的利益难以确定的，参照该商标许可使用费的倍数合理确定。对恶意侵犯商标专用权，情节严重的，可以在按照上述方法确定数额的1倍以上3倍以下确定赔偿数额。赔偿数额应当包括权利人为制止侵权行为所支付的合理开支。

人民法院为确定赔偿数额，在权利人已经尽力举证，而与侵权行为相关的账簿、资料主要由侵权人掌握的情况下，可以责令侵权人提供与侵权行为相关的账簿、资料；侵权人不提供或者提供虚假的账簿、资料的，人民法院可以参考权利人的主张和提供的证据判定赔偿数额。

权利人因被侵权所受到的实际损失、侵权人因侵权所获得的利益、注册商标许可使用费难以确定的，由人民法院根据侵权行为的情节判决给予300万元以下的赔偿。

⑤ 注册商标专用权人请求赔偿，被控侵权人以注册商标专用权人未使用注册商标提出抗辩的，人民法院可以要求注册商标专用权人提供此前3年内实际使用该注册商标的证据。注册商标专用权人不能证明此前3年内实际使用过该注册商标，也不能证明因侵权行为受到其他损失的，被控侵权人不承担赔偿责任。

销售不知道是侵犯注册商标专用权的商品，能证明该商品是自己合法取得并说明提供者的，不承担赔偿责任。

⑥ 商标注册人或者利害关系人有证据证明他人正在实施或者即将实施侵犯其注册商标专用权的行为，如不及时制止将会使其合法权益受到难以弥补的损害的，可以依法在起诉前向人民法院申请采取责令停止有关行为和财产保全的措施。

为制止侵权行为，在证据可能灭失或者以后难以取得的情况下，商标注册人或者利害关系人可以依法在起诉前向人民法院申请保全证据。

⑦ 未经商标注册人许可，在同一种商品上使用与其注册商标相同的商标，构成犯罪的，除赔偿被侵权人的损失外，依法追究刑事责任。伪造、擅自制造他人注册商标标识或者销售伪造、擅自制造的注册商标标识，构成犯罪的，除赔偿被侵权人的损失外，依法追究刑事责任。销售明知是假冒注册商标的商品，构成犯罪的，除赔偿被侵权人的损失外，依法追究刑事责任。

⑧ 商标代理机构有下列行为之一的，由工商行政管理部门责令限期改正，给予警告，处1万元以上10万元以下的罚款；对直接负责的主管人员和其他直接责任人员给予警告，处5 000元以上5万元以下的罚款；构成犯罪的，依法追究刑事责任：

● 办理商标事宜过程中，伪造、变造或者使用伪造、变造的法律文件、印章、签名的；

● 以诋毁其他商标代理机构等手段招徕商标代理业务或者以其他不正当手段扰乱商标代理市场秩序的；

● 违反《商标法》第十九条第三款、第四款规定的。

商标代理机构有前款规定行为的，由工商行政管理部门记入信用档案；情节严重的，商标局、商标评审委员会并可以决定停止受理其办理商标代理业务，予以公告。商标代理机构违反诚实信用原则，侵害委托人合法利益的，应当依法承担民事责任，并由商标代理行业组织按照章程规定予以惩戒。

⑨ 从事商标注册、管理和复审工作的国家机关工作人员必须秉公执法，廉洁自律，忠于职守，文明服务。商标局、商标评审委员会以及从事商标注册、管理和复审工作的国家机关工作人员不得从事商标代理业务和商品生产经营活动。

⑩ 工商行政管理部门应当建立健全内部监督制度，对负责商标注册、管理和复审工作的国家机关工作人员执行法律、行政法规和遵守纪律的情况，进行监督检查。

从事商标注册、管理和复审工作的国家机关工作人员玩忽职守、滥用职权、徇私舞弊，违法办理商标注册、管理和复审事项，收受当事人财物，牟取不正当利益，构成犯罪的，依法追究刑事责任；尚不构成犯罪的，依法给予处分。

（4）驰名商标的法律保护

为了保护驰名商标所有人的合法权益，我国对驰名商标制定了有别于一般商标的特殊保护规定，具体表现在以下几方面。

① 当事人向相关部门提出驰名商标保护的书面请求并提交其商标构成驰名商标的证据材料。当事人对初步审定公告的商标向商标局提出异议，并依法请求驰名商标保护的，可以向商标局提出；当事人在商标不予注册复审案件和请求无效宣告案件中，依照法请求驰名商标保护的，可以向商标评审委员会提出。当事人请求驰名商标保护应当遵循诚实信用原则，并对事实及所提交的证据材料的真实性负责。

② 涉及驰名商标保护的商标违法案件的管辖。涉及驰名商标保护的商标违法案件由市（地、州）级以上工商行政管理部门管辖。当事人请求工商行政管理部门查处商标违法行为，并依法请求驰名商标保护的，可以向违法行为发生地的市（地、州）级以上工商行政管理部门进行投诉，并提出驰名商标保护的书面请求，提交证明其商标构成驰名商标的证据材料。

涉及对驰名商标司法保护的民事、行政案件，由省、自治区人民政府所在地市、计划单列市、直辖市辖区中级人民法院及最高人民法院指定的其他中级人民法院管辖。

③ 证据材料的内容。以下材料可以作为证明符合驰名商标因素的证据材料。

● 证明相关公众对该商标知晓程度的材料。

● 证明该商标使用持续时间的材料，如该商标使用、注册的历史和范围的材料。该商标为未注册商标的，应当提供证明其使用持续时间不少于 5 年的材料。该商标为注册商标的，应当提供证明其注册时间不少于 3 年或者持续使用时间不少于 5 年的材料。

● 证明该商标的任何宣传工作的持续时间、程度和地理范围的材料，如近 3 年广告宣传和促销活动的方式、地域范围、宣传媒体的种类及广告投放量等材料。

● 证明该商标曾在中国或者其他国家和地区作为驰名商标受保护的材料。

● 证明该商标驰名的其他证据材料，如使用该商标的主要商品在近 3 年的销售收入、市场占有率、净利润、纳税额、销售区域等材料。上述所称 3 年、5 年，是指被提出异议的商标注册申请日期、被提出无效宣告请求的商标注册申请日期之前的 3 年、5 年，以及在查处商标违法案件中提出驰名商标保护请求日期之前的 3 年、5 年。

④ 当事人依照规定提出驰名商标保护请求的,商标局、商标评审委员会应当在商标法规定的期限内及时作出处理。

9.4 案例分析

案例一 综合分析题

一、案情

甲公司指派员工唐某从事新型灯具的研制开发,唐某于2009年3月完成了一种新型灯具的开发。甲公司对该灯具的技术采取了保密措施,并于2010年5月19日申请发明专利。2011年12月1日,国家专利局公布该发明专利申请,并于2012年8月9日授予甲公司专利权。此前,甲公司与乙公司于2010年7月签订专利实施许可合同,约定乙公司使用该灯具专利技术4年,每年许可使用费10万元。

2014年3月,甲公司欲以80万元将该专利技术转让给丙公司。唐某、乙公司也想以同等条件购买该专利技术。最终甲公司将该专利出让给了唐某。唐某购得专利后,拟以该灯具专利作价80万元作为出资,设立一家注册资本为300万元的有限责任公司。

2014年12月,有人向专利复审委员会申请宣告该专利无效,理由是丁公司已于2009年12月20日开始生产相同的灯具并在市场上销售,该发明不具有新颖性。经查,丁公司在获悉甲公司开发出新型灯具后,以不正当手段获取了甲公司的有关技术资料并一直在生产、销售该新型灯具。

问题:

1. 唐某作为发明人,依法应享有哪些权利?
2. 甲公司在未获得专利前,与乙公司签订的专利实施许可合同是否有效?如甲乙双方因此合同发生纠纷,应如何适用有关法律?
3. 甲公司为何将专利技术出让给唐某?该专利技术转让合同成立后,对甲公司和乙公司之间的专利实施许可合同的效力有何影响?
4. 唐某拟以该专利作价80万元设立注册资本为300万元的有限责任公司,是否符合法律规定?为什么?
5. 该专利是否应当因为不具有新颖性而被宣告无效?为什么?
6. 对丁公司的违法行为应如何定性?为什么?

二、参考答案

1. 署名权、获得奖励权、获得合理报酬权。《专利法》第十六条规定:"被授予专利权的单位应当对职务发明创造的发明人或者设计人给予奖励;发明创造专利实施后,根据其推广应用的范围和取得的经济效益,对发明人或者设计人给予合理的报酬。"第十七条规定:"发明人或者设计人有权在专利文件中写明自己是发明人或者设计人。专利权人有权在其专利产品或者该产品的包装上标明专利标识。"

2. 有效。专利申请公布以前,适用技术秘密转让合同的有关规定;专利申请公开以后、授权之前,参照适用专利实施许可合同的有关规定;授权以后,适用专利实施许可合同的有关规定。

3. 因唐某享有在同等条件下优先受让的权利。不影响专利实施许可合同的效力,甲公司的权利义务由唐某承受。

4. 符合。有限责任公司可以用专利权作为出资。

5. 不应被宣告无效。根据法律规定,在申请日前 6 个月内,他人未经申请人同意而泄露发明创造内容的,该发明创造并不丧失新颖性。

6. 在该专利申请公布之前,丁公司的行为属于侵犯甲公司商业秘密的不正当竞争行为,因为在专利申请公布前,该技术属于商业秘密;在该技术被授予专利权后,丁公司继续使用该技术的行为属于专利侵权行为,因为丁公司未经专利权人许可,以生产经营为目的制造和销售专利产品,构成专利侵权行为。

 案例二　综合分析题

一、案情

2007 年 3 月,广东省某研究所获得国家专利局授予的"医用不粘纱布"的专利。此种纱布将在很大程度上改进现用纱布的不足,在实际应用中将具有巨大的社会效益和经济效益。某省科龙贸易公司看到了这一点,遂于 2008 年 1 月向研究所提出了合作意向书,要求研究所将这项专利转让给科龙贸易公司或者双方签订专利技术实施许可合同也可以。研究所不同意转让专利,但同意允许科龙贸易公司实施专利。而双方在专利使用费和实施许可的种类上存在严重分歧:研究所要科龙贸易公司付使用费 30 万元,而科龙贸易公司认为太高,显失公平;科龙贸易公司要求双方签订独占实施许可合同,在全国只允许其一家获得此项技术来生产医用不粘纱布,而研究所坚决不同意,只允许签订非独占实施许可合同,双方因此不欢而散。此后科龙贸易公司多次向研究所提出建议,且表示使用费可以再商量,公司可以作出让步,但研究所已无心再回应科龙贸易公司的建议,反而认为先前所谈的 30 万元使用费还是不高,于是将专利留在手中,待价而沽,以期获得巨额利益。其间,也有多家公司和企业与研究所洽谈,希望能得到此项专利技术,但均因研究所要价太高而未能达成一致。研究所不允许别的企业以合理的价格实施其专利,自己也不组织实施,致使该具有重大意义的专利闲置 3 年多。鉴于此,科龙贸易公司于 2010 年 8 月向国家专利局提出申请,要求强制科龙贸易公司许可实施此项专利。试回答下列问题:

1. 科龙贸易公司是否有权请求专利局给予强制许可?说明理由。
2. 科龙贸易公司要求专利局给予强制许可应准备哪些文件?
3. 若研究所的专利是一项外观设计专利,是否可以要求强制许可?
4. 假设科龙贸易公司获得了专利局的强制许可后,又将该发明专利允许与其有业务往来的另一家公司使用,被专利局发现后予以制止。请问专利局的做法对吗?
5. 科龙贸易公司根据研究所的专利技术生产出医用不粘纱布后,打算全部出口到某个国家以赚取外汇,但心中没底,不知道是否可以,遂向律师请教。你认为律师应如何回答?
6. 研究所在专利局给予了科龙贸易公司强制许可后,出于气愤,将此项专利允许另一家同科龙贸易公司在同一省的公司也实施该项专利,以此不让科龙贸易公司独占市场。科龙贸易公司闻讯后,向专利局提出异议。你认为专利局如何答复?
7. 科龙贸易公司与研究所不能就强制许可使用费达成一致意见。专利局进行了裁决,但研究所仍不同意。你认为研究所可否向人民法院起诉?若不可以,说明理由;若可以,说明起诉的时效。

二、参考答案

1. 有权。《专利法》规定，具备实施条件的单位以合理的条件请求发明或者实用新型的专利权人许可实施其专利，而未能在合理长的时间内获得这种许可的，专利局根据该单位的申请，可以给予实施该发明专利或者实用新型专利的强制许可。根据《专利法》的规定，专利权人自专利权被授予之日起满3年，且自提出专利申请之日起满4年，无正当理由未实施或者未充分实施其专利的，可以给予实施发明专利或者实用新型专利的强制许可。本案中，科龙贸易公司和其他企业之所以未获得专利权人的实施许可，主要是因为专利权人研究所借机索要高价，且其专利未实施，从2007年3月授予专利权之日到2010年8月科龙贸易公司请求强制许可时，已过了3年5个月。

2. 应准备的文件是强制许可请求书，说明理由并附具有关证明文件各一式两份。

3. 不可。因为法律仅规定发明和实用新型专利可以给予强制许可，并没有规定外观设计专利也可以给予实施强制许可。

4. 专利局的做法是对的。《专利法》规定取得实施强制许可的单位或者个人无权允许他人实施。因此，科龙贸易公司是无权允许另一家公司实施专利的。

5. 《专利法》规定专利局作出的给予实施强制许可的决定，应当依据强制许可的理由规定实施的范围和时间，并限定强制许可实施主要为供应国内市场的需要。因此，科龙贸易公司生产出的医用不粘纱布应主要供应国内各单位，而不能全部用于出口。

6. 研究所的做法没有错误。《专利法》规定取得实施强制许可的单位或者个人不享有独占的实施权。因此，专利权人研究所有权允许另一家公司实施其专利，而不管其是否在同一省。

7. 《专利法》规定可以起诉。应在收到通知之日起3个月内向人民法院起诉。

案例三 综合分析题

一、案情

某市无线电厂生产的"散花"牌收音机，十分畅销。商标法公布后，无线电厂及时进行了注册，获得了该商标的专用权。但是好景不长，2014年2月，该无线电厂接到多次顾客投诉，称所购散花牌收音机质量低劣，用不了几天就坏了。该厂立即对产品进行质量检验，并未发现问题。待对投诉顾客购买的收音机检查之后，发现此种收音机根本不是该厂所生产，只是收音机的外形和商标相同，致使顾客误认为是该厂产品。经查，原来这种收音机是某市无线电二厂所为。又经过深入调查，发现无线电二厂所用商标是一无业游民李某勾结市印刷厂印刷的，由市印刷厂印好后交给李某，再由李某卖给无线电二厂，无线电二厂装配后又委托市家电经销部代为销售。市家电经销部原先并不知是假冒收音机，后见质量低劣向无线电二厂询问才知，但见销路挺好，获利颇丰，也就不再追究下去了。同时该经销部还勾结市邮局职工左某为此种假冒收音机的邮购提供方便，致使该伪劣收音机大量流向外地。由于无线电厂的产品被假冒，使其蒙受巨大损失。该厂与无线电二厂多次进行交涉无果，遂向人民法院以无线电二厂侵权为由提起诉讼，要求无线电二厂停止侵权行为，赔偿因此所受损失人民币80万元。人民法院受理案件后，追加市印刷厂、李某、左某、市家电经销部为共同被告，一并审理。

根据以上案情，仔细分析并回答下列问题：

1. 本案中，共有多少个单位和个人侵犯了无线电厂的商标专用权？请逐一指出并说明实施了何种侵权行为。

2. 假设无线电厂未向法院起诉，而是请求市工商行政管理部门处理，请问市工商局可以采取哪些措施？处理结果的法律效力如何（即若当事人不履行可否强制执行）？

3. 若无线电二厂生产的"散花"牌产品是录音机，虽商标一样，但产品不同，是否构成侵权？

4. 法律对于商标标识有何要求？

5. 假设无线电二厂在认识到不能使用别人的商标作为自己的产品的商标后，决定将其产品取名"收音"牌向商标局申请注册。厂方认为取这个商标可使本厂生产的收音机更快为公众所熟悉。你认为可以申请吗？若可以，需要哪些步骤？若不可以，请说明理由。

二、参考答案

1.（1）无线电二厂。未经商标注册人的许可，在同一种商品上使用与其注册商标相同的商标的，属侵犯注册商标专用权。

（2）李某。伪造、擅自制造他人注册商标标识及销售伪造、擅自制造的注册商标标识，属侵犯注册商标专用权。

（3）市印刷厂。擅自制造他人注册商标标识及销售伪造、擅自制造的注册商标标识，属侵犯注册商标专用权。

（4）市家电经销部。销售侵犯注册商标专用权的商品，属侵犯注册商标专用权。如果销售不知道是侵犯注册商标专用权的商品，能证明该商品是自己合法取得的并说明提供者的，不承担赔偿责任。

（5）左某。故意为侵犯他人商标专用权行为提供便利条件，帮助他人实施侵犯商标专用权行为的，属侵犯注册商标专用权的行为。

2. 工商行政管理部门处理时，认定侵权行为成立的，责令立即停止侵权行为，没收、销毁侵权商品和专门用于制造侵权商品、伪造注册商标标识的工具，违法经营额5万元以上的，可以处违法经营额5倍以下的罚款，没有违法经营额或者违法经营额不足5万元的，可以处25万元以下的罚款。对5年内实施两次以上商标侵权行为或者有其他严重情节的，应当从重处罚。对侵犯商标专用权的赔偿数额的争议，当事人可以请求进行处理的工商行政管理部门调解，也可以依照《中华人民共和国民事诉讼法》向人民法院起诉。经工商行政管理部门调解，当事人未达成协议或者调解书生效后不履行的，当事人可以依照《中华人民共和国民事诉讼法》向人民法院起诉。侵权人期满不起诉又不履行的，工商行政管理部门可以申请人民法院强制执行。

3. 构成侵权。收音机和录音机属类似商品。

4. 任何能够将自然人、法人或者其他组织的商品与他人的商品区别开的可视性标志，包括文字、图形、字母、数字、三维标志、颜色组合和声音等，以及上述要素的组合，均可以作为商标申请注册。申请注册的商标，应当有显著特征，便于识别，并不得与他人在先取得的合法权利相冲突。

5. 不可以。仅直接表示商品的质量、主要原料、功能、用途、重量、数量及其他特点的标识，不得作为商标注册。

一、复习思考题

1. 专利权的主体包括哪些内容，专利权的客体包括哪些内容？
2. 授予发明和实用新型专利权的条件是什么？
3. 我国专利申请的原则有哪些？
4. 我国发明专利申请的审查和批准，一般要经过哪些程序？
5. 根据我国《专利法》的规定，专利权人依法享有哪些权利？
6. 专利实施的形式有哪些？
7. 专利侵权的形式有哪些？依照我国《专利法》的规定，哪些情形不视为侵犯专利权？
8. 什么是专利代理？专利代理机构有哪些？专利代理机构承办的事务有哪些？
9. 商标构成的要件包括哪些？商标禁止使用的文字、图形有哪些？
10. 商标使用的管理包括哪些主要内容？
11. 根据我国《商标法》的规定，认定驰名商标应当考虑哪些因素？
12. 转让注册商标专用权应当履行哪些法律程序？
13. 根据我国《商标法》的规定，哪些行为属于商标侵权行为？

二、单项选择题

1. 甲单位接受乙单位委托的研究任务完成一项发明创造。在双方事前无协议约定的情况下，该成果的专利申请权应属于（   ）。
   A. 甲单位　　　　　　　　　　　　B. 乙单位
   C. 甲、乙两单位共同拥有　　　　　D. 归两单位中先提出专利申请者

2. 在下列（   ）情况下，申请专利的发明或实用新型，如在申请日以前有同样的发明或实用新型并不丧失新颖性。
   A. 在国外出版物上公开发表过　　　B. 在国内出版物上公开发表过的
   C. 在国外公开使用的　　　　　　　D. 在国内公开使用的

3. 中国学者王某在法国完成一项产品发明。2011年12月3日，王某在我国某学术研讨会上介绍了他的这项发明成果。2012年5月5日，王某以这项成果在法国提出专利申请。2012年6月16日，出席过研讨会的某研究所工程师张某，将这项成果作为他自己的非职务发明，向中国专利局提出专利申请。2013年4月28日，王某又以同一成果向中国专利局提出专利申请，同时提出要求优先权的书面声明，并提交了有关文件。下列说法正确的是（   ）。
   A. 张某申请在先，按照先申请原则，享有专利申请权
   B. 王某享有国外优先权，故专利申请应属王某
   C. 王某是中国人，不应享有国外优先权，但张某不是真正的发明人，故专利申请权应属王某
   D. 王某的发明已丧失新颖性，应驳回双方的申请

4. 关于专利实施强制许可制度的以下判断中，（   ）是不正确的。
   A. 强制许可制度只适用于发明专利和实用新型专利

B. 取得强制许可的单位或个人享有独占的实施权，并且有权允许他人实施

C. 取得强制许可的单位或个人应当付给专利权人合理的使用费

D. 专利权人对专利局关于强制许可的决定不服的，可以在接到通知之日起 3 个月内向人民法院提起诉讼

5. 甲公司申请某项发明专利，在该发明专利申请公布后至专利权授予前，甲公司发现乙公司使用该发明，乙公司拒绝支付使用费。根据《专利法》的规定，甲公司要求乙公司支付使用费的诉讼时效起算日应当是（　　）。

A. 甲公司发现乙公司使用其发明之日　　B. 乙公司使用其发明之日

C. 该发明专利权授予之日　　D. 该发明专利申请公布之日

6. H 国某公司打算到中国申请商标注册，向该国的一位律师咨询，得到如下意见。其中（　　）不符合中国法律的规定。

A. "H 国没有参加有关商标注册的国际公约，也没有与中国签订有关的协议，所以贵公司不能直接在中国申请商标注册"

B. "贵公司可以到中国投资设立一家独资的公司，然后以这家公司的名义申请商标注册"

C. "贵公司投资设立的这家公司申请商标注册，可以自己的名义直接办理"

D. "贵公司也可以在中国直接收购一个注册商标，用它在中国市场销售自己的产品"

7. 下列不属于认定驰名商标应当考虑的因素的是（　　）。

A. 相关公众对该商标的知晓程度　　B. 该商标使用的持续时间

C. 该商标的使用企业的经营规模　　D. 该商标作为驰名商标受保护的记录

8. 甲于 2009 年 3 月 1 日开始使用"建华"牌商标，乙于同年 4 月 1 日开始使用相同的商标。甲、乙均于 2010 年 5 月 1 日向商标局寄出注册"建华"商标的申请文件，但甲的申请文件于 5 月 8 日寄至，乙的文件于 5 月 5 日寄至。商标局应初步审定公告（　　）申请。

A. 同时公告，因甲、乙申请日期相同

B. 公告乙的申请，因乙申请在先

C. 公告甲的申请，虽然甲、乙同时申请，但甲使用在先

D. 由商标局自由裁定

9. 注册商标许可使用合同的被许可人实施的下列（　　）构成商标侵权行为。

A. 未经许可人同意，没有在使用该注册商标的商品上标明许可人的名称

B. 未经许可人同意，将该商标扩大使用到不同类的商品上

C. 未经许可人同意，修改了该商标的图形

D. 在商标许可合同期限届满后，未经许可人同意，继续使用该商标

三、多项选择题

1. 根据《专利法》的规定，下列有关实用新型和发明的区别的表述中，正确的有（　　）。

A. 发明既可以是产品，也可以是方法；而实用新型仅限于产品

B. 发明专利的创造性应具有突出的实质性特点和显著的进步；而实用新型专利的创造性具有实质性特点和进步

C. 发明专利的审查程序包括形式审查和实质审查；而实用新型专利仅采用形式审查

D. 发明专利的保护期是20年；实用新型专利的保护期是10年

2. 根据《专利法》的规定，下列各项中，视为专利申请人撤回申请的有（　　）。
   A. 对于当事人自己主动提出修改的专利申请，逾期不修改的
   B. 对于国务院专利行政部门要求进行修改的专利申请逾期不修改的
   C. 发明专利的申请人无正当理由逾期不请求实质审查的
   D. 发明专利已经在外国提出过申请，在我国再次提出申请时，申请人无正当理由逾期不提交有关资料的

3. 甲拥有一节能热水器的发明专利权，乙对此加以改进后获得重大技术进步，并取得新的专利权，但是专利之实施有赖于甲的专利之实施，双方又未能达成实施许可协议。在此情形下，下列（　　）是正确的。
   A. 甲可以申请实施乙之专利的强制许可
   B. 乙可以申请实施甲之专利的强制许可
   C. 乙在取得实施强制许可后，无须给付甲使用费
   D. 任何一方在取得实施强制许可后即享有独占的实施权

4. 甲的下列行为，（　　）构成专利侵权。
   A. 甲受专利实施许可合同的被许可人乙的委托，加工专利产品的部件
   B. 甲在乙的指导下生产了乙发明的新产品，后来乙取得该产品专利权
   C. 甲本人从事发明创造，其发明覆盖了乙的专利的主要技术特征，甲在未与乙协商的情况下实施了自己的专利
   D. 甲未经乙的许可实施乙的专利

5. H市的甲公司生产啤酒，申请注册的"向阳花"文字商标被国家有关部门认定为驰名商标。下列（　　）行为属于商标侵权行为。
   A. 乙公司在自己生产的葡萄酒上使用"葵花"商标
   B. 设在G市的丙公司将"向阳花"作为自己的商号登记使用
   C. 丁公司将"向阳花"注册为域名，用于宣传、销售书籍等文化用品
   D. 戊公司自己生产的农药产品上使用"向阳花"商标

6. 2002年2月19日，甲企业就其生产的家用电器注册了"康威"商标。后来乙企业使用该商标生产冰箱，并在2012年4月开始销售"康威"牌冰箱。下面（　　）是正确的。
   A. 甲对其商标的续展申请应当在商标有效期届满后的6个月内提出
   B. 乙企业对"康威"的使用为非法使用
   C. 乙企业可以在2012年8月19日后在家用电器上申请获得注册"康威"商标
   D. 甲企业在商标续展期内仍享有商标专用权

7. 商标法规定，对于商标违法行为，商标管理部门可以依照法律对注册的商标予以撤销。下列行为（　　）是可处以撤销商标的商标违法行为。
   A. 注册商标成为其核定使用的商品的通用名称
   B. 未经批准将注册商标转让他人使用的行为
   C. 连续两年停止使用注册商标的行为
   D. 自行改变注册商标的文字

8. 选项所列行为中，（   ）构成侵犯注册商标专用权。
   A. 擅自制造他人注册商标标识
   B. 在同类商品上，将与他人注册商标相近似的文字作为商品名称
   C. 以模仿方式将他人已为公众熟知的商标进行注册
   D. 明知他人托运的货物是假冒注册商标的商品仍予以运送

四、案例分析题

1. 2012 年 5 月，某机械厂以合同形式委托某机械研究所研究、设计、制造小型电子面条机。合同规定，该面条机研究工作完全由研究所一方承担，但合同未涉及专利申请权的问题。研究完成后，2013 年 2 月，机械研究所单方面就该小型电子面条机申请了专利，机械厂对此表示异议。问：如何处理？

2. A 厂工程师陈某 2011 年 6 月退休后，在 1 年之内完成了甲、乙两项发明创造。其中甲项目是陈某退休前承担的本单位新产品开发项目，乙项目是 B 厂委托陈某完成的外观设计方案。2012 年 5 月，陈某将两项目以个人名义申请专利。同年 8 月，专利局驳回陈某甲项目的专利申请。根据上述事实，回答下列问题：
   （1）谁是甲、乙两项目的专利申请人？为什么？
   （2）申请甲、乙两项目专利，应当分别提交哪些主要文件？
   （3）陈某对专利局驳回甲项目的专利申请不服时，可以采取哪些措施？

3. 甲发明了一种新型电饭锅，获得实用新型专利。甲与乙签订了电饭锅实用新型专利实施许可合同，乙获得了该专利在全国范围内的独占实施权。乙与丙签订了加工承揽合同，合同规定由丙加工该新型电饭锅 5 000 只。后乙以市场销路不好为由拒绝支付丙的加工费，丙留置了部分电饭锅，并通知乙及时支付加工费。半年后，乙仍未履行合同，丙依法变卖了留置的电饭锅，以其价款顶替了加工费。不久，甲发现了丙变卖电饭锅一事，遂以丙未经其许可，为生产经营目的擅自销售其专利产品为由诉至法院，要求丙承担侵权责任。问：如何处理？

4. N 公司原是一家生产油炸土豆片、锅巴等小食品的乡镇企业，自 2010 年起企业就将"香脆"二字作为商标使用于土豆片、锅巴等产品的包装上。几年来其产品销售量稳步增长，销售地区不断扩大。2015 年 3 月，N 公司遂决定将"香脆"商标向中国商标局申请注册，使用商品范围仍为土豆片、锅巴等食品。根据以上事实，回答下列问题：
   （1）"香脆"二字用于油炸土豆片、锅巴等商标是否具有显著特征，为什么？
   （2）假设商标局以缺乏显著特征为由驳回注册申请，N 公司不服，他应在什么时间向何机构提起复审请求？
   （3）假设商标复审机构作出维持注册商标、驳回申请的裁定，N 公司仍不服，他是否可以向人民法院起诉？如果可以，他应在什么期限内起诉？
   （4）现假设该商标局对"香脆"商标予以核准注册，该商标专用权的效力范围如何？

5. 2011 年 1 月，某甲与乙饭店签订合作开办饭店协议一份。同年 3 月，乙饭店开业后，未悬挂店名，但在该店门上方悬挂"正宗厚味美包子第四代传人赵某第五代传人甲"为内容的牌匾一块，其中"厚味美包子"为大字，其余为小字，并聘请甲为该店厨师。该店自 2011 年 3 月开始经营包子。多年经营厚味美包子的丙饮食公司在 2000 年 12 月取得厚味美牌商标注册证，当其发现乙饭店及甲的行为后，即向法院提起诉讼要求保护其商标专用权。甲与乙饭店辩称，制作悬挂的牌匾是对"厚味美"创始人及传人赵某和甲个人身份的宣传；且丙公

司的商标已过有效期,所以法院应驳回。请回答:

(1) 丙公司是否具有"厚味美"牌商标专用权?为什么?

(2) 甲与乙饭店的行为是否侵权?为什么?

(3) 哪一方当事人应承担民事责任?应承担什么民事责任?

6. 2010年年初,某市甲汽水厂推出"维尔康"牌饮料。该产品因口味好又有保健作用,深受消费者喜爱,但甲汽水厂未向商标局申请商标注册。后在该市饮料市场上出现了某省乙汽水厂的"维尔康"牌饮料,但乙厂的汽水质量、口感比甲厂差。消费者认牌购货,认为甲厂汽水质量下降,从而使甲厂信誉受损。后甲厂了解到乙厂抢先注册了"维尔康"商标,考虑到创品牌不易,只好向乙厂提出转让该注册商标,因转让费太高而未达成转让协议。在协商未果的情况下,甲厂向商标评审委员会申请仲裁,以使用该商标在先为由,要求撤销乙厂抢注的"维尔康"商标。乙厂则辩称:自己依法申请商标注册并获准,符合《商标法》的申请优先原则,请求依法保护自己的商标专有权,要求甲厂停止侵权,停止使用该商标。问:如何处理?

第10章 反不正当竞争法与反垄断法

10.1 反不正当竞争法

10.1.1 反不正当竞争法概述

1. 不正当竞争的概念

不正当竞争,是指经营者违反法律规定,损害其他经营者的合法权益,扰乱社会经济秩序的行为。不正当竞争行为,是指经营者在生产经营活动中,违反法律规定,扰乱市场竞争秩序,损害其他经营者或者消费者的合法权益的行为。

不正当竞争行为有广义和狭义之分。广义的不正当竞争包括违反诚实信用商业道德的不正当竞争行为及垄断和限制竞争行为;狭义的不正当竞争行为则仅指前者,是和垄断相并列的。我国《反不正当竞争法》的主要内容是针对狭义不正当竞争行为的。尽管其中也有条款涉及行政垄断问题,但总的来讲,应该说我国的《反不正当竞争法》是针对狭义的不正当竞争行为的。

2. 不正当竞争行为的构成要件

(1) 行为主体为经营者

经营者是指从事商品生产、经营或者提供服务的自然人、法人和非法人组织。非法经营主体从事了实际的经济活动也应当属于行为主体。政府及其所属部门应当不具有经营能力,但就目前中国的实际情况来看,行政权力会不正当地介入到经济关系,因此,也是《反不正当竞争法》规制的主体。

(2) 存在不正当竞争行为

我国《反不正当竞争法》第 2 章列举、规定了 6 种典型的不正当竞争行为,包括市场混淆行为、商业贿赂、引人误解的虚假宣传、侵犯商业秘密、违反规定的有奖销售、商业诽谤。

(3) 损害了其他经营者的合法权益

经营者实施的不正当竞争行为,在客观上直接侵害了其他经营者的合法权益,使其他经营者在财产上或精神上遭受损害。

(4) 主观上有过错

根据我国民法的一般原理,侵权责任的承担应当以过错为要件。因此,实施不正当竞争行为的经营者应当具有主观的过错。

3. 市场交易的基本原则

公平有序的竞争可以引导资源的有效配置,而不正当竞争不仅会扭曲社会整体资源配置,还会对经营者和消费者利益构成损害。市场交易的基本原则反映了公平有序竞争必须满足的基本要求。我国《反不正当竞争法》规定：经营者在生产经营活动中，应当遵循自愿、平等、公平、诚信的原则，遵守法律和商业道德。

（1）主体地位平等

当事人地位平等是民法的一项基本原则。在经济领域，平等原则是指任何参与市场竞争的经营者在交易活动中的法律地位是平等的，在平等的基础上表达各自真实的交易愿望，设定彼此之间的权利和义务。

（2）自愿原则

自愿原则是指经营者在法律允许的范围内，根据自己的内心的真实意愿，自主地从事市场交易活动，可以自主地决定设立、变更和终止特定的法律关系，包括经营者可以自主决定是否参与某具体的市场交易活动，可以自主选择交易对象、交易内容和交易方式。自愿原则使得当事人可以在不违反法律的前提下，自主地安排有关权利、义务，充分地实现自己的利益，是市场经济的最重要的法律基础之一。

（3）公平原则

公平原则是指经营者在竞争的交易活动中都应受到公正合理的待遇。在经营活动中，市场主体之间的权利义务设置要体现公正合理，不能一方只享有权利而不承担义务，另一方只承担义务而不享有权利；所有经营者遵循着同样的游戏规则，在交易手段、交易环境和交易机会的获得方面一律平等。

（4）诚实信用原则

诚实信用原则，是指一切法律关系的当事人，应当公平地考虑对方的正当利益和社会公共利益，善意地行使权利、履行义务。在经济活动中，诚实信用原则既指经营者应切实履行合同，不得规避法律和合同，恪守诺言，讲究信用，也指经营者要善意行事，不从事欺诈与胁迫，不用不正当的手段牟取非法利益，不侵害其他经营者及消费者的合法权益。

（5）遵守公认的商业道德

遵守公认的商业道德是指经营者在竞争中要遵循在市场交易中长期形成的，为社会或相关行业普遍承认和遵守的商业规范。上述平等、自愿、公平、诚实信用原则实际上都是最主要的、公认的法制化的商业道德。但有限的法律条文不可能囊括所有商业道德的全部内容，因此确立"遵守公认的商业道德"这一原则，对于发挥市场自身的调节功能，弥补制定法的不足，具有重要意义。

4. 反不正当竞争法的概念及调整对象

反不正当竞争法是调整在制止不正当竞争行为过程中发生的经济关系的法律规范的总称。

我国于1993年9月2日通过了《中华人民共和国反不正当竞争法》。为了正确审理不正当竞争民事案件，依法保护经营者的合法权益，维护市场竞争秩序，最高人民法院制定了《最高人民法院关于审理不正当竞争民事案件应用法律若干问题的解释》，自2007年2月1日起施行。2017年11月4日全国人民代表大会常务委员会通过了修订后的《中华人民共和国反不正当竞争法》，自2018年1月1日起施行。

我国反不正当竞争法的立法目的是促进社会主义市场经济健康发展，鼓励和保护公平竞争，制止不正当竞争行为，保护经营者和消费者的合法权益。

反不正当竞争法的调整对象具体包括以下四个方面：一是因确认竞争行为的性质所发生

的监督管理关系;二是经营者之间的竞争关系;三是经营者与消费者或公众之间因市场行为而发生的社会关系;四是制裁不正当竞争行为中产生的经济关系。

10.1.2 不正当竞争行为的具体表现形式

1. 市场混淆行为

市场混淆行为是指经营者使用与他人商业标识相同或者近似的商业标识,致使与他人的商品(包括服务)或者营业活动产生混淆,减损他人商业标识的市场价值的行为。

根据我国《反不正当竞争法》第六条规定,经营者不得实施下列混淆行为,引人误认为是他人商品或者与他人存在特定联系。

(1)擅自使用与他人有一定影响的商品名称、包装、装潢等相同或者近似的标识

具有区别商品来源的显著特征的商品的名称、包装、装潢,应当认定为"特有的商品名称、包装、装潢"。有下列情形之一的,人民法院不认定为知名商品特有的名称、包装、装潢:

① 商品的通用名称、图形、型号;

② 仅仅直接表示商品的质量、主要原料、功能、用途、重量、数量及其他特点的商品名称;

③ 仅由商品自身的性质产生的形状,为获得技术效果而需有的商品形状以及使商品具有实质性价值的形状;

④ 其他缺乏显著特征的商品名称、包装、装潢。

上述第①、②、④项规定的情形经过使用取得显著特征的,可以认定为特有的名称、包装、装潢。由经营者营业场所的装饰、营业用具的式样、营业人员的服饰等构成的具有独特风格的整体营业形象,可以认定为反不正当竞争法规定的"装潢"。

知名商品特有的名称、包装、装潢中含有本商品的通用名称、图形、型号,或者直接表示商品的质量、主要原料、功能、用途、重量、数量以及其他特点,或者含有地名,他人因客观叙述商品而正当使用的,不构成不正当竞争行为。

商品的名称、包装、装潢属于商标法规定的不得作为商标使用的标志,当事人请求依照反不正当竞争法予以保护的,人民法院不予支持。

在中国境内进行商业使用,包括将知名商品特有的名称、包装、装潢或者企业名称、姓名用于商品、商品包装以及商品交易文书上,或者用于广告宣传、展览以及其他商业活动中,应当认定为反不正当竞争法规定的"使用"。

(2)擅自使用他人有一定影响的名称

擅自使用他人有一定影响的企业名称(包括简称、字号等)、社会组织名称(包括简称等)、姓名(包括笔名、艺名、译名等);企业登记主管机关依法登记注册的企业名称,以及在中国境内进行商业使用的外国(地区)企业名称,应当认定为反不正当竞争法规定的"企业名称"。具有一定的市场知名度、为相关公众所知悉的企业名称中的字号,可以认定为反不正当竞争法规定的"企业名称"。在商品经营中使用的自然人的姓名,应当认定为反不正当竞争法规定的"姓名"。具有一定的市场知名度、为相关公众所知悉的自然人的笔名、艺名等,可以认定为反不正当竞争法规定的"姓名"。

(3)擅自使用他人有一定影响的域名主体部分、网站名称、网页等

互联网已经成为越来越多的市场主体进行宣传甚至经营的重要领地,与互联网相关的标

识，如域名、网站名称、页面等，已经能够起到区分和识别市场主体的作用。擅自使用他人有一定影响的域名主体部分、网站名称、网页等，引人误认为是他人商品或者与他人存在特定联系的，构成商业混淆的不正当竞争行为。禁止互联网领域中的仿冒混淆行为是新修订的《反不正当竞争法》所涉及互联网领域的内容，该条文是在市场所处的互联网大背景下应运而生的。

（4）其他足以引人误认为是他人商品或者与他人存在特定联系的混淆行为

这些混淆行为主要有：足以使相关公众对商品的来源产生误认，包括误认为与知名商品的经营者具有许可使用、关联企业关系等特定联系的行为；在相同商品上使用相同或者视觉上基本无差别的商品名称、包装、装潢的行为等。

经营者违反《反不正当竞争法》第六条规定实施混淆行为的，由监督检查部门责令停止违法行为，没收违法商品。违法经营额5万元以上的，可以并处违法经营额5倍以下的罚款；没有违法经营额或者违法经营额不足5万元的，可以并处25万元以下的罚款。情节严重的，吊销营业执照。经营者登记的企业名称违反《反不正当竞争法》第六条规定的，应当及时办理名称变更登记；名称变更前，由原企业登记机关以统一社会信用代码代替其名称。经营者违反此规定，权利人因被侵权所受到的实际损失、侵权人因侵权所获得的利益难以确定的，由人民法院根据侵权行为的情节判决给予权利人300万元以下的赔偿。

2. 商业贿赂行为

商业贿赂行为是指经营者以谋取交易机会或者竞争优势为目的，为使自己在销售或购买商品或提供服务等业务活动中获得利益，而采用财物或者其他手段向交易相对人及其职员或其代理人提供或许诺提供某种利益，从而实现交易的不正当竞争行为。

我国《反不正当竞争法》第七条规定，经营者不得采用财物或者其他手段贿赂下列单位或者个人，以谋取交易机会或者竞争优势：

① 交易相对方的工作人员；

② 受交易相对方委托办理相关事务的单位或者个人；

③ 利用职权或者影响力影响交易的单位或者个人。

经营者在交易活动中，可以以明示方式向交易相对方支付折扣，或者向中间人支付佣金。经营者向交易相对方支付折扣、向中间人支付佣金的，应当如实入账。接受折扣、佣金的经营者也应当如实入账。

经营者的工作人员进行贿赂的，应当认定为经营者的行为；但是，经营者有证据证明该工作人员的行为与为经营者谋取交易机会或者竞争优势无关的除外。

我国《反不正当竞争法》第七条的规定实际包括了3层含义。

① 商业贿赂行为的主体范围较大。既包括交易相对方的工作人员，也包括受交易相对方委托办理相关事务的单位或者个人，还包括利用职权或者影响力影响交易的单位或者个人。

② 经营者不得采用财物或者其他手段进行贿赂以谋取交易机会或者竞争优势。

③ 正当的折扣和佣金是允许的，不属于商业贿赂的范畴。

我国商业贿赂的主要表现形式是商业回扣，正当的折扣和佣金与回扣有所区别，其中最本质的区别是正当的折扣和佣金是明示的，且如实入账。

经营者违反《反不正当竞争法》第七条规定贿赂他人的，由监督检查部门没收违法所得，处10万元以上300万元以下的罚款。情节严重的，吊销营业执照。

3. 虚假宣传行为

在反不正当竞争法上，虚假宣传行为与误导行为往往是画等号的，即都是指同样的不正当竞争行为。巴黎公约将虚假宣传行为界定为："在经营过程中使用的使公众对商品的性质、制造方法、特点、用途或者数量易于产生误解的所有表示或者说法。"虚假宣传行为是一种危害严重后果的行为，也是在市场中发生量很大的行为。因此我国《反不正当竞争法》第八条规定："经营者不得对其商品的性能、功能、质量、销售状况、用户评价、曾获荣誉等作虚假或者引人误解的商业宣传，欺骗、误导消费者。"

经营者具有下列行为之一，足以造成相关公众误解的，可以认定为引人误解的虚假宣传行为：① 对商品作片面的宣传或者对比的；② 将科学上未定论的观点、现象等当作定论的事实用于商品宣传的；③ 以歧义性语言或者其他引人误解的方式进行商品宣传的。以明显的夸张方式宣传商品，不足以造成相关公众误解的，不属于引人误解的虚假宣传行为。

虚假宣传行为也包括电子商务领域的虚假宣传行为。消费者在网络购物中作出选择的重要依据是商家的销售量和购买者的评价。而电子商务平台的一些经营者通过线上"刷单、刷评价"，不但使自己迅速提升所谓的商业信誉，还使消费者在接收错误信息的情况下作出交易选择，更使其竞争对手在按销售量、评分等排序时排后，并且损失大量的交易机会。上述"销售状况""用户评价"的网络虚假宣传行为为我国《反不正当竞争法》所禁止。

我国《反不正当竞争法》对引人误解的虚假宣传，规定了要承担的责任：经营者违反规定对其商品作虚假或者引人误解的商业宣传，或者通过组织虚假交易等方式帮助其他经营者进行虚假或者引人误解的商业宣传的，由监督检查部门责令停止违法行为，处 20 万元以上 100 万元以下的罚款；情节严重的，处 100 万元以上 200 万元以下的罚款，可以吊销营业执照。经营者违反《反不正当竞争法》第八条规定，属于发布虚假广告的，依照《中华人民共和国广告法》的规定处罚。

4. 侵犯商业秘密的行为

根据我国《反不正当竞争法》对商业秘密所下的定义，商业秘密是指不为公众所知悉、具有商业价值并经权利人采取相应保密措施的技术信息和经营信息。所谓"不为公众所知悉"，是指有关信息不为其所属领域的相关人员普遍知悉和容易获得。所谓"具有商业价值"，是指有关信息具有现实的或者潜在的商业价值，能为权利人带来竞争优势。所谓"保密措施"，是指权利人为防止信息泄露所采取的与其商业价值等具体情况相适应的合理保护措施。

具有下列情形之一的，可以认定有关信息不构成不为公众所知悉：① 该信息为其所属技术或者经济领域的人的一般常识或者行业惯例；② 该信息仅涉及产品的尺寸、结构、材料、部件的简单组合等内容，进入市场后相关公众通过观察产品即可直接获得的；③ 该信息已经在公开出版物或者其他媒体上公开披露；④ 该信息已通过公开的报告会、展览等方式公开；⑤ 该信息从其他公开渠道可以获得；⑥ 该信息无须付出一定的代价而容易获得。

具有下列情形之一，在正常情况下足以防止涉密信息泄露的，应当认定权利人采取了保密措施：① 限定涉密信息的知悉范围，只对必须知悉的相关人员告知其内容；② 对于涉密信息载体采取加锁等防范措施；③ 在涉密信息的载体上标有保密标志；④ 对于涉密信息采用密码或者代码等；⑤ 签订保密协议；⑥ 对于涉密的机器、厂房、车间等场所限制来访者或者提出保密要求；⑦ 确保信息秘密的其他合理措施。

根据我国《反不正当竞争法》第九条规定，经营者不得实施下列侵犯商业秘密的行为：

① 以盗窃、贿赂、欺诈、胁迫或者其他不正当手段获取权利人的商业秘密；

② 披露、使用或者允许他人使用以前项手段获取的权利人的商业秘密；

③ 违反约定或者违反权利人有关保守商业秘密的要求，披露、使用或者允许他人使用其所掌握的商业秘密。

第三人明知或者应知商业秘密权利人的员工、前员工或者其他单位、个人实施前款所列违法行为，仍获取、披露、使用或者允许他人使用该商业秘密的，视为侵犯商业秘密。

商业秘密中的客户名单，一般是指客户的名称、地址、联系方式及交易的习惯、意向、内容等构成的区别于相关公知信息的特殊客户信息，包括汇集众多客户的客户名册，以及保持长期稳定交易关系的特定客户。客户基于对职工个人的信赖而与职工所在单位进行市场交易，该职工离职后，能够证明客户自愿选择与自己或者其新单位进行市场交易的，应当认定没有采用不正当手段，但职工与原单位另有约定的除外。

通过自行开发研制或者反向工程等方式获得的商业秘密，不认定为侵犯商业秘密行为。所谓"反向工程"，是指通过技术手段对从公开渠道取得的产品进行拆卸、测绘、分析等而获得该产品的有关技术信息。当事人以不正当手段知悉了他人的商业秘密之后，又以反向工程为由主张获取行为合法的，不予支持。

当事人指称他人侵犯其商业秘密的，应当对其拥有的商业秘密符合法定条件、对方当事人的信息与其商业秘密相同或者实质相同以及对方当事人采取不正当手段的事实负举证责任。其中，商业秘密符合法定条件的证据，包括商业秘密的载体、具体内容、商业价值和对该项商业秘密所采取的具体保密措施等。

对于侵犯商业秘密行为，商业秘密独占使用许可合同的被许可人提起诉讼的，人民法院应当依法受理。排他使用许可合同的被许可人和权利人共同提起诉讼，或者在权利人不起诉的情况下，自行提起诉讼，人民法院应当依法受理。普通使用许可合同的被许可人和权利人共同提起诉讼，或者经权利人书面授权，单独提起诉讼的，人民法院应当依法受理。

经营者违反《反不正当竞争法》第九条规定侵犯商业秘密的，由监督检查部门责令停止违法行为，处 10 万元以上 50 万元以下的罚款；情节严重，处 50 万元以上 300 万元以下的罚款。经营者违反此规定，权利人因被侵权所受到的实际损失、侵权人因侵权所获得的利益难以确定的，由人民法院根据侵权行为的情节判决给予权利人 300 万元以下的赔偿。

5. 不正当有奖销售行为

有奖销售是指经营者销售商品或者提供服务，附带地向购买者提供物品、金钱或者其他经济上的利益的行为。包括：奖励所有购买者的附赠式有奖销售和奖励部分购买者的抽奖式有奖销售。

有奖销售具有下列特征：

① 有奖销售是在经营者与购买者之间进行的，即有奖销售的当事人是销售商品或者提供服务的经营者与购买商品或者接受服务的购买者，经营者向购买者以外的人提供奖品的，不能构成有奖销售；

② 用于进行有奖销售的奖品（赠品）包括物品、金钱或者其他经济上的利益；

③ 存在着主从关系，即在有奖销售中，经营者与购买者之间存在着双重法律关系，一是经营者向购买者销售商品或者提供服务的关系；二是经营者向购买者提供赠品的赠与关系，前者是主法律关系，后者是从法律关系，后者依赖于前者的存在而存在；

④ 有奖销售的目的是招揽顾客。这与经政府及其有关部门批准的有奖募捐或者彩票发售活动有重大区别。

有奖销售是经营者的一种促销手段，是经营者以提供产品、金钱或其他条件作为奖励，刺激消费者购买商品或服务的行为。世界各国对有奖销售都有立法加以规范和限制，规定这些以奖励、让利为特征的促销手段的实施，不得有碍于公正而自由的竞争，其方法必须是正当的、诚实的，否则即构成不正当有奖销售。我国《反不正当竞争法》对经营者以下3种有奖销售方式予以禁止：① 所设奖的种类、兑奖条件、奖金金额或者奖品等有奖销售信息不明确，影响兑奖；② 采用谎称有奖或者故意让内定人员中奖的欺骗方式进行有奖销售；③ 抽奖式的有奖销售，最高奖的金额超过5万元。

经营者违反《反不正当竞争法》规定进行有奖销售的，由监督检查部门责令停止违法行为，处5万元以上50万元以下的罚款。

6. 诋毁商誉行为

商业诋毁通常是指损害或者可能损害竞争对手的商业信誉的虚假宣传。按照我国《反不正当竞争法》规定，经营者不得编造、传播虚假信息或者误导性信息，损害竞争对手的商业信誉、商品声誉。商业信誉是社会对经营者商业道德、商品品质、价格、服务等方面的积极评价。商品声誉是社会对特定商品品质、性能的赞誉。商品声誉给经营者带来巨大的经济效益及市场竞争中的优势地位。诋毁商誉的构成要件包括以下几方面。

① 经营者的编造、传播言行具有诋毁的故意。违法经营者对竞争对手的伤害并非出于言行不慎，而是故意诋毁，目的是削弱对手的竞争能力。

② 诋毁商誉行为的客体是同业竞争者的商业信誉和商品声誉。如果经营者个人只对对手的个人名誉进行攻击，不涉及商业信誉和商品声誉的话，此属于一般民事人身权的侵害，由民法调整；而诋毁商誉如果诋毁的是同自己毫无竞争关系的非同业竞争者的商誉，也属于民事诽谤，不在竞争法调整范畴之内。

③ 经营者采用了编造、传播虚假信息或者误导性信息的手段。如果经营者散布对竞争对手不利的信息，但不属于无中生有或故意歪曲，而是客观事实，这也不能构成诋毁商誉的行为。

经营者违反《反不正当竞争法》的规定损害竞争对手商业信誉、商品声誉的，由监督检查部门责令停止违法行为、消除影响，处10万元以上50万元以下的罚款；情节严重的，处50万元以上300万元以下的罚款。

7. 互联网不正当竞争行为

互联网不正当竞争行为主要分为两大类，一类是传统不正当竞争行为在互联网环境下的延伸，另一类是互联网环境下的新型不正当竞争行为。传统不正当竞争行为在互联网环境下的延伸，主要是指发生在互联网领域、已被《反不正当竞争法》明确规定的不正当竞争行为，突出表现为涉及互联网的商业诋毁行为和虚假宣传行为。而新型不正当竞争行为主要是指互联网新型不正当竞争行为，由于该类行为无法归入传统不正当竞争行为中，不能直接适用原《反不正当竞争法》中规定的不正当竞争行为的认定标准。为了规制网络环境中的新类型不正当竞争行为，《反不正当竞争法》第十二条对利用技术手段在互联网领域从事互联网新型不正当竞争行为作了列举规定，被称为"互联网专条"。

《反不正当竞争法》第十二条规定：

"经营者利用网络从事生产经营活动,应当遵守本法的各项规定。

"经营者不得利用技术手段,通过影响用户选择或者其他方式,实施下列妨碍、破坏其他经营者合法提供的网络产品或者服务正常运行的行为:

"(一)未经其他经营者同意,在其合法提供的网络产品或者服务中,插入链接、强制进行目标跳转;

"(二)误导、欺骗、强迫用户修改、关闭、卸载其他经营者合法提供的网络产品或者服务;

"(三)恶意对其他经营者合法提供的网络产品或者服务实施不兼容;

"(四)其他妨碍、破坏其他经营者合法提供的网络产品或者服务正常运行的行为。"

上述前(一)、(二)、(三)项条文采用列举的方式,规定得比较明确,限定的类型范围也比较窄,所体现的是这些年认定的几类典型互联网不正当竞争行为。然而,在司法实践中还存在一些已认定为不正当竞争的常见类型,法条没有对此进行相应的规制。随着互联网技术迅猛发展,商业模式不断更新,新型的竞争行为层出不穷。上述(四)项条文为兜底条款,对于互联网新型不正当竞争行为的规制,具有较大的拓展空间。

经营者违《反不正当竞争法》第十二条规定妨碍、破坏其他经营者合法提供的网络产品或者服务正常运行的,由监督检查部门责令停止违法行为,处 10 万元以上 50 万元以下的罚款;情节严重的,处 50 万元以上 300 万元以下的罚款。

10.1.3 对涉嫌不正当竞争行为的调查和监督

各级人民政府应当采取措施,制止不正当竞争行为,为公平竞争创造良好的环境和条件。国务院建立反不正当竞争工作协调机制,研究决定反不正当竞争重大政策,协调处理维护市场竞争秩序的重大问题。

对以上不正当竞争行为的监督,我国《反不正当竞争法》规定,县级以上人民政府履行工商行政管理职责的部门对不正当竞争行为进行查处;法律、行政法规规定由其他部门查处的,依照其规定。国家鼓励、支持和保护一切组织和个人对不正当竞争行为进行社会监督。国家机关及其工作人员不得支持、包庇不正当竞争行为。行业组织应当加强行业自律,引导、规范会员依法竞争,维护市场竞争秩序。

监督检查部门调查涉嫌不正当竞争行为,可以采取下列措施:

① 进入涉嫌不正当竞争行为的经营场所进行检查;

② 询问被调查的经营者、利害关系人及其他有关单位、个人,要求其说明有关情况或者提供与被调查行为有关的其他资料;

③ 查询、复制与涉嫌不正当竞争行为有关的协议、账簿、单据、文件、记录、业务函电和其他资料;

④ 查封、扣押与涉嫌不正当竞争行为有关的财物;

⑤ 查询涉嫌不正当竞争行为的经营者的银行账户。

采取上述规定的措施,应当向监督检查部门主要负责人书面报告,并经批准。采取上述第四项、第五项规定的措施,应当向设区的市级以上人民政府监督检查部门主要负责人书面报告,并经批准。监督检查部门调查涉嫌不正当竞争行为,应当遵守《中华人民共和国行政强制法》和其他有关法律、行政法规的规定,并应当将查处结果及时向社会公开。

监督检查部门调查涉嫌不正当竞争行为，被调查的经营者、利害关系人及其他有关单位、个人应当如实提供有关资料或者情况。监督检查部门及其工作人员对调查过程中知悉的商业秘密负有保密义务。对涉嫌不正当竞争行为，任何单位和个人有权向监督检查部门举报，监督检查部门接到举报后应当依法及时处理。监督检查部门应当向社会公开受理举报的电话、信箱或者电子邮件地址，并为举报人保密。对实名举报并提供相关事实和证据的，监督检查部门应当将处理结果告知举报人。

经营者违反《反不正当竞争法》规定，给他人造成损害的，应当依法承担民事责任。经营者的合法权益受到不正当竞争行为损害的，可以向人民法院提起诉讼。因不正当竞争行为受到损害的经营者的赔偿数额，按照其因被侵权所受到的实际损失确定；实际损失难以计算的，按照侵权人因侵权所获得的利益确定。赔偿数额还应当包括经营者为制止侵权行为所支付的合理开支。

10.2 反垄断法

10.2.1 反垄断法概述

1. 垄断的概念与特征

垄断是指经营者以独占或者有组织的联合行动等方式，凭借经济优势或行政权力，操纵或支配相关市场，限制和排斥竞争的行为。所谓"经营者"，是指从事商品生产、经营或者提供服务的自然人、法人和其他组织。所谓"相关市场"，是指经营者在一定时期内就特定商品或者服务（以下统称商品）进行竞争的商品范围和地域范围。

各国反垄断法所规制的垄断行为主要有独占、合并、兼并、合谋协议、独家交易、股份保有、董事兼任等。我国《反垄断法》规定的垄断行为包括三种：一是经营者达成垄断协议的行为；二是经营者滥用市场支配地位的行为；三是经营者具有或者可能具有排除、限制竞争效果的经营者集中。行政机关和法律、法规授权的具有管理公共事务职能的组织滥用行政权力，排除、限制竞争的行为，适用《反垄断法》的规定。

垄断具有以下几个特征。

① 形成垄断的主要方式是独占或有组织的联合行动。垄断者凭借自己在市场中的独特地位，靠操纵市场来牟取非法利润；不具有独占地位的经营者则可能依靠有组织的联合性行为，通过不合理的企业规模和减少竞争者数量以及对具有竞争性的企业实行控制等方式排挤竞争对手，控制市场。

② 垄断者之所以能形成垄断势力，凭借的是经济优势或行政权力。凭借经济优势形成的垄断属经济性垄断，凭借行政权力形成的垄断属行政性垄断。不管是经济性垄断还是行政性垄断，都是为了操纵或支配市场，获得垄断利润。

③ 垄断限制和排斥了竞争。竞争的直接结果是垄断者控制市场，垄断价格，排挤了竞争对手，使市场中的竞争对手减少甚至消失，垄断使竞争机制作用失效，从而限制和排斥了竞争，因此，各国竞争法都禁止垄断行为。

2. 反垄断法的概念

反垄断法是指通过规范垄断和限制竞争行为来规制垄断过程中所发生的社会关系的法律

规范的总和。

《中华人民共和国反垄断法》(以下简称"《反垄断法》")经第十届全国人民代表大会常务委员会第二十九次会议通过，自2008年8月1日起施行。该法包括总则、垄断协议、滥用市场支配地位、经营者集中、滥用行政权力排除限制竞争、对涉嫌垄断行为的调查、法律责任及附则，共计8章57个条款。

国务院及其主管部门先后颁布实施了《国务院关于经营者集中申报标准的规定》《工商行政管理机关制止滥用行政权力排除、限制竞争行为程序规定》《工商行政管理机关查处垄断协议、滥用市场支配地位案件程序规定》《反价格垄断行政执法程序规定》《工商行政管理机关禁止滥用市场支配地位行为的规定》等。

3. 反垄断法的立法精神

《反垄断法》第一条规定："为了预防和制止垄断行为，保护市场公平竞争，提高经济运行效率，维护消费者利益和社会公共利益，促进社会主义市场经济健康发展，制定本法。"这是我国反垄断法的立法宗旨。

反垄断法的宗旨是反对垄断，反对限制竞争，保护企业自由参与竞争的权利。具体包括以下几个方面内容。

① 保护企业自由参与竞争的权利。《反垄断法》第五条规定："经营者可以通过公平竞争、自愿联合，依法实施集中，扩大经营规模，提高市场竞争力。"

② 禁止经济性垄断。《反垄断法》第六条规定："具有市场支配地位的经营者，不得滥用市场支配地位，排除、限制竞争。"

③ 禁止行政性垄断。《反垄断法》第八条规定："行政机关和法律、法规授权的具有管理公共事务职能的组织不得滥用行政权力，排除、限制竞争。"

④ 对特定行业赋予法律适用的豁免权。国有经济占控制地位的关系国民经济命脉和国家安全的行业及依法实行专营专卖的行业，国家对其经营者的合法经营活动予以保护，并对经营者的经营行为及其商品和服务的价格依法实施监管和调控，维护消费者利益，促进技术进步。该行业的经营者应当依法经营，诚实守信，严格自律，接受社会公众的监督，不得利用其控制地位或者专营专卖地位损害消费者利益。

4. 反垄断法的调整对象

反垄断法的调整对象既包括我国境内经济活动中的垄断行为，也包括在中国境外发生的，对国内市场竞争产生排除、限制影响的垄断行为。

垄断行为的显著特征是排除、限制国内市场的竞争，从事垄断行为的主体一般是经营者，垄断行为一般发生在经营者作为平等民事主体所从事的市场经济活动中。随着经济全球化，我国经济与国际经济日益融合，为了防止和制止境外发生的垄断行为对国内的市场竞争产生不利影响，我国反垄断法借鉴国际上其他国家的经验，规定了域外效力。但法律域外效力的具体适用很可能因国家间的利益冲突和法律冲突产生困难，必须加强双边或多边国际合作来加以解决。

除了境内外的经济性垄断行为，反垄断法还规范了政府滥用行政权力，排除、限制竞争的行为。但由于滥用行政权力限制、排除竞争从行为主体、表现方式和法律性质上与经济性垄断有很大差异，因此在反垄断法第5章予以具体规定。

10.2.2 反垄断法规制的垄断行为

1. 垄断协议概述

1）垄断协议的定义

垄断协议是反垄断规定的垄断行为之一。垄断协议是指排除、限制竞争的协议、决定或者其他协同行为。

2）垄断协议的特征

垄断协议的特征如下。

① 实施主体是两个或者两个以上的经营者。行业协会或者企业协会也是垄断协议的实施主体。国家发展和改革委员会颁布实施的《反价格垄断规定》，禁止行业协会从事下列行为：制定排除、限制价格竞争的规则、决定、通知等；组织经营者达成本规定所禁止的价格垄断协议；组织经营者达成或者实施价格垄断协议的其他行为。

② 经营者之间存在通谋或协同一致的行为。垄断协议的表现形式除书面或口头协议外，还包括协同行为。所谓"协同行为"，是指企业之间虽然没有达成书面或者口头协议、决议，但相互进行了沟通，默契地实施了协调的排除、限制竞争行为。例如，认定价格协同行为，应当主要依据下列两个因素确定：经营者的价格行为具有一致性；经营者进行过意思联络。

③ 以排除、限制竞争为目的。垄断协议具有排除、限制竞争的目的或产生排除、限制竞争的效果。

3）垄断协议的类型

根据参与协议的主体，可以将垄断协议分为横向协议和纵向协议。横向协议是指在生产或者销售过程中处于同一阶段的经营者之间（如生产商之间、批发商之间、零售商之间等）达成的协议；纵向协议是指在生产或者销售过程中处于不同阶段的经营者之间（如生产商与批发商之间、批发商与零售商之间）达成的协议。

一般来说，横向协议对竞争的危害较为直接和严重，多适用本身违法的原则。所谓"本身违法的原则"，是指只要经营者的协议、决议或者协同一致的行为被证明存在就构成垄断协议。纵向协议对竞争的影响较横向协议要小，多适用合理分析原则。所谓"合理分析原则"，是指对协议是否会排除、限制竞争进行分析，考虑协议所涉及的市场具体情况，协议实施前后市场变化情况，以及协议的性质和后果等因素来决定其是否为反垄断法所禁止的垄断协议。

（1）横向垄断协议

处于相互竞争关系的经营者之间的横向协议，往往会排除、限制竞争，因此多数横向协议都属于反垄断法所规制的垄断协议。

反垄断法禁止具有竞争关系的经营者达成下列垄断协议。

① 价格垄断协议。所谓"价格垄断协议"，是指在价格方面排除、限制竞争的协议、决定或者其他协同行为。具体内容包括：固定或者变更商品和服务的价格水平；固定或者变更价格变动幅度；固定或者变更对价格有影响的手续费、折扣或者其他费用；使用约定的价格作为与第三方交易的基础；约定采用据以计算价格的标准公式；约定未经参加协议的其他经营者同意不得变更价格；通过其他方式变相固定或者变更价格；国务院价格主管部门认定的其他价格垄断协议。

② 限制商品的生产数量或者销售数量。限制商品的生产或者销售数量将导致市场供给减

少，从而引发价格上升，直接损害消费者利益。

③ 分割销售市场或者原材料采购市场。经营者之间对经营地域、客户资源或原材料市场进行分割，限制了商品和原材料供应和经营者的自由竞争。

④ 限制购买新技术、新设备或者限制开发新技术、新产品。通过协议限制新技术的开发与使用，不利于降低成本和提高生产效率，限制并减少了有效竞争。

⑤ 联合抵制交易。经营者联合起来不与其他竞争对手或上下游的生产商或销售商进行交易是破坏竞争的行为，为反垄断法所禁止。

⑥ 国务院反垄断执法机构认定的其他垄断协议。这是针对垄断协议的兜底条款。现实经济生活中可能出现一些垄断协议但并不在上述明确列举的垄断协议类型内，这一兜底条款赋予国务院反垄断执法机构一定的自由裁量权，以便应对实践中出现的复杂情况。

（2）纵向垄断协议

由于签订纵向垄断协议的经营者相互之间不存在竞争关系，因此除少数涉及价格的协议外，纵向协议多数不会排除、限制竞争，因而不属于反垄断法所规制的垄断协议。这一点与经营者之间的横向协议有很大的差异。因此，反垄断法除了对涉及价格内容的纵向协议大多采取本身违法的原则外，对其他纵向协议一般采取合理分析原则。

反垄断法禁止经营者与交易相对人达成下列垄断协议：

① 固定向第三人转售商品的价格。一旦价格竞争被破坏，市场机制就无法发挥作用，因此固定转售商品价格协议与横向的固定价格协议一样，是最为严重的反竞争行为，大多数国家对此类纵向协议适用本身违法原则。

② 限定向第三人转售商品的最低价格。限制转售商品的最低价格不利于保护消费者利益，因此我国及大多数国家对其采取本身违法原则。如果是限制转售商品的最高价格，则会限制销售商的涨价幅度，有利于保护消费者，因此许多国家对其采取合理分析原则，我国反垄断法也未列入绝对禁止的范围。

③ 国务院反垄断执法机构认定的其他垄断协议。由于不同纵向协议限制、排除竞争的后果并不相同，因此我国反垄断法在对纵向垄断协议进行具体列举的同时，又规定了一个兜底条款，授权国务院反垄断执法机构对明确列举之外的纵向协议是否为垄断协议进行认定。

4）垄断协议的豁免

有些垄断协议虽然会产生排除、限制竞争的效果，但有可能在其他方面带来的好处要大于其对竞争秩序的损害，因此反垄断法对这类垄断协议予以豁免，即反垄断法不适用于这类垄断协议。总体来看，我国反垄断法以禁止、排除垄断协议为原则，以豁免垄断协议为例外。

经营者能够证明所达成的协议属于下列情形之一的，不适用反垄断法对垄断协议禁止的规定。

① 为改进技术、研究开发新产品的；
② 为提高产品质量、降低成本、增进效率，统一产品规格、标准或者实行专业化分工的；
③ 为提高中小经营者经营效率，增强中小经营者竞争力的；
④ 为实现节约能源、保护环境、救灾救助等社会公共利益的；
⑤ 因经济不景气，为缓解销售量严重下降或者生产明显过剩的；
⑥ 为保障对外贸易和对外经济合作中的正当利益的；

⑦ 法律和国务院规定的其他情形。

值得注意的是,《反垄断法》第十五条第二款规定了经营者承担垄断协议豁免的举证责任,即经营者应当证明所达成的协议不会严重限制相关市场的竞争,并且能够使消费者分享由此产生的利益。

另外,反垄断法的豁免制度与反垄断法的除外制度有着明显的区别。反垄断法的除外制度是指反垄断法明确规定的不适用反垄断法的情形。我国《反垄断法》第五十五条规定:"经营者依照有关知识产权的法律、行政法规规定行使知识产权的行为,不适用本法;但是,经营者滥用知识产权,排除、限制竞争的行为,适用本法。"第五十六条规定:"农业生产者及农村经济组织在农产品生产、加工、销售、运输、储存等经营活动中实施的联合或者协同行为,不适用本法。"

5)行业协会与垄断协议

行业协会是市场经济体系的重要组成部分。行业协会是经营者为了维护共同的经济利益和社会利益而设立的,具有协调各行业主体合法利益,维护市场经济运行秩序的职能。但是为增进会员企业利益,行业协会也存在着垄断协议等限制和排除竞争的垄断行为,以减少会员间的竞争。这将对经济效率的提高和消费者利益保护带来严重不利影响,因此,许多国家都将行业协会等企业联盟组织实施排除、限制竞争的行为纳入法律调整范围,我国反垄断法也采取了同样的思路,规定行业协会不得组织本行业的经营者从事法律禁止的垄断行为。

2. 滥用市场支配地位

市场支配地位是指经营者在相关市场内具有能够控制商品价格、数量或者其他交易条件,或者能够阻碍、影响其他经营者进入相关市场能力的市场地位。所谓"其他交易条件",是指除商品价格、数量之外能够对市场交易产生实质影响的其他因素,包括商品品质、付款条件、交付方式、售后服务等。所谓"能够阻碍、影响其他经营者进入相关市场",是指排除其他经营者进入相关市场,或者延缓其他经营者在合理时间内进入相关市场,或者其他经营者虽能够进入该相关市场,但进入成本提高难以在市场中开展有效竞争等。反垄断法并不禁止经营者具有市场支配地位,而是禁止具有市场支配地位的经营者滥用市场支配地位,从事排除、限制竞争的行为。

滥用市场支配地位行为的构成要件:首先是企业已取得市场支配(或优势)地位。这是企业实施滥用支配地位行为的前提条件,也是滥用支配地位行为的主体要件。其次是实施了滥用市场支配地位的行为。例如,采取低价倾销、搭售及附加不合理条件、诋毁竞争对手等滥用市场支配地位的行为。最后是市场行为本身破坏了市场竞争秩序,损害了其他竞争者与消费者的利益。

(1)滥用市场支配地位的行为

滥用市场支配地位是指具有市场支配地位的经营者为维持或者增强其市场支配地位而实施的反竞争的行为。具有行为主体的特定性、行为目的的特定性和行为本身的反竞争性3个特点。我国反垄断法采取列举方式规定了7种滥用市场支配地位的行为。

① 以不公平的高价销售商品或者以不公平的低价购买商品。认定"不公平的高价"和"不公平的低价",应当考虑下列因素:销售价格或者购买价格是否明显高于或者低于其他经营者销售或者购买同种商品的价格;在成本基本稳定的情况下,是否超过正常幅度提高销售价格

或者降低购买价格;销售商品的提价幅度是否明显高于成本增长幅度,或者购买商品的降价幅度是否明显高于交易相对人成本降低幅度;需要考虑的其他相关因素。

② 没有正当理由,以低于成本的价格销售商品。所谓"正当理由",包括:降价处理鲜活商品、季节性商品、有效期限即将到期的商品和积压商品的;因清偿债务、转产、歇业降价销售商品的;为推广新产品进行促销的;能够证明行为具有正当性的其他理由。

③ 没有正当理由,拒绝与交易相对人进行交易。主要包括:削减与交易相对人的现有交易数量;拖延、中断与交易相对人的现有交易;拒绝与交易相对人进行新的交易;设置限制性条件,如通过设定过高的销售价格或者过低的购买价格,使交易相对人难以继续与其进行交易;拒绝交易相对人在生产经营活动中以合理条件使用其必需设施。

④ 没有正当理由,实施下列限定交易行为。主要包括:限定交易相对人只能与其进行交易;限定交易相对人只能与其指定的经营者进行交易;限定交易相对人不得与其竞争对手进行交易。

⑤ 没有正当理由搭售商品,或者在交易时附加其他不合理的交易条件。主要包括:违背交易惯例、消费习惯等或者无视商品的功能,将不同商品强制捆绑销售或者组合销售;对合同期限、支付方式、商品的运输及交付方式或者服务的提供方式等附加不合理的限制;对商品的销售地域、销售对象、售后服务等附加不合理的限制;附加与交易标的无关的交易条件。

⑥ 没有正当理由,对条件相同的交易相对人在交易价格等交易条件上实行差别待遇。主要包括:实行不同的交易数量、品种、品质等级;实行不同的数量折扣等优惠条件;实行不同的付款条件、交付方式;实行不同的保修内容和期限、维修内容和时间、零配件供应、技术指导等售后服务条件。

⑦ 国务院反垄断执法机构认定的其他滥用市场支配地位的行为。未明确规定的其他滥用市场支配地位行为,除价格垄断行为外,由国家市场监督管理总局依法认定。

(2) 市场支配地位的认定与推定

《反垄断法》第十八条对认定经营者具有市场支配地位应当考虑的因素做了规定,主要包括6个方面的内容。

① 该经营者在相关市场的市场份额,以及相关市场的竞争状况。市场份额是指一定时期内经营者的特定商品销售额、销售数量等指标在相关市场所占的比重。分析相关市场竞争状况应当考虑相关市场的发展状况、现有竞争者的数量和市场份额、商品差异程度及潜在竞争者的情况等。

② 该经营者控制销售市场或者原材料采购市场的能力。认定经营者控制销售市场或者原材料采购市场的能力,应当考虑该经营者控制销售渠道或者采购渠道的能力,影响或者决定价格、数量、合同期限或者其他交易条件的能力,以及优先获得企业生产经营所必需的原料、半成品、零部件及相关设备等原材料的能力。

③ 该经营者的财力和技术条件。认定经营者的财力和技术条件,应当考虑该经营者的资产规模、财务能力、盈利能力、融资能力、研发能力、技术装备、技术创新和应用能力、拥有的知识产权等。对于经营者的财力和技术条件的分析认定,应当同时考虑其关联方的财力和技术条件。

④ 其他经营者对该经营者在交易上的依赖程度。认定其他经营者对该经营者在交易上的依赖程度,应当考虑其他经营者与该经营者之间的交易量、交易关系的持续时间、转向其他

⑤ 其他经营者进入相关市场的难易程度。认定其他经营者进入相关市场的难易程度，应当考虑市场准入制度、拥有必需设施的情况、销售渠道、资金和技术要求及成本等。

⑥ 与认定该经营者市场支配地位有关的其他因素。

为了节约执法成本，快速有效地判断经营者是否具备市场支配地位，反垄断法规定了市场支配地位的推定。《反垄断法》第十九条规定：具有下列情形之一的，可以推定经营者具有市场支配地位。

① 一个经营者在相关市场的市场份额达到 1/2 的。

② 两个经营者在相关市场的市场份额合计达到 2/3 的。但其中一个经营者市场份额不足 1/10 的，不应当推定该经营者具有市场支配地位。

③ 三个经营者在相关市场的市场份额合计达到 3/4 的。但其中一个经营者市场份额不足 1/10 的，不应当推定该经营者具有市场支配地位。

被推定具有市场支配地位的经营者，能够根据上述所列因素，证明其在相关市场内不具有控制商品价格、数量或者其他交易条件，或者不具有能够阻碍、影响其他经营者进入相关市场的能力，则不应当认定其具有市场支配地位。推定与认定不同，差异主要在于由谁承担举证责任。推定的举证责任在于被推定者，如果被推定者不提出证据进行反证或反证不被认可，则推定的事实成立。认定的举证责任在于作出认定的一方，作出认定的一方必须提出证据来支持其认定结论。

涉嫌滥用市场支配地位行为的经营者，在工商行政管理机关规定的期限内，可以陈述其行为合理性的理由并提供有关证据。对工商行政管理机关依照本规定作出的行政处罚等决定不服的，可以依法申请行政复议或者提起行政诉讼。

3. 经营者集中

1）经营者集中的形式

经营者集中是指经营者通过合并及购买股权或资产等方式进行的企业经营行为。通过经营者集中，可能导致的最直接后果就是同一竞争领域的经营者数量减少，竞争度降低。我国《反垄断法》第二十条规定了经营者集中的 3 种情况。

① 经营者合并。经营者合并是指两个或两个以上的企业通过订立合并协议，根据相关法律合并为一家企业的法律行为。通过证券交易所进行股票收购而形成的企业合并也属于反垄断法中所指的经营者合并。

② 经营者通过取得股权或者资产的方式取得对其他经营者的控制权。取得股权或资产是取得对其他经营者控制权的两种方式。

③ 经营者通过合同等方式取得对其他经营者的控制权或者能够对其他经营者施加决定性影响。比如委托经营、联营，或者通过合同控制其他经营者的人事、财务安排或其他重要决策，也属于经营者集中的方式之一。

经营者集中会导致企业规模的扩大甚至市场结构的改变。竞争者数量的减少、市场竞争程度的降低，也容易导致垄断协议或滥用市场支配地位的行为，从而排除和限制竞争，损害消费者利益。因此，各国反垄断法都将经营者集中的管制作为重要内容。

2）经营者集中的特征

① 经营者集中的主体是独立的处于存续状态的企业，包括各种形式的独立企业。公司、

合伙企业、个人独资企业都可以成为经营者集中的主体。

② 经营者集中必须要有经营者集中的行为。经营者集中的行为包括企业合并、取得股份、取得财产、交叉任职或其他能够使一个企业直接或间接控制另一个企业的行为。

③ 经营者集中的后果是一个企业能够直接或间接控制另一个企业。而这种直接或间接控制另一个企业的行为往往会对市场竞争产生破坏作用。

3）经营者集中的申报

（1）事前强制申报制度

各国对经营者集中行为主要通过申报制度加以规范。按照申报时间，可以分为事前申报和事后申报；按照是否具有强制性，可以分为自愿申报和强制申报。我国反垄断法采取事前强制申报制度，经营者集中达到国务院规定的申报标准的，经营者应当事先向国务院反垄断执法机构申报，未申报的不得实施集中。

（2）经营者集中的申报标准

经营者集中的申报标准是参与集中的经营者作为是否申报并接受反垄断审查的法律依据。根据《国务院关于经营者集中申报标准的规定》的规定，经营者集中达到下列标准之一的，经营者应当事先向国务院反垄断执法机构申报，未申报的不得实施集中：

① 参与集中的所有经营者上一会计年度在全球范围内的营业额合计超过100亿元人民币，并且其中至少两个经营者上一会计年度在中国境内的营业额均超过4亿元人民币；

② 参与集中的所有经营者上一会计年度在中国境内的营业额合计超过20亿元人民币，并且其中至少两个经营者上一会计年度在中国境内的营业额均超过4亿元人民币。

营业额的计算，应当考虑银行、保险、证券、期货等特殊行业、领域的实际情况，具体办法由国务院反垄断执法机构会同国务院有关部门制定。

（3）经营者集中申报的例外

经营者集中有下列情形之一的，可以不向国务院反垄断执法机构申报：

① 参与集中的一个经营者拥有其他每个经营者50%以上有表决权的股份或资产的；

② 参与集中的经营者50%以上有表决权的股份或者资产被同一个参与集中的经营者拥有的。

（4）经营者集中申报应提交的资料

经营者向国务院反垄断执法机构申报集中，应当提交下列文件资料：① 申报书；② 集中对相关市场竞争状况影响的说明；③ 集中协议；④ 参与集中的经营者经会计师事务所审计的上一会计年度财务会计报告；⑤ 国务院反垄断执法机构规定的其他文件、资料。

申报书应当载明参与集中的经营者的名称、住所、经营范围、预定实施集中的日期和国务院反垄断执法机构规定的其他事项。

经营者提交的文件、资料不完备的，应当在国务院反垄断执法机构规定的期限内补交文件、资料。经营者逾期未补交文件、资料的，视为未申报，从而承担未申报的法律后果。

4）经营者集中的审查

经营者集中的审查分为初步审查和进一步审查两个阶段。

（1）初步审查

由于经营者集中协议在通过审查之前其法律效力是不确定的，初步审查阶段的时间通常规定较短，以尽快结束经营者集中协议实施的不确定状态，保护经营者利益。

我国《反垄断法》第二十五条规定：国务院反垄断执法机构应当自收到经营者提交的符合规定的文件、资料之日起 30 日内，对申报的经营者集中进行初步审查，作出是否实施进一步审查的决定，并书面通知经营者。国务院反垄断执法机构作出决定前，经营者不得实施集中。

初步审查可以导致两种结果：第一，事实清楚，经营者集中对竞争没有影响或影响不大，则无须进一步审查，反垄断执法机构作出不实施进一步审查的决定；第二，反垄断执法机构认为该集中有可能影响竞争或对竞争造成威胁，则作出进一步审查的决定并书面通知经营者。反垄断法强调初步审查快速进行，以避免因执法机构的原因导致经营者无法确定集中协议的法律效力，只要反垄断执法机构未在规定期限内作出决定，即视为反垄断执法机构同意，经营者可以自行实施经营者集中。

（2）进一步审查

进一步审查是经营者集中的主要审查程序，《反垄断法》第二十六条对进一步审查的程序特别是期限进行了详细规定，并规定经营者在审查期间不得实施集中行为。该条规定：国务院反垄断执法机构决定实施进一步审查的，应当自决定之日起 90 日内审查完毕，作出是否禁止经营者集中的决定，并书面通知经营者。作出禁止经营者集中的决定应当说明理由。只有特殊情形下审查期限可以被最多延长 60 天，这些情况包括：经营者同意延长审查期限的；经营者提交的文件、资料不准确，需要进一步核实的；经营者申报后有关情况发生重大变化的。

（3）审查经营者集中的内容

审查经营者集中，应当考虑下列因素：

① 参与集中的经营者在相关市场的市场份额及其对市场的控制力；

② 相关市场的市场集中度；

③ 经营者集中对市场进入、技术进入的影响；

④ 经营者集中对消费者和其他有关经营者的影响；

⑤ 经营者集中对国民经济发展的影响；

⑥ 国务院反垄断执法机构认为应当考虑的影响市场竞争的其他因素。

反垄断执法机构审查经营者集中，关键是审查该集中是否具有或者可能具有排除、限制竞争的效果，从而对经营者集中作出禁止或者不予禁止的决定。从其他国家和地区的反垄断立法和执法实践来看，经营者集中生产的实质标准有两种，一种是以是否实质性减少市场竞争为判断的标准，另一种是以企业的市场份额大小，或者以是否形成市场支配地位为判断标准。我国反垄断法综合两种标准，以企业市场份额和市场集中度的认定为基础，兼顾其他因素来分析企业合并是否会实质性地排除、限制竞争。

（4）对经营者集中的国家安全审查

我国《反垄断法》第三十一条规定，对外资并购境内企业或者以其他方式参与经营者集中，涉及国家安全的，除依照反垄断法进行经营者集中审查外，还应当按照国家有关规定进行国家安全审查。

（5）对经营者集中的审查决定

经营者集中是经济活动中的普遍现象，是经营者扩大规模、拓展市场的重要方式。大多数经营者集中可以实现资源重组，形成规模经济，改善经济效益，提高经营者在市场上的竞争力，从而增进经济效率和消费者福利。少数经营者集中由于限制、排除竞争也会带来相反结果，因此各国反垄断法原则上对具有排除、限制竞争效果的经营者集中进行禁止。但是反垄断法在原则上禁止这类经营者集中的同时仍然对例外情况进行豁免。

我国《反垄断法》第二十八条规定，经营者集中具有或者可能具有排除、限制竞争效果的，国务院反垄断执法机构应当作出禁止经营者集中的决定。但是，经营者能够证明该集中对竞争产生的有利影响明显大于不利影响，或者符合社会公共利益的，国务院反垄断执法机构可以作出对经营者集中不予禁止的决定，但可以决定附加减少集中对竞争产生不利影响的限制性条件。国务院反垄断执法机构应当将禁止集中的决定或者对经营者集中附加限制性条件的决定，及时向社会公布。

4. 滥用行政权力排除、限制竞争

1）滥用行政权力排除、限制竞争的概念

滥用行政权力排除、限制竞争是指行政机关和法律、法规授权的具有管理公共事务职能的组织滥用行政权力，排除、限制竞争的行为。滥用行政权力排除、限制竞争实质上就是行政垄断。

行政垄断有三个构成要件：一是政府行为；二是限制竞争行为；三是滥用行政权力的行为。行政垄断与普通的市场垄断都具有排除、限制竞争的行为，但由于行政垄断行为实施主体的特殊性，其危害可能比市场垄断更为严重。

2）滥用行政权力排除、限制竞争的行为

《反垄断法》第5章单独对行政垄断进行了规定，主要禁止滥用行政权力指定经营者和商品、限制商品流通、歧视限制外地经营者参加本地招投标、强制经营者从事排除、限制竞争的行为、制定排除限制竞争的规范性文件等。

（1）限定经营者和商品

行政机关和法律、法规授权的具有管理公共事务职能的组织不得滥用行政权力，限定或者变相限定单位或者个人经营、购买、使用其指定的经营者提供的商品。不得以明确要求、暗示或者拒绝、拖延行政许可及重复检查等方式限定或者变相限定单位或者个人经营、购买、使用其指定的经营者提供的商品或者限定他人正常的经营活动。

（2）妨碍商品流通

行政机关和法律、法规授权的具有管理公共事务职能的组织不得滥用行政权力，实施妨碍商品在地区之间自由流通的行为，这些行为包括：

① 对外地商品设定歧视性收费项目、实行歧视性收费标准，或者规定歧视性价格；

② 对外地商品规定与本地同类商品不同的技术要求、检验标准，或者对外地商品采取重复检验、重复认证等歧视性技术措施，限制外地商品进入本地市场；

③ 采取专门针对外地商品的行政许可，限制外地商品进入本地市场；

④ 设置关卡或者采取其他手段，阻碍外地商品进入或者本地商品运出；

⑤ 妨碍商品在地区之间自由流通的其他行为。

（3）歧视限制外地经营者参加本地招投标、在本地投资或者设立分支机构

① 行政机关和法律、法规授权的具有管理公共事务职能的组织不得滥用行政权力，以设定歧视性资质要求、评审标准或者不依法发布信息等方式，排斥或者限制外地经营者参加本地招投标活动；

② 不得滥用行政权力，采取不平等待遇等方式，排斥或者限制外地经营者在本地投资或

者设立分支机构或者妨碍外地经营者在本地的正常经营活动;

(4) 强制经营者从事垄断行为

行政机关和法律、法规授权的具有管理公共事务职能的组织不得滥用行政权力,强制经营者从事反垄断法所禁止的垄断行为。不得强制经营者之间达成、实施排除、限制竞争的垄断协议,强制具有市场支配地位的经营者从事滥用市场支配地位行为。

(5) 制定排除限制竞争的规范性文件

行政机关不得滥用行政权力,制定含有排除、限制竞争内容的规定。行政机关不得滥用行政权力,以决定、公告、通告、通知、意见、会议纪要等形式,制定、发布含有排除、限制竞争内容的规定。行政行为可以分为具体行政行为和抽象行政行为。具体行政行为是指行政机关针对特定的人或事作出的直接产生法律后果的行为;抽象行政行为是以不特定的人或事为对象制定出具有普遍约束力的规范性文件的行为。由于抽象行政行为效力具有普遍性,可以反复适用并创立了一种新的行为模式,因此以抽象行政行为限制、排除竞争的后果比具体行政行为更为严重。

经营者不得以行政机关和法律、法规授权的具有管理公共事务职能的组织的行政限定、行政授权或制定、发布的行政规定为由,达成、实施垄断协议和滥用市场支配地位。

10.2.3 对垄断行为的监督检查

1. 反垄断法执法机构

国务院设立反垄断委员会,负责组织、协调、指导反垄断工作,履行下列职责:① 研究拟订有关竞争政策;② 组织调查、评估市场总体竞争状况,发布评估报告;③ 制定、发布反垄断指南;④ 协调反垄断行政执法工作;⑤ 国务院规定的其他职责。国务院反垄断委员会的组成和工作规则由国务院规定。

国务院规定的承担反垄断执法职责的机构依照反垄断法规定,负责反垄断执法工作。国务院反垄断执法机构根据工作需要,可以授权省、自治区、直辖市人民政府相应的机构,依照反垄断法规定负有关反垄断执法工作。

2. 对涉嫌垄断行为的调查

反垄断执法机构依法对涉嫌垄断行为进行调查。对涉嫌垄断行为,任何单位和个人有权向反垄断执法机构举报。反垄断执法机构应当为举报人保密。举报采用书面形式并提供相关事实和证据的,反垄断执法机构应当进行必要的调查。反垄断执法机构调查涉嫌垄断行为,可以采取下列措施:

① 进入被调查的经营者的营业场所或者其他有关场所进行检查;
② 询问被调查的经营者、利害关系人或者其他有关单位或者个人,要求其说明有关情况;
③ 查阅、复制被调查的经营者、利害关系人或者其他有关单位或者个人的有关单证、协议、会计账簿、业务函电、电子数据等文件、资料;
④ 查封、扣押相关证据;
⑤ 查询经营者的银行账户。

采取这些措施应当向反垄断执法机构主要负责人书面报告并经批准。

反垄断执法机构调查涉嫌垄断行为,执法人员不得少于两人,并应出示执法证件。执法人员进行询问和调查,应当制作笔录,并由被询问人或者调查人签字。反垄断执法机构及其工作人员对执法过程中知悉的商业秘密负有保密义务。被调查的经营者、利害关系人或者其他有关单位或者个人应当配合反垄断执法机构依法履行职责，不得拒绝、阻碍反垄断执法机构的调查。被调查的经营者、利害关系人有权陈述意见。反垄断执法机构应当对被调查的经营者、利害关系人提出的事实、理由和证据进行核实。反垄断执法机构对涉嫌垄断行为调查核实后，认为构成垄断行为的，应当依法作出处理决定，并可以向社会公布。

反垄断执法的目的不是处罚违法经营者，而是为了预防和制止垄断行为，保护市场竞争，维护消费者合法利益，促进经济健康发展。因此，承诺制度是反垄断执法机构与被调查的经营者和解的一种重要方式。依照我国《反垄断法》第四十五条的规定，被调查的经营者承诺在反垄断执法机构认可的期限内采取具体措施消除该行为后果的，反垄断执法机构可以决定中止调查。中止调查的决定应当载明被调查的经营者承诺的具体内容，并应当对经营者履行承诺的情况进行监督，经营者履行承诺的，反垄断执法机构可以决定终止调查。对于经营者的承诺，反垄断执法机构并没有必须接受的义务。如果发生了某些特定情势，则应恢复调查，这些情势包括：经营者未履行承诺；作出中止调查决定所依据的事实发生重大变化的；中止调查的决定是基于经营者提供的不完整或者不真实的信息所作出的。

10.3 案例分析

案例一　综合分析题

一、案情

美国某国际公司自 1993 年来华投资，在北京就设有 20 余家"美国加州牛肉面大王"连锁店，其"红蓝白"装饰牌匾于 2014 年 11 月 3 日获得外观设计专利。美国某国际公司于 2014 年 9 月向国家工商行政管理局提出申请，请求将"美国加州牛肉面大王"注册为服务商标，但该申请一直未获得批准。北京市某快餐厅于 2014 年 4 月 1 日开业。该餐厅自开业以来，在店的横幅牌匾上打出了"美国加州牛肉面大王"的名称，其横幅牌匾的颜色依次为"红白蓝"，该餐厅亦有很高的霓虹灯招牌，上面书有"美国加州牛肉面大王"字样。2014 年 6 月、7 月间，经美国某国际公司请求，北京市某工商所责令将某快餐厅横幅牌匾上的"美国加州牛肉面大王"及霓虹灯上的"国""州"两字去掉，将该快餐厅横幅牌匾及霓虹灯上的字样改为"美加牛肉面大王"，"国""州"两字在横幅牌匾及霓虹灯上的空缺仍在。美国某国际公司认为，某快餐厅自开业以来，擅自打出"美国加州牛肉面大王"专用名称，冒用该公司的"红蓝白"外观设计专利，极大地损害了公司的经济利益、商誉及消费者的权益，某快餐厅的行为已构成不正当竞争，故向法院提起诉讼，请求法院判令某快餐厅停止侵权、登报道歉、赔偿该公司商誉损失及律师代理费 50 万元。问题：

1. "美国加州牛肉面大王"是否属于美国某国际公司的专有名称？为什么？
2. 某快餐厅的行为是否构成不正当竞争？如果构成，该快餐厅将受到怎样的行政处罚？
3. 美国某国际公司提出的赔偿请求，如果难以认定的，应如何计算赔偿金额？

二、参考答案

1. "美国加州牛肉面大王"不属于美国某国际公司的专有名称。因为虽然美国公司就此名称向中国商标局提出服务商标注册申请，但由于该名称中包含不得作为商标使用的外国国家名称,以及公众知晓的外国地名,同时亦含有不得作为商标注册的经营产品的主要内容,因此该商标申请未获核准,此名称不属于美国公司的专有名称。

2. 某快餐厅的行为构成不正当竞争。《反不正当竞争法》规定:擅自使用与他人有一定影响的商品名称、包装、装潢等相同或者近似的标识,使购买者误认为是该知名商品的,构成不正当竞争。本题中,美国公司的"红蓝白"装饰牌匾已获外观设计专利权,但某快餐厅将此外观设计作为装潢使用,足以使消费者造成误解,因此构成不正当竞争。

针对此种不正当竞争行为,可由监督检查部门责令停止违法行为,没收违法所得,并处以违法所得 1 倍以上 3 倍以下的罚款,情节严重的,可以吊销营业执照。

经营者违反《反不正当竞争法》第六条规定实施混淆行为的,由监督检查部门责令停止违法行为,没收违法商品。违法经营额 5 万元以上的,可以并处违法经营额 5 倍以下的罚款;没有违法经营额或者违法经营额不足 5 万元的,可以并处 25 万元以下的罚款。情节严重的,吊销营业执照。

3. 依据《反不正当竞争法》,经营者因不正当竞争行为受到损害的经营者的赔偿数额,按照其因被侵权所受到的实际损失确定;实际损失难以计算的,按照侵权人因侵权所获得的利益确定。赔偿数额还应当包括经营者为制止侵权行为所支付的合理开支。权利人因被侵权所受到的实际损失、侵权人因侵权所获得的利益难以确定的,由人民法院根据侵权行为的情节判决给予权利人 300 万元以下的赔偿。

案例二 综合分析题

一、案情

A 上市公司专门从事工业设备生产销售,其产品主要的市场在甲地。该公司 2010 年发生以下与商业竞争有关的事项。

1. 甲地从事工业设备生产销售的厂家还包括 C 公司、D 公司,为了巩固甲地该产品的市场利润,A 公司、C 公司和 D 公司达成了一项协议,约定了三家厂商生产的同类机器设备的基准价格,最多上浮 50%,缔约的任何一方不得低于该基准价格,否则会受到相应的制裁。

2. A 公司为了进一步维护产品价格,还与下游的各经销商达成了关于限定转售价格的协议。根据该协议约定,A 公司的经销商转售各种型号设备必须遵照约定的最低价格,对于销售不畅的经销商由 A 公司给予一定的优惠条件,但绝对不允许降价销售。

3. A 公司在乙地市场销售额为 1 500 万元,经相关部门测算,工业设备在当地市场的销售额总量为 1 亿元,在乙地市场上还有一家经营者 E 公司,该公司与 A 公司都属于工业设备的生产商,E 公司在乙地的市场销售额为 6 500 万元,A 公司为了抢占并扩展乙地的市场,当年准备并购该经营者 60%的股份,并购前 A 公司和 E 公司 2009 年营业额资料如下。

经营者营业额	他国市场营业额/亿元	中国市场营业额/亿元
A 公司	0.5	11
E 公司	0.3	10
合计	0.8	21

另知，A 公司并购前未持有该经营者任何的股份，也没有被同一股东持有股份，不存在任何的关联关系。

要求：根据反垄断法律制度的规定，分析说明下列问题。

1. A 公司与 C 公司、D 公司达成的协议属于何种协议？是否符合法律规定？
2. A 公司与其下游经销商达成的协议属于何种协议？是否符合法律规定？
3. 作为多个经营者，A 公司与 E 公司是否共同具有乙地的市场支配地位？并说明理由。
4. A 公司并购 E 公司是否属于反垄断法规定的经营者集中？并购之前是否需要向国务院反垄断执法机构申报？并说明理由。

二、参考答案

1. A 公司与 C 公司、D 公司达成的协议属于横向垄断协议中的固定商品价格的协议。该类协议被我国《反垄断法》所禁止。

2. A 公司与下游经销商达成的协议属于纵向垄断协议中的限定向第三人转售商品的最低价格的协议。该类协议被我国《反垄断法》所禁止。

3. 作为多个经营者，A 公司与 E 公司共同具有乙地的市场支配地位。根据规定，两个经营者在相关市场的市场份额合计达到 2/3 的，即可推定为具有市场支配地位。本题中，A 公司与 E 公司在乙地的市场份额达到了 80%，超过了 2/3 的标准，因此可以推定为 A 公司和 E 公司共同具有乙地的市场支配地位。

4. （1）A 公司并购 E 公司属于《反垄断法》中规定的"经营者集中"。根据规定，经营者集中的情形包括经营者通过取得股权或者资产的方式取得对其他经营者的控制权。本题中，A 公司并购 E 公司 60% 的股份，足以达到控制的要求，因此属于《反垄断法》中所规定的"经营者集中"。

（2）A 公司并购 E 公司之前应向国务院反垄断执法机构申报。根据规定，参与集中的所有经营者上一会计年度在中国境内的营业额合计超过 20 亿元人民币，并且其中至少两个经营者上一会计年度在中国境内的营业额均超过 4 亿元人民币的，需要向国务院反垄断执法机构申报。本题中，A 公司和 E 公司在境内的营业额总额为 21 亿元人民币，超过了 20 亿元人民币；A 公司和 E 公司各自的营业额也均超过了 4 亿元，因此需要在并购前申报。

一、复习思考题

1. 市场交易的基本原则是什么？
2. 什么是市场混淆行为？市场混淆行为主要有哪几种？
3. 什么是虚假宣传行为？虚假宣传行为主要有哪些？
4. 商业折扣与回扣有何区别？
5. 侵犯商业秘密的行为主要有哪些？
6. 什么是互联网不正当竞争行为？互联网不正当竞争行为有哪些？
7. 反垄断法所规制的垄断行为主要有哪几种？
8. 垄断协议分为哪两类？各具有什么特征？

9. 何为市场支配地位？市场支配地位的认定标准有哪些？
10. 反垄断执法机构对经营者集中进行审查时要考虑哪些因素？
11. 哪些情况下可以适用垄断协议豁免？
12. 哪些行为构成滥用市场支配地位？
13. 我国反垄断法规定了哪些滥用行政权力限制、排除竞争的行为？

二、单项选择题

1. 甲酒厂生产的"太岁康"高粱酒，在本省市场上颇有名气。以后，乙酒厂推出"状元乐"高粱酒，其酒瓶形态和瓶贴标签的图样、色彩与"太岁康"几近一致，但使用的注册商标、商品名称及厂名厂址均不同。对此，下列表述中（　　）是正确的。
   A. 因注册商标、商品名称及厂名厂址均不相同，乙厂对甲厂不构成侵权
   B. "太岁康"商标仅属省内知名，其标签又未获得专利，甲厂不能起诉乙厂侵权
   C. 两种商品装潢外观近似，足以造成购买者发生误认，故乙厂的行为构成不正当竞争
   D. 两种商品装潢虽外观近似，但常喝"太岁康"的人仔细辨认可以加以区别，故乙厂的行为不受法律禁止

2. 根据《反不正当竞争法》的规定，下列各项中，不构成不正当竞争行为的是（　　）。
   A. 经营者在销售商品时，在账外给予对方折扣
   B. 第三人使用明知是他人违反约定提供的客户名单进行交易
   C. 未经其他经营者同意，在其合法提供的网络产品中，插入链接、强制进行目标跳转
   D. 以低于成本的价格进行季节性降价

3. 某百货公司销售空调机，在门口广告牌上写明："凡在本处购买空调者，优惠给总价款3%的回扣，介绍推销者给付总价款1%的佣金。"被人发现后举报到有关部门，经调查发现该公司给付的回扣、佣金、账面上均有明确记载。该公司给付回扣的行为是（　　）。
   A. 不正当竞争行为　　　　　　　　B. 变相行贿行为
   C. 正当的促销交易行为　　　　　　D. 降价排挤行为

4. 某商厦开展有奖销售活动，其公告中称：本次活动分两次抽奖：第一次一等奖8名，各奖高档音响设备一台（价值45 000元）；第二次一等奖3名，各奖中档音响设备1台（价值23 000元）；第一次获奖者还可参加第二次抽奖。对此事的以下判断中，（　　）是正确的。
   A. 开奖不允许分两次进行，该商厦构成不正当有奖销售
   B. 可以两次开奖，但最高奖的总值不得超过50 000元，该商厦构成不正当有奖销售
   C. 可以两次开奖，因每次的最高奖励额未超过50 000元，属正当的有奖销售
   D. 是不是正当有奖销售，应取决于最后抽奖结果是否出现一人连续两次中一等奖

5. 某电器销售公司甲与某电视机厂乙因货款纠纷而产生隔阂，甲不再经销乙的产品。当客户询问甲的营业人员是否有乙厂的电视机时，营业人员故意说道："乙厂的电视机质量不好，价格又贵，所以我们不再卖他们的产品了"。下列有关该事例的表述，（　　）是正确的。

A. 甲侵犯了乙的名誉权
B. 甲的行为属于诋毁乙的商业信誉的不正当竞争行为
C. 甲的行为因未通过宣传媒介诋毁乙的商业信誉，故不构成诋毁商业信誉
D. 甲侵犯了乙的荣誉权

6. 下列不是垄断协议的有（   ）。
   A. 家乐福和沃尔玛约定：前者占北京市场，后者占天津市场
   B. 因为价格问题，甲乙两家汽车厂口头约定都不购买丙钢铁公司的钢材
   C. 甲药厂和乙医药连锁超市约定：后者出售前者的某种专利药品只能按某价格出售
   D. 甲药厂和乙医药连锁超市约定：后者出售前者的某种专利药品最高按某价格出售

7. 根据《反垄断法》的规定，对于经营者从事的下列滥用市场支配地位的行为，反垄断执法机构进行违法性认定时，无须考虑行为是否有正当理由的是（   ）。
   A. 以不公平的高价销售商品　　　　B. 拒绝与交易相对人进行交易
   C. 限定交易相对人只能与其进行交易　D. 搭售商品

8. 下列选项中，不属于行政性垄断所禁止的行为有（   ）。
   A. 排斥或者限制外地经营者在本地投资或者设立分支机构
   B. 行政部门对国有企业和民营企业实行市场准入的差别待遇
   C. 排斥或限制外地经营者参加本地招标投标
   D. 政府部门滥用行政权力强令企业兼并重组

9. 对于国务院反垄断委员会的机构定位和工作职责，下列（   ）是正确的。
   A. 是承担反垄断执法职责的法定机构
   B. 应当履行协调反垄断行政执法工作的职责
   C. 可以授权国务院相关部门负责反垄断执法工作
   D. 可以授权省、自治区、直辖市人民政府的相应机构负责反垄断执法工作

三、多项选择题

1. 下列各项中，可构成《反不正当竞争法》的保护对象的有（   ）。
   A. 只限家族内部直系男性亲属知悉的某祖传中医验方
   B. 公司作为商业秘密保护的某产品结构，但相关公众很容易通过观察该公司在市场上销售的产品而直接获得
   C. 某著名连锁经营快餐店的店堂装饰、营业用具样式、营业人员服饰等构成的具有独特风格的整体营业形象
   D. 某著名二人转演员的艺名

2. 甲经销商销售乙厂生产的名牌针织衫，租赁了在当地很有影响的丙商场的柜台。甲出于商业目的，为推销商品、占领市场，在销售时采取了一些措施。下列措施中，（   ）是不允许的。
   A. 以乙厂厂家销售的名义推销其名牌针织衫
   B. 所雇用的销售人员均身着丙商场的工作服、佩戴丙商场的标志
   C. 以明示方式给购买者价格折扣，但不入账
   D. 标明甲自己的企业名称和标记，进行让利销售

3. 下列行为中，（   ）不属于不正当竞争行为。

A. 某公司以抽奖方式设置了四种奖推销易拉罐饮料，即：特等奖40 000元；一等奖10 000元；二等奖1 000元；三等奖100元
B. 某商场隆重推出"七·一"大酬宾活动，以低于进价5%的价格销售系列皮毛商品
C. 不处于中间地位的企业代理人收取佣金
D. 某经销商披露其在与生产厂家签订的购销合同中获得的生产厂家的产品实际成本的秘密

4. 根据《反不正当竞争法》规定，下列（　　）行为属于不正当竞争行为。
   A. 甲企业将所产袋装牛奶标注的生产日期延后了两天
   B. 乙企业举办抽奖式有奖销售，最高奖为50 000元购物券，并规定用购物券购物满10 000元的可再获一次抽奖机会
   C. 丙企业规定，销售一台计算机给中间人5%佣金，可不入账
   D. 丁企业为清偿债务，按低于成本的价格销售商品

5. 下列行为中，（　　）属于法律规定的不正当竞争行为。
   A. 某网盾为了独占市场份额阻止其360安全卫士运行的行为
   B. 某电子商务平台经营者线下雇人线上"刷单、刷评价"，迅速提升自己的商业信誉
   C. 某市果品公司购进一大批水果，由于不便保存，决定降价销售，致使本市水果价格的幅度下降
   D. 甲公司为提高本公司产品的市场占有率，通过座谈会的形式，向顾客宣传乙公司的产品不如甲公司

6. 下列供应商与销售商的约定，属于反垄断法禁止的是（　　）。
   A. 最终销售价格不得低于某一价格水平
   B. 要求销售商不得代理任何竞争产品，并且承诺一定的销量
   C. 销售商只从供应商购买用于转售的一类商品
   D. 货物全部销售后支付货款

7. 在某市场，甲、乙、丙分别占据着40%、30%、9%的份额，其他经营者所占份额都不足1%，那么，关于甲、乙、丙市场支配地位的表述，正确的是（　　）。
   A. 认定甲有　　　B. 推定甲有　　　C. 推定乙有　　　D. 推定丙有

8. 根据《反垄断法》的规定，关于经营者集中的说法，下列（　　）是正确的。
   A. 经营者集中就是指企业合并
   B. 经营者集中实行事前申报制，但允许在实施集中后补充申报
   C. 经营者集中被审查时，参与集中者的市场份额及其市场控制力是一个重要的考虑因素
   D. 经营者集中如被确定为可能具有限制竞争的效果，将会被禁止

9. 依据我国《反垄断法》的规定，以下说法中正确的是（　　）。
   A. 国务院设反垄断委员会，负责组织、协调、指导反垄断工作
   B. 地方政府设相应机构，作为地方的反垄断执法机构
   C. 反垄断执法机构在调查涉嫌垄断行为时，有权查询经营者的银行账户
   D. 对于滥用市场支配地位的经营者，反垄断执法机构应责令停止违法行为、没收违法所得，并处罚款

四、案例分析题

1. 天府之国公司，专营川菜、火锅等，深受消费者喜爱。红磨坊公司见川菜市场大有可为，于是也开设火锅厅，又怕别人不来，于是在开业之际，挂出"红磨坊二楼火锅厅，特聘'天府之国公司'特级火锅师主厨，欢迎品尝"的横幅，并购买了印有天府之国标记的火锅单用于对外经营。同时又招聘了天府之国的工作人员5人，仍由他们着天府之国的工作制服。这一举动致使天府之国公司的营业额连续下跌。天府之国公司与红磨坊公司进行交涉，红磨坊公司辩称招聘天府之国的服务人员是正常的人才流动，自己之所以这么做是因为服务员的制服尚未解决，定制的菜单来不及印刷，所以才让服务员着天府之国的工作制服，使用印有天府之国标记的火锅单。请问：

（1）在本案中，红磨坊公司的辩由是否能够成立，为什么？
（2）红磨坊公司的行为侵犯了天府之国公司的哪些权益？
（3）红磨坊公司的行为违反了哪些法律规定？

2. 2014年至2015年4月，某县医药公司为销售药品，先后实施下列行为：以按标价15%给买方回扣的方式，将价值30万元药品销售给某县人民医院和某县第二人民医院；组织某县人民医院有关人员免费旅游一次；由本公司业务郭某经手，直接提供现金2 600元给某县第二人民医院业务经办人作旅游费用；在向某县卫生院销售一批西药时，开具计款10 717元的销售发票，实际收款9 109元，将余款1 608元给付该院经办人员。回答下列问题：

（1）本案中有无商业贿赂行为？并说明理由。
（2）如果有商业贿赂行为，本案的商业行贿主体和商业受贿主体分别是谁？商业贿赂的方式是什么？

3. 李某是A四星级饭店的副总经理，一日，B三星级饭店的总经理王某找到李某，力劝李某跳槽。许诺给李某在原工资的基础上增加一倍，送房一套，但要求李某将A饭店重要顾客名单交给B饭店。李某跳槽后，将从未公开过的重要顾客名单从保险箱里取出交给B公司。A公司在住宿率减少的情况下，发现此情况，要求有关部门予以处理。

（1）何谓商业秘密？商业秘密包括哪些内容？
（2）A公司的重要住客名单是否属于商业秘密？
（3）应如何认定B公司行为的性质？
（4）侵犯商业秘密，能否构成犯罪，有关法律是如何规定的？

4. 某县市场上主要销售"AAA"和"BBB"两种啤酒，其中"AAA"牌啤酒为当地甲厂生产，"BBB"牌啤酒为外地乙厂生产。两种啤酒价格相当，由于"BBB"牌啤酒口感好，深得消费者喜爱，销量远远大于"AAA"牌啤酒。2018年10月，为了提高销量，甲厂通过广告推出有奖销售活动，广告称：购买"AAA"牌啤酒实行开盖有奖，一等奖为现金3 000元。由于获奖可能性极小，此举对市场没有造成影响。2018年12月，甲厂派人对外散布"BBB"牌啤酒含有对人体有害的添加剂，后经卫生部门检验纯属谣言。此事经媒体曝光后，反而造成"AAA"牌啤酒销量下滑。根据上述资料并结合相关法律规定，分析回答下列问题：

（1）甲厂的有奖销售活动是否属于不正当竞争行为？并说明理由。
（2）甲厂散布谣言的行为是否属于不正当竞争行为？并说明理由。

5. 甲公司是一家生产家用电器的企业，其产品在A省十分畅销，在A省的市场份额达到一半以上。2018年12月，甲公司发现乙公司生产的家用电器产品正在逐步打入A省。由于乙公司的产品质量好、价格合理，造成甲公司产品的市场份额连续下降，甲公司随即召开董事会商讨对策。2019年1月，在甲公司的董事会上，通过了两项决议：

（1）与A省销售商签订协议，约定销售商今后不得销售乙公司的产品；

（2）在近3个月，以低于成本的价格销售本公司产品，待重新占领市场后，再恢复原价。

根据上述资料并结合相关法律规定，分析回答下列问题：

（1）甲公司的产品在A省是否具有市场支配地位？并说明理由。

（2）甲公司拟定的约定销售商不得销售乙公司的产品的协议属于什么性质的协议？并说明理由。

（3）如果不能提供正当理由，甲公司拟定的以低于成本的价格销售本公司产品的计划是否合法？并说明理由。

（4）如果甲公司董事会的两项决议得以实施，甲公司将承担什么法律责任？

第11章 仲裁法

随着社会主义市场经济机制的运行，我国的经济活动日趋丰富多彩和错综复杂，在经济交往中，难免发生各种各样的经济纠纷。妥善处理经济纠纷，不仅有利于维护当事人的合法权益，还有利于保障我国经济体制改革中各项政策的贯彻实施和稳定社会经济秩序。

根据我国现行法律的规定，我国解决经济纠纷的基本方式有4种：当事人之间和解、调解、仲裁和法院审理。经济纠纷发生时，双方当事人应及时协商解决，协商解决不了，双方可向国家规定的管理机关申请调解或仲裁，也可以直接向人民法院起诉。

11.1 仲裁概述

1. 仲裁的概念和特点

仲裁也称公断，是指当事人双方发生纠纷时，自愿提请无利害关系的第三者对纠纷的事实进行审理，居间调解，按照一定的程序作出具有约束力的裁决，从而解决纠纷的活动。

仲裁与其他解决经济纠纷的方式比较，具有以下特点。

（1）仲裁以双方当事人自愿为前提

仲裁机构对当事人发生的争议进行仲裁的行为要以当事人双方自愿为基础，当事人一方或双方不同意提交仲裁，则仲裁机构无权受理。

（2）仲裁的裁决具有强制性的法律效力

当事人一旦选择了用仲裁的方式来解决经济纠纷，那么仲裁机构依法制作的裁决书就具有法律效力，对双方当事人都有约束力，当事人应当履行，否则权利人可依法向法院申请强制执行。

（3）仲裁程序具有较大的灵活性和便利性

当事人有权协议约定仲裁机构，有权选择仲裁员，因此仲裁裁决可以更大程度地赢得当事人的信任。

（4）仲裁人员具有较强的专业知识

从事经济仲裁的仲裁人员一般都是从事司法实践、经济贸易、法律教学和研究的专家，具有较强的专业知识。

（5）仲裁过程和结果具有保密性

仲裁开庭审理案件以及宣布仲裁裁决一般都不公开进行，这样可以保守当事人的商业机密。

（6）仲裁具有快捷性

仲裁实行一裁终局的制度，仲裁程序也较为简便，有利于迅速、彻底地解决当事人之间的争议，从而避免经历诉讼中复杂的程序，节省了时间和费用。

2. 仲裁法及其适用范围

新中国成立以来，我国建立起独立的仲裁组织，完善了仲裁制度。1954年在中国国际贸易促进委员会下设立了对外经济贸易仲裁委员会和海事仲裁委员会。1983年8月，国务院发布了《中华人民共和国经济合同仲裁条例》，并在国家工商行政管理部门设立了经济合同仲裁委员会。这是总结了新中国成立以来仲裁工作的经验，并结合实际而制定的第一部处理经济合同纠纷的重要法规。1991年1月，国家科学技术委员会发布了《技术合同仲裁机构管理暂行规定》，同年11月国家科学技术委员会又施行了《技术合同仲裁机构仲裁规则（试行）》。1994年8月31日第八届全国人民代表大会常务委员会通过了《中华人民共和国仲裁法》（以下简称"《仲裁法》"），2009年8月27日第十一届全国人民代表大会常务委员会第十次会议对《仲裁法》进行了第一次修订，2017年9月1日第十二届全国人民代表大会常务委员会第二十九次会议对《仲裁法》进行了第二次修订。2005年12月26日最高人民法院审判委员会通过了《最高人民法院关于适用〈中华人民共和国仲裁法〉若干问题的解释》。《仲裁法》对《仲裁条例》的有关规定作了较大幅度的修正，对保证公正、及时地仲裁经济纠纷，保护当事人的合法权益，保障社会主义市场经济健康发展具有重要的作用。

仲裁范围为平等主体的公民、法人和其他组织之间发生的合同纠纷和其他财产权益纠纷。所谓"合同纠纷"，既包括《合同法》中规定的合同纠纷，也包括著作权合同纠纷等；所谓"其他财产权益纠纷"，是指具有财产内容的其他纠纷，主要为各种侵权纠纷，包括海事侵权纠纷、侵害消费者权益纠纷和其他涉及财产权益方面的侵权纠纷。有关婚姻、收养、监护、抚养、继承纠纷和依法应当由行政机关处理的行政争议不能仲裁。有关劳动争议和农村承包合同纠纷的仲裁不适用《仲裁法》的有关规定。

3. 仲裁的基本原则

仲裁的基本原则是仲裁活动必须遵守的准则，主要有以下几个方面。

(1) 自愿原则

自愿原则是仲裁制度的一个基本原则，实行或裁或审的制度，当事人选择仲裁的，实际上就放弃了向法院起诉的权利，不能再向法院起诉。《民事诉讼法》已强调了仲裁须双方自愿的原则。《仲裁法》根据自愿原则，作了以下规定：第一，当事人采用仲裁方式解决纠纷，应当双方自愿，达成仲裁协议。没有仲裁协议，一方申请仲裁的，仲裁委员会不予受理。第二，向哪个仲裁委员会申请仲裁，应由当事人协议选定。第三，仲裁员由当事人选定或者委托仲裁委员会主任指定。第四，当事人可以进行和解，达成和解协议的，可以请求仲裁庭根据和解协议作出裁决书，也可以撤回仲裁申请。

(2) 一裁终局原则

仲裁实行一裁终局的制度。裁决作出后，当事人就同一纠纷再申请仲裁或者向人民法院起诉的，仲裁委员会或人民法院不予受理。裁决被人民法院依法裁定撤销或者不予执行的，当事人就该纠纷可以根据双方重新达成的仲裁协议申请仲裁，也可以向人民法院起诉。

一裁终局原则是《仲裁法》的重要原则。这一原则不仅赋予了仲裁裁决的有效性和权威性，同时也为快捷地处理合同纠纷提供了保证。

(3) 根据事实，依法仲裁的原则

这一原则要求经济仲裁委员会和仲裁员在调解、仲裁纠纷过程中，必须根据事实，符合法律规定，公平合理地解决纠纷。

（4）独立原则

仲裁机构在处理经济纠纷时，依法独立进行仲裁，不受行政机关、社会团体和个人的干涉，经济仲裁不实行级别管辖和地域管辖，各自独立地对经济纠纷进行仲裁。

11.2 仲裁委员会和仲裁协会

1. 仲裁委员会

对于国内经济纠纷，行使仲裁权的机构是仲裁委员会。仲裁委员会独立于行政机关，与行政机关没有隶属关系。仲裁委员会之间也没有隶属关系。

仲裁委员会可以在直辖市和省、自治区人民政府所在地的市设立，也可以根据需要在其他设区的市设立，不按行政区的划分层层设立。仲裁委员会由市人民政府组织有关部门和商会统一组建。设立仲裁委员会，应当经省、自治区、直辖市的司法行政部门登记。

仲裁委员会应当具备下列条件：有自己的名称、住所和章程；有必要的财产；有该委员会的成员；有聘任的仲裁员。仲裁委员会的章程应依法制定。

仲裁委员会由主任 1 人、副主任 2~4 人和委员 7~11 人组成。主任、副主任和委员应由法律、经济贸易专家和有实际工作经验的人员担任。仲裁委员会的组成人员中，法律、经济贸易专家不得少于 2/3。

2. 仲裁员

仲裁委员会应当从公道正派的人员中聘任仲裁员。仲裁员应当符合下列条件之一：

① 通过国家统一法律职业资格考试取得法律职业资格，从事仲裁工作满八年的；

② 从事律师工作满八年的；

③ 任法官满八年的；

④ 从事法律研究、教学工作并具有高级职称的；

⑤ 具有法律知识、从事经济贸易等专业工作并具有高级职称或者具有同等专业水平的。

仲裁委员会按照不同专业设仲裁员名册，以便需要时聘用。

3. 仲裁协会

中国仲裁协会是社会团体法人。仲裁委员会是中国仲裁协会的会员。中国仲裁协会的章程由全国会员大会制定。

中国仲裁协会是仲裁委员会的自律性组织，根据章程对仲裁委员会及其组成人员、仲裁员的违纪行为进行监督。

11.3 仲裁协议

仲裁协议是指各方当事人自愿将他们之间已经发生的争议或可能发生的争议提交仲裁解决的书面约定。仲裁协议是仲裁机构受理案件的唯一依据。

仲裁协议必须采取书面形式，包括合同中订立的仲裁条款和以其他书面方式在经济纠纷发生前或者经济纠纷发生后达成的请求仲裁的协议。"其他书面方式"，包括合同书、信件和数据电文（包括电报、电传、传真、电子数据交换和电子邮件）等形式。

仲裁协议应当具有下列内容：
① 请求仲裁的意思表示。
② 仲裁事项。当事人概括约定仲裁事项为合同争议的，基于合同成立、效力、变更、转让、履行、违约责任、解释、解除等产生的纠纷都可以认定为仲裁事项。
③ 选定的仲裁委员会。
有下列情形之一的，仲裁协议无效：
① 约定的仲裁事项超出法律规定的仲裁范围的；
② 无民事行为能力人或者限制民事行为能力人订立的仲裁协议；
③ 一方采取胁迫手段，迫使对方订立仲裁协议的。

仲裁协议对仲裁事项或者仲裁委员会没有约定或者约定不明确的，当事人可以补充协议；达不成补充协议的，仲裁协议无效。当事人约定争议可以向仲裁机构申请仲裁，也可以向人民法院起诉的，仲裁协议无效。但一方向仲裁机构申请仲裁，另一方未在仲裁庭首次开庭前提出异议的，该仲裁协议有效。

仲裁协议是独立存在的。当合同发生变更、解除、终止或者无效、合同成立后未生效或者被撤销时，仲裁协议的效力仍然存在，当事人双方仍可依照仲裁协议向仲裁委员会申请仲裁。当事人在订立合同时就争议达成仲裁协议的，合同未成立不影响仲裁协议的效力。

除当事人订立仲裁协议时另有约定的以外，当事人订立仲裁协议后合并、分立的，仲裁协议对其权利义务的继受人有效；当事人订立仲裁协议后死亡的，仲裁协议对承继其仲裁事项中的权利义务的继承人有效。债权债务全部或者部分转让的，仲裁协议对受让人有效，但当事人另有约定、在受让债权债务时受让人明确反对或者不知有单独仲裁协议的除外。

当事人对仲裁协议的效力有异议的，可以请求仲裁委员会作出决定或者请求人民法院作出裁定。一方请求仲裁委员会作出决定，另一方请求人民法院作出裁定的，由人民法院裁定。当事人向人民法院申请确认仲裁协议效力的案件，由仲裁协议约定的仲裁机构所在地的中级人民法院管辖；仲裁协议约定的仲裁机构不明确的，由仲裁协议签订地或者被申请人住所地的中级人民法院管辖。当事人对仲裁协议的效力有异议，请求仲裁委员会裁定的，应当在仲裁庭首次开庭前提出，而后向人民法院申请确认仲裁协议无效的，人民法院不予受理。仲裁机构对仲裁协议的效力作出决定后，当事人向人民法院申请确认仲裁协议效力或者申请撤销仲裁机构的决定的，人民法院也不予受理。

11.4 仲裁程序

1. 申请和受理

当事人申请仲裁应当符合下列条件：
① 有仲裁协议；
② 有具体的仲裁请求和事实、理由；
③ 属于仲裁委员会的受理范围。

在符合上述申请仲裁条件的基础上，当事人应当按规定向仲裁委员会递交仲裁协议、仲裁申请书及副本。仲裁申请书应当载明下列事项：

① 当事人的姓名、性别、年龄、职业、工作单位和住所,法人或者其他组织的名称、住所和法定代表人或者主要负责人的姓名、职务;

② 仲裁请求和所根据的事实、理由;

③ 证据和证据来源,证人姓名和住所。

仲裁委员会收到仲裁申请书之日起 5 日内,认为符合受理条件的,应当受理,并通知当事人;认为不符合受理条件的,应当书面通知当事人不予受理,并说明理由。

仲裁委员会受理仲裁申请后,应当在仲裁规则规定的期限内将仲裁规则和仲裁员名册送达申请人,并将仲裁申请书副本和仲裁规则、仲裁员名册送达被申请人。被申请人收到仲裁申请书副本后,应当在仲裁规则规定的期限内向仲裁委员会提交答辩书。仲裁委员会收到答辩书后,应当在仲裁规则规定的期限内将答辩书副本送达申请人。被申请人未提交答辩书的,不影响仲裁程序的进行。

当事人达成仲裁协议,一方向人民法院起诉未声明有仲裁协议,人民法院受理后,另一方在首次开庭前提交仲裁协议的,人民法院应当驳回起诉,但仲裁协议无效的除外;另一方在首次开庭前未对人民法院受理该案提出异议的,视为放弃仲裁协议,人民法院应当继续审理。申请人可以放弃或者变更仲裁请求。被申请人可以承认或者反驳仲裁请求,有权提出反请求。当事人、法定代理人可以委托律师和其他代理人进行仲裁活动。委托律师和其他代理人进行仲裁活动的,应当向仲裁委员会提交授权委托书。

2. 仲裁庭的组成

仲裁委员会进行仲裁活动的组织形式是仲裁庭。仲裁庭可以由 3 名仲裁员组成,也可以由 1 名仲裁员组成。3 人仲裁庭由仲裁员 2 人和首席仲裁员 1 人组成。

当事人约定由 3 名仲裁员组成仲裁庭的,应当各自选定或者各自委托仲裁委员会主任指定 1 名仲裁员,第 3 名仲裁员由当事人共同选定或者共同委托仲裁委员会主任指定。第 3 名仲裁员是首席仲裁员。当事人约定由 1 名仲裁员成立仲裁庭的,应当由当事人共同选定或者共同委托仲裁委员会主任指定仲裁员。当事人没有在仲裁规定的期限内约定仲裁庭的组成方式或者选定仲裁员的,由仲裁委员会主任指定。

仲裁庭组成后,仲裁委员会应当将仲裁庭的组成情况书面通知当事人。

为了保证经济纠纷案件得到公正的处理,仲裁庭的组成人员如果与案件当事人有利害关系,或者与案件的处理结果有利害关系,应当自行回避,当事人也有权申请他们回避。根据《仲裁法》规定,仲裁员有下列情形之一的,必须回避,当事人也有权提出回避申请:

① 是本案当事人或者当事人、代理人的近亲属;

② 与本案有利害关系;

③ 与本案当事人、代理人有其他关系,可能影响公正仲裁的;

④ 私自会见当事人、代理人,或者接受当事人、代理人的请客送礼的。

当事人提出回避申请,应当说明理由,在首次开庭前提出。回避事由在首次开庭后知道的,可以在最后一次开庭终结前提出。仲裁员是否回避,由仲裁委员会主任决定;仲裁委员会主任担任仲裁员时,由仲裁委员会集体决定。

仲裁员因回避或者其他原因不能履行职责的,应当依法重新选定或指定仲裁员。因回避而重新选定或指定仲裁员后,当事人可以请求已进行的仲裁程序重新进行,是否准许,由仲裁庭决定;仲裁庭也可以自行决定已进行的仲裁程序是否重新进行。

仲裁员有违法情形，情节严重的，应当依法承担法律责任，仲裁委员会应当将其除名。

3. 开庭和裁决

（1）开庭

仲裁应当开庭进行，当事人协议不开庭的，仲裁庭可以根据仲裁申请书、答辩书及其他材料作出裁决；仲裁不公开进行，当事人协议公开的，可以公开进行，但涉及国家秘密的除外。

仲裁委员会应当在仲裁规则规定的期限内将开庭日期通知双方当事人。当事人有正当理由的，可以在仲裁规则规定的期限内请求延期开庭，是否延期，由仲裁庭决定。

申请人经书面通知，无正当理由不到庭或者未经仲裁庭许可中途退庭的，可以视为撤回仲裁申请；被申请人经书面通知，无正当理由不到庭或者未经仲裁庭许可中途退庭的，可以按缺席裁决。

（2）举证

当事人应当对自己的主张提供证据。仲裁庭认为有必要收集的证据，可以自行收集。对于专门性问题认为需要鉴定的，可以交由当事人约定的鉴定部门鉴定，也可以由仲裁庭指定的鉴定部门鉴定。根据当事人的请求或者仲裁庭的要求，鉴定部门应当派鉴定人参加开庭。当事人经仲裁庭许可，可以向鉴定人提问。证据应当在开庭时出示，当事人可以质证。

（3）庭审辩论

当事人在仲裁过程中有权进行辩论。辩论结束后，首席仲裁员或者独任仲裁员应当征询当事人的最后意见。仲裁庭应当将开庭情况记入笔录。当事人和其他仲裁参与人认为对自己陈述的记录有遗漏或者差错的，有权申请补正。如果不予补正，应当记录该申请。笔录由仲裁员、记录人员、当事人和其他仲裁参与人签名或者盖章。

（4）先行调解

调解与裁决相结合，是我国仲裁制度的一大特色。当事人申请仲裁后，可以自行和解，达成和解协议的，可以请求仲裁庭根据和解协议书作出裁决书，也可以撤回仲裁申请。当事人达成和解协议，撤回仲裁申请后反悔的，可以根据仲裁协议申请仲裁。仲裁庭在作出裁决前可先行调解。当事人自愿调解的，仲裁庭应当调解。调解不成的，应当及时作出裁决。调解达成协议的，仲裁庭应当制作调解书或根据协议的结果制作裁决书。调解书与裁决书具有同等法律效力。调解书应当写明仲裁请求和当事人协议的结果。调解书由仲裁员签名，加盖仲裁委员会印章，送达双方当事人。调解书经双方当事人签收后，即发生法律效力。在调解书签收前当事人反悔的，仲裁庭应当及时作出裁决。

（5）裁决

仲裁庭评议案件时，裁决应当按照多数仲裁员的意见作出。少数仲裁员的不同意见可以记入笔录。仲裁庭不能形成多数意见时，裁决应当按首席仲裁员的意见作出。

裁决书应当写明仲裁请求、争议事实、裁决理由、裁决结果、仲裁费用的负担和裁决日期。当事人协议不愿写明争议事实和裁决理由的，可以不写。裁决书由仲裁员签名，加盖仲裁委员会印章。对裁决持不同意见的仲裁员，可以签名，也可以不签名。

仲裁庭仲裁纠纷时，其中一部分事实已经清楚，可以就该部分先行裁决。

对裁决书中的文字、计算错误或者仲裁庭已经裁决但在裁决书中遗漏的事项，仲裁庭应当补正；当事人自收到裁决书之日起 30 日内，可以请求仲裁庭补正。

裁决书自作出之日起发生法律效力。

11.5 法院对仲裁的协助和监督

我国新的《仲裁法》在仲裁和诉讼的关系上作出了重大改变,变"既裁又审"为"或裁或审"制度。在这种制度下,法院对仲裁不予干涉,但仲裁活动需要法院的协助和监督,以保护当事人的合法权益,减少仲裁工作中的失误。

法院对仲裁的协助主要表现在财产保全、证据保全和强制执行仲裁裁决等方面。法院对仲裁的监督,主要表现在两个方面:一是不予执行仲裁裁决,一是撤销仲裁裁决。

1. 法院对仲裁的协助

(1) 财产保全

财产保全是指为了保证仲裁裁决能够得到实际执行,以免利害关系人的合法利益受到难以弥补的损失,在法定条件下所采取的限制另一方当事人、利害关系人处分财物的保障措施。

《仲裁法》规定,一方当事人因另一方当事人的行为或者其他原因,可能使裁决不能执行或者难以执行的,可以申请财产保全。由于仲裁机构是民间组织,无权作出财产保全措施的决定,需要人民法院作出裁定,因此当事人申请财产保全的,仲裁委员会应当将当事人的申请依照《民事诉讼法》的有关规定提交人民法院。

保全措施主要有:中止合同的履行,查封和扣押货物,变卖不易保存的货物并保存价款,责令被申请人提供担保,或者法律允许的其他方法。

为了保护被申请人的合法权益,防止申请人滥用财产保全申请权,《仲裁法》规定,申请财产保全有错误的,申请人应当赔偿被申请人因财产保全所遭受的损失。

保全措施是仲裁程序的组成部分,但不是必须程序。它只有在争议的财产客观上有保全必要时才采用,并非每一经济纠纷案件都有必要保全。

(2) 证据保全

证据保全是指在证据可能毁损、灭失或者以后难以取得的情况下,为保存其证明作用而采取一定的措施加以确定和保护的制度。

《仲裁法》第四十六条规定:"在证据可能灭失或者以后难以取得的情况下,当事人可以申请证据保全。当事人申请证据保全的,仲裁委员会应当将当事人的申请提交证据所在地的基层人民法院。"在仲裁活动中采取证据保全措施,一方面需要当事人提出证据保全申请,另一方面需要仲裁机构将申请提交证据所在地的基层人民法院。是否准予采取证据保全措施由人民法院决定。

(3) 对仲裁裁决的执行

当事人应当履行裁决。一方当事人不履行的,另一方当事人可以依照《民事诉讼法》的有关规定向人民法院申请执行。受申请的人民法院应当执行。

2. 法院对仲裁的监督

(1) 撤销仲裁裁决

依照《仲裁法》的规定,当事人提出证据证明裁决有下列情形之一的,可以向仲裁委员会所在地的中级人民法院申请撤销裁决:

① 没有仲裁协议的。仲裁协议被认定无效或者被撤销的，也视为没有仲裁协议；
② 裁决的事项不属于仲裁协议的范围或者仲裁委员会无权仲裁的；
③ 仲裁庭的组成或者仲裁程序违反法定程序的；
④ 裁决所根据的证据是伪造的；
⑤ 对方当事人隐瞒了足以影响公正裁决的证据的；
⑥ 仲裁员在仲裁该案时有索贿受贿、徇私舞弊、枉法裁决行为的。

人民法院经组成合议庭审查核实裁决有上述规定情形之一的，应当裁定撤销。人民法院认定该裁决违背社会公共利益的，也应当裁定撤销。当事人以仲裁裁决事项超出仲裁协议范围为由申请撤销仲裁裁决，经审查属实的，人民法院应当撤销仲裁裁决中的超裁部分。但超裁部分与其他裁决事项不可分的，人民法院应当撤销仲裁裁决。

当事人申请撤销裁决的，应当自收到裁决书之日起 6 个月内提出，当事人不得以不属于上述规定的事由申请撤销仲裁裁决。人民法院应当在受理撤销裁决申请之日起 2 个月内作出撤销裁决或者驳回申请的裁定。

当事人申请撤销国内仲裁裁决的案件属于下列情形之一的，人民法院可以依法通知仲裁庭在一定期限内重新仲裁：
① 仲裁裁决所依据的证据是伪造的；
② 对方当事人隐瞒了足以影响公正裁决的证据的。

仲裁庭在人民法院指定的期限内开始重新仲裁的，人民法院应当裁定终结撤销程序；未开始重新仲裁的，人民法院应当裁定恢复撤销程序。仲裁庭拒绝重新仲裁的，人民法院应当裁定恢复撤销程序。

仲裁裁决被人民法院裁定撤销的，当事人之间的纠纷并没有解决，当事人就该纠纷可以根据双方重新达成的仲裁协议申请仲裁，也可以向人民法院提起诉讼。

（2）不予执行仲裁裁决

依照《仲裁法》的规定，被申请人提出证据证明裁决有下列情形之一的，经人民法院组成合议庭审查核对，裁定不予执行：
① 当事人在合同中没有订立仲裁条款或者事后没有达成书面仲裁协议的；
② 裁决的事项不属于仲裁协议的；
③ 仲裁庭的组成或者仲裁程序违反法定程序的；
④ 认定事实的主要证据不足的；
⑤ 适用法律确有错误的；
⑥ 仲裁员在仲裁该案时有贪污受贿、徇私舞弊、枉法裁决行为的。

一方当事人申请执行裁决，另一方当事人申请撤销裁决的，人民法院应当裁定中止执行。

人民法院裁定撤销裁决的，应当裁定终结执行。撤销裁决的申请被人民法院裁定驳回的，人民法院应当裁定恢复执行原仲裁委员会的裁决。

当事人在仲裁程序中未对仲裁协议的效力提出异议，在仲裁裁决作出后，不得以仲裁协议无效为由主张撤销仲裁裁决或者提出不予执行抗辩；当事人在仲裁程序中对仲裁协议的效力提出异议，在仲裁裁决作出后，可以以此为由主张撤销仲裁裁决或者提出不予执行抗辩。

11.6 案例分析

案例一　综合分析题

一、案情

河北省某县食品厂与北京市某综合门市部签订了购销饼干机的合同，合同规定由食品厂到北京市提货，先付款后提货。同时在合同中规定了仲裁条款。食品厂在提货时发现饼干机质量有问题，于是要求综合门市部退款，双方为此发生纠纷。食品厂即于2月15日向仲裁委员会申请仲裁。仲裁委员会2月22日受理了该案。食品厂选任了2名仲裁员，综合门市部选定了1名仲裁员，作为首席仲裁员。食品厂指出首席仲裁员是综合门市部的常年法律顾问，要求其回避。仲裁委员会主任驳回其回避请求。3名仲裁员组成仲裁庭公开审理该案。请指出本案在程序上有何违法之处，并说明理由。

二、参考答案

1. 根据《仲裁法》的规定，仲裁委员会应当在收到仲裁申请书5日之内作出是否受理的决定。本案中，仲裁委员会于2月15日收到仲裁申请书，直至2月22日才决定受理，违反了法定程序。

2. 根据《仲裁法》的规定，由3名仲裁员组成仲裁庭的，当事人应当各自选定或各自委托仲裁委员会主任指定1名仲裁员，第3名仲裁员由当事人共同选定或者共同委托仲裁委员会主任指定。本案中食品厂选定2名仲裁员，综合门市部选定1名仲裁员并作为首席仲裁员，做法是错误的。

3. 对于申请人的回避申请，仲裁委员会予以驳回的做法是错误的。根据《仲裁法》的规定，仲裁员有下列情形之一的，必须回避：① 是本案当事人或者当事人、代理人的亲属；② 与本案有利害关系；③ 与本案当事人、代理人有其他关系，可能影响公正仲裁的；④ 私自会见当事人、代理人，或者接受当事人、代理人的请客送礼的。本案仲裁员是一方当事的法律顾问，与本案有着利害关系，因此必须回避。

4. 仲裁庭公开审理案件的做法是错误的。因为《仲裁法》规定，仲裁不公开进行。当事人协议公开的，可以公开进行，但涉及国家秘密的除外。

案例二　综合分析题

一、案情

海南省天南公司与海北公司于2008年6月签订了一份租赁合同，约定由天南公司进口一套化工生产设备，租给海北公司使用，海北公司按年交付租金。海南省A银行出具担保函，为海北公司提供担保。后来天南公司与海北公司因履行合同发生争议。请根据以下设问所给的假设条件回答问题：

1. 如果天南公司与海北公司签订的合同中约定了以下仲裁条款："因本合同的履行所发生的一切争议，均提交珠海仲裁委员会仲裁"，天南公司因海北公司无力支付租金，向珠海仲裁委员会申请仲裁，将海北公司和A银行作为被申请人，请求裁决被申请人给付拖欠的租金。天南公司的行为是否正确？为什么？

2. 如果存在上问中所说的仲裁条款，天南公司能否向人民法院起诉海北公司和 A 银行，请求支付拖欠的租金？为什么？

3. 如果本案通过仲裁程序处理，天南公司申请仲裁委员会对海北公司的财产采取保全措施，仲裁委员会应当如何处理？

4. 如果本案通过仲裁程序处理后，在对仲裁裁决执行的过程中，法院裁定对裁决不予执行，在此情况下，天南公司可以通过什么法律程序解决争议？

二、参考答案

1. 天南公司可以海北公司作为被申请人向珠海仲裁委员会申请仲裁，但不能以 A 银行作为被申请人向珠海仲裁委员会申请仲裁。因为天南公司与海北公司之间存在仲裁条款，但是天南公司与 A 银行之间并不存在仲裁条款，主合同的仲裁条款并不能约束担保人。（国内学者关于此问题的理解之一——"对争议标的有共同利害关系的人中有一部分人与争执对方有仲裁协议，而另一部分人却与争执对方未订有仲裁协议，并且有仲裁协议的主体提起了仲裁申请或为对方诉讼，此时仲裁主体能否追加未订有仲裁协议的主体参加仲裁呢？有人认为，仲裁主体可以通知其参加仲裁，如果被通知人同意或认可原仲裁协议，则该主体受该仲裁协议约束，故而取得仲裁当事人的资格；如果被通知人不同意或者拒绝参加仲裁，原仲裁协议对其并无拘束力，他当然地也就不能也不应该参加仲裁。"）

2. 天南公司不能向法院起诉海北公司。《仲裁法》第五条规定："当事人达成仲裁协议，一方向人民法院起诉的，人民法院不予受理，但仲裁协议无效的除外。" 天南公司与海北公司之间存在有效的仲裁条款，依法排除了法院的司法管辖权；但天南公司可以向法院起诉 A 银行，因为他们之间没有仲裁协议，法院对此具有司法管辖权。

3. 仲裁委员会应当将当事人的申请依照《民事诉讼法》的有关规定提交给人民法院。《仲裁法》第二十八条规定："一方当事人因另一方当事人的行为或者其他原因，可能使裁决不能执行或者难以执行的，可以申请财产保全。当事人申请财产保全的，仲裁委员会应当将当事人的申请依照民事诉讼法的有关规定提交人民法院。申请有错误的，申请人应当赔偿被申请人因财产保全所遭受的损失。"

4. 人民法院裁定不予执行仲裁裁决，天南公司可以就该争议根据双方重新达成的仲裁协议申请仲裁，也可以向人民法院起诉。

一、复习思考题

1. 什么是仲裁？与其他解决经济纠纷的方式比较，仲裁具有哪些不同特点？
2. 简述仲裁的基本原则。
3. 什么是仲裁协议？什么条件下仲裁协议无效？
4. 人民法院对仲裁的协助和监督有哪些？

二、单项选择题

1. 陈某与刘某二人达成如下协议："双方如就祖传字画的继承权发生争议，则提交双方住所地以外的仲裁委员会（北京市仲裁委员会）进行裁决，并将自动履行其裁决。"后双方果然在继承问题上发生争议，现问双方解决争议的可行法律途径是（　　）。

A. 只能向有管辖权的人民法院起诉
B. 只能申请北京市仲裁委员会仲裁
C. 只能申请双方或一方住所地仲裁委员会仲裁
D. 既可向有管辖权的法院起诉，也可以申请仲裁

2. 现有 A、B 两公司因合同纠纷向某仲裁委员会申请仲裁，裁决作出后，双方都不满意，在此情况下，下列表述中正确的是（　　）。
A. 仲裁裁决发生法律效力
B. 乙公司可以就该纠纷向人民法院起诉
C. 甲公司或乙公司可以要求人民法院通过审判程序对仲裁裁决进行审查
D. 甲公司可以就同一纠纷再申请仲裁

3. 某市仲裁委员会仲裁某一合同争议案件，首席仲裁员某甲认为应裁决合同无效，仲裁庭组成人员某乙、某丙认为应裁决合同有效，但某乙认为应裁决解除合同，某丙认为应裁决继续履行合同。本案应如何作出裁决？（　　）
A. 按某甲的意见作出
B. 按某乙或某丙的意见作出
C. 请示仲裁委员会主任并按其意见作出
D. 重新组成仲裁庭经评议后作出

4. 甲公司与乙公司之间的买卖合同纠纷，双方在仲裁过程中达成和解协议，此种情况下，甲公司不具有下列（　　）权利。
A. 请求仲裁庭根据和解协议作出裁决书
B. 撤回仲裁申请
C. 对仲裁协议进行反悔，请求仲裁庭依法作出裁决
D. 请求法院执行仲裁过程中达成的和解协议

5. A 市甲公司与 B 市乙公司在 C 市签订一份工程承包合同，该合同履行地在 D 市，合同中的仲裁条款约定，如本合同发生争议提交 C 市仲裁委员会仲裁。现甲、乙两公司发生合同纠纷，甲公司欲申请仲裁，得知 C 市未设立仲裁委员会，但 A、B、D 三个市均设立了仲裁委员会，甲公司应当（　　）。
A. 向 B 市或 D 市法院起诉　　　　B. 向 B 市仲裁委员会申请仲裁
C. 向 D 市仲裁委员会申请仲裁　　D. 向 C 市或 D 市法院起诉

三、多项选择题

1. 甲市 A 工厂与乙市 B 公司发生买卖合同纠纷后，此案依据合同仲裁条款由丙市的仲裁委员会作出了裁决。根据 B 公司申请，丙市中级人民法院裁定撤销了该裁决。对此案，双方当事人可选择下列（　　）程序做进一步处理。
A. 根据原仲裁条款，申请丙市的仲裁委员会重新仲裁
B. 向有管辖权的人民法院起诉
C. 重新达成仲裁协议并申请仲裁
D. 无须达成新的仲裁协议，即可申请对方所在的仲裁委员会仲裁

2. 根据我国仲裁法的规定，下列关于仲裁程序的表述，（　　）是正确的。
A. 仲裁应当开庭进行，但当事人可以约定不开庭

B. 仲裁不公开进行，但如不涉及国家秘密，当事人也可以约定公开进行
C. 对仲裁庭的组成，当事人可以约定由3名仲裁员组成仲裁庭
D. 当事人对仲裁的调解书不得申请撤销，对裁决书可以申请撤销

3. 当事人申请撤销仲裁裁决，须符合下列（　　）条件。
A. 必须向仲裁委员会提出申请，由仲裁委员会提交给有管辖权的人民法院
B. 必须向仲裁委员会所在地的中级人民法院提出
C. 必须在自收到裁决书之日起6个月内提出
D. 必须有证据证明裁决有法律规定的应予撤销的情形

4. 在仲裁程序中，一方当事人因另一方当事人的行为或者其他原因，可能使裁决不能执行或者难以执行的，可以申请采取财产保全措施。申请财产保全的正确程序是（　　）。
A. 由当事人向仲裁委员会提出申请
B. 由当事人向人民法院提出申请
C. 当事人未提出申请但仲裁委员会认为必要时，可向人民法院提出采取财产保全措施的请求
D. 仲裁委员会将当事人的申请提交人民法院

四、案例分析题

1. 按照我国仲裁法规定，当事人之间发生合同纠纷、继承纠纷和其他财产权益纠纷，无论是否有仲裁协议，一方均可向被申请人所在地的仲裁委员会申请仲裁。裁决应当按照仲裁庭多数仲裁员的意见作出，仲裁庭形不成多数意见时，报仲裁委员会决定。当事人对裁决不服的，可以上诉。裁决发生法律效力后，任何单位无权撤销。一方不履行的，另一方可以向作出此裁决的仲裁委员会申请执行。请自上而下地找出上面表述中存在的法律错误，并逐一（按1，2，…顺序）简要说明理由。

2. 某修配厂与某研究所签订一份技术转让合同，合同中规定："因本合同发生的一切争议应提交A市仲裁委员会仲裁，或者向合同双方所在地及A市仲裁委员会所在地的A市B区人民法院提起诉讼。"合同履行过程中，修配厂认为该项技术存在缺陷，双方发生争议。修配厂据此向A仲裁委员会申请仲裁，双方当事人均未选定仲裁员，共同委托仲裁委员会主任某丁指定仲裁员组成仲裁庭。某丁于是指定了某甲、某乙、某丙3名仲裁员。修配厂认为某甲与研究所有利害关系，申请其回避。首席仲裁员某丙审查后确认申请理由不实，决定公开审理。研究所对此不服，仲裁庭经过研究，又决定不公开审理。研究所在开庭期间未经仲裁庭许可中途退庭，仲裁庭因此决定中止仲裁程序。一周后研究所表示愿意出庭，仲裁庭决定再次开庭。开庭前仲裁委员会指定某机构对该项技术进行了鉴定，但始终未告知当事人鉴定报告的内容，只由仲裁庭内部掌握和参考。裁决作出后，修配厂以仲裁员某甲在仲裁该案时应予回避而未回避为由，向A市中级人民法院申请撤销裁决。

根据以上情况介绍，指出仲裁协议及仲裁庭、仲裁员存在哪些法律上的问题，并说明理由或正确的做法。

3. 某机械厂与某农机公司在北京签订了一份买卖合同，合同规定在南京交货。后来双方因履行合同发生争议，双方当事人均同意交某仲裁机构仲裁。仲裁机关审理后，裁决由农机公司给付机械厂贷款40万元。在裁决生效后3个月内分3次付清。在收到裁决书第20日，机械厂要求强制执行。请问：

（1）该机械厂的做法是否正确？为什么？
（2）农机公司提出，仲裁员何某在仲裁过程中有受贿行为，因而对仲裁裁决不服。请问：
① 农机公司能否就仲裁裁决向人民法院起诉？为什么？
② 农机公司采取何种措施提起何种程序能保护自己的利益不受侵犯？

参 考 文 献

[1] 刘文华. 新合同法 [M]. 北京：世界图书出版公司，1999.
[2] 吴春岐. 公司法学 [M]. 北京：中国政法大学出版社，2006.
[3] 王保树. 中国公司法原理 [M]. 3 版. 北京：社会科学文献出版社，2006.
[4] 证券法起草小组. 中华人民共和国证券法条文释义 [M]. 北京：中国金融出版社，2006.
[5] 中国注册会计师协会. 经济法 [M]. 北京：中国财政经济出版社，2017.
[6] 李昌麒. 经济法学 [M]. 3 版. 北京：法律出版社，2016.
[7] 清华大学经济法教研组. 经济法 [M]. 北京：清华大学出版社，1997.
[8] 杨紫烜. 经济法 [M]. 5 版. 北京：北京大学出版社，2015.
[9] 高程德. 经济法 [M]. 上海：上海人民出版社，2013.
[10] 王利明. 物权法论 [M]. 北京．中国政法大学出版社，2008.
[11] 孔祥俊. 反不正当竞争法新论 [M]. 北京：人民法院出版社，2001.
[12] 中国资产评估协会. 经济法 [M]. 北京：经济科学出版社，2014.
[13] 郭明瑞. 民法学 [M]. 北京：北京大学出版社，2011.
[14] 王欣新. 破产法 [M]. 北京：中国人民大学出版社，2001.
[15] 法律出版社法规中心.《民法总则》注释本 [M]. 北京：法律出版社，2017.
[16] 杨震. 物权法 [M]. 北京：中国人民大学出版社，2009.